**LES GRANDS LIVRES
DU ZODIAQUE**
Collection dirigée par Joanne Esner

LE GRAND LIVRE DU CAPRICORNE

© Tchou, éditeur, 1980

JOËLLE DE GRAVELAINE
née sous le signe du Capricorne

Le Grand Livre du Capricorne

avec la participation technique de
ROBERT MALZAC

TCHOU
6, rue du Mail, 75002 - PARIS

*Cet ouvrage comporte des tableaux vous permettant
de saisir immédiatement :*

- *De quel côté penche votre personnalité Capricorne* . . . . *p. 22*
- *Comment déceler vos points d'accord avec autrui* . . . . *p. 86*
- *Comment trouver votre Ascendant sans aucun
  calcul* . . . . *p. 106*
- *Où se trouvent toutes les autres planètes dans votre
  thème ?* . . . . *p. 170*
- *Les aspects saillants de votre « Moi » profond* . . . . *p. 223*
- *Comment explorer certains aspects de
  votre destinée* . . . . *p. 255*

Dans chaque Grand Livre du Zodiaque, *les parties « Comment interpréter les Planètes dans les Signes » et « Comment interpréter les Signes dans les Maisons » ont été écrites par les auteurs suivants :*

Bélier, Arnold Waldstein ; Taureau, Jean-Pierre Nicola ; Gémeaux, Paul Colombet ; Cancer, Sara Sand ; Lion, Jean-Pierre Vezien ; Vierge, Béatrice Guénin ; Balance, Henri Latou ; Scorpion, Marguerite de Bizemont ; Sagittaire, Solange Dessagne et Jacques Halbronn ; Capricorne, Joëlle de Gravelaine ; Verseau, Denise Perret-Lagrange ; Poissons, Annie Lachèroy.

SOMMAIRE

PLANISPHÈRE 8
INTRODUCTION 11

CHAPITRE PREMIER
SYMBOLIQUE ET MYTHOLOGIE DU SIGNE

- La Symbolique du Signe 25
- La Mythologie du Signe 31
- Le Symbolisme saturnien 39

CHAPITRE II
CARACTÉROLOGIE GÉNÉRALE DU SIGNE

- Le Capricorne dans la Vie 45
- Le Capricorne et l'Amour 51
- Le Capricorne et l'Amitié 59
- Le Capricorne et son Éducation 63
- Le Capricorne et son Travail 67
- Le Capricorne et son Apparence 73
- Le Capricorne et sa Santé 77

CHAPITRE III
L'ENTENTE DU CAPRICORNE AVEC LES AUTRES SIGNES

- Comment vous accordez-vous avec les autres Signes ? 85
- Les Astromariages de la Femme Capricorne 89
- Les Astromariages de l'Homme Capricorne 93
- Comment trouver votre Ascendant 97
- Combinaison du Signe avec les Ascendants 131

CHAPITRE IV
QUELQUES PERSONNALITÉS NÉES SOUS LE SIGNE DU CAPRICORNE

- Quelques grands noms 147

CHAPITRE V
A LA RECHERCHE DE VOTRE MOI PROFOND

- Dans quel Signe se trouvaient les Planètes à votre naissance ? 169
- Comment interpréter Saturne dans les Signes 217
- Généralités sur les aspects planétaires 223
- Comment interpréter les aspects de Saturne avec les autres Planètes 229
- Comment interpréter les Planètes dans les Signes 233
- Comment interpréter les Planètes dans les Maisons 255
- Comment interpréter les Signes dans les Maisons 267

CHAPITRE VI
D'AUTRES INFLUENCES A DÉCOUVRIR

- Les Images Degrés 293
- Les Étoiles Fixes 299
- La Lune Noire 301

EN GUISE DE CONCLUSION 308

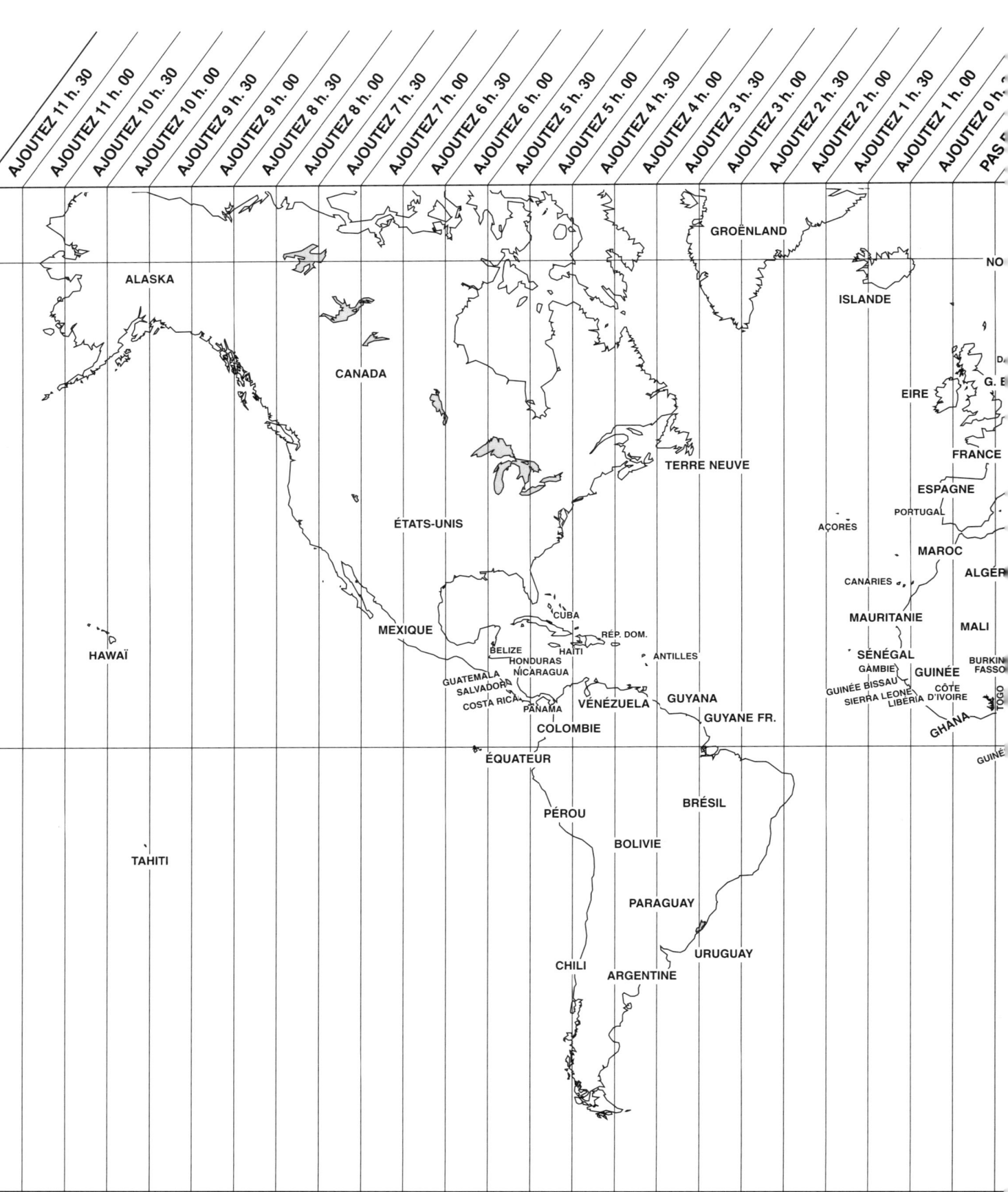

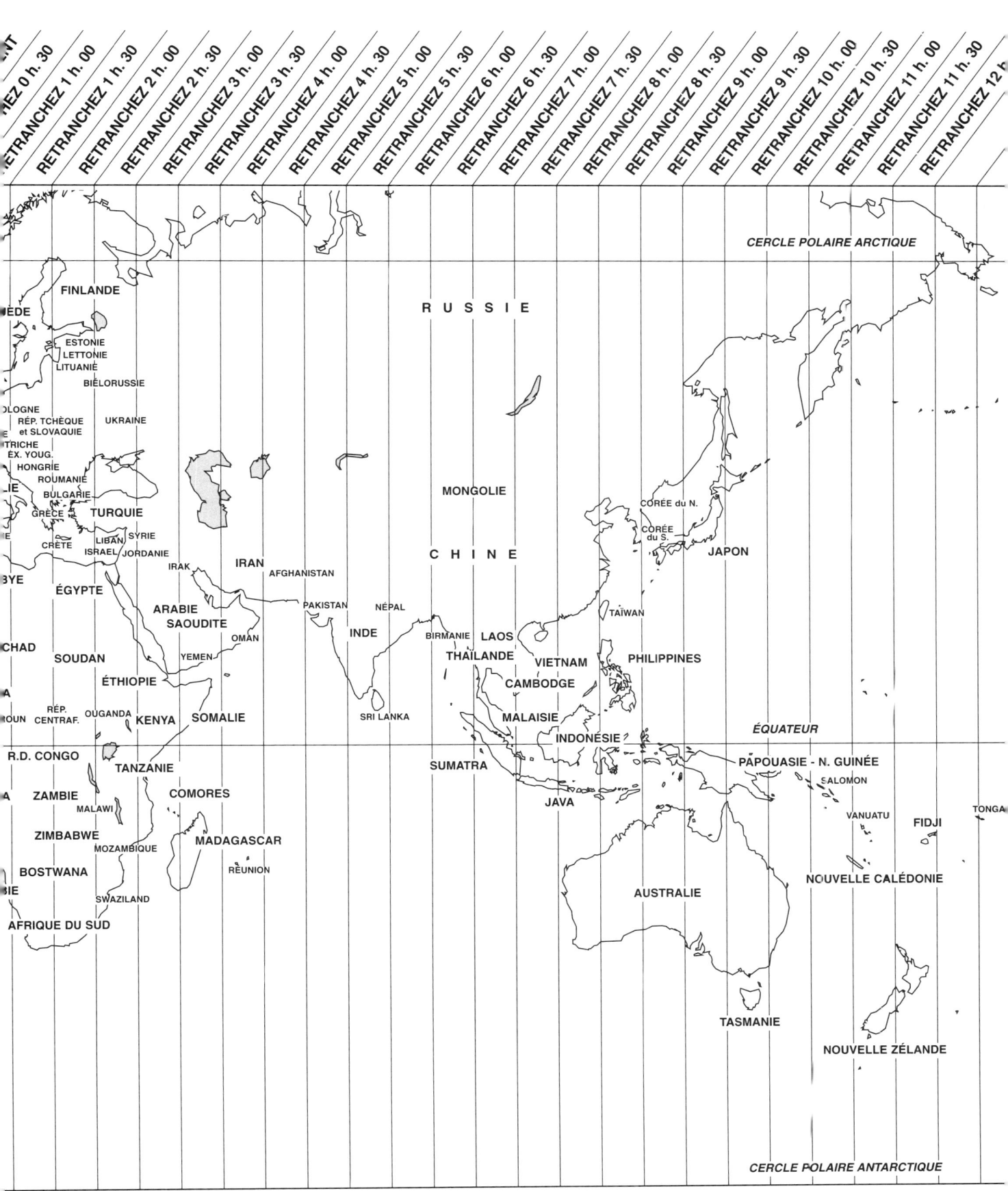

Mystérieuse, secrète, un peu fatale... impassible beauté de la femme Capricorne (les Licornes, par Gustave Moreau).

Introduction

« Le Capricorne symbolise la Terre, son poids, ses secrets, sa fatalité.

Le comportement de la chèvre est de " monter toujours en broutant ". Elle gagne les hauteurs les yeux fixés au sol. Qualités : constance, obstination, profondeur. Défauts : orgueil, froideur, avarice.

Nature terrestre ayant le goût du mystère et de la contemplation.

Ils sont graves, taciturnes, renfermés. Ils sont tristes et pesants. Ils naissent vieux.

Ils existent davantage au-dedans qu'au-dehors. Ils sont davantage attirés par la mort que par la vie. Ils voient le mal avant le bien. Le point faible en toute chose leur saute immédiatement aux yeux.

Avarice, méfiance, inquiétude. Ils sont pessimistes et timorés. Ils ont la crainte perpétuelle de ne pas réussir.

Ambitieux et soupçonneux, ils usent l'obstacle par la concentration de leur volonté et à force de patience.

Échecs, retards, surprises. Ils n'ont pas de chance; leurs entreprises avortent.

Pénitence, regrets, remords continuels. Ils gardent la mémoire des injures. Ils sont difficiles à mettre en colère mais, après, n'en sortent plus.

Ils ne rient jamais ou très peu; dans ce cas, le rire est toujours sardonique.

Analystes puissants. Pénétration remarquable, mais ils approfondissent les choses en les détériorant, en les décomposant, en leur enlevant leur suc, leur vie.

Prosaïsme. Esprit profond mais lourd. Éclore péniblement. Ils sont entêtés et persévérants.

Travailleurs infatigables. Ils profitent de toute occasion pour amasser ou progresser.

Insatiables dans la connaissance. Les travaux de longue haleine; l'étude des choses compliquées et abstraites. Amateurs de quintessence. La recherche des causes. Goût pour la restauration des ruines.

Ils s'attachent lentement. Ils ont plusieurs plans de vie et plusieurs pensées à la fois. Ils n'éclairent que des abîmes.

La femme du Capricorne est secrète, comme sa voisine du Sagittaire, mais repliée sur elle-même. C'est Vesta, la mystérieuse, Vesta, la souterraine, dont le Grand-Prêtre seulement connaît le feu secret. Elle est souvent d'une beauté impassible, un peu fatale et ne se livre que très difficilement, sauf à elle-même. Son intelligence calculatrice est grande et l'incline vers la méditation.

Maladies physiques : maladies des profondeurs. Scléroses, cancer, tumeurs, arthritisme; maladies des os, des oreilles. La lèpre. Les humeurs crasses. Troubles trophiques du système nerveux. Dermatoses.

Maladies morales : idées fixes. Persécution. Hypocondrie. Corruption par sécheresse et par froid. Mort latente.

Gestes étroits et tremblants. Ils marchent voûtés, les pieds en dedans. Maigres; peau très brune, terreuse, facilement ridée. Cheveux noirs, souvent noirs dur ou roux. Joues creuses, pommettes saillantes. Yeux noirs, tristes, obscurs (le regard du mineur qui sort de la mine). Lèvres minces. Nez mince, busqué et pointu (le nez de Dante). Pomme d'Adam très distincte.

Le Grand Livre du Capricorne

Gros os. Poitrine étroite, velue. Épaules médiocrement développées, très hautes. Dos voûté. Mains noueuses et maigres, médius spatulé. Veines des pieds très apparentes. Sujets à la surdité. Diction vibrant en dessous, tremblante, un peu grave. Prononciation parfois embarrassée. Au fond de la voix, notes un peu gutturales, rêches. Début d'élocution lent, brouillé et confus.

Leur force est dans la profondeur.

Le *Livre d'Arcandam* dit :

" Il sera incrédule, mélancolique et terrestre.

Il ne croira dans les autres et on ne croira en lui.

Il sera mépriseur de tous et pensant beaucoup de soi.

Il sera luxurieux et amateur de toutes femmes.

Bonne fortune en toute œuvre de terre faite avec pesant et grand labeur.

Il sera plus sain au labeur qu'en oisiveté.

La fin sera meilleure que le commencement. "

Premier décan : du 21 décembre au 31 décembre. Cancer, Jupiter, Capricorne.

Très patients et tenaces. Capables de tout pour arriver. Ils parviennent à force de persévérance mais échelon par échelon. Esprit politique mais d'une politique subtile et non élevée. Tendance à exagérer l'importance de la vie terrestre. Avarice de soi-même. Constants dans les affections et dans les haines. Haute idée d'eux-mêmes.

Deuxième décan : du 31 décembre au 11 janvier. Lion, Mars, Capricorne.

Besoin d'action perpétuellement combattu. Nature foncièrement positive. Incapacité d'abstraction. Toutes les velléités, mais les semelles en plomb. Ennuis domestiques fréquents.

Troisième décan : du 11 janvier au 21 janvier.

La passion d'observer; regard pénétrant et rapide, d'une acuité extrême (Sainte-Beuve, Cézanne, Poe, Saint-Simon, Molière, Buffon, Kipling, Champollion).

" Maître Jacques. " Toujours en opposition avec eux-mêmes. Ils vivent à l'état de passion intérieure, c'est leur qualité et c'est l'origine de leurs défauts.

Les événements se présentent généralement mal, mais les fins sont heureuses. Ils terminent mieux qu'ils ne commencent.

Subtilité dans la différenciation des détails mais la vue de l'ensemble et sa construction leur échappent le plus souvent.

Vie nombreuse et incohérente. Moral débraillé. Aucune économie d'eux-mêmes; ils se gâchent et s'épuisent en feux d'" artifices ". Ils ont le tourment de la perfection.

De la difficulté à se condenser, à se limiter, puis à prendre parti.

Toujours aimables et peu aimés. Le désir de plaire aux hommes avec une raideur qui les éloigne. Maladroits, mais de la grâce dans les maladresses. Une lutte entre le plaisir et le devoir. Des timidités et de l'audace. Incertitude des choses. Inconstance dans les entreprises, irrésolution. Sympathiques à tout le monde mais peu d'amis. »

Ce texte a été écrit par Claude Valence, pseudonyme de Conrad Moriquand, Capricorne de son état [1].

Où l'on verra que le premier des traits de caractère propres au Capricorne n'est pas dans la complaisance.

Cette tendance à s'auto-dévaloriser, on la retrouvera chez d'autres Capricorne bon teint, tels Paul Léautaud ou Johann Kepler.

Sans prétendre à tant d'allègre férocité, je m'efforcerai de faire de mon mieux, sachant que les Capricorne sauront en rire et que leurs ennemis ne manqueront pas d'exploiter contre eux ces quelques armes que je leur livre...

Si je suis astrologue, c'est que j'admets un postulat : nous portons en nous les structures de personnalité propres au signe qui nous a vu naître. En tant qu'astrologues, nous pratiquons une astrologie définie et influencée par ce signe même. D'où, pour toute personne curieuse, l'intérêt qu'il y a à soumettre son thème astral à l'interprétation d'astrologues différents, chacun proposant son coup de projecteur personnel, la conception même qu'il a de son art.

---

1. Texte extrait de *Miroir d'astrologie*, de Max Jacob et Claude Valence, N.R.F., 1949.

Introduction

Il me faudra donc tenter, puisque je suis Capricorne, de définir en quoi ma vision de l'astrologie est non seulement subjective, mais aussi représentative de mon signe spécifique, conforme à mon propre thème et à la trajectoire de mon destin. Certaines questions surgissent. Pourquoi fait-on de l'astrologie quand on est Capricorne — et pourquoi, d'ailleurs, bon nombre de natifs de ce signe la pratiquent-ils ? Comment exerce-t-on, quelles difficultés rencontre-t-on, comment nous rejoint-elle ?

Ces questions — et les réponses qu'on peut en attendre — vont, par la force des choses, nous contraindre à parler de nous-même, à mettre en évidence certains traits de caractère propres au Capricorne, qui seront ensuite repris et développés, nous conduisant ainsi à des répétitions inévitables et à entreprendre un récit autobiographique, toujours un peu malaisé pour toute « chèvre » bon teint.

Pourtant, née un 12 janvier, Saturne — le maître du Capricorne — occupant la première Maison de mon thème natal qui colore le « Moi », je ne peux renier mon appartenance à ce signe hivernal, en dépit d'un Ascendant en Sagittaire qui me rend la vie un peu plus gaie !

Je n'avais pourtant pas la moindre intention d'être astrologue. J'ai pris conscience, tard il est vrai, de ce que je considérais comme une vocation au moment où la vie m'imposait, très prosaïquement, de lui faire face. J'aurais voulu être archéologue. Lorsque j'ai étudié l'astrologie, j'ai compris que ce choix de jeunesse était parfaitement conforme à ma nature saturnienne. L'histoire ne m'avait jamais intéressée, mais la préhistoire me passionnait. Le retour aux origines, les sources du langage, les balbutiements de l'humanité, cette vie de l'homme perdue dans la nuit des temps — dans la nuit du Temps —, en revanche me fascinaient. Découlait tout naturellement de cette fascination mon intérêt pour la mythologie, pour une histoire façonnée par l'évolution des mythes. Peu à peu, je plongeai dans l'abondante littérature consacrée à l'Atlantide, puis dans l'histoire des religions, et enfin dans l'océan de l'inconscient collectif et de ses symboles partout reconnus, partout répétés comme un langage mille fois plus évocateur que celui de nos pauvres mots conventionnels.

Les origines

L'avenir ne parvenait pas à me provoquer mais le passé me tirait en arrière, multipliant pour moi des questions sans fin.

La fascination des origines... J'ai compris plus tard qu'elle était tout entière contenue dans la nature saturnienne du Capricorne. Car la grande angoisse du signe me paraît d'abord être liée, de façon essentielle, à son refus de la mort, à son rejet absolu d'un monde qui va lui survivre. Alors, il cherche dans ses racines de bonnes raisons de croire qu'il est éternel. C'est en elles qu'il cherche ses certitudes. L'avenir ne peut être que point d'interrogation, insécurité, doute, menace. Pourtant, en voulant survivre à tout, le Capricorne ne peut éviter de se projeter dans un futur intemporel. Dans un avenir qui n'apparaît pas comme prolongement du passé mais plutôt éternisation du présent, un temps étiré dans une continuité sans rupture.

Le Capricorne porte en lui cette nature minérale, monolithique, de la pierre enracinée dans le passé, défiant l'avenir, posée hors du temps comme la forteresse inca de Sacsahuamán, les sites fantômes de Machupicchu — la vieille montagne — ou la pyramide de Chéops.

L'astrologie, ce langage des astres, devait me proposer très exactement la synthèse de tout ce qui m'attirait, une voie d'accès à un univers dont la richesse m'apparut très vite propre à satisfaire presque toutes mes aspirations.

Tout d'abord, l'astrologie me renvoyait au passé, à cette première interrogation de l'homme sur ses origines. Nul aujourd'hui ne conteste le fait qu'elle a précédé l'astronomie, qu'elle répond à la première formulation par l'homme d'une structure et d'une ordonnance du monde qui le délivre du hasard, qu'elle met en place, sur l'échiquier de l'univers, les fous, les rois, les reines et les pions déplacés par une main invisible selon un projet concerté, rigoureux, implacable, obéissant à une nécessité que nous tentons en vain, jour après jour, de déchiffrer.

Je suis toujours surprise par l'effarement de ceux qui découvrent à travers l'astrologie de quelle façon leur destin semble déterminé, scellé d'avance dans l'argile du temps. Comme s'ils étaient contraints par quelque force obscure à avancer ou à reculer contre leur gré. Ils oublient que leur volonté de refus ou d'adhésion est, elle aussi, quelque part, inscrite.

Une psychanalyste qui m'avait demandé de lui parler de son « thème » me fit toucher du doigt à quel point, pour certains, il est difficile d'admettre ce déterminisme. Je lui parlai d'un manque, clairement lisible, qui avait dû marquer ses rapports avec son père, sans doute à cause de la mort prématurée de ce dernier. Elle se récria aussitôt : « Lorsque vous me parlez de mon caractère, de ma personnalité, je puis accepter ce que vous me dites, mais lorsque vous prétendez lire ici que mon père m'a manqué, il s'agit là de quelque chose d'historique dans ma vie, alors je ne comprends plus. » Son père était bien mort quand elle était enfant. Elle ne le nia pas. Mais elle ne pouvait accepter que ce fût « écrit ». Pourtant, sa propre psychanalyse lui avait bien fait explorer cette absence et ses conséquences sur sa propre évolution affective.

Une autre liberté

L'astrologie propose de la liberté une définition toute différente de celle qu'on imagine. Ni révolte, ni fuite mais au contraire adéquation, adaptation, adhésion à ce qui nous est proposé, exploitation dynamique de ce qui est inscrit en nous. Avec l'astrologie, on retrouve le concept Zen de la nécessité d'être à sa « vraie » place, conforme à sa vraie nature, et de l'assumer. La liberté commence avec la conscience de ce que l'on est. Notion que l'on retrouvera en psychanalyse, celle-ci ne prétendant pas changer les êtres mais les aider à accepter ce qu'ils sont.

Pour un Capricorne saturnien, cette idée de *fatum* — qui signifie à la fois destin et fatalité — ne manque pas de séduction. Il conserve ainsi le sentiment d'être responsable vis-à-vis de lui-même, ce qui plaît à sa conscience pointilleuse. Mais il parvient aussi à mieux accepter les frustrations que la vie lui impose et qui lui feraient horreur s'il ne s'en sentait comptable.

Ainsi l'astrologie, au-delà d'un code moral conforme à ma nature, me permettait de satisfaire d'autres exigences.

Née frustrée, comme tous les natifs de mon signe, je trouvai dans le rapport avec l'autre un prétexte à dialogue privilégié. Étudier le thème astral de quelqu'un, c'est établir d'emblée le contact au niveau le plus essentiel, balayer les approches superficielles, les propos mondains, se trouver très vite au cœur d'une rencontre où tout peut être dit, où tout peut être entendu. Avec un peu de chance, une amitié naîtra, un courant chaleureux passera. Il ne m'en faut pas plus, puis-je l'avouer, pour me trouver des raisons de vivre.

Illusion, certes, que de se croire indispensable ou même utile. Mais le Capricorne en a plus qu'un autre besoin, lui qui supporte si mal la menace du vide, du néant, la « béance de la mort ». L'illusion qui se sait illusion, ou baume, n'est plus tout à fait coupable...

Au-delà du rapport affectif, l'astrologie ouvre la porte à toutes sortes de recherches, à d'infinies explorations qui comblent aussi la longue patience saturnienne. « Médecin raté », l'astrologue peut chercher à établir des corrélations entre des malades atteints d'un même mal. Psychologue par vocation, il peut découvrir motivations cachées et explications aux phénomènes d'identification et de répétition si déterminants dans les comportements humains. Son avidité n'est jamais assouvie.

Carl Jung, qui s'est beaucoup intéressé à l'astrologie, reconnaissait que l'astrologie et la psychologie des profondeurs avaient beaucoup à apprendre l'une de l'autre, car elles sont l'une et l'autre le lieu de rencontre de tous les mythes, de tout ce que l'inconscient collectif charrie en chacun de nous. Elle est en quelque sorte une archéologie de l'âme et, en cela, de nature à satisfaire le plus exigeant des Capricorne.

Ainsi le destin a mis sur ma route l'astrologie, contre ma volonté. J'aurais souhaité être archéologue, étudier la préhistoire, la linguistique, être médecin, psychologue ou psychanalyste, historien des religions. Pas astrologue. Et pourtant l'astrologie m'a permis d'aborder un peu tout cela, d'explorer chaque jour de nouveaux champs de recherche.

Comment y suis-je venue? Par hasard. Ou par ce qui en avait l'apparence.

Très jeune, je me suis retrouvée seule — et c'est bien là une caractéristique du destin saturnien. Marquée très tôt par la mort d'une mère aimée et, plus tôt encore, par l'abandon d'un père lucidement jugé mais que je ne me résignais pas à condamner, je fus confrontée à la nécessité toute prosaïque de gagner mon pain. Pas question de prolonger mes études au-delà des deux « bacs ». Fille de journalistes et d'écrivains, j'étais tentée de poursuivre dans cette voie. Mais quand on ne sait rien faire, rares sont ceux qui vous ouvrent leur porte. Successivement, je travaillai pour un organisme spécialisé dans le textile où je fis un secrétariat ennuyeux ponctué de quelques comptes rendus sur les collections. Cela me permit de vérifier mon absence d'intérêt pour la mode, car je jugeais, en jeune Capricorne austère, ces préoccupations scandaleusement futiles. On ne tarda pas à me le reprocher.

Introduction

Je trouvai alors un emploi dans une agence de presse chinoise, grâce à l'attaché culturel de l'ambassade de Chine que j'avais prié, avec l'audace de mes dix-sept ans, de m'instruire sur la musique de son pays; je projetai de réaliser une émission sur ce qui était alors Paris-Inter, dans laquelle j'avais l'ambition de démontrer qu'un pays possède une musique, des instruments, conformes aux tendances psychologiques nationales qui lui sont propres! Mon aimable attaché culturel fit non seulement preuve d'indulgence et de courtoisie à mon endroit mais il me fit entrer dans cette agence de presse tenue par un de ses amis. J'étais supposée y traduire, du français vers l'anglais, tous les articles qui paraissaient dans la presse française sur l'avance de Mao Tsé-Tung. Je l'ai rencontré en Mandchourie et le retrouvai, trois mois plus tard, devant Formose. J'avais du mal à suivre ses pas de géant.

Heureusement pour mon aimable patron qui devait, bien qu'impassible devant moi, s'arracher les cheveux devant mes traductions folkloriques. Sans doute avait-il la certitude de la précarité de sa propre situation. Sinon j'aurais certainement perdu mon emploi au bout de trois jours. Si j'ai fait de l'astrologie, « c'est la faute à Mao »... un Capricorne, comme par hasard.

Je me retrouvai donc à nouveau au chômage, situation mal vécue par un saturnien qu'angoissent l'inaction et l'insécurité du lendemain. Mais, à l'époque, on n'était pas surprotégé par une société castratrice. On aurait fait n'importe quoi pour survivre. Pour moi, n'importe quoi, ce fut l'astrologie.

Je fis par hasard — toujours ce hasard qui nous fait rejoindre ce qui nous révèle un jour — la connaissance d'un ami de mon père. Il me fit part de son désir de former une assistante qui ferait son travail à sa place, écrirait ses articles à sa place, pendant qu'il satisferait à sa passion sagittarienne du voyage. Une condition m'était imposée : je devrais m'exiler pour un temps indéterminé dans un de ces brumeux pays du Nord qui n'avait pas encore été touché, en 1949, par la révolution hippie. Il s'agissait d'apprendre à « monter des thèmes », à rédiger des rubriques astrologiques, à assimiler un certain nombre de notions d'astrologie. J'acceptai, non sans appréhension. Je ne croyais pas à cette pseudo-science sur laquelle j'avais les pires préjugés. J'y étais hostile pour la raison simple que mon père s'y était intéressé. J'avais le sentiment, fondé d'ailleurs, qu'il s'était fait berner par bon nombre de charlatans et qu'il avait nourri sa crédulité de prédictions fumeuses et manipulatrices.

J'étais donc embarquée dans une galère dont je souhaitais m'évader le plus vite possible. Pendant des semaines, je me débattis avec des chiffres compliqués. Et pour une « nulle en math » comme moi... C'est à coup de chocolats récompensant mes progrès que je parvins enfin à additionner les minutes et les secondes. Lorsque des gens admiratifs me disent : « Vous faites de l'astrologie? Ça doit exiger des calculs compliqués! », je les rassure en toute hâte. Un enfant de cinq ans peut apprendre à calculer un thème astral. Certains esprits chagrins contestent aux astrologues le droit de pratiquer leur art s'ils ne sont pas en même temps de savants astronomes. Nous ne sommes plus au temps de Kepler ou de Galilée. Nous utilisons leurs travaux et ceux de leurs descendants avec gratitude. Il ne nous est plus nécessaire, Dieu merci!, de nous coller le nez devant une lunette télescopique... Ce que nous apprenons de l'astronomie nous permet toutefois de comprendre pourquoi nous ne parlons pas du même ciel, pourquoi nous nous accrochons à une vision géocentrique et topocentrique de la Terre — d'un point de la Terre — et non héliocentrique. Le jour où l'on naîtra dans l'espace, les astrologues calculeront leurs thèmes pour ce point précis de l'espace. Demain, peut-être...

Bon an mal an, j'apprenais, tout en continuant à résister. Certaines coïncidences me troublaient. La caractérologie proposée par l'astrologie m'étonnait par les constantes retrouvées chez les natifs d'un même signe : gestes, expressions, traits physiques, goûts communs.

Peu à peu, le piège se refermait sur moi. L'ennui et la solitude aidant, je me jetai dans le travail. Je dressai des centaines de thèmes. Je commençai à avoir envie de comprendre ce que je faisais jusque-là comme un robot. Un jour, je découvris dans les fichiers tenus par mon patron-astrologue-voyageur les dates de naissance de près de mille malades atteints de tuberculose pulmonaire. Je décidai d'en avoir le cœur net. Sans l'aide, qui m'eût été précieuse alors, d'un ordinateur, je montai tous les thèmes de naissance. Si l'astrologie avait un sens, je devais trouver entre tous ces thèmes des analogies, des structures communes, des corrélations. Elles existaient. Cette fois, il me fallait aller plus loin. Sur ma lancée, je dressai un nombre presque égal de thèmes correspondant à des naissances de paralysés. A nouveau, les points communs, les structures identiques apparaissaient, différentes cependant de celles qui caractérisaient les tuberculeux. Il ne pouvait pas être question de coïncidences. J'avais plongé le bras dans l'engrenage et ne devais plus l'en arracher.

Car le Capricorne a aussi pour caractéristique d'être têtu comme une mule et persévérant comme personne. J'étais sur des rails, et le paysage que je voyais défiler promettait de ne pas être monotone. Pourquoi aurais-je quitté cette voie ?

Je rentrai à Paris un peu plus tard et voulus connaître des astrologues engagés dans une recherche personnelle. La chance me fit rencontrer Jean Carteret. Il disait : « Dans la vie, on ne fait pas de rencontres, on n'a que des rendez-vous. » C'est à lui que je dois d'avoir compris quelles portes l'astrologie pouvait ouvrir. Carteret est un personnage chaleureux, génial, tragique, fabuleusement intuitif, branché sur un univers métaphysique auquel il est difficile d'accéder parce que sa logique, insolite et paradoxale, bouscule notre conformisme intellectuel. Je me souviens d'une histoire qu'il aimait raconter en préambule, au début de ses conférences, et qui commençait ainsi : le général chinois a perdu la bataille parce qu'il était mal enterré...

Personnage à la Antonin Artaud, Carteret apparaît comme un poète maudit, lui aussi, mais ceux qui ont eu la chance d'assister à l'éclosion de ses trouvailles fulgurantes, d'être touchés par l'acuité de ses intuitions, savent que cette rencontre — pardon, ce rendez-vous — les a marqués pour toujours, leur a ouvert l'esprit à « autre chose », a bousculé leurs habitudes de pensée. Travailler avec lui était ingrat parce que ce Bélier porté par un mouvement impétueux vers l'avant, partant sans cesse à la découverte, était incapable de revenir en arrière, de vérifier, de contrôler. Il avait l'habitude de dire : « Qu'un homme ait du génie, c'est la moindre des choses ! » C'est-à-dire que la vie ne peut être qu'un perpétuel engendrement, sinon l'homme est condamné à mourir. Même la mort était perçue par lui comme un acte créateur : « Il faut mourir en état de désir, il faut épouser la mort... » Que l'homme, dans sa prodigalité, engendre parfois des monstres ou des créatures inachevées était sans importance à ses yeux.

Avec Carteret, je découvrais surtout en l'astrologie un langage poétique. D'aucuns contestent son approche, lui dénient le droit d'inventer le ciel, d'inclure dans sa logique à lui des planètes hypothétiques, nées cependant d'une « intuition rigoureuse ». Car, chez Jean Carteret, l'intuition — déduction accélérée qui n'a pas le temps d'être prise en charge par le conscient — suit néanmoins une trajectoire, un enchaînement logique. Et c'est ce qui m'a séduite : cette liberté, ce don poétique qui fait de lui parfois un authentique visionnaire, ce jaillissement verbal intarissable (ô ces nuits de travail, fécondes et épuisantes; même moi, pauvre chèvre diurne, je suivais, passionnée, ce « hibou »!).

Il fallait, certes, faire le tri. Jean Carteret me disait : « Tu es une bonne accoucheuse. » Je crois qu'il aimait travailler avec moi et pourtant nos rythmes se contredisaient de façon irrémédiable. Capricorne tout empêtré de secondarité, je contraignais ce Bélier primaire, précédant l'instant, à revenir en arrière. Il le supportait très mal mais admettait que cela seul lui aurait permis de conserver quelque chose de ce qu'il pensait puisqu'il ne pouvait pas écrire. L'écriture étant, par définition, inscription dans la durée.

Notre collaboration a duré deux ans, stimulante, enrichissante pour moi. Lui, il avait surtout besoin d'un auditeur qui voulût bien le suivre dans son aventure verbale du moment. Carteret avait — a encore — le génie des formules surprenantes; sa dialectique me paraissait parfois abusive, mais l'astrologie dont il parlait n'appartenait pas au musée, ne sentait pas la poussière des grimoires. Elle était vivante et, à ce titre au moins, elle était dynamisante et provoquait tous ceux qui l'écoutaient.

C'est à lui que je dois de m'être passionnée pour la Lune Noire, d'en avoir fait un champ de recherche personnel, d'avoir, avec lui et entraînée par lui, senti des valeurs symboliques qui jusque-là étaient restées lettre morte pour moi.

Peut-être aussi est-ce à lui que je dois d'avoir appris à laisser parler mon intuition. Comme il l'affirmait parfois : « On ne fait pas assez confiance à son ignorance. » Et c'est vrai; en astrologie surtout. Parce que, pour interpréter un thème, on dispose d'un nombre limité de symboles susceptibles de recouvrir une réalité infinie. Il faut opérer un choix en fonction de paramètres multiples et l'intuition intervient ici tout autant que la déduction consciente. Rien à voir avec la voyance. Il s'agit d'être à l'écoute de l'autre, de mobiliser en même temps une énergie intellectuelle, affective, psychique, qui permettra à la machine de se mettre en marche. On ne peut se contenter d'appliquer des recettes, de réciter ses leçons. Ceux qui ne comprennent pas cela seront toujours déçus par l'astrologie. Il faut aussi devenir l'autre, voir avec ses yeux, entendre avec ses oreilles. Et c'est pourquoi, pour ma part, je ne peux pas interpréter le thème de quelqu'un que je n'aime pas. Seul l'investissement affectif me permet de mobiliser cette énergie. Il faut que j'aie « envie » de connaître celui que je rencontre, d'aller vers lui. Ce n'est pas toujours facile et certaines expériences me laissent un souvenir étrange. Une amie m'avoua un jour qu'elle avait parlé de moi à un de ses cousins atteint d'un cancer déjà très avancé. Il souhaitait que j'aille le voir et lui dise quelques mots sur son thème. Elle me proposait de m'emmener à la clinique où il se trouvait. Je refusai d'abord. Parler de son avenir à un mourant m'apparaissait comme une plaisanterie macabre. Marquée par le souvenir de ma mère morte, elle aussi, d'un cancer, je n'avais pas la moindre envie de m'imposer ce traumatisme. L'amie en question insista tant que je finis par céder. J'arrivai avec elle à la clinique, pleine d'appréhension, me répétant sans cesse : que vais-je lui dire ? Je me trouvai en face d'un homme qui n'avait plus d'apparence humaine. Prisonnier d'une minerve qui lui enserrait toute la tête, les paupières cousues, les dents arrachées, je défaillis en le regardant. J'étais muette sous le choc. Et puis je me dis que j'étais là pour lui parler, lui apporter je ne sais quel réconfort, répondre à son attente. Alors, je me jetai à l'eau, me disant : si quelque chose en moi peut trouver les mots, alors que « ça » parle, parce que moi je ne sais rien. Pendant une heure, je lui parlai de lui, de sa vie, de ses peurs, presque dans un état second. Je me souviens seulement de l'avoir mis en garde contre un certain jour d'octobre, le mois qui suivait. Il est mort ce jour-là. En sortant, l'amie qui m'avait entraînée dans cette aventure me dit à ma grande surprise : vous avez été formidable ! Je ne me souvenais vraiment pas d'un mot, d'une phrase prononcés ; je savais seulement que j'avais tenté de suivre les conseils de Carteret, de ne rien interposer entre ce que je pressentais et ma volonté d'interpréter. Depuis, dans les cas difficiles, c'est toujours ce que je tente de faire.

Peut-être aussi le fait d'être Capricorne m'a-t-il aidé en pareille circonstance : la peur d'avoir peur, la peur d'être lâche donnent-t-elles parfois le courage de plonger dans l'horreur ?

En quoi l'astrologie pratiquée par un Capricorne est-elle différente de celle d'un Taureau, d'un Sagittaire ou d'un autre ?

Le goût du tête-à-tête

Je pense qu'il faut voir dans les manques du signe une motivation positive. Le Capricorne, nous y reviendrons longuement, est né frustré. Il a besoin d'être aimé, besoin de chaleur. Alors il s'intéresse aux autres, faute de s'aimer lui-même suffisamment, sans doute, et surtout dans l'espoir qu'au passage il glanera sinon un peu de gratitude, du moins un peu de sympathie. Ce misanthrope ne l'est que par amour des rapports humains non truqués, que par goût d'une sincérité, d'une vérité essentielles. Tout le reste l'ennuie et c'est pour cela qu'il n'est jamais un animal de salon mais toujours un fervent du tête-à-tête, il ne sait ni jouer, ni « faire la fête ».

Alors, l'astrologie lui donne un prétexte idéal pour entrer en contact, découvrir l'autre là où il est sans masque. Mais il n'y a pas dialogue sans passage d'un courant affectif de l'un à l'autre ; ni même sans que les découvertes que l'on fait sur l'autre, pour lui, ne nous enseignent quelque chose sur nous-mêmes.

Le Capricorne découvre ainsi qu'il a besoin des autres pour se trouver des motivations de vivre, pour nourrir sa force. Un jour quelqu'un me dit : « Ça doit vous fatiguer, tant de gens suspendus à vos branches » et, spontanément, sans réfléchir, je lui répondis : « Plus on se suspend à mes branches et plus mes racines poussent ! » Et je pris alors conscience de façon plus aiguë de ce besoin de donner qui est aussi une aliénation, une faiblesse, l'aveu d'une vulnérabilité extrême. Car le jour où les autres ne sont plus là pour qu'on les nourrisse, on en crève. C'est ainsi que dans ces dialogues, toujours vécus dans la spontanéité de l'instant, on découvre autant sur soi que sur l'autre. Parfois on s'entend dire un mot, on tente de formuler quelque chose de subtil mais ressenti comme une évidence, et, au passage, on se dit : mais, tiens, cela aussi, je pourrais me le dire à moi-même. Par ailleurs, le fait de cerner très vite une réaction instinctive lui donne souvent un pouvoir catharctique.

Ce mot savant qui évoque une « purge de l'âme » me ramène vers un autre aspect de l'activité astrologique que je ne peux passer sous silence et qui répond à un goût, une curiosité et

Le Grand Livre du Capricorne

un besoin spécifiquement capricorniens; je veux parler de l'aspect psychologique et thérapeutique de l'astrologie.

Si je n'avais pas été astrologue, je serais sans doute devenue psychanalyste. Mais la psychanalyse, pour celui qui l'exerce, est beaucoup plus frustante que l'astrologie. La psychanalyse, c'est le monologue de l'autre et l'attention flottante du thérapeute. En astrologie, c'est l'inverse qui se produit. Une amie psychanalyste me disait un jour : « Tu as de la chance, toi, si quelqu'un qui vient te voir t'est sympathique, tu peux nouer avec lui une amitié, l'inviter à dîner, sortir avec lui. Nous, quand une analyse se termine bien, nous devons nous réjouir si l'analysant part en claquant la porte! »

Une certaine connaissance théorique de la psychanalyse et de la psychologie des profondeurs m'a beaucoup apporté dans ma pratique et dans mon approche de l'astrologie. Dirigeant par ailleurs chez un éditeur parisien une collection d'ouvrages traitant surtout de sciences humaines, j'ai l'occasion de lire de nombreux manuscrits traitant de psychologie; je me tiens au courant de la recherche dans ce domaine, en France et à l'étranger, je rencontre des psychanalystes de toutes tendances. A partir de ces matériaux hétéroclites, j'ai opéré une synthèse personnelle, tenté de voir ce que je pourrais en tirer pour une meilleure exploration psychologique des thèmes astraux. J'ai même travaillé — et travaille encore — avec des psychiatres, des médecins, des analystes à l'esprit assez ouvert pour s'intéresser aux informations que je pouvais leur fournir sur leurs patients, parfois sur eux-mêmes, ou pour aider certains de leurs analysants victimes d'un blocage prolongé à un moment donné de leur cure.

Parfois même, je suis tentée d'orienter certaines personnes vers une psychanalyse; le thème me dit si le moment est bien choisi et quel type de thérapie on peut suggérer.

Certaines structures de thème incitent immédiatement à indiquer une cure analytique freudienne classique, ou lacanienne. Pour d'autres, au contraire, on perçoit des affinités avec l'analyse jungienne, d'autres avec le « rêve éveillé dirigé », d'autres, enfin, avec le psychodrame ou les groupes de rencontre, le « primal » ou des techniques plus « corporelles », comme les pratiques reichiennes, ou d'autres encore.

Mais ces affinités de structure existent aussi pour les analystes eux-mêmes. Un jour, un psychanalyste et psychiatre lyonnais est venu me voir pour que je lui parle de son thème. A un moment, je ne pus m'empêcher de lui dire : « Avec votre Lune Noire au Milieu-du-Ciel, vous êtes sûrement un excellent analyste mais vous devez être mal à l'aise dans les groupes. » Il m'interrompit, ravi : « Je déteste le groupe, j'ai horreur du groupe, c'est vrai, et ma femme qui est aussi analyste ne jure que par lui; elle veut m'y entraîner. Mais si vous me dites que je ne suis pas fait pour ça, j'y renonce... », et il ajouta, après un silence : « Au fond, votre truc, ça vaut une séance de contrôle; je reviendrai vous voir. »

D'autres thérapeutes, plus réticents, craignent qu'en intervenant de façon intempestive ou en informant le sujet des causes profondes de ses problèmes, l'astrologue ne pratique une forme de psychanalyse sauvage. Le reproche n'est pas dénué de fondement. Mais l'astrologue dispose d'informations, dès le premier instant, que l'analyste n'acquiert que bien plus tard. L'astrologue sait, grâce au thème, ce que l'autre pourra ou ne pourra pas supporter d'entendre, s'il est prêt ou non à découvrir une vérité sur lui-même, ou près de le faire. Selon le cas, l'astrologue nuancera son discours. Il est d'ailleurs toujours beaucoup plus satisfaisant d'avoir affaire à des personnes en analyse, ou ayant été analysées, parce qu'elles comprennent beaucoup mieux, beaucoup plus vite. A celles-là, l'astrologie ne révélera que peu de choses, mais elle confirmera ce qui est de l'ordre de l'essentiel. Parfois des « analysés » me disent : « C'est drôle, j'ai l'impression de revivre mon analyse en raccourci. » D'autres, non initiés à la pensée freudienne, d'instinct me disent : « Je mets ça dans un coin de ma tête et quand je le rencontrerai, si je le rencontre, je pense que je le reconnaîtrai plus vite; cela m'évitera peut-être de tourner en rond, de perdre du temps. » C'est souvent vrai.

Un jour, une femme aveugle, très intelligente et pleine de talent, vint me trouver. Je l'interrogeai sur l'âge où sa cécité s'était produite, pour vérifier une hypothèse. Cela lui était arrivé à vingt ans. Et je lui demandai à brûle-pourpoint : « Pourquoi avez-vous décidé d'être aveugle? » Elle rit et me dit : « Bonne question... » Sa réponse fut parfaitement honnête et lucide. Racontant cette anecdote devant des psychologues, je vis que mes propos les scandalisaient. « Comment avez-vous pu! », s'indignaient-ils. Simplement, je savais que cette question brutale pouvait être posée parce que le thème astral de cette femme m'en informait avec évidence. J'avais même la certitude qu'elle pourrait en tirer quelque chose.

Introduction

Mais peut-être aussi est-il dans la nature du Capricorne d'être brutal. C'est vrai. A la fois diplomate et brutal, et passant assez brusquement du fleuret moucheté au coup de massue. Et on ne peut pratiquer que l'astrologie que l'on est. Si on a le goût de la vérité, de la réduction à l'essentiel, on a tendance à écarter les faux-fuyants, les fioritures... ou à se taire.

On pensera peut-être : quelle prétention! Qui peut croire qu'il détient la vérité sur l'autre? Certes. Il n'est jamais question d'affirmer, d'être péremptoire. Mais de faire naître en l'autre « la bonne question », l'amener à formuler lui-même sa réponse. Le travail de l'astrologue, me semble-t-il, devrait avant tout se fonder sur une approche maïeutique. Et si l'on propose une interprétation, qu'elle soit seulement suggérée afin que l'autre l'intègre, la rejette si le moment n'est pas venu pour lui de l'entendre ou s'il la refuse pour des raisons psychologiques qui lui sont propres. Ou si on s'est trompé.

Une amie de province m'avait ainsi envoyé un jour une femme dont les difficultés familiales lui étaient connues. Celle-ci m'expose son problème : malheureuse en ménage, gagnant elle-même le pain de ses enfants et le sien, trompée... J'écoutai la liste de ses griefs. Puis je l'interrogeai perfidement : « Je suppose, madame, que vous avez des convictions religieuses? » Non, me répondit-elle, étonnée, ne voyant pas où je voulais en venir. « Parce que, lui dis-je, je ne vois que des convictions religieuses qui puissent vous interdire de divorcer. On a le droit d'être '' cocu et battu '' sans mot dire, mais si on est, de surcroît, content, il faut le savoir. » Autrement dit, je voulais l'amener à prendre conscience des « bénéfices secondaires », pour parler comme les psychanalystes, que l'on retire de situations apparemment intolérables. Mon intervention, j'en conviens volontiers, était « sauvage ». Le soir même, elle téléphonait à mon amie de province, sérieusement secouée. J'avais agi de la sorte parce que je savais qu'elle n'irait jamais voir un psychologue, que je ne la reverrais pas et que le seul service que je pouvais lui rendre, c'était de lui asséner un grand coup dont, avec un peu de chance, elle émergerait avec une plus claire conscience de son vrai désir. N'est-ce pas ce que nous demandons nous-mêmes à nos amis, à nos proches, à ceux qui nous aiment vraiment? Le Capricorne, là encore, laisse pointer le bout de l'oreille... parce que les natifs du signe ont l'amitié exigeante, qu'ils rejettent les mensonges compatissants, se sentent coupables de toute forme d'hypocrisie.

L'astrologie, pour quoi faire?

Et puis, il faut se consoler en se disant qu'il y a tous ceux, plus nombreux qu'on ne croit, qui viennent chercher une information sur eux-mêmes, dépouillée de toute complaisance. Ceux-là reviennent, pour tenter d'aller plus loin. Ceux-là vous font chaud au cœur en vous assurant que vous les avez aidés à voir plus clair, que grâce à vous ils ont changé ou qu'ils ont mieux compris leur mari, leur femme, leurs enfants. Alors, on se dit qu'on n'a pas perdu son temps, ni son énergie, ni son amour.

Il m'est arrivé que quelques personnes, hommes ou femmes, reviennent me voir tous les quinze jours, ou tous les mois, pendant plus d'un an. Des gens qui ne voulaient en aucun cas aller voir un analyste et qui avaient besoin d'aide.

Très vite, ils apportent leurs rêves, tout un matériel symbolique qu'on se met à interpréter avec aisance parce qu'on les connaît bien. On peut alors presque parler de psychothérapie de soutien. Et le plus miraculeux, c'est qu'on les voit changer, prendre des décisions qui vont modifier leur vie.

Un garçon qui venait me voir dans cet esprit depuis six mois me demanda un jour : « Je reconnais que j'ai changé. Mes amis me le disent, je le sens bien moi-même; mais j'aimerais que vous me disiez quelle est votre grille... » J'éclatai de rire : « Ma grille? C'est celle du vivant, de l'instant, de l'instinct, de l'intuition, de l'humour, que sais-je? L'important, n'est-ce pas que vous vous sentiez libre de tout me dire et qu'au passage vous ayez le sentiment d'avancer? »

Certes, parmi les reproches adressés à l'astrologie, j'ai souvent entendu mentionner un de ceux qu'on adresse aussi à la psychologie : « Vous détenez un pouvoir sur l'autre et le pouvoir est dangereux. » Je le crois plus néfaste à l'astrologue qu'au « consultant ». Surtout si l'astrologue est une femme... Bien peu d'hommes supportent le sentiment qu'on détient un savoir sur eux. Ils s'imaginent toujours qu'on en sait plus qu'on ne veut bien le dire et cela leur fait peur.

Mais celui qui vient vers l'astrologue ou vers le psychanalyste est motivé. Il vient avec une demande. Il désire recevoir une réponse. Pourquoi refuser? Libre à lui de faire ce qu'il veut de l'information reçue. Parfois, il suffit de savoir écouter. Certains entreprennent cette démarche parce qu'ils se trouvent devant un choix difficile. Demandez-leur d'exposer leur problème, de préciser entre quelles propositions ils hésitent. Bien souvent, vous êtes amenés à leur répondre que leur choix est déjà fait mais qu'ils ne le savent pas, qu'il suffit d'entendre avec quels mots, quelles intonations ils en parlent pour savoir où vont leurs préférences. Presque toujours, le thème permet de confirmer ce choix, parce que c'est celui qui va dans le sens de leur désir profond. Sauf, bien sûr, si ce choix est fondé sur l'illusion, sur une vérité qu'ils ne veulent pas voir ou sur un manque de confiance en eux. L'astrologie permet toujours d'entrer dans cette complexité de l'être.

Là encore, il n'est pas question de jouer les démiurges.

Je pense que tous les astrologues éprouvent, lorsqu'ils ont le sentiment d'avoir débrouillé un écheveau compliqué, un plaisir extrême. La joie de comprendre me paraît infiniment plus gratifiante que celle qui pourrait être donnée par une manipulation perverse de l'autre.

Du moins, en tout cas en est-il ainsi pour moi. Pour l'astrologue Capricorne, je suis convaincue que le plaisir de comprendre et l'espoir d'aider — aussi illusoires soient-ils — déterminent l'essentiel de sa motivation. Il pratique l'astrologie parce qu'il aime ce rapport intime et profond. Peut-être derrière tout cela, et de façon plus obscure, trouverait-on, en effet, le sentiment d'avoir un pouvoir sur l'autre, non pour le contrôler mais pour exister à ses yeux. Le Capricorne a le sens des responsabilités — de façon presque pathologique — et un rien éveille en lui un pesant sentiment de culpabilité. S'il agissait mal, d'une façon intéressée, malhonnête, dangereuse, il en serait, je crois, immédiatement alerté. Car le Capricorne est, malgré lui, un moraliste, un « parpaillot ». Ce n'est pas là le moindre de ses défauts. Certes, celui qui est culpabilisable est aussi culpabilisant. Son regard peut paralyser l'autre, lui interdire, même par le silence, de commettre quelque action qu'il réprouve. Nul ne peut jamais prétendre être objectif ou impartial. L'essentiel étant de savoir — et de laisser deviner — de quelle éthique on se chauffe.

Ainsi, j'avoue ne pas supporter la vénalité. Je ne parviens pas à la considérer avec indulgence. Un jour, une femme prit rendez-vous avec moi. En montant son thème — puisque telle est la formule consacrée —, je sus tout de suite qu'elle était vénale... et que je ne parviendrais pas à la trouver sympathique.

A peine assise en face de moi, elle me demandait si son mari, étranger et fortuné, cardiaque de surcroît, mourrait bientôt, car, me dit-elle, son argent lui serait fort utile!

J'avoue que je ne pus m'empêcher de rire : « Je m'attendais à vous trouver intéressée mais votre cynisme m'impressionne! Au moins, on ne peut pas vous reprocher d'être hypocrite! » Et je me contentai de refuser de répondre à sa question.

Parce que le Capricorne s'intéresse plus aux origines qu'à l'avenir et parce qu'à partir de son moralisme il souhaite que les autres assument leurs actes en toute conscience, il peut fréquemment rejeter la prédiction. Il faut en outre bien admettre que la prédiction est hasardeuse. On peut parfois proposer une hypothèse, formuler une mise en garde, donner un espoir, supposer une évolution. Jamais l'imposer. De plus, je pense qu'il y a un risque psychologique à prédire, ne serait-ce qu'en induisant certains comportements.

On ne tient jamais assez compte, c'est vrai, du pouvoir de la parole. S'il ne recherche pas le pouvoir, l'astrologue, comme le médecin, en est investi, pour peu qu'on aille à lui avec confiance. Et je crois qu'on ne pèse jamais assez les mots. Il est difficile, par ailleurs, de les contrôler de façon rigoureuse et de laisser parler en même temps une spontanéité qui, seule, permet de faire passer le flot de l'intuition. Il faut aussi prendre garde aux risques de « projections »... On n'est jamais assez prudent avec son inconscient!

Lorsqu'un Capricorne vient me consulter, je m'amuse beaucoup. Une complicité immédiate s'établit. Mais je préviens aussitôt que je ne résisterai peut-être pas, au passage, à la tentation de me « projeter », peut-être même de me raconter, ne serait-ce que pour vérifier mes propres hypothèses, comparer, m'assurer qu'en effet le fond commun à tous les Capricorniens existe bien sous la forme que je lui vois et que la Tradition, de surcroît, nous a léguée.

Ce n'est sans doute pas un hasard si les Capricorne sont ceux que je reconnais le moins bien dans une soirée... Comme si j'avais peur d'être taxée de narcissisme.

Il y a là aussi, d'ailleurs, un élément qui peut pousser les natifs de ce signe à faire de l'astrologie. Nous sommes tellement moins coupables si nous nous intéressons aux autres plutôt qu'à nous-mêmes! Et on a tellement moins de problèmes si on se penche sur ceux des autres plutôt que de se vautrer dans les siens. Plus qu'on ne peut l'imaginer, l'astrologie est, pour celui qui la pratique, un remède, un moyen de distanciation avec ses propres angoisses. Plus encore que grâce à la lecture de son propre thème, c'est en déchiffrant celui des autres qu'il apprend, qu'il progresse.

Au fond, j'ai toujours un peu le sentiment de commettre une escroquerie quand les gens me remercient et me disent que je les ai aidés. Moi aussi, ils m'ont aidée. Et je ne les en remercie jamais assez.

Le goût de la recherche

Une autre dimension de l'activité astrologique m'apparaît enfin comme fondamentale pour le Capricorne — même si elle est abordée par des astrologues d'autres signes —, c'est celle de la recherche.

Là où le Gémeaux sera tenté de s'orienter vers l'enseignement ou l'écriture, où le Taureau élaborera d'autres systèmes de pensée, d'autres théories, où le Bélier découvrira spontanément, le Capricorne, lui, cherchera. Avec patience. Il aime ce travail solitaire et qu'il accomplit à son rythme. Il accumulera des informations, opérera des comparaisons, en tirera des hypothèses, utilisera parfois les idées des autres pour vérifier qu'elles cadrent bien avec la réalité. Le Verseau qui, lui aussi, est amateur de recherche, y mettra sans doute plus d'invention, plus de créativité pure. Mais le Capricorne, qui a l'éternité devant lui, mènera avec rigueur son projet jusqu'au bout. Jusqu'à ce qu'il rencontre une certitude.

La recherche, de surcroît, lui fournit un fantastique prétexte à immobiliser le temps, à travailler. Car, en astrologie, tout peut devenir recherche, tout peut stimuler l'imagination. Le philosophe l'utilisera pour construire une métaphysique, le médecin tentera de l'exploiter pour favoriser une prévention, étudier des terrains biologiques, vérifier des hypothèses, le psychologue se verra offrir un champ illimité d'investigations dans le domaine du symbole, et le poète, l'artiste, le peintre, y puiseront bien souvent leur inspiration. Car l'astrologie, selon le mot de Raymond Abellio, est à la fois une science, un art et une sagesse. Le Capricorne a le goût de la science parce qu'elle élargit la connaissance et qu'elle est utile de façon pragmatique; il aime l'art parce que celui-ci est vivant, qu'il révèle toujours une vérité de l'être, qu'il est éternel. Il aime la sagesse parce qu'il y aspire, parce qu'il souhaiterait atteindre au détachement et à la sérénité, lui qui a tant de mal à se guérir de son avidité à vivre...

L'astrologue peut tomber dans le puits, comme disait La Fontaine, mais ne dit-on pas aussi que la vérité en sort toute nue?

De quel côté penche votre personnalité Capricorne ?

Les deux listes d'adjectifs ci-dessous décrivent les aspects positifs et négatifs de la personnalité Capricorne. Vous lisez chaque mot et, le plus honnêtement possible, vous évaluez si ce mot vous concerne ou non. Chaque fois que votre réponse est « Oui, ce mot me concerne », vous cochez la case correspondante dans la colonne 1 (maintenant).

Totalisez maintenant le nombre de croix de la colonne de gauche et inscrivez ce nombre dans la case Total; faites de même pour la colonne de droite. Si votre total de gauche est supérieur de huit points ou plus à votre total de droite, vous êtes actuellement dominé(e) par les excès et les contradictions de votre signe. Si votre total de droite est supérieur à votre total de gauche de huit points ou plus, vous réalisez pleinement le potentiel du Capricorne. Refaites cette exploration dans un an puis dans deux ans; chaque fois que vous pourrez honnêtement supprimer une croix dans la colonne de gauche et ajouter une croix dans la colonne de droite, vous avancerez sur la voie de votre heureux accomplissement personnel.

	maintenant	dans 1 an	dans 2 ans		maintenant	dans 1 an	dans 2 ans
TIMORÉ				PRUDENT			
AVARE				ÉCONOME			
PESSIMISTE				LUCIDE			
ROUTINIER				DISCIPLINÉ			
FROID				AMBITIEUX			
SOLITAIRE				AUTONOME			
LENT				PERSÉVÉRANT			
RIGIDE				RÉSOLU			
INTÉRESSÉ				CALCULATEUR			
AMORPHE				PATIENT			
SÉVÈRE				PLEIN DE SANG-FROID			
TACITURNE				PLEIN D'HUMOUR			
LABORIEUX				TRAVAILLEUR			
FATALISTE				DOUÉ DU SENS DES RESPONSABILITÉS			
MANIAQUE				MÉTHODIQUE			
INDIFFÉRENT				DIPLOMATE			
INFLEXIBLE				INTÈGRE			
RANCUNIER				PHILOSOPHE			
OBSÉDÉ				CONCENTRÉ			
INCAPABLE DE SPONTANÉITÉ				DOUÉ DE SENS POLITIQUE			
ÉGOISTE				DÉTACHÉ			
INACCESSIBLE				TRÈS SOLIDE			
INQUIET				CAPABLE DE VOIR LOIN			
INÉMOTIF				RATIONNEL			
REPLIÉ SUR SON PASSÉ				DOUÉ DU SENS DE L'HISTOIRE			
Total				**Total**			

Chapitre Premier

Symbolique et Mythologie du Signe

Petite chèvre au regard étrange et doux. Les natifs du Capricorne sont liés symboliquement à cet animal extraordinairement persévérant et sobre.

La Symbolique du Signe

La tête dans les nuages et la moitié du corps dans l'eau. Tel est figuré le signe par la Tradition astrologique. « Le Capricorne et sa formidable queue de bouc marin », écrivait le poète Léon-Paul Fargue.

Le Capricorne, comme son nom l'indique, appartient à la race des caprins. Rien à voir avec le coléoptère rongeur de charpentes et dont on nous dit qu'il a une odeur de rose. Il s'agit du bouquetin, bouc des rochers, chèvre des montagnes aux cornes énormes et noueuses.

La Tradition mythologique l'associe à la chèvre Amalthée, celle qui nourrit Zeus lorsque sa mère Rhéa réussit à soustraire son dernier fils à l'avidité dévoratrice de son père Cronos. Surprise par le dieu Typhon, Amalthée, terrifiée, tenta de se cacher dans une rivière mais ne put immerger que la partie inférieure de son corps et celui-ci se transforma aussitôt en queue de sirène. D'où ce dessin tout en boucles qui représente le signe, où cornes de bouc et queue de poisson s'entremêlent [1].

Le Capricorne constitue, avec le Bélier et le Taureau, le bestiaire cornu du Zodiaque. Il semble bien que la Tradition ait voulu ainsi désigner les signes « forts », ceux qui sont investis à la fois d'une puissance d'affrontement, d'une combativité et d'un entêtement à aller de l'avant dont les autres ne jouissent pas. Avec plus de puissance dynamique, agressive et mâle chez le Bélier, celui qui marche au-devant du troupeau avec ses cornes verticales et entrecroisées, plus de force brute chez le Taureau, avec ses cornes horizontales (le Taureau est en réalité génisse porteuse dans ses flancs des promesses de la vie et, dans ses cornes, de l'abondance offerte par la nature. Le Taureau, c'est une toile d'Arcimboldo...), et plus de forces contradictoires, peut-être, chez le Capricorne, qui évoque la chèvre de Monsieur Seguin se battant toute la nuit contre le loup, voulant se convaincre du pouvoir de ses cornes, têtue, courageuse, absurde...

Pourtant, si on se réfère à la mythologie, la corne de la chèvre Amalthée était dotée d'un pouvoir particulier. Né en Crète, ou en Arcadie, puis conduit en Crète, Zeus fut caché dans une cave sur le mont Dicté pour échapper à son père. Là, il fut nourri par Amalthée, tandis que les Courètes, demi-dieux amicaux, noyèrent les cris du jeune dieu en frappant leurs armes de cuivre contre leurs boucliers. Amalthée, dit-on, possédait une corne qui se remplissait à volonté de tous les breuvages et de toutes les nourritures qu'on désirait. Les Latins appelaient cette corne : *cornucopia*, la corne pleine. Ainsi donc cette corne du Capricorne serait intarissable.

Mais il ne faut pas oublier la queue de sirène qui transforma l'animal du signe en une bête bien plus complexe que ses frères Bélier et Taureau. Si l'on admet que tout symbole aquatique est rattaché à l'inconscient, on voit que la chèvre Amalthée, en plongeant ses pattes dans l'eau, en voulant jouer les Gribouilles, subit une métamorphose; elle devient alors plus fabuleuse,

---

1. Parfois, la queue du Capricorne se trouve logée dans une coquille marine.

Le territoire de la chèvre, animal tout à fait domestique, se trouve à la fois sur les cimes, puisqu'elle grimpe toujours plus haut en mangeant, et à la fois dans les grottes, qui la protègent des intempéries. Ici, la voilà aux côtés d'une sorcière.

ambiguë, mythique. En elle s'opère une alchimie mystérieuse. C'est la peur qui la contraint à cette plongée, la peur qui est à l'origine de sa transformation et lui permet d'accéder, par la contrainte, au règne de l'inconscient. Car chaque détail, aussi infime soit-il, qui survit dans une légende, a son importance et sa portée symbolique. On verra plus loin que Saturne, maître du Capricorne, vit une aventure parallèle.

Pourquoi une chèvre, plutôt qu'un autre animal nourricier — vache ou louve —, comme on en trouve dans la légende de notre Histoire ancienne? Sans doute parce qu'il fallait que Zeus, futur maître de l'Olympe, vécût son enfance dans une montagne. Ou parce que, dans son intuition miraculeuse, l'inconscient collectif, créateur des grandes structures sacrées (on les retrouvera dans le Tarot, dans le I King, ailleurs encore), devait nous proposer un animal conforme par sa nature au caractère du Capricorne. On se récriera peut-être : abus anthropomorphique, imagination délirante! Alors, amusons-nous à interroger autour de nous, à déchiffrer les associations inspirées par la chèvre.

L'un privilégiera l'aspect brouteur et capricieux qui arrache à son chemin tout ce qui lui paraît bon à manger, l'autre mettra en avant l'aspect sautillant et joueur de la chèvre (qui, dans sa jeunesse, n'a pas joué à se faire pousser à petits coups de tête précis et taquins par quelque chèvre campagnarde?). D'autres encore parleront de l'animal montagnard amoureux des cimes, sautant de pierre en pierre avec agilité — et que seul un bon berger peut suivre —, plus apte à grimper qu'à redescendre. D'autres diront l'odeur, le poil, l'œil oblique, les cornes, le bondissement.

Ces associations de mots et d'idées, ces évocations, éveilleront nécessairement un écho dans la mémoire de chacun parce que la chèvre, comme les autres animaux du bestiaire zodiacal, appartient à notre patrimoine culturel le plus archaïque, que notre mémoire collective est toute nourrie de sacrifices animaux et de devins lisant dans leurs entrailles, de troupeaux qui faisaient la richesse ou la pauvreté d'un peuple, de complicités et d'attachements, de liens créés avec ces *cornucopiae* qui donnaient le lait, le fromage, la viande et la peau.

Jean-Paul Clébert, dans son *Dictionnaire du symbolisme animal* (Albin Michel), situe pour nous l'image associée à la chèvre, dans la mythologie comme dans le folklore : « La femme du bouc est un animal curieux qui allie la douce familiarité de l'animal domestique à la fière indé-

Ambiguïté du signe, division de la bête qui le symbolise : une tête aérienne et fière aux cornes de bouc, une queue de poisson effleurant les eaux.

pendance de son mode de vie sauvage. » Et, plus loin : « Elle participe donc à la fois de la nature souterraine, celle des grottes, et de la nature aérienne, celle des cimes. De là à lui donner un caractère prophétique, il n'y avait qu'un pas. Le sanctuaire de Delphes lui doit sa fondation. »

On voit là, à nouveau, ce symbolisme du Capricorne au corps divisé, tête aérienne et arrière-train caché dans l'eau, dans la grotte, dans le souterrain et entouré de mystère. Jean-Paul Clébert poursuit : « La nature monstrueuse de la chèvre Amalthée se retrouve dans l'usage que fit Zeus de sa peau après sa mort, c'est une véritable armure dont il fit son bouclier sur lequel la déesse Pallas attacha la tête de Méduse, et qui prit le nom d'Égide, devenue le symbole de la protection. »

La chèvre aurait-elle la réputation d'avoir la « peau dure », le cuir endurci ? N'oublions pas que si elle acquiert ce pouvoir, c'est pour servir de bouclier aux autres. Elle protège mieux les autres, en effet, qu'elle ne se protège elle-même.

Mais la chèvre n'a pas une réputation sans tache. Jean-Paul Clébert nous apprend en effet que « dans l'Europe médiévale, la chèvre continua de supporter la réputation monstrueuse de son ancêtre Amalthée. C'est qu'à vrai dire elle restait la femelle du bouc, à la réputation pendable. Elle fut la compagne favorite des sorcières (voyez dans Hugo le rôle qu'elle joua auprès d'Esmeralda) ».

Il est vrai que le bouc est un animal étrange, fascinant, avec ses cornes verticales presque aussi hautes que son corps, ses pupilles obliques, son regard doré et cette formidable impression de puissance, cette lubricité têtue et insatiable qui l'investit d'une sorte de pouvoir magique. Rien d'étonnant, non plus, à ce que la chèvre soit liée aux sorcières, ces dernières descendantes de la déesse mère, de Cybèle, d'Hécate — la Lune Noire —, et même de Méduse, toutes irradiées de la force de Lilith, maudite, chassée du Paradis de par sa propre exigence et de par son propre orgueil, condamnée à hanter l'imagination des faibles, incarnant une menace parce qu'elle est le désir et la soif, et l'absolu.

Mais il y a aussi la « chèvre d'or », gardienne de trésors souterrains. Jean-Paul Clébert affirme que de nombreuses légendes l'attestent : « Elle règne en général sur les ruines des châteaux ou des monuments romains, ou prétendus tels. »

Cérémonie de messe noire, présidée par une chèvre, dans l'ombre : elle participe à la fois de la nature souterraine, celle des grottes, et de la nature aérienne, celle des cimes. De là à lui donner un caractère prophétique, il n'y a qu'un pas.

Il me semble qu'il faut voir là le lien de la chèvre Capricorne avec les ruines, les vieilles pierres du passé. Sensible à tout ce qui émane de la terre, du sous-sol, qu'il s'agisse d'un trésor enfoui ou des richesses qui vont surgir tout naturellement du sol ensemencé, la chèvre apparaît comme un animal exceptionnellement réceptif, perceptif, intelligent et nerveux, mais aussi imprévisible et compliqué.

Pour voir si le fantasme et la réalité se rejoignaient, j'ai interrogé un couple qui, dans le Limousin, possède un troupeau de chèvres. Je leur ai demandé ce qui, à leurs yeux, caractérisaient le comportement de l'animal. Voici le fruit de leurs observations. Même les enfants du couple, ravis, ont participé à l'interview...

« C'est vraiment la bête la plus capricieuse... Elle a un formidable esprit de contradiction. Les chèvres sont des individualistes. Dans tous les troupeaux, il y en a toujours une qui sème la pagaille, qui entraîne les autres. Il y a aussi des chèvres méchantes. Elles ont besoin de beaucoup d'espace et, quand elles sont trop serrées, elles se battent. Quand on leur a retiré leur chevreau de bonne heure, elles vous traitent comme si vous étiez un de leurs petits. Si, par exemple, un chien arrive, un peu menaçant, elles viennent vous en protéger. Celles qu'on élève, au début, ne nous quittent pas ; vite, elles viennent vers nous. Si elles se battent entre elles, ou avec les chiens, jamais elles n'attaquent les humains ; les chèvres méchantes, ce sont celles qui ont été élevées toutes seules, ou qui sont seules.

« Nous avons eu une chèvre que nous avons appelée Érotique. Elle se laissait têter par n'importe qui, se frottait tout le temps aux autres. Elle a "pris" le bouc trois fois avant d'être satisfaite ! Ce sont des gourmandes, capricieuses certes, mais surtout gourmandes. Elles sont drôles aussi ; si vous prenez un soin particulier de l'une d'elles, elle se prendra pour la reine du troupeau. Il y en a qui ne supportent pas de faire leurs petits toutes seules ; elles réclameront notre présence, feront les douillettes... Il y en a vraiment de comédiennes ! Elles ont tendance à vouloir la compagnie des hommes, pour moins souffrir. Mais elles sont très jalouses ; si vous en caressez une, l'autre arrivera pour déloger la première. La chèvre attaque facilement. Elle fait face et attaque tout de suite, les chiens, par exemple. A coups de corne, bien sûr, mais elles arrivent aussi à mordre. Elles pincent leurs petits par la peau du cou pour les envoyer promener... Entre elles, elles se mangent les oreilles.

« Du racisme aussi. Une blanche dans un troupeau de marrons aura des difficultés à se faire accepter... Elle deviendra la bête noire ! Il y a des bagarres ; elles s'attaquent à celle qui est fragile ou malade. Certaines fuient, évitent les autres, s'écartent. D'autres s'associent deux par deux. Quand on les entrave pour manger, elles se groupent toujours par deux — dans le même ordre. Ce sont des bêtes à habitudes. Certaines sont très amicales, d'autres ne se laissent pas caresser. Que puis-je vous dire encore ? Qu'elles sont très attentives à la voix et qu'elles reconnaissent la main qui les trait.

« Très gourmandes, elles recherchent toujours le meilleur ; elles courent partout, alors même qu'elles ont très faim, pour chercher quelque chose qui leur semblerait encore meilleur. Elles aiment les jeunes pousses, les glands, les châtaignes et cherchent toujours à grimper. A l'automne, elles mangent les écorces ; elles vous pèlent un arbre du bas jusqu'en haut en moins de deux ! Elles mangent des plantes toxiques, mais en petite quantité, même de la grande ciguë ou de la renoncule... Ça doit être difficile d'empoisonner une chèvre. Quand elles sont malades, elles connaissent et sélectionnent des plantes dont elles ont besoin, en variant les quantités selon leur état ; elles savent choisir les plantes médicinales ; quand elles mangent de la bruyère, ou du serpolet, c'est un besoin. Une chèvre, c'est dévastateur... On croirait parfois qu'on a mis le feu aux buissons, ça nettoie tout, les fleurs, les genêts, les feuilles de cerisier, les noisetiers...

« Elles sautent très haut, incroyablement haut quand elles veulent attraper quelque chose, et elles sont terriblement curieuses. Si elles vivent longtemps ? Oui, très longtemps, quinze, seize ans. »

En écoutant cette jeune femme, j'avais sincèrement le sentiment qu'il n'était pas absurde d'opérer un rapprochement entre le caractère du Capricorne et celui de l'animal...

« Capricieuse »... Si le caprice est bien une volonté subite et irréfléchie, une « fantaisie d'imagination », un goût soudain et passager, le Capricorne, en effet, sous ses dehors impassibles, peut avoir de tels comportements. Je dois bien admettre que le Capricorne est têtu et n'en fait qu'à sa tête, qu'il a parfois des idées fantasques. Individualiste ? Impénitent. Doté d'un fort esprit de contradiction ? Assurément. Affectueuses et maternelles, agressives quand elles sont seules, méchantes quand on leur prend leur bien, ce n'est pas exclu. Raciste ? En tant que conservateur né, ayant du mal à accepter la différence de l'autre... peut-être bien. Érotiques, insatiables ? Sans commentaire. Intelligentes, gourmandes, oui... Jalouses ? Sans aucun doute. Animal à habitudes ? Hélas ! Ayant besoin de présence humaine : qui le nierait ? Elle fait face, la chèvre, comme celle de Monsieur Seguin, mais elle peut aussi fuir, s'écarter, refuser l'affrontement. Le Capricorne aussi. Sensible à la voix, à la main qui la caresse... Je laisse aux Capricorne le soin d'en décider, par pudeur ! Dévastatrice, curieuse, ne pouvant réfréner son appétit. Avide. Comme une vraie Saturnienne !

A vrai dire, le symbole ne me paraît pas mal choisi du tout...

Le Capricorne, *de Max Ernst. Cette sculpture anguleuse, aux structures fines et à la base pourtant très lourde, massive, exprime admirablement la nature du signe. Noter aussi l'équilibre intemporel qui s'en dégage.*

La Mythologie du Signe

Pour comprendre le Capricorne, il est essentiel de comprendre la nature de Saturne. Pour comprendre Saturne, il faut remonter au Déluge. Tout au moins aux Titans.

L'histoire de la mythologie grecque commence avec les divinités les plus anciennes : Uranus et Gaïa, le ciel et la terre. Nous sommes aux origines de la création. Uranus était à la fois le fils et le mari de Gaïa, ce qui fait d'elle une déesse-mère de l'époque matriarcale. Les plus célèbres de leurs enfants furent les Titans, au nombre de douze. Comme les douze signes du Zodiaque, les douze tribus d'Israël, les douze apôtres... On sait que ce nombre, dans la symbolique, est universel.

Parmi ces enfants, citons les trois Cyclopes, les trois Hécatonchires... Trois par trois, là encore, comme les triplicités élémentaires du Zodiaque[1].

A la tête de la dynastie des Titans, on trouve Cronos et Rhéa, puis Oceanus et Téthys, la nourrice, Coeus et Phoebe, lumières de la fin du jour ; Creus, une puissance de la mer, Iapetus, celui qui serait à l'origine de l'humanité et dont, pourtant, on ne fait guère de cas. On parle davantage de Thémys qui apporte la justice et la loi, et, enfin, de Mnémosyne, la mémoire.

Uranus n'aimait ni les Cyclopes ni les Hécatonchires. Dès qu'ils virent le jour, il les renvoya dans les ténèbres ! Autrement dit, il les précipita dans le Tartare, lieu de destination des méchants, des pécheurs ou de ceux qui avaient offensé les dieux. A dire vrai, Uranus avait des excuses. Ces monstres dotés d'un œil unique et ces géants aux cent mains ne lui apparaissaient sans doute pas comme des fils dont il eût pu être fier. Pourtant, la mère, elle, dans ces cas-là, n'est jamais du même avis. Et Gaïa devait se révolter contre les mauvais traitements infligés par ce père indigne à ses enfants les plus mal venus. Elle dressa donc ses fils Titans contre Uranus. Tous, à l'exception d'Oceanus, se joignirent à la conspiration.

C'est alors que Cronos, le plus jeune des Titans, guetta son père et le châtra avec une faucille de fer que lui avait fournie Gaïa. Cette castration du père par le fils, cette rivalité et ce meurtre symbolique du père prennent tout leur sens à la lumière de la psychanalyse. Plus tard, c'est Cronos, devenu père à son tour, qui cherchera à se débarrasser de son fils rival. Ce thème de la castration et de la rivalité, on le voit, apparaît avec une force exceptionnelle à travers le mythe saturnien.

Des gouttes de sang qui tombèrent sur terre de la blessure d'Uranus naquirent les Furies, les Erinyes (Alecto, celle qui ne se repose jamais ; Mégare, la jalouse ; Tisiphone, la vengeresse). Voilà les créatures redoutables, avec leurs serpents enroulés autour du corps, engendrées par l'acte criminel du fils ! Puis naquirent les géants, qui avaient pour pieds des serpents et n'étaient qu'à demi humains. On dit aussi que de la semence perdue d'Uranus tombée dans la mer naquit Aphrodite, née de l'écume.

Les Titans libérèrent leurs frères emprisonnés dans le Tartare et détrônèrent Uranus. Cronos, l'habile, accéda alors à la position suprême. Il n'en fallut pas plus, une fois en possession du pouvoir, pour que Cronos renvoie aux Enfers ses frères disgracieux, les malchanceux Cyclopes et Hécatonchires.

---

1. La structure astrologique repose sur douze signes, quatre éléments, trois signes de chaque élément (Feu, Terre, Air et Eau).

Gaïa, entre-temps, continuait à faire des enfants avec ses fils innombrables. De Pontus, elle avait eu les dieux marins Nerus, Thaumas et Phorcys, les déesses de la mer Céto et Eurybia. Elle fut aussi la mère de trois géants et, par son fils Tartare, de Typhon, dont on se souviendra qu'il avait, en tant que sbire de Cronos, effrayé la chèvre Amalthée.

Mais Cronos demeurait le roi du monde. On en fait parfois le dieu du temps, par un abus étymologique, mais Chronos n'était pas Cronos, bien que cette confusion se justifie précisément, on le verra plus loin, par l'importance, dans le symbolisme saturnien, de la durée et du temps.

Cronos eut de sa sœur et épouse Rhéa, Zeus et Héra, qui prendront plus tard leur place. Il engendra aussi Poséidon, Hadès, Déméter et Hestia, tous dieux de l'Olympe.

De ce passage des divinités de la Terre aux divinités de l'Olympe, on verra qu'il y a, historiquement, quelques interprétations intéressantes à proposer.

Selon une prophétie faite à ses parents, Cronos devait être détrôné par un fils plus grand que lui. Pour prévenir la chose, Cronos prit l'habitude d'avaler ses enfants dès leur naissance. Rhéa supporta cela aussi longtemps qu'elle le put, mais comme Gaïa, elle perdit patience, surtout après qu'il eut avalé cinq de ses enfants. Avant de donner naissance au sixième, elle se rendit à Lyctos, en Crète, où elle accoucha de Zeus. Pour tromper Cronos, elle lui présenta, en guise de nouveau-né, une pierre enveloppée de langes. Nul ne saurait dire si Cronos engloutit la pierre par excès de confiance et de crédulité, ou par habitude. Mais Zeus était sauvé. Et par son avènement, toute une civilisation allait changer.

Des années plus tard, lorsque Zeus eut atteint l'âge adulte, il donna à Cronos une potion qui lui fit vomir non seulement la pierre mais aussi les frères et sœurs nés avant Zeus.

Zeus et ses frères occupèrent alors le mont Olympe, en Thessalie, tandis que Cronos et les Titans s'installaient de leur côté sur le mont Othrys, jusqu'à ce qu'il fût vaincu par la foudre et les éclairs de Zeus.

Il existe plusieurs versions de la défaite de Cronos et de ce qui s'ensuivit. Pour certains, il fut à son tour précipité dans le Tartare. D'autres auteurs réconcilient le père et le fils, laissant à Cronos le loisir de continuer à régner, avec Rhadamante, fils d'Europe, dans les îles Bienheureuses.

Un autre récit nous conte que Cronos, exilé, atteignit enfin l'Italie et qu'il y fut accueilli amicalement par le roi du pays, Janus. Il y reçut le nom de Saturne.

En tant que Saturne, Cronos fut l'un des grands dieux des Romains. D'ailleurs, pour les Grecs eux-mêmes, Cronos avait bien fui son fils triomphant et s'était installé dans un pays de l'ouest qu'il est aisé de reconnaître comme l'Italie des Romains. Cette version ne manque pas d'évoquer un événement historique, comme nous le verrons.

Saturne enseigna au peuple l'art et l'agriculture. Il fut respecté comme un roi. On associe son règne à l'Age d'or et son pays à une terre d'abondance.

Les saturnales étaient célébrées entre le 17 et le 23 décembre. Autrement dit, à l'apparition du soltice d'hiver, au moment de l'entrée du Soleil dans le signe du Capricorne. Aujourd'hui le Soleil pénètre dans cette portion du Zodiaque entre le 21 et le 23 décembre et ne fête-t-on pas Noël, qui n'est autre chose que la célébration du vieux culte saturnien de l'hiver, le 24 décembre ? Chacun sait d'ailleurs que Jésus n'est pas né en décembre mais sans doute pendant le mois de Tsiri, quelques années avant sa naissance « officielle ».

Le père Noël et Saturne se ressemblent comme des frères. Les saturnales se déroulaient dans un climat de joie, avec de grandes festivités; on échangeait des présents, on illuminait tout avec des chandelles... Il ne manquait que le sapin !

Pendant ces fêtes, les tribunaux cessaient de fonctionner. Ceux qui violaient la loi n'étaient pas punis; les esclaves prenaient la place de leurs maîtres et ceux-ci les servaient. Aucun acte de guerre ne pouvait être commis pendant sept jours sans passer pour une insulte aux dieux.

Cronos-Saturne était représenté sous l'apparence d'un vieillard dont la tête était couverte d'une écharpe. Dans sa main, une faucille, traditionnelle représentation du temps mais peut-être aussi rappel de l'outil qui servit à castrer Uranus, ou, simplement, instrument aratoire.

Rhéa, la femme de Cronos, est une déesse de la fertilité et des fruits. Elle était identifiée à Cybèle, la plus grande des Déesses-mères, la principale déesse des Lydiens et des Phrygiens. Nous verrons plus loin que la Lune Noire représente, entre autres symboles, l'une de ces Déesses-Terre. Elle a des affinités profondes avec Saturne — en tant qu'épouse — et avec le Capricorne, puisque Saturne le gouverne.

Les Géants à la conquête de l'Olympe. Le Capricorne sait qu'il doit à la Terre une lenteur, une pesanteur qui parfois lui donnent le sentiment qu'il ne pourra jamais s'envoler. Solide et stable comme l'éternité, prisonnier des rites et des jours, toujours frustré par une attente...

« Le récit de ces légendes grossières, écrit W.K.C. Guthrie[1], aura du moins été utile s'il a servi à nous faire comprendre que nous sommes là dans un climat religieux bien différent de celui du panthéon homérique. »

Zeus détrônant Cronos, c'est une religion du ciel détrônant une religion de la terre. Guthrie précise : « La religion de la terre se traduisait par le culte de la fertilité et par des pratiques magiques qui devaient amener cette fertilité; la religion du ciel, c'était le culte d'un dieu suprême, maître des éléments, qui pouvait lancer les éclairs et la foudre sur ceux qui le mécontentaient. »

Historiquement, cela correspondait à une invasion. Les envahisseurs appartenaient à un peuple nomade, maniant l'épée plutôt que la charrue. Guthrie ajoute : « Les Titans étaient dits fils de Gaïa, c'est-à-dire de la Terre, et cela peut expliquer qu'on en fait les premiers dieux

---

1. W.K.C. Guthrie, *les Grecs et leurs dieux*, Payot.

Atlas, condamné par Zeus à porter le ciel sur les épaules, pour s'être mis du côté des Titans. Image de la solidité et de la stabilité terriennes, qui sont bien dans la lignée du signe.

du pays, dieux qui furent supplantés par Zeus. Les rares vestiges du vrai culte de Cronos, père de Zeus, confirment cette théorie en laissant supposer que Cronos fut honoré comme dieu des récoltes. »

O. Kern, dans *Die Religion der Griechen*, affirme l'idée d'un conflit historique et non purement mythique.

On sait que des fragments de l'épopée de Koumarbi ont été découverts dans la bibliothèque hittite retrouvée à Bogaz-Köy. D'origine hurrite et babylonienne, cette épopée présente de nombreux points communs avec l'histoire que nous avons héritée d'Hésiode et qui retrace le conflit entre Zeus et Cronos. Entre autres détails intéressants, ces récits relatent la mutilation de Koumarbi et la substitution d'une pierre à l'enfant.

Je crois, pour ma part, que les mythes traduisent toujours une évolution historico-religieuse, le passage d'une religion à une autre sous l'influence d'un nouvel envahisseur, un fait historique ou géologique, l'évolution d'un type de civilisation vers un autre. Nombreux, par exemple, sont les mythes qui illustrent le passage d'une civilisation matriarcale au patriarcat.

L'astrologie va d'ailleurs confirmer cette actualisation du mythe en faisant de Saturne le maître d'un signe appartenant à l'élément Terre, alors que Jupiter est maître d'un signe de Feu.

Mais au-delà du contenu historique, il importe de se pencher sur le contenu symbolique de toutes ces valeurs, de tous ces mythes, féconds eux aussi, comme la terre.

Le signe du Capricorne est un signe de Terre. Saturne, dieu de la terre, en est le maître.

Pour parler de la Terre, il n'est pas possible de résister à la tentation d'évoquer et de citer Gaston Bachelard, qui a su trouver, pour parler de la Terre et des rêveries de la volonté[1] les accents les plus justes.

Tout natif d'un signe de Terre ne peut renier en lui cette appartenance. Il sait qu'il lui doit une lenteur, une pesanteur, qui parfois lui donnent le sentiment qu'il ne pourra jamais s'en-

---

1. Gaston Bachelard, *la Terre et les rêveries de la volonté*, et *la Terre et les rêveries du repos*, J. Corti.

Dans la mythologie, les Cyclopes, fils d'Uranus (le Ciel) et de Gaïa (la Terre), furent renvoyés dans les ténèbres par leur père.

voler, comme les natifs des signes d'Air (Gémeaux, Balance, Verseau), ni se consumer de passion comme les signes de Feu (Bélier, Lion, Sagittaire), ni entrer dans les subtilités mouvantes de l'Eau (Cancer, Scorpion, Poissons). Ils sont là, ces terriens (Taureau, Vierge, Capricorne), solides et stables comme l'éternité, prisonniers des rites et des jours, toujours frustrés par une attente, toujours soutenus par un espoir, voulant à tout prix construire pour que durent les choses, inscrire leur trace quelque part dans le monde, accomplir une tâche, un devoir, assumer leur rôle nourricier. Qu'il s'agisse du blé que la Vierge engrange pour les autres, de la vigne qu'elle presse, c'est aux autres qu'elle pense, sachant qu'après cette abondance offerte, cette sécurité assurée, elle devra affronter à nouveau la stérilité, le dépouillement, l'attente, la recherche éperdue de Koré, sa fille prisonnière des Enfers... tandis qu'autour d'elle, pauvre Déméter affolée, meurt la végétation.

Le Taureau, lui, plénitude printanière, lyrisme charnel de la terre, sensualité des odeurs, gourmandise d'une matière épanouie, caresse chaude des parfums, éclatement du désir, du fond de son oralité avide, ne peut renoncer à rien. Il veut tout, et que la fête s'éternise. Alors l'angoisse de mort n'est pas loin pour celui qui symbolise la puissance de l'Eros : Thanatos, en face, au Scorpion, rappelle à chaque instant qu'après la grande ivresse bachique, après les folies du dieu Pan, après les débauches et la jouissance, c'est encore Hadès-Pluton qui gagnera.

La terre du Capricorne, elle, est hivernale : celle de Saturne. Ni début d'automne, ni fin du printemps, mais cœur de l'hiver. L'attente de la Vierge n'était pas de même nature. L'espoir du Capricorne, sa foi, du fond de son dépouillement, sont peut-être plus tenaces. Petite graine protégée par la neige, elle a la certitude de son éclosion. La Vierge doit attendre un réensemencement, tout un long cycle de végétation, avant de réaliser ces nouvelles promesses. La terre du Capricorne a froid mais elle ne doute pas du printemps à venir. Demain. Bientôt. Même si l'attente est longue, frustrante, glacée surtout, terriblement glacée et solitaire.

Les trois signes de Terre ont en commun quelque chose qui est de l'ordre d'un rythme, d'une pulsation, d'un accord profond avec des forces telluriques qu'ils portent en eux. En eux, tout se transforme, évolue avec lenteur mais ne cesse de changer, même s'ils offrent toutes les apparences d'une permanence sans rides.

« Volonté. Rêveries de la volonté », disait Bachelard. Oui, il faut bien distinguer la volonté de la terre, qui est patience, avec la volonté du feu, qui est projection dynamique dans l'action, projet, entreprise, lutte ouverte. La volonté de la terre est une volonté féminine, celle-là même qui assure la continuité de la vie. La volonté du feu, masculine, est colère, violence, agressivité. La terre est conservatrice et le feu peut être civilisateur, parce qu'il introduit le changement et le risque.

La terre ne se révolte pas contre la répétition, contre le recommencement des jours et des nuits. Elle aime le rythme de la vie, de la nature. De tous les éléments, c'est la terre qui est le plus proche de la « mère nature ».

La terre est bien d'essence maternelle, et maternelle encore, et maternante, qui met au monde, nourrit, reprend ses enfants, les digère et les absorbe à nouveau. La terre est toujours, dans son essence, écho en nous de la grande déesse, fertilité et mort, amour et carnage, donneuse de vie et conservatrice de morts, grand serpent digérant passivement ses enfants, bien au chaud dans ses entrailles, toujours à accoucher, à faire naître, à dévorer, toujours, simultanément, déesse de vie et déesse de mort. Kali. J'en reparlerai à propos de la Lune Noire, encore une fois, mais je ne puis dissocier ces visions de la symbolique terrienne de celles de la déesse des montagnes, des fauves, des animaux, Déesse-Mère, Déesse-Terre.

Un Terrien. Qu'est-ce que le mot évoque? Tout de suite, un habitant de la Terre. Par opposition à la galaxie, aux autres univers qui nous entourent. C'est la première idée qui surgit. Un habitant. Quelqu'un qui est posé là, qui vit là, qui s'est fait là son trou, son monde, ses habitudes. Habitant, habitude : même racine. Racines... Là aussi, on réagit au mot. La terre, c'est toute la force de l'enracinement. L'enracinement, c'est à la fois la sécurité, la stabilité, un bon ancrage dans le réel. Quelque chose qui vous retient. Peut-être aussi qui vous emprisonne, comme les serpents-racines des arbres. Un rêve à rebours se perdant et se dissolvant dans la semence, en attente d'une vie à venir.

Terrien. J'imagine un homme avec des pieds. Bien posés, solidement, sur le sol. Presque planté comme un arbre. Image rassurante. J'allais écrire : racinante. Le mot me plaît. On n'échappe pas à l'emprise des mots Terre, tellurique (le dictionnaire dit : influence du sol d'une contrée sur les habitants). On pense mariage entre le sol et l'habitant. Tellurique. Quelle force dans ces lettres assemblées! Keyserling l'utilisait superbement lorsqu'il déplorait « cette grande carence de femmes telluriques » dans notre monde. D'un seul coup, terre, tellurique, font surgir une image de grande force calme, paisible, mais capable de soulever des montagnes, de faire surgir des océans, de modeler, de sculpter des formes.

Terre, glaise qui colle aux doigts. Matière, d'abord matière. Compacte, prosaïque, concrète. La terre, on peut la toucher; le plancher des vaches. Elle ne se dérobe pas. Enfant, je n'arrivais pas à comprendre ce que signifiait les mots « abstrait », « abstraction ». Je n'ai toujours pas compris. Je ne m'abstrais pas. Je suis trop « dedans ». L'abstraction m'angoisse, comme le nombre. Comme l'algèbre. Triomphante, j'avais en revanche tout de suite compris le mot « concret ». J'avais dit, toute gonflée de certitude : le concret, c'est une pomme de terre! Ça m'est resté. Longtemps, pour ma famille, je suis restée, à leur grand dam, une « pomme de terre ». Moi, j'aimais bien. J'aime bien les pommes de terre qui ont sauvé les hommes de la famine. Se faire traiter de nourriture universelle, c'est plutôt flatteur. Je veux bien être nourrissante...

Rêvons avec le dictionnaire. Au mot *Terre*, on lit : planète habitée par l'homme. Ma première intuition était donc bonne.

La rotation de la Terre. J'avais oublié qu'elle tournait. Terre mensongère qui fait semblant d'être immobile, car par les sens on la perçoit comme telle, et qui tourne comme une folle à la fois sur elle-même et autour du Soleil, comme une coquette qui ferait la belle devant son galant.

Biens terrestres. Voilà la possession. Elle apparaît très vite. Terre exclusive, jalouse et possessive. Elle ne peut pas faire autrement. Elle prend en elle, comme la femme. C'est la femme qui prend l'homme, qui l'absorbe et c'est bien cela qui fait peur au mâle. Peur d'être dévoré, de retourner à l'intérieur du giron maternel, de s'y perdre, d'y être englouti.

Se détacher de la terre. On peut couper le cordon ombilical.

Se coucher sur terre. On peut aussi la posséder, vouloir la pénétrer, dormir sur elle, contre elle. Terre-Femme-Mère, indissociables.

La Mythologie du Signe

Partie solide de la surface terrestre par opposition à la mer. Par opposition à l'eau trouble, fuyante, inquiétante, séduisante, hystérique, qui fascine toujours en se dérobant, en se refusant, en surprenant. La terre, elle, est sans surprise. C'est sa faiblesse si elle veut séduire. Ses surprises sont à attendre ailleurs, ailleurs qu'à la surface, tout au fond de ses entrailles. C'est Moriquand qui disait à propos de la femme du Capricorne : « C'est Héra, la grande prêtresse, dont seul le grand prêtre connaît le feu secret. »

Toute la Terre a frémi d'horreur. Participation, solidarité, transmission de cellule à cellule, de plante à plante, d'homme à homme, des grandes peurs, des grandes horreurs dont elle a été le théâtre depuis des millénaires et des millénaires. Terre vieille, terre sans âge, porteuse de toutes les expériences du monde, de toutes les mutations secrètes. Sans mystère, la Terre ? Allons donc ! Mais elle garde jalousement ses secrets. Il faut les lui arracher un à un. Les hommes, comme des termites insatiables, s'y emploient.

Étendue de pays considérable. Espace, terre-espace; accueillante. Jolie Terre bleue vue de la Lune. Nous l'avons tous aimée lorsque nous l'avons regardée avec les yeux des premiers cosmonautes. Pour l'aimer, faut-il toujours la voir de loin, comme une femme que l'homme ne désire que si elle est inaccessible ?

Acheter une terre. Le paysan aime sa terre. N'est-elle aimée que de celui qui la possède ? Il l'aime parce qu'il la connaît, qu'elle le rassure et le nourrit, qu'elle le fait vivre, qu'il y a ses habitudes. Elle a, à ses yeux, de la beauté, parce qu'elle est à lui. Possédée et familière.

Porter en terre. Au chaud dans ce ventre maternel. Etre enterré. On pourrait presque dire être « enmaterné ».

Mais *terre à terre*, voilà qui est bien au ras du sol, sans vision grandiose, sans envolée noble, sans hauteur. Il faut, évidemment, tenter de décoller du sol.

La terre ferme, pour le navigateur, est rassurante. Port d'attache, espoir enfin comblé; sécurité.

Être sur terre. Cela suffit à nous faire exister. J'en éprouve, d'un seul coup, de la joie.

Et si l'on *remue ciel et terre*, il se peut qu'il en résulte quelque chose. Tant d'efforts véritablement titanesques! Nous voilà revenus à nos dieux Titans. Ils remuaient peut-être plus la terre que le ciel; ça n'a pas suffi.

Terre cuite. Quand on la fait cuire, elle devient encore nourricière. Elle permet de conserver, de déposer, de présenter la nourriture; de manger; elle devient belle si l'artiste la transforme.

Terre promise, éternelle promesse de paradis impossibles, de hâvres et de refuges, de lait et de miel. Toujours promise, jamais acquise.

Terre Sainte, sacrée, sainte terre, bénie, bénite, réceptacle de Dieu. Terre qui fait verser le sang quand elle est sainte. Dieu qui fait verser le sang.

En caractères gras, d'un seul coup, le dictionnaire devient moralisateur. Un proverbe. Je ne le connaissais pas : « **Qui terre a, guerre a.** » J'en viens, de la guerre sainte... Il est vrai que la possession entraîne la convoitise de celui qui n'a rien. Mais chacun veut avoir. Qui veut être ? Avec la terre, on est dans l'avoir. Ne pas s'en vanter.

Et puis nous entrons dans « la troisième des planètes dans l'ordre des distances croissantes au Soleil. 6 371 000 mètres de rayon. Petite bille, petite bulle dans la galaxie. Énorme boule pour la fourmi.

J'aime ce qu'on nous dit de sa constitution interne : « noyau central en état de fusion et dont la couche superficielle est seule solidifiée mais encore soumise à des contractions qui produisent le soulèvement des montagnes et même des fractures à travers lesquelles réapparaît la masse en ignition (volcan) ». Image de parturiente en perpétuel travail. Gestation, accouchement, douleur; feu caché, secret, emprisonné et qui parfois soulève des montagnes, comme la foi. Foi aveugle, foi du charbonnier, de celle qui ne peut s'empêcher d'engendrer encore et toujours, que la vie pousse en elle, malgré elle, bouscule, lui arrachant de grands pans de tripes, de grands cris de violence, comme la colère, la protestation d'un volcan. Le volcan prévient. Il gronde s'il est de bonne composition. Ou il surprend comme une grande explosion qu'on n'a pas entendu venir parce que nul n'a été attentif. Ainsi sommes-nous, créatures de terre.

Pourtant, elle est « entourée d'une atmosphère qui rend possible la vie organisée, et de mers d'une superficie trois fois supérieure à celle des terres »... Sans l'air extérieur, sans le feu intérieur, sans l'eau partout répandue, pas de vie organisée possible. Le monde est bien fait. Tous les éléments sont nécessaires à la vie — et l'astrologie, c'est-à-dire l'imagination des hommes — a su très tôt codifier cette harmonie dans sa sagesse intemporelle.

Saturne dévorant ses enfants, *de Goya. Selon une prophétie, Cronos (Saturne) devait être dévoré par un fils plus grand que lui. C'est pourquoi il prit l'habitude d'avaler ses enfants dès leur naissance. Ce comportement revient sous diverses formes, et de multiples façons, chez les êtres marqués par Saturne, qui préfèrent se mutiler volontairement plutôt que de vivre dans la crainte d'une éventuelle mutilation.*

Le Symbolisme saturnien

Cette rêverie sur la terre m'a entraînée loin du Capricorne. Apparemment, du moins, car tous ces mots pétrissent la symbolique du signe. Et Saturne, son maître [1], lui ajoutera une dimension psychologique plus subtile, de complexes nuances.

Saturne. Croix prolongée par la faucille. Croix de rigueur, queue de sirène. Mélange de trait dur et de trait souple. On retrouve dans la représentation de la planète un graphisme de même nature que celui du Capricorne.

Nous avons rencontré Saturne-Cronos dans sa forme mythologique. Nous allons maintenant tenter de décrypter le mythe, de voir, sans craindre jamais la démarche anthropomorphique et syncrétique propre à l'astrologie, en quoi Saturne fait partie de notre patrimoine inconscient.

Nous avons vu ce personnage, jeune Titan qui deviendra roi puissant, se livrer à bon nombre d'actions que la morale jugerait répréhensibles. Tout d'abord, à l'instigation de sa mère, il castre son père (mais Uranus n'est pas lui-même un père exemplaire) et le détrône. Il prend sa place, parce qu'il est le plus astucieux et qu'il prend le plus de risques. Cela se faisait jadis dans les meilleures familles royales et l'histoire est pleine du sang des rois versés par leurs frères ou leurs fils impatients.

Puis il dévore ses enfants. Sous prétexte de ne pas être détrôné à son tour.

Cronos est le plus jeune des Titans et c'est pourtant à lui qu'on va donner le pouvoir. Sans doute parce qu'il se situe à l'articulation de deux civilisations. C'est lui qui a le courage « d'attendre son père, de le guetter, et de le castrer », qui obéit le plus aveuglément à sa mère, gardienne de la civilisation ancienne; lui qui entre le plus dans le désir de vengeance de Gaïa.

Rien, pourtant, ne nous dit qu'initialement il voulait le pouvoir pour lui. Il obéit à sa mère et l'aide à réaliser son dessein. Il ne tue pas son père, mais se contente de le castrer, afin qu'il n'engendre plus. Pas plus d'ailleurs qu'il ne tuera ses enfants, puisque ceux-ci survivront après l'intervention de Jupiter-Zeus. Il les « immobilise » en lui.

Certes, il ne refuse pas le pouvoir qu'on lui confie. Il se sent capable de l'assumer. Il se sent astucieux, ingénieux, doué. Ce n'est pas de la présomption. Mais il est néanmoins certain qu'il prend goût au pouvoir, au gouvernement du monde, puisqu'il ne supporte pas l'idée d'être détrôné à son tour « par un fils plus grand que lui ». Orgueilleux Saturne, humilié à l'idée d'être dépassé par son fils.

Pourtant, je crois qu'il faut ici mettre en avant que, par cette « dévoration » symbolique, Saturne introjecte, s'approprie la durée d'existence de ses enfants. Il veut abréger le règne de son père, réduire à néant celui de son fils, lui dérober un temps de vie aussi long que possible, n'hésitant pas à vivre à sa place. Le moment venu, il faudra bien qu'il se résigne à l'exil ou à la mort, mais tant qu'il peut dévorer, prendre, absorber, il le fait. Coupable, sans doute, mais incapable de surmonter la hantise qui l'habite. Cronos n'est pas cannibale. Mais il refuse qu'on lui survive. Là se trouve son avidité première.

---

1. Chaque planète « gouverne » un des signes du Zodiaque.

Le Grand Livre du Capricorne

De quoi Saturne va-t-il devenir porteur dans l'imagerie astrologique ?

Tout d'abord, de la frustration. Saturne, c'est d'abord et avant tout la marque de la frustration, du manque, de l'abandon. La solitude aussi. Tout cela étant mal supporté. Si un trait de caractère permet, en apparence, de maîtriser le manque, ce ne peut être que l'orgueil, qui tente de se faire croire à soi-même que la solitude est aimée. Non pas mensonge, mais illusion passagère, car la lucidité n'est pas loin. Il y a presque toujours échec dans cette douloureuse tentative pour transcender la solitude. Le Saturnien n'y parvient qu'en se précipitant dans une activité incessante pour masquer le vide insupportable.

Saturne déteste la sublimation. Il y voit un piège, un leurre, un pis-aller. Pis, un gaspillage. Il ne peut sublimer que sous la contrainte. Il n'a pas le moindre désir de transcendance. La quintessence le mobilise, non la transcendance. Vers cette dernière, Pluton va tout droit, Saturne ne la rejoint qu'à reculons.

Saturne est fier. Il ne veut pas perdre sa belle image de marque. Il ne veut pas être détrôné. C'est, curieusement pourtant, dans l'exil qu'il devient un bon roi. Lorsqu'il est enfin forcé au renoncement. L'astrologie ne connaît pas Cronos, mais Saturne. Les dieux romains, non les grecs. Et Saturne est, au bout du compte, un roi avisé, sage, réfléchi, bon gestionnaire des biens du peuple et de la terre fertile. Pendant la célébration de son culte, pendant les saturnales, les esclaves prennent la place des maîtres; ainsi les exilés deviennent rois.

Ce schéma me paraît très important pour comprendre toute la symbolique de Saturne, du Capricorne, et de la Terre elle-même.

C'est le manque, d'abord refusé, qui devient moteur. Saturne, c'est, j'en suis convaincue, la peur d'avoir peur, bien plus forte que la peur du mal. L'appréhension. Le côté phobique. La peur de n'être pas à la hauteur de l'aventure à vivre, du déchirement à supporter, de l'abandon inévitable, des sevrages successifs, de la douleur et de la frustration.

Saturne est associé au Surmoi, et ainsi il est, dans l'être, sa propre conscience morale forgée par les parents, héritée, renforcée par sa propre exigence. Sa conviction, c'est bien qu'il *faut* surmonter tout ce qui lui est imposé. Mais il a peur de ce qu'il ressent en lui comme lâcheté, parce qu'il a — et à l'avance —, une conscience aiguë de la souffrance.

Devant la peur, devant la frustration, que fait-il ?

Je lui connais, jusqu'à présent, trois types de comportement possibles. Nous les retrouverons, approfondis, lorsque nous parlerons du Capricorne.

Il peut pratiquer la « politique de Job ». Celle qu'on pourrait sans risque appeler la politique du pire. Job, riche et puissant, s'installe sur son tas de fumier. Nul doute qu'il y pousse un soupir de soulagement. Le voilà enfin délivré de la peur. Installé dans le manque, le dépouillement, le renoncement absolu, il n'a, enfin, plus rien à perdre. On verra plus loin comment le Capricorne peut adapter ce comportement à sa vie affective, matérielle, physique, etc.

C'est celui qui, ne supportant plus l'angoisse de vivre avec une épée de Damoclès se balançant au-dessus de sa tête, préfère couper la corde qui la retient plutôt que d'attendre qu'elle tombe.

Autre comportement possible — plus recherché par les hommes : la conquête du pouvoir. Ce que les manuels d'astrologie traditionnels appellent l'ambition du Capricorne, sans chercher à savoir si l'on prend l'effet pour la cause ou la cause pour l'effet. Etre ambitieux, c'est « rechercher ardemment ». Recherche passionnée, brûlante, pour fuir son propre statisme. S'obstiner à avancer dans une direction dès qu'on est parvenu à en déterminer une, parce que s'arrêter c'est mourir. Car le Saturnien, c'est cela et encore cela : le refus de mourir qui peut, dans le premier comportement, faire préférer la mort à cette peur incessante. Le Capricorne ambitieux, lui, avance. Il marcherait jusqu'à épuisement. La phrase célèbre de Guillaume d'Orange, ce Saturnien pur : « Il n'est pas nécessaire d'espérer pour entreprendre ni de réussir pour persévérer », me paraît être un remarquable concentré d'esprit saturnien. Le pouvoir peut donc devenir un but en soi. Parce que la cible est haute, lointaine et qu'il faudra marcher longtemps pour l'atteindre. Il est curieux de voir que ceux qui deviennent présidents de la République, ou accèdent à un pouvoir temporel, bénéficient très souvent d'un transit (ou passage) de la planète Saturne, au Milieu-du-Ciel (secteur analogique du Capricorne) dans leur thème de naissance. Curieux aussi de voir combien d'hommes d'État, d'hommes politiques, appartiennent au signe du Capricorne ou sont fortement marqués par Saturne : de Staline à Mao Tsé-Tung, de Nixon à Nasser, Sadate, d'Adenauer à Pinay, Mollet, Mendès France, Herzog, Missoffe, et tant d'autres, pour ne parler que de ceux que nous connaissons le mieux.

Le Symbolisme saturnien

Saturne et la vieillesse, *gravure du XVIe siècle. Saturne, supplanté par son fils, deviendra dans l'exil un roi sage.*

Le pouvoir — royauté de Saturne-Cronos —, détenir le pouvoir, c'est aussi avoir les moyens d'empêcher les autres de vous arracher ce à quoi vous tenez le plus, ce à quoi vous ne voulez pas renoncer. Le contraire, exactement, de la « politique de Job ». L'autre face du même manque.

Le pouvoir permet aussi l'exploitation de vertus typiquement saturniennes. Puisqu'il n'y a pas de revers sans avers. Sens de la responsabilité, goût de la puissance, efficacité dans l'action, fantastique capacité de travail, conscience de ses actes, de leurs conséquences, désir d'imposer aux autres son sens de la vertu, son éthique moralisante, tentation de plier les autres à sa volonté avec diplomatie. Derrière tout cela, un fantasme majeur : être indispensable; que les autres, surtout, ne puissent pas se passer de lui. C'est derrière cette peur du rejet, encore une fois, que se cache le besoin de pouvoir chez le Capricornien. Ce qui peut même l'amener à faire de grandes choses.

Ajoutons-y cet orgueil profond — bien caché —, qui lui donne la certitude de sa compétence. Il vérifie tout, ne sait pas déléguer. Au fond de lui-même, il est convaincu qu'il fait les choses mieux que les autres parce qu'il connaît aussi la puissance de sa motivation secrète.

Saturne a le temps puisqu'il a l'éternité devant lui. Les Saturniens commencent souvent leur carrière à un âge avancé. Ils ont raison : s'ils réussissent trop tôt, c'est la chute.

Saturne et le temps. Il ne se hâte pas. Il réfléchit, planifie. Il a l'esprit d'escalier. **Réagit à** retardement.

On verra chez le Capricorne cette étonnante constante qui marque sa relation au temps, à la lenteur psychique.

Le Saturnien, enfin, s'il ne choisit ni la politique du pire ni la politique tout court, peut enfin opter pour la troisième voie. Celle qui sera la plus efficace, la plus gratifiante, la plus proche de l'aspect « sage » de sa nature. C'est la voie altruiste. Celle du « bon roi Saturne » de l'Age d'or mobilisant son énergie pour les autres et non plus pour lui-même, et qui, seule, va le libérer de son angoisse du manque. S'il donne, il n'a plus à craindre qu'on lui prenne. Comme Job qui abandonne tout, renonce à tout, mais sans la dimension masochiste et négative de ce comportement extrême, suicidaire. Il agit cette fois pour les autres et, dans ce choix, il gagne beaucoup : amour, reconnaissance, gratitude, bonne conscience surtout, acceptation de lui par l'autre, oubli de soi — donc aussi de ses fantômes persécuteurs. Il y retrouve le sentiment d'être utile — toujours ce besoin d'être indispensable —, et une image de soi purifiée, pardonnée, régénérée, délivrée enfin de la culpabilité saturnienne.

La légende ne dit pas si Saturne se sent coupable d'avoir castré son père et d'avoir dévoré ses enfants. Il nous est permis de le supposer quand on sait que les Erinyes — déesses du remords — sont nées de la semence et du sang d'Uranus castré par Saturne. Ces furies ne sont-elles pas persécutrices des âmes en souffrance, persécutrice d'Oreste, le matricide ?

La Tradition astrologique accorde très largement à Saturne le droit à la culpabilité, parce qu'il n'échappe pas, en tout cas, à la conscience, à la responsabilité de ses actes, à la réflexion et à la lucidité. Saturne n'est jamais associé à l'impulsivité, ni à l'acte gratuit. Il n'a pas même cette issue. Avant un acte qu'il sait lui-même douteux, il tentera parfois de se donner bonne conscience, de justifier cet acte au nom d'une « raison supérieure » (celle de l'État). Mais les Erynnies ne tardent jamais à venir le tourmenter. C'est Pluton qui expie, permet l'expiation. Non Saturne. A Saturne il reste la mémoire, l'enfermement, l'exil, le silence, la solitude et la tristesse. Il lui reste la « mélancholie », la bile noire. Et quand il ne supporte plus tout cela, il lui reste l'ascèse, le renoncement. Et, tout au bout, au-delà de l'amer renoncement, l'acceptation, le dépassement, la sagesse enfin. La sérénité.

Chapitre II

Caractérologie générale du Signe

Représentative d'une quête émouvante qu'elle a voulue engagée politiquement, Joan Baez n'a pas cessé d'utiliser sa superbe voix et ses dons d'auteur-compositeur-interprète à des fins sociales comme la non-violence.

Le Capricorne dans la Vie

Au Milieu-du-Ciel

De par sa position, le Capricorne offre une analogie avec la Maison X dans le thème de naissance, celle qui est déterminée par ce qu'on appelle le Milieu-du-Ciel, l'un des grands axes du thème avec l'Ascendant. L'Ascendant, analogue du Bélier, représente le point où le Soleil se lève sur l'horizon, le commencement, alors que le Milieu-du-Ciel représente le zénith, le point où le Soleil est au plus haut dans le ciel, le plus « élevé ». L'un se lève, l'autre est élevé ; on voit d'emblée se dessiner la symbolique qui fait du Bélier-Ascendant le premier élan, le pro-jet, et du Capricorne-Milieu-du-Ciel, la réalisation, la concrétisation, l'ambition atteinte. Au Bélier, il y a un avenir, une attente ; au Capricorne, il y a une durée, une inscription dans le temps qui va du passé au présent et de là à l'avenir.

On voit donc la force du Capricorne associée aussitôt au « sommet de la montagne » et au « désir ardent » de l'atteindre, de grimper toujours plus haut, d'assumer sa verticalité. Pas nécessairement ambition du succès mais ambition de l'élévation, de la montée. Je crois qu'il y a plus d'orgueil que d'ambition pure dans le signe, que celle-ci n'est qu'une conséquence et non un moteur.

La Maison X, toutefois, c'est traditionnellement la carrière, les aspirations et les réalisations par le travail. C'est là qu'on trouvera, lorsqu'on interprétera les jeux planétaires et leurs interactions, ce qui permettra de juger de la vie professionnelle du sujet. C'est dire aussi que le premier domaine auquel le Capricorne se trouve lié dans l'horoscope, c'est le travail.

Un autre fait important se trouve attaché à sa position de signe cardinal. Mot noble que ce terme de cardinal. On est presque tenté d'y associer la pourpre et les hautes fonctions religieuses. Cela sied assez bien à notre Saturne, noble vieillard à la tête couverte. Pourtant, le signe cardinal ne doit son nom qu'au point cardinal qu'il représente, honneur qu'il partage avec le Bélier, le Cancer et la Balance. En effet, le Bélier et la Balance coïncident sur l'écliptique avec les équinoxes de printemps et d'automne, tandis que le Cancer et le Capricorne coïncident avec les solstices d'été et d'hiver.

Un signe cardinal

Non pas, donc, l'un des soixante-dix prélats qui composent le Sacré Collège mais le point cardinal, du latin *cardo*, qui signifie gond. Ainsi le point cardinal est-il avant tout articulation, charnière, qui permettra un passage.

Le solstice, moment où le Soleil s'arrête, où le Soleil est à son plus grand éloignement de l'équateur. Et la Tradition a, bien sûr, différencié les signes cardinaux des autres signes, les a privilégiés, leur a concédé une importance particulière.

Dans son jeu du trois et du quatre (trois triplicités de Feu, de Terre, d'Air et d'Eau, quatre signes cardinaux, fixes et mutables), l'astrologie permet de subtiles combinaisons qui aboutissent à une structure parfaite qui intègre aussi bien le sénaire que le septénaire, la ternarité que la quaternarité, le binaire et tout ce que les esprits épris de quintessence ont pu chercher depuis des millénaires dans les nombres.

Les signes cardinaux s'opposent, pour leur part, aux fixes (Taureau, Lion, Scorpion, Verseau), les quatre évangélistes, piliers de l'Église, et aux mutables (Gémeaux, Vierge, Sagittaire, Poissons), signes de changement, signes doubles, mobiles, en ce que, précisément, ils marquent des valeurs essentielles. Ils sont dans l'absolu. On pourrait dire que le cardinal est lié à l'Etre, le fixe au Faire et le mutable à l'Avoir. Disons plutôt que les signes cardinaux sont associés aux Grands Principes et Vertus qui sont au nombre de quatre : Justice, Prudence, Tempérance et Force (on serait tenté d'attribuer la justice à la Balance, la force au Bélier, la tempérance au Cancer et la prudence au Capricorne).

Solstice. Le « moment où le Soleil s'arrête ». Halte. Comme si le Soleil, par son éloignement de la Terre à ce moment de sa course, marquait un temps de réflexion. Equinoxe : égalité des nuits et des jours, temps d'équilibre. Dans un cas comme dans l'autre, on a le sentiment de quelque chose de suspendu dans l'horlogerie du monde, d'un rythme qui va changer. Temps fort.

Ce sont les quatre âges de la vie : l'enfance au Cancer, la jeunesse au Bélier, l'âge mûr à la Balance, la vieillesse au Capricorne.

Le chaos et le néant

Dans l'espace métaphysique du Zodiaque on peut parler d'une dialectique Cancer-Capricorne. Carteret y voyait une dialectique du chaos et du néant. Le Cancer serait cet abîme, cette confusion aquatique de la matière et des éléments, ce bouillonnement d'avant la création, d'avant la gestation, qui permettra l'imagination. Dans la confusion et le désordre, mais dans la projection aussi, de tous les possibles présents. Alors que le Capricorne serait le retour au néant, au rien, à ce qui n'existe pas, au vide silencieux, au froid et à l'immobile.

Au Cancer nous avons en effet traditionnellement la chaleur humide de l'été, au Capricorne le froid de l'hiver, la glace, l'eau emprisonnée, la « neige sexangulaire », comme dirait Képler. Au Cancer encore, l'imagination créatrice, débordante, au Capricorne la réflexion, l'intériorité. A l'un l'innocence de l'enfant, à l'autre la prudence du vieillard.

Et au-delà, on retrouvera dans le Cancer toutes les images de la gestation et de l'allaitement (ô chèvre Amalthée) et au Capricorne celles du sevrage et de la séparation (ô Saturne), étroitement liées les unes aux autres, inséparables et nécessaires l'une à l'autre.

Car, dans tout signe zodiacal, il faut toujours tenir compte de celui qui constitue sa « nuit ». Tout Capricorne porte en lui un peu du Cancer de son enfance chaude et protégée. Il en a la nostalgie, le regret.

L'enfant et le vieillard

Tout Cancer aspire à naître un jour, à trouver dans la nuit de son Capricorne la force de couper son « câble » ombilical. On assiste parfois avec surprise, à des interférences, des passages soudains, chez le Capricorne, du monde cancérien et de ses infantilismes, de ses immaturités, de ses peurs. Et inversement. Comme l'Eros du Taureau ne peut oublier le Thanatos du Scorpion, ou comme la Vierge sage ne peut cesser de rêver de l'irrationalité totale des Poissons...

Et, parfois, on voit l'austère Capricorne, à l'incompréhension (pour ne pas dire la répréhension) générale, faire le clown... ce petit pitre Cancer qui vient le dérider et le libérer. Comme on voit le tendre Cancer, soudain, céder à la dépression, au découragement, à la tristesse saturnienne ou tenir des discours moralisateurs inspirés par son voisin d'en face.

Mais ils ont besoin l'un de l'autre. Et c'est pourquoi, sans doute, on parle si souvent de ces contraires qui s'attirent. Au fond, je crois que ce ne sont pas des contradictions mais des nostalgies. Le Capricorne, solitaire et fort, rêve parfois de poser le fardeau, de retrouver la chaleur du giron maternel, de glaner un sourire enfantin. Le Cancer, si désireux d'être pris en charge, si doué pour l'émerveillement de l'enfance, rêve parfois d'être un adulte capable d'assumer sa vie.

De la même manière, quand un Capricorne fait le fou, le pitre, cela inquiète ceux qui, autour de lui, ne perçoivent que sa force calme, son air de paysan raisonnable. Parce que c'est cette force tranquille et rassurante qu'on exige de lui. Alors, s'il laisse parler sa violence, ou sa folie, ou son désir de démesure, il sème la panique, il soulève l'angoisse. Cela le condamne trop souvent à être sage. Il le paie cher, ce « passionné à froid », comme le dit justement André Barbault.

Il n'a qu'un droit : être le roc sur lequel les autres peuvent s'appuyer, qui résiste à la tempête, mais se retrouve seul, là-haut sur sa montagne ou perdu dans la mer et battu par les vagues, lentement usé, si lentement érodé que nul ne s'en aperçoit.

Il est perçu ainsi essentiellement parce que c'est ce que les autres projettent sur lui et attendent de lui, mais aussi, bien sûr, parce que c'est l'image de lui-même qu'il propose. Il tient à ce qu'on le croie fort. C'est de cette conviction qu'il tire sa force même. Alors, avec l'habitude, il le devient. Et, après tout, sans doute aussi l'est-il « quelque part », dans sa brutalité, dans sa lenteur même, dans sa résistance, sa puissance de travail, son flegme, sa stabilité, son immobilité, son « monolithisme ». Sinon, il ne pourrait pas le devenir.

Serait-ce trahir le Capricorne que de reconnaître que sa force tient presque tout entière à son système de défense ?

Ne soyons pas trop injuste; elle est ailleurs aussi : dans sa conscience aiguë, son sens de la responsabilité, son honnêteté. Disons sa rigueur. Et tant pis si cela ressemble aussi à un système de défense, tout pétri de Surmoi, de culpabilité, de peur de faillir, de déchoir. Orgueil du Capricorne. Orgueil de l'ascète ou de l'ermite qui cache son avidité dans la feinte acceptation du manque ou qui se protège contre l'agression des autres en jouant les nobles solitaires.

Il se protège, bien sûr, d'abord, contre ses frustrations, et sa lenteur l'y aide.

Un vrai secondaire

La première question que je pose à un Capricorne est toujours la même : avez-vous conscience d'avoir un rapport particulier avec le temps ? D'être dominé par votre secondarité ?

La réponse est toujours positive. Je crois qu'il s'agit là d'un facteur essentiel parce que tout en lui le renforce; à la fois son appartenance au plus secondaire des éléments : la terre, et à la plus secondaire des planètes : Saturne.

Conrad Moriquand, dans son *Miroir d'astrologie*, écrit à propos du Capricorne : « Il est né vieux. » Mais il ne dit pas — ce que je crois pourtant — qu'au bout de sa longue route il meurt enfin jeune. Ce qui permet à Simone de Beauvoir, à soixante-dix ans, de dire : « Je ne me ressens pas comme vieille », et de citer le mot de Cocteau : « Le pire quand on vieillit, c'est qu'on reste jeune. »

La secondarité, c'est avant tout un mécanisme à retardement. Le Capricorne donne souvent l'impression qu'il est impassible (insensible ou olympien, selon qu'on lui veut du mal ou du bien), ou que les événements ne le touchent pas. En fait, c'est l'inverse qui se produit. Mais il lui faut plus de temps qu'à quiconque pour prendre conscience, dans sa tête et dans sa chair, de ce qui lui arrive. Sur le coup, il ne bronche pas. Quelle maîtrise ! se dit-on devant son sang-froid. Il renverse quelqu'un avec sa voiture ? Il en sort, très calme, règle le problème, fait ce qu'il faut. C'est le soir, chez lui, ou le lendemain, qu'il se mettra à trembler en réalisant le drame qu'il aurait pu provoquer. Il reçoit une gifle ? Il ne la rend pas. Comme s'il ne l'avait pas reçue. Mais, le lendemain, il se frottera la joue, quinze jours plus tard il sera furieux, dix ans après il en parlera encore et quinze ans plus tard, s'il le peut, il s'en vengera. J'exagère ? A peine. Il vit un deuil ? Sur l'instant, on pourra presque croire qu'il a le cœur sec et n'éprouve aucun chagrin. Mais cinq ans, dix ans plus tard, la douleur d'un seul coup lui paraîtra intolérable... quand personne n'y pense plus, quand pour les autres la page est tournée. Lente mémoire, très lente mémoire du Capricorne.

Les choses se passent comme lorsqu'on jette une pierre dans l'eau. L'impact premier n'est pas perçu. Le Capricorne ne réagit que lorsque le dernier cercle concentrique touche la berge. Ou bien comme l'eau qui traverse des couches de sable, qu'on ne voit plus « du dehors » et qui finit par rejoindre une rivière souterraine qu'elle va grossir et qui va bouillonner en secret, pour ressortir beaucoup plus loin, sous une autre forme.

Le champion du système de défense

On peut y voir l'un des principaux systèmes de défense du Capricorne. Car, pendant ce long travail obscur, il peut tenter de prendre de la distance, se protéger, se fortifier. Connaissant ce mécanisme — que la vie lui fait découvrir —, il parviendra parfois à se préparer à la douleur, à s'efforcer de l'apprivoiser, à se trouver des arguments pour l'accepter.

Sa force n'est pas ailleurs. Il a le temps de se préparer à la vieillesse, à la mort, à la destruction. Mis au pied du mur, bousculé par l'événement, le voilà tout pétrifié, ou affolé. Avec le temps, il s'en tire toujours.

Et, comme il a peur du vide, de ce retour au néant, son domaine, il entreprend, il grimpe — chèvre têtue qui monte vers les sommets. C'est alors l'ambition qu'on lui prête avec tant d'obstination et qui n'est sans doute que fuite en avant, besoin de faire, de réussir, de laisser sa marque pour ne pas disparaître tout à fait de la mémoire des hommes. Comme Anouar al-Sadate, qui identifie son propre destin à celui de son pays, et se confère ainsi une sorte d'éternité et des racines millénaires.

Ce goût de l'ascension sociale — même si le Capricorne le nie parfois — n'est que ce défi à lui-même lancé pour le contraindre à progresser. C'est aussi grâce à son affinité avec le dixième Secteur[1] du thème que le Capricorne terrien montre son sens du réel et son efficacité. Il entreprend sans hâte, sans impatience, regardant à chaque pas où il pose le pied. Tortue tranquille, il sait qu'il l'emportera sur le lièvre de la fable. Il s'impose le plus souvent sans coup d'éclat, jusqu'à ce que les autres, surpris, constatent qu'il a conquis sa place au soleil, qu'il s'est enraciné là où il le voulait. Là, il « croche et tient » pour longtemps. Il prépare avec soin, longtemps à l'avance, ce qu'il veut entreprendre. On le dit homme des entreprises de longue haleine. Comme Mao Tsé-Tung traitant sa longue marche comme une partie de go sur l'immense échiquier chinois. Il ne part pas à l'aventure, tête baissée, comme le Bélier. Il use l'obstacle ou le contourne, il ne le renverse pas. Il a la prudence du serpent et l'entêtement de la mule, pour peu qu'il soit sûr de ce qu'il désire.

Parfois même, il semble presque inconscient de ce long projet; il fait confiance à son instinct qui œuvre en secret.

Intelligent? Oui. D'une intelligence constructive. Il ne cherche pas à briller. Stratège, il organise son action. Tacticien, il sait où placer ses pions. Il réfléchit. Le Capricorne, c'est « la spontanéité de la réflexion ». Il met de la force dans sa concentration. La lenteur encore, mais qui évite erreurs et illusions. Il mobilise bien ses troupes. Il sait que rien ne mûrit vite et qu'il ne sert à rien de courir. Il ne bouscule pas la réalité; il en tient compte, avec réalisme. Plus que tout peut-être, il a le sens de l'essentiel. La lucidité est sa première vertu.

Solide? Oui. On peut compter sur lui. Il ne promet pas plus qu'il ne peut tenir, sauf si, là encore, on lui extorque des promesses « à chaud » et qu'il n'a pas le temps de réaliser où on l'entraîne. Mais il se sent engagé par ses promesses. Ce responsable a tôt fait de se sentir coupable. Il déteste les affrontements dès lors qu'il sait n'avoir pas pu s'y préparer. Il manquera d'esprit de répartie, ne saura pas, dans le feu de la bataille, contre-attaquer. Mais il fait face, le plus souvent, dans la nécessité. Comme Joffre à Verdun.

Prudent, par conséquent. Il ne fait pas trop confiance au hasard. Ni aux autres. On le dit méfiant. C'est vrai et c'est faux. Méfiant quand il a été blessé, confiant quand il est sûr de lui.

Patient. Très patient et endurant : toujours ce sentiment que le temps est son allié. On le dit pessimiste. Rien ne me paraît plus faux. Car il faut avoir une bonne dose d'optimisme pour débuter une carrière à soixante ans, pour entreprendre à l'âge où les autres ne songent qu'à la retraite. Lui, il sait que l'oisiveté le tuerait. Tout ce qu'il veut bien s'accorder, l'âge venu, c'est un peu plus de repos. Simone de Beauvoir a dit : « Quand j'avais trente ans, dès que j'ouvrais l'œil, j'étais dehors, à courir, à travailler, à faire des choses. Maintenant, j'aime bien m'attarder un peu, me reposer [...]. Maintenant, j'ai l'impression de ne plus avoir tellement de choses à faire. En un sens, cela me plaît. Cela me donne des loisirs, une certaine liberté. Je peux vivre davantage, je ne dirais pas selon mon caprice, mais suivant l'agrément de l'heure. » Mais je pense aussi à cette femme, Capricorne de soixante-seize ans, qui venait de s'inscrire en faculté pour faire une licence d'anglais (l'anecdote avait paru naguère dans *Noir et Blanc*). Pessimiste, cette vieille dame indigne? Certes pas.

De la vertu à revendre

Honnête aussi, le Capricorne. Par sens moral, sûrement. Par besoin de vertu. Il interdit aux autres les mauvaises actions, mais rendons-lui justice, à quelques exceptions près (Petiot, Mesrine, Violette Nozière, en sont de bien lourdes), il se les interdit le plus souvent à lui-même.

---

1. Le cercle zodiacal est divisé en douze Secteurs ou Maisons.

Pourtant, si on lui fait un reproche, si on le critique, son premier réflexe, le plus souvent, sera de « planter les quatre pattes », de résister, de nier, de se défendre ou de protester. Il aime avoir raison. Ça le rassure sur lui-même. Si on le prend en flagrant délit d'erreur, il se cabre (se cabrer à la même racine que chèvre, encore). Mais le lendemain ou le surlendemain, il réfléchit; il accepte de s'interroger, se remet en question. Et il reconnaîtra ses torts. Mais il est bien rare qu'il le fasse du premier coup. Dans la jeunesse, cela lui vaut souvent l'étiquette infamante de « mauvaise foi ». Ou on lui reproche d'être raisonneur. Enfant, j'ai été ravie de me trouver un allié en Napoléon qui disait : « Quand on a tort, il faut aller jusqu'au bout, on finira bien par avoir raison... »

L'âge améliore le Capricorne, comme le bon vin. Il devient moins sévère. Il rajeunit.

Mais ses faiblesses et ses défauts sont grands. L'orgueil est à double tranchant et, souvent, à force de se draper dans sa dignité, il s'y pétrifie comme la statue du Commandeur.

La peur d'avoir peur le paralyse ou le pousse à des actes extrêmes. La prudence le retient d'agir, le castre de son désir d'aventure, l'empêche d'aller vers le risque. C'est peut-être sa plus grande faiblesse.

Refus du jeu ou refus du je

Son refus du jeu le raidit, le rend parfois intolérant, lui retire de la souplesse dans ses rapports avec les autres. A force de refuser l'artifice, de sacraliser l'authenticité, il passe pour ennuyeux comme Caton l'Ancien.

A onze ans, mon livre de chevet n'était autre que *les Pensées de Marc-Aurèle*, suivies d'Epictète. Les stoïciens. Vieux rêve capricornien de perfection et de maîtrise de soi. Mes goûts littéraires, à l'époque, ne me rendaient pas très fréquentable...

Frustré, frustré et encore frustré. Né frustré et mort frustré. Quel aveu d'avidité que le « J'ai été flouée » de Simone de Beauvoir. Toujours à l'affût d'un geste affectueux, d'une marque d'attention, toujours affolé à l'idée qu'il pourrait être rejeté; qu'on pourrait ne pas l'aimer. Alors, soit il s'enferme dans sa coquille et joue les Alceste, préférant encore qu'on ne l'aime pas, soit il en fait tant pour les autres qu'il se débrouille pour devenir indispensable... ou que ceux qui l'entourent et bénéficient de ses bienfaits finissent par crier grâce !

De là aussi ce que Barbault appelle joliment son « complexe de Cendrillon ». Le Capricorne a tant de mal à se croire aimé, à se croire aimable ! Il est prompt à douter au moindre manquement, si disposé à croire qu'on se moque de lui, de ses sentiments, si vite bafoué dans sa sincérité, si prêt à se rejeter lui-même, puisqu'il sait bien qu'il n'atteindra jamais à la perfection de l'image désirée. Ou alors il s'en moque, quand il a de la sagesse. « Je n'ai jamais été très narcissique et je n'ai jamais eu beaucoup de complaisance pour mon corps. Alors évidemment peut-être en ai-je encore moins aujourd'hui », dit encore Simone de Beauvoir.

Le Capricorne doute de lui, doute surtout d'autrui. D'où cette certitude étrange qu'il a de faire mieux que les autres, d'être mieux que les autres, et son désespoir parce que les autres ne le reconnaisssent pas et qu'il ne peut être accepté. C'est lui qui doute puisqu'il sait bien que nul ne peut être tout pour l'autre.

De la jeunesse à la vieillesse, pourtant, le Capricorne change beaucoup. Grâce à Dieu. Et un peu à lui-même. Là encore, je suis tentée de donner la parole à Simone de Beauvoir qui a écrit sur la vieillesse et qui en parle bien : « L'âge, c'est un passage de l'infini au fini. On n'a plus d'avenir, et c'est le pire. » Mais, en même temps, elle fait toujours des projets, et quand on fait des projets, la vie est encore devant soi, on a encore « un avenir ».

Vanessa Paradis : petit oiseau sorti du nid, elle suspend, à sa voix de nymphe de légende, des millions d'admirateurs captifs. Sa détermination de Capricorne lui enlève tout amateurisme.

Le Capricorne et l'Amour

Engagements prudents

L'amour. Zone fragile. Là, nous allons rencontrer des comportements différents chez les hommes et les femmes du signe. L'homme va cacher très souvent sa frustration derrière une certaine froideur, une grande prudence. Ou derrière le devoir. Il se marie, d'une certaine façon, pour régler le problème. Et il s'accrochera à sa « construction », à ses responsabilités, pour ne pas avoir à y penser de nouveau. Ou bien il ne parviendra jamais à s'engager. Parfois très tard, quand il ose enfin affronter le risque. Ou bien encore il tentera de se débarrasser de son affectivité en se cachant derrière l'écran du travail, du labeur acharné, de l'ambition.

La femme, elle, va devoir toute sa vie organiser sa défense contre ce qu'elle ressent partout et toujours comme une frustration destructrice. Parfois, elle choisira, elle aussi, le célibat — toujours en fonction d'une politique du pire —, même si une part essentielle d'elle-même assume mal la solitude qu'elle s'impose de vivre.

Parfois elle aimera — ne pas oublier le côté passionné à froid, le feu secret — et consacrera toute sa vie à l'autre pour se fuir elle-même, n'avoir pas à affronter sa propre réalité, engloutir son narcissisme douloureux dans une relation où elle sera forcément celle qui aime le plus, celle qui donne le plus, cherchant avec obstination à se rendre indispensable, dans sa grande peur du rejet et de l'abandon, dans sa certitude que, de toute façon, même si elle a le sentiment de demander peu, elle n'en recevra jamais le millième.

Pourtant, même si elle croit rarement à son charme, à sa séduction, il arrive qu'elle se fasse aimer.

Jamais, ou presque jamais, le Capricorne — qu'il soit homme ou femme — ne provoque de coups de foudre, d'emballements instantanés. C'est sur un long parcours qu'on l'apprécie, qu'on s'y attache, qu'on a, finalement, du mal à le quitter.

Mais souvent, dans sa peur, il met en place le dispositif destructeur. Il prend la fuite. Ou, dans son angoisse de perte, d'abandon, il provoque la rupture horrible et libératrice. Toujours et encore la technique de Job. Avec un soulagement sincère le jour où le ciel lui tombe sur la tête. Toujours cette épée de Damoclès, cette attente intolérable de l'instant où elle va lui traverser le cœur. Alors, autant couper la ficelle, autant décider soi-même de l'intervention chirurgicale, puisqu'il lui faut du temps pour apprivoiser l'événement! Paradoxe affectif que tous les Capricorne connaissent bien et qui est lié à cette intolérable peur d'avoir peur.

L'admiration difficile

Un Capricorne cherche rarement à séduire. Tout d'abord parce qu'il doute profondément des moyens qu'il en aurait. Ensuite, parce qu'il entend plaire sans artifice, par son naturel et sa vérité. Il considérerait comme dégradant de jouer la comédie. Alors, il va droit au but, en posant des questions essentielles, pour tenter de connaître l'autre. Ou bien il écoute et se tait. Il a parfois raison, parce que c'est effectivement par son naturel et sa sincérité qu'il rassure. Par eux aussi qu'il fait peur. Il ne joue pas un jeu, en tout cas, ne se livre pas à de subtiles escarmouches. D'emblée, il a sa dimension. Il dit ce qu'il pense et réfléchit avant de le dire. Pas de frivolité, pas de légèreté. Pas assez, hélas! Du sérieux; ce qui n'empêche pas l'humour, juste pour montrer qu'on ne se prend pas au tragique; mais aussi, parfois, on l'utilise, cette dérision, contre soi. Avec un goût très vif et destructeur de la contre-publicité. L'erreur, c'est aussi de faire croire à l'autre qu'il ne le prend pas au sérieux. Le Capricorne n'a pas l'admiration facile. Trop honnête pour cela. Et les femmes du signe savent ce qu'il leur en coûte — et l'apprennent alors à leurs dépens — de ne vouloir jouer qu'au jeu de la vérité. Pourtant les hommes, pratiquement tous les hommes, ont éperdument besoin qu'on leur balance sous le nez de grands coups d'encensoir... ne serait-ce que pour être rassurés. Pour le Capricorne, ce serait mépriser l'autre. Il s'y refuse.

Parfois, des êtres viennent à lui, dans le désir sincère de trouver quelqu'un qui leur tende un miroir sans complaisance. Là, le Capricorne, trop content de l'aubaine, répondra : présent! C'est presque toujours un piège et le « demandeur de vérité » n'est pas conscient du fait qu'il voulait bien en savoir un peu, mais pas trop. Comme le malade qui prétend vouloir la vérité mais qui s'effondre quand le médecin annonce le verdict. On est rarement au clair — personne — avec ce qu'on veut apprendre de soi. Les psychanalystes le savent bien, cela prend du temps et il vaut mieux découvrir par soi-même, au juste moment.

Le Capricorne, lui, en dit souvent trop d'un seul coup, emporté par son élan, tout content d'avoir compris quelque chose, de mettre à nu un mécanisme gros comme une ficelle. Il apprendra avec le temps à distiller ses propos avec plus de doigté, peut-être lorsqu'il comprendra lui-même qu'il ne supporte pas toutes les vérités, en dépit de ce qu'il s'imaginait.

Parfois, le Capricorne attire par sa force, son calme, le sentiment de sécurité et de stabilité qu'il inspire. C'est aussi à cause de sa force qu'on le quitte. Forcément, lui, il croit qu'il le supportera. Ce sont les autres, les faibles, les fragiles, ceux qui pleurent et qui gémissent qu'on protège, parce que tous les êtres fuient la culpabilité qui les écrase. Mais il y a parfois — souvent même chez le Capricorne trop malmené — une fissure, une faille, une fracture profonde, qui le poussera d'instinct, à l'avenir, à ne plus s'exposer.

Paradoxe encore du Capricorne plus « brut » que les autres et en même temps si facilement culpabilisable. Ni les hommes ni les femmes du signe n'y échappent et cela alourdit leur comportement, entrave leur spontanéité, retient leurs élans et leurs gestes. Il y a tant de force dans ce qu'ils ont envie de donner, de crier, qu'il leur faut bien retenir tout cela, emprisonner leur cœur et le faire taire.

Sur le qui-vive

La femme, sans doute plus que l'homme, passe sa vie amoureuse en état de vigilance; sentinelle toujours sur le qui-vive, à l'affût du moindre regard, du moindre geste, de la moindre intention et toujours prête à interpréter le comportement de l'autre comme révélateur d'une fuite, d'un rejet, d'un refroidissement, d'une lassitude ou d'un ennui, d'une pensée qui vole vers une autre. Impossible Capricorne! Mais il est rare qu'elle parle, contrairement à la femme du Cancer qui, elle, n'hésitera pas à faire des scènes. Le Capricorne rentre dans sa coquille de silence, tentant de panser ses blessures; il boude avec dignité, se replie sur ses positions et se prépare déjà à la catastrophe. Parfois même, l'autre ignore tout du film qui s'est déroulé dans cette tête inquiète. Le mutisme du Capricorne s'accompagne alors de paralysie. Il voudrait bien, mais il ne peut pas aller vers l'autre. Un geste tendre, un sourire affectueux, et tout peut recommencer. Mais si l'autre, ne comprenant rien, boude aussi, se replie aussi, ça peut durer une éternité.

Des femmes Capricorne m'ont dit parfois : si je me découvrais une rivale, je me défendrais bec et ongles, j'irais peut-être jusqu'à tuer. A l'heure de la vérité, je me demande si elles ouvriraient seulement la bouche, ou si elles n'iraient pas silencieusement faire la valise du monsieur, pour simplifier les choses. Ou si elles n'opteraient pas pour une contre-attaque plus subtile. Un mot, juste un mot bien placé, avec toutes les apparences de la remarque objective. Souvent juste, de surcroît. Et la rivale de perdre son auréole. Il n'en faut parfois pas plus, parce que l'on fait confiance à l'honnêteté du Capricorne, à sa sincérité, à son savoir, pour que la contre-offensive réussisse.

Le plus dur reste à faire. Non pas pardonner, mais oublier. Le Capricorne possède une mémoire d'éléphant dès lors qu'il est blessé dans sa sensibilité, dans son orgueil, dans sa confiance.

Et il est vrai aussi qu'il est exclusif, possessif, jaloux; comme la chèvre du troupeau qui veut toutes les caresses pour elle seule. Comportement infantile et irréaliste? Sûrement. Mais il faut beaucoup de temps, beaucoup de travail sur soi, pour dépasser cela sans pour autant sombrer dans l'autorejet et la négation de soi-même.

Jean Carteret me disait parfois : « Tu ne t'en sortiras pas tant que tu n'auras pas apprivoisé le relatif. » Mais comme c'est difficile de renoncer à l'exigence, à l'absolu, à la tentation de l'amour fusionnel, à l'illusion qu'on peut suffire à l'autre — puisque l'autre, lui, nous suffit —, au désir toujours plus fort de faire progresser l'autre vers lui-même et de progresser soi-même par l'autre ou d'accepter son aide, de susciter aussi sa rigueur et son intransigeance!

Nous aimons qu'on ne nous pardonne rien, qu'on ne nous laisse rien passer — même si, sur l'instant, le réflexe est de protestation — parce que nous percevons comme un acte d'amour véritable cette exigence de l'autre envers nous. Illusion, bien souvent, de croire que l'autre nous aime avec rigueur...

L'essentiel, difficile à dire

Il paraît que vivre avec un Capricorne est difficile, à cause même de tout ce qui n'est pas dit et passe par le regard. Il y a une pudeur à dire. Une peur de n'être pas ressenti, sinon compris et surtout que les paroles prononcées pèsent contre soi...

Peut-être plus encore faut-il voir dans les silences du Capricorne la conséquence de son esprit d'escalier, de sa lenteur. Vulnérable à tout ce qui lui est dit — ou décoché —, il lui faut du temps pour assimiler, connaître l'effet réellement produit. Pourquoi dire avant de savoir, d'être sûr? Sans compter le manque de répartie et le temps nécessaire à la restructuration du noyau qui a explosé à son insu, sous l'impact du coup.

Le Capricorne doit lutter, en amour, contre des comportements subtilement défaitistes et contre cette tendance à se dénigrer lui-même, qui est de mauvais aloi. Se critiquer, sous prétexte qu'on n'est jamais bien servi que par soi-même et qu'on est seul à savoir jusqu'où on peut le supporter, n'a jamais été constructif au niveau de la relation. La lucidité, parfois, tue l'amour plus sûrement que l'illusion. Ou l'abandon, avant même qu'on connaisse ses risques d'échec (je parle ici de l'abandon au sens où le sportif abandonne...).

Le Capricorne qui réussit en amour a compris cela assez tôt et a misé sur sa longue patience — corollaire paradoxal de sa certitude ambiguë de l'échec.

Pas assez déconcertant...

S'il est aimé parfois, c'est bien pour sa fidélité et sa profondeur, pour la sécurité affective qu'il offre à celui qui veut bien lui faire confiance. S'il est rejeté souvent, c'est aussi parce qu'il est sans surprise. Ou du moins que l'autre est parvenu à le croire.

Une dimension doit être ici précisée, qui tient à la violence de ce passionné à froid. La tempête se lève rarement mais, lorsqu'elle éclate, il est vrai qu'elle révèle tout un univers de forces tumultueuses trop longtemps réprimées. Lorsqu'elle explose enfin, le Capricorne éprouve quelque chose qui est de l'ordre de la jouissance; le plaisir intense d'avoir brisé ses chaînes, d'avoir rompu le silence castrateur, de revendiquer enfin le droit d'exister et d'être reconnu avec la dimension de force et d'intensité qui est la sienne, de se libérer de la peur d'être rejeté, méprisé; heureux d'avoir pu enfin « dire », quelle que soit la conséquence de son cri. Et il découvre parfois que c'est précisément dans cette vérité-là que l'autre l'accepte, devient enfin capable de le voir et de l'entendre.

L'avidité première du Capricorne resurgit au premier prétexte. Parfois, bien sûr, elle fait peur. Il y a dans le Capricorne une incapacité à accéder à la satiété — sa dimension hystérique sans doute. Cela terrifierait n'importe qui.

...et trop avide

Très tôt, le Capricorne découvre que personne ne peut apaiser sa faim, sa soif d'amour. Alors commence pour lui une longue négociation avec sa frustration. C'est le moment, comme dirait Mélanie Klein, de dépasser sa « position dépressive ». Mais, le plus souvent, cette négociation le condamne à des compromissions, à des concessions (« Les concessions? Ces points de vue sur un cimetière », disait Sacha Guitry) qu'il ne peut vivre sans révolte et sans cris de rage. Il n'a pas le choix. Sauf à préférer la solitude, sauf à opter pour le froid et la glace. Ou, bien sûr, à grandir.

Mais il sait que le renoncement à l'essentiel est plus près pour lui de la mort que de la sagesse.

Le Capricorne doit aussi apprendre à se lester de ses souvenirs, surtout s'ils sont heureux. Il a tendance à s'y complaire, à les évoquer, les ressasser, à les comparer à l'horreur du présent, à se raccrocher à eux au lieu d'exploiter sa disponibilité à un nouveau bonheur possible. Les présents du moment n'aiment pas les présents du passé. Surtout s'ils ressentent ce qu'il y a de regrets et de nostalgie dans ces souvenirs. Il faut faire place nette.

Les Capricorne, à partir d'un certain âge — disons d'un âge certain — commencent à s'accepter, à être conscients de leur force, jouent volontiers les Pygmalion. Pas tout à fait à la façon du Sagittaire qui cherche à changer l'autre, à le réformer. Plutôt à la façon de l'accoucheur qui veut aider l'autre à s'accomplir, à se révéler. Il peut y trouver sa justification. Même si on peut voir se profiler au loin l'un des pièges de la technique de Job. Vouloir mettre l'autre au monde, c'est être assuré que, lorsque le sevrage deviendra nécessaire, il faudra se faire harakiri (jigaki, pour les dames), faire jouer la Lune Noire et son couteau du sacrifice.

Sans doute m'est-il difficile de dissocier ce qui en moi est de l'ordre de Saturne, du Capricorne et de la Lune Noire, ces aimables personnages s'imbriquant tous dans mon propre thème de façon particulière et privilégiée... O douteux privilège! Mais je crois que d'une manière générale il y a chez le Capricorne une volonté de construire l'autre (arrogante présomption!), avec la conscience de tous les risques inhérents à pareil projet.

Une force vulnérable

Au fond, l'ennemi du Capricorne en amour, c'est sa force. Et, partant, son immense vulnérabilité. Il a dressé un mur contre cette dernière, il a placé des sentinelles partout. Il apparaît comme une place forte, comme une citadelle capable de résister à tous les sièges, à toutes les attaques. Même si cette force se construit sur un système de protection qui n'est qu'un aveu de faiblesse à peine masqué.

Souvent il intimide; il « en impose ». On le prend pour un monsieur sérieux avec qui on ne batifole pas. On la prend pour une dame respectable qu'on ne carambole pas.

Pourtant, dans ses fantasmes, que de désirs inavouables! Et, quand la « bête » est lâchée, que de surprises! Cela étonne d'autant plus qu'on a cru avoir devant soi un stoïcien, un moraliste, un juge rigoureux. Alors qu'on découvre un être assoiffé de tendresse, de plaisir, de violence, puissamment vital et capable de beaucoup de passion. Ce que j'appelle le côté faux-jeton du Capricorne.

Il n'a généralement pas une sexualité très compliquée — sauf s'il a été très réprimé dans sa jeunesse ou très culpabilisé à ce niveau. Mais il a horreur de la pornographie, de ce qu'il appelle le vice. Il aime le plaisir plus que l'érotisme.

Fidèle à lui-même

Ajoutons que le Capricorne est fidèle, tant qu'il aime. Fidèle à lui-même plutôt qu'à l'autre. Il se sent lié par l'investissement affectif auquel il s'est livré. Il n'a pas vraiment le sentiment d'avoir des comptes à rendre à l'autre.

Et puis, animal à habitude, lent à s'adapter, il n'apprécie pas tellement le changement. Il lui est si difficile de s'engager qu'il ne peut se déprendre sans mal. Sauf s'il est déçu, par trop blessé, par trop rejeté. Alors il se révolte et rejette à son tour. Et c'est sans appel. Il ne replâtrera pas. Ou bien alors il n'a pas cessé d'aimer — et dans ce domaine sa patience a de quoi étonner. Il se demande parfois lui-même ce qui lui permet d' « avaler autant de couleuvres », de supporter autant de mauvais traitements — qu'il juge tels —, d'avoir, en fait, un comportement assez masochiste.

Je crois que c'est pure patience, pur espoir que « ça change ». Il réussit parfois. Ou bien il renonce, d'un seul coup, à son impossible entreprise. Et tombe la guillotine, libératrice, au bout du compte!

S'il est aimé, il en est heureux. Jamais tout à fait rassuré, sauf au bout d'un très long temps. Jamais tout à fait sûr de l'avenir. Mais il apprend à jouir du moment et sait mieux être heureux à cinquante ans qu'à vingt. Il ne tient pas au mariage dont il se défie et dont il sait qu'il ne constitue pas une assurance sur le bonheur. Mais s'il épouse, et si cela ne se passe pas trop mal, il se conforme, fait des efforts, se bonifie avec le temps, respecte son conjoint, l'aide dans la mesure de ses moyens. On ne s'amuse pas toujours avec lui, parce qu'il manque d'imagination et de goût pour le jeu, mais on sait pouvoir compter sur lui. On ne se défait pas d'un chien fidèle. Cela n'est pas dit dans un sens péjoratif, avec une intention méprisante. Plutôt un constat objectif. Douloureux. Et parfois le chien fidèle mord ou aboie, sans qu'on comprenne pourquoi.

Pourtant le Capricorne n'est pas « difficile à vivre ». Il s'efface souvent devant la volonté de l'autre, le désir de l'autre.

Tout pour ne pas déplaire. Avec, de temps en temps, des reproches silencieux et des regards éloquents. Et en sachant, précisément, que cela déplaît. Il se plaint — parfois en silence, de l'ingratitude, du manque d'attention, de la légèreté de l'autre, de tous ces gestes-rejets si douloureux. Il éclate quand il y a trop de frustrations empilées, compressées, entassées. Mais il « encaisse », comme les bons boxeurs, de façon exceptionnelle. Trop. Trop souvent. La femme du signe surtout. L'homme, lui, se réfugie plus souvent dans son travail qui dévore ses journées, puis ses soirées, puis ses week-ends... puis ses vacances. Pour ne pas courir le risque de parler, de se plaindre, d'avouer qu'il se sent mal aimé.

Aimable et mal aimé

Le voilà, le mot lâché. C'est vrai, le Capricorne est un mal-aimé. Comment ne pas en éprouver un sentiment d'injustice et de tristesse? Mais comment ne pas être mal aimé quand on a conscience d'en désirer trop et de ne pas même oser le dire?

Né frustré, il mourra frustré. Mais, en général, en sachant pourquoi. C'est quand même l'essentiel.

Il s'en tire, plutôt mal que bien, en étant spectateur, un peu désabusé, de son propre spectacle.

On pourrait croire, à lire cela, qu'il n'y a pas de Capricorne heureux. Je crois pourtant que le Capricorne est capable de se donner au bonheur, dans l'instant, avec une force, une intensité, une joie incomparables, d'autant plus violentes qu'il en connaît la précarité. Et c'est aussi pourquoi il pardonne mal à l'autre d'avoir peur, de se « garder », de tricher, de ne pas jeter toutes ses forces dans la bataille, de le laisser à la porte... Les femmes surtout jouent le jeu, sans doute parce que leur besoin de tendresse est trop dévorant et qu'elles s'en délivrent en en faisant don à l'autre, sans retenue. Les hommes, eux, comme il est fréquent, se bardent de prudence. Et les Capricorne sans doute plus encore que les autres.

Les autres aspects affectifs de la vie du Capricorne seront colorés par ces mêmes tendances.

Par rapport à sa propre famille, il cherchera assez tôt à prendre de la distance. Il sait que la tentation ne serait que trop forte d'aller puiser auprès des siens un peu de tendresse inconditionnelle et de chaleur. Il sait qu'il doit s'éloigner, sous peine de régresser à la manière du Cancer. Alors il s'écarte, gentiment mais fermement. Quand ce n'est pas le destin qui se charge de lui faire vivre prématurément deuils et sevrages, de lui faire connaître tôt la perte de l'objet aimé. Plus tard, il pourra aider les autres à réussir leur sevrage, car ils sauront eux-mêmes comment s'y prendre et quelles « grandes eaux l'homme noble doit traverser », pour parler comme le I King.

Tout cela, bien sûr, dans les meilleurs des cas. Car on trouvera aussi des Capricorne célibataires, attachés jusqu'à un âge avancé à leurs parents. Ou des parents Capricorne dévorant leurs enfants jusqu'à un âge avancé...

Il est évident que le Capricorne sera plus qu'un autre marqué par l'amour reçu en partage dans son enfance. Rassuré sur lui-même — si c'est possible — par un amour maternel sans faille, ses élans vitaux se manifesteront dans toute leur avidité; il croira presque à son droit au bonheur.

Mal aimé ou rejeté par une mère frustrante, il doutera plus encore de lui-même, de son avenir, de tout, et vivra dans la dépression, le découragement ou le renoncement. Sa force sera décuplée par l'amour reçu, pervertie et anéantie dans le cas inverse, sauf si, par réaction vitale suffisamment puissante, un vrai défi est jeté à l'existence. Comme on voit certains orphelins plus aptes que d'autres à l'amour et à la confiance.

Besoin de tendresse

L'enfant du Capricorne a souvent tout de la « petite brute tendre » qui demande énormément d'affection mais ne manque ni de gaîté ni d'entrain. Parfois, très tôt, l'aspect saturnien peut se manifester et faire un enfant taciturne, secret, renfermé et soupçonneux. C'est heureusement rare. Mais ces traits de caractère surgissent lorsqu'un deuil ou une catastrophe vient fracturer sa jeunesse ou son adolescence.

Devenu parent à son tour, le Capricorne s'efforcera d'élever et d'aimer son enfant avec vigilance. Pour peu qu'il soit conscient de sa tentation captatrice, de ce que l'enfant peut représenter pour lui comme substitut affectif dans une vie sans bonheur, de son désir de faire tout — c'est-à-dire trop —, et d'être surprotecteur — surprotectrice surtout —, il parviendra à maîtriser son propre besoin, à laisser l'enfant s'épanouir, s'éloigner de lui le moment venu, le sevrer, même si ça lui arrache le cœur. Il sait que c'est important. Il sait aussi qu'il doit lutter contre tout ce qui spontanément l'incite à être culpabilisant. Et les mères surtout, en exigeant beaucoup de leur enfant, en incarnant un Surmoi pesant, en imposant une éthique trop rigoriste, donc brimante. Les pères Capricorne, de leur côté, se voient souvent reprocher d'être trop inaccessibles, distants, lointains ou froids. La communication, avec eux, reste souvent difficile et le travail les absorbe trop.

Parents Capricorne : trop ou pas assez

Le père est trop loin, la mère est trop près. Elle voudrait que, même adulte, son enfant ait encore un peu besoin d'elle; elle l'aide parfois malgré lui. Mais elle doit apprendre à accepter de n'être pas indispensable. C'est, le jour où elle l'admet, l'occasion d'une révision déchirante! Mais la mère Capricorne est dans l'ensemble une bonne mère, une bonne éducatrice, le solide pilier de la famille. Le père, lui, constitue un modèle honorable, honnête, respectacle. Un peu trop peut-être, mais ne nous en plaignons pas. La mère constitue un modèle « irréprochable », donc difficile à « tuer ». Mais elle inculque des valeurs solides, le sens de la qualité, l'exigence, qui ne sont pas rigueur étriquée. Elle doit apprendre à mettre ses faiblesses en avant, prouver qu'elle n'est pas parfaitement autonome, être elle-même et non pas une mère idéale.

Le père, lui, devra s'efforcer d'être plus présent, plus attentif, plus disponible et de mettre un peu de souplesse dans ses principes, de chercher à s'adapter aux temps présents, sans toujours déplorer les vertus du passé.

Et l'enfant du Capricorne, dans tout cela? Il demande à assouvir sa jeune avidité. Il lui faut beaucoup de tendresse. Et apprendre, peu à peu, à passer par l'inévitable frustration, à surmonter le manque, à combler le vide laissé par cette séparation d'avec le nirvana de l'amour maternel.

Michel Piccoli a, malgré lui, trouvé un titre bien saturnien à son livre de souvenirs : Histoires égoïstes. *La nature difficile du Capricorne l'incline, en effet, à s'enfermer dans un dialogue avec lui-même.*

Gérard Depardieu : depuis son rôle désespéré dans Cyrano *, ses larmes dans* Tous les matins du monde, *il a prouvé qu'il se classait parmi les plus grands.*

Le Capricorne et l'Amitié

Des amitiés intemporelles

En amitié, le Capricorne a souvent un comportement contradictoire. Il est essentiellement fidèle, mais hors des contraintes du temps. Il n'a pas besoin de voir ses amis tous les jours et peut les retrouver après une séparation de quinze ans comme si un seul jour s'était écoulé. Ses amis doivent aussi « venir le chercher », lui téléphoner. Lui, il a toujours un peu le sentiment d'être « en trop », de déranger. Alors, il faut le rassurer. Et puis il est vrai qu'il travaille beaucoup, souvent plus qu'un autre. Il est présent à sa manière, un peu lointaine, mais en se « rebranchant » instantanément sur l'ami qu'il retrouve.

On le dit pourtant difficile dans ses amitiés, en ce sens qu'il exige une grande qualité de rapport avec ceux qu'il estime. Beaucoup plus intransigeant avec ses amis qu'avec les indifférents qui l'entourent, il relèvera la moindre de leurs faiblesses ; il dira avec une franchise parfois brutale ce qu'il pense, ce qu'il ressent. Et il demande la même sincérité en retour. Pas de rapports mondains, de surface, truqués, ni de compromissions. Rien que des rapports vrais, même si cela doit faire mal. Cela lui vaut souvent une réputation de « Misanthrope » :

> « Non, vous dis-je, on devrait châtier, sans pitié,
> Ce commerce honteux de semblants d'amitié.
> Je veux que l'on soit homme, et qu'en toute rencontre
> Le fond de notre cœur dans nos discours se montre,
> Que ce soit lui qui parle, et que nos sentiments
> Ne se masquent jamais sous de vains compliments. »

Pourtant, ceux qui le connaissent bien l'estiment et le respectent, savent qu'il a toujours une oreille pour entendre celui qui a besoin de parler et qu'il est attentif à la peine d'autrui. Peu importe si lui-même ne se livre que difficilement. S'il est très en confiance, pourtant, il se racontera volontiers. S'il sait pouvoir être entendu et avec l'espoir d'être compris...

Avec les autres signes

Il aime du *Bélier* la franchise, la spontanéité, le courage. Parfois même il l'admire et envie un peu son impulsivité. Mais le Bélier vit à un autre rythme que lui et, dans le quotidien, il se sent souvent bousculé par cette vitalité bouillonnante.

En revanche, il peut vivre près du *Taureau* qui, comme lui, est un secondaire, un lent, un « ruminant ». Ils se comprennent ou se devinent. Leurs natures sont proches, mais avec une nature plus artiste, plus sensuelle chez le Taureau, plus égoïste aussi, que le Capricorne lui reprochera parfois. Et le Taureau trouvera près du Capricorne une sécurité affective équilibrante. Mais ils ont tous deux tendance à se replier sur eux-mêmes, à bouder, à s'enfermer, et ni l'un ni l'autre ne peut faire le geste qui mettrait un terme à leur bouderie, pas plus qu'ils ne peuvent oublier l'insulte ou la souffrance imposée par l'autre.

Le Capricorne trouve dans le *Gémeaux* la jeunesse, la légèreté, la nature ludique et gaie qui, bien souvent, lui fait défaut à lui-même. Il goûte aussi l'intelligence du signe, différente de la sienne, plus vive, plus rapide, plus taquine. Parfois, il est un peu tourneboulé par ces vérités successives et contradictoires qui traversent le Gémeaux à une rapidité inconcevable pour lui. En acceptant leurs différences, ils peuvent s'entendre. Et se compléter, le Capricorne offrant aux Gémeaux les racines qui leur manquent.

Capricorne et *Cancer*. Deux signes qui s'opposent, mais la nuit de chacun se retrouve chez l'autre. Quelque part, dans une zone secrète de leur être, ils se rejoignent et se devinent, ils se perçoivent et ont besoin l'un de l'autre. L'Eau estivale du Cancer vient nourrir la Terre froide du Capricorne, son sens de l'intimité abolit les distances et fait fondre les barrières imposées par le Capricorne, sa tendresse le réchauffe. Et le Capricorne, lui, apporte au Cancer sa force, sa stabilité, sa fidélité profonde, sa maturité.

Le Capricorne et le *Lion* s'attirent rarement. Le premier est vite irrité par le narcissisme du second; le second est irrité à son tour par la sévérité et l'exigence du premier. Le Capricorne n'admire pas assez le Lion. Mais un lien d'amitié existe parfois, qui peut naître dans l'estime mutuelle, lorsque le Capricorne possède assez de générosité et le Lion assez d'humilité.

Capricorne et *Vierge* ont des points communs, des angoisses communes, la même insécurité, la même peur de manquer, le même besoin affectif difficilement formulé. Les démonstrations extérieures, pourtant, se feront rares. Ils savent qu'ils peuvent compter l'un sur l'autre. Dans les coups durs, ils se trouvent toujours. Quand tout va bien, ils s'éloignent un peu l'un de l'autre. Cette « relation en miroir » les irrite ou les déprime parfois. Mais ils apprécient mutuellement leur intelligence et peuvent échanger beaucoup sur le plan des idées.

Le Capricorne et la *Balance* ont du mal à se comprendre. Le premier reproche à l'autre de faire trop facilement des concessions, de vouloir régler ses problèmes en faisant du charme, peut-être aussi de plaire sans effort... Le Capricorne pourrait bien être un peu jaloux de la grâce, de la « vénusté » de la Balance, de son aisance. Philinte doit bien être un peu Balance. La Balance trouvera au Capricorne trop de raideur; elle ne devinera pas toujours la sensibilité d'écorché vif de ce mauvais coucheur. Bref, ils ont de bonnes chances de passer l'un à côté de l'autre sans se voir.

Capricorne et *Scorpion* ont entre eux de puissantes affinités, des exigences communes, le sens de l'absolu, de grands desseins, un certain sens du tragique et des angoisses métaphysiques. Le Capricorne étant plutôt masochiste et le Scorpion plutôt sadique (ou auto-sadique, il est vrai), ils ne tardent pas à nouer de secrets et subtils liens de complicité. Dans l'amitié, dans l'amour, le lien n'est jamais banal et le Scorpion parvient mieux qu'un autre à provoquer le Capricorne, à le faire sortir de lui-même, sans pour autant, d'ailleurs, se dévoiler tout à fait à son tour.

Du *Sagittaire*, le Capricorne aime la noblesse de cœur, la générosité, l'humanité, les élans enthousiastes et les émotions profondes. Ils s'aiment bien, s'estiment, se respectent et ont de l'affection l'un pour l'autre. Pourtant, cette union-là est rare, en dépit des intérêts communs, d'une bonne entente intellectuelle. Quelque chose gêne le rapport... Le Jupiter du Sagittaire aurait-il toujours peur de se faire dévorer par le Saturne du Capricorne?

Comment les choses se passent-elles entre *deux Capricorne*? Bien, en général, dans l'amitié. Il est bien agréable de se sentir compris par quelqu'un qui a les mêmes difficultés à vivre, les mêmes problèmes; de rire des mêmes choses, de se découvrir des goûts communs, des tics communs. D'un seul coup, on se met à avoir un peu d'indulgence pour soi-même, grâce au regard qu'on porte sur l'autre. Mais on peut aussi être irrité de retrouver dans ce miroir tendu des défauts qu'on se connaît et qu'on a déjà du mal à supporter chez soi. Comme si l'autre nous présentait de nous-même une caricature intolérable. Le plus souvent, on se promène ainsi de la complicité souriante à l'agacement agressif. Avec des allers et retours. Il semble bien que cela rende l'amour impossible.

Verseau et Capricorne, en revanche, sont des frères amis, très proches; ils s'intéressent tous deux à mille choses, peuvent échanger toutes sortes de réflexions, d'opinions, se compléter dans le travail, se rejoindre en empruntant des routes différentes. La complicité est certaine; ils ne s'encombrent pas, se comprennent, s'aiment bien. Sans doute à cause de l'échange des maîtrises diurne et nocturne de Saturne et d'Uranus.

Et les *Poissons*? Rapport étrange, assez mystérieux, fait à la fois d'attirance et de méfiance. Le Poissons insécurise beaucoup trop, affectivement, le Capricorne qui a besoin de se savoir aimé dans la certitude. Le Capricorne ne parvient pas à prendre le Poissons au sérieux. Pourtant, il existe entre eux une communication tacite, un lien qui ne répond généralement même pas à ce qu'ils disent devant témoins l'un de l'autre. C'est leur secret.

Henry Miller a créé une fresque immense où alternent le lyrisme le plus absolu et un réalisme abrupt, sauvage. Son amitié avec Raymond Queneau, Blaise Cendrars et Lawrence Durrell a été déterminante dans son œuvre.

Le petit enfant du Capricorne a des tendances taciturnes et renfermées. Il faut l'aider à entrer en contact avec les autres, lui donner le goût du jeu et de la communication, afin qu'il s'épanouisse.

Le Capricorne et son Éducation

Une enfance à vide

Dans l'enfance, comment se vit le Capricorne ?

Là encore, nous retrouvons nos deux types, chèvre et saturnien, paysan et aristocrate. Je crois néanmoins que l'enfant Capricorne — celui que n'incarne pas le petit taciturne à l'œil sombre, replié sur lui-même et qui, finalement, est rare — est un enfant solide, heureux de vivre mais qui manifeste de bonne heure une sensibilité aiguë, un inextinguible besoin d'affection et de tendresse, et qui réagit par de grands désespoirs dès qu'il se sent frustré. Plus tôt encore, on trouve l'avidité. Les Capricorne de la petite enfance l'expriment alors sans complexe. Quand j'avais faim, avant même de savoir parler, je frappais sur ma table de bébé en criant : « Marmangi, marmangi ! » sur l'air des lampions et avec la dernière énergie. On savait que le petit monstre que j'étais allait hurler, jusqu'à ce que « ça vienne », ce mot barbare à relents gargantuesques. Encore le mythe de l'ogre à odeur saturnienne...

Peut-être aussi l'enfant du Capricorne est-il encore très « mêlé » à l'enfant Cancer. Par la gourmandise, le côté pitre. Mais les interférences sont très complexes, difficiles à cerner, très variables aussi. Je connais des petites filles Capricorne rêveuses et délicates comme de jeunes chèvres, j'en connais d'autres, dures et silencieuses, comme de jeunes Saturniennes, et d'autres, enfin, gaies et vivantes, solides et brutales. Celles d'avant la frustration, d'avant le deuil et la souffrance. Mais toutes — et le schéma est le même pour les garçons — ont peur d'être rejetées, d'être mal aimées. Et là, bien sûr, le contexte familial fera toute la différence.

Il est fréquent pourtant (sans doute parce qu'il nous arrive ce qui nous concerne — que les jeunes Capricorne rencontrent précisément de bonne heure des frustrations mal vécues : séparation des parents, manque de tendresse, deuils familiaux, éloignement, pension-prison. Bref, qu'ils rencontrent tôt, d'une manière ou d'une autre, le manque affectif. Cela bouleversera leur vie, unifiera leurs comportements souvent variés et différents au départ. C'est la rencontre du manque qui leur donnera presque toujours leurs traits communs.

Le deuil

J'ai souvent été frappée, par exemple, par le nombre de Capricorne qui ont perdu prématurément un, au moins, de leurs parents. Comme s'ils étaient condamnés à revivre ensuite perpétuellement ce deuil. Pas à la façon du Scorpion, lui aussi concerné par la mort des autres, qui voit mourir autour de lui alors qu'il est adulte (je pense à André Malraux, ce Scorpion Ascendant Capricorne). Le Capricorne, lui, doit surtout vivre cette frustration initiale qui inscrira en lui la culpabilité, puisque tous les psychanalystes savent bien qu'un enfant se sent toujours coupable de la mort de ses parents. Freud prétend que c'est à cause du désir de mort inconscient que l'enfant projette sur ses parents à l'âge œdipien. On peut se demander s'il n'est pas plutôt coupable de leur en vouloir de cet abandon et coupable d'être vivant et d'en jouir alors même que ceux qu'il aime ne le sont plus. Tout cela mêlé, sans doute, dans sa jeune conscience informe. Je n'ai pas échappé à la règle. Bon nombre de mes amis Capricorne non plus.

Je crois, en effet, pour l'avoir vécu et vu vivre, qu'un parent mort constitue un Surmoi écrasant. Il n'est pas possible de trahir ou de décevoir un mort qui nous a aimé. L'exigence peut naître de là.

Bien entendu, tous les Capricorne — et c'est heureux — ne sont pas des orphelins en puissance. Mais il est presque sûr qu'ils rencontreront le manque autrement. Et s'ils ne le rencontrent pas, ils l'inventeront !

Une défense de plus : l'humour

A l'adolescence apparaissent presque toujours les problèmes qui font du Capricorne un Saturnien. Il devient exigeant dans la qualité de ses rapports avec les autres. Il se sent plus à l'aise avec les adultes qu'avec ses copains qu'il juge puérils. Il prend conscience de ce qui le différencie des autres et commence à jouer les moralistes, à l'âge où les jeunes Bélier jouent les Zorro. Car l'adolescent Capricorne a, sur le plan psychologique sinon affectif, une maturité précoce qui va activer son sens — et son goût — des responsabilités. Très tôt, il va être porté à prendre en charge son entourage. Il commence, prématurément, à devenir vieux.

Il se choque devant la vulgarité des gestes ou des pensées ; il admire la vertu, refuse de participer à des jeux qui lui paraissent stupides. Il devient protestant, janséniste, stoïcien, avec une conscience morale envahissante. Alors, bien sûr, il devient aussi celui vers qui les autres se tournent lorsqu'ils ont besoin d'un conseil. Ils comptent sur son honnêteté et sur ce qu'ils perçoivent comme une forme de sagesse, disons d'une certaine conscience des choses. La mélancolie se fait jour. Il devient lucide et, donc, désespéré. Mais le jeune Capricorne, heureusement, se crée à travers, et grâce, à son sens de l'humour, qui est son premier et plus solide système de défense. Il vaut encore mieux en rire qu'en pleurer... On veut bien prendre la vie au tragique mais surtout pas au sérieux... Les paradoxes fleurissent. L'humour, pour le Capricorne, est vital, avant tout contre-feu, distanciation. Distance encore, qui va peu à peu pousser le Capricorne à s'installer sur Sirius pour tenter de voir les choses de loin, sans passion, sans parti pris. Défense encore.

C'est aussi l'humour qui permet de dire en riant ce qu'on n'oserait pas dire sérieusement. Pour le faire passer, le faire accepter. Non par ironie ou causticité mais par dérision. Non par raillerie ou taquinerie (tout cela est bon pour le Mercurien de la Vierge ou des Gémeaux) mais par quelque chose s'apparentant davantage à l'humour britannique, comme une aristocratie morale, qui passerait par l'absurde. Et plus encore par la distance.

L'adolescent Capricorne ne partage pas la passion du jeune Bélier, par exemple, qu'il juge trop fanatique ou trop sectaire. Trop engagé. Depuis Sirius, on s'engage difficilement. Il y faut au moins la motivation d'une grande vertu, d'un Absolu avec un grand A. Sans perdre la lucidité qui fait prendre conscience de l'absurde.

Le sentiment, aussi, de n'être pas entendu. Le *vox clamavit in deserto* très aigu chez tous les adolescents, certes, l'est mais plus encore, me semble-t-il, chez les jeunes Saturniens.

Sentiment précoce de solitude, difficulté de communication, difficulté à dire l'essentiel — cet essentiel pourtant très bien cerné en soi — et qui sera longtemps présente, toute la vie peut-être.

Et puis le « complexe de Cendrillon » déjà évoqué va se consolider. Manque de confiance dans son charme, sentiment d'être mal aimé, qu'on retrouvera tout à l'heure, au moment d'aborder la vie sentimentale du Capricorne.

A l'âge adulte, donc, tous ces traits subsistent. Mais la confiance en soi, née d'une réussite sociale ou d'une certaine reconnaissance par autrui, va décrisper peu à peu le Capricorne. C'est une longue conquête. Les frustrations sont toujours là. Plus aiguës encore. Pas mieux acceptées. La lucidité s'accentue. La complaisance envers soi ne s'accroît guère. On ne s'aime pas et de là naît un certain masochisme, mais avec une conscience de plus en plus claire de ses causes. Le désir s'installe de tenter avant toute chose de « ne pas mourir idiot », comme dirait Wolinski. Enfin, le moins idiot possible...

Ce personnage, dessiné par un enfant du Capricorne, donne une impression de tristesse solitaire. Malgré sa charpente solide et ses pieds bien posés sur terre, il semble un peu abandonné. A moins qu'il n'abandonne lui-même : il laisse tomber sa pipe.

Federico Fellini : ce génie de la mise en scène, contesté et vénéré (ici, en train de diriger le jeu d'un acteur), était aussi considéré comme un bourreau de travail. Son exigence, son perfectionnisme, son inépuisable dynamisme, son acharnement indomptable sont fort représentatifs de son signe.

Le Capricorne et son Travail

« Cent fois sur le métier... »

Le Capricorne ignore la paresse. S'acagnarder, s'attarder au lit le matin, bayer aux corneilles impliquerait sans doute trop de culpabilité, de mauvaise conscience, de peur du vide. Par ailleurs, c'est dans le travail que le Capricorne sait risquer le moins d'échecs. Il se fie certes moins à lui-même lorsqu'il s'agit de sa vie affective. Mais, au labeur, il fait confiance à son jugement, à sa persévérance, à son désir de se prouver à lui-même de quoi il est capable, à sa puissance de travail et de concentration dans l'effort. Ainsi donc, il travaille, trop heureux de remplir son temps, car cet obsessionnel supporte mal l'oisiveté. Le repos, c'est autre chose; c'est la détente nécessaire après l'action, la récupération des énergies. L'oisiveté, c'est la vacuité, l'écoulement stérile des énergies vers l'extérieur... Et c'est sans doute l'une des raisons pour lesquelles le Capricorne, très souvent, voit arriver les vacances (encore un mot qui contient du vide) avec un peu — ou beaucoup — d'angoisse. Et, s'il est seul, au lieu de s'organiser à l'avance pour combler cette solitude à venir et faire des projets, bien souvent il se refuse à prévoir, pour se retrouver contraint, à la dernière minute, de se réfugier à nouveau dans le travail. Ou bien alors il se programme à l'avance des activités, des travaux qu'il n'a pas eu le temps d'aborder dans la tempête du labeur quotidien. Son rêve? Organiser chez lui, dans sa maison (car ce lieu-refuge lui est important) de vrais « séminaires » où ses amis viendraient travailler ensemble ou à tour de rôle. Car il aime l'ambiance du travail, le sentiment que chacun, à son étage, accomplit une tâche, remplit son temps sans cet horrible sentiment de gaspillage, intolérable à tout bon terrien. « Névrose de travail »? Sûrement très répandue chez le Capricorne. Mais il sait bien, et lucidement, ce que l'activité lui permet de fuir, quelles angoisses elle lui évitera.

Ce qu'on apprécie en lui quand on l'emploie? Sa conscience professionnelle, son exactitude, son sérieux, son goût pour le travail qui le pousseront éventuellement à faire des heures supplémentaires. Ce côté besogneux que d'aucuns lui reprochent. Il est appliqué à la tâche, c'est vrai, persévérant et, par-dessus tout, il a le sens des responsabilités. Plus on lui en confie, mieux il les assume. Toujours présent à ce qu'il fait. On le dit ambitieux. J'en ai déjà dit un mot. L'ambition c'est ce qui le porte, c'est d'abord un besoin, plus qu'un but; une compensation au manque. Le besoin de « désirer ardemment », d'être porté par quelque chose, une idée ou une évidence. Si cela le fait avancer, pourquoi s'en plaindre? Car comme il est exigeant avec lui-même, cela le porte tout naturellement vers le succès. Arriviste? Parfois. Mais il faut y voir alors une réponse au goût du pouvoir qui, seul, permet de conserver entre ses mains ce que d'autres lui prendraient volontiers. Détenir le pouvoir, pour le Capricorne, c'est bien souvent se protéger contre les agressions d'autrui. Ajoutons-y le désir d'être indispensable, la conscience de savoir mieux que d'autres. Du moins en est-il ainsi dans les cas extrêmes. Mais il faut bien admettre que la terre est encombrée de Capricorne aux ambitions politiques redoutables, que le signe a donné un Staline ou un Mao Tsé-Tung, un Nixon et bien d'autres, et que ce n'est pas un hasard. Tous ne sont pas, comme Anouar al-Sadate, inspirés par Dieu...

Nous rencontrons là l'une des ambivalences du Capricorne qui le mène d'un orgueil déme-

Le Grand Livre du Capricorne

suré — cet orgueil qui lui fait assumer la solitude et le rejet — à un sincère sentiment d'infériorité qui réintroduit toujours le doute (d'où aussi sa tendance à se cabrer devant la critique). Mais je crois que derrière ce complexe et ce doute il y a toujours l'ambition d'être au-dessus, de valoir mieux, de faire mieux, même si ce n'est ni avoué par lui, ni reconnu par les autres. Car, en même temps, ce doute est profondément vrai, sincère, réel. Par rapport à cette barre placée si haut, bien sûr, le sentiment d'impuissance est toujours aigu. On peut ici, je crois, parler de position aristocratique. Au sens étymologique du terme.

C'est là aussi qu'on trouve le perfectionnisme. Lorsque le Capricorne prend conscience qu'il s'agit d'abord d'orgueil, il finit par accepter le risque de laisser voir, de montrer, de livrer le fruit de son travail. Mais les pièges que lui tend son perfectionnisme sont subtils et il subsiste toujours une zone interdite, fascinante, désirée et toujours reculée, dans laquelle le Capricorne bon teint ne s'autorise pas à entrer.

Le scandale du « gaspillage »...

Une autre force le pousse au travail, nous l'avons vu : l'horreur du gaspillage, vertu terrienne, défaut terrien, comme vous voudrez. Rien n'irrite plus, ne désespère plus un Capricorne que le gaspillage de talents, d'énergies, de temps, d'argent, de tout. On retrouvera cela même en amour. (Et même à des niveaux fantastiquement prosaïques; quel Capricorne est capable de jeter délibérément quoi que ce soit qui puisse encore servir ?). Mais le Capricorne n'aime pas perdre. La perte, c'est pire que le manque. C'est un manque qu'on aurait laissé survenir, dont on serait responsable. Perdre, c'est laisser échapper, voir des forces échapper à son contrôle. Et cela, il le supporte mal. Je crois d'ailleurs qu'il serait plus exact de dire que le Capricorne cherche toujours à contrôler, à maîtriser, à se contrôler, plutôt qu'il ne cherche véritablement le pouvoir. Cela présuppose, chez lui qui doute sans cesse, un fond de certitudes inaliénables. Sans doute un aspect moraliste à partir duquel il se permet parfois de juger tout en prétendant — honnêtement — se l'interdire...

Ainsi donc, l'horreur du gaspillage l'aidera à accoucher le talent des autres, ou à consigner leurs faits et gestes, tel Saint-Simon — car le Capricorne a le goût des mémoires; c'est un témoin passionné et objectif à la fois, qui refuse la destruction de ce qui est, de ce qui a été et qui, de ce fait, en témoigne (c'est aussi Max Gallo [1] écrivant : « Mais que sont les siècles pour la mer ? »). Le Capricorne est un conservateur obstiné, un bibliothécaire heureux, régnant sur la masse des souvenirs humains; il fouine dans le passé, avec passion. Et c'est aussi ce qui fait l'historien. Tout cela est sûrement en rapport avec son horreur de la perte et du manque.

De même, le Capricorne jette rarement l'argent par la fenêtre. On le dit avare. Tous ne sont pas « regardants » ou économes, mais s'ils dépensent c'est presque par réaction culpabilisante devant la tentation d'accumuler pour assurer leur sécurité et ces vieux jours auxquels ils sont si fortement tentés de croire. La peur de manquer existe. Et si parfois ils donnent avec générosité et désintéressement, si parfois ils défendent mal leurs droits matériels, c'est presque toujours par peur d'être taxés d'avarice et de cupidité. Ceux qui ont dépassé ce complexe, reconnaissons-le, s'en tirent très bien...

Il y a d'ailleurs dans ce rapport à l'argent bien des choses qui mériteraient analyse. Etre coupable d'en avoir, d'en demander, de réclamer son dû ou de récupérer celui qu'on a prêté, c'est risquer une condamnation ou un rejet. Le comportement reste lié à l'affectivité. Difficulté à demander de l'argent à ceux qu'on aime, facilité à leur en donner. Et derrière cela, peut-être, désir obscur d'acheter l'affection de l'autre ou de l'aliéner... Horreur des dettes, vécues comme humiliantes.

On retrouve ce même comportement devant le temps : horreur de faire attendre; l'exactitude comme point d'honneur et politesse des rois. Respect des autres, certes, mais aussi souci et désir de faire aux autres ce que l'on souhaiterait qu'ils nous fissent. Et, là encore, refus de gâcher et de gaspiller.

Pourtant, les Capricorne se débrouillent dans la vie. Ils travaillent tant qu'ils finissent forcément par thésauriser, puisque, de surcroît, ils ont peu de besoins et que ce ne sont pas des « bêtes de luxe », contrairement aux natifs du Lion, par exemple. Mais l'argent gagné à la force du poignet, à la sueur du front, n'est plus culpabilisé.

---

1. Max Gallo, *Que sont les siècles pour la mer ?*, éditions Laffont.

Intolérable oisiveté

Leur problème consiste donc à savoir refuser du travail, à apprendre à dire non. Le chômage pour le Capricorne, c'est la pire déchéance, le pire supplice. Ou bien alors il se hâtera de le mettre à profit pour se livrer à une tâche ambitieuse et personnelle. Mais si on veut torturer un Capricorne, qu'on le condamne donc à l'oisiveté!

Sa réussite, il la doit en général à lui-même, à son travail et à ses mérites. Ses échecs, il les doit à son perfectionnisme ou à des moments de découragement, à de brèves pulsions de mort et de destruction qui lui font renoncer parfois à ce qui lui tient le plus à cœur. Toujours la « technique de Job ». Le plus souvent, il est accrocheur, presque malgré lui, collé à son rocher comme l'anatife, persévérant dans une voie presque par inertie, parce que son tropisme personnel l'oriente ainsi. Il avance et, comme dirait Devos : « J'avance le pied gauche, le droit suit, et moi, comme un imbécile, je marche... »

Dans la vie, je ressens souvent, de façon très profonde, cette « inertie dynamique », si j'ose pareille image. Et je pense que mes frères et sœurs du Capricorne me comprendront. C'est de l'ordre de la nature terrienne et minérale du signe, de l'ordre de ces « rêveries de la volonté » chères à Bachelard.

L'impression aussi, parfois, que si rien ne venait de l'extérieur me mettre en mouvement, je prendrais racine là où je suis. Ce que j'appelle le côté indien du Capricorne, ou son côté pierre. Et c'est sans doute à ce trait de caractère qu'on doit d'accueillir avec reconnaissance — voire de susciter — tout ce qui nous pousse en avant, nous contraint à l'action.

Voyons maintenant vers quels métiers, vers quelles actions, le Capricorne est naturellement porté, ceux qui sont le plus conformes à sa nature profonde et qui parfois se dessinent déjà dès l'enfance.

Métiers du passé, du pouvoir, de l'altruisme

Citons d'abord les métiers saturniens, c'est-à-dire ceux qui se rattachent au passé, aux origines : l'archéologie, qui a à la fois les attraits d'une recherche sur la trace laissée par l'homme dans la préhistoire et ceux de la découverte, de la fouille : extraire du sol, violer la terre-mère pour qu'elle livre ses trésors qui, à leur tour, interrogeront, questionneront. Un peu aussi, disons-le, le côté éboueur, brocanteur intellectuel... En fait, des métiers faits pour des hommes sans imagination. Même si c'est par elle qu'une compréhension, une appréhension du passé devient possible. Mais le Capricorne se perçoit comme non imaginatif; il a besoin d'un point de départ concret, d'un objet bien réel qui, ensuite, peut-être et avec un peu de chance, mettra en route un processus de recréation.

Même fascination pour la paléontologie, pour l'anthropologie, l'ethnologie, l'histoire, la linguistique, les « langues o ». Tout ce qui exige de comprendre en ajustant patiemment les pièces du puzzle et aboutit parfois à un résultat apparemment infime mais à partir duquel se construiront des théories, se rétabliront des maillons manquants. On y rejoindra également les géologues ainsi que les spéléologues, ceux qui explorent l'intérieur de la terre, ses entrailles secrètes (Michel Siffre est bien Capricorne).

Pour l'esprit, ce sera le goût de la philosophie, de la « quinte essence », de l'essai moraliste ou de la maîtrise stoïcienne. Que l'exploit soit sportif ou qu'il soit intellectuel, la démarche, en fin de compte, est la même.

Parmi les métiers où l'on rencontre de nombreux Capricorne, il faut citer la médecine et les domaines qui en sont proches : psychologie, psychanalyse, biologie, toujours en fonction des techniques de « défrustration-déculpabilisation » déjà évoquées. Être médecin, c'est faire un métier qui paraît reposer sur une « bonne » motivation, une motivation morale : soigner son prochain. Mais on sait aussi ce que l'on y gagne (et je ne pensais pas en terme d'argent) en gratitude, en dépendance de l'autre (eh! oui, qui avouera ce désir secret de voir l'autre dépendre de nous afin qu'il ait besoin de nous, que nous existions dans son regard?) — avec ce que cela a de pesant parfois (et nous permet de nous plaindre, de grogner un peu : « C'est moi ici qui fais tout, personne ne m'aide... ») —, et en considération, en satisfactions morales et professionnelles, intellectuelles aussi. Un « bon métier », comme on disait autrefois, et qui devient de plus en plus difficile à assumer quand on commence à s'interroger sur tout ce qui constitue les « bons sentiments », les nobles motivations, les intentions généreuses. Mais à tout prendre,

Le Grand Livre du Capricorne

qui tiendrait rigueur à Pasteur d'avoir, comme une vraie tête de mule, poursuivi contre vents et marées sa tenace recherche. Il cherchait. Et très probablement il s'abstenait de s'interroger sur ce qui le faisait courir.

Dans les métiers de science, le Capricorne est à l'aise parce qu'il aime la recherche qui se donne un but à long terme et dévore du temps, poursuit sa route sans impatience et surmonte les découragements.

S'il est ingénieur, le Capricorne se préférera agronome ou se lancera dans une recherche dont la technicité ne lui paraîtra pas trop inhumaine, trop « machinique ». Mais, où qu'il soit, on ne tardera pas à lui faire confiance, à lui donner des responsabilités. C'est ainsi, on l'a vu, qu'il gravit les échelons. Dans le domaine scientifique, le Capricorne a donné de grands noms, tels Benjamin Franklin ou Newton...

Dans les métiers d'argent, il apparaît habituellement comme un bon gestionnaire, honnête et de bon conseil — conseiller juridique, syndic de faillite, expert, banquier ayant bon jugement, saine et réaliste perception des problèmes.

On l'a vu, dans la politique, il fait merveille. Il aime ce jeu, parce que c'est un jeu sérieux, qui engage ; on ne joue pas aux billes ni avec des haricots ! On s'engage dans une lutte, on est tacticien, stratège, général d'armée. Diplomate surtout, économiste, habile négociateur, le Capricorne sait imposer ses vues sans passer pour un dictateur (il y a certes des exceptions, et je pense à Staline). Il met un point d'honneur, dans la politique, à être honnête (il sera souvent un grand fonctionnaire de l'État, à réputation d'intégrité et de rigueur) et construit sa réputation sur une carrière souvent longue. Son image de marque est excellente. Il a à peine besoin de la soigner (Mendès France, Pinay) ; ou bien il passe pour un défenseur de la vertu et de la fidélité (Michel Debré). Si son honneur est attaqué (pauvre Nixon !), le plus souvent il ne sait pas vraiment comment cela est arrivé et il ne s'en remet pas. En général, l'activité politique lui convient à plus d'un titre : on a compris pourquoi.

Dans les arts, et je pense tout d'abord à la peinture, il s'illustrera rarement comme coloriste, mais il s'attachera aux jeux d'ombre et de lumière. Ou alors il s'attachera à la perfection de la reproduction, de l'interprétation du réel, ou encore à la mise en évidence d'un certain tragique de la réalité. (Murillo, Ribera.) Il sera le graveur patient (Gustave Doré) ou le maître du clair-obscur (Fantin-Latour, Eugène Carrière). Ses œuvres seront rarement des œuvres d'imagination. Il aimera les effets de forme et de matière. L'architecture surtout correspondra à ses exigences et à son désir d'éternité.

Il se sentira aussi plus à l'aise dans la sculpture, parce qu'elle est de l'ordre du concret, du durable, là encore, de la transformation d'une matière brute (César).

L'art du solitaire

L'écriture, toutefois, constitue le mode d'expression qui lui permet la meilleure exploitation de ses qualités, parce que l'écriture est un travail solitaire, lent, qui va à un rythme qu'il peut imposer lui-même, qu'elle permet la réflexion, l'approfondissement, la sincérité, le jugement ; qu'elle s'appuie sur la distance. Les écrivains du signe ont tous quelque chose en commun – de Montesquieu à Simone de Beauvoir en passant par Léautaud, Saint-Simon, Sainte-Beuve, Strinberg, Tchekov, Henry Miller, Cesbron, Dutourd ou bien d'autres –, c'est que l'imagination n'y est jamais première mais bien plus l'observation, l'analyse, l'introspection et disons aussi, chacun à sa manière, un certain moralisme.

Le Capricorne aimera tenir un journal, noter au fil des jours, observer les « mouvements de son âme » : un des aspects de son narcissisme secret et refoulé...

Parmi les professions capricorniennes, on peut aussi citer l'artisanat. Profession simple, honnête, qui exige une vie paisible, des rapports vrais avec le monde, avec des matériaux nobles, qu'il s'agisse de poterie, de bois travaillé, de tissage ou d'autres activités. Il n'est pas rare que, chez le Capricorne, ce choix s'accompagne d'un « retour à la terre », qu'il ne rate pas toujours...
Il aime la vie lente, répétitive, naturelle. Il s'y adapte bien en général; sa décision est mûrie et non le fruit d'un coup de tête romantique.

Le Capricorne n'est pas à l'aise dans l'action pure, même s'il existe dans le signe des hommes d'entreprise (Filippachi). Car il n'a pas, sans correctif important d'autres valeurs planétaires ou zodiacales, le goût du risque. S'il est entreprenant, c'est en créant d'abord une affaire modeste que sa persévérance et sa gestion avisée lui permettra de développer. Il se préférera dans le rôle de conseil. Mais il fait généralement face aux événements et aux circonstances, et, plus encore, aux responsabilités qu'on lui confie.

Il goûtera tous les métiers où on peut faire appel à son jugement et, avec l'âge, il acquiert cette confiance en soi nécessaire à sa réussite. On peut la lui souhaiter tardive car, alors, elle est solide et durable. Ne dit-on pas de celui qui a Saturne au Milieu-du-Ciel ou en Maison X qu'il a intérêt à accéder au succès avec lenteur. Si son succès est trop rapide ou trop précoce, la chute est à craindre. Il a alors intérêt à se reconvertir dans l'un des métiers pour lesquels il est fait, loin des mondanités, de la foule et du bruit.

Les femmes du signe sont sans complexes devant les métiers du Capricorne. Elles estiment avoir des chances égales et sont sûres de pouvoir s'imposer là où elles font leurs preuves, à condition de savoir qu'on leur fait confiance. La carrière est essentielle pour elles, et compense bien souvent leurs échecs affectifs. Elles iront volontiers vers la médecine, la psychologie, l'enseignement, l'artisanat, le droit. A dire vrai, il est peu de métiers où les Capricorne, hommes ou femmes, ne puissent réussir, si l'on excepte ceux qui exigent une grande rapidité de mouvement, de décision et d'exécution, un certain exhibitionnisme ou un narcissisme affiché ou bien encore une agressivité déclarée. Ils n'aiment pas les métiers où l'on vous bouscule, où il faut avoir une idée par jour (laissons cela aux Verseau), beaucoup de mobilité ou être toujours par monts et par vaux. Les Capricorne sont heureux quand ils travaillent dans le silence — ce qui ne signifie pas la solitude —, le calme, la stabilité, la sécurité, avec la possibilité de choisir leur moment pour agir, pour bouger, pour tenter telle ou telle démarche. Heureux après l'effort de confronter leurs idées avec leurs interlocuteurs préférés.

Le travail occupe, dans la vie des Capricorne, hommes et femmes, une place de premier plan. Ce n'est pas par hasard, encore une fois, si le signe est le dixième du Zodiaque, s'il coïncide avec la dixième Maison, celle des réalisations, de la carrière, de la vie professionnelle. Seul terrain à peu près sûr sous leurs pieds. Le travail mobilisera l'essentiel de leur temps et de leur énergie. Car pour ce qui est du reste, de l'amour surtout, le Capricorne doit se préparer à rencontrer des épreuves, à subir des échecs, à assumer des frustrations, dans l'attente parfois d'un bonheur et d'une jeunesse qui « vient si tard ».

La femme Capricorne incarne souvent la beauté dans ce qu'elle a d'intérieur et d'intemporel. C'est l'extraordinaire énergie vitale, le sens des valeurs profondes, le goût de la perfection en toutes choses qui émanent d'elle en même temps que la grâce. Ava Gardner, l'inoubliable et somptueuse « comtesse aux pieds nus ».

Le Capricorne et son Apparence

Comment perçoit-on le Capricorne ?

Physiquement, il existe deux types de Capricorne, deux « races » morphologiquement distinctes et qui tranchent sur d'autres sous-types.

Car tous les astrologues savent que le Zodiaque constitue une typologie avec des tendances morphologiques précises autant qu'une caractérologie d'une richesse exceptionnelle.

Le premier type capricornien évoque la chèvre. Visage long et mince, front « dur », pommettes hautes, grands yeux obliques, nez fin et court. Peut-on rêver chevrette plus représentative que Françoise Hardy ? Dans ce type, le visage est sensible, très mobile, parfois le sujet penche la tête sur le côté, ce qui lui donne un air rêveur, mais on le sent en même temps très vigilant, très attentif.

Le second type de Capricorne, c'est celui que domine la coloration saturnienne. Je pense à Pierre Mendès France. L'œil est triste, tombant ; tous les traits sont « descendants ». Le nez est long, parfois très long, et contribue à donner de la sévérité au visage. Par-dessus tout peut-être, c'est au « pli d'amertume » creusé de chaque côté du nez et descendant vers les commissures des lèvres qu'on reconnaît le mieux le Capricorne saturnien, ou sourire de « quaker ».

Là aussi le front est haut, la bouche plutôt mince. Un air de vieillard même dans un visage jeune, qui surprend parfois chez l'enfant du signe, comme s'il traînait déjà un air d'orphelin.

Certains Capricorne sont physiquement forts, charpentés, un peu massifs. Là, c'est l'aspect terrien qui prime, comme chez Charles Péguy, par exemple. Ils avancent comme s'ils avaient du mal à décoller leurs pieds du sol ; ils se sentent maladroits dans leurs corps, encombrés de leurs grandes mains, raides. Ils plient difficilement le genou, au physique comme au moral. Manque de souplesse, gaucherie. Mais ils sont costauds et résistants et parfois même fiers de leur force brute à défaut de posséder de l'aisance. Face à ce paysan du Danube, il y a les autres[1] : minces, plus mobiles, plus souples ou agiles comme la chèvre grimpeuse. On leur trouve souvent alors de la classe, un air de distinction : le côté aristocrate du signe (Alexandra de Kent, Simone de Beauvoir).

On le lui reproche souvent d'ailleurs, car cette « classe » est ressentie comme une froideur. Ce qui n'est le plus souvent que timidité ou gaucherie est pris pour distance, hauteur, mépris. Le Capricorne, souvent, met mal à l'aise ou intimide. Peut-être parce que d'emblée on a peur d'être jugé par lui. Son regard se fait sévère malgré lui, parce qu'il est naturellement attentif et scrutateur. Pas à la manière fascinante du Scorpion par exemple, mais par une « manière de distance ». Le Capricorne n'aime pas qu'on le bouscule, qu'on l'envahisse. Il n'aime ni la liesse populaire ni les bains de foule, ni la fête. Il aime qu'on « se tienne bien ». La décence.

---

1. Il existe aussi un type de Capricorne qui emprunte certains traits au Cancer : œil bridé, nez court et retroussé, visage arrondi, mais toujours mêlé à d'autres traits déjà indiqués.

La réserve. Ni les grands éclats de voix, ni la vulgarité. Il respecte le territoire des autres et entend qu'on respecte le sien. Je pense à ces chevrettes qui deviennent méchantes quand elles manquent d'espace... Pas faites pour le HLM, ni pour les tours, enfin pour les I.G.M... car la tour, celle qui « prend garde de se laisser abattre », « la tour d'ivoire », la tour de guet... celle-là ne lui déplaît pas.

La voix. La voix du Capricorne est particulière. « Vibrante en dessous », dit Conrad Moriquand. Facilement enrouée; un peu cassée, un peu voilée ou sourde (Humphrey Bogart, Louis Jouvet). Elle a son charme. Plutôt une voix blessée, et touchante.

Parfois, le Capricorne met en parlant un doigt devant sa bouche, comme s'il avait peur de tout dire, de laisser échapper un secret. Peur et désir de briser sa loi du silence. Peur et désir d'être entendu.

Ainsi le Capricorne est-il souvent perçu par ceux qui le voient pour la première fois comme un personnage un peu en retrait, d'accès difficile, sinon rébarbatif. Pourtant, on le verra plus loin, c'est sans doute l'un de ceux qui a le plus de naturel, le plus de simplicité réelle dans son comportement, une fois dépassées sa timidité et sa réserve premières.

Le refus du maquillage

Le Capricorne en effet n'est pas comédien. Puisqu'il a horreur du jeu, de l'artifice. Il ne demande qu'une chose : pouvoir être lui-même, en toute spontanéité. Il n'apprécie pas les ronds de jambe, les jeux de la séduction, le maquillage. Il a horreur du déguisement — alors que le jeune Cancer, par exemple, placera le déguisement au centre de ses jeux.

Je me souviens à ce propos de mes conflits avec ma sœur, qui est Cancer; enfant, elle passait ses journées à vider les malles et à s'affubler d'oripeaux qui faisaient d'elle une princesse ou une reine... et moi, je râlais tant et plus, suivant le cortège et clamant à voix haute que j'en avais marre d'être toujours « infirmière ou bénévole », alors que je n'avais qu'une envie : jouer tranquillement dans le jardin, toute seule, avec mes escargots bien-aimés.

Le maquillage, pour le Capricorne, est un masque et il déteste qu'on lui oppose un visage à déchiffrer, une vérité qui se dérobe. Dans tous les sens du terme, il a horreur d'être trompé.

Un ami me disait un jour : « la *persona*, c'est le masque. Si tu refuses le masque, si tu le retires, tu n'es même pas une personne! » Ça dérange, j'en ai bien conscience.

C'est, là aussi, je crois, qu'il faut voir le côté brutal du Capricorne. Brut. Brutal. Dans ses gestes même, parfois, le Capricorne est maladroit. Malgré moi, j'en conviens (et je sais que je partage ce besoin avec bon nombre de mes frères et sœurs du signe), j'ai souvent envie de dépenser mon énergie avec brutalité, de me battre — pour rire — pour défouler ces forces et des agressivités réprimées. Peut-être aussi pour dire à l'autre de cette façon-là qu'on existe et qu'on souhaiterait qu'il s'en souvienne, parce que les mots, c'est bien plus difficile à manier.

Simone de Beauvoir a axé sa recherche à travers ses écrits dans le sens d'une morale authentique, libérée des traditions et du conformisme. Sa vie et sa pensée sont liées à celles de Jean-Paul Sartre.

Fondateur de la microbiologie et savant désintéressé, Louis Pasteur est considéré comme l'un des grands bienfaiteurs de l'humanité.

Le Capricorne et sa Santé

Le Capricorne n'est habituellement pas très à l'aise dans son corps, comme tous les êtres qui ont du mal à s'accepter, à s'aimer. Mais il y a évidemment des exceptions, en particulier chez tous ceux qui décident d'asservir leur corps à leur volonté. On aura alors, face au sédentaire obstiné et « encrassé », le sportif décidé à relever les défis qu'il se lance à lui-même, à exiger de lui le maximum, à s'imposer les plus durs efforts. Et cela devient aussi une ascèse (on pense à Mimoun, à Anquetil).

D'autres motivations à se soigner et à entretenir son corps naissent de la peur de la maladie et de la mort. Il faut conserver le plus longtemps possible un organisme en bonne santé. Il faut durer dans les meilleures conditions possibles.

L'autruche hypocondriaque

Le Capricorne n'oublie jamais la présence de la mort et il est intéressant de voir en quoi et comment il fait partie, avec le Scorpion et le Cancer, des signes les plus hypocondriaques du Zodiaque. Chez le Scorpion, il s'agit essentiellement d'un rapport direct à la mort, de la fascination qu'elle exerce sur lui et en même temps de la nécessité d'apprivoiser les tendances autodestructrices qui se font jour dans ce signe. Mais, dans la dialectique Cancer-Capricorne, on rencontre une hypocondrie qui se manifeste sur un tout autre mode.

Chez le Cancer, on découvre tout un théâtralisme de la maladie. Le Cancer a mal partout, s'inquiète, cherche à se rassurer, à être rassuré, en consultant vingt médecins. Il souffre de façon spectaculaire et utilise son art de « somatiser » — c'est-à-dire de traduire ses conflits au niveau du corps — pour exercer sur son entourage un chantage souvent efficace. Car il attendrit. C'est l'enfant qui a besoin d'être pris en charge, rassuré par des images parentales dotées du pouvoir d'exorciser le mal.

Chez le Capricorne, il s'agit d'une hypocondrie inverse. C'est celle du vieillard cette fois. De celui qui préfère ne consulter personne tant il a peur qu'on lui annonce qu'il a bien « quelque chose », ce quelque chose ne pouvant être que tragiquement menaçant. D'une certaine façon, plus défaitiste que le Cancer, il se croit condamné avant même de savoir s'il est vraiment malade. Alors, il opte pour la politique de l'autruche. Ce qui l'aide aussi à nier la maladie et parfois même à dépasser ses troubles pathologiques. De là également, sa propension au stoïcisme, son refus de « s'écouter », de se coucher, de se « voir » malade. Car s'il le sait vraiment, s'il ne peut plus se le cacher, il n'échappe pas à la peur du pire. En refusant le mal, il tire de ses ressources vives le maximum. Alors, il se retranche derrière la certitude apaisante que le Capricorne est fait pour vivre vieux et qu'il enterrera tout le monde.

Cette certitude n'est pas totalement injustifiée puisque nous avons vu qu'il avait tendance à rajeunir en vieillissant et qu'il se porte habituellement mieux adulte que jeune.

Mais il doit tenir compte de certaines faiblesses constitutionnelles, d'un terrain qui n'est pas exempt de défauts.

Le Capricorne, en tant que saturnien essentiellement, est sujet à tous les troubles nés d'un ralentissement des échanges, d'un encrassement général. Cela aboutit assez rapidement au terrain arthritique — dont les médecins vous diront qu'il est le plus favorable à la longévité — et aux rhumatismes. Si on arrive loin, on se demande parfois dans quel état!

En effet, le Capricorne est sujet à la sclérose, voire à l'artériosclérose, aux vieilles douleurs, au durcissement des artères, à la déformation du squelette, à l'arthrose... Le voilà tout perclus, mais il a néanmoins « bon pied bon œil », en général, jusqu'à un âge avancé. Un peu voûté, un peu tassé, mais encore vaillant et l'esprit bien vert.

Avant d'en arriver au rhumatisme, il se contente habituellement d'être raide.

Raide comme un bout de bois

Je me souviens, enfant, de professeurs de danse qui avaient eu la folle prétention de me faire faire le pont. Je devais avoir cinq ou six ans. J'avais été si terrifiée que j'avais hurlé de toutes mes forces : au secours! on me casse les os! J'en ai gardé une durable aversion pour la gymnastique et pour tous ces mouvements qui m'apparaissent toujours comme profondément contre nature!

Parmi les troubles « classiques » du Capricorne, il importe de mentionner les troubles digestifs — le plus souvent psychosomatiques — et habituellement situés au niveau du gros intestin ou du côlon. Ce sont les fameuses colites qui vous plient brusquement en deux de douleur, lorsque, comme par hasard, quelque chose ne va pas sur le plan moral. Mais il est fréquent que ces troubles digestifs s'atténuent avec l'âge.

Le Capricorne — comme le Cancer — se situe sur un axe allergique, avec une prédisposition marquée pour les « humeurs crasses », les eczémas, herpès, démangeaisons de la peau, alors que le Cancer aura plus fréquemment de l'urticaire ou du psoriasis.

Une de mes amies, Capricorne dotée d'un Ascendant Capricorne, a connu, dans sa jeunesse, toutes les formes d'eczéma possibles et imaginables. Dans sa famille, seuls son père et une de ses nièces, également Capricorne, ont eu aussi de l'eczéma. C'est là où on peut assurer que connaître l'hérédité astrale d'un individu aide à mieux définir son terrain biologique et ses prédispositions.

Les allergies à soi-même

Jean Carteret prétend que l'allergie est une « maladie de l'essence » par opposition aux « maladies de l'existence ». Je crois surtout que les allergiques appartiennent à une race d'individus qui refoulent leur agressivité ou la contrôlent de façon excessive. Ce qui ne sort pas en parole, ou en geste, sort en plaie ou en démangeaison. Le docteur Barbara Brown, dans un remarquable ouvrage : *New Mind, New Body*, évoque ce qu'elle appelle le « langage de la peau ». Celle-ci serait un lieu d'échange privilégié qui traduirait ou reproduirait toutes les émotions, contrariétés, les agacements trop bien maîtrisés. Il faut bien que la colère passe quelque part; alors la peau exprime par une rougeur ou une ulcération tout ce qui ne parvient pas à être dit.

Je me souviens d'une plaque d'eczéma dans ma main droite — exclusivement — qui disparut quand je réalisai que j'avais réprimé un violent désir de gifler quelqu'un de mon proche entourage. Ce que je n'avais évidemment pas fait. La main m'avait « démangé » et la démangeaison, faute d'exutoire, y était restée.

On assiste d'ailleurs souvent à des déplacements de la maladie, bien connus des médecins. Mais l'astrologie permet de savoir en quel lieu du corps peut s'opérer le déplacement. Ainsi, le fait d'éviter ou de guérir l'allergie provoquera souvent des maladies digestives. C'est pourquoi des psychosomaticiens avertis s'efforcent parfois de conserver une petite zone d'eczéma sur le corps, véritable « poubelle » qui permettra de se libérer d'un certain nombre de toxines physiques et psychiques.

On se souvient de l'ouvrage d'Henry Miller — ce Capricorne —, exécutant dans *Un diable au paradis* son ex-ami Conrad Moriquand, Capricorne lui aussi et astrologue, qui souffrait d'une gale tenace aux jambes qui empoisonna toute la fin de son existence.

Le Capricorne et sa Santé

Mal à genoux

On se souvient aussi de Kepler et de la cohorte de ses maux.

La tradition astrologique qui attribue à chaque signe du Zodiaque une zone précise du corps réserve au Capricorne le genou. Entre la cuisse-hanche du Sagittaire et la jambe-cheville du Verseau, avant d'atteindre le pied des Poissons. Pourquoi le genou (le je-nous, dirait le psychanalyste Serge Leclaire) ? Point d'articulation toujours douloureux chez l'orgueilleux. S'agenouiller, plier le genou, reconnaître l'autorité et la puissance d'un autre, supplier — « Que ne sommes-nous tombés ensemble à genoux ? », dira le poète Jules Laforgue, — toutes choses auxquelles le Capricorne a le plus grand mal à consentir. Cette raideur du genou est une raideur de l'âme, un refus de servitude, le choix d'être debout. Jusqu'à l'absurde.

J'ai été par ailleurs — est-ce un hasard ? — frappée de constater sur les boucs une zone dénudée, usée, écailleuse, juste localisée au genou. Point faible du bouc ? Pourquoi pas ? Puisqu'on en fait l'incarnation du Diable, il est assez facile d'imaginer qu'il n'est point fait pour prier à genoux...

Une autre faiblesse classique du Saturnien est traditionnellement attachée à la mâchoire supérieure, celle qui ne bouge pas et qui désignera d'ailleurs Saturne dans le codex astrologique aztèque : une belle mâchoire supérieure blanche, dénudée jusqu'à l'os, symbole de durée, d'immobilité et de réduction à l'essentiel. Dans les faits, il y aura parfois chez le Capricorne des douleurs dentaires, des caries, des déchaussements... ou des dents surnuméraires, mais ne poussant que dans la mâchoire supérieure.

Un bon marcheur

Pour mieux se porter, il est évident que le Capricorne a intérêt à éviter par tous les moyens la sclérose et l'intoxication. Il devra donc, même s'il n'aime pas le sport, faire au moins de la marche à pied. Cette activité physique se déroule à un rythme qu'il choisit, qui lui convient et qui lui plaît.

Il aimera aussi le cheval, les sports qui lui permettent de garder un contact avec la nature. Lorsqu'il a beaucoup de courage et qu'il est plus « philobate » qu' « ocnophile », selon les jolis termes inventés par M. Balint dans *les Voies de la régression* (éd. Payot), il peut se lancer dans l'escalade, la varape, l'alpinisme. La montagne, en activant ses échanges respiratoires et autres, l'aide à se « décrasser ».

En outre, l'activité physique lui permet de lutter contre sa très grande frilosité (morale aussi bien que physique!). Au lieu de vivre à l'intérieur de sa cheminée, rêvant du poêle de Descartes et jouant les salamandres, il a intérêt à activer sa circulation sanguine, habituellement déficiente.

Il doit aussi éviter, sur le plan alimentaire, les abus auxquels il aurait parfois tendance à se livrer pour compenser ses frustrations affectives ou sexuelles... tant qu'il n'a pas atteint les dimensions de l'ascète, bien entendu! Mais il en va ainsi avec lui : ou bien il n'a pas le courage de renoncer à quoi que ce soit, ou bien, frustré pour frustré, il passe à l'extrême et décide de se passer de tout !

Il ne doit pas boire trop d'alcool, ni consommer trop de sucre et d'hydrates de carbone, ni absorber trop de viandes chargées de toxines. De fait, il peut très vite s'habituer à une nourriture spartiate, faite de laitages, de fromages et de crudités. Il aime aussi les céréales, le céleri, les fruits cuits — notamment les pommes — et préfère les plats simples aux mets trop raffinés.

Le lent carbonique

En médecine homéopathique il répond au type carbonique, ainsi décrit par Léon Vannier[1] : « Le carbonique se caractérise par sa rigidité, sa raideur. Dans ses mouvements, il est lent ; sa démarche est lourde, régulière, toujours égale. » Il pourra prolonger un effort musculaire pendant des heures mais ne supporte pas qu'on l'arrête. « Intelligent ou obtus le carbonique est toujours lent dans la compréhension. » Sa dynamique se caractérise par l'endurance, la

---

1. Cité par le docteur A. Claris dans *Espaces nouveaux de la médecine*, Laffont.

résistance et sa capacité de se régler, de se discipliner. Sa raideur indique qu'il a besoin d'exercices physiques quotidiens à condition qu'ils soient réguliers (natation, marche à pied, aviron).

« C'est un opiniâtre. On retrouve la rigidité dans le caractère, avec une grande patience, une obstination, le sens de la discipline et de l'ordre, le besoin de sécurité et le désir de construire, d'organiser. C'est un être qui surprend par la violence de ses réactions à des situations qui ne correspondent pas à ses prévisions et à ses certitudes. Sa froideur, sa franchise brutale, sa dureté l'isolent des autres, même si ces traits extérieurs peuvent s'accompagner d'une grande sensibilité affective. Mais, là encore, la volonté domine : il réprime ses sentiments, ne supporte pas d'être consolé et refoule ses émotions, peines ou joies[1]. »

Certains médicaments homéopathiques répondent plus spécifiquement au tempérament saturnien, notamment *lycopodium* et *calcarea carbonica*. En ce qui concerne *lycopodium*, voici dans ses grandes lignes les traits qu'il recouvre : esprit pénétrant mais indécis et manquant de confiance en soi. Entreprend avec appréhension, fatigable; s'attache à de petits détails. Sommeil agité, troué de sursauts. Idéation vive mais en vieillissant il y a engourdissement cérébral, psychasthénie, perte du goût de l'action. Souvent il sourit sans être gai. N'a aucune confiance en soi et s'exagère les responsabilités. Hypersensible; la femme surtout; pleure à la moindre émotion. Susceptible; irritable; tendance à la colère mais « rentrée », alors que l'éclat le soulage. Assez dépourvu d'autocritique et supporte mal la contradiction. Parfois tyrannique. Bien que taciturne et ayant « horreur des gens », craint la solitude et aime sentir une présence auprès de lui. Timide. Perd ses moyens en public ou a conscience d'une difficulté d'expression mais violence verbale. Peur, anxiété. Hypersensible au bruit, aux odeurs, aux températures extrêmes, au toucher. Mal disposé au réveil : la mise en route améliore son état. Aggravé en fin d'après-midi, à l' « heure du foie ». Bien que frileux, aggravé par la chaleur. Désir de sucre, de sucreries. Faim vorace mais vite rassasié. Amélioré par les boissons et les aliments chauds, par le mouvement lent et modéré.

Le psychisme est influencé par les colères, les vexations, les déceptions d'ordre affectif, la peur ou la sensation d'insécurité matérielle. Les causes des troubles sont souvent liées au surmenage mental, aux erreurs alimentaires, à la psore et au tuberculinisme [2].

Cela dit, le Capricorne carbonique et lycopodium a tout de même de la résistance et s'il conserve une activité régulière, nécessaire à son équilibre psychique, il peut très bien faire de vieux os encore assez verts.

Psychologiquement, le Capricorne doit toutefois apprendre à ne pas présumer de ses forces. Il a tendance à en faire trop, à ne pas « savoir » d'emblée qu'il en fait plus qu'il ne peut, à ne pas vouloir s'arrêter alors qu'un simple état de fatigue, justifié par le surmenage, éveille très vite en lui une angoisse morbide.

Le Capricorne, si on doit lui attribuer comme à tout un chacun une structure névrotique privilégiée, appartiendrait plutôt au type obsessionnel, parfois phobique, plus rarement hystérique, paranoïaque ou schizophrénique.

La peur de l'abandon

Souvent, il souffre d'un syndrome d'abandon ou névrose d'abandon, terme dont diront J. Laplanche et J.-B. Pontalis dans le *Vocabulaire de la psychanalyse* (PUF) : « introduit par des psychanalystes suisses pour désigner un tableau clinique où prédomine l'angoisse de l'abandon et le besoin de sécurité. Il s'agit d'une névrose dont l'étiologie serait préœdipienne. Elle ne correspondrait pas nécessairement à un abandon subi dans l'enfance ». L'insécurité affective serait fondamentale, liée à la recherche d'une sécurité perdue qui renvoie à la fusion primitive avec la mère, à une gloutonnerie affective et une intolérance particulièrement aiguë aux frustrations. Les symptômes d'angoisse, d'agressivité, de masochisme et de sentiment de non-valeur dominent le tableau.

Quant à la névrose obsessionnelle, toujours selon Laplanche et Pontalis : « Le conflit psychique s'exprime par des symptômes dits compulsionnels : idées obsédantes, compulsion à accomplir des actes indésirables, lutte contre ces pensées et ces tendances, rites conjuratoires,

---

1. Docteur A. Claris, *Espaces nouveaux de la médecine*, Laffont.
2. Renseignements extraits de *Homéotest. Personnalité psychique*, du docteur R. Maurin.

etc., et par un mode de pensée que caractérisent notamment la rumination mentale, le doute, les scrupules et qui aboutit à des inhibitions de la pensée et de l'action. »

L'obsessionnel souffre d'un Surmoi particulièrement cruel et tyrannique. Pour les lacaniens, on ne peut définir l'obsessionnel sans le rattacher à la mort, à la menace que celle-ci constitue.

Le trou de la mort

Être obsessionnel, c'est vivre avec la hantise du « trou de la mort », de cette béance dans laquelle le sujet s'annihile, retourne au néant. Alors, il lui faut boucher ce trou par tous les moyens. L'hyperactivité en constitue un, et l'un des plus efficaces. C'est le côté besogneux, laborieuse bête de somme, qui ne sait pas déléguer, éprouve le besoin de vérifier le travail accompli par les autres — auxquels il ne fait pas vraiment confiance. Parfois aussi on trouve l'avarice, puisque si le temps c'est de l'argent, on peut plus sûrement encore dire que l'argent, c'est du temps[1]. Celui qui a de la fortune jouit de la possibilité de vivre davantage, de ne pas s'enfermer dans une existence étriquée, amenuisante. Et puis, l'argent n'est-il pas avant tout la sécurité, celle-là même qui assure une survie, une durée, un prolongement d'existence organisé et prévisible, donc rassurant.

Molière — qui était Capricorne — a mieux qu'un autre décrit les affres d'Harpagon.

Enfin, on trouve chez l'obsessionnel — un homme le plus souvent — l'immobilisme, la peur de ce qui bouge, car ce qui bouge évolue vers l'entropie et vers la mort, et entraîne une tendance à l'ordre, à l'organisation minutieuse qu'on retrouvera à l'excès chez les Vierge, ces autres obsessionnels. L'ordre, c'est aussi l'immobilité. Léon-Paul Fargue l'avait bien compris, lui qui, dans son *Apologie du désordre* disait : « L'ordre est une arrivée, le désordre est un départ... »

La manie vérificatrice — les clés dont on s'assure trois fois qu'on les a bien emportées —, fait également partie de ce besoin de sécurité, de cette peur de voir le monde devenir menaçant et hostile, de se perdre, d'être à la rue, de ne pas retrouver sa route.

Mais, chez les femmes du signe, c'est souvent la phobie qui l'emportera, phobie de la maladie ou autres phobies, la peur irraisonnée qui devient obsédante, contre laquelle la raison ne peut lutter et qui est de la nature de l'angoisse. Parfois on trouvera trace chez le Capricorne « malade » d'une tendance à la persécution (on se moque de moi, on dit du mal de moi, etc.).

Le Capricorne n'est à l'abri ni du pessimisme ni du découragement, ni de la dépression, ni de la mélancolie. Il ne s'agit jamais alors de dépression « agitée », maniaque, mais, au contraire de pétrification, d'immobilisation, d'aboulie, d'enfermement. La solitude, alors, est à rejeter, d'autant plus violemment qu'elle est désirée (je préfère m'enfermer, rentrer dans mon trou, m'installer au fond de ma coquille).

Un faux solitaire

Une tenace légende fait des Capricorne des solitaires heureux de l'être. Rien de plus faux. Le Capricorne n'est un solitaire que par orgueil. Ou par défi. Il peut prendre sur lui, par souci de dignité, parce qu'il ne sera pas dit qu'il appellera au secours, pour faire « comme si ». Mais il a trop besoin de se sentir utile, d'avoir quelque chose à faire pour les autres, il est trop frustrable, pour aimer avec honnêteté la solitude. Il a besoin — et c'est différent — de silence et de calme pour recharger ses batteries, parce qu'il est vrai que le bruit l'épuise et que, de temps en temps, il doit être seul pour faire le point. Mais ce n'est pas un ermite à long terme.

Tout au plus peut-il choisir la « technique de Job » déjà mentionnée à propos de Saturne, par désespoir et renoncement, mais jamais sans un arrière-fond d'amertume, quoi qu'il en dise.

Il est vrai que, lorsqu'il va mal, le Capricorne a tendance à se replier sur lui-même, à faire le vide autour de lui, pour ne pas imposer aux autres un spectacle qui l'humilie et lui fait horreur — et qui, à ses yeux, le conduirait rapidement à être rejeté davantage.

Disons que le Capricorne souffre de dépression passive — si passive qu'il n'en a parfois même pas conscience — et qu'il connaît la rigidité et les blocages qui interviennent dans sa communication avec les autres, aussi ardemment désirée soit-elle.

---

1. Thomas Wiseman, *l'Argent et l'Inconscient*, Laffont.

Car, là encore, on ne peut échapper à l'ambivalence d'une attitude devant la mort. Abhorrée, refusée, repoussante à ses yeux, promesse d'anéantissement, de froid, de destruction, la mort peut être si présente dans l'esprit du Capricorne qu'elle mobilisera une grande part de son énergie. Il sait qu'il ne peut y échapper, alors il tentera de toutes ses forces de l'apprivoiser, de l'accepter, de devenir capable de l'accueillir avec dignité. Et parfois encore, toujours en fonction de la technique de Job, d'aller au-devant d'elle, de céder à des pulsions de mort pour cesser d'avoir peur et de rejoindre le seul absolu acceptable.

Mais, dans l'ensemble, les sujets du Capricorne ne sont pas suicidaires. Et la pulsion vitale, l'enfant Espérance, chère à Charles Péguy, cet autre Capricorne, demeure presque toujours la plus forte. Le désir de durer l'emporte.

La vieillesse devient parfois pour le natif un moyen de se réconcilier avec la mort, de dépasser la déchéance, de s'accepter lui-même. Paradoxalement, il y est aidé parce qu'il ne peut plus exiger l'impossible.

Et puis Saturne, maître du signe, n'est-il pas représenté sous les traits d'un vieillard plein de sagesse, n'est-il pas, en astrologie — et lorsqu'il est bien soutenu — la plus belle promesse de longévité? Alors, tant qu'à faire, autant bien occuper sa vieillesse et s'installer avec optimisme dans l'éternité!

Le Capricorne peut devenir philosophe, sage, ermite, mais il recourt rarement au mysticisme ou à la foi du charbonnier. Alors, avec le temps, il apprend à tirer de son grand âge les quelques avantages qu'il peut lui offrir et un peu de ce détachement dont il n'a cessé d'avoir la nostalgie.

Chapitre III

L'entente du Capricorne avec les autres Signes

Danseur, chorégraphe et metteur en scène, Maurice Béjart a donné un ton nouveau au spectacle de ballet. La danse devient avec lui un prétexte, pour le spectateur, à une libre méditation métaphysique.

Comment vous accordez-vous avec les autres Signes

Il est possible d'explorer vos affinités et vos incompatibilités d'humeur avec les autres en partant des caractéristiques de votre signe solaire.

Ce signe exerce en effet une action particulièrement puissante sur vos goûts et sur vos buts dans la vie.

Dans le tableau qui suit, vous découvrirez sous la forme de plusieurs mots clés la manière dont chaque signe zodiacal perçoit les onze autres signes, en termes d'accord, de conflit ou d'indifférence.

Votre personnalité est certes plus vaste que votre seul signe solaire, c'est pourquoi, pour en explorer un autre aspect, vous pouvez utiliser le même tableau mais en partant cette fois de votre signe ascendant.

Votre Ascendant influence en effet directement votre comportement social spontané.

Si cette deuxième exploration recoupe la première, vous possédez une personnalité dont les affinités et les antipathies sont nettement tranchées; si, en revanche, les deux résultats sont différents, votre capacité de contacts constructifs est très large.

Votre signe solaire	BÉLIER	TAUREAU	GÉMEAUX	CANCER	LION	VIERGE
BELIER		Routinier Possessif Lent	Vif, rapide Intelligent Stimulant	Trop sensible Susceptible Nostalgique Rêveur	Organisateur Puissant Juste Créatif	Critique Pointilleuse Timorée Inquiète
TAUREAU	Impulsif Brusque Égoïste Imprudent		Inconstant Dilettante Bavard Trompeur	Maternel Économe Aimant le foyer	Autoritaire Théâtral Dépensier Dogmatique	Pratique Méthodique Serviable Perspicace
GÉMEAUX	Audacieux Entraînant Libre Décidé	Lourd Entêté Avide Rigide		Craintif Paresseux Peu ambitieux Désordonné	Chaleureux Large d'esprit Solide Plein d'autorité	Anxieuse Maniaque Trop attaché aux détails
CANCER	Agressif Indiscret Précipité Avide de nouveau	Fidèle Aimant Patient Solide	Nerveux Trop cérébral Insouciant Sceptique		Tumultueux Arriviste Snob Écrasant	Efficiente Réservée Concrète Honnête
LION	Enthousiaste Entreprenant Efficace Rapide	Fruste Obstiné Matérialiste Jaloux	Adaptable Talentueux Charmeur Habile	Capricieux Rancunier Faible Plaintif		Petite Étroite Craintive Critique
VIERGE	Aventureux Imprévoyant Irréfléchi	Doué pour gagner de l'argent Concret Travailleur	Joueur Insouciant Comédien Théoricien	Aimant l'intimité Délicat Prudent	Mégalomane Surmené Prétentieux Dépensier	
BALANCE	Ardent Actif Novateur Remuant	Grossier Instinctif Utilitaire Exclusif	Cultivé Brillant Diplomate Sociable	Replié sur soi Casanier Timide Paresseux	Rayonnant Esthète Courtois Loyal	Trop réservée Critique Timide Égoïste
SCORPION	Imprudent Versatile Précipité Hâbleur	Pratique Stable Affectueux Digne de confiance	Superficiel Dispersé Bavard Comédien	Fécond Compréhensif Tenace Profond	Despotique Orgueilleux Théâtral Conformiste	Précise Perspicace Ponctuelle Pratique
SAGITTAIRE	Énergique Disponible Dynamique Animateur	Limité Terre à terre Enraciné Intéressé	Juvénile Curieux Communicatif Mobile	Fantasque Casanier Désordonné Morose	Optimiste Organisateur Ambitieux Loyal	Manquant d'envergure Anxieuse Refroidissante
CAPRICORNE	Impulsif Fiévreux Révolutionnaire Changeant	Réalisateur Persévérant Gai, fidèle Sincère	Léger Distrait Bavard Superficiel	Pratique Aisé dans ses contacts Maternel Prudent	Théâtral Dépensier Fixé dans ses idées Autoritaire	Disciplinée Méthodique Rationnelle Pratique
VERSEAU	Inventif Progressiste Persuasif Militant	Matérialiste Rétrograde Épais Fatigant	Tolérant Intelligent Curieux de nouveauté Sociable	Passéiste Vulnérable Replié sur soi Infantile	Rayonnant Large d'esprit Maître de soi Efficace	Restrictive Froide Matérialiste Limitée
POISSONS	Agressif Violent Précipité Égoïste	Sécurisant Sensuel Calme Affectueux	Agité Verbeux Trompeur	Compréhensif Profond Idéaliste Maternel	Hautain Agressif Tumultueux Égoïste	Précise Serviable Pratique Consciencieuse

		Perçoit les autres signes comme ci-dessous				Votre signe Ascendant
...ANCE	SCORPION	SAGITTAIRE	CAPRICORNE	VERSEAU	POISSONS	
...ibrée / ...née / ...ciliante / ...uisante	Secret / Vindicatif / Obstiné / Destructeur	Jovial, sincère / Large d'esprit / Philosophe / Sportif	Décourageant / Froid / Mesquin / Rigide	Indécis / Ouvert, amical / Progressive / Sincère	Impressionnable / Fuyant / Sentimental	BÉLIER
...iste / ...ale / ...lante / ...ente	Fascinant / Fécond / Instinctif / Persévérant	Trop optimiste / Risque-tout / Joueur / Tendu	Solide / Ambitieux / Patient / Doué d'humour	Utopiste / Excentrique / Révolté / Brusque	Hospitalier / Généreux / Compatissant / Intuitif	TAUREAU
...e de charme / ...table / ...daine / ...ctueuse	Critique / Tortueux / Jaloux / Brutal	Optimiste / Large d'esprit / Sportif / Explorateur	Pessimiste / Mesquin / Rigoriste / Rancunier	Fraternel / Libre / Intensif / Humain	Romanesque / Vague, secret / Indécis / Abandonné	GÉMEAUX
...ngeante / ...re / ...rficielle / ...ouverte	Profond / Mystique / Perspicace / Tenace	Aventureux / Exagéré / Imprudent / Peu délicat	Intériorisé / Responsable / Maître de soi / Intègre	Imprévisible / Inconstant / Intellectuel / Trop vaste	Bon, sensible / Détaché / Mystique / Inspiré	CANCER
...née / ...able / ...ante / ...ibrée	Envieux / Arrogant / Extrêmiste / Violent	Large, vital / Entreprenant / Compétent / Clairvoyant	Isolé, froid / Trop ambitieux / Rigide / Concentré	Humanitaire / Complaisant / Loyal / Idéaliste / Inventif	Impressionnable / Dissimulé / Morbide / Faible	LION
...le / ...liste / ...ersée / ...cise	Énergique / Bénéfique / Scrupuleux / Passionné	Trop extériorisé / Aventureux / Joueur / Trop habile	Économe / Persévérant / Voyant loin	Idéaliste / Révolté / Tendu	Ayant le sens du sacrifice / Intuitif / Bénéfique	VIERGE
	Tyrannique / Brutal / Instinctif / Entier	Riche / Talentueux / Organisé / Large d'esprit / Enthousiaste	Décourageant / Solitaire / Calculateur / Froid	Altruiste / Fidèle / Amical / Intelligent	Replié sur soi / Timide / Secret, mou / Négligent	BALANCE
...délicate / ...iste / ...iorisée / ...olue		Extériorisé / Changeant / Trop optimiste / Diffus	Ambitieux / Résolu / Solide / Perspicace	Excentrique / Irréaliste / Théorique / Trop confiant	Mystique / Inspiré / Compréhensif / Persuasif	SCORPION
...able / ...ésentative / ...e / ...t du ...ment	Destructeur / Révolté / Secret / Dangereux		Casanier / Routinier / Pessimiste / Rancunier	Humain / Libre, inventif / Disponible / Sincère	Empêtré dans son émotivité / Confus, passif / Fuyant	SAGITTAIRE
...persévérance / ...teuse / ...imentale / ...erficielle	Tenace / Volontaire / Fidèle / Perspicace	Superficiel / Aventureux / Joueur / Peu rigoureux		Rebelle / Trop tendu / Utopiste / Imprévisible	Compatissant / Hospitalier / Intuitif / Bon	CAPRICORNE
...able / ...vivante / ...liste / ...mate	Caustique / Antisocial / Jaloux / Méfiant	Ouvert, sincère / Mondialiste / Explorateur / Indépendant	Trop centré sur soi, froid / Calculateur / Pessimiste		Trop émotif / Désordonné / Fluctuant / Flou	VERSEAU
...riorisée / ...daine / ...ole / ...rtaine	Mystique / Passionné / Profond / Énergique	Trop extériorisé / Excessif / Turbulent	Solide, calme / Prévoyant / Concret / Supérieur	Excentrique / Brusque / Révolté / Prométhéen		POISSONS

Françoise Hardy : Capricorne Ascendant Vierge, signe de terre, stable, enraciné, recherchant la pérennité en toute chose.

Les Astromariages de la Femme Capricorne

Femme Capricorne et homme Bélier

C'est assez difficile de les unir. Mêmes remarques que pour l'homme Capricorne et la femme Bélier. Il y a d'un côté la sagesse, le sens profond et enraciné du devoir, des responsabilités, de l'autre une nature piaffante, instinctive et souvent limitée au présent, à l'instant même. Peu de points communs.

Femme Capricorne et homme Taureau

Là, c'est du solide, du tangible, du palpable. La femme Capricorne organise et contrôle le confort de son homme Taureau. Elle gère et administre la maison qu'il décore et aménage à son goût (Vénus), elle range et classe les disques qu'il écoute avec délices, elle sait lui choisir les livres qu'il use et corne avec jouissance, elle lui prépare les mets dont il se régale et auxquels elle ne touche pas. Il y a de bonnes bases dans ces deux signes de Terre, malgré la restriction générale que s'impose notre dame Capricorne.

Femme Capricorne et homme Gémeaux

Ils s'attirent parfois, s'unissent rarement et ne durent qu'exceptionnellement L'homme Gémeaux a encore moins d'interdits que la femme du signe, ce qui le rend instable affectivement, folâtre, extrêmement peu fiable. Il aime le flirt et a besoin de changement en amour. Elle qui recherche tellement le roc, le seul amour, celui qui dure toute la vie, elle risque d'être fort malheureuse avec lui, sauf si un Ascendant « Terre » ou des aspects forts dans son thème le retiennent au sol.

Femme Capricorne et homme Cancer

Elle est à son opposé : pure et dure, intransigeante, froide, persévérante, alors que lui, sensible, imaginatif et parfois changeant, ne sait jamais très bien ce qu'il veut. Pourtant, ces deux êtres s'attirent, en vertu du principe que les extrêmes se touchent : elle est confondue par sa vulnérabilité juvénile, par ses caprices, par ses humeurs légèrement versatiles, il est fasciné par sa solidité à toute épreuve, son endurance, son ambition froide et sa raison. C'est un astromariage de qualité (voir « Homme Capricorne et femme Cancer »).

Femme Capricorne et homme Lion

Voilà deux êtres qui ont une certaine ambition sociale et qui peuvent s'unir pour une carrière commune. Leur vie privée est loin d'être intimiste, elle n'aimant que la solitude et lui recherchant le monde, les relations, voire les mondanités. Elle fait un effort pour recevoir chez elle des gens qui serviront la carrière de son mari ou la sienne. Mais il ne faut pas lui en demander plus. Dans la vie à deux, ils ne vivent guère les mêmes sentiments, ni le même amour. Ce sont des parallèles affectifs.

Femme Capricorne et homme Vierge

Deux signes de Terre ensemble, c'est toujours bon. On peut être sûr, déjà, de la similitude de leurs buts et de leurs motivations. Tous deux recherchent des relations qui durent, des situations stables, des sentiments profonds. Elle risque d'avoir plus d'ambition que lui ou plus d'envergure, plus d'assurance dans le choix de sa carrière, ce qui, alors, peut augmenter le sentiment d'infériorité de notre homme Vierge. Mais il n'y a pas de vrais problèmes entre eux.

Femme Capricorne et homme Balance

Elle peut être fascinée par la grâce, l'habileté tendre et artiste de l'homme Balance. Elle peut être tentée, avec ses gestes et ses mots un peu maladroits, de lui déclarer son amour. Il se laisse choisir et « programmer » par elle avec une certaine reconnaissance. Parfois, il lui échappe pour une petite aventure, sans lendemain, ou pour un caprice, ou parce qu'elle est vraiment trop possessive et qu'il étouffe. Mais il revient toujours : sa constance et sa ténacité le surprennent tellement!

Femme Capricorne et homme Scorpion

Il y a des points communs : un certain goût des belles choses, lui pour en jouir, elle parce que les belles choses durent. La possessivité, aussi; un peu froide et inhibée d'un côté, passionnelle et tyrannique de l'autre. Mais il a une sensualité souvent assez exigeante, alors qu'elle est de nature plutôt austère, quand elle ne se prive pas volontairement de tout ce qui peut lui faire plaisir. D'où certains conflits sourds ou... plus apparents.

Femme Capricorne et homme Sagittaire

La femme Capricorne a tendance à accepter davantage les frasques et les aventures de son Sagittaire que l'homme Capricorne celles de sa femme Sagittaire. Elle est profondément fixe, fixée à son toit, à ses meubles, à ce qui lui appartient, ce qui ne va pas tellement avec le Sagittaire, mais du moment qu'il revient toujours... Cela dit, ce n'est pas le couple idéal : ils n'ont pas les mêmes objectifs, ils ne cherchent pas la même existence, et la complicité se révèle entre eux presque impossible puisqu'ils ne parlent pas le même langage.

Femme Capricorne et homme Capricorne

Comme pour tous les signes qui s'assemblent entre eux, il s'agit d'une union par affinité plus que par complémentarité. Ils ont les mêmes qualités d'ordre, de mesure, de réserve, d'ambition calme, d'exclusivité affective, de stabilité, d'austérité morale. Ils s'apprécient mutuellement pour les mêmes raisons. La route est calme et sans véritables embûches.

Femme Capricorne et homme Verseau

C'est un mariage possible si le métier de l'homme Verseau le fait souvent bouger, vers d'autres horizons, de nouveaux visages et si elle n'est pas obligée de le suivre. Tous deux « fixes », ils peuvent alors se retrouver avec bonheur, car c'est un effort pour elle que de rencontrer des personnes inconnues, de s'exposer à de nouvelles situations ou de nouvelles contrées, tandis que, pour lui, c'est un besoin, plus fort parfois, que le besoin d'amour. L'union est vraiment réussie si les sentiments se transforment en amitié.

Femme Capricorne et homme Poissons

Que d'attirance, toujours, entre les signes de Terre et les signes d'Eau! Surtout ces deux-là. Il faut reconnaître qu'ils se complètent tellement bien : l'une apporte à l'autre sa méthode, son sens de l'ordre en toutes choses, sa volonté, sa persévérance, son obstination ambitieuse; l'autre lui donne en retour son imagination un peu folle, sa sensibilité, ses dons artistiques, sa fécondité et sa richesse spirituelle. Il y aurait beaucoup à dire sur la fascination qu'ils exercent l'un sur l'autre...

Marlène Dietrich devint, dès son arrivée aux États-Unis en 1930, l'incarnation mythique de la « vamp », créature fatale, à la fois pure et perverse, froide et fragile.

Mel Gibson : cet Américain, né dans une famille de onze enfants et installé en Australie, y a commencé sa carrière avec succès. Mais il a l'invincible ambition des Capricorne, qui ne se contentent pas d'être de bons acteurs : ils aiment à prendre des risques. C'est pourquoi il s'est lancé dans la réalisation de films à gros budgets.

Les Astromariages de l'Homme Capricorne

Homme Capricorne et femme Bélier

C'est comme essayer de rassembler la terre et le feu : ils sont fondamentalement de nature différente. Ils ne perçoivent, l'un de l'autre, que les défauts : parcimonie, austérité, réserve, et sens des projets à long terme pour l'un; impulsivité, passion, rapidité, chaleur humaine et action dans l'instant pour l'autre. Il vaut mieux tenter, s'il naît une sympathie entre eux, de la transformer en amitié.

Homme Capricorne et femme Taureau

Voilà deux signes de Terre, qui ont en commun le goût des murs solides, d'un territoire bien à eux; ils sont tous deux possessifs et jaloux. La différence réside dans *la façon* de goûter aux choses : le Capricorne a besoin de posséder pour être rassuré, pour ne pas risquer que tout lui soit enlevé, alors que le Taureau possède les êtres et les choses pour en jouir pleinement. Et peut-on jouir pleinement de quelque chose qui ne vous appartient pas?

Homme Capricorne et femme Gémeaux

C'est l'alliage de la vieille âme et du jeune farfadet, de la sagesse posée et de l'inconscience légère, de la gravité et d'une certaine indifférence. L'homme Capricorne peut être attiré par cette antithèse de lui-même, par l'humour joueur et facétieux de la dame Gémeaux, par son astuce, son sens de la répartie, sa désinvolture et, disons-le, sa grâce en toutes choses. Mais des difficultés relationnelles risquent d'apparaître à cause de la disparité des caractères.

Homme Capricorne et femme Cancer

Ces deux-là se marient souvent et ils n'ont pas tort : l'eau arrose la terre, la rend féconde, l'enrichit. Tous deux aiment *la sécurité*, qu'elle soit affective (pour la dame Cancer), matérielle (pour l'homme Capricorne) et professionnelle (pour les deux). Elle lui donne quelque chose qu'il ne sait pas demander : la tendresse. Il lui apporte quelque chose dont elle ne peut se passer : la stabilité. Ils sont fidèles l'un à l'autre, et forment un vrai couple durable.

Homme Capricorne et femme Lion

A nouveau la terre et le feu se rencontrent. Ou ne se rencontrent pas. Car il n'y a guère de points communs entre la réserve raisonnable et raisonneuse du Capricorne et l'expansivité un peu « star » du Lion. Le Capricorne risque de se sentir mal à l'aise et traqué dans la maison de la Lionne, ouverte à tous. En outre, elle a besoin d'être sous les projecteurs, le point de mire d'une assemblée, quitte à former un attroupement dans la rue, ou au cinéma, ou ailleurs. Et lui a plutôt besoin de discrétion; bien qu'il soit fort ambitieux, il agit avec une grande économie de moyens. Alors?...

Homme Capricorne et femme Vierge

Excellente combinaison : deux signes de Terre, deux signes graves, deux signes de devoir. Ils ont la même conception : un seul amour, fidèle, durable, dépourvu des folies intempestives de la passion aveugle. Ils s'aimeront calmement, peut-être sans fantaisie, mais avec le même goût des objets en matières brutes, des maisons aux murs solides, de la terre à cultiver, à jardiner, à potager. L'ambition du Capricorne est, en outre, admirablement servie par le désir inquiet qu'a notre Vierge de se rendre utile, de participer, dans l'ombre, à l'ascension de son mari.

Homme Capricorne et femme Balance

Il est stable dans son affection, absolument pas démonstratif, peu tolérant et extrêmement exigeant. La Balance, elle, a besoin de preuves constantes et manifestes de l'amour, de la tendresse qu'on lui porte; elle est follement tolérante — à la limite, peut-être, de la compromission —, elle respecte l'autre dans son intégrité sans chercher à le changer. Ils apparaissent donc comme étrangers, en quelque sorte, l'un à l'autre. Mais il se voit des couples de ce genre, qui vivent en parallèle, qui cherchent à se rejoindre et qui, un jour, y parviennent.

Homme Capricorne et femme Scorpion

La femme Scorpion est une passionnée, tenace, sensuelle et volontaire. Si elle tombe amoureuse d'un Capricorne, elle sait quoi faire pour que leur couple réussisse, malgré sa froideur à lui, son peu d'expansivité. Ils se ressemblent dans la possessivité; l'une est une possessivité jalouse et amoureuse, l'autre est absolument implacable, sans merci. Lui, ambitieux qui aime le pouvoir, elle qui a besoin d'un homme fort, en lui apportant une note de fantaisie — ou de folie —, ils peuvent faire un bon couple. Mais, alors, que de bagarres en perspective !

Homme Capricorne et femme Sagittaire

La femme Sagittaire est une aventurière de grande envergure : elle aime le nouveau, le singulier, l'étranger, les voyages, elle a besoin de changement et d'inattendu. L'homme Capricorne recherche la stabilité avec ce qu'elle peut avoir de quotidien, de repérable, d'un peu contraignant. C'est une association qui peut être enrichissante sur le plan social et professionnel, car tous deux ont besoin d'affirmation extérieure, mais ils ont des difficultés à s'entendre dans le train-train domestique. Combinaison meilleure dans le travail.

Homme Capricorne et femme Capricorne

Voir page 90.

Homme Capricorne et femme Verseau

La terre et l'air n'ont jamais fait bon ménage. Dans ce cas, il y aurait, de la part de la dame Verseau, des tiraillements : c'est une personne originale dans sa façon d'être et de penser, aux conceptions très libres, à l'existence fort autonome, au mode de vie volontiers bohème. Toutes caractéristiques qui ne plaisent guère à notre Capricorne. Il deviendrait, face à elle, facilement moralisateur et critique, empêcheur d'être heureux et d'y voir clair, contraignant, pesant, en un mot ennuyeux. Hélas, hélas. L'amitié entre eux serait infiniment plus gratifiante.

Homme Capricorne et femme Poissons

Elle est un peu son opposé, mais avec souplesse, tendresse, générosité, ce qui peut faire beaucoup de bien à notre forteresse imprenable de Capricorne. Elle sait l'envelopper d'attentions, de prévenances, de manifestations d'amour, de présence à la fois caressante et oblative. Il se sent bien en sa compagnie, même si, parfois, l'eau des Poissons s'infiltre un peu partout et gêne légèrement ses mouvements.

Anthony Hopkins : né dans le pays de Galles, cet acteur exprime la force des passions muselées et la pudeur des sentiments caractéristiques de son signe.

Louis Jouvet, extrêmement représentatif de son signe par l'acharnement, le courage et la volonté dont il fit preuve toute sa vie. La réussite artistique de ce comédien — qui avait été bègue — est tout de même un modèle du genre capricornien.

Comment trouver votre Ascendant

Je vous suppose assez averti des notions de base de l'astrologie pour ne pas confondre votre Ascendant horoscopique avec vos ascendants juridiques : l'Ascendant qui nous intéresse, vous le savez, n'a rien à voir avec vos chers parents, grands-parents et arrière-grands-parents. Il n'est cependant pas mauvais de rappeler brièvement quelques définitions avant d'entrer dans le vif du sujet.

Vous qui avez acheté ce livre parce qu'il vous concernait, votre anniversaire se situe forcément entre le 22 décembre et le 21 janvier, période annuelle durant laquelle le Soleil occupe le secteur zodiacal appelé Capricorne. Vous savez donc que vous êtes natif du Capricorne, ou encore que le Capricorne est votre signe solaire. Le jour où vous êtes né, quand le Soleil s'est levé, le signe du Capricorne qu'il occupait se levait donc en même temps. Puis ce Soleil en Capricorne est monté dans le ciel estival, et un peu plus tard dans la matinée, le signe du Verseau s'est levé à son tour. Ce furent ensuite, au cours de la journée, les levers successifs des Poissons, du Bélier, et *tutti quanti*. C'est ainsi qu'en une période de vingt-quatre heures, du fait de la rotation de la Terre, les douze signes du Zodiaque se lèvent tour à tour. Moyennant la connaissance de votre heure et de votre lieu de naissance, il est possible de déterminer lequel des douze se levait à l'instant précis de votre venue au monde : vous connaîtrez alors votre signe Ascendant. Les pages techniques de ce livre vous fourniront tous les moyens de trouver vous-même si vous êtes Capricorne Ascendant Bélier, Capricorne Ascendant Poissons ou Balance, ou autre chose encore.

Pour trouver tout de suite votre Ascendant, vous avez besoin de connaître votre heure de naissance

Pour connaître votre heure de naissance, vous interrogez vos parents, ou bien, dans de nombreux pays, vous pouvez également l'obtenir auprès de votre mairie, en demandant un extrait d'acte de naissance.

Toutefois, l'heure que vos parents ou la mairie vous indiquent est une heure officielle qui ne coïncide pas forcément avec l'heure solaire.

Souvenez-vous qu'à la campagne certaines personnes ne désirent pas vivre à l'heure officielle et préfèrent suivre l'heure du soleil.

De même, un enfant né à 14 heures officiellement serait, en fait, né à midi solaire.

Pour que vous puissiez facilement transformer votre heure officielle de naissance en heure solaire, nous avons établi un tableau par pays.

Vous recherchez, dans les pages suivantes, le tableau concernant votre pays de naissance et vous lisez ce que vous avez à faire.

Si le tableau vous demande « Retranchez 1 heure », cela veut dire que vous devez retrancher une heure de votre heure de naissance officielle pour trouver l'heure solaire.

Si le tableau vous demande « Ajoutez 0 h 30 », c'est l'inverse.

Si enfin le tableau indique « Aucun changement », c'est que l'heure officielle est la même que l'heure solaire.

Pourquoi est-il nécessaire que vous retrouviez l'heure solaire de votre naissance ?

Tout simplement parce que, si vous utilisez directement votre heure officielle de naissance, vous trouveriez un Ascendant inexact chaque fois que cette heure aurait une avance ou un retard notable sur l'heure du soleil.

Si vous avez bien noté votre heure de naissance, vous pouvez passer maintenant à la page 106 où vous lirez comment trouver votre Ascendant sans aucun calcul.

TRANSFORMATION DE VOTRE HEURE OFFICIELLE DE NAISSANCE EN HEURE SOLAIRE DE NAISSANCE

AFRIQUE

AFARS ET ISSAS (Djibouti)
– depuis 1910 aucun changement

AFRIQUE DU SUD
Province du Cap. occ.
– de 1910 au 20 janvier 1942 retranchez 0 h 45
– du 22 au 31 décembre 1942 retranchez 1 h 45
– en 1943 retranchez 1 h 45
– du 1er au 21 janvier 1944 retranchez 1 h 15
– du 21 au 31 décembre 1944 retranchez 0 h 45
– depuis 1945 retranchez 0 h 45
Orange, Transvaal, Natal, Province du Cap or.
– de 1910 au 20 janvier 1942 aucun changement
– du 22 au 31 décembre 1942 retranchez 1 h
– en 1943 retranchez 1 h
– du 1er au 21 janvier 1944 retranchez 1 h
– du 21 au 31 décembre 1944 aucun changement
– depuis 1945 aucun changement

ALGÉRIE
– en 1910 aucun changement
– du 1er au 21 janvier 1911 aucun changement
– du 22 au 31 décembre 1911 ajoutez 0 h 10
– de 1912 à 1939 ajoutez 0 h 10
– du 1er au 21 janvier 1940 ajoutez 0 h 10
– du 21 au 31 décembre 1940 retranchez 0 h 50
– de 1941 à 1945 retranchez 0 h 50
– du 1er au 20 janvier 1946 retranchez 0 h 50
– du 22 au 31 décembre 1946 ajoutez 0 h 10
– de 1947 à 1955 ajoutez 0 h 10
– du 1er au 21 janvier 1956 ajoutez 0 h 10
– du 21 au 31 décembre 1956 retranchez 0 h 50
– de 1957 à 1962 retranchez 0 h 50
– du 1er au 20 janvier 1963 retranchez 0 h 50
– du 22 au 31 décembre 1963 ajoutez 0 h 10
– de 1964 à 1976 ajoutez 0 h 10
– en janvier 1977 ajoutez 0 h 10
– en décembre 1977 retranchez 0 h 50
– en 1978 retranchez 0 h 50
– en janvier 1979 retranchez 0 h 50
– en décembre 1979 ajoutez 0 h 10
– en 1980 ajoutez 0 h 10
– en janvier 1981 ajoutez 0 h 10
– en décembre 1981 retranchez 0 h 50
– depuis 1982 retranchez 0 h 50

ANGOLA Occidental
– depuis 1910 aucun changement

ANGOLA Oriental
– depuis 1910 ajoutez 0 h 20

BÉNIN (Dahomey)
– de 1910 à 1933 aucun changement
– du 1er au 20 janvier 1934 aucun changement
– du 22 au 31 décembre 1934 retranchez 0 h 50
– depuis 1935 retranchez 0 h 50

BOTSWANA
– de 1910 à 1942 retranchez 0 h 20
– du 1er au 20 janvier 1943 retranchez 0 h 20
– du 22 au 31 décembre 1943 retranchez 1 h 20
– du 1er au 21 janvier 1944 retranchez 1 h 20
– du 21 au 31 décembre 1944 retranchez 0 h 20
– depuis 1945 retranchez 0 h 20

BURKINA FASO (Haute-Volta)
Depuis 1910 aucun changement

BURUNDI
– depuis 1910 aucun changement

CAMEROUN
– en 1910 et 1911 aucun changement
– depuis 1912 retranchez 0 h 10

CENTRAFRICAINE (RÉP.)
– en 1910 et 1911 aucun changement
– depuis 1912 ajoutez 0 h 20

COMORES (ILES)
– depuis 1910 aucun changement

CONGO
– depuis 1910 aucun changement

COTE-D'IVOIRE
– en 1910 et 1911 aucun changement
– depuis 1912 retranchez 0 h 20

ÉGYPTE
– depuis 1910 aucun changement

ÉTHIOPIE (sauf Érythrée)
– de 1910 à 1935 aucun changement
– du 1er au 21 janvier 1936 aucun changement
– du 22 au 31 décembre 1936 retranchez 0 h 25
– depuis 1937 retranchez 0 h 25

ÉRYTHRÉE
– de 1910 à 1930 aucun changement
– depuis 1931 retranchez 0 h 20

GABON
– en 1910 et 1911 aucun changement
– depuis 1912 retranchez 0 h 15

GAMBIE
– de 1900 à 1963 aucun changement
– depuis 1964 retranchez 1 h

GHANA
– depuis 1910 aucun changement

GUINÉE
– en 1910 et 1911 aucun changement
– de 1912 à 1933 retranchez 0 h 45
– du 1er au 20 janvier 1934 retranchez 0 h 45
– du 22 au 31 décembre 1934 ajoutez 0 h 15
– de 1935 à 1959 ajoutez 0 h 15
– depuis 1960 retranchez 0 h 45

GUINÉE-BISSAU
De 1910 à 1974 aucun changement
depuis 1975 retranchez 1 h

GUINÉE-ÉQUATORIALE
– en 1910 et 1911 aucun changement
– de 1912 à 1962 ajoutez 0 h 40
– du 1er au 20 janvier 1963 ajoutez 0 h 40
– du 22 au 31 décembre 1963 retranchez 0 h 20
– depuis 1964 retranchez 0 h 20

KENYA
– de 1910 à 1927 aucun changement
– du 1er au 21 janvier 1928 aucun changement
– du 22 au 31 décembre 1928 retranchez 0 h 30
– en 1929 retranchez 0 h 30
– de 1930 à 1939 aucun changement
– de 1940 à 1959 retranchez 0 h 15
– depuis 1960 retranchez 0 h 30

LESOTHO
– depuis 1910 aucun changement

LIBERIA
– depuis 1919 aucun changement

LIBYE (Cyrénaïque)
– de 1910 à 1919 aucun changement
– de 1920 à 1950 retranchez 0 h 30
– en janvier 1951 ajoutez 0 h 30 (1)
– en décembre 1951 retranchez 0 h 30 (2)
– en 1952 retranchez 0 h 30 (1)
– en janvier 1953 ajoutez 0 h 30 (1)
– en décembre 1953 retranchez 0 h 30 (2)
– en 1954 ajoutez 0 h 30 (1)
– en janvier 1955 ajoutez 0 h 30 (1)
– en décembre 1955 retranchez 0 h 30 (2)
(1) De 1956 à 1958 ajoutez 0 h 30
(2) Depuis 1959 retranchez 0 h 30

LIBYE (Tripolitaine, Syrte)
Comme Cyrénaïque mais (1) aucun changement
et (2) retranchez 1 h

MADAGASCAR
– depuis 1910 aucun changement

MALAWI
– depuis 1910 aucun changement

MALI Oriental (Tombouctou, Gao)
– en 1910 et 1911 aucun changement
– de 1912 à 1933 retranchez 0 h 10
– du 1er au 20 janvier 1934 retranchez 0 h 10
– du 22 au 31 décembre 1934 retranchez 0 h 50
– de 1935 à 1959 ajoutez 0 h 50
– du 1er au 21 janvier 1960 ajoutez 0 h 50
– du 21 au 31 décembre 1960 retranchez 0 h 10
– depuis 1961 retranchez 0 h 10

MALI Occidental (Bamako)
– en 1910 et 1911 aucun changement
– de 1912 à 1933 retranchez 0 h 30
– du 1er au 20 janvier 1933 retranchez 0 h 30
– du 22 au 31 décembre 1934 retranchez 0 h 30
– de 1935 à 1959 ajoutez 0 h 30
– du 1er au 21 janvier 1960 ajoutez 0 h 30
– du 21 au 31 décembre 1960 retranchez 0 h 30
– depuis 1961 retranchez 0 h 30

MAROC
– de 1910 à 1912 aucun changement
– du 1er au 21 janvier 1913 aucun changement
– du 22 au 31 décembre 1913 retranchez 0 h 30
– de 1914 à 1939 retranchez 0 h 30
– du 1er au 20 janvier 1940 retranchez 0 h 30
– du 21 au 31 décembre 1940 retranchez 1 h 30
– de 1941 à 1944 retranchez 1 h 30
– du 1er au 20 janvier 1945 retranchez 1 h 30
– du 22 au 31 décembre 1945 retranchez 0 h 30
– depuis 1946 retranchez 0 h 30

MAURICE (ILE)
– depuis 1910 aucun changement

MAURITANIE
– en 1910 et 1911 aucun changement
– de 1912 à 1933 retranchez 0 h 55
– du 1er au 20 janvier 1934 retranchez 0 h 55
– du 22 au 31 décembre 1934 aucun changement
– de 1935 à 1959 aucun changement
– depuis 1960 retranchez 0 h 55

MOZAMBIQUE
– depuis 1910 retranchez 0 h 25

NAMIBIE Ex-Sud-Ouest africain
– depuis 1910 retranchez 1 h

NIGER Occidental (Niamey)
– en 1910 et 1911 aucun changement
– de 1912 à 1933 ajoutez 1 h 10
– du 1er au 20 janvier 1934 ajoutez 1 h 10
– du 22 au 31 décembre 1934 ajoutez 0 h 10
– de 1935 à 1959 ajoutez 0 h 10
– depuis 1960 retranchez 0 h 50
Central (Tahoua, Nkoni, Ingall, Maradi)
– en 1910 et 1911 aucun changement
– de 1912 à 1959 ajoutez 0 h 25
– depuis 1960 retranchez 0 h 35
Oriental (Agadez, Bilma, Zinder, Nguigmi)
– en 1910 et 1911 aucun changement
– depuis 1912 retranchez 0 h 20

NIGERIA
– de 1910 à 1918 aucun changement
– du 1er au 21 janvier 1919 aucun changement
– du 22 au 31 décembre 1919 retranchez 0 h 30 (1)
– depuis 1920 retranchez 0 h 30 (1)

OUGANDA
– de 1910 à 1918 aucun changement
– du 1er au 21 janvier 1919 aucun changement
– du 22 au 31 décembre 1919 retranchez 0 h 20
– de 1920 à 1927 retranchez 0 h 20
– du 1er au 21 janvier 1928 retranchez 0 h 20
– du 22 au 31 décembre 1928 retranchez 0 h 50
– en 1929 retranchez 0 h 50
– de 1930 à 1947 retranchez 0 h 20
– de 1948 à 1963 retranchez 0 h 35
– depuis 1964 retranchez 0 h 20

RÉUNION (ILE)
– en 1910 aucun changement
– du 1er au 21 janvier 1911 aucun changement
– du 22 au 31 décembre 1911 retranchez 0 h 20
– depuis 1912 retranchez 0 h 20

Ex-RHODÉSIE (ZIMBABWE)
– depuis 1910 aucun changement

RWANDA
– depuis 1910 aucun changement

SÉNÉGAL
– de 1910 à 1940 aucun changement
– du 1er au 20 janvier 1941 aucun changement
– du 22 au 31 décembre 1941 retranchez 1 h
– depuis 1942 retranchez 1 h

SIERRA LEONE
– de 1910 à 1912 aucun changement
– du 1er au 20 janvier 1913 aucun changement
– du 22 au 31 décembre 1913 ajoutez 0 h 15
– de 1914 à 1963 ajoutez 0 h 15
– depuis 1964 retranchez 0 h 45

SOMALIE (ex-française et italienne)
– depuis 1910 aucun changement
(ex-anglaise)
– de 1910 à 1965 ajoutez 0 h 30
– depuis 1966 aucun changement

SOUDAN
– depuis 1910 aucun changement

SWAZILAND
– depuis 1900 aucun changement

TANZANIE (Tanganyika)
– de 1910 à 1930 aucun changement
– de 1931 à 1947 retranchez 0 h 30
– de 1948 à 1960 retranchez 0 h 15
– depuis 1964 retranchez 0 h 30

TANZANIE (Zanzibar)
– de 1910 à 1930 aucun changement
– de 1931 à 1939 ajoutez 0 h 10
– depuis 1940 retranchez 0 h 20

TCHAD
– en 1910 et 1911 aucun changement
– depuis 1912 ajoutez 0 h 10

TOGO
– depuis 1910 aucun changement

TUNISIE
– en 1910 ajoutez 0 h 30
– du 1er au 21 janvier 1911 ajoutez 0 h 30
– du 22 au 31 décembre 1911 retranchez 0 h 20
– de 1912 à 1939 retranchez 0 h 20
– du 1er au 20 janvier 1940 retranchez 0 h 20
– du 21 au 31 décembre 1940 retranchez 1 h 20
– du 1er au 20 janvier 1941 retranchez 1 h 20
– du 22 au 31 décembre 1941 retranchez 0 h 20
– depuis 1942 retranchez 0 h 20

ZAÏRE provinces de Kinshasa (Léopoldville), Mbandaka (Coquillatville)
– de 1910 à 1919 aucun changement
– du 1er au 21 janvier 1920 aucun changement
– du 22 au 31 décembre 1920 retranchez 1 h
– de 1921 à 1934 retranchez 1 h
– du 1er au 20 janvier 1935 retranchez 1 h
– du 22 au 31 décembre 1935 aucun changement
– depuis 1936 aucun changement
(provinces orientales Kasaï et Katanga)

1. Sauf région du Tchad aucun changement

TRANSFORMATION DE VOTRE HEURE OFFICIELLE DE NAISSANCE EN HEURE SOLAIRE DE NAISSANCE

– de 1910 à 1919 ajoutez 0 h 45
– du 1er au 21 janvier 1920 ajoutez 0 h 45 (2)
– du 22 au 31 décembre 1920 retranchez 0 h 15
– depuis 1921 retranchez 0 h 15
ZAMBIE
– depuis 1910 aucun changement

AMÉRIQUE DU NORD
ALASKA* (région de Wrangel)
– depuis 1910 retranchez 1 h
(région de Juneau)
– depuis 1910 retranchez 0 h 15
(central et occidental)
– depuis 1910 aucun changement
CANADA*
Alberta retranchez 0 h 40
Colombia aucun changement
Manitoba retranchez 0 h 30
N. Brunswick retranchez 0 h 30
N.F. Labrador retranchez 0 h 40
N. Écosse aucun changement
Ontario Est retranchez 0 h 20
Ontario Ouest retranchez 1 h
Québec Ouest de Port Cartier ajoutez 0 h 15
Québec Port Cartier et Est retranchez 0 h 20
Saskatchewan aucun changement
ÉTATS-UNIS*
Alabama ajoutez 0 h 15
Arizona retranchez 0 h 25
Arkansas retranchez 0 h 10
Californie aucun changement
Caroline du Nord retranchez 0 h 20
Caroline du Sud retranchez 0 h 25
Colorado aucun changement
Connecticut ajoutez 0 h 10
Dakota Nord (Est) retranchez 0 h 40
Dakota Nord (Ouest) aucun changement
Dakota Sud (Est) retranchez 0 h 35
Dakota Sud (Ouest) ajoutez 0 h 10
Delaware aucun changement
District Féd. aucun changement
Floride retranchez 0 h 30
Sauf Panama, Pensacola ajoutez 0 h 20
Georgie retranchez 0 h 35
Idaho (Est) retranchez 0 h 30
Idaho (Ouest) ajoutez 0 h 15
Illinois aucun changement
Indiana ajoutez 0 h 15
Iowa retranchez 0 h 15
Kansas retranchez 0 h 30
Sauf Dodge City et Ouest ajoutez 0 h 20
Kentucky Centre et Est retranchez 0 h 40
Kentucky Ouest retranchez 0 h 10
Louisiane aucun changement
Maine ajoutez 0 h 20
Maryland retranchez 0 h 10
Massachusetts ajoutez 0 h 15
Michigan retranchez 0 h 45
Minnesota retranchez 0 h 15
Mississippi aucun changement
Missouri retranchez 0 h 10
Montana retranchez 0 h 20
Nebraska Est retranchez 0 h 30
Nebraska Ouest ajoutez 0 h 10
Nevada et N. Hampshire ajoutez 0 h 15
N. Jersey et N. York aucun changement
N. Mexique aucun changement
Ohio retranchez 0 h 30
Oklahoma retranchez 0 h 30
Oregon aucun changement
Pennsylvanie retranchez 0 h 15
Rhode Island aucun changement
Tennessee Est retranchez 0 h 35
Tennessee Ouest et Centre ajoutez 0 h 10
Texas Est retranchez 0 h 25
Texas Ouest retranchez 0 h 45
Utah Est retranchez 0 h 15
Utah Ouest ajoutez 0 h 30
Vermont aucun changement
Virginie retranchez 0 h 15
Virginie Occid. retranchez 0 h 25
Washington (D.C.) aucun changement
Washington (État) aucun changement
Wisconsin aucun changement
Wyoming retranchez 0 h 15
Hawaï retranchez 0 h 20
TERRE-NEUVE (ILE) retranchez 0 h 15

AMÉRIQUE CENTRALE
BAHAMAS (ILES)*
– depuis 1910 aucun changement

2. Ainsi que pour le Kasaï de 1921 au 20 janvier 1935
* Pour les pays suivis du *, voir le tableau spécial de l'heure d'été page 101 et l'appliquer en fonction de vos informations personnelles

COSTA RICA*
– de 1910 au 14 janvier 1921 aucun changement
– depuis le 15 janvier 1921 ajoutez 0 h 25
CUBA*
– de 1910 au 20 janvier 1925 ajoutez 0 h 15
– depuis le 22 décembre 1925 retranchez 0 h 15
RÉP. DOMINICAINE*
– de 1910 au 20 janvier 1933 aucun changement
– depuis le 20 décembre 1933 ajoutez 0 h 20
GUADELOUPE
– depuis 1910 aucun changement
GUATEMALA*
– depuis 1910 aucun changement
HAÏTI*
– depuis 1910 aucun changement
HONDURAS*
– depuis 1910 aucun changement
Ex-HONDURAS BRITANNIQUE (BELIZE)*
– depuis 1910 aucun changement
JAMAÏQUE
– depuis 1910 aucun changement
MARTINIQUE
– depuis 1910 aucun changement
MEXIQUE Oriental (États de Yucatan, Campeche, Chiapas, Oaxaca, Tabasco, Tamaulipas, Veracruz)
– en 1910 et 1911 aucun changement
– de 1912 à 1921 ajoutez 0 h 15
– de 1922 au 15 janvier 1932 ajoutez 0 h 50
– depuis le 16 janvier 1932 retranchez 0 h 10
MEXIQUE Occidental (États de Californie Nord et Sud)
– en 1910 et 1911 aucun changement
– de 1912 à 1921 retranchez 1 h 05
– de 1922 au 15 janvier 1932 retranchez 0 h 30
– depuis le 16 janvier 1932 ajoutez 0 h 50
Californie Nord ajoutez 0 h 20
Californie Sud retranchez 0 h 30
Central (tous les autres États)
– en 1910 et 1911 aucun changement
– de 1912 à 1921 retranchez 0 h 25
– de 1922 au 15 janvier 1932 ajoutez 0 h 10
– depuis le 16 janvier 1932 retranchez 0 h 50
NICARAGUA*
– de 1900 à 1934 aucun changement
– depuis 1935 ajoutez 0 h 20
PANAMA*
– depuis 1910 retranchez 0 h 20
PETITES ANTILLES (ILES)
– depuis 1910 aucun changement
PORTO RICO
– depuis 1910 retranchez 0 h 25
SALVADOR*
– depuis 1910 aucun changement

AMÉRIQUE DU SUD
ARGENTINE* Est (régions de Santa Fé, Cordoba, Buenos Aires, Bahia Blanca)
– de 1910 à 1920 ajoutez 0 h 10
– depuis 1921 aucun changement
Ouest (régions de Tucuman, Mendoza et Patagonie)
– de 1910 à 1920 retranchez 0 h 20
– depuis 1921 retranchez 0 h 40
BOLIVIE
– de 1910 à 1931 ajoutez 0 h 10
– depuis 1932 retranchez 0 h 25
BRÉSIL* (sauf Accre)
– depuis 1910 aucun changement
BRÉSIL* Accre
– de 1910 à 1913 aucun changement
– depuis 1914 ajoutez 0 h 20
CHILI*
– de 1910 à 1932 ajoutez 0 h 15
– depuis 1933 retranchez 0 h 45
COLOMBIE
– depuis 1910 aucun changement
ÉQUATEUR
– depuis 1910 aucun changement
GUYANA
– depuis 1910 aucun changement
GUYANE FRANÇAISE
– en 1910 et 1911 aucun changement
– depuis 1912 ajoutez 0 h 30
PARAGUAY*
– de 1910 à 1931 retranchez 0 h 15
– depuis 1932 ajoutez 0 h 10
PÉROU*
– depuis 1910 aucun changement
SURINAM
– depuis 1910 aucun changement

URUGUAY*
– de 1910 à 1920 ajoutez 0 h 15
– depuis 1921 retranchez 0 h 15
VENEZUELA
– de 1910 à 1964 aucun changement
– depuis 1965 retranchez 0 h 30

MOYEN-ORIENT
ARABIE SAOUDITE (3)
Ouest retranchez 0 h 20
Est (dont Er Riad) retranchez 0 h 50
ÉMIRATS ARABES (3) retranchez 0 h 20
IRAK aucun changement*
ISRAËL ajoutez 0 h 20
JORDANIE ajoutez 0 h 25
KOWEÏT aucun changement
LIBAN* ajoutez 0 h 20
SYRIE* ajoutez 0 h 30
YÉMEN NORD et SUD aucun changement

ASIE
AFGHANISTAN aucun changement
BIRMANIE aucun changement
CEYLAN aucun changement
CHINE*
Pour Pékin et la côte Est aucun changement
Pour le reste de la Chine se reporter à l'heure locale sans aucun changement
CORÉE (3) retranchez 0 h 30*
CAMBODGE aucun changement
INDE
Assam ajoutez 0 h 40
Côte et partie orientale aucun changement
Côte et partie occidentale retranchez 0 h 30
INDONÉSIE
Sumatra retranchez 0 h 15
Java, Bali, Sumatra ajoutez 0 h 20
Bornéo retranchez 0 h 25
Célèbes, Timor, Florès aucun changement
Irian (N.-Guinée) aucun changement
Moluques retranchez 0 h 25
JAPON
Kiousiou retranchez 0 h 10
Sikok, Hondo Ouest de Tokyo aucun changement
Hondo Nord et Tokyo et Yeso ajoutez 0 h 30
LAOS aucun changement
MALAYSIA (Féd.) (péninsule malaise)
De 1910 à 1981 retranchez 0 h 30
Depuis 1982 retranchez 1 h
Sabah, Sarawak
De 1910 à 1981 aucun changement
Depuis 1982 retranchez 0 h 30
MANDCHOURIE
– de 1910 à 1927 retranchez 0 h 30
– de 1928 à 1932 retranchez 0 h 30
– depuis 1933 se renseigner
PAKISTAN ORIENTAL aucun changement
PAKISTAN OCCIDENTAL (3) retranchez 0 h 30
PHILIPPINES (ILES) aucun changement
THAÏLANDE
– de 1910 à 1920 aucun changement
– depuis 1921 retranchez 0 h 15
VIÊT-NAM aucun changement
Sauf Viêt-nam du Sud de 1956 à 1975 retranchez 0 h 50
TAÏWAN (Formose) aucun changement
Ex-URSS (Sibérie) CEI*
Kazakhstan oriental, Kirghizistan, Tadjikistan, région de Omsk
– de 1910 à 1930 retranchez 2 h
– de 1931 à 1963 aucun changement
– depuis 1964 retranchez 1 h
Altaï, régions de Tomsk, Novossibirsk, Krasnoïarsk
– de 1910 à 1930 retranchez 1 h
– de 1931 à 1963 aucun changement
– depuis 1964 retranchez 1 h
Régions lac Baïkal, Irkoutsk
– de 1910 à 1963 aucun changement
– depuis 1964 retranchez 1 h
Région de Tchita-Mogotcha
– de 1910 à 1930 ajoutez 1 h
– de 1931 à 1963 aucun changement
– depuis 1964 retranchez 1 h
Régions de Vladivostok, Komsomolsk, Okhotsk
– de 1910 à 1963 aucun changement
– depuis 1964 retranchez 1 h

3. Ces informations concernent la période récente. Se renseigner pour l'heure officielle avant 1960.

TRANSFORMATION DE VOTRE HEURE OFFICIELLE DE NAISSANCE EN HEURE SOLAIRE DE NAISSANCE

Régions de Magadan, Kamtchatka
- de 1910 à 1930 ajoutez 1 h
- de 1931 à 1963 aucun changement
- depuis 1964 retranchez 1 h

OCÉANIE

AUSTRALIE*
Provinces de Canberra, Victoria, N. Galles-du-Sud, Papouasie (N.-Guinée), Queensland, Tasmanie aucun changement
Territoires du Nord et Australie méridionale retranchez 0 h 30
Australie occidentale aucun changement

NOUVELLE-ZÉLANDE aucun changement*

TOUTES ILES DE L'OCÉANIE pratiquement aucun changement

EUROPE

ALBANIE
- de 1910 à 1914 aucun changement
- de 1915 à 1939 ajoutez 0 h 20
- du 1er au 21 janvier 1940 ajoutez 0 h 20
- du 21 au 31 décembre 1940 retranchez 0 h 40
- en 1941 retranchez 0 h 40
- du 1er au 20 janvier 1942 retranchez 0 h 40
- du 22 au 31 décembre 1942 ajoutez 0 h 20
- depuis 1943 ajoutez 0 h 20

ALLEMAGNE DE L'EST (Ex-RDA)
- de 1910 à 1939 retranchez 0 h 10
- du 1er au 21 janvier 1940 retranchez 0 h 10
- du 21 au 31 décembre 1940 retranchez 1 h 10
- du 1er janvier 1941 au 20 janvier 1942 retranchez 1 h 10
- depuis le 22 décembre 1942 retranchez 0 h 10

ALLEMAGNE DE L'OUEST (Ex-RFA)
- de 1910 au 21 janvier 1940 retranchez 0 h 20
- du 21 décembre 1940 au 20 janvier 1942 retranchez 1 h 20
- depuis le 22 décembre 1942 retranchez 0 h 20

ANGLETERRE (sauf Cornouailles)
- de 1910 au 21 janvier 1940 aucun changement
- du 22 décembre 1940 au 20 janvier 1945 retranchez 1 h
- du 22 décembre 1945 au 20 janvier 1968 aucun changement
- du 21 décembre 1968 au 20 janvier 1971 retranchez 1 h
- depuis le 22 décembre 1971 aucun changement

CORNOUAILLES – ÉCOSSE – GALLES
- de 1910 au 21 janvier 1940 retranchez 0 h 15
- du 22 décembre 1940 au 20 janvier 1945 retranchez 1 h 15
- du 22 décembre 1945 au 20 janvier 1968 retranchez 0 h 15
- du 21 décembre 1968 au 20 janvier 1971 retranchez 1 h 15
- depuis le 22 décembre 1971 retranchez 0 h 15

AUTRICHE
- de 1910 au 21 janvier 1940 aucun changement
- du 22 décembre 1940 au 20 janvier 1942 retranchez 1 h
- depuis le 22 décembre 1942 aucun changement

BELGIQUE
- de 1910 au 21 janvier 1940 ajoutez 0 h 20
- du 22 décembre 1940 au 20 janvier 1942 retranchez 1 h 40
- depuis le 22 décembre 1942 retranchez 0 h 40

BULGARIE
- depuis 1910 retranchez 0 h 20

CHYPRE
- de 1910 au 20 janvier 1921 aucun changement
- depuis le 21 décembre 1921 ajoutez 0 h 15

DANEMARK
- de 1910 au 21 janvier 1940 retranchez 0 h 15
- du 21 décembre 1940 au 20 janvier 1942 retranchez 1 h 15
- depuis le 22 décembre 1942 retranchez 0 h 15

ESPAGNE
(R) : Républicains
(F) : Franquistes
Aragon, Baléares, Catalogne, Murcie, Navarre, Valence
- de 1910 à 1937 aucun changement
- du 1er au 20 janvier 1938 (R) aucun changement
- du 22 au 31 décembre 1938 (R) retranchez 1 h
- en 1938 (F) aucun changement
- du 1er au 20 janvier 1939 (R) retranchez 1 h
- du 22 au 31 décembre 1939 (R) aucun changement
- en 1939 (F) aucun changement
- du 1er au 21 janvier 1940 aucun changement
- depuis le 21 décembre 1940 retranchez 1 h
Andalousie, Pays Basque, Leon, Castilles, Galice, Estrémadure
- de 1910 à 1937 retranchez 0 h 20
- du 1er au 20 janvier 1938 (R) retranchez 0 h 20
- du 22 au 31 janvier 1938 (R) retranchez 1 h 20
- en 1938 (F) retranchez 0 h 20
- du 1er au 20 janvier 1939 (R) retranchez 1 h 20
- du 22 au 31 décembre 1938 (R) retranchez 0 h 20
- en 1939 (F) retranchez 0 h 20
- du 1er au 21 janvier 1940 retranchez 0 h 20
- depuis le 22 décembre 1940 retranchez 0 h 20

ESTONIE
- de 1910 au 20 janvier 1921 aucun changement
- du 22 décembre 1921 à 1963 retranchez 0 h 20
- depuis 1964 retranchez 1 h 20

FINLANDE
- de 1910 au 20 janvier 1921 aucun changement
- depuis le 22 décembre 1921 retranchez 0 h 20

FRANCE
ZNO : zone non occupée
ZO : zone occupée
Aquitaine, Bretagne, Centre, Ile-de-France, Midi-Pyrénées, Nord, Normandie, Limousin, Pays-de-Loire, Poitou-Charentes, Picardie
- de 1910 au 21 janvier 1911 retranchez 0 h 10
- du 22 décembre 1911 au 21 janvier 1940 aucun changement
- ZNO du 21 décembre 1940 au 20 janvier 1942 retranchez 1 h
- ZO du 21 décembre 1940 au 20 janvier 1942 retranchez 2 h
- depuis le 22 décembre 1942 retranchez 1 h
Alsace, Auvergne, Bourgogne, Champagne-Ardennes, Franche-Comté, Languedoc-Roussillon, Lorraine, Rhône-Alpes, Provence-Côte-d'Azur, Corse, Principauté de Monaco
- de 1910 au 21 janvier 1911 ajoutez 0 h 10
- du 22 décembre 1911 au 21 janvier 1940 ajoutez 0 h 20
- ZNO du 21 décembre 1940 au 20 janvier 1942 retranchez 0 h 40
- ZO du 21 décembre 1940 au 20 janvier 1942 retranchez 1 h 40
- depuis le 22 décembre 1942 retranchez 0 h 40

GRÈCE
- de 1910 au 21 janvier 1916 aucun changement
- du 22 décembre 1916 au 20 janvier 1942 retranchez 0 h 30
- du 22 décembre 1942 au 21 janvier 1944 ajoutez 0 h 30
- depuis le 21 décembre 1944 retranchez 0 h 30

GROENLAND
- depuis 1910 aucun changement

HOLLANDE
- de 1910 au 21 janvier 1940 aucun changement
- du 21 décembre 1940 au 20 janvier 1942 retranchez 1 h 40
- depuis le 22 décembre 1942 retranchez 0 h 40

HONGRIE
- de 1910 au 20 janvier 1941 ajoutez 0 h 15
- du 21 décembre 1941 au 20 janvier 1942 retranchez 0 h 45
- depuis le 22 décembre 1942 ajoutez 0 h 15

IRLANDE (Eire)
- de 1910 au 21 janvier 1916 aucun changement
- du 22 décembre 1916 au 21 janvier 1940 retranchez 0 h 30
- du 22 décembre 1940 au 20 janvier 1945 retranchez 1 h 30
- du 22 décembre 1945 au 20 janvier 1968 retranchez 0 h 30
- depuis le 21 décembre 1968 retranchez 1 h 30

IRLANDE DU NORD
- de 1910 au 21 janvier 1916 aucun changement
- du 22 décembre 1916 à 1920 retranchez 0 h 25 à partir de 1921 comme Galles

ISLANDE
- de 1910 au 20 janvier 1967 retranchez 0 h 25
- depuis le 22 décembre 1967 retranchez 1 h 25

ITALIE
Émilie, Ligurie, Lombardie, Piémont, Toscane, Sardaigne
- de 1910 au 21 janvier 1940 retranchez 0 h 20
- du 21 décembre 1940 au 20 janvier 1942 retranchez 1 h 20
- depuis le 22 décembre 1942 retranchez 0 h 20
Abruzzes, Calabre, Campanie, Latium, Marches, Ombrie, Vénétie, Pouilles, San Marino, Sicile
- de 1910 au 21 janvier 1940 aucun changement
- du 21 décembre 1940 au 20 janvier 1942 retranchez 1 h
- depuis le 22 décembre 1942 aucun changement

LETTONIE
- de 1910 au 20 janvier 1918 retranchez 0 h 25

- du 22 décembre 1918 au 20 janvier 1926 aucun changement
- du 22 décembre 1926 à 1963 retranchez 0 h 25
- depuis 1964 retranchez 1 h 25

LITUANIE
- de 1910 au 21 janvier 1919 aucun changement
- du 22 décembre 1919 au 21 janvier 1940 ajoutez 0 h 30
- du 21 décembre 1940 à 1963 retranchez 0 h 30
- depuis 1964 retranchez 1 h 30

LUXEMBOURG
- de 1910 au 20 janvier 1918 retranchez 0 h 35
- du 22 décembre 1918 au 21 janvier 1940 ajoutez 0 h 25
- du 21 décembre 1940 au 20 janvier 1942 retranchez 1 h 35
- depuis le 22 décembre 1942 retranchez 0 h 35

MALTE
- depuis 1910 voir Sicile

NORVÈGE
- de 1910 au 21 janvier 1940 retranchez 0 h 20
- du 21 décembre 1940 au 20 janvier 1942 retranchez 1 h 20
- depuis le 22 décembre 1942 retranchez 0 h 20

POLOGNE
- de 1910 au 20 janvier 1919
Pour les territoires sous contrôle allemand voir R.D.A
Pour les territoires sous contrôle autrichien voir Autriche
Pour les territoires sous contrôle russe voir URSS
- du 22 décembre 1919 au 20 janvier 1922 retranchez 0 h 45
- du 22 décembre 1922 au 21 janvier 1940 ajoutez 0 h 15
- du 21 décembre 1940 au 20 janvier 1942 retranchez 0 h 45
- depuis le 22 décembre 1942 ajoutez 0 h 15

PORTUGAL
- en 1910 et 1911 aucun changement
- de 1912 au 20 janvier 1966 retranchez 0 h 30
- du 22 décembre 1966 au 20 janvier 1976 retranchez 1 h 30
- depuis le 21 décembre 1976 jusqu'en 1992 retranchez 0 h 30
- depuis 1993 retranchez 1 h 30

ROUMANIE
- de 1910 au 21 janvier 1931 aucun changement
- du 22 décembre 1931 à ce jour retranchez 0 h 15

SUÈDE
- depuis 1910 ajoutez 0 h 10

SUISSE
- depuis 1910 retranchez 0 h 25

EX-TCHÉCOSLOVAQUIE
- de 1910 au 21 janvier 1940 ajoutez 0 h 10
- du 21 décembre 1940 au 20 janvier 1942 retranchez 0 h 50
- depuis le 22 décembre 1942 ajoutez 0 h 10

TURQUIE Occidentale
- depuis 1910 aucun changement

Orientale
- depuis 1910 ajoutez 0 h 40

Ex-URSS
Biélorussie, Carélie, Crimée, Moldavie, Ukraine, régions de Leningrad, Moscou, Orel
- de 1910 au 20 janvier 1930 aucun changement
- du 22 décembre au 31 décembre 1930 retranchez 1 h
- de 1931 à 1963 aucun changement
- depuis 1964 retranchez 1 h
Arménie, Azerbaïdjan, Géorgie, régions du Caucase, de la Volga centrale et méridionale et de Kirov
- de 1910 au 20 janvier 1930 ajoutez 1 h (4)
- du 22 au 31 décembre 1930 aucun changement
- de 1931 à 1963 aucun changement
- depuis 1964 retranchez 1 h (4)
Versants occidental et oriental de l'Oural, Kazakhstan occidental, Turkménistan, Ouzbékistan
- de 1910 au 20 janvier 1930 ajoutez 2 h
- du 22 au 31 décembre 1930 ajoutez 1 h
- de 1931 à 1963 aucun changement
- depuis 1964 retranchez 1 h

Ex-YOUGOSLAVIE
- de 1910 au 21 janvier 1940 ajoutez 0 h 15
- du 21 décembre 1940 au 20 janvier 1942 retranchez 0 h 45
- depuis le 22 décembre 1942 ajoutez 0 h 15

---

4. Sauf Géorgie aucun changement
* Pour les pays suivis du *, voir le tableau spécial de l'heure d'été page 101 et l'appliquer en fonction de vos informations personnelles

TABLEAU SPECIAL DE L'HEURE D'ÉTÉ POUR CERTAINS PAYS

Pour les pays marqués d'un*, nous savons qu'ils pratiquent l'heure d'été mais les dates précises de début et de fin de période ne nous sont pas connues, ainsi que les années.

Le tableau suivant vous indique comme passer directement d'une heure officielle d'été à l'heure solaire de naissance correspondante.

Vous devez utiliser ce tableau spécial si vous ête certain(e) que votre naissance a eu lieu pendant la période officielle d'application de l'heure d'été *pour l'année de votre naissance*.

Par exemple, pour les États-Unis, cette période va du dernier dimanche d'avril à 2 heures du matin jusqu'au dernier dimanche d'octobre à 2 heures du matin.

TRANSFORMATION DE VOTRE HEURE OFFICIELLE DE NAISSANCE EN HEURE SOLAIRE DE NAISSANCE

AMÉRIQUE DU NORD

ALASKA
Région de Wrangel retranchez 2 h
Région de Juneau retranchez 1 h 15
Alaska central retranchez 1 h
Alaska occid. retranchez 1 h

CANADA sauf Alberta, Nouv.-Brunswick, Nouvelle-Écosse
Colombie retranchez 1 h
Manitoba retranchez 1 h 30
NF. Labrador retranchez 1 h 40
Ontario Est retranchez 1 h 20
Ontario Ouest retranchez 2 h
Québec Est retranchez 1 h 20
Québec Ouest retranchez 0 h 45
Saskatchewan retranchez 1 h

ÉTATS-UNIS
Alabama retranchez 0 h 45
Arizona pas d'heure d'été
Arkansas retranchez 1 h 10
Californie retranchez 1 h
Caroline Nord retranchez 1 h 20
Caroline Sud retranchez 1 h 25
Colorado retranchez 1 h
Connecticut retranchez 0 h 50
Dakota Nord (Est) retranchez 1 h 40
Dakota Nord (Ouest) retranchez 1 h
Dakota Sud (Est) retranchez 1 h 35
Dakota Sud (Ouest) retranchez 0 h 50
Delaware retranchez 1 h
District Fédéral retranchez 1 h
Floride retranchez 1 h 30
S.F. Panama Pensacola retranchez 0 h 40
Georgie retranchez 1 h 35
Idaho Est retranchez 1 h 30
Idaho Ouest retranchez 0 h 45
Illinois retranchez 1 h
Indiana retranchez 0 h 45
Iowa retranchez 0 h 45
Kansas retranchez 1 h 30
S.F. Dodge City et Ouest retranchez 0 h 40
Kentucky Centre et Est retranchez 1 h 40
Kentucky Ouest retranchez 0 h 50
Louisiane retranchez 1 h
Maine retranchez 0 h 40
Maryland retranchez 1 h 10
Massachusetts retranchez 0 h 45
Michigan retranchez 1 h 45
Minnesota retranchez 1 h 15
Mississippi retranchez 1 h
Missouri retranchez 1 h 10
Montana retranchez 1 h 20
Nebraska Est retranchez 1 h 30
Nebraska Ouest retranchez 0 h 50
Nevada retranchez 0 h 45
N. Hampshire retranchez 0 h 45
N. Jersey retranchez 1 h
New York retranchez 1 h
N. Mexique retranchez 1 h
Ohio retranchez 1 h 30
Oklahoma retranchez 1 h 30
Oregon retranchez 1 h
Pennsylvanie retranchez 1 h 15
Rhode Island retranchez 1 h
Tennessee Est retranchez 1 h 35
Tennessee Ouest retranchez 0 h 50
Texas Est retranchez 1 h 25
Texas Ouest retranchez 1 h 45
Utah Est retranchez 1 h 20
Utah Ouest retranchez 0 h 30
Vermont retranchez 1 h
Virginie Occidentale retranchez 1 h 25
Washington (D.C.) retranchez 1 h
Washington (État) retranchez 1 h
Wisconsin retranchez 1 h
Wyoming retranchez 1 h 10
Hawaï pas d'heure d'été.

AMÉRIQUE CENTRALE

BAHAMAS (Iles) retranchez 1 h
COSTA RICA retranchez 0 h 35
CUBA retranchez 1 h 15
RÉP. DOMINICAINE retranchez 0 h 40
GUATEMALA retranchez 1 h
HAÏTI retranchez 1 h
HONDURAS retranchez 1 h
Ex-HONDURAS britannique (BELIZE) retranchez 1 h
NICARAGUA retranchez 0 h 40
PANAMA retranchez 1 h 20
SALVADOR retranchez 1 h

AMÉRIQUE DU SUD

ARGENTINE (après 1920)
Est retranchez 1 h
Ouest retranchez 1 h 40
BRÉSIL Sauf Accre
retranchez 1 h
BRÉSIL Accre
retranchez 0 h 40
PARAGUAY retranchez 0 h 50
PÉROU retranchez 1 h
URUGUAY (après 1920) retranchez 1 h 15

MOYEN-ORIENT

IRAK retranchez 1 h
ISRAËL retranchez 0 h 40
JORDANIE retranchez 0 h 35
LIBAN retranchez 0 h 40
SYRIE retranchez 0 h 30

ASIE

CHINE retranchez 1 h
Ex-URSS CEI retranchez 1 h

OCÉANIE

AUSTRALIE
Territoires du Nord et
Australie méridionale retranchez 1 h 30
Reste de l'Australie retranchez 1 h

NOUVELLE-ZÉLANDE
Retranchez 1 h

Comment découvrir votre Ascendant sans aucun calcul

Votre Ascendant est le signe zodiacal qui se levait à l'horizon Est au moment de votre naissance.

Il dépend étroitement de votre heure et de votre lieu de naissance, éléments dont nous avons déjà tenu compte dans la transformation de votre heure officielle en heure solaire de naissance.

Sans effectuer de calcul, vous pouvez dès maintenant découvrir votre signe Ascendant dans la Table des Ascendants qui vous concerne.

Pour savoir quelle Table consulter, il vous suffit de regarder à la page suivante le numéro de la Table correspondant à votre pays de naissance.

Vous consultez alors votre Table, en recherchant la colonne de votre jour de naissance, puis la ligne de votre heure solaire de naissance qui vous donne votre signe Ascendant.

Si ce signe est le dernier d'une série, vous pouvez considérer que vous êtes également influencé(e) par le signe d'après.

Exemple :

	Scorpion	
	Scorpion	
	Scorpion	
Ligne de votre heure	**Scorpion**	vous êtes **Scorpion** mais
	Sagittaire	vous êtes également **Sagittaire**
	Sagittaire	

En effet, en raison de la rotation de la Terre sur elle-même en vingt-quatre heures, chaque signe zodiacal se lève à son tour à l'horizon Est d'un lieu terrestre déterminé.

Ainsi, dans l'ordre des signes, lorsque le **Scorpion** a fini de se lever, c'est au tour du **Sagittaire** d'apparaître, si bien que le début du **Sagittaire** se lève quelques minutes après la fin du **Scorpion** : voilà qui explique l'influence de ces deux signes Ascendants sur une personne.

Le signe Ascendant exerce une influence prépondérante sur votre tempérament, sur votre morphologie et votre comportement.

Étant l'élément le plus individualisé de votre configuration astrologique natale, votre Ascendant caractérise votre mode d'adaptation au monde extérieur aussi bien sur les plans biologique, social que professionnel.

L'analyse concernant votre signe Ascendant s'applique donc essentiellement à votre façon d'être avec les autres et, par conséquent, à la manière dont les autres vous perçoivent.

Si vous ne connaissez votre heure de naissance que de façon approximative, par exemple, « dans la matinée », « en fin d'après-midi », vous pouvez vous reporter aux descriptions et juger, à la lecture de leur analyse, du signe qui correspond le mieux à votre comportement spontané.

Vous pouvez contrôler le résultat avec un de vos proches.

Numéro de la Table des Ascendants à consulter pour chaque pays

PAYS	1	2	3	4	5	6
AFRIQUE						
AFFARS ET ISSAS	1					
AFRIQUE DU SUD		2				
ALGÉRIE			3			
SAHARA ALGÉRIEN		2				
ANGOLA	1					
BENIN (DAHOMEY)	1					
BOTSWANA		2				
CAMEROUN	1					
CAP VERT (ÎLES)	1					
CENTRAFRIQUE Rép.	1					
COMORES (ÎLES)	1					
CONGO	1					
CÔTE D'IVOIRE	1					
ÉGYPTE		2				
ÉTHIOPIE	1					
GABON	1					
GAMBIE	1					
GHANA	1					
GUINÉE	1					
GUINÉE BISSAU	1					
GUINÉE ÉQUAT.	1					
HAUTE VOLTA	1					
KENYA	1					
LESOTHO		2				
LIBÉRIA	1					
LIBYE		2				
MADAGASCAR		2				
MALAWI	1					
MAROC NORD			3			
MAURICE (ÎLE)		2				
MAURITANIE		2				
MOZAMBIQUE NORD	1					
MOZAMBIQUE SUD		2				
NIGER	1					
NIGÉRIA	1					
OUGANDA	1					
RÉUNION (ÎLE)		2				
RHODÉSIE		2				
RWANDA	1					
SAOTOME (ÎLE)	1					
SÉNÉGAL	1					
SEYCHELLES (ÎLES)	1					
SIERRA LÉONE	1					
SOMALIE	1					
SOUDAN	1					
SUD-OUEST AFRICAIN		2				
SWAZILAND		2				
TANGER			3			
TANZANIE	1					
TCHAD	1					
TOGO	1					
TUNISIE NORD			3			
TUNISIE SUD		2				
ZAÏRE	1					
ZAMBIE	1					
AMÉRIQUE DU NORD						
CANADA						
ALBERTA SUD					5	
ALBERTA NORD						6
BRITISH COLUMBIA SUD					5	
BRITISH COLUMBIA NORD						6
MANITOBA SUD					5	
MANITOBA NORD						6
NEW BRUNSWICK				4		
NEW F. LABRADOR						6
NOUVELLE ÉCOSSE				4		
ONTARIO SUD				4		
ONTARIO NORD					5	
QUÉBEC SUD				4		
QUÉBEC NORD					5	
SASKATCHEWAN SUD					5	
SASKATCHEWAN NORD						6
TERRIT. NORD-OUEST						6
St PIERRE ET MIQUELON				4		

PAYS	1	2	3	4	5	6
ETATS-UNIS						
ALABAMA			3			
ALASKA						6
ARIZONA			3			
ARKANSAS			3			
CALIFORNIE			3			
CAROLINE NORD			3			
CAROLINE SUD			3			
COLORADO			3			
CONNECTICUT				4		
DAKOTA NORD				4		
DAKOTA SUD				4		
DELAWARE			3			
FLORIDE		2				
GÉORGIE			3			
IDAHO				4		
ILLINOIS			3			
INDIANA			3			
IOWA			3			
KANSAS			3			
KENTUCKY			3			
LOUISIANE		2				
MAINE				4		
MARYLAND			3			
MASSACHUSETTS				4		
MICHIGAN				4		
MINNESOTA				4		
MISSISSIPI			3			
MISSOURI			3			
MONTANA				4		
NEBRASKA			3			
NEVADA			3			
NEW HAMPSHIRE				4		
NEW JERSEY			3			
NEW YORK				4		
NOUVEAU MEXIQUE			3			
OHIO			3			
OKLAHOMA			3			
ORÉGON				4		
PENNSYLVANIE			3			
RHODE-ISLAND			3			
TENNESSEE			3			
TEXAS		2				
UTAH			3			
VERMONT				4		
VIRGINIE			3			
VIRGINIE OCCID.			3			
WASHINGTON			3			
WASHINGTON ÉTAT				4		
WISCONSIN				4		
WYOMING				4		
HAWAÏ		2				
BERMUDES DES (ÎLE)			3			
TERRE NEUVE (ÎLE)				4		
AMERIQUE CENTRALE						
BAHAMAS (ÎLES)		2				
BARBADE (ÎLES)	1					
COSTA-RICA	1					

PAYS	1	2	3	4	5	6
CUBA		2				
CURAÇAO	1					
DOMINICAINE Rép.		2				
GUADELOUPE		2				
GUATÉMALA	1					
HAÏTI		2				
HONDURAS	1					
HONDURAS BRIT.		2				
JAMAÏQUE		2				
MARTINIQUE	1					
MEXIQUE		2				
NICARAGUA	1					
PANAMA	1					
PETITES ANTILLES (ÎLES)	1					
PORTO-RICO		2				
SAN SALVADOR	1					
AMÉRIQUE DU SUD						
ARGENTINE NORD		2				
ARGENTINE CENTRE			3			
ARGENTINE SUD				4		
BOLIVIE NORD	1					
BOLIVIE SUD		2				
BRÉSIL NORD	1					
BRÉSIL SUD soit :						
MINAS GERAIS		2				
SAO PAULO-RIO		2				
CHILI NORD		2				
CHILI CENTRE			3			
CHILI SUD				4		
COLOMBIE	1					
ÉQUATEUR	1					
GUYANA	1					
GUYANE FRANÇAISE	1					
PARAGUAY		2				
PÉROU	1					
SURINAM	1					
URUGUAY			3			
VÉNÉZUELA	1					
ASIE						
AFGHANISTAN			3			
BIRMANIE		2				
BHOUTAN		2				
CACHEMIRE			3			
CAMBODGE	1					
CEYLAN (SRILANKA)	1					
CHINE DU NORD (SINKIANG, LIAO MING, HOPEH, CHANSI, CHENSI MANDCHOURIE, KANSOU KIANG-SOU, NAN CHAN)			3			
CHINE CENTRALE (YANG TSE KIANG)		2				
CHINE DU SUD		2				
CORÉE DU NORD			3			
CORÉE DU SUD			3			
INDE SUD	1					
INDE CENTRE		2				
INDE NORD		2				
INDONÉSIE	1					
JAPON			3			
JAPON (YESO)				4		
LAOS		2				
MALAYSIA (FÉD.)	1					
MONGOLIE EXT.				4		
NÉPAL		2				

103

PAYS	1	2	3	4	5	6
PAKISTAN OR. OCC.		2				
PHILIPPINES (ÎLES)	1					
THAÏLANDE	1					
U.R.S.S.						
KAZAKHSTAN				4		
KIRGHIZISTAN			3			
OUZBEKISTAN			3			
SIBÉRIE SUD (OMSK, NOVOSSIBIRSK IRKOUTSK)					5	
RESTE SIBÉRIE						6
TADJIKISTAN			3			
TURKMENISTAN			3			
VLADIVOSTOK (PROV.)				4		
VIETNAM (NORD)		2				
VIETNAM (SUD)	1					

EUROPE

PAYS	1	2	3	4	5	6
ALBANIE			3			
NORD ÉCOSSE						6
ALLEMAGNE DE L'EST					5	
ALLEMAGNE OUEST NORD-CENTRE					5	
BAVIÈRE-BADE				4		
ANGLETERRE					5	
AUTRICHE				4		
BELGIQUE					5	
BULGARIE				4		
CHYPRE (ÎLE)			3			
DANEMARK						6
ESPAGNE NORD				4		
ESPAGNE CENTRE			3			
ESPAGNE SUD			3			
BALÉARES (ÎLES)			3			
ESTONIE						6
FINLANDE						6
FRANCE				4		
GRÈCE			3			
GROËNLAND						6
HOLLALNDE					5	
HONGRIE				4		
IRLANDE (EIRE)					5	
IRLANDE DU NORD					5	
ISLANDE						6
ITALIE NORD CENTRE				4		
ITALIE SUD			3			
SARDAIGNE-SICILE			3			
LETTONIE						6
LITHUANIE						6
LUXEMBOURG					5	
MALTE			3			
NORVÈGE						6
POLOGNE					5	
PORTUGAL			3			
ROUMANIE				4		
SUÈDE						6
SUISSE				4		
TCHÉCOSLOVAQUIE					5	
TURQUIE			3			
U.R.S.S.						
AZERBAÏDJAN				4		
ARMÉNIE				4		
BIELORUSSIE					5	
GÉORGIE				4		
UKRAINE				4		
U.R.S.S. NORD LIGNE SMOLENSK-MOSCOU-KAZAN						6
U.R.S.S.-SUD					5	
YOUGOSLAVIE				4		

MOYEN ORIENT

PAYS	1	2	3	4	5	6
ARABIE SAOUDITE		2				
ÉMIRATS ARABES		2				
IRAK			3			
IRAN NORD			3			
IRAN SUD		2				
ISRAËL		2				
JORDANIE		2				
KOWEIT		2				
LIBAN			3			
SAMOA		2				
SYRIE			3			
YEMEN NORD	1					
YEMEN SUD	1					

OCÉANIE

PAYS	1	2	3	4	5	6
AUSTRALIE						
AUSTRALIE MÉRIDIONALE			3			
AUSTRALIE OCCIDENTALE		2				
NOUVELLES—GALLES DU SUD			3			
QUEEN'S LAND		2				
SAUF PÉNINSULE D'YORK	1					
TERRIT. DU NORD (NORD)	1					
TERRIT. DU NORD (SUD)		2				
VICTORIA			3			
TASMANIE				4		
NOUVELLE—CALÉDONIE		2				
NOUVELLE—GUINÉE	1					
NOUVELLE—ZÉLANDE						
NORD ÎLE FUMANTE			3			
SUD ÎLE DE JADE				4		

AUTRES ÎLES

PAYS	1	2	3	4	5	6
CAROLINES	1					
CHATHAM				4		
CHESTERFIELD		2				
ELLICE	1					
FIDJI	1					
GILBERT	1					
HÉBRIDES	1					
KERMADEC			3			
LOYAUTÉ		2				
MARIANNES	1					
MARQUISES	1					
MARSHALL	1					
MIDWAY		2				
SALOMON	1					
SAOA	1					
SOCIÉTÉ	1					
TONGA		2				
TOUAMOTOU	1					
TUBUAÏ		2				

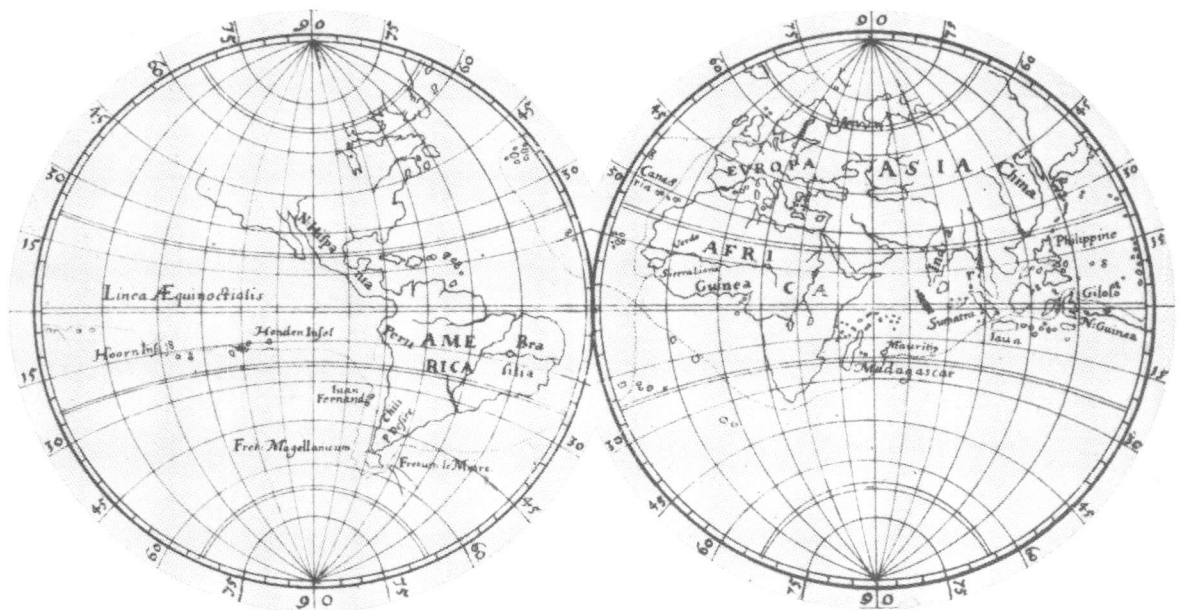

Comment découvrir votre Ascendant si vous êtes né(e) dans l'hémisphère Sud

Par rapport au Zodiaque, l'horizon Est dans l'hémisphère Sud n'est pas le même que dans l'hémisphère Nord.

Pour tenir compte de ce fait, vous ajoutez simplement 12 heures à votre heure solaire de naissance.

Si le total est supérieur à 24 heures, vous retranchez 24 heures : par exemple, 20 h 30 + 12 h = 32 h 30 — 24 h = 8 h 30.

En prenant la nouvelle heure obtenue, 8 h 30 dans notre exemple, vous recherchez votre signe Ascendant exactement comme pour une naissance dans l'hémisphère Nord.

Vous obtenez le nom d'un signe zodiacal.

Celui-ci n'est pas encore votre Ascendant.

En effet, vous savez que les saisons australes sont inversées par rapport aux saisons boréales ; l'été en Australie correspond à l'hiver en Europe.

De même, le signe du Bélier de l'hémisphère Nord, c'est-à-dire le début du printemps, correspond au signe de la Balance qui marque le début du printemps dans l'hémisphère Sud.

C'est donc le signe zodiacal opposé au signe que vous avez trouvé précédemment qui est votre signe Ascendant final, et le tableau ci-dessous vous permet de trouver immédiatement ce signe.

Votre signe Ascendant lu dans la Table ▼	Votre signe Ascendant final ▼
Bélier	Balance
Taureau	Scorpion
Gémeaux	Sagittaire
Cancer	Capricorne
Lion	Verseau
Vierge	Poissons
Balance	Bélier
Scorpion	Taureau
Sagittaire	Gémeaux
Capricorne	Cancer
Verseau	Lion
Poissons	Vierge

DECOUVREZ VOTRE ASCENDANT SANS AUCUN CALCUL : TABLE N° 1

VOTRE HEURE DE NAISSANCE	1 JANVIER	2 JANVIER	3 JANVIER	4 JANVIER	5 JANVIER	6 JANVIER	7 JANVIER	8 JANVIER
0 h 00	BALANCE	BALANCE	BALANCE	BALANCE	BALANCE	BALANCE	BALANCE	BALANCE
0 h 30	BALANCE	BALANCE	BALANCE	BALANCE	BALANCE	BALANCE	BALANCE	BALANCE
1 h 00	BALANCE	BALANCE	BALANCE	SCORPION	SCORPION	SCORPION	SCORPION	SCORPION
1 h 30	SCORPION	SCORPION	SCORPION	SCORPION	SCORPION	SCORPION	SCORPION	SCORPION
2 h 00	SCORPION	SCORPION	SCORPION	SCORPION	SCORPION	SCORPION	SCORPION	SCORPION
2 h 30	SCORPION	SCORPION	SCORPION	SCORPION	SCORPION	SCORPION	SCORPION	SCORPION
3 h 00	SCORPION	SCORPION	SCORPION	SCORPION	SAGITTAIRE	SAGITTAIRE	SAGITTAIRE	SAGITTAIRE
3 h 30	SAGITTAIRE	SAGITTAIRE	SAGITTAIRE	SAGITTAIRE	SAGITTAIRE	SAGITTAIRE	SAGITTAIRE	SAGITTAIRE
4 h 00	SAGITTAIRE	SAGITTAIRE	SAGITTAIRE	SAGITTAIRE	SAGITTAIRE	SAGITTAIRE	SAGITTAIRE	SAGITTAIRE
4 h 30	SAGITTAIRE	SAGITTAIRE	SAGITTAIRE	SAGITTAIRE	SAGITTAIRE	SAGITTAIRE	SAGITTAIRE	SAGITTAIRE
5 h 00	SAGITTAIRE	SAGITTAIRE	SAGITTAIRE	SAGITTAIRE	SAGITTAIRE	SAGITTAIRE	SAGITTAIRE	CAPRICORNE
5 h 30	CAPRICORNE	CAPRICORNE	CAPRICORNE	CAPRICORNE	CAPRICORNE	CAPRICORNE	CAPRICORNE	CAPRICORNE
6 h 00	CAPRICORNE	CAPRICORNE	CAPRICORNE	CAPRICORNE	CAPRICORNE	CAPRICORNE	CAPRICORNE	CAPRICORNE
6 h 30	CAPRICORNE	CAPRICORNE	CAPRICORNE	CAPRICORNE	CAPRICORNE	CAPRICORNE	CAPRICORNE	CAPRICORNE
7 h 00	CAPRICORNE	CAPRICORNE	CAPRICORNE	CAPRICORNE	CAPRICORNE	CAPRICORNE	CAPRICORNE	CAPRICORNE
7 h 30	CAPRICORNE	VERSEAU	VERSEAU	VERSEAU	VERSEAU	VERSEAU	VERSEAU	VERSEAU
8 h 00	VERSEAU	VERSEAU	VERSEAU	VERSEAU	VERSEAU	VERSEAU	VERSEAU	VERSEAU
8 h 30	VERSEAU	VERSEAU	VERSEAU	VERSEAU	VERSEAU	VERSEAU	VERSEAU	VERSEAU
9 h 00	VERSEAU	VERSEAU	VERSEAU	VERSEAU	VERSEAU	VERSEAU	VERSEAU	VERSEAU
9 h 30	POISSONS	POISSONS	POISSONS	POISSONS	POISSONS	POISSONS	POISSONS	POISSONS
10 h 00	POISSONS	POISSONS	POISSONS	POISSONS	POISSONS	POISSONS	POISSONS	POISSONS
10 h 30	POISSONS	POISSONS	POISSONS	POISSONS	POISSONS	POISSONS	POISSONS	POISSONS
11 h 00	POISSONS	POISSONS	POISSONS	POISSONS	BELIER	BELIER	BELIER	BELIER
11 h 30	BELIER	BELIER	BELIER	BELIER	BELIER	BELIER	BELIER	BELIER
MIDI	BELIER	BELIER	BELIER	BELIER	BELIER	BELIER	BELIER	BELIER
12 h 30	BELIER	BELIER	BELIER	BELIER	BELIER	BELIER	BELIER	BELIER
13 h 00	TAUREAU	TAUREAU	TAUREAU	TAUREAU	TAUREAU	TAUREAU	TAUREAU	TAUREAU
13 h 30	TAUREAU	TAUREAU	TAUREAU	TAUREAU	TAUREAU	TAUREAU	TAUREAU	TAUREAU
14 h 00	TAUREAU	TAUREAU	TAUREAU	TAUREAU	TAUREAU	TAUREAU	TAUREAU	TAUREAU
14 h 30	TAUREAU	TAUREAU	TAUREAU	TAUREAU	TAUREAU	TAUREAU	TAUREAU	GEMEAUX
15 h 00	GEMEAUX	GEMEAUX	GEMEAUX	GEMEAUX	GEMEAUX	GEMEAUX	GEMEAUX	GEMEAUX
15 h 30	GEMEAUX	GEMEAUX	GEMEAUX	GEMEAUX	GEMEAUX	GEMEAUX	GEMEAUX	GEMEAUX
16 h 00	GEMEAUX	GEMEAUX	GEMEAUX	GEMEAUX	GEMEAUX	GEMEAUX	GEMEAUX	GEMEAUX
16 h 30	GEMEAUX	GEMEAUX	GEMEAUX	GEMEAUX	GEMEAUX	GEMEAUX	GEMEAUX	GEMEAUX
17 h 00	GEMEAUX	CANCER	CANCER	CANCER	CANCER	CANCER	CANCER	CANCER
17 h 30	CANCER	CANCER	CANCER	CANCER	CANCER	CANCER	CANCER	CANCER
18 h 00	CANCER	CANCER	CANCER	CANCER	CANCER	CANCER	CANCER	CANCER
18 h 30	CANCER	CANCER	CANCER	CANCER	CANCER	CANCER	CANCER	CANCER
19 h 00	CANCER	CANCER	CANCER	LION	LION	LION	LION	LION
19 h 30	LION	LION	LION	LION	LION	LION	LION	LION
20 h 00	LION	LION	LION	LION	LION	LION	LION	LION
20 h 30	LION	LION	LION	LION	LION	LION	LION	LION
21 h 00	LION	LION	LION	LION	VIERGE	VIERGE	VIERGE	VIERGE
21 h 30	VIERGE	VIERGE	VIERGE	VIERGE	VIERGE	VIERGE	VIERGE	VIERGE
22 h 00	VIERGE	VIERGE	VIERGE	VIERGE	VIERGE	VIERGE	VIERGE	VIERGE
22 h 30	VIERGE	VIERGE	VIERGE	VIERGE	VIERGE	VIERGE	VIERGE	VIERGE
23 h 00	VIERGE	VIERGE	VIERGE	VIERGE	BALANCE	BALANCE	BALANCE	BALANCE
23 h 30	BALANCE	BALANCE	BALANCE	BALANCE	BALANCE	BALANCE	BALANCE	BALANCE

DECOUVREZ VOTRE ASCENDANT SANS AUCUN CALCUL : TABLE N° 1

VOTRE HEURE DE NAISSANCE	9 JANVIER	10 JANVIER	11 JANVIER	12 JANVIER	13 JANVIER	14 JANVIER	15 JANVIER	16 JANVIER
0 h 00	BALANCE	BALANCE	BALANCE	BALANCE	BALANCE	BALANCE	BALANCE	BALANCE
0 h 30	BALANCE	BALANCE	BALANCE	SCORPION	SCORPION	SCORPION	SCORPION	SCORPION
1 h 00	SCORPION	SCORPION	SCORPION	SCORPION	SCORPION	SCORPION	SCORPION	SCORPION
1 h 30	SCORPION	SCORPION	SCORPION	SCORPION	SCORPION	SCORPION	SCORPION	SCORPION
2 h 00	SCORPION	SCORPION	SCORPION	SCORPION	SCORPION	SCORPION	SCORPION	SCORPION
2 h 30	SCORPION	SCORPION	SCORPION	SCORPION	SAGITTAIRE	SAGITTAIRE	SAGITTAIRE	SAGITTAIRE
3 h 00	SAGITTAIRE	SAGITTAIRE	SAGITTAIRE	SAGITTAIRE	SAGITTAIRE	SAGITTAIRE	SAGITTAIRE	SAGITTAIRE
3 h 30	SAGITTAIRE	SAGITTAIRE	SAGITTAIRE	SAGITTAIRE	SAGITTAIRE	SAGITTAIRE	SAGITTAIRE	SAGITTAIRE
4 h 00	SAGITTAIRE	SAGITTAIRE	SAGITTAIRE	SAGITTAIRE	SAGITTAIRE	SAGITTAIRE	SAGITTAIRE	SAGITTAIRE
4 h 30	SAGITTAIRE	SAGITTAIRE	SAGITTAIRE	SAGITTAIRE	SAGITTAIRE	SAGITTAIRE	CAPRICORNE	CAPRICORNE
5 h 00	CAPRICORNE	CAPRICORNE	CAPRICORNE	CAPRICORNE	CAPRICORNE	CAPRICORNE	CAPRICORNE	CAPRICORNE
5 h 30	CAPRICORNE	CAPRICORNE	CAPRICORNE	CAPRICORNE	CAPRICORNE	CAPRICORNE	CAPRICORNE	CAPRICORNE
6 h 00	CAPRICORNE	CAPRICORNE	CAPRICORNE	CAPRICORNE	CAPRICORNE	CAPRICORNE	CAPRICORNE	CAPRICORNE
6 h 30	CAPRICORNE	CAPRICORNE	CAPRICORNE	CAPRICORNE	CAPRICORNE	CAPRICORNE	CAPRICORNE	CAPRICORNE
7 h 00	VERSEAU	VERSEAU	VERSEAU	VERSEAU	VERSEAU	VERSEAU	VERSEAU	VERSEAU
7 h 30	VERSEAU	VERSEAU	VERSEAU	VERSEAU	VERSEAU	VERSEAU	VERSEAU	VERSEAU
8 h 00	VERSEAU	VERSEAU	VERSEAU	VERSEAU	VERSEAU	VERSEAU	VERSEAU	VERSEAU
8 h 30	VERSEAU	VERSEAU	VERSEAU	VERSEAU	VERSEAU	VERSEAU	VERSEAU	POISSONS
9 h 00	POISSONS	POISSONS	POISSONS	POISSONS	POISSONS	POISSONS	POISSONS	POISSONS
9 h 30	POISSONS	POISSONS	POISSONS	POISSONS	POISSONS	POISSONS	POISSONS	POISSONS
10 h 00	POISSONS	POISSONS	POISSONS	POISSONS	POISSONS	POISSONS	POISSONS	POISSONS
10 h 30	POISSONS	POISSONS	POISSONS	POISSONS	BELIER	BELIER	BELIER	BELIER
11 h 00	BELIER	BELIER	BELIER	BELIER	BELIER	BELIER	BELIER	BELIER
11 h 30	BELIER	BELIER	BELIER	BELIER	BELIER	BELIER	BELIER	BELIER
MIDI	BELIER	BELIER	BELIER	BELIER	BELIER	BELIER	BELIER	TAUREAU
12 h 30	TAUREAU	TAUREAU	TAUREAU	TAUREAU	TAUREAU	TAUREAU	TAUREAU	TAUREAU
13 h 00	TAUREAU	TAUREAU	TAUREAU	TAUREAU	TAUREAU	TAUREAU	TAUREAU	TAUREAU
13 h 30	TAUREAU	TAUREAU	TAUREAU	TAUREAU	TAUREAU	TAUREAU	TAUREAU	TAUREAU
14 h 00	TAUREAU	TAUREAU	TAUREAU	TAUREAU	TAUREAU	TAUREAU	GEMEAUX	GEMEAUX
14 h 30	GEMEAUX	GEMEAUX	GEMEAUX	GEMEAUX	GEMEAUX	GEMEAUX	GEMEAUX	GEMEAUX
15 h 00	GEMEAUX	GEMEAUX	GEMEAUX	GEMEAUX	GEMEAUX	GEMEAUX	GEMEAUX	GEMEAUX
15 h 30	GEMEAUX	GEMEAUX	GEMEAUX	GEMEAUX	GEMEAUX	GEMEAUX	GEMEAUX	GEMEAUX
16 h 00	GEMEAUX	GEMEAUX	GEMEAUX	GEMEAUX	CANCER	GEMEAUX	GEMEAUX	CANCER
16 h 30	CANCER	CANCER	CANCER	CANCER	CANCER	CANCER	CANCER	CANCER
17 h 00	CANCER	CANCER	CANCER	CANCER	CANCER	CANCER	CANCER	CANCER
17 h 30	CANCER	CANCER	CANCER	CANCER	CANCER	CANCER	CANCER	CANCER
18 h 00	CANCER	CANCER	CANCER	CANCER	CANCER	CANCER	CANCER	CANCER
18 h 30	CANCER	CANCER	CANCER	LION	LION	LION	LION	LION
19 h 00	LION	LION	LION	LION	LION	LION	LION	LION
19 h 30	LION	LION	LION	LION	LION	LION	LION	LION
20 h 00	LION	LION	LION	LION	LION	LION	LION	LION
20 h 30	LION	LION	LION	LION	VIERGE	VIERGE	VIERGE	VIERGE
21 h 00	VIERGE	VIERGE	VIERGE	VIERGE	VIERGE	VIERGE	VIERGE	VIERGE
21 h 30	VIERGE	VIERGE	VIERGE	VIERGE	VIERGE	VIERGE	VIERGE	VIERGE
22 h 00	VIERGE	VIERGE	VIERGE	VIERGE	VIERGE	VIERGE	VIERGE	VIERGE
22 h 30	VIERGE	VIERGE	VIERGE	VIERGE	BALANCE	BALANCE	BALANCE	BALANCE
23 h 00	BALANCE	BALANCE	BALANCE	BALANCE	BALANCE	BALANCE	BALANCE	BALANCE
23 h 30	BALANCE	BALANCE	BALANCE	BALANCE	BALANCE	BALANCE	BALANCE	BALANCE

DECOUVREZ VOTRE ASCENDANT SANS AUCUN CALCUL : TABLE N° 1

VOTRE HEURE DE NAISSANCE	17 JANVIER	18 JANVIER	19 JANVIER	20 JANVIER	21 JANVIER	21 DECEMBRE	22 DECEMBRE	23 DECEMBRE
0 h 00	BALANCE	BALANCE	SCORPION	SCORPION	SCORPION	BALANCE	BALANCE	BALANCE
0 h 30	SCORPION	SCORPION	SCORPION	SCORPION	SCORPION	BALANCE	BALANCE	BALANCE
1 h 00	SCORPION	SCORPION	SCORPION	SCORPION	SCORPION	BALANCE	BALANCE	BALANCE
1 h 30	SCORPION	SCORPION	SCORPION	SCORPION	SCORPION	BALANCE	BALANCE	BALANCE
2 h 00	SCORPION	SCORPION	SCORPION	SAGITTAIRE	SAGITTAIRE	SCORPION	SCORPION	SCORPION
2 h 30	SAGITTAIRE	SAGITTAIRE	SAGITTAIRE	SAGITTAIRE	SAGITTAIRE	SCORPION	SCORPION	SCORPION
3 h 00	SAGITTAIRE	SAGITTAIRE	SAGITTAIRE	SAGITTAIRE	SAGITTAIRE	SCORPION	SCORPION	SCORPION
3 h 30	SAGITTAIRE	SAGITTAIRE	SAGITTAIRE	SAGITTAIRE	SAGITTAIRE	SCORPION	SCORPION	SCORPION
4 h 00	SAGITTAIRE	SAGITTAIRE	SAGITTAIRE	SAGITTAIRE	SAGITTAIRE	SAGITTAIRE	SAGITTAIRE	SAGITTAIRE
4 h 30	CAPRICORNE	CAPRICORNE	CAPRICORNE	CAPRICORNE	CAPRICORNE	SAGITTAIRE	SAGITTAIRE	SAGITTAIRE
5 h 00	CAPRICORNE	CAPRICORNE	CAPRICORNE	CAPRICORNE	CAPRICORNE	SAGITTAIRE	SAGITTAIRE	SAGITTAIRE
5 h 30	CAPRICORNE	CAPRICORNE	CAPRICORNE	CAPRICORNE	CAPRICORNE	SAGITTAIRE	SAGITTAIRE	SAGITTAIRE
6 h 00	CAPRICORNE	CAPRICORNE	CAPRICORNE	CAPRICORNE	CAPRICORNE	SAGITTAIRE	SAGITTAIRE	SAGITTAIRE
6 h 30	VERSEAU	VERSEAU	VERSEAU	VERSEAU	VERSEAU	CAPRICORNE	CAPRICORNE	CAPRICORNE
7 h 00	VERSEAU	VERSEAU	VERSEAU	VERSEAU	VERSEAU	CAPRICORNE	CAPRICORNE	CAPRICORNE
7 h 30	VERSEAU	VERSEAU	VERSEAU	VERSEAU	VERSEAU	CAPRICORNE	CAPRICORNE	CAPRICORNE
8 h 00	VERSEAU	VERSEAU	VERSEAU	VERSEAU	VERSEAU	CAPRICORNE	CAPRICORNE	CAPRICORNE
8 h 30	POISSONS	POISSONS	POISSONS	POISSONS	POISSONS	VERSEAU	VERSEAU	VERSEAU
9 h 00	POISSONS	POISSONS	POISSONS	POISSONS	POISSONS	VERSEAU	VERSEAU	VERSEAU
9 h 30	POISSONS	POISSONS	POISSONS	POISSONS	POISSONS	VERSEAU	VERSEAU	VERSEAU
10 h 00	POISSONS	POISSONS	POISSONS	POISSONS	BELIER	VERSEAU	VERSEAU	VERSEAU
10 h 30	BELIER	BELIER	BELIER	BELIER	BELIER	POISSONS	POISSONS	POISSONS
11 h 00	BELIER	BELIER	BELIER	BELIER	BELIER	POISSONS	POISSONS	POISSONS
11 h 30	BELIER	BELIER	BELIER	BELIER	BELIER	POISSONS	POISSONS	POISSONS
MIDI	TAUREAU	TAUREAU	TAUREAU	TAUREAU	TAUREAU	BELIER	BELIER	BELIER
12 h 30	TAUREAU	TAUREAU	TAUREAU	TAUREAU	TAUREAU	BELIER	BELIER	BELIER
13 h 00	TAUREAU	TAUREAU	TAUREAU	TAUREAU	TAUREAU	BELIER	BELIER	BELIER
13 h 30	TAUREAU	TAUREAU	TAUREAU	TAUREAU	TAUREAU	BELIER	BELIER	BELIER
14 h 00	GEMEAUX	GEMEAUX	GEMEAUX	GEMEAUX	GEMEAUX	TAUREAU	TAUREAU	TAUREAU
14 h 30	GEMEAUX	GEMEAUX	GEMEAUX	GEMEAUX	GEMEAUX	TAUREAU	TAUREAU	TAUREAU
15 h 00	GEMEAUX	GEMEAUX	GEMEAUX	GEMEAUX	GEMEAUX	TAUREAU	TAUREAU	TAUREAU
15 h 30	GEMEAUX	GEMEAUX	GEMEAUX	GEMEAUX	GEMEAUX	TAUREAU	TAUREAU	TAUREAU
16 h 00	CANCER	CANCER	CANCER	CANCER	CANCER	GEMEAUX	GEMEAUX	GEMEAUX
16 h 30	CANCER	CANCER	CANCER	CANCER	CANCER	GEMEAUX	GEMEAUX	GEMEAUX
17 h 00	CANCER	CANCER	CANCER	CANCER	CANCER	GEMEAUX	GEMEAUX	GEMEAUX
17 h 30	CANCER	CANCER	CANCER	CANCER	CANCER	GEMEAUX	GEMEAUX	GEMEAUX
18 h 00	CANCER	CANCER	CANCER	LION	LION	CANCER	CANCER	CANCER
18 h 30	LION	LION	LION	LION	LION	CANCER	CANCER	CANCER
19 h 00	LION	LION	LION	LION	LION	CANCER	CANCER	CANCER
19 h 30	LION	LION	LION	LION	LION	CANCER	CANCER	CANCER
20 h 00	LION	LION	LION	LION	VIERGE	LION	LION	LION
20 h 30	VIERGE	VIERGE	VIERGE	VIERGE	VIERGE	LION	LION	LION
21 h 00	VIERGE	VIERGE	VIERGE	VIERGE	VIERGE	LION	LION	LION
21 h 30	VIERGE	VIERGE	VIERGE	VIERGE	VIERGE	LION	LION	LION
22 h 00	VIERGE	VIERGE	VIERGE	VIERGE	BALANCE	VIERGE	VIERGE	VIERGE
22 h 30	BALANCE	BALANCE	BALANCE	BALANCE	BALANCE	VIERGE	VIERGE	VIERGE
23 h 00	BALANCE	BALANCE	BALANCE	BALANCE	BALANCE	VIERGE	VIERGE	VIERGE
23 h 30	BALANCE	BALANCE	BALANCE	BALANCE	BALANCE	VIERGE	VIERGE	VIERGE

DECOUVREZ VOTRE ASCENDANT SANS AUCUN CALCUL : TABLE N° 1

VOTRE HEURE DE NAISSANCE	24 DECEMBRE	25 DECEMBRE	26 DECEMBRE	27 DECEMBRE	28 DECEMBRE	29 DECEMBRE	30 DECEMBRE	31 DECEMBRE
0 h 00	BALANCE	BALANCE	BALANCE	BALANCE	BALANCE	BALANCE	BALANCE	BALANCE
0 h 30	BALANCE	BALANCE	BALANCE	BALANCE	BALANCE	BALANCE	BALANCE	BALANCE
1 h 00	BALANCE	BALANCE	BALANCE	BALANCE	BALANCE	BALANCE	BALANCE	BALANCE
1 h 30	BALANCE	BALANCE	BALANCE	SCORPION	SCORPION	SCORPION	SCORPION	SCORPION
2 h 00	SCORPION	SCORPION	SCORPION	SCORPION	SCORPION	SCORPION	SCORPION	SCORPION
2 h 30	SCORPION	SCORPION	SCORPION	SCORPION	SCORPION	SCORPION	SCORPION	SCORPION
3 h 00	SCORPION	SCORPION	SCORPION	SCORPION	SCORPION	SCORPION	SCORPION	SCORPION
3 h 30	SCORPION	SCORPION	SCORPION	SCORPION	SCORPION	SAGITTAIRE	SAGITTAIRE	SAGITTAIRE
4 h 00	SAGITTAIRE	SAGITTAIRE	SAGITTAIRE	SAGITTAIRE	SAGITTAIRE	SAGITTAIRE	SAGITTAIRE	SAGITTAIRE
4 h 30	SAGITTAIRE	SAGITTAIRE	SAGITTAIRE	SAGITTAIRE	SAGITTAIRE	SAGITTAIRE	SAGITTAIRE	SAGITTAIRE
5 h 00	SAGITTAIRE	SAGITTAIRE	SAGITTAIRE	SAGITTAIRE	SAGITTAIRE	SAGITTAIRE	SAGITTAIRE	SAGITTAIRE
5 h 30	SAGITTAIRE	SAGITTAIRE	SAGITTAIRE	SAGITTAIRE	SAGITTAIRE	SAGITTAIRE	SAGITTAIRE	CAPRICORNE
6 h 00	CAPRICORNE	CAPRICORNE	CAPRICORNE	CAPRICORNE	CAPRICORNE	CAPRICORNE	CAPRICORNE	CAPRICORNE
6 h 30	CAPRICORNE	CAPRICORNE	CAPRICORNE	CAPRICORNE	CAPRICORNE	CAPRICORNE	CAPRICORNE	CAPRICORNE
7 h 00	CAPRICORNE	CAPRICORNE	CAPRICORNE	CAPRICORNE	CAPRICORNE	CAPRICORNE	CAPRICORNE	CAPRICORNE
7 h 30	CAPRICORNE	CAPRICORNE	CAPRICORNE	CAPRICORNE	CAPRICORNE	CAPRICORNE	CAPRICORNE	CAPRICORNE
8 h 00	CAPRICORNE	CAPRICORNE	VERSEAU	VERSEAU	VERSEAU	VERSEAU	VERSEAU	VERSEAU
8 h 30	VERSEAU	VERSEAU	VERSEAU	VERSEAU	VERSEAU	VERSEAU	VERSEAU	VERSEAU
9 h 00	VERSEAU	VERSEAU	VERSEAU	VERSEAU	VERSEAU	VERSEAU	VERSEAU	VERSEAU
9 h 30	VERSEAU	VERSEAU	VERSEAU	VERSEAU	VERSEAU	VERSEAU	VERSEAU	VERSEAU
10 h 00	VERSEAU	POISSONS	POISSONS	POISSONS	POISSONS	POISSONS	POISSONS	POISSONS
10 h 30	POISSONS	POISSONS	POISSONS	POISSONS	POISSONS	POISSONS	POISSONS	POISSONS
11 h 00	POISSONS	POISSONS	POISSONS	POISSONS	POISSONS	POISSONS	POISSONS	POISSONS
11 h 30	POISSONS	POISSONS	POISSONS	POISSONS	POISSONS	BELIER	BELIER	BELIER
MIDI	BELIER	BELIER	BELIER	BELIER	BELIER	BELIER	BELIER	BELIER
12 h 30	BELIER	BELIER	BELIER	BELIER	BELIER	BELIER	BELIER	BELIER
13 h 00	BELIER	BELIER	BELIER	BELIER	BELIER	BELIER	BELIER	BELIER
13 h 30	BELIER	TAUREAU	TAUREAU	TAUREAU	TAUREAU	TAUREAU	TAUREAU	TAUREAU
14 h 00	TAUREAU	TAUREAU	TAUREAU	TAUREAU	TAUREAU	TAUREAU	TAUREAU	TAUREAU
14 h 30	TAUREAU	TAUREAU	TAUREAU	TAUREAU	TAUREAU	TAUREAU	TAUREAU	TAUREAU
15 h 00	TAUREAU	TAUREAU	TAUREAU	TAUREAU	TAUREAU	TAUREAU	TAUREAU	GEMEAUX
15 h 30	GEMEAUX	GEMEAUX	GEMEAUX	GEMEAUX	GEMEAUX	GEMEAUX	GEMEAUX	GEMEAUX
16 h 00	GEMEAUX	GEMEAUX	GEMEAUX	GEMEAUX	GEMEAUX	GEMEAUX	GEMEAUX	GEMEAUX
16 h 30	GEMEAUX	GEMEAUX	GEMEAUX	GEMEAUX	GEMEAUX	GEMEAUX	GEMEAUX	GEMEAUX
17 h 00	GEMEAUX	GEMEAUX	GEMEAUX	GEMEAUX	GEMEAUX	GEMEAUX	GEMEAUX	GEMEAUX
17 h 30	GEMEAUX	CANCER	CANCER	CANCER	CANCER	CANCER	CANCER	CANCER
18 h 00	CANCER	CANCER	CANCER	CANCER	CANCER	CANCER	CANCER	CANCER
18 h 30	CANCER	CANCER	CANCER	CANCER	CANCER	CANCER	CANCER	CANCER
19 h 00	CANCER	CANCER	CANCER	CANCER	CANCER	CANCER	CANCER	CANCER
19 h 30	CANCER	CANCER	CANCER	CANCER	LION	LION	LION	LION
20 h 00	LION	LION	LION	LION	LION	LION	LION	LION
20 h 30	LION	LION	LION	LION	LION	LION	LION	LION
21 h 00	LION	LION	LION	LION	LION	LION	LION	LION
21 h 30	LION	LION	LION	LION	LION	VIERGE	VIERGE	VIERGE
22 h 00	VIERGE	VIERGE	VIERGE	VIERGE	VIERGE	VIERGE	VIERGE	VIERGE
22 h 30	VIERGE	VIERGE	VIERGE	VIERGE	VIERGE	VIERGE	VIERGE	VIERGE
23 h 00	VIERGE	VIERGE	VIERGE	VIERGE	VIERGE	VIERGE	VIERGE	VIERGE
23 h 30	VIERGE	VIERGE	VIERGE	VIERGE	VIERGE	BALANCE	BALANCE	BALANCE

DECOUVREZ VOTRE ASCENDANT SANS AUCUN CALCUL : TABLE N° 2

VOTRE HEURE DE NAISSANCE	1 JANVIER	2 JANVIER	3 JANVIER	4 JANVIER	5 JANVIER	6 JANVIER	7 JANVIER	8 JANVIER
0 h 00	BALANCE	BALANCE	BALANCE	BALANCE	BALANCE	BALANCE	BALANCE	BALANCE
0 h 30	BALANCE	BALANCE	BALANCE	BALANCE	BALANCE	BALANCE	BALANCE	BALANCE
1 h 00	BALANCE	BALANCE	BALANCE	BALANCE	BALANCE	BALANCE	BALANCE	BALANCE
1 h 30	BALANCE	SCORPION	SCORPION	SCORPION	SCORPION	SCORPION	SCORPION	SCORPION
2 h 00	SCORPION	SCORPION	SCORPION	SCORPION	SCORPION	SCORPION	SCORPION	SCORPION
2 h 30	SCORPION	SCORPION	SCORPION	SCORPION	SCORPION	SCORPION	SCORPION	SCORPION
3 h 00	SCORPION	SCORPION	SCORPION	SCORPION	SCORPION	SCORPION	SCORPION	SCORPION
3 h 30	SCORPION	SCORPION	SCORPION	SCORPION	SCORPION	SCORPION	SAGITTAIRE	SAGITTAIRE
4 h 00	SAGITTAIRE	SAGITTAIRE	SAGITTAIRE	SAGITTAIRE	SAGITTAIRE	SAGITTAIRE	SAGITTAIRE	SAGITTAIRE
4 h 30	SAGITTAIRE	SAGITTAIRE	SAGITTAIRE	SAGITTAIRE	SAGITTAIRE	SAGITTAIRE	SAGITTAIRE	SAGITTAIRE
5 h 00	SAGITTAIRE	SAGITTAIRE	SAGITTAIRE	SAGITTAIRE	SAGITTAIRE	SAGITTAIRE	SAGITTAIRE	SAGITTAIRE
5 h 30	SAGITTAIRE	SAGITTAIRE	SAGITTAIRE	SAGITTAIRE	SAGITTAIRE	SAGITTAIRE	SAGITTAIRE	SAGITTAIRE
6 h 00	SAGITTAIRE	SAGITTAIRE	SAGITTAIRE	CAPRICORNE	CAPRICORNE	CAPRICORNE	CAPRICORNE	CAPRICORNE
6 h 30	CAPRICORNE	CAPRICORNE	CAPRICORNE	CAPRICORNE	CAPRICORNE	CAPRICORNE	CAPRICORNE	CAPRICORNE
7 h 00	CAPRICORNE	CAPRICORNE	CAPRICORNE	CAPRICORNE	CAPRICORNE	CAPRICORNE	CAPRICORNE	CAPRICORNE
7 h 30	CAPRICORNE	CAPRICORNE	CAPRICORNE	CAPRICORNE	CAPRICORNE	CAPRICORNE	CAPRICORNE	CAPRICORNE
8 h 00	CAPRICORNE	CAPRICORNE	CAPRICORNE	VERSEAU	VERSEAU	VERSEAU	VERSEAU	VERSEAU
8 h 30	VERSEAU	VERSEAU	VERSEAU	VERSEAU	VERSEAU	VERSEAU	VERSEAU	VERSEAU
9 h 00	VERSEAU	VERSEAU	VERSEAU	VERSEAU	VERSEAU	VERSEAU	VERSEAU	VERSEAU
9 h 30	VERSEAU	VERSEAU	VERSEAU	VERSEAU	VERSEAU	POISSONS	POISSONS	POISSONS
10 h 00	POISSONS	POISSONS	POISSONS	POISSONS	POISSONS	POISSONS	POISSONS	POISSONS
10 h 30	POISSONS	POISSONS	POISSONS	POISSONS	POISSONS	POISSONS	POISSONS	POISSONS
11 h 00	POISSONS	POISSONS	POISSONS	POISSONS	BELIER	BELIER	BELIER	BELIER
11 h 30	BELIER	BELIER	BELIER	BELIER	BELIER	BELIER	BELIER	BELIER
MIDI	BELIER	BELIER	BELIER	BELIER	BELIER	BELIER	BELIER	BELIER
12 h 30	BELIER	BELIER	BELIER	TAUREAU	TAUREAU	TAUREAU	TAUREAU	TAUREAU
13 h 00	TAUREAU	TAUREAU	TAUREAU	TAUREAU	TAUREAU	TAUREAU	TAUREAU	TAUREAU
13 h 30	TAUREAU	TAUREAU	TAUREAU	TAUREAU	TAUREAU	TAUREAU	TAUREAU	TAUREAU
14 h 00	TAUREAU	TAUREAU	TAUREAU	TAUREAU	TAUREAU	GEMEAUX	GEMEAUX	GEMEAUX
14 h 30	GEMEAUX	GEMEAUX	GEMEAUX	GEMEAUX	GEMEAUX	GEMEAUX	GEMEAUX	GEMEAUX
15 h 00	GEMEAUX	GEMEAUX	GEMEAUX	GEMEAUX	GEMEAUX	GEMEAUX	GEMEAUX	GEMEAUX
15 h 30	GEMEAUX	GEMEAUX	GEMEAUX	GEMEAUX	GEMEAUX	GEMEAUX	GEMEAUX	GEMEAUX
16 h 00	GEMEAUX	GEMEAUX	GEMEAUX	GEMEAUX	GEMEAUX	CANCER	CANCER	CANCER
16 h 30	CANCER	CANCER	CANCER	CANCER	CANCER	CANCER	CANCER	CANCER
17 h 00	CANCER	CANCER	CANCER	CANCER	CANCER	CANCER	CANCER	CANCER
17 h 30	CANCER	CANCER	CANCER	CANCER	CANCER	CANCER	CANCER	CANCER
18 h 00	CANCER	CANCER	CANCER	CANCER	CANCER	CANCER	CANCER	CANCER
18 h 30	CANCER	CANCER	LION	LION	LION	LION	LION	LION
19 h 00	LION	LION	LION	LION	LION	LION	LION	LION
19 h 30	LION	LION	LION	LION	LION	LION	LION	LION
20 h 00	LION	LION	LION	LION	LION	LION	LION	LION
20 h 30	LION	LION	LION	LION	LION	LION	LION	VIERGE
21 h 00	VIERGE	VIERGE	VIERGE	VIERGE	VIERGE	VIERGE	VIERGE	VIERGE
21 h 30	VIERGE	VIERGE	VIERGE	VIERGE	VIERGE	VIERGE	VIERGE	VIERGE
22 h 00	VIERGE	VIERGE	VIERGE	VIERGE	VIERGE	VIERGE	VIERGE	VIERGE
22 h 30	VIERGE	VIERGE	VIERGE	VIERGE	VIERGE	VIERGE	VIERGE	VIERGE
23 h 00	VIERGE	VIERGE	VIERGE	VIERGE	BALANCE	BALANCE	BALANCE	BALANCE
23 h 30	BALANCE	BALANCE	BALANCE	BALANCE	BALANCE	BALANCE	BALANCE	BALANCE

DECOUVREZ VOTRE ASCENDANT SANS AUCUN CALCUL : TABLE N° 2

VOTRE HEURE DE NAISSANCE	9 JANVIER	10 JANVIER	11 JANVIER	12 JANVIER	13 JANVIER	14 JANVIER	15 JANVIER	16 JANVIER
0 h 00	BALANCE	BALANCE	BALANCE	BALANCE	BALANCE	BALANCE	BALANCE	BALANCE
0 h 30	BALANCE	BALANCE	BALANCE	BALANCE	BALANCE	BALANCE	BALANCE	BALANCE
1 h 00	SCORPION	SCORPION	SCORPION	SCORPION	SCORPION	SCORPION	SCORPION	SCORPION
1 h 30	SCORPION	SCORPION	SCORPION	SCORPION	SCORPION	SCORPION	SCORPION	SCORPION
2 h 00	SCORPION	SCORPION	SCORPION	SCORPION	SCORPION	SCORPION	SCORPION	SCORPION
2 h 30	SCORPION	SCORPION	SCORPION	SCORPION	SCORPION	SCORPION	SCORPION	SCORPION
3 h 00	SCORPION	SCORPION	SCORPION	SCORPION	SCORPION	SAGITTAIRE	SAGITTAIRE	SAGITTAIRE
3 h 30	SAGITTAIRE	SAGITTAIRE	SAGITTAIRE	SAGITTAIRE	SAGITTAIRE	SAGITTAIRE	SAGITTAIRE	SAGITTAIRE
4 h 00	SAGITTAIRE	SAGITTAIRE	SAGITTAIRE	SAGITTAIRE	SAGITTAIRE	SAGITTAIRE	SAGITTAIRE	SAGITTAIRE
4 h 30	SAGITTAIRE	SAGITTAIRE	SAGITTAIRE	SAGITTAIRE	SAGITTAIRE	SAGITTAIRE	SAGITTAIRE	SAGITTAIRE
5 h 00	SAGITTAIRE	SAGITTAIRE	SAGITTAIRE	SAGITTAIRE	SAGITTAIRE	SAGITTAIRE	SAGITTAIRE	SAGITTAIRE
5 h 30	SAGITTAIRE	SAGITTAIRE	CAPRICORNE	CAPRICORNE	CAPRICORNE	CAPRICORNE	CAPRICORNE	CAPRICORNE
6 h 00	CAPRICORNE	CAPRICORNE	CAPRICORNE	CAPRICORNE	CAPRICORNE	CAPRICORNE	CAPRICORNE	CAPRICORNE
6 h 30	CAPRICORNE	CAPRICORNE	CAPRICORNE	CAPRICORNE	CAPRICORNE	CAPRICORNE	CAPRICORNE	CAPRICORNE
7 h 00	CAPRICORNE	CAPRICORNE	CAPRICORNE	CAPRICORNE	CAPRICORNE	CAPRICORNE	CAPRICORNE	CAPRICORNE
7 h 30	CAPRICORNE	CAPRICORNE	VERSEAU	VERSEAU	VERSEAU	VERSEAU	VERSEAU	VERSEAU
8 h 00	VERSEAU	VERSEAU	VERSEAU	VERSEAU	VERSEAU	VERSEAU	VERSEAU	VERSEAU
8 h 30	VERSEAU	VERSEAU	VERSEAU	VERSEAU	VERSEAU	VERSEAU	VERSEAU	VERSEAU
9 h 00	VERSEAU	VERSEAU	VERSEAU	VERSEAU	POISSONS	POISSONS	POISSONS	POISSONS
9 h 30	POISSONS	POISSONS	POISSONS	POISSONS	POISSONS	POISSONS	POISSONS	POISSONS
10 h 00	POISSONS	POISSONS	POISSONS	POISSONS	POISSONS	POISSONS	POISSONS	POISSONS
10 h 30	POISSONS	POISSONS	POISSONS	POISSONS	BELIER	BELIER	BELIER	BELIER
11 h 00	BELIER	BELIER	BELIER	BELIER	BELIER	BELIER	BELIER	BELIER
11 h 30	BELIER	BELIER	BELIER	BELIER	BELIER	BELIER	BELIER	BELIER
MIDI	BELIER	BELIER	BELIER	TAUREAU	TAUREAU	TAUREAU	TAUREAU	TAUREAU
12 h 30	TAUREAU	TAUREAU	TAUREAU	TAUREAU	TAUREAU	TAUREAU	TAUREAU	TAUREAU
13 h 00	TAUREAU	TAUREAU	TAUREAU	TAUREAU	TAUREAU	TAUREAU	TAUREAU	TAUREAU
13 h 30	TAUREAU	TAUREAU	TAUREAU	TAUREAU	TAUREAU	GEMEAUX	GEMEAUX	GEMEAUX
14 h 00	GEMEAUX	GEMEAUX	GEMEAUX	GEMEAUX	GEMEAUX	GEMEAUX	GEMEAUX	GEMEAUX
14 h 30	GEMEAUX	GEMEAUX	GEMEAUX	GEMEAUX	GEMEAUX	GEMEAUX	GEMEAUX	GEMEAUX
15 h 00	GEMEAUX	GEMEAUX	GEMEAUX	GEMEAUX	GEMEAUX	GEMEAUX	GEMEAUX	GEMEAUX
15 h 30	GEMEAUX	GEMEAUX	GEMEAUX	GEMEAUX	GEMEAUX	CANCER	CANCER	CANCER
16 h 00	CANCER	CANCER	CANCER	CANCER	CANCER	CANCER	CANCER	CANCER
16 h 30	CANCER	CANCER	CANCER	CANCER	CANCER	CANCER	CANCER	CANCER
17 h 00	CANCER	CANCER	CANCER	CANCER	CANCER	CANCER	CANCER	CANCER
17 h 30	CANCER	CANCER	CANCER	CANCER	CANCER	CANCER	CANCER	CANCER
18 h 00	CANCER	CANCER	LION	LION	LION	LION	LION	LION
18 h 30	LION	LION	LION	LION	LION	LION	LION	LION
19 h 00	LION	LION	LION	LION	LION	LION	LION	LION
19 h 30	LION	LION	LION	LION	LION	LION	LION	LION
20 h 00	LION	LION	LION	LION	LION	LION	VIERGE	VIERGE
20 h 30	VIERGE	VIERGE	VIERGE	VIERGE	VIERGE	VIERGE	VIERGE	VIERGE
21 h 00	VIERGE	VIERGE	VIERGE	VIERGE	VIERGE	VIERGE	VIERGE	VIERGE
21 h 30	VIERGE	VIERGE	VIERGE	VIERGE	VIERGE	VIERGE	VIERGE	VIERGE
22 h 00	VIERGE	VIERGE	VIERGE	VIERGE	VIERGE	VIERGE	VIERGE	VIERGE
22 h 30	VIERGE	VIERGE	VIERGE	VIERGE	BALANCE	BALANCE	BALANCE	BALANCE
23 h 00	BALANCE	BALANCE	BALANCE	BALANCE	BALANCE	BALANCE	BALANCE	BALANCE
23 h 30	BALANCE	BALANCE	BALANCE	BALANCE	BALANCE	BALANCE	BALANCE	BALANCE

DECOUVREZ VOTRE ASCENDANT SANS AUCUN CALCUL : TABLE N° 2

VOTRE HEURE DE NAISSANCE	17 JANVIER	18 JANVIER	19 JANVIER	20 JANVIER	21 JANVIER	21 DECEMBRE	22 DECEMBRE	23 DECEMBRE
0 h 00	BALANCE	BALANCE	BALANCE	BALANCE	BALANCE	BALANCE	BALANCE	BALANCE
0 h 30	SCORPION	SCORPION	SCORPION	SCORPION	SCORPION	BALANCE	BALANCE	BALANCE
1 h 00	SCORPION	SCORPION	SCORPION	SCORPION	SCORPION	BALANCE	BALANCE	BALANCE
1 h 30	SCORPION	SCORPION	SCORPION	SCORPION	SCORPION	BALANCE	BALANCE	BALANCE
2 h 00	SCORPION	SCORPION	SCORPION	SCORPION	SCORPION	BALANCE	BALANCE	BALANCE
2 h 30	SCORPION	SCORPION	SCORPION	SCORPION	SCORPION	SCORPION	SCORPION	SCORPION
3 h 00	SAGITTAIRE	SAGITTAIRE	SAGITTAIRE	SAGITTAIRE	SAGITTAIRE	SCORPION	SCORPION	SCORPION
3 h 30	SAGITTAIRE	SAGITTAIRE	SAGITTAIRE	SAGITTAIRE	SAGITTAIRE	SCORPION	SCORPION	SCORPION
4 h 00	SAGITTAIRE	SAGITTAIRE	SAGITTAIRE	SAGITTAIRE	SAGITTAIRE	SCORPION	SCORPION	SCORPION
4 h 30	SAGITTAIRE	SAGITTAIRE	SAGITTAIRE	SAGITTAIRE	SAGITTAIRE	SCORPION	SCORPION	SAGITTAIRE
5 h 00	SAGITTAIRE	SAGITTAIRE	CAPRICORNE	CAPRICORNE	CAPRICORNE	SAGITTAIRE	SAGITTAIRE	SAGITTAIRE
5 h 30	CAPRICORNE	CAPRICORNE	CAPRICORNE	CAPRICORNE	CAPRICORNE	SAGITTAIRE	SAGITTAIRE	SAGITTAIRE
6 h 00	CAPRICORNE	CAPRICORNE	CAPRICORNE	CAPRICORNE	CAPRICORNE	SAGITTAIRE	SAGITTAIRE	SAGITTAIRE
6 h 30	CAPRICORNE	CAPRICORNE	CAPRICORNE	CAPRICORNE	CAPRICORNE	SAGITTAIRE	SAGITTAIRE	SAGITTAIRE
7 h 00	CAPRICORNE	CAPRICORNE	VERSEAU	VERSEAU	VERSEAU	CAPRICORNE	CAPRICORNE	CAPRICORNE
7 h 30	VERSEAU	VERSEAU	VERSEAU	VERSEAU	VERSEAU	CAPRICORNE	CAPRICORNE	CAPRICORNE
8 h 00	VERSEAU	VERSEAU	VERSEAU	VERSEAU	VERSEAU	CAPRICORNE	CAPRICORNE	CAPRICORNE
8 h 30	VERSEAU	VERSEAU	VERSEAU	VERSEAU	POISSONS	CAPRICORNE	CAPRICORNE	CAPRICORNE
9 h 00	POISSONS	POISSONS	POISSONS	POISSONS	POISSONS	VERSEAU	VERSEAU	VERSEAU
9 h 30	POISSONS	POISSONS	POISSONS	POISSONS	POISSONS	VERSEAU	VERSEAU	VERSEAU
10 h 00	POISSONS	POISSONS	POISSONS	POISSONS	BELIER	VERSEAU	VERSEAU	VERSEAU
10 h 30	BELIER	BELIER	BELIER	BELIER	BELIER	POISSONS	POISSONS	POISSONS
11 h 00	BELIER	BELIER	BELIER	BELIER	BELIER	POISSONS	POISSONS	POISSONS
11 h 30	BELIER	BELIER	TAUREAU	TAUREAU	TAUREAU	POISSONS	POISSONS	POISSONS
MIDI	TAUREAU	TAUREAU	TAUREAU	TAUREAU	TAUREAU	BELIER	BELIER	BELIER
12 h 30	TAUREAU	TAUREAU	TAUREAU	TAUREAU	TAUREAU	BELIER	BELIER	BELIER
13 h 00	TAUREAU	TAUREAU	TAUREAU	TAUREAU	GEMEAUX	BELIER	BELIER	BELIER
13 h 30	GEMEAUX	GEMEAUX	GEMEAUX	GEMEAUX	GEMEAUX	TAUREAU	TAUREAU	TAUREAU
14 h 00	GEMEAUX	GEMEAUX	GEMEAUX	GEMEAUX	GEMEAUX	TAUREAU	TAUREAU	TAUREAU
14 h 30	GEMEAUX	GEMEAUX	GEMEAUX	GEMEAUX	GEMEAUX	TAUREAU	TAUREAU	TAUREAU
15 h 00	GEMEAUX	GEMEAUX	GEMEAUX	GEMEAUX	CANCER	TAUREAU	GEMEAUX	GEMEAUX
15 h 30	CANCER	CANCER	CANCER	CANCER	CANCER	GEMEAUX	GEMEAUX	GEMEAUX
16 h 00	CANCER	CANCER	CANCER	CANCER	CANCER	GEMEAUX	GEMEAUX	GEMEAUX
16 h 30	CANCER	CANCER	CANCER	CANCER	CANCER	GEMEAUX	GEMEAUX	GEMEAUX
17 h 00	CANCER	CANCER	CANCER	CANCER	CANCER	GEMEAUX	CANCER	CANCER
17 h 30	CANCER	LION	LION	LION	LION	CANCER	CANCER	CANCER
18 h 00	LION	LION	LION	LION	LION	CANCER	CANCER	CANCER
18 h 30	LION	LION	LION	LION	LION	CANCER	CANCER	CANCER
19 h 00	LION	LION	LION	LION	LION	CANCER	CANCER	CANCER
19 h 30	LION	LION	LION	LION	LION	LION	LION	LION
20 h 00	VIERGE	VIERGE	VIERGE	VIERGE	VIERGE	LION	LION	LION
20 h 30	VIERGE	VIERGE	VIERGE	VIERGE	VIERGE	LION	LION	LION
21 h 00	VIERGE	VIERGE	VIERGE	VIERGE	VIERGE	LION	LION	LION
21 h 30	VIERGE	VIERGE	VIERGE	VIERGE	VIERGE	LION	LION	VIERGE
22 h 00	VIERGE	VIERGE	VIERGE	VIERGE	BALANCE	VIERGE	VIERGE	VIERGE
22 h 30	BALANCE	BALANCE	BALANCE	BALANCE	BALANCE	VIERGE	VIERGE	VIERGE
23 h 00	BALANCE	BALANCE	BALANCE	BALANCE	BALANCE	VIERGE	VIERGE	VIERGE
23 h 30	BALANCE	BALANCE	BALANCE	BALANCE	BALANCE	VIERGE	VIERGE	VIERGE

DECOUVREZ VOTRE ASCENDANT SANS AUCUN CALCUL : TABLE N° 2

VOTRE HEURE DE NAISSANCE	24 DECEMBRE	25 DECEMBRE	26 DECEMBRE	27 DECEMBRE	28 DECEMBRE	29 DECEMBRE	30 DECEMBRE	31 DECEMBRE
0 h 00	BALANCE	BALANCE	BALANCE	BALANCE	BALANCE	BALANCE	BALANCE	BALANCE
0 h 30	BALANCE	BALANCE	BALANCE	BALANCE	BALANCE	BALANCE	BALANCE	BALANCE
1 h 00	BALANCE	BALANCE	BALANCE	BALANCE	BALANCE	BALANCE	BALANCE	BALANCE
1 h 30	BALANCE	BALANCE	BALANCE	BALANCE	BALANCE	BALANCE	BALANCE	BALANCE
2 h 00	BALANCE	SCORPION	SCORPION	SCORPION	SCORPION	SCORPION	SCORPION	SCORPION
2 h 30	SCORPION	SCORPION	SCORPION	SCORPION	SCORPION	SCORPION	SCORPION	SCORPION
3 h 00	SCORPION	SCORPION	SCORPION	SCORPION	SCORPION	SCORPION	SCORPION	SCORPION
3 h 30	SCORPION	SCORPION	SCORPION	SCORPION	SCORPION	SCORPION	SCORPION	SCORPION
4 h 00	SCORPION	SCORPION	SCORPION	SCORPION	SCORPION	SCORPION	SAGITTAIRE	SAGITTAIRE
4 h 30	SAGITTAIRE	SAGITTAIRE	SAGITTAIRE	SAGITTAIRE	SAGITTAIRE	SAGITTAIRE	SAGITTAIRE	SAGITTAIRE
5 h 00	SAGITTAIRE	SAGITTAIRE	SAGITTAIRE	SAGITTAIRE	SAGITTAIRE	SAGITTAIRE	SAGITTAIRE	SAGITTAIRE
5 h 30	SAGITTAIRE	SAGITTAIRE	SAGITTAIRE	SAGITTAIRE	SAGITTAIRE	SAGITTAIRE	SAGITTAIRE	SAGITTAIRE
6 h 00	SAGITTAIRE	SAGITTAIRE	SAGITTAIRE	SAGITTAIRE	SAGITTAIRE	SAGITTAIRE	SAGITTAIRE	SAGITTAIRE
6 h 30	SAGITTAIRE	SAGITTAIRE	SAGITTAIRE	CAPRICORNE	CAPRICORNE	CAPRICORNE	CAPRICORNE	CAPRICORNE
7 h 00	CAPRICORNE	CAPRICORNE	CAPRICORNE	CAPRICORNE	CAPRICORNE	CAPRICORNE	CAPRICORNE	CAPRICORNE
7 h 30	CAPRICORNE	CAPRICORNE	CAPRICORNE	CAPRICORNE	CAPRICORNE	CAPRICORNE	CAPRICORNE	CAPRICORNE
8 h 00	CAPRICORNE	CAPRICORNE	CAPRICORNE	CAPRICORNE	CAPRICORNE	CAPRICORNE	CAPRICORNE	CAPRICORNE
8 h 30	CAPRICORNE	CAPRICORNE	CAPRICORNE	VERSEAU	VERSEAU	VERSEAU	VERSEAU	VERSEAU
9 h 00	VERSEAU	VERSEAU	VERSEAU	VERSEAU	VERSEAU	VERSEAU	VERSEAU	VERSEAU
9 h 30	VERSEAU	VERSEAU	VERSEAU	VERSEAU	VERSEAU	VERSEAU	VERSEAU	VERSEAU
10 h 00	VERSEAU	VERSEAU	VERSEAU	VERSEAU	VERSEAU	POISSONS	POISSONS	POISSONS
10 h 30	POISSONS	POISSONS	POISSONS	POISSONS	POISSONS	POISSONS	POISSONS	POISSONS
11 h 00	POISSONS	POISSONS	POISSONS	POISSONS	POISSONS	POISSONS	POISSONS	POISSONS
11 h 30	POISSONS	POISSONS	POISSONS	POISSONS	POISSONS	BELIER	BELIER	BELIER
MIDI	BELIER	BELIER	BELIER	BELIER	BELIER	BELIER	BELIER	BELIER
12 h 30	BELIER	BELIER	BELIER	BELIER	BELIER	BELIER	BELIER	BELIER
13 h 00	BELIER	BELIER	BELIER	TAUREAU	TAUREAU	TAUREAU	TAUREAU	TAUREAU
13 h 30	TAUREAU	TAUREAU	TAUREAU	TAUREAU	TAUREAU	TAUREAU	TAUREAU	TAUREAU
14 h 00	TAUREAU	TAUREAU	TAUREAU	TAUREAU	TAUREAU	TAUREAU	TAUREAU	TAUREAU
14 h 30	TAUREAU	TAUREAU	TAUREAU	TAUREAU	TAUREAU	TAUREAU	GEMEAUX	GEMEAUX
15 h 00	GEMEAUX	GEMEAUX	GEMEAUX	GEMEAUX	GEMEAUX	GEMEAUX	GEMEAUX	GEMEAUX
15 h 30	GEMEAUX	GEMEAUX	GEMEAUX	GEMEAUX	GEMEAUX	GEMEAUX	GEMEAUX	GEMEAUX
16 h 00	GEMEAUX	GEMEAUX	GEMEAUX	GEMEAUX	GEMEAUX	GEMEAUX	GEMEAUX	GEMEAUX
16 h 30	GEMEAUX	GEMEAUX	GEMEAUX	GEMEAUX	GEMEAUX	CANCER	CANCER	CANCER
17 h 00	CANCER	CANCER	CANCER	CANCER	CANCER	CANCER	CANCER	CANCER
17 h 30	CANCER	CANCER	CANCER	CANCER	CANCER	CANCER	CANCER	CANCER
18 h 00	CANCER	CANCER	CANCER	CANCER	CANCER	CANCER	CANCER	CANCER
18 h 30	CANCER	CANCER	CANCER	CANCER	CANCER	CANCER	CANCER	CANCER
19 h 00	CANCER	CANCER	CANCER	LION	LION	LION	LION	LION
19 h 30	LION	LION	LION	LION	LION	LION	LION	LION
20 h 00	LION	LION	LION	LION	LION	LION	LION	LION
20 h 30	LION	LION	LION	LION	LION	LION	LION	LION
21 h 00	LION	LION	LION	LION	LION	LION	LION	VIERGE
21 h 30	VIERGE	VIERGE	VIERGE	VIERGE	VIERGE	VIERGE	VIERGE	VIERGE
22 h 00	VIERGE	VIERGE	VIERGE	VIERGE	VIERGE	VIERGE	VIERGE	VIERGE
22 h 30	VIERGE	VIERGE	VIERGE	VIERGE	VIERGE	VIERGE	VIERGE	VIERGE
23 h 00	VIERGE	VIERGE	VIERGE	VIERGE	VIERGE	VIERGE	VIERGE	VIERGE
23 h 30	VIERGE	VIERGE	VIERGE	VIERGE	VIERGE	BALANCE	BALANCE	BALANCE

DECOUVREZ VOTRE ASCENDANT SANS AUCUN CALCUL : TABLE N° 3

VOTRE HEURE DE NAISSANCE	1 JANVIER	2 JANVIER	3 JANVIER	4 JANVIER	5 JANVIER	6 JANVIER	7 JANVIER	8 JANVIER
0 h 00	BALANCE	BALANCE	BALANCE	BALANCE	BALANCE	BALANCE	BALANCE	BALANCE
0 h 30	BALANCE	BALANCE	BALANCE	BALANCE	BALANCE	BALANCE	BALANCE	BALANCE
1 h 00	BALANCE	BALANCE	BALANCE	BALANCE	BALANCE	BALANCE	BALANCE	BALANCE
1 h 30	BALANCE	BALANCE	BALANCE	SCORPION	SCORPION	SCORPION	SCORPION	SCORPION
2 h 00	SCORPION	SCORPION	SCORPION	SCORPION	SCORPION	SCORPION	SCORPION	SCORPION
2 h 30	SCORPION	SCORPION	SCORPION	SCORPION	SCORPION	SCORPION	SCORPION	SCORPION
3 h 00	SCORPION	SCORPION	SCORPION	SCORPION	SCORPION	SCORPION	SCORPION	SCORPION
3 h 30	SCORPION	SCORPION	SCORPION	SCORPION	SCORPION	SCORPION	SCORPION	SCORPION
4 h 00	SCORPION	SCORPION	SCORPION	SAGITTAIRE	SAGITTAIRE	SAGITTAIRE	SAGITTAIRE	SAGITTAIRE
4 h 30	SAGITTAIRE	SAGITTAIRE	SAGITTAIRE	SAGITTAIRE	SAGITTAIRE	SAGITTAIRE	SAGITTAIRE	SAGITTAIRE
5 h 00	SAGITTAIRE	SAGITTAIRE	SAGITTAIRE	SAGITTAIRE	SAGITTAIRE	SAGITTAIRE	SAGITTAIRE	SAGITTAIRE
5 h 30	SAGITTAIRE	SAGITTAIRE	SAGITTAIRE	SAGITTAIRE	SAGITTAIRE	SAGITTAIRE	SAGITTAIRE	SAGITTAIRE
6 h 00	SAGITTAIRE	SAGITTAIRE	SAGITTAIRE	SAGITTAIRE	SAGITTAIRE	SAGITTAIRE	SAGITTAIRE	SAGITTAIRE
6 h 30	SAGITTAIRE	CAPRICORNE	CAPRICORNE	CAPRICORNE	CAPRICORNE	CAPRICORNE	CAPRICORNE	CAPRICORNE
7 h 00	CAPRICORNE	CAPRICORNE	CAPRICORNE	CAPRICORNE	CAPRICORNE	CAPRICORNE	CAPRICORNE	CAPRICORNE
7 h 30	CAPRICORNE	CAPRICORNE	CAPRICORNE	CAPRICORNE	CAPRICORNE	CAPRICORNE	CAPRICORNE	CAPRICORNE
8 h 00	CAPRICORNE	CAPRICORNE	CAPRICORNE	CAPRICORNE	CAPRICORNE	CAPRICORNE	CAPRICORNE	CAPRICORNE
8 h 30	VERSEAU	VERSEAU	VERSEAU	VERSEAU	VERSEAU	VERSEAU	VERSEAU	VERSEAU
9 h 00	VERSEAU	VERSEAU	VERSEAU	VERSEAU	VERSEAU	VERSEAU	VERSEAU	VERSEAU
9 h 30	VERSEAU	VERSEAU	VERSEAU	VERSEAU	VERSEAU	VERSEAU	VERSEAU	VERSEAU
10 h 00	POISSONS	POISSONS	POISSONS	POISSONS	POISSONS	POISSONS	POISSONS	POISSONS
10 h 30	POISSONS	POISSONS	POISSONS	POISSONS	POISSONS	POISSONS	POISSONS	POISSONS
11 h 00	POISSONS	POISSONS	POISSONS	POISSONS	BELIER	BELIER	BELIER	BELIER
11 h 30	BELIER	BELIER	BELIER	BELIER	BELIER	BELIER	BELIER	BELIER
MIDI	BELIER	BELIER	BELIER	BELIER	BELIER	BELIER	BELIER	BELIER
12 h 30	TAUREAU	TAUREAU	TAUREAU	TAUREAU	TAUREAU	TAUREAU	TAUREAU	TAUREAU
13 h 00	TAUREAU	TAUREAU	TAUREAU	TAUREAU	TAUREAU	TAUREAU	TAUREAU	TAUREAU
13 h 30	TAUREAU	TAUREAU	TAUREAU	TAUREAU	TAUREAU	TAUREAU	TAUREAU	TAUREAU
14 h 00	GEMEAUX	GEMEAUX	GEMEAUX	GEMEAUX	GEMEAUX	GEMEAUX	GEMEAUX	GEMEAUX
14 h 30	GEMEAUX	GEMEAUX	GEMEAUX	GEMEAUX	GEMEAUX	GEMEAUX	GEMEAUX	GEMEAUX
15 h 00	GEMEAUX	GEMEAUX	GEMEAUX	GEMEAUX	GEMEAUX	GEMEAUX	GEMEAUX	GEMEAUX
15 h 30	GEMEAUX	GEMEAUX	GEMEAUX	GEMEAUX	GEMEAUX	GEMEAUX	GEMEAUX	CANCER
16 h 00	CANCER	CANCER	CANCER	CANCER	CANCER	CANCER	CANCER	CANCER
16 h 30	CANCER	CANCER	CANCER	CANCER	CANCER	CANCER	CANCER	CANCER
17 h 00	CANCER	CANCER	CANCER	CANCER	CANCER	CANCER	CANCER	CANCER
17 h 30	CANCER	CANCER	CANCER	CANCER	CANCER	CANCER	CANCER	CANCER
18 h 00	CANCER	CANCER	CANCER	CANCER	LION	LION	LION	LION
18 h 30	LION	LION	LION	LION	LION	LION	LION	LION
19 h 00	LION	LION	LION	LION	LION	LION	LION	LION
19 h 30	LION	LION	LION	LION	LION	LION	LION	LION
20 h 00	LION	LION	LION	LION	LION	LION	LION	LION
20 h 30	LION	LION	LION	LION	VIERGE	VIERGE	VIERGE	VIERGE
21 h 00	VIERGE	VIERGE	VIERGE	VIERGE	VIERGE	VIERGE	VIERGE	VIERGE
21 h 30	VIERGE	VIERGE	VIERGE	VIERGE	VIERGE	VIERGE	VIERGE	VIERGE
22 h 00	VIERGE	VIERGE	VIERGE	VIERGE	VIERGE	VIERGE	VIERGE	VIERGE
22 h 30	VIERGE	VIERGE	VIERGE	VIERGE	VIERGE	VIERGE	VIERGE	VIERGE
23 h 00	VIERGE	VIERGE	VIERGE	VIERGE	BALANCE	BALANCE	BALANCE	BALANCE
23 h 30	BALANCE	BALANCE	BALANCE	BALANCE	BALANCE	BALANCE	BALANCE	BALANCE

DECOUVREZ VOTRE ASCENDANT SANS AUCUN CALCUL : TABLE N° 3

VOTRE HEURE DE NAISSANCE	9 JANVIER	10 JANVIER	11 JANVIER	12 JANVIER	13 JANVIER	14 JANVIER	15 JANVIER	16 JANVIER
0 h 00	BALANCE	BALANCE	BALANCE	BALANCE	BALANCE	BALANCE	BALANCE	BALANCE
0 h 30	BALANCE	BALANCE	BALANCE	BALANCE	BALANCE	BALANCE	BALANCE	BALANCE
1 h 00	BALANCE	BALANCE	BALANCE	SCORPION	SCORPION	SCORPION	SCORPION	SCORPION
1 h 30	SCORPION	SCORPION	SCORPION	SCORPION	SCORPION	SCORPION	SCORPION	SCORPION
2 h 00	SCORPION	SCORPION	SCORPION	SCORPION	SCORPION	SCORPION	SCORPION	SCORPION
2 h 30	SCORPION	SCORPION	SCORPION	SCORPION	SCORPION	SCORPION	SCORPION	SCORPION
3 h 00	SCORPION	SCORPION	SCORPION	SCORPION	SCORPION	SCORPION	SCORPION	SCORPION
3 h 30	SCORPION	SCORPION	SCORPION	SAGITTAIRE	SAGITTAIRE	SAGITTAIRE	SAGITTAIRE	SAGITTAIRE
4 h 00	SAGITTAIRE	SAGITTAIRE	SAGITTAIRE	SAGITTAIRE	SAGITTAIRE	SAGITTAIRE	SAGITTAIRE	SAGITTAIRE
4 h 30	SAGITTAIRE	SAGITTAIRE	SAGITTAIRE	SAGITTAIRE	SAGITTAIRE	SAGITTAIRE	SAGITTAIRE	SAGITTAIRE
5 h 00	SAGITTAIRE	SAGITTAIRE	SAGITTAIRE	SAGITTAIRE	SAGITTAIRE	SAGITTAIRE	SAGITTAIRE	SAGITTAIRE
5 h 30	SAGITTAIRE	SAGITTAIRE	SAGITTAIRE	SAGITTAIRE	SAGITTAIRE	SAGITTAIRE	SAGITTAIRE	SAGITTAIRE
6 h 00	CAPRICORNE	CAPRICORNE	CAPRICORNE	CAPRICORNE	CAPRICORNE	CAPRICORNE	CAPRICORNE	CAPRICORNE
6 h 30	CAPRICORNE	CAPRICORNE	CAPRICORNE	CAPRICORNE	CAPRICORNE	CAPRICORNE	CAPRICORNE	CAPRICORNE
7 h 00	CAPRICORNE	CAPRICORNE	CAPRICORNE	CAPRICORNE	CAPRICORNE	CAPRICORNE	CAPRICORNE	CAPRICORNE
7 h 30	CAPRICORNE	CAPRICORNE	CAPRICORNE	CAPRICORNE	CAPRICORNE	CAPRICORNE	CAPRICORNE	VERSEAU
8 h 00	VERSEAU	VERSEAU	VERSEAU	VERSEAU	VERSEAU	VERSEAU	VERSEAU	VERSEAU
8 h 30	VERSEAU	VERSEAU	VERSEAU	VERSEAU	VERSEAU	VERSEAU	VERSEAU	VERSEAU
9 h 00	VERSEAU	VERSEAU	VERSEAU	VERSEAU	VERSEAU	VERSEAU	VERSEAU	POISSONS
9 h 30	POISSONS	POISSONS	POISSONS	POISSONS	POISSONS	POISSONS	POISSONS	POISSONS
10 h 00	POISSONS	POISSONS	POISSONS	POISSONS	POISSONS	POISSONS	POISSONS	POISSONS
10 h 30	POISSONS	POISSONS	POISSONS	POISSONS	BELIER	BELIER	BELIER	BELIER
11 h 00	BELIER	BELIER	BELIER	BELIER	BELIER	BELIER	BELIER	BELIER
11 h 30	BELIER	BELIER	BELIER	BELIER	BELIER	BELIER	BELIER	TAUREAU
MIDI	TAUREAU	TAUREAU	TAUREAU	TAUREAU	TAUREAU	TAUREAU	TAUREAU	TAUREAU
12 h 30	TAUREAU	TAUREAU	TAUREAU	TAUREAU	TAUREAU	TAUREAU	TAUREAU	TAUREAU
13 h 00	TAUREAU	TAUREAU	TAUREAU	TAUREAU	TAUREAU	TAUREAU	TAUREAU	GEMEAUX
13 h 30	GEMEAUX	GEMEAUX	GEMEAUX	GEMEAUX	GEMEAUX	GEMEAUX	GEMEAUX	GEMEAUX
14 h 00	GEMEAUX	GEMEAUX	GEMEAUX	GEMEAUX	GEMEAUX	GEMEAUX	GEMEAUX	GEMEAUX
14 h 30	GEMEAUX	GEMEAUX	GEMEAUX	GEMEAUX	GEMEAUX	GEMEAUX	GEMEAUX	GEMEAUX
15 h 00	GEMEAUX	GEMEAUX	GEMEAUX	GEMEAUX	GEMEAUX	GEMEAUX	CANCER	CANCER
15 h 30	CANCER	CANCER	CANCER	CANCER	CANCER	CANCER	CANCER	CANCER
16 h 00	CANCER	CANCER	CANCER	CANCER	CANCER	CANCER	CANCER	CANCER
16 h 30	CANCER	CANCER	CANCER	CANCER	CANCER	CANCER	CANCER	CANCER
17 h 00	CANCER	CANCER	CANCER	CANCER	CANCER	CANCER	CANCER	CANCER
17 h 30	CANCER	CANCER	CANCER	CANCER	LION	LION	LION	LION
18 h 00	LION	LION	LION	LION	LION	LION	LION	LION
18 h 30	LION	LION	LION	LION	LION	LION	LION	LION
19 h 00	LION	LION	LION	LION	LION	LION	LION	LION
19 h 30	LION	LION	LION	LION	LION	LION	LION	LION
20 h 00	LION	LION	LION	VIERGE	VIERGE	VIERGE	VIERGE	VIERGE
20 h 30	VIERGE	VIERGE	VIERGE	VIERGE	VIERGE	VIERGE	VIERGE	VIERGE
21 h 00	VIERGE	VIERGE	VIERGE	VIERGE	VIERGE	VIERGE	VIERGE	VIERGE
21 h 30	VIERGE	VIERGE	VIERGE	VIERGE	VIERGE	VIERGE	VIERGE	VIERGE
22 h 00	VIERGE	VIERGE	VIERGE	VIERGE	VIERGE	VIERGE	VIERGE	VIERGE
22 h 30	VIERGE	VIERGE	VIERGE	VIERGE	BALANCE	BALANCE	BALANCE	BALANCE
23 h 00	BALANCE	BALANCE	BALANCE	BALANCE	BALANCE	BALANCE	BALANCE	BALANCE
23 h 30	BALANCE	BALANCE	BALANCE	BALANCE	BALANCE	BALANCE	BALANCE	BALANCE

DECOUVREZ VOTRE ASCENDANT SANS AUCUN CALCUL : TABLE N° 3

VOTRE HEURE DE NAISSANCE	17 JANVIER	18 JANVIER	19 JANVIER	20 JANVIER	21 JANVIER	21 DECEMBRE	22 DECEMBRE	23 DECEMBRE
0 h 00	BALANCE	BALANCE	BALANCE	BALANCE	BALANCE	BALANCE	BALANCE	BALANCE
0 h 30	BALANCE	BALANCE	BALANCE	SCORPION	SCORPION	BALANCE	BALANCE	BALANCE
1 h 00	SCORPION	SCORPION	SCORPION	SCORPION	SCORPION	BALANCE	BALANCE	BALANCE
1 h 30	SCORPION	SCORPION	SCORPION	SCORPION	SCORPION	BALANCE	BALANCE	BALANCE
2 h 00	SCORPION	SCORPION	SCORPION	SCORPION	SCORPION	BALANCE	BALANCE	BALANCE
2 h 30	SCORPION	SCORPION	SCORPION	SCORPION	SCORPION	SCORPION	SCORPION	SCORPION
3 h 00	SCORPION	SCORPION	SAGITTAIRE	SAGITTAIRE	SAGITTAIRE	SCORPION	SCORPION	SCORPION
3 h 30	SAGITTAIRE	SAGITTAIRE	SAGITTAIRE	SAGITTAIRE	SAGITTAIRE	SCORPION	SCORPION	SCORPION
4 h 00	SAGITTAIRE	SAGITTAIRE	SAGITTAIRE	SAGITTAIRE	SAGITTAIRE	SCORPION	SCORPION	SCORPION
4 h 30	SAGITTAIRE	SAGITTAIRE	SAGITTAIRE	SAGITTAIRE	SAGITTAIRE	SCORPION	SCORPION	SCORPION
5 h 00	SAGITTAIRE	SAGITTAIRE	SAGITTAIRE	SAGITTAIRE	SAGITTAIRE	SAGITTAIRE	SAGITTAIRE	SAGITTAIRE
5 h 30	CAPRICORNE	CAPRICORNE	CAPRICORNE	CAPRICORNE	CAPRICORNE	SAGITTAIRE	SAGITTAIRE	SAGITTAIRE
6 h 00	CAPRICORNE	CAPRICORNE	CAPRICORNE	CAPRICORNE	CAPRICORNE	SAGITTAIRE	SAGITTAIRE	SAGITTAIRE
6 h 30	CAPRICORNE	CAPRICORNE	CAPRICORNE	CAPRICORNE	CAPRICORNE	SAGITTAIRE	SAGITTAIRE	SAGITTAIRE
7 h 00	CAPRICORNE	CAPRICORNE	CAPRICORNE	CAPRICORNE	CAPRICORNE	SAGITTAIRE	SAGITTAIRE	SAGITTAIRE
7 h 30	VERSEAU	VERSEAU	VERSEAU	VERSEAU	VERSEAU	CAPRICORNE	CAPRICORNE	CAPRICORNE
8 h 00	VERSEAU	VERSEAU	VERSEAU	VERSEAU	VERSEAU	CAPRICORNE	CAPRICORNE	CAPRICORNE
8 h 30	VERSEAU	VERSEAU	VERSEAU	VERSEAU	VERSEAU	CAPRICORNE	CAPRICORNE	CAPRICORNE
9 h 00	POISSONS	POISSONS	POISSONS	POISSONS	POISSONS	CAPRICORNE	CAPRICORNE	CAPRICORNE
9 h 30	POISSONS	POISSONS	POISSONS	POISSONS	POISSONS	VERSEAU	VERSEAU	VERSEAU
10 h 00	POISSONS	POISSONS	POISSONS	POISSONS	BELIER	VERSEAU	VERSEAU	VERSEAU
10 h 30	BELIER	BELIER	BELIER	BELIER	BELIER	VERSEAU	VERSEAU	VERSEAU
11 h 00	BELIER	BELIER	BELIER	BELIER	BELIER	POISSONS	POISSONS	POISSONS
11 h 30	TAUREAU	TAUREAU	TAUREAU	TAUREAU	TAUREAU	POISSONS	POISSONS	POISSONS
MIDI	TAUREAU	TAUREAU	TAUREAU	TAUREAU	TAUREAU	BELIER	BELIER	BELIER
12 h 30	TAUREAU	TAUREAU	TAUREAU	TAUREAU	TAUREAU	BELIER	BELIER	BELIER
13 h 00	GEMEAUX	GEMEAUX	GEMEAUX	GEMEAUX	GEMEAUX	BELIER	BELIER	BELIER
13 h 30	GEMEAUX	GEMEAUX	GEMEAUX	GEMEAUX	GEMEAUX	TAUREAU	TAUREAU	TAUREAU
14 h 00	GEMEAUX	GEMEAUX	GEMEAUX	GEMEAUX	GEMEAUX	TAUREAU	TAUREAU	TAUREAU
14 h 30	GEMEAUX	GEMEAUX	GEMEAUX	GEMEAUX	GEMEAUX	TAUREAU	TAUREAU	TAUREAU
15 h 00	CANCER	CANCER	CANCER	CANCER	CANCER	GEMEAUX	GEMEAUX	GEMEAUX
15 h 30	CANCER	CANCER	CANCER	CANCER	CANCER	GEMEAUX	GEMEAUX	GEMEAUX
16 h 00	CANCER	CANCER	CANCER	CANCER	CANCER	GEMEAUX	GEMEAUX	GEMEAUX
16 h 30	CANCER	CANCER	CANCER	CANCER	CANCER	GEMEAUX	GEMEAUX	CANCER
17 h 00	CANCER	CANCER	CANCER	CANCER	LION	CANCER	CANCER	CANCER
17 h 30	LION	LION	LION	LION	LION	CANCER	CANCER	CANCER
18 h 00	LION	LION	LION	LION	LION	CANCER	CANCER	CANCER
18 h 30	LION	LION	LION	LION	LION	CANCER	CANCER	CANCER
19 h 00	LION	LION	LION	LION	LION	LION	LION	LION
19 h 30	LION	LION	LION	VIERGE	VIERGE	LION	LION	LION
20 h 00	VIERGE	VIERGE	VIERGE	VIERGE	VIERGE	LION	LION	LION
20 h 30	VIERGE	VIERGE	VIERGE	VIERGE	VIERGE	LION	LION	LION
21 h 00	VIERGE	VIERGE	VIERGE	VIERGE	VIERGE	LION	LION	LION
21 h 30	VIERGE	VIERGE	VIERGE	VIERGE	VIERGE	VIERGE	VIERGE	VIERGE
22 h 00	VIERGE	VIERGE	VIERGE	BALANCE	BALANCE	VIERGE	VIERGE	VIERGE
22 h 30	BALANCE	BALANCE	BALANCE	BALANCE	BALANCE	VIERGE	VIERGE	VIERGE
23 h 00	BALANCE	BALANCE	BALANCE	BALANCE	BALANCE	VIERGE	VIERGE	VIERGE
23 h 30	BALANCE	BALANCE	BALANCE	BALANCE	BALANCE	VIERGE	VIERGE	VIERGE

DECOUVREZ VOTRE ASCENDANT SANS AUCUN CALCUL : TABLE N° 3

VOTRE HEURE DE NAISSANCE	24 DECEMBRE	25 DECEMBRE	26 DECEMBRE	27 DECEMBRE	28 DECEMBRE	29 DECEMBRE	30 DECEMBRE	31 DECEMBRE
0 h 00	BALANCE	BALANCE	BALANCE	BALANCE	BALANCE	BALANCE	BALANCE	BALANCE
0 h 30	BALANCE	BALANCE	BALANCE	BALANCE	BALANCE	BALANCE	BALANCE	BALANCE
1 h 00	BALANCE	BALANCE	BALANCE	BALANCE	BALANCE	BALANCE	BALANCE	BALANCE
1 h 30	BALANCE	BALANCE	BALANCE	BALANCE	BALANCE	BALANCE	BALANCE	BALANCE
2 h 00	BALANCE	BALANCE	BALANCE	BALANCE	SCORPION	SCORPION	SCORPION	SCORPION
2 h 30	SCORPION	SCORPION	SCORPION	SCORPION	SCORPION	SCORPION	SCORPION	SCORPION
3 h 00	SCORPION	SCORPION	SCORPION	SCORPION	SCORPION	SCORPION	SCORPION	SCORPION
3 h 30	SCORPION	SCORPION	SCORPION	SCORPION	SCORPION	SCORPION	SCORPION	SCORPION
4 h 00	SCORPION	SCORPION	SCORPION	SCORPION	SCORPION	SCORPION	SCORPION	SCORPION
4 h 30	SCORPION	SCORPION	SCORPION	SCORPION	SAGITTAIRE	SAGITTAIRE	SAGITTAIRE	SAGITTAIRE
5 h 00	SAGITTAIRE	SAGITTAIRE	SAGITTAIRE	SAGITTAIRE	SAGITTAIRE	SAGITTAIRE	SAGITTAIRE	SAGITTAIRE
5 h 30	SAGITTAIRE	SAGITTAIRE	SAGITTAIRE	SAGITTAIRE	SAGITTAIRE	SAGITTAIRE	SAGITTAIRE	SAGITTAIRE
6 h 00	SAGITTAIRE	SAGITTAIRE	SAGITTAIRE	SAGITTAIRE	SAGITTAIRE	SAGITTAIRE	SAGITTAIRE	SAGITTAIRE
6 h 30	SAGITTAIRE	SAGITTAIRE	SAGITTAIRE	SAGITTAIRE	SAGITTAIRE	SAGITTAIRE	SAGITTAIRE	SAGITTAIRE
7 h 00	SAGITTAIRE	CAPRICORNE	CAPRICORNE	CAPRICORNE	CAPRICORNE	CAPRICORNE	CAPRICORNE	CAPRICORNE
7 h 30	CAPRICORNE	CAPRICORNE	CAPRICORNE	CAPRICORNE	CAPRICORNE	CAPRICORNE	CAPRICORNE	CAPRICORNE
8 h 00	CAPRICORNE	CAPRICORNE	CAPRICORNE	CAPRICORNE	CAPRICORNE	CAPRICORNE	CAPRICORNE	CAPRICORNE
8 h 30	CAPRICORNE	CAPRICORNE	CAPRICORNE	CAPRICORNE	CAPRICORNE	CAPRICORNE	CAPRICORNE	CAPRICORNE
9 h 00	CAPRICORNE	VERSEAU	VERSEAU	VERSEAU	VERSEAU	VERSEAU	VERSEAU	VERSEAU
9 h 30	VERSEAU	VERSEAU	VERSEAU	VERSEAU	VERSEAU	VERSEAU	VERSEAU	VERSEAU
10 h 00	VERSEAU	VERSEAU	VERSEAU	VERSEAU	VERSEAU	VERSEAU	VERSEAU	VERSEAU
10 h 30	VERSEAU	POISSONS	POISSONS	POISSONS	POISSONS	POISSONS	POISSONS	POISSONS
11 h 00	POISSONS	POISSONS	POISSONS	POISSONS	POISSONS	POISSONS	POISSONS	POISSONS
11 h 30	POISSONS	POISSONS	POISSONS	POISSONS	POISSONS	BELIER	BELIER	BELIER
MIDI	BELIER	BELIER	BELIER	BELIER	BELIER	BELIER	BELIER	BELIER
12 h 30	BELIER	BELIER	BELIER	BELIER	BELIER	BELIER	BELIER	BELIER
13 h 00	BELIER	TAUREAU	TAUREAU	TAUREAU	TAUREAU	TAUREAU	TAUREAU	TAUREAU
13 h 30	TAUREAU	TAUREAU	TAUREAU	TAUREAU	TAUREAU	TAUREAU	TAUREAU	TAUREAU
14 h 00	TAUREAU	TAUREAU	TAUREAU	TAUREAU	TAUREAU	TAUREAU	TAUREAU	TAUREAU
14 h 30	TAUREAU	GEMEAUX	GEMEAUX	GEMEAUX	GEMEAUX	GEMEAUX	GEMEAUX	GEMEAUX
15 h 00	GEMEAUX	GEMEAUX	GEMEAUX	GEMEAUX	GEMEAUX	GEMEAUX	GEMEAUX	GEMEAUX
15 h 30	GEMEAUX	GEMEAUX	GEMEAUX	GEMEAUX	GEMEAUX	GEMEAUX	GEMEAUX	GEMEAUX
16 h 00	GEMEAUX	GEMEAUX	GEMEAUX	GEMEAUX	GEMEAUX	GEMEAUX	GEMEAUX	CANCER
16 h 30	CANCER	CANCER	CANCER	CANCER	CANCER	CANCER	CANCER	CANCER
17 h 00	CANCER	CANCER	CANCER	CANCER	CANCER	CANCER	CANCER	CANCER
17 h 30	CANCER	CANCER	CANCER	CANCER	CANCER	CANCER	CANCER	CANCER
18 h 00	CANCER	CANCER	CANCER	CANCER	CANCER	CANCER	CANCER	CANCER
18 h 30	CANCER	CANCER	CANCER	CANCER	CANCER	LION	LION	LION
19 h 00	LION	LION	LION	LION	LION	LION	LION	LION
19 h 30	LION	LION	LION	LION	LION	LION	LION	LION
20 h 00	LION	LION	LION	LION	LION	LION	LION	LION
20 h 30	LION	LION	LION	LION	LION	LION	LION	LION
21 h 00	LION	LION	LION	LION	VIERGE	VIERGE	VIERGE	VIERGE
21 h 30	VIERGE	VIERGE	VIERGE	VIERGE	VIERGE	VIERGE	VIERGE	VIERGE
22 h 00	VIERGE	VIERGE	VIERGE	VIERGE	VIERGE	VIERGE	VIERGE	VIERGE
22 h 30	VIERGE	VIERGE	VIERGE	VIERGE	VIERGE	VIERGE	VIERGE	VIERGE
23 h 00	VIERGE	VIERGE	VIERGE	VIERGE	VIERGE	VIERGE	VIERGE	VIERGE
23 h 30	VIERGE	VIERGE	VIERGE	VIERGE	VIERGE	BALANCE	BALANCE	BALANCE

DECOUVREZ VOTRE ASCENDANT SANS AUCUN CALCUL : TABLE N° 4

VOTRE HEURE DE NAISSANCE	1 JANVIER	2 JANVIER	3 JANVIER	4 JANVIER	5 JANVIER	6 JANVIER	7 JANVIER	8 JANVIER
0 h 00	BALANCE	BALANCE	BALANCE	BALANCE	BALANCE	BALANCE	BALANCE	BALANCE
0 h 30	BALANCE	BALANCE	BALANCE	BALANCE	BALANCE	BALANCE	BALANCE	BALANCE
1 h 00	BALANCE	BALANCE	BALANCE	BALANCE	BALANCE	BALANCE	BALANCE	BALANCE
1 h 30	BALANCE	BALANCE	BALANCE	BALANCE	BALANCE	BALANCE	SCORPION	SCORPION
2 h 00	SCORPION	SCORPION	SCORPION	SCORPION	SCORPION	SCORPION	SCORPION	SCORPION
2 h 30	SCORPION	SCORPION	SCORPION	SCORPION	SCORPION	SCORPION	SCORPION	SCORPION
3 h 00	SCORPION	SCORPION	SCORPION	SCORPION	SCORPION	SCORPION	SCORPION	SCORPION
3 h 30	SCORPION	SCORPION	SCORPION	SCORPION	SCORPION	SCORPION	SCORPION	SCORPION
4 h 00	SCORPION	SCORPION	SCORPION	SCORPION	SCORPION	SCORPION	SCORPION	SCORPION
4 h 30	SAGITTAIRE	SAGITTAIRE	SAGITTAIRE	SAGITTAIRE	SAGITTAIRE	SAGITTAIRE	SAGITTAIRE	SAGITTAIRE
5 h 00	SAGITTAIRE	SAGITTAIRE	SAGITTAIRE	SAGITTAIRE	SAGITTAIRE	SAGITTAIRE	SAGITTAIRE	SAGITTAIRE
5 h 30	SAGITTAIRE	SAGITTAIRE	SAGITTAIRE	SAGITTAIRE	SAGITTAIRE	SAGITTAIRE	SAGITTAIRE	SAGITTAIRE
6 h 00	SAGITTAIRE	SAGITTAIRE	SAGITTAIRE	SAGITTAIRE	SAGITTAIRE	SAGITTAIRE	SAGITTAIRE	SAGITTAIRE
6 h 30	SAGITTAIRE	SAGITTAIRE	SAGITTAIRE	SAGITTAIRE	SAGITTAIRE	SAGITTAIRE	SAGITTAIRE	CAPRICORNE
7 h 00	CAPRICORNE	CAPRICORNE	CAPRICORNE	CAPRICORNE	CAPRICORNE	CAPRICORNE	CAPRICORNE	CAPRICORNE
7 h 30	CAPRICORNE	CAPRICORNE	CAPRICORNE	CAPRICORNE	CAPRICORNE	CAPRICORNE	CAPRICORNE	CAPRICORNE
8 h 00	CAPRICORNE	CAPRICORNE	CAPRICORNE	CAPRICORNE	CAPRICORNE	CAPRICORNE	CAPRICORNE	CAPRICORNE
8 h 30	CAPRICORNE	CAPRICORNE	CAPRICORNE	CAPRICORNE	CAPRICORNE	VERSEAU	VERSEAU	VERSEAU
9 h 00	VERSEAU	VERSEAU	VERSEAU	VERSEAU	VERSEAU	VERSEAU	VERSEAU	VERSEAU
9 h 30	VERSEAU	VERSEAU	VERSEAU	VERSEAU	VERSEAU	VERSEAU	VERSEAU	VERSEAU
10 h 00	VERSEAU	VERSEAU	VERSEAU	POISSONS	POISSONS	POISSONS	POISSONS	POISSONS
10 h 30	POISSONS	POISSONS	POISSONS	POISSONS	POISSONS	POISSONS	POISSONS	POISSONS
11 h 00	POISSONS	POISSONS	POISSONS	POISSONS	BELIER	BELIER	BELIER	BELIER
11 h 30	BELIER	BELIER	BELIER	BELIER	BELIER	BELIER	BELIER	BELIER
MIDI	BELIER	BELIER	BELIER	BELIER	BELIER	TAUREAU	TAUREAU	TAUREAU
12 h 30	TAUREAU	TAUREAU	TAUREAU	TAUREAU	TAUREAU	TAUREAU	TAUREAU	TAUREAU
13 h 00	TAUREAU	TAUREAU	TAUREAU	TAUREAU	TAUREAU	TAUREAU	TAUREAU	TAUREAU
13 h 30	TAUREAU	TAUREAU	TAUREAU	GEMEAUX	GEMEAUX	GEMEAUX	GEMEAUX	GEMEAUX
14 h 00	GEMEAUX	GEMEAUX	GEMEAUX	GEMEAUX	GEMEAUX	GEMEAUX	GEMEAUX	GEMEAUX
14 h 30	GEMEAUX	GEMEAUX	GEMEAUX	GEMEAUX	GEMEAUX	GEMEAUX	GEMEAUX	GEMEAUX
15 h 00	GEMEAUX	GEMEAUX	GEMEAUX	GEMEAUX	GEMEAUX	GEMEAUX	GEMEAUX	CANCER
15 h 30	CANCER	CANCER	CANCER	CANCER	CANCER	CANCER	CANCER	CANCER
16 h 00	CANCER	CANCER	CANCER	CANCER	CANCER	CANCER	CANCER	CANCER
16 h 30	CANCER	CANCER	CANCER	CANCER	CANCER	CANCER	CANCER	CANCER
17 h 00	CANCER	CANCER	CANCER	CANCER	CANCER	CANCER	CANCER	CANCER
17 h 30	CANCER	CANCER	CANCER	CANCER	CANCER	CANCER	LION	LION
18 h 00	LION	LION	LION	LION	LION	LION	LION	LION
18 h 30	LION	LION	LION	LION	LION	LION	LION	LION
19 h 00	LION	LION	LION	LION	LION	LION	LION	LION
19 h 30	LION	LION	LION	LION	LION	LION	LION	LION
20 h 00	LION	LION	LION	LION	LION	LION	LION	LION
20 h 30	LION	VIERGE	VIERGE	VIERGE	VIERGE	VIERGE	VIERGE	VIERGE
21 h 00	VIERGE	VIERGE	VIERGE	VIERGE	VIERGE	VIERGE	VIERGE	VIERGE
21 h 30	VIERGE	VIERGE	VIERGE	VIERGE	VIERGE	VIERGE	VIERGE	VIERGE
22 h 00	VIERGE	VIERGE	VIERGE	VIERGE	VIERGE	VIERGE	VIERGE	VIERGE
22 h 30	VIERGE	VIERGE	VIERGE	VIERGE	VIERGE	VIERGE	VIERGE	VIERGE
23 h 00	VIERGE	VIERGE	VIERGE	VIERGE	BALANCE	BALANCE	BALANCE	BALANCE
23 h 30	BALANCE	BALANCE	BALANCE	BALANCE	BALANCE	BALANCE	BALANCE	BALANCE

DECOUVREZ VOTRE ASCENDANT SANS AUCUN CALCUL : TABLE N° 4

VOTRE HEURE DE NAISSANCE	9 JANVIER	10 JANVIER	11 JANVIER	12 JANVIER	13 JANVIER	14 JANVIER	15 JANVIER	16 JANVIER
0 h 00	BALANCE	BALANCE	BALANCE	BALANCE	BALANCE	BALANCE	BALANCE	BALANCE
0 h 30	BALANCE	BALANCE	BALANCE	BALANCE	BALANCE	BALANCE	BALANCE	BALANCE
1 h 00	BALANCE	BALANCE	BALANCE	BALANCE	BALANCE	BALANCE	SCORPION	SCORPION
1 h 30	SCORPION	SCORPION	SCORPION	SCORPION	SCORPION	SCORPION	SCORPION	SCORPION
2 h 00	SCORPION	SCORPION	SCORPION	SCORPION	SCORPION	SCORPION	SCORPION	SCORPION
2 h 30	SCORPION	SCORPION	SCORPION	SCORPION	SCORPION	SCORPION	SCORPION	SCORPION
3 h 00	SCORPION	SCORPION	SCORPION	SCORPION	SCORPION	SCORPION	SCORPION	SCORPION
3 h 30	SCORPION	SCORPION	SCORPION	SCORPION	SCORPION	SCORPION	SCORPION	SAGITTAIRE
4 h 00	SAGITTAIRE	SAGITTAIRE	SAGITTAIRE	SAGITTAIRE	SAGITTAIRE	SAGITTAIRE	SAGITTAIRE	SAGITTAIRE
4 h 30	SAGITTAIRE	SAGITTAIRE	SAGITTAIRE	SAGITTAIRE	SAGITTAIRE	SAGITTAIRE	SAGITTAIRE	SAGITTAIRE
5 h 00	SAGITTAIRE	SAGITTAIRE	SAGITTAIRE	SAGITTAIRE	SAGITTAIRE	SAGITTAIRE	SAGITTAIRE	SAGITTAIRE
5 h 30	SAGITTAIRE	SAGITTAIRE	SAGITTAIRE	SAGITTAIRE	SAGITTAIRE	SAGITTAIRE	SAGITTAIRE	SAGITTAIRE
6 h 00	SAGITTAIRE	SAGITTAIRE	SAGITTAIRE	SAGITTAIRE	SAGITTAIRE	SAGITTAIRE	SAGITTAIRE	CAPRICORNE
6 h 30	CAPRICORNE	CAPRICORNE	CAPRICORNE	CAPRICORNE	CAPRICORNE	CAPRICORNE	CAPRICORNE	CAPRICORNE
7 h 00	CAPRICORNE	CAPRICORNE	CAPRICORNE	CAPRICORNE	CAPRICORNE	CAPRICORNE	CAPRICORNE	CAPRICORNE
7 h 30	CAPRICORNE	CAPRICORNE	CAPRICORNE	CAPRICORNE	CAPRICORNE	CAPRICORNE	CAPRICORNE	CAPRICORNE
8 h 00	CAPRICORNE	CAPRICORNE	CAPRICORNE	CAPRICORNE	CAPRICORNE	VERSEAU	VERSEAU	VERSEAU
8 h 30	VERSEAU	VERSEAU	VERSEAU	VERSEAU	VERSEAU	VERSEAU	VERSEAU	VERSEAU
9 h 00	VERSEAU	VERSEAU	VERSEAU	VERSEAU	VERSEAU	VERSEAU	VERSEAU	VERSEAU
9 h 30	VERSEAU	VERSEAU	POISSONS	POISSONS	POISSONS	POISSONS	POISSONS	POISSONS
10 h 00	POISSONS	POISSONS	POISSONS	POISSONS	POISSONS	POISSONS	POISSONS	POISSONS
10 h 30	POISSONS	POISSONS	POISSONS	POISSONS	BELIER	BELIER	BELIER	BELIER
11 h 00	BELIER	BELIER	BELIER	BELIER	BELIER	BELIER	BELIER	BELIER
11 h 30	BELIER	BELIER	BELIER	BELIER	BELIER	TAUREAU	TAUREAU	TAUREAU
MIDI	TAUREAU	TAUREAU	TAUREAU	TAUREAU	TAUREAU	TAUREAU	TAUREAU	TAUREAU
12 h 30	TAUREAU	TAUREAU	TAUREAU	TAUREAU	TAUREAU	TAUREAU	TAUREAU	TAUREAU
13 h 00	TAUREAU	TAUREAU	GEMEAUX	GEMEAUX	GEMEAUX	GEMEAUX	GEMEAUX	GEMEAUX
13 h 30	GEMEAUX	GEMEAUX	GEMEAUX	GEMEAUX	GEMEAUX	GEMEAUX	GEMEAUX	GEMEAUX
14 h 00	GEMEAUX	GEMEAUX	GEMEAUX	GEMEAUX	GEMEAUX	GEMEAUX	GEMEAUX	GEMEAUX
14 h 30	GEMEAUX	GEMEAUX	GEMEAUX	GEMEAUX	GEMEAUX	GEMEAUX	GEMEAUX	CANCER
15 h 00	CANCER	CANCER	CANCER	CANCER	CANCER	CANCER	CANCER	CANCER
15 h 30	CANCER	CANCER	CANCER	CANCER	CANCER	CANCER	CANCER	CANCER
16 h 00	CANCER	CANCER	CANCER	CANCER	CANCER	CANCER	CANCER	CANCER
16 h 30	CANCER	CANCER	CANCER	CANCER	CANCER	CANCER	CANCER	CANCER
17 h 00	CANCER	CANCER	CANCER	CANCER	CANCER	CANCER	LION	LION
17 h 30	LION	LION	LION	LION	LION	LION	LION	LION
18 h 00	LION	LION	LION	LION	LION	LION	LION	LION
18 h 30	LION	LION	LION	LION	LION	LION	LION	LION
19 h 00	LION	LION	LION	LION	LION	LION	LION	LION
19 h 30	LION	LION	LION	LION	LION	LION	LION	LION
20 h 00	LION	VIERGE	VIERGE	VIERGE	VIERGE	VIERGE	VIERGE	VIERGE
20 h 30	VIERGE	VIERGE	VIERGE	VIERGE	VIERGE	VIERGE	VIERGE	VIERGE
21 h 00	VIERGE	VIERGE	VIERGE	VIERGE	VIERGE	VIERGE	VIERGE	VIERGE
21 h 30	VIERGE	VIERGE	VIERGE	VIERGE	VIERGE	VIERGE	VIERGE	VIERGE
22 h 00	VIERGE	VIERGE	VIERGE	VIERGE	VIERGE	VIERGE	VIERGE	VIERGE
22 h 30	VIERGE	VIERGE	VIERGE	VIERGE	BALANCE	BALANCE	BALANCE	BALANCE
23 h 00	BALANCE	BALANCE	BALANCE	BALANCE	BALANCE	BALANCE	BALANCE	BALANCE
23 h 30	BALANCE	BALANCE	BALANCE	BALANCE	BALANCE	BALANCE	BALANCE	BALANCE

DECOUVREZ VOTRE ASCENDANT SANS AUCUN CALCUL : TABLE N° 4

VOTRE HEURE DE NAISSANCE	17 JANVIER	18 JANVIER	19 JANVIER	20 JANVIER	21 JANVIER	21 DECEMBRE	22 DECEMBRE	23 DECEMBRE
0 h 00	BALANCE	BALANCE	BALANCE	BALANCE	BALANCE	BALANCE	BALANCE	BALANCE
0 h 30	BALANCE	BALANCE	BALANCE	BALANCE	BALANCE	BALANCE	BALANCE	BALANCE
1 h 00	SCORPION	SCORPION	SCORPION	SCORPION	SCORPION	BALANCE	BALANCE	BALANCE
1 h 30	SCORPION	SCORPION	SCORPION	SCORPION	SCORPION	BALANCE	BALANCE	BALANCE
2 h 00	SCORPION	SCORPION	SCORPION	SCORPION	SCORPION	BALANCE	BALANCE	BALANCE
2 h 30	SCORPION	SCORPION	SCORPION	SCORPION	SCORPION	BALANCE	BALANCE	SCORPION
3 h 00	SCORPION	SCORPION	SCORPION	SCORPION	SCORPION	SCORPION	SCORPION	SCORPION
3 h 30	SAGITTAIRE	SAGITTAIRE	SAGITTAIRE	SAGITTAIRE	SAGITTAIRE	SCORPION	SCORPION	SCORPION
4 h 00	SAGITTAIRE	SAGITTAIRE	SAGITTAIRE	SAGITTAIRE	SAGITTAIRE	SCORPION	SCORPION	SCORPION
4 h 30	SAGITTAIRE	SAGITTAIRE	SAGITTAIRE	SAGITTAIRE	SAGITTAIRE	SCORPION	SCORPION	SCORPION
5 h 00	SAGITTAIRE	SAGITTAIRE	SAGITTAIRE	SAGITTAIRE	SAGITTAIRE	SCORPION	SCORPION	SCORPION
5 h 30	SAGITTAIRE	SAGITTAIRE	SAGITTAIRE	SAGITTAIRE	SAGITTAIRE	SAGITTAIRE	SAGITTAIRE	SAGITTAIRE
6 h 00	CAPRICORNE	CAPRICORNE	CAPRICORNE	CAPRICORNE	CAPRICORNE	SAGITTAIRE	SAGITTAIRE	SAGITTAIRE
6 h 30	CAPRICORNE	CAPRICORNE	CAPRICORNE	CAPRICORNE	CAPRICORNE	SAGITTAIRE	SAGITTAIRE	SAGITTAIRE
7 h 00	CAPRICORNE	CAPRICORNE	CAPRICORNE	CAPRICORNE	CAPRICORNE	SAGITTAIRE	SAGITTAIRE	SAGITTAIRE
7 h 30	CAPRICORNE	CAPRICORNE	CAPRICORNE	CAPRICORNE	CAPRICORNE	SAGITTAIRE	SAGITTAIRE	SAGITTAIRE
8 h 00	VERSEAU	VERSEAU	VERSEAU	VERSEAU	VERSEAU	CAPRICORNE	CAPRICORNE	CAPRICORNE
8 h 30	VERSEAU	VERSEAU	VERSEAU	VERSEAU	VERSEAU	CAPRICORNE	CAPRICORNE	CAPRICORNE
9 h 00	VERSEAU	VERSEAU	POISSONS	POISSONS	POISSONS	CAPRICORNE	CAPRICORNE	CAPRICORNE
9 h 30	POISSONS	POISSONS	POISSONS	POISSONS	POISSONS	CAPRICORNE	CAPRICORNE	VERSEAU
10 h 00	POISSONS	POISSONS	POISSONS	BELIER	BELIER	VERSEAU	VERSEAU	VERSEAU
10 h 30	BELIER	BELIER	BELIER	BELIER	BELIER	VERSEAU	VERSEAU	VERSEAU
11 h 00	BELIER	BELIER	BELIER	BELIER	TAUREAU	POISSONS	POISSONS	POISSONS
11 h 30	TAUREAU	TAUREAU	TAUREAU	TAUREAU	TAUREAU	POISSONS	POISSONS	POISSONS
MIDI	TAUREAU	TAUREAU	TAUREAU	TAUREAU	TAUREAU	BELIER	BELIER	BELIER
12 h 30	TAUREAU	TAUREAU	GEMEAUX	GEMEAUX	GEMEAUX	BELIER	BELIER	BELIER
13 h 00	GEMEAUX	GEMEAUX	GEMEAUX	GEMEAUX	GEMEAUX	BELIER	TAUREAU	TAUREAU
13 h 30	GEMEAUX	GEMEAUX	GEMEAUX	GEMEAUX	GEMEAUX	TAUREAU	TAUREAU	TAUREAU
14 h 00	GEMEAUX	GEMEAUX	GEMEAUX	GEMEAUX	GEMEAUX	TAUREAU	TAUREAU	TAUREAU
14 h 30	CANCER	CANCER	CANCER	CANCER	CANCER	GEMEAUX	GEMEAUX	GEMEAUX
15 h 00	CANCER	CANCER	CANCER	CANCER	CANCER	GEMEAUX	GEMEAUX	GEMEAUX
15 h 30	CANCER	CANCER	CANCER	CANCER	CANCER	GEMEAUX	GEMEAUX	GEMEAUX
16 h 00	CANCER	CANCER	CANCER	CANCER	CANCER	GEMEAUX	GEMEAUX	GEMEAUX
16 h 30	CANCER	CANCER	CANCER	CANCER	CANCER	CANCER	CANCER	CANCER
17 h 00	LION	LION	LION	LION	LION	CANCER	CANCER	CANCER
17 h 30	LION	LION	LION	LION	LION	CANCER	CANCER	CANCER
18 h 00	LION	LION	LION	LION	LION	CANCER	CANCER	CANCER
18 h 30	LION	LION	LION	LION	LION	CANCER	CANCER	LION
19 h 00	LION	LION	LION	LION	LION	LION	LION	LION
19 h 30	VIERGE	VIERGE	VIERGE	VIERGE	VIERGE	LION	LION	LION
20 h 00	VIERGE	VIERGE	VIERGE	VIERGE	VIERGE	LION	LION	LION
20 h 30	VIERGE	VIERGE	VIERGE	VIERGE	VIERGE	LION	LION	LION
21 h 00	VIERGE	VIERGE	VIERGE	VIERGE	VIERGE	LION	LION	LION
21 h 30	VIERGE	VIERGE	VIERGE	VIERGE	VIERGE	VIERGE	VIERGE	VIERGE
22 h 00	VIERGE	VIERGE	VIERGE	BALANCE	BALANCE	VIERGE	VIERGE	VIERGE
22 h 30	BALANCE	BALANCE	BALANCE	BALANCE	BALANCE	VIERGE	VIERGE	VIERGE
23 h 00	BALANCE	BALANCE	BALANCE	BALANCE	BALANCE	VIERGE	VIERGE	VIERGE
23 h 30	BALANCE	BALANCE	BALANCE	BALANCE	BALANCE	VIERGE	VIERGE	VIERGE

DECOUVREZ VOTRE ASCENDANT SANS AUCUN CALCUL : TABLE N° 4

VOTRE HEURE DE NAISSANCE	24 DECEMBRE	25 DECEMBRE	26 DECEMBRE	27 DECEMBRE	28 DECEMBRE	29 DECEMBRE	30 DECEMBRE	31 DECEMBRE
0 h 00	BALANCE	BALANCE	BALANCE	BALANCE	BALANCE	BALANCE	BALANCE	BALANCE
0 h 30	BALANCE	BALANCE	BALANCE	BALANCE	BALANCE	BALANCE	BALANCE	BALANCE
1 h 00	BALANCE	BALANCE	BALANCE	BALANCE	BALANCE	BALANCE	BALANCE	BALANCE
1 h 30	BALANCE	BALANCE	BALANCE	BALANCE	BALANCE	BALANCE	BALANCE	BALANCE
2 h 00	BALANCE	BALANCE	BALANCE	BALANCE	BALANCE	BALANCE	BALANCE	SCORPION
2 h 30	SCORPION	SCORPION	SCORPION	SCORPION	SCORPION	SCORPION	SCORPION	SCORPION
3 h 00	SCORPION	SCORPION	SCORPION	SCORPION	SCORPION	SCORPION	SCORPION	SCORPION
3 h 30	SCORPION	SCORPION	SCORPION	SCORPION	SCORPION	SCORPION	SCORPION	SCORPION
4 h 00	SCORPION	SCORPION	SCORPION	SCORPION	SCORPION	SCORPION	SCORPION	SCORPION
4 h 30	SCORPION	SCORPION	SCORPION	SCORPION	SCORPION	SCORPION	SCORPION	SCORPION
5 h 00	SCORPION	SAGITTAIRE	SAGITTAIRE	SAGITTAIRE	SAGITTAIRE	SAGITTAIRE	SAGITTAIRE	SAGITTAIRE
5 h 30	SAGITTAIRE	SAGITTAIRE	SAGITTAIRE	SAGITTAIRE	SAGITTAIRE	SAGITTAIRE	SAGITTAIRE	SAGITTAIRE
6 h 00	SAGITTAIRE	SAGITTAIRE	SAGITTAIRE	SAGITTAIRE	SAGITTAIRE	SAGITTAIRE	SAGITTAIRE	SAGITTAIRE
6 h 30	SAGITTAIRE	SAGITTAIRE	SAGITTAIRE	SAGITTAIRE	SAGITTAIRE	SAGITTAIRE	SAGITTAIRE	SAGITTAIRE
7 h 00	SAGITTAIRE	SAGITTAIRE	SAGITTAIRE	SAGITTAIRE	SAGITTAIRE	SAGITTAIRE	SAGITTAIRE	CAPRICORNE
7 h 30	CAPRICORNE	CAPRICORNE	CAPRICORNE	CAPRICORNE	CAPRICORNE	CAPRICORNE	CAPRICORNE	CAPRICORNE
8 h 00	CAPRICORNE	CAPRICORNE	CAPRICORNE	CAPRICORNE	CAPRICORNE	CAPRICORNE	CAPRICORNE	CAPRICORNE
8 h 30	CAPRICORNE	CAPRICORNE	CAPRICORNE	CAPRICORNE	CAPRICORNE	CAPRICORNE	CAPRICORNE	CAPRICORNE
9 h 00	CAPRICORNE	CAPRICORNE	CAPRICORNE	CAPRICORNE	CAPRICORNE	CAPRICORNE	VERSEAU	VERSEAU
9 h 30	VERSEAU	VERSEAU	VERSEAU	VERSEAU	VERSEAU	VERSEAU	VERSEAU	VERSEAU
10 h 00	VERSEAU	VERSEAU	VERSEAU	VERSEAU	VERSEAU	VERSEAU	VERSEAU	VERSEAU
10 h 30	VERSEAU	VERSEAU	VERSEAU	POISSONS	POISSONS	POISSONS	POISSONS	POISSONS
11 h 00	POISSONS	POISSONS	POISSONS	POISSONS	POISSONS	POISSONS	POISSONS	POISSONS
11 h 30	POISSONS	POISSONS	POISSONS	POISSONS	POISSONS	BELIER	BELIER	BELIER
MIDI	BELIER	BELIER	BELIER	BELIER	BELIER	BELIER	BELIER	BELIER
12 h 30	BELIER	BELIER	BELIER	BELIER	BELIER	TAUREAU	TAUREAU	TAUREAU
13 h 00	TAUREAU	TAUREAU	TAUREAU	TAUREAU	TAUREAU	TAUREAU	TAUREAU	TAUREAU
13 h 30	TAUREAU	TAUREAU	TAUREAU	TAUREAU	TAUREAU	TAUREAU	TAUREAU	TAUREAU
14 h 00	TAUREAU	TAUREAU	TAUREAU	GEMEAUX	GEMEAUX	GEMEAUX	GEMEAUX	GEMEAUX
14 h 30	GEMEAUX	GEMEAUX	GEMEAUX	GEMEAUX	GEMEAUX	GEMEAUX	GEMEAUX	GEMEAUX
15 h 00	GEMEAUX	GEMEAUX	GEMEAUX	GEMEAUX	GEMEAUX	GEMEAUX	GEMEAUX	GEMEAUX
15 h 30	GEMEAUX	GEMEAUX	GEMEAUX	GEMEAUX	GEMEAUX	GEMEAUX	GEMEAUX	GEMEAUX
16 h 00	CANCER	CANCER	CANCER	CANCER	CANCER	CANCER	CANCER	CANCER
16 h 30	CANCER	CANCER	CANCER	CANCER	CANCER	CANCER	CANCER	CANCER
17 h 00	CANCER	CANCER	CANCER	CANCER	CANCER	CANCER	CANCER	CANCER
17 h 30	CANCER	CANCER	CANCER	CANCER	CANCER	CANCER	CANCER	CANCER
18 h 00	CANCER	CANCER	CANCER	CANCER	CANCER	CANCER	CANCER	LION
18 h 30	LION	LION	LION	LION	LION	LION	LION	LION
19 h 00	LION	LION	LION	LION	LION	LION	LION	LION
19 h 30	LION	LION	LION	LION	LION	LION	LION	LION
20 h 00	LION	LION	LION	LION	LION	LION	LION	LION
20 h 30	LION	LION	LION	LION	LION	LION	LION	LION
21 h 00	LION	LION	VIERGE	VIERGE	VIERGE	VIERGE	VIERGE	VIERGE
21 h 30	VIERGE	VIERGE	VIERGE	VIERGE	VIERGE	VIERGE	VIERGE	VIERGE
22 h 00	VIERGE	VIERGE	VIERGE	VIERGE	VIERGE	VIERGE	VIERGE	VIERGE
22 h 30	VIERGE	VIERGE	VIERGE	VIERGE	VIERGE	VIERGE	VIERGE	VIERGE
23 h 00	VIERGE	VIERGE	VIERGE	VIERGE	VIERGE	VIERGE	VIERGE	VIERGE
23 h 30	VIERGE	VIERGE	VIERGE	VIERGE	VIERGE	BALANCE	BALANCE	BALANCE

DECOUVREZ VOTRE ASCENDANT SANS AUCUN CALCUL : TABLE N° 5

VOTRE HEURE DE NAISSANCE	1 JANVIER	2 JANVIER	3 JANVIER	4 JANVIER	5 JANVIER	6 JANVIER	7 JANVIER	8 JANVIER
0 h 00	BALANCE	BALANCE	BALANCE	BALANCE	BALANCE	BALANCE	BALANCE	BALANCE
0 h 30	BALANCE	BALANCE	BALANCE	BALANCE	BALANCE	BALANCE	BALANCE	BALANCE
1 h 00	BALANCE	BALANCE	BALANCE	BALANCE	BALANCE	BALANCE	BALANCE	BALANCE
1 h 30	BALANCE	BALANCE	BALANCE	BALANCE	BALANCE	BALANCE	BALANCE	BALANCE
2 h 00	BALANCE	BALANCE	SCORPION	SCORPION	SCORPION	SCORPION	SCORPION	SCORPION
2 h 30	SCORPION	SCORPION	SCORPION	SCORPION	SCORPION	SCORPION	SCORPION	SCORPION
3 h 00	SCORPION	SCORPION	SCORPION	SCORPION	SCORPION	SCORPION	SCORPION	SCORPION
3 h 30	SCORPION	SCORPION	SCORPION	SCORPION	SCORPION	SCORPION	SCORPION	SCORPION
4 h 00	SCORPION	SCORPION	SCORPION	SCORPION	SCORPION	SCORPION	SCORPION	SCORPION
4 h 30	SCORPION	SCORPION	SCORPION	SCORPION	SCORPION	SCORPION	SCORPION	SCORPION
5 h 00	SAGITTAIRE	SAGITTAIRE	SAGITTAIRE	SAGITTAIRE	SAGITTAIRE	SAGITTAIRE	SAGITTAIRE	SAGITTAIRE
5 h 30	SAGITTAIRE	SAGITTAIRE	SAGITTAIRE	SAGITTAIRE	SAGITTAIRE	SAGITTAIRE	SAGITTAIRE	SAGITTAIRE
6 h 00	SAGITTAIRE	SAGITTAIRE	SAGITTAIRE	SAGITTAIRE	SAGITTAIRE	SAGITTAIRE	SAGITTAIRE	SAGITTAIRE
6 h 30	SAGITTAIRE	SAGITTAIRE	SAGITTAIRE	SAGITTAIRE	SAGITTAIRE	SAGITTAIRE	SAGITTAIRE	SAGITTAIRE
7 h 00	SAGITTAIRE	SAGITTAIRE	SAGITTAIRE	SAGITTAIRE	SAGITTAIRE	SAGITTAIRE	SAGITTAIRE	SAGITTAIRE
7 h 30	CAPRICORNE	CAPRICORNE	CAPRICORNE	CAPRICORNE	CAPRICORNE	CAPRICORNE	CAPRICORNE	CAPRICORNE
8 h 00	CAPRICORNE	CAPRICORNE	CAPRICORNE	CAPRICORNE	CAPRICORNE	CAPRICORNE	CAPRICORNE	CAPRICORNE
8 h 30	CAPRICORNE	CAPRICORNE	CAPRICORNE	CAPRICORNE	CAPRICORNE	CAPRICORNE	CAPRICORNE	CAPRICORNE
9 h 00	CAPRICORNE	CAPRICORNE	CAPRICORNE	CAPRICORNE	CAPRICORNE	VERSEAU	VERSEAU	VERSEAU
9 h 30	VERSEAU	VERSEAU	VERSEAU	VERSEAU	VERSEAU	VERSEAU	VERSEAU	VERSEAU
10 h 00	VERSEAU	VERSEAU	VERSEAU	VERSEAU	VERSEAU	VERSEAU	VERSEAU	POISSONS
10 h 30	POISSONS	POISSONS	POISSONS	POISSONS	POISSONS	POISSONS	POISSONS	POISSONS
11 h 00	POISSONS	POISSONS	POISSONS	POISSONS	BELIER	BELIER	BELIER	BELIER
11 h 30	BELIER	BELIER	BELIER	BELIER	BELIER	BELIER	BELIER	BELIER
MIDI	BELIER	BELIER	TAUREAU	TAUREAU	TAUREAU	TAUREAU	TAUREAU	TAUREAU
12 h 30	TAUREAU	TAUREAU	TAUREAU	TAUREAU	TAUREAU	TAUREAU	TAUREAU	TAUREAU
13 h 00	TAUREAU	TAUREAU	TAUREAU	TAUREAU	TAUREAU	GEMEAUX	GEMEAUX	GEMEAUX
13 h 30	GEMEAUX	GEMEAUX	GEMEAUX	GEMEAUX	GEMEAUX	GEMEAUX	GEMEAUX	GEMEAUX
14 h 00	GEMEAUX	GEMEAUX	GEMEAUX	GEMEAUX	GEMEAUX	GEMEAUX	GEMEAUX	GEMEAUX
14 h 30	GEMEAUX	GEMEAUX	GEMEAUX	GEMEAUX	GEMEAUX	GEMEAUX	GEMEAUX	GEMEAUX
15 h 00	CANCER	CANCER	CANCER	CANCER	CANCER	CANCER	CANCER	CANCER
15 h 30	CANCER	CANCER	CANCER	CANCER	CANCER	CANCER	CANCER	CANCER
16 h 00	CANCER	CANCER	CANCER	CANCER	CANCER	CANCER	CANCER	CANCER
16 h 30	CANCER	CANCER	CANCER	CANCER	CANCER	CANCER	CANCER	CANCER
17 h 00	CANCER	CANCER	CANCER	CANCER	CANCER	CANCER	CANCER	CANCER
17 h 30	CANCER	LION	LION	LION	LION	LION	LION	LION
18 h 00	LION	LION	LION	LION	LION	LION	LION	LION
18 h 30	LION	LION	LION	LION	LION	LION	LION	LION
19 h 00	LION	LION	LION	LION	LION	LION	LION	LION
19 h 30	LION	LION	LION	LION	LION	LION	LION	LION
20 h 00	LION	LION	LION	LION	LION	LION	VIERGE	VIERGE
20 h 30	VIERGE	VIERGE	VIERGE	VIERGE	VIERGE	VIERGE	VIERGE	VIERGE
21 h 00	VIERGE	VIERGE	VIERGE	VIERGE	VIERGE	VIERGE	VIERGE	VIERGE
21 h 30	VIERGE	VIERGE	VIERGE	VIERGE	VIERGE	VIERGE	VIERGE	VIERGE
22 h 00	VIERGE	VIERGE	VIERGE	VIERGE	VIERGE	VIERGE	VIERGE	VIERGE
22 h 30	VIERGE	VIERGE	VIERGE	VIERGE	VIERGE	VIERGE	VIERGE	VIERGE
23 h 00	VIERGE	VIERGE	VIERGE	VIERGE	BALANCE	BALANCE	BALANCE	BALANCE
23 h 30	BALANCE	BALANCE	BALANCE	BALANCE	BALANCE	BALANCE	BALANCE	BALANCE

DECOUVREZ VOTRE ASCENDANT SANS AUCUN CALCUL : TABLE N° 5

VOTRE HEURE DE NAISSANCE	9 JANVIER	10 JANVIER	11 JANVIER	12 JANVIER	13 JANVIER	14 JANVIER	15 JANVIER	16 JANVIER
0 h 00	BALANCE	BALANCE	BALANCE	BALANCE	BALANCE	BALANCE	BALANCE	BALANCE
0 h 30	BALANCE	BALANCE	BALANCE	BALANCE	BALANCE	BALANCE	BALANCE	BALANCE
1 h 00	BALANCE	BALANCE	BALANCE	BALANCE	BALANCE	BALANCE	BALANCE	BALANCE
1 h 30	BALANCE	SCORPION	SCORPION	SCORPION	SCORPION	SCORPION	SCORPION	SCORPION
2 h 00	SCORPION	SCORPION	SCORPION	SCORPION	SCORPION	SCORPION	SCORPION	SCORPION
2 h 30	SCORPION	SCORPION	SCORPION	SCORPION	SCORPION	SCORPION	SCORPION	SCORPION
3 h 00	SCORPION	SCORPION	SCORPION	SCORPION	SCORPION	SCORPION	SCORPION	SCORPION
3 h 30	SCORPION	SCORPION	SCORPION	SCORPION	SCORPION	SCORPION	SCORPION	SCORPION
4 h 00	SCORPION	SCORPION	SCORPION	SCORPION	SCORPION	SCORPION	SCORPION	SAGITTAIRE
4 h 30	SAGITTAIRE	SAGITTAIRE	SAGITTAIRE	SAGITTAIRE	SAGITTAIRE	SAGITTAIRE	SAGITTAIRE	SAGITTAIRE
5 h 00	SAGITTAIRE	SAGITTAIRE	SAGITTAIRE	SAGITTAIRE	SAGITTAIRE	SAGITTAIRE	SAGITTAIRE	SAGITTAIRE
5 h 30	SAGITTAIRE	SAGITTAIRE	SAGITTAIRE	SAGITTAIRE	SAGITTAIRE	SAGITTAIRE	SAGITTAIRE	SAGITTAIRE
6 h 00	SAGITTAIRE	SAGITTAIRE	SAGITTAIRE	SAGITTAIRE	SAGITTAIRE	SAGITTAIRE	SAGITTAIRE	SAGITTAIRE
6 h 30	SAGITTAIRE	SAGITTAIRE	SAGITTAIRE	SAGITTAIRE	SAGITTAIRE	SAGITTAIRE	SAGITTAIRE	CAPRICORNE
7 h 00	CAPRICORNE	CAPRICORNE	CAPRICORNE	CAPRICORNE	CAPRICORNE	CAPRICORNE	CAPRICORNE	CAPRICORNE
7 h 30	CAPRICORNE	CAPRICORNE	CAPRICORNE	CAPRICORNE	CAPRICORNE	CAPRICORNE	CAPRICORNE	CAPRICORNE
8 h 00	CAPRICORNE	CAPRICORNE	CAPRICORNE	CAPRICORNE	CAPRICORNE	CAPRICORNE	CAPRICORNE	CAPRICORNE
8 h 30	CAPRICORNE	CAPRICORNE	CAPRICORNE	CAPRICORNE	CAPRICORNE	VERSEAU	VERSEAU	VERSEAU
9 h 00	VERSEAU	VERSEAU	VERSEAU	VERSEAU	VERSEAU	VERSEAU	VERSEAU	VERSEAU
9 h 30	VERSEAU	VERSEAU	VERSEAU	VERSEAU	VERSEAU	VERSEAU	POISSONS	POISSONS
10 h 00	POISSONS	POISSONS	POISSONS	POISSONS	POISSONS	POISSONS	POISSONS	POISSONS
10 h 30	POISSONS	POISSONS	POISSONS	POISSONS	BELIER	BELIER	BELIER	BELIER
11 h 00	BELIER	BELIER	BELIER	BELIER	BELIER	BELIER	BELIER	BELIER
11 h 30	BELIER	TAUREAU	TAUREAU	TAUREAU	TAUREAU	TAUREAU	TAUREAU	TAUREAU
MIDI	TAUREAU	TAUREAU	TAUREAU	TAUREAU	TAUREAU	TAUREAU	TAUREAU	TAUREAU
12 h 30	TAUREAU	TAUREAU	TAUREAU	TAUREAU	GEMEAUX	GEMEAUX	GEMEAUX	GEMEAUX
13 h 00	GEMEAUX	GEMEAUX	GEMEAUX	GEMEAUX	GEMEAUX	GEMEAUX	GEMEAUX	GEMEAUX
13 h 30	GEMEAUX	GEMEAUX	GEMEAUX	GEMEAUX	GEMEAUX	GEMEAUX	GEMEAUX	GEMEAUX
14 h 00	GEMEAUX	GEMEAUX	GEMEAUX	GEMEAUX	GEMEAUX	GEMEAUX	GEMEAUX	CANCER
14 h 30	CANCER	CANCER	CANCER	CANCER	CANCER	CANCER	CANCER	CANCER
15 h 00	CANCER	CANCER	CANCER	CANCER	CANCER	CANCER	CANCER	CANCER
15 h 30	CANCER	CANCER	CANCER	CANCER	CANCER	CANCER	CANCER	CANCER
16 h 00	CANCER	CANCER	CANCER	CANCER	CANCER	CANCER	CANCER	CANCER
16 h 30	CANCER	CANCER	CANCER	CANCER	CANCER	CANCER	CANCER	CANCER
17 h 00	LION	LION	LION	LION	LION	LION	LION	LION
17 h 30	LION	LION	LION	LION	LION	LION	LION	LION
18 h 00	LION	LION	LION	LION	LION	LION	LION	LION
18 h 30	LION	LION	LION	LION	LION	LION	LION	LION
19 h 00	LION	LION	LION	LION	LION	LION	LION	LION
19 h 30	LION	LION	LION	LION	LION	VIERGE	VIERGE	VIERGE
20 h 00	VIERGE	VIERGE	VIERGE	VIERGE	VIERGE	VIERGE	VIERGE	VIERGE
20 h 30	VIERGE	VIERGE	VIERGE	VIERGE	VIERGE	VIERGE	VIERGE	VIERGE
21 h 00	VIERGE	VIERGE	VIERGE	VIERGE	VIERGE	VIERGE	VIERGE	VIERGE
21 h 30	VIERGE	VIERGE	VIERGE	VIERGE	VIERGE	VIERGE	VIERGE	VIERGE
22 h 00	VIERGE	VIERGE	VIERGE	VIERGE	VIERGE	VIERGE	VIERGE	VIERGE
22 h 30	VIERGE	VIERGE	VIERGE	VIERGE	BALANCE	BALANCE	BALANCE	BALANCE
23 h 00	BALANCE	BALANCE	BALANCE	BALANCE	BALANCE	BALANCE	BALANCE	BALANCE
23 h 30	BALANCE	BALANCE	BALANCE	BALANCE	BALANCE	BALANCE	BALANCE	BALANCE

DECOUVREZ VOTRE ASCENDANT SANS AUCUN CALCUL : TABLE N⁰ 5

VOTRE HEURE DE NAISSANCE	17 JANVIER	18 JANVIER	19 JANVIER	20 JANVIER	21 JANVIER	21 DECEMBRE	22 DECEMBRE	23 DECEMBRE
0 h 00	BALANCE	BALANCE	BALANCE	BALANCE	BALANCE	BALANCE	BALANCE	BALANCE
0 h 30	BALANCE	BALANCE	BALANCE	BALANCE	BALANCE	BALANCE	BALANCE	BALANCE
1 h 00	BALANCE	SCORPION	SCORPION	SCORPION	SCORPION	BALANCE	BALANCE	BALANCE
1 h 30	SCORPION	SCORPION	SCORPION	SCORPION	SCORPION	BALANCE	BALANCE	BALANCE
2 h 00	SCORPION	SCORPION	SCORPION	SCORPION	SCORPION	BALANCE	BALANCE	BALANCE
2 h 30	SCORPION	SCORPION	SCORPION	SCORPION	SCORPION	BALANCE	BALANCE	BALANCE
3 h 00	SCORPION	SCORPION	SCORPION	SCORPION	SCORPION	SCORPION	SCORPION	SCORPION
3 h 30	SCORPION	SCORPION	SCORPION	SCORPION	SCORPION	SCORPION	SCORPION	SCORPION
4 h 00	SAGITTAIRE	SAGITTAIRE	SAGITTAIRE	SAGITTAIRE	SAGITTAIRE	SCORPION	SCORPION	SCORPION
4 h 30	SAGITTAIRE	SAGITTAIRE	SAGITTAIRE	SAGITTAIRE	SAGITTAIRE	SCORPION	SCORPION	SCORPION
5 h 00	SAGITTAIRE	SAGITTAIRE	SAGITTAIRE	SAGITTAIRE	SAGITTAIRE	SCORPION	SCORPION	SCORPION
5 h 30	SAGITTAIRE	SAGITTAIRE	SAGITTAIRE	SAGITTAIRE	SAGITTAIRE	SCORPION	SCORPION	SCORPION
6 h 00	SAGITTAIRE	SAGITTAIRE	SAGITTAIRE	SAGITTAIRE	SAGITTAIRE	SAGITTAIRE	SAGITTAIRE	SAGITTAIRE
6 h 30	CAPRICORNE	CAPRICORNE	CAPRICORNE	CAPRICORNE	CAPRICORNE	SAGITTAIRE	SAGITTAIRE	SAGITTAIRE
7 h 00	CAPRICORNE	CAPRICORNE	CAPRICORNE	CAPRICORNE	CAPRICORNE	SAGITTAIRE	SAGITTAIRE	SAGITTAIRE
7 h 30	CAPRICORNE	CAPRICORNE	CAPRICORNE	CAPRICORNE	CAPRICORNE	SAGITTAIRE	SAGITTAIRE	SAGITTAIRE
8 h 00	CAPRICORNE	CAPRICORNE	CAPRICORNE	CAPRICORNE	CAPRICORNE	SAGITTAIRE	SAGITTAIRE	SAGITTAIRE
8 h 30	VERSEAU	VERSEAU	VERSEAU	VERSEAU	VERSEAU	CAPRICORNE	CAPRICORNE	CAPRICORNE
9 h 00	VERSEAU	VERSEAU	VERSEAU	VERSEAU	VERSEAU	CAPRICORNE	CAPRICORNE	CAPRICORNE
9 h 30	POISSONS	POISSONS	POISSONS	POISSONS	POISSONS	CAPRICORNE	CAPRICORNE	CAPRICORNE
10 h 00	POISSONS	POISSONS	POISSONS	POISSONS	BELIER	CAPRICORNE	VERSEAU	VERSEAU
10 h 30	BELIER	BELIER	BELIER	BELIER	BELIER	VERSEAU	VERSEAU	VERSEAU
11 h 00	BELIER	TAUREAU	TAUREAU	TAUREAU	TAUREAU	VERSEAU	VERSEAU	VERSEAU
11 h 30	TAUREAU	TAUREAU	TAUREAU	TAUREAU	TAUREAU	POISSONS	POISSONS	POISSONS
MIDI	TAUREAU	TAUREAU	TAUREAU	TAUREAU	GEMEAUX	BELIER	BELIER	BELIER
12 h 30	GEMEAUX	GEMEAUX	GEMEAUX	GEMEAUX	GEMEAUX	BELIER	BELIER	BELIER
13 h 00	GEMEAUX	GEMEAUX	GEMEAUX	GEMEAUX	GEMEAUX	TAUREAU	TAUREAU	TAUREAU
13 h 30	GEMEAUX	GEMEAUX	GEMEAUX	GEMEAUX	GEMEAUX	TAUREAU	TAUREAU	TAUREAU
14 h 00	CANCER	CANCER	CANCER	CANCER	CANCER	GEMEAUX	GEMEAUX	GEMEAUX
14 h 30	CANCER	CANCER	CANCER	CANCER	CANCER	GEMEAUX	GEMEAUX	GEMEAUX
15 h 00	CANCER	CANCER	CANCER	CANCER	CANCER	GEMEAUX	GEMEAUX	GEMEAUX
15 h 30	CANCER	CANCER	CANCER	CANCER	CANCER	GEMEAUX	GEMEAUX	GEMEAUX
16 h 00	CANCER	CANCER	CANCER	CANCER	CANCER	CANCER	CANCER	CANCER
16 h 30	LION	LION	LION	LION	LION	CANCER	CANCER	CANCER
17 h 00	LION	LION	LION	LION	LION	CANCER	CANCER	CANCER
17 h 30	LION	LION	LION	LION	LION	CANCER	CANCER	CANCER
18 h 00	LION	LION	LION	LION	LION	CANCER	CANCER	CANCER
18 h 30	LION	LION	LION	LION	LION	LION	LION	LION
19 h 00	LION	LION	LION	LION	LION	LION	LION	LION
19 h 30	VIERGE	VIERGE	VIERGE	VIERGE	VIERGE	LION	LION	LION
20 h 00	VIERGE	VIERGE	VIERGE	VIERGE	VIERGE	LION	LION	LION
20 h 30	VIERGE	VIERGE	VIERGE	VIERGE	VIERGE	LION	LION	LION
21 h 00	VIERGE	VIERGE	VIERGE	VIERGE	VIERGE	LION	LION	VIERGE
21 h 30	VIERGE	VIERGE	VIERGE	VIERGE	VIERGE	VIERGE	VIERGE	VIERGE
22 h 00	VIERGE	VIERGE	VIERGE	VIERGE	BALANCE	VIERGE	VIERGE	VIERGE
22 h 30	BALANCE	BALANCE	BALANCE	BALANCE	BALANCE	VIERGE	VIERGE	VIERGE
23 h 00	BALANCE	BALANCE	BALANCE	BALANCE	BALANCE	VIERGE	VIERGE	VIERGE
23 h 30	BALANCE	BALANCE	BALANCE	BALANCE	BALANCE	VIERGE	VIERGE	VIERGE

DECOUVREZ VOTRE ASCENDANT SANS AUCUN CALCUL : TABLE N° 5

VOTRE HEURE DE NAISSANCE	24 DECEMBRE	25 DECEMBRE	26 DECEMBRE	27 DECEMBRE	28 DECEMBRE	29 DECEMBRE	30 DECEMBRE	31 DECEMBRE
0 h 00	BALANCE	BALANCE	BALANCE	BALANCE	BALANCE	BALANCE	BALANCE	BALANCE
0 h 30	BALANCE	BALANCE	BALANCE	BALANCE	BALANCE	BALANCE	BALANCE	BALANCE
1 h 00	BALANCE	BALANCE	BALANCE	BALANCE	BALANCE	BALANCE	BALANCE	BALANCE
1 h 30	BALANCE	BALANCE	BALANCE	BALANCE	BALANCE	BALANCE	BALANCE	BALANCE
2 h 00	BALANCE	BALANCE	BALANCE	BALANCE	BALANCE	BALANCE	BALANCE	BALANCE
2 h 30	BALANCE	BALANCE	SCORPION	SCORPION	SCORPION	SCORPION	SCORPION	SCORPION
3 h 00	SCORPION	SCORPION	SCORPION	SCORPION	SCORPION	SCORPION	SCORPION	SCORPION
3 h 30	SCORPION	SCORPION	SCORPION	SCORPION	SCORPION	SCORPION	SCORPION	SCORPION
4 h 00	SCORPION	SCORPION	SCORPION	SCORPION	SCORPION	SCORPION	SCORPION	SCORPION
4 h 30	SCORPION	SCORPION	SCORPION	SCORPION	SCORPION	SCORPION	SCORPION	SCORPION
5 h 00	SCORPION	SCORPION	SCORPION	SCORPION	SCORPION	SCORPION	SCORPION	SCORPION
5 h 30	SCORPION	SAGITTAIRE	SAGITTAIRE	SAGITTAIRE	SAGITTAIRE	SAGITTAIRE	SAGITTAIRE	SAGITTAIRE
6 h 00	SAGITTAIRE	SAGITTAIRE	SAGITTAIRE	SAGITTAIRE	SAGITTAIRE	SAGITTAIRE	SAGITTAIRE	SAGITTAIRE
6 h 30	SAGITTAIRE	SAGITTAIRE	SAGITTAIRE	SAGITTAIRE	SAGITTAIRE	SAGITTAIRE	SAGITTAIRE	SAGITTAIRE
7 h 00	SAGITTAIRE	SAGITTAIRE	SAGITTAIRE	SAGITTAIRE	SAGITTAIRE	SAGITTAIRE	SAGITTAIRE	SAGITTAIRE
7 h 30	SAGITTAIRE	SAGITTAIRE	SAGITTAIRE	SAGITTAIRE	SAGITTAIRE	SAGITTAIRE	SAGITTAIRE	SAGITTAIRE
8 h 00	SAGITTAIRE	CAPRICORNE	CAPRICORNE	CAPRICORNE	CAPRICORNE	CAPRICORNE	CAPRICORNE	CAPRICORNE
8 h 30	CAPRICORNE	CAPRICORNE	CAPRICORNE	CAPRICORNE	CAPRICORNE	CAPRICORNE	CAPRICORNE	CAPRICORNE
9 h 00	CAPRICORNE	CAPRICORNE	CAPRICORNE	CAPRICORNE	CAPRICORNE	CAPRICORNE	CAPRICORNE	CAPRICORNE
9 h 30	CAPRICORNE	CAPRICORNE	CAPRICORNE	CAPRICORNE	CAPRICORNE	CAPRICORNE	VERSEAU	VERSEAU
10 h 00	VERSEAU	VERSEAU	VERSEAU	VERSEAU	VERSEAU	VERSEAU	VERSEAU	VERSEAU
10 h 30	VERSEAU	VERSEAU	VERSEAU	VERSEAU	VERSEAU	VERSEAU	VERSEAU	POISSONS
11 h 00	POISSONS	POISSONS	POISSONS	POISSONS	POISSONS	POISSONS	POISSONS	POISSONS
11 h 30	POISSONS	POISSONS	POISSONS	POISSONS	POISSONS	BELIER	BELIER	BELIER
MIDI	BELIER	BELIER	BELIER	BELIER	BELIER	BELIER	BELIER	BELIER
12 h 30	BELIER	BELIER	TAUREAU	TAUREAU	TAUREAU	TAUREAU	TAUREAU	TAUREAU
13 h 00	TAUREAU	TAUREAU	TAUREAU	TAUREAU	TAUREAU	TAUREAU	TAUREAU	TAUREAU
13 h 30	TAUREAU	TAUREAU	TAUREAU	TAUREAU	TAUREAU	GEMEAUX	GEMEAUX	GEMEAUX
14 h 00	GEMEAUX	GEMEAUX	GEMEAUX	GEMEAUX	GEMEAUX	GEMEAUX	GEMEAUX	GEMEAUX
14 h 30	GEMEAUX	GEMEAUX	GEMEAUX	GEMEAUX	GEMEAUX	GEMEAUX	GEMEAUX	GEMEAUX
15 h 00	GEMEAUX	GEMEAUX	GEMEAUX	GEMEAUX	GEMEAUX	GEMEAUX	GEMEAUX	GEMEAUX
15 h 30	GEMEAUX	CANCER	CANCER	CANCER	CANCER	CANCER	CANCER	CANCER
16 h 00	CANCER	CANCER	CANCER	CANCER	CANCER	CANCER	CANCER	CANCER
16 h 30	CANCER	CANCER	CANCER	CANCER	CANCER	CANCER	CANCER	CANCER
17 h 00	CANCER	CANCER	CANCER	CANCER	CANCER	CANCER	CANCER	CANCER
17 h 30	CANCER	CANCER	CANCER	CANCER	CANCER	CANCER	CANCER	CANCER
18 h 00	CANCER	LION	LION	LION	LION	LION	LION	LION
18 h 30	LION	LION	LION	LION	LION	LION	LION	LION
19 h 00	LION	LION	LION	LION	LION	LION	LION	LION
19 h 30	LION	LION	LION	LION	LION	LION	LION	LION
20 h 00	LION	LION	LION	LION	LION	LION	LION	LION
20 h 30	LION	LION	LION	LION	LION	LION	VIERGE	VIERGE
21 h 00	VIERGE	VIERGE	VIERGE	VIERGE	VIERGE	VIERGE	VIERGE	VIERGE
21 h 30	VIERGE	VIERGE	VIERGE	VIERGE	VIERGE	VIERGE	VIERGE	VIERGE
22 h 00	VIERGE	VIERGE	VIERGE	VIERGE	VIERGE	VIERGE	VIERGE	VIERGE
22 h 30	VIERGE	VIERGE	VIERGE	VIERGE	VIERGE	VIERGE	VIERGE	VIERGE
23 h 00	VIERGE	VIERGE	VIERGE	VIERGE	VIERGE	VIERGE	VIERGE	VIERGE
23 h 30	VIERGE	VIERGE	VIERGE	VIERGE	VIERGE	BALANCE	BALANCE	BALANCE

DECOUVREZ VOTRE ASCENDANT SANS AUCUN CALCUL : TABLE N° 6

VOTRE HEURE DE NAISSANCE	1 JANVIER	2 JANVIER	3 JANVIER	4 JANVIER	5 JANVIER	6 JANVIER	7 JANVIER	8 JANVIER
0 h 00	BALANCE	BALANCE	BALANCE	BALANCE	BALANCE	BALANCE	BALANCE	BALANCE
0 h 30	BALANCE	BALANCE	BALANCE	BALANCE	BALANCE	BALANCE	BALANCE	BALANCE
1 h 00	BALANCE	BALANCE	BALANCE	BALANCE	BALANCE	BALANCE	BALANCE	BALANCE
1 h 30	BALANCE	BALANCE	BALANCE	BALANCE	BALANCE	BALANCE	BALANCE	BALANCE
2 h 00	BALANCE	BALANCE	BALANCE	BALANCE	BALANCE	BALANCE	SCORPION	SCORPION
2 h 30	SCORPION	SCORPION	SCORPION	SCORPION	SCORPION	SCORPION	SCORPION	SCORPION
3 h 00	SCORPION	SCORPION	SCORPION	SCORPION	SCORPION	SCORPION	SCORPION	SCORPION
3 h 30	SCORPION	SCORPION	SCORPION	SCORPION	SCORPION	SCORPION	SCORPION	SCORPION
4 h 00	SCORPION	SCORPION	SCORPION	SCORPION	SCORPION	SCORPION	SCORPION	SCORPION
4 h 30	SCORPION	SCORPION	SCORPION	SCORPION	SCORPION	SCORPION	SCORPION	SCORPION
5 h 00	SCORPION	SCORPION	SCORPION	SCORPION	SCORPION	SCORPION	SCORPION	SCORPION
5 h 30	SCORPION	SCORPION	SAGITTAIRE	SAGITTAIRE	SAGITTAIRE	SAGITTAIRE	SAGITTAIRE	SAGITTAIRE
6 h 00	SAGITTAIRE	SAGITTAIRE	SAGITTAIRE	SAGITTAIRE	SAGITTAIRE	SAGITTAIRE	SAGITTAIRE	SAGITTAIRE
6 h 30	SAGITTAIRE	SAGITTAIRE	SAGITTAIRE	SAGITTAIRE	SAGITTAIRE	SAGITTAIRE	SAGITTAIRE	SAGITTAIRE
7 h 00	SAGITTAIRE	SAGITTAIRE	SAGITTAIRE	SAGITTAIRE	SAGITTAIRE	SAGITTAIRE	SAGITTAIRE	SAGITTAIRE
7 h 30	SAGITTAIRE	SAGITTAIRE	SAGITTAIRE	SAGITTAIRE	SAGITTAIRE	SAGITTAIRE	SAGITTAIRE	SAGITTAIRE
8 h 00	SAGITTAIRE	SAGITTAIRE	SAGITTAIRE	SAGITTAIRE	SAGITTAIRE	CAPRICORNE	CAPRICORNE	CAPRICORNE
8 h 30	CAPRICORNE	CAPRICORNE	CAPRICORNE	CAPRICORNE	CAPRICORNE	CAPRICORNE	CAPRICORNE	CAPRICORNE
9 h 00	CAPRICORNE	CAPRICORNE	CAPRICORNE	CAPRICORNE	CAPRICORNE	CAPRICORNE	CAPRICORNE	CAPRICORNE
9 h 30	CAPRICORNE	CAPRICORNE	CAPRICORNE	CAPRICORNE	CAPRICORNE	CAPRICORNE	VERSEAU	VERSEAU
10 h 00	VERSEAU	VERSEAU	VERSEAU	VERSEAU	VERSEAU	VERSEAU	VERSEAU	VERSEAU
10 h 30	VERSEAU	VERSEAU	VERSEAU	POISSONS	POISSONS	POISSONS	POISSONS	POISSONS
11 h 00	POISSONS	POISSONS	POISSONS	POISSONS	BELIER	BELIER	BELIER	BELIER
11 h 30	BELIER	BELIER	BELIER	BELIER	BELIER	TAUREAU	TAUREAU	TAUREAU
MIDI	TAUREAU	TAUREAU	TAUREAU	TAUREAU	TAUREAU	TAUREAU	TAUREAU	TAUREAU
12 h 30	TAUREAU	TAUREAU	GEMEAUX	GEMEAUX	GEMEAUX	GEMEAUX	GEMEAUX	GEMEAUX
13 h 00	GEMEAUX	GEMEAUX	GEMEAUX	GEMEAUX	GEMEAUX	GEMEAUX	GEMEAUX	GEMEAUX
13 h 30	GEMEAUX	GEMEAUX	GEMEAUX	GEMEAUX	GEMEAUX	GEMEAUX	GEMEAUX	GEMEAUX
14 h 00	GEMEAUX	GEMEAUX	GEMEAUX	CANCER	CANCER	CANCER	CANCER	CANCER
14 h 30	CANCER	CANCER	CANCER	CANCER	CANCER	CANCER	CANCER	CANCER
15 h 00	CANCER	CANCER	CANCER	CANCER	CANCER	CANCER	CANCER	CANCER
15 h 30	CANCER	CANCER	CANCER	CANCER	CANCER	CANCER	CANCER	CANCER
16 h 00	CANCER	CANCER	CANCER	CANCER	CANCER	CANCER	CANCER	CANCER
16 h 30	CANCER	CANCER	CANCER	CANCER	CANCER	CANCER	LION	LION
17 h 00	LION	LION	LION	LION	LION	LION	LION	LION
17 h 30	LION	LION	LION	LION	LION	LION	LION	LION
18 h 00	LION	LION	LION	LION	LION	LION	LION	LION
18 h 30	LION	LION	LION	LION	LION	LION	LION	LION
19 h 00	LION	LION	LION	LION	LION	LION	LION	LION
19 h 30	LION	LION	LION	LION	LION	LION	LION	LION
20 h 00	LION	VIERGE	VIERGE	VIERGE	VIERGE	VIERGE	VIERGE	VIERGE
20 h 30	VIERGE	VIERGE	VIERGE	VIERGE	VIERGE	VIERGE	VIERGE	VIERGE
21 h 00	VIERGE	VIERGE	VIERGE	VIERGE	VIERGE	VIERGE	VIERGE	VIERGE
21 h 30	VIERGE	VIERGE	VIERGE	VIERGE	VIERGE	VIERGE	VIERGE	VIERGE
22 h 00	VIERGE	VIERGE	VIERGE	VIERGE	VIERGE	VIERGE	VIERGE	VIERGE
22 h 30	VIERGE	VIERGE	VIERGE	VIERGE	VIERGE	VIERGE	VIERGE	VIERGE
23 h 00	VIERGE	VIERGE	VIERGE	VIERGE	BALANCE	BALANCE	BALANCE	BALANCE
23 h 30	BALANCE	BALANCE	BALANCE	BALANCE	BALANCE	BALANCE	BALANCE	BALANCE

DECOUVREZ VOTRE ASCENDANT SANS AUCUN CALCUL : TABLE N⁰ 6

VOTRE HEURE DE NAISSANCE	9 JANVIER	10 JANVIER	11 JANVIER	12 JANVIER	13 JANVIER	14 JANVIER	15 JANVIER	16 JANVIER
0 h 00	BALANCE	BALANCE	BALANCE	BALANCE	BALANCE	BALANCE	BALANCE	BALANCE
0 h 30	BALANCE	BALANCE	BALANCE	BALANCE	BALANCE	BALANCE	BALANCE	BALANCE
1 h 00	BALANCE	BALANCE	BALANCE	BALANCE	BALANCE	BALANCE	BALANCE	BALANCE
1 h 30	BALANCE	BALANCE	BALANCE	BALANCE	BALANCE	BALANCE	SCORPION	SCORPION
2 h 00	SCORPION	SCORPION	SCORPION	SCORPION	SCORPION	SCORPION	SCORPION	SCORPION
2 h 30	SCORPION	SCORPION	SCORPION	SCORPION	SCORPION	SCORPION	SCORPION	SCORPION
3 h 00	SCORPION	SCORPION	SCORPION	SCORPION	SCORPION	SCORPION	SCORPION	SCORPION
3 h 30	SCORPION	SCORPION	SCORPION	SCORPION	SCORPION	SCORPION	SCORPION	SCORPION
4 h 00	SCORPION	SCORPION	SCORPION	SCORPION	SCORPION	SCORPION	SCORPION	SCORPION
4 h 30	SCORPION	SCORPION	SCORPION	SCORPION	SCORPION	SCORPION	SCORPION	SCORPION
5 h 00	SCORPION	SAGITTAIRE	SAGITTAIRE	SAGITTAIRE	SAGITTAIRE	SAGITTAIRE	SAGITTAIRE	SAGITTAIRE
5 h 30	SAGITTAIRE	SAGITTAIRE	SAGITTAIRE	SAGITTAIRE	SAGITTAIRE	SAGITTAIRE	SAGITTAIRE	SAGITTAIRE
6 h 00	SAGITTAIRE	SAGITTAIRE	SAGITTAIRE	SAGITTAIRE	SAGITTAIRE	SAGITTAIRE	SAGITTAIRE	SAGITTAIRE
6 h 30	SAGITTAIRE	SAGITTAIRE	SAGITTAIRE	SAGITTAIRE	SAGITTAIRE	SAGITTAIRE	SAGITTAIRE	SAGITTAIRE
7 h 00	SAGITTAIRE	SAGITTAIRE	SAGITTAIRE	SAGITTAIRE	SAGITTAIRE	SAGITTAIRE	SAGITTAIRE	SAGITTAIRE
7 h 30	SAGITTAIRE	SAGITTAIRE	SAGITTAIRE	SAGITTAIRE	CAPRICORNE	CAPRICORNE	CAPRICORNE	CAPRICORNE
8 h 00	CAPRICORNE	CAPRICORNE	CAPRICORNE	CAPRICORNE	CAPRICORNE	CAPRICORNE	CAPRICORNE	CAPRICORNE
8 h 30	CAPRICORNE	CAPRICORNE	CAPRICORNE	CAPRICORNE	CAPRICORNE	CAPRICORNE	CAPRICORNE	CAPRICORNE
9 h 00	CAPRICORNE	CAPRICORNE	CAPRICORNE	CAPRICORNE	CAPRICORNE	CAPRICORNE	VERSEAU	VERSEAU
9 h 30	VERSEAU	VERSEAU	VERSEAU	VERSEAU	VERSEAU	VERSEAU	VERSEAU	VERSEAU
10 h 00	VERSEAU	VERSEAU	VERSEAU	POISSONS	POISSONS	POISSONS	POISSONS	POISSONS
10 h 30	POISSONS	POISSONS	POISSONS	POISSONS	BELIER	BELIER	BELIER	BELIER
11 h 00	BELIER	BELIER	BELIER	BELIER	TAUREAU	TAUREAU	TAUREAU	TAUREAU
11 h 30	TAUREAU	TAUREAU	TAUREAU	TAUREAU	TAUREAU	TAUREAU	TAUREAU	TAUREAU
MIDI	TAUREAU	GEMEAUX	GEMEAUX	GEMEAUX	GEMEAUX	GEMEAUX	GEMEAUX	GEMEAUX
12 h 30	GEMEAUX	GEMEAUX	GEMEAUX	GEMEAUX	GEMEAUX	GEMEAUX	GEMEAUX	GEMEAUX
13 h 00	GEMEAUX	GEMEAUX	GEMEAUX	GEMEAUX	GEMEAUX	GEMEAUX	GEMEAUX	GEMEAUX
13 h 30	GEMEAUX	GEMEAUX	CANCER	CANCER	CANCER	CANCER	CANCER	CANCER
14 h 00	CANCER	CANCER	CANCER	CANCER	CANCER	CANCER	CANCER	CANCER
14 h 30	CANCER	CANCER	CANCER	CANCER	CANCER	CANCER	CANCER	CANCER
15 h 00	CANCER	CANCER	CANCER	CANCER	CANCER	CANCER	CANCER	CANCER
15 h 30	CANCER	CANCER	CANCER	CANCER	CANCER	CANCER	CANCER	CANCER
16 h 00	CANCER	CANCER	CANCER	CANCER	CANCER	LION	LION	LION
16 h 30	LION	LION	LION	LION	LION	LION	LION	LION
17 h 00	LION	LION	LION	LION	LION	LION	LION	LION
17 h 30	LION	LION	LION	LION	LION	LION	LION	LION
18 h 00	LION	LION	LION	LION	LION	LION	LION	LION
18 h 30	LION	LION	LION	LION	LION	LION	LION	LION
19 h 00	LION	LION	LION	LION	LION	LION	LION	LION
19 h 30	LION	VIERGE	VIERGE	VIERGE	VIERGE	VIERGE	VIERGE	VIERGE
20 h 00	VIERGE	VIERGE	VIERGE	VIERGE	VIERGE	VIERGE	VIERGE	VIERGE
20 h 30	VIERGE	VIERGE	VIERGE	VIERGE	VIERGE	VIERGE	VIERGE	VIERGE
21 h 00	VIERGE	VIERGE	VIERGE	VIERGE	VIERGE	VIERGE	VIERGE	VIERGE
21 h 30	VIERGE	VIERGE	VIERGE	VIERGE	VIERGE	VIERGE	VIERGE	VIERGE
22 h 00	VIERGE	VIERGE	VIERGE	VIERGE	VIERGE	VIERGE	VIERGE	VIERGE
22 h 30	VIERGE	VIERGE	VIERGE	VIERGE	BALANCE	BALANCE	BALANCE	BALANCE
23 h 00	BALANCE	BALANCE	BALANCE	BALANCE	BALANCE	BALANCE	BALANCE	BALANCE
23 h 30	BALANCE	BALANCE	BALANCE	BALANCE	BALANCE	BALANCE	BALANCE	BALANCE

DECOUVREZ VOTRE ASCENDANT SANS AUCUN CALCUL : TABLE N° 6

VOTRE HEURE DE NAISSANCE	17 JANVIER	18 JANVIER	19 JANVIER	20 JANVIER	21 JANVIER	21 DECEMBRE	22 DECEMBRE	23 DECEMBRE
0 h 00	BALANCE	BALANCE	BALANCE	BALANCE	BALANCE	BALANCE	BALANCE	BALANCE
0 h 30	BALANCE	BALANCE	BALANCE	BALANCE	BALANCE	BALANCE	BALANCE	BALANCE
1 h 00	BALANCE	BALANCE	BALANCE	BALANCE	BALANCE	BALANCE	BALANCE	BALANCE
1 h 30	SCORPION	SCORPION	SCORPION	SCORPION	SCORPION	BALANCE	BALANCE	BALANCE
2 h 00	SCORPION	SCORPION	SCORPION	SCORPION	SCORPION	BALANCE	BALANCE	BALANCE
2 h 30	SCORPION	SCORPION	SCORPION	SCORPION	SCORPION	BALANCE	BALANCE	BALANCE
3 h 00	SCORPION	SCORPION	SCORPION	SCORPION	SCORPION	BALANCE	BALANCE	SCORPION
3 h 30	SCORPION	SCORPION	SCORPION	SCORPION	SCORPION	SCORPION	SCORPION	SCORPION
4 h 00	SCORPION	SCORPION	SCORPION	SCORPION	SCORPION	SCORPION	SCORPION	SCORPION
4 h 30	SCORPION	SAGITTAIRE	SAGITTAIRE	SAGITTAIRE	SAGITTAIRE	SCORPION	SCORPION	SCORPION
5 h 00	SAGITTAIRE	SAGITTAIRE	SAGITTAIRE	SAGITTAIRE	SAGITTAIRE	SCORPION	SCORPION	SCORPION
5 h 30	SAGITTAIRE	SAGITTAIRE	SAGITTAIRE	SAGITTAIRE	SAGITTAIRE	SCORPION	SCORPION	SCORPION
6 h 00	SAGITTAIRE	SAGITTAIRE	SAGITTAIRE	SAGITTAIRE	SAGITTAIRE	SCORPION	SCORPION	SCORPION
6 h 30	SAGITTAIRE	SAGITTAIRE	SAGITTAIRE	SAGITTAIRE	SAGITTAIRE	SAGITTAIRE	SAGITTAIRE	SAGITTAIRE
7 h 00	SAGITTAIRE	SAGITTAIRE	SAGITTAIRE	SAGITTAIRE	CAPRICORNE	SAGITTAIRE	SAGITTAIRE	SAGITTAIRE
7 h 30	CAPRICORNE	CAPRICORNE	CAPRICORNE	CAPRICORNE	CAPRICORNE	SAGITTAIRE	SAGITTAIRE	SAGITTAIRE
8 h 00	CAPRICORNE	CAPRICORNE	CAPRICORNE	CAPRICORNE	CAPRICORNE	SAGITTAIRE	SAGITTAIRE	SAGITTAIRE
8 h 30	CAPRICORNE	CAPRICORNE	CAPRICORNE	CAPRICORNE	CAPRICORNE	SAGITTAIRE	SAGITTAIRE	SAGITTAIRE
9 h 00	VERSEAU	VERSEAU	VERSEAU	VERSEAU	VERSEAU	SAGITTAIRE	CAPRICORNE	CAPRICORNE
9 h 30	VERSEAU	VERSEAU	POISSONS	POISSONS	POISSONS	CAPRICORNE	CAPRICORNE	CAPRICORNE
10 h 00	POISSONS	POISSONS	POISSONS	POISSONS	BELIER	CAPRICORNE	CAPRICORNE	VERSEAU
10 h 30	BELIER	BELIER	BELIER	BELIER	TAUREAU	VERSEAU	VERSEAU	VERSEAU
11 h 00	TAUREAU	TAUREAU	TAUREAU	TAUREAU	TAUREAU	VERSEAU	VERSEAU	VERSEAU
11 h 30	TAUREAU	GEMEAUX	GEMEAUX	GEMEAUX	GEMEAUX	POISSONS	POISSONS	POISSONS
MIDI	GEMEAUX	GEMEAUX	GEMEAUX	GEMEAUX	GEMEAUX	BELIER	BELIER	BELIER
12 h 30	GEMEAUX	GEMEAUX	GEMEAUX	GEMEAUX	GEMEAUX	BELIER	TAUREAU	TAUREAU
13 h 00	GEMEAUX	GEMEAUX	CANCER	CANCER	CANCER	TAUREAU	TAUREAU	TAUREAU
13 h 30	CANCER	CANCER	CANCER	CANCER	CANCER	GEMEAUX	GEMEAUX	GEMEAUX
14 h 00	CANCER	CANCER	CANCER	CANCER	CANCER	GEMEAUX	GEMEAUX	GEMEAUX
14 h 30	CANCER	CANCER	CANCER	CANCER	CANCER	GEMEAUX	GEMEAUX	GEMEAUX
15 h 00	CANCER	CANCER	CANCER	CANCER	CANCER	CANCER	CANCER	CANCER
15 h 30	CANCER	CANCER	CANCER	CANCER	CANCER	CANCER	CANCER	CANCER
16 h 00	LION	LION	LION	LION	LION	CANCER	CANCER	CANCER
16 h 30	LION	LION	LION	LION	LION	CANCER	CANCER	CANCER
17 h 00	LION	LION	LION	LION	LION	CANCER	CANCER	CANCER
17 h 30	LION	LION	LION	LION	LION	CANCER	CANCER	LION
18 h 00	LION	LION	LION	LION	LION	LION	LION	LION
18 h 30	LION	LION	LION	LION	LION	LION	LION	LION
19 h 00	VIERGE	VIERGE	VIERGE	VIERGE	VIERGE	LION	LION	LION
19 h 30	VIERGE	VIERGE	VIERGE	VIERGE	VIERGE	LION	LION	LION
20 h 00	VIERGE	VIERGE	VIERGE	VIERGE	VIERGE	LION	LION	LION
20 h 30	VIERGE	VIERGE	VIERGE	VIERGE	VIERGE	LION	LION	LION
21 h 00	VIERGE	VIERGE	VIERGE	VIERGE	VIERGE	VIERGE	VIERGE	VIERGE
21 h 30	VIERGE	VIERGE	VIERGE	VIERGE	VIERGE	VIERGE	VIERGE	VIERGE
22 h 00	VIERGE	VIERGE	VIERGE	VIERGE	BALANCE	VIERGE	VIERGE	VIERGE
22 h 30	BALANCE	BALANCE	BALANCE	BALANCE	BALANCE	VIERGE	VIERGE	VIERGE
23 h 00	BALANCE	BALANCE	BALANCE	BALANCE	BALANCE	VIERGE	VIERGE	VIERGE
23 h 30	BALANCE	BALANCE	BALANCE	BALANCE	BALANCE	VIERGE	VIERGE	VIERGE

DECOUVREZ VOTRE ASCENDANT SANS AUCUN CALCUL : TABLE N⁰ 6

VOTRE HEURE DE NAISSANCE	24 DECEMBRE	25 DECEMBRE	26 DECEMBRE	27 DECEMBRE	28 DECEMBRE	29 DECEMBRE	30 DECEMBRE	31 DECEMBRE
0 h 00	BALANCE	BALANCE	BALANCE	BALANCE	BALANCE	BALANCE	BALANCE	BALANCE
0 h 30	BALANCE	BALANCE	BALANCE	BALANCE	BALANCE	BALANCE	BALANCE	BALANCE
1 h 00	BALANCE	BALANCE	BALANCE	BALANCE	BALANCE	BALANCE	BALANCE	BALANCE
1 h 30	BALANCE	BALANCE	BALANCE	BALANCE	BALANCE	BALANCE	BALANCE	BALANCE
2 h 00	BALANCE	BALANCE	BALANCE	BALANCE	BALANCE	BALANCE	BALANCE	BALANCE
2 h 30	BALANCE	BALANCE	BALANCE	BALANCE	BALANCE	BALANCE	BALANCE	SCORPION
3 h 00	SCORPION	SCORPION	SCORPION	SCORPION	SCORPION	SCORPION	SCORPION	SCORPION
3 h 30	SCORPION	SCORPION	SCORPION	SCORPION	SCORPION	SCORPION	SCORPION	SCORPION
4 h 00	SCORPION	SCORPION	SCORPION	SCORPION	SCORPION	SCORPION	SCORPION	SCORPION
4 h 30	SCORPION	SCORPION	SCORPION	SCORPION	SCORPION	SCORPION	SCORPION	SCORPION
5 h 00	SCORPION	SCORPION	SCORPION	SCORPION	SCORPION	SCORPION	SCORPION	SCORPION
5 h 30	SCORPION	SCORPION	SCORPION	SCORPION	SCORPION	SCORPION	SCORPION	SCORPION
6 h 00	SCORPION	SCORPION	SAGITTAIRE	SAGITTAIRE	SAGITTAIRE	SAGITTAIRE	SAGITTAIRE	SAGITTAIRE
6 h 30	SAGITTAIRE	SAGITTAIRE	SAGITTAIRE	SAGITTAIRE	SAGITTAIRE	SAGITTAIRE	SAGITTAIRE	SAGITTAIRE
7 h 00	SAGITTAIRE	SAGITTAIRE	SAGITTAIRE	SAGITTAIRE	SAGITTAIRE	SAGITTAIRE	SAGITTAIRE	SAGITTAIRE
7 h 30	SAGITTAIRE	SAGITTAIRE	SAGITTAIRE	SAGITTAIRE	SAGITTAIRE	SAGITTAIRE	SAGITTAIRE	SAGITTAIRE
8 h 00	SAGITTAIRE	SAGITTAIRE	SAGITTAIRE	SAGITTAIRE	SAGITTAIRE	SAGITTAIRE	SAGITTAIRE	SAGITTAIRE
8 h 30	SAGITTAIRE	SAGITTAIRE	SAGITTAIRE	SAGITTAIRE	SAGITTAIRE	CAPRICORNE	CAPRICORNE	CAPRICORNE
9 h 00	CAPRICORNE	CAPRICORNE	CAPRICORNE	CAPRICORNE	CAPRICORNE	CAPRICORNE	CAPRICORNE	CAPRICORNE
9 h 30	CAPRICORNE	CAPRICORNE	CAPRICORNE	CAPRICORNE	CAPRICORNE	CAPRICORNE	CAPRICORNE	CAPRICORNE
10 h 00	CAPRICORNE	CAPRICORNE	CAPRICORNE	CAPRICORNE	CAPRICORNE	CAPRICORNE	CAPRICORNE	VERSEAU
10 h 30	VERSEAU	VERSEAU	VERSEAU	VERSEAU	VERSEAU	VERSEAU	VERSEAU	VERSEAU
11 h 00	VERSEAU	VERSEAU	VERSEAU	VERSEAU	POISSONS	POISSONS	POISSONS	POISSONS
11 h 30	POISSONS	POISSONS	POISSONS	POISSONS	POISSONS	BELIER	BELIER	BELIER
MIDI	BELIER	BELIER	BELIER	BELIER	BELIER	TAUREAU	TAUREAU	TAUREAU
12 h 30	TAUREAU	TAUREAU	TAUREAU	TAUREAU	TAUREAU	TAUREAU	TAUREAU	TAUREAU
13 h 00	TAUREAU	TAUREAU	GEMEAUX	GEMEAUX	GEMEAUX	GEMEAUX	GEMEAUX	GEMEAUX
13 h 30	GEMEAUX	GEMEAUX	GEMEAUX	GEMEAUX	GEMEAUX	GEMEAUX	GEMEAUX	GEMEAUX
14 h 00	GEMEAUX	GEMEAUX	GEMEAUX	GEMEAUX	GEMEAUX	GEMEAUX	GEMEAUX	GEMEAUX
14 h 30	GEMEAUX	GEMEAUX	GEMEAUX	CANCER	CANCER	CANCER	CANCER	CANCER
15 h 00	CANCER	CANCER	CANCER	CANCER	CANCER	CANCER	CANCER	CANCER
15 h 30	CANCER	CANCER	CANCER	CANCER	CANCER	CANCER	CANCER	CANCER
16 h 00	CANCER	CANCER	CANCER	CANCER	CANCER	CANCER	CANCER	CANCER
16 h 30	CANCER	CANCER	CANCER	CANCER	CANCER	CANCER	CANCER	CANCER
17 h 00	CANCER	CANCER	CANCER	CANCER	CANCER	CANCER	LION	LION
17 h 30	LION	LION	LION	LION	LION	LION	LION	LION
18 h 00	LION	LION	LION	LION	LION	LION	LION	LION
18 h 30	LION	LION	LION	LION	LION	LION	LION	LION
19 h 00	LION	LION	LION	LION	LION	LION	LION	LION
19 h 30	LION	LION	LION	LION	LION	LION	LION	LION
20 h 00	LION	LION	LION	LION	LION	LION	LION	LION
20 h 30	LION	LION	VIERGE	VIERGE	VIERGE	VIERGE	VIERGE	VIERGE
21 h 00	VIERGE	VIERGE	VIERGE	VIERGE	VIERGE	VIERGE	VIERGE	VIERGE
21 h 30	VIERGE	VIERGE	VIERGE	VIERGE	VIERGE	VIERGE	VIERGE	VIERGE
22 h 00	VIERGE	VIERGE	VIERGE	VIERGE	VIERGE	VIERGE	VIERGE	VIERGE
22 h 30	VIERGE	VIERGE	VIERGE	VIERGE	VIERGE	VIERGE	VIERGE	VIERGE
23 h 00	VIERGE	VIERGE	VIERGE	VIERGE	VIERGE	VIERGE	VIERGE	VIERGE
23 h 30	VIERGE	VIERGE	VIERGE	VIERGE	VIERGE	BALANCE	BALANCE	BALANCE

Anouar al-Sadate. Succédant à Nasser, il mena en Egypte une politique de développement plus libérale, prenant le parti de se désolidariser des pays arabes pour se rapprocher d'Israël. On reconnaît là les vues politiques à long terme du Capricornien.

Combinaison du Signe avec les Ascendants

La grande et la petite aiguille

Selon l'heure à laquelle on naît, on se retrouve doté d'un Ascendant différent. Le Soleil, lui, entre le 22 décembre et le 21 janvier, en moyenne, occupe la portion du Zodiaque qu'on a baptisée du nom du Capricorne.

Le point ascendant représente cette zone de l'écliptique où se lève le Soleil, par rapport au point que celui-ci occupe dans le ciel. Ainsi, celui qui naît, en janvier, à l'heure où le Soleil se lève à l'horizon, sera à la fois Capricorne par son signe solaire et Capricorne par son signe ascendant. S'il naît au moment où le Soleil se couche, l'Ascendant occupera le signe opposé, c'est-à-dire le Cancer, etc.

Grande aiguille de la pendule, l'Ascendant s'oppose au Soleil, petite aiguille qui indique l'heure « en gros », sans la nuance des minutes.

Ainsi l'Ascendant va permettre de jouer avec les combinaisons des douze signes du Zodiaque et du Soleil en Capricorne. Nous aurons donc douze Capricorne différents, douze Capricorne issus d'une race unique mais métissés par les autres signes.

Aussi importants l'un que l'autre, le signe solaire doublé du signe ascendant permettront, ensemble, de définir un peu plus subtilement le caractère du natif. Bien entendu, les planètes qui jouxtent l'Ascendant ou occupent la première Maison de l'horoscope modifieront encore le paysage intérieur. Certains disent qu'on est, en vieillissant, plus proche de son signe ascendant; d'autres soutiennent l'inverse. Pour ma part, je penche davantage pour l'hypothèse du signe solaire qu'on rejoint de plus en plus. Mais il n'y a pas de loi fixe. Comme chez un métis, on verra parfois dominer l'origine maternelle et chez un autre les traits du père. Il semble aussi que certains, d'emblée, vivent intensément leur signe solaire et d'autres leur signe ascendant, que certains évoluent de l'un vers l'autre et d'autres non.

Pour interpréter, c'est affaire de doigté, d'intuition, et d'expérience.

Capricorne Ascendant Bélier

Peut-on imaginer deux natures plus contraires, deux rythmes plus opposés? D'un côté, la secondarité la plus extrême, de l'autre la primarité la plus absolue. On perçoit ici cependant des complicités plus subtiles, au-delà des oppositions, car ces deux signes ont en commun d'appartenir au règne des « cardinaux », (la force et la prudence), c'est-à-dire des signes marqués par un rapport à l'exigence, à l'essentiel, à la spontanéité, à la franchise. Ici s'allient la spontanéité de la volonté — ou de l'action — à celle de la réflexion, du naturel, de l'authenticité.

Le Capricorne-Bélier avance sur deux temps différents. A l'extérieur, le Bélier change vite, évolue, manifeste sa violence et sans doute permet-il au Capricorne d'extérioriser davantage ses passions, de les réchauffer, d'agir plus vite, de bousculer davantage et de se bousculer lui-même. En revanche, le Capricorne met dans la tête du Bélier les grains d'ellébore qui lui sont fort utiles, tout en favorisant une prise de distance, une analyse plus fine des sentiments eux-mêmes, au point parfois de provoquer, de déranger, de bousculer les autres. Car les points de rencontre des deux signes se font sur la franchise, le goût de la vérité, les défis. Plus de brutalité, sans doute, et moins de misanthropie.

Paranoïaque et tyran, Staline sut instaurer le culte de sa personnalité par des persécutions, des tortures et des exécutions en série. Dix millions de morts, tel fut approximativement le bilan de la grande terreur stalinienne.

Pour l'action, cette combinaison peut être des plus heureuses, le Bélier poussant le Capricorne, le Capricorne canalisant l'énergie du Bélier. L'un décide vite, l'autre mène à bien. L'un commence, l'autre achève. La force, ici, ne manque pas. Ni la force de caractère, ni la force tout court. Moins prudent que le pur Capricorne, le Capricorne-Bélier sait quand même calculer ses risques. Ici, le Capricorne retient un peu la fougue du Bélier. Le « vieillard » saturnien peut se régénérer auprès du juvénile Bélier. Mais il ne faut pas l'oublier, le maître du Bélier, Mars, est en « exaltation » dans le Capricorne et on peut deviner dans cette association une authentique puissance.

En amour, la passion refoulée et maîtrisée du Capricorne peut se vivre dans un plus facile dévoilement, un plus grand mépris des conventions. La revendication du bonheur sera moins culpabilisée. Disons qu'il y a moins de haine de soi...

La force de s'opposer aux obstacles, aux contraintes, le courage de se battre en brandissant sa grande épée, sont là. En évidence. Mais si le Capricorne-Bélier cède moins volontiers qu'un autre à la tentation « alcestueuse », il aura parfois des jugements à l'emporte-pièce, des condamnations sans appel, au nom d'une vérité et d'une conviction que l'un et l'autre veulent absolues. Disons aussi que le Capricorne-Bélier doutera moins qu'un autre. Le Capricorne retiendra-t-il les élans du Bélier? Rien n'est moins sûr, car il sera trop heureux de trouver en lui-même ce moteur dynamique qui accélère son rythme propre et renforce sa confiance. Je dirais que, dans cette association, le Capricorne gagne en courage, en jeunesse, en générosité « active », en dévouement et qu'il perd en diplomatie, en sagesse et en tempérance.

Physiquement, on assistera souvent à de violents et brusques épuisements et à des remontées spectaculaires. Avec une tendance à en faire trop, à dépasser parfois les limites de ses forces.

Thierry Ardisson : publicitaire en vue devenu producteur d'émissions télévisées et animateur brillant, il affiche l'assurance insubmersible des gens du Capricorne.

Capricorne Ascendant Taureau

Deux signes de Terre, deux signes lents, conscients de leur pesanteur mais harmoniques dans leur interrelation, complices dans les zones les plus profondes, entremêlant leurs racines. Le Taureau, ici, par ses valeurs vénusiennes, égaie le Capricorne, accentue son charme, son aspect calme et posé. Sa force aussi. Car cette combinaison terrienne possède en elle-même une grande puissance, une sorte de foi païenne qui donne le pouvoir de soulever des montagnes.

L'intériorité est grande. Aimable, mais ne se livrant pas, il ne va pas au-devant des confidences et pourtant les attire, parce qu'il rassure. On lui fait confiance. On lui fait crédit. S'il prétend savoir, on le croit.

Parfois, l'association jouera dans le sens des valeurs terriennes, jusqu'à l'excès : possessivité, thésaurisation, méfiance, extrême prudence, tout cela pouvant d'ailleurs favoriser la lente élaboration de la fortune. Si certaines valeurs du thème sont mises en relief, on aura affaire à un avare dévoré d'égoïsme, ne croyant qu'aux investissements terriens, gérant son bien, son cœur et son énergie avec le même esprit d'économie, s'enfermant, avec l'âge, dans une retraite campagnarde très confortable mais sans beaucoup de contacts, sans beaucoup de joies, si ce n'est celles, réelles et profondes, d'un authentique accord avec la nature. Si les valeurs altruistes l'emportent, on a affaire à un sage, gérant ses biens de façon avisée, consacrant sa vie au labeur, à la science, confiant en sa stabilité, en son honnêteté, en sa conscience professionnelle qui lui vaut l'estime de tous. On lui demande beaucoup et il donne à bon escient.

En amour, sa vie est rarement très heureuse. Sauf s'il se marie jeune avec quelqu'un qu'il connaît bien et qu'il estime plus encore qu'il ne l'aime, qu'il construise avec lui, mette toute sa patience et sa ténacité dans la construction de cet édifice quotidien qu'il voudra solide et durable, avec une famille, des enfants, de la terre. Ou bien, il se laisse — elle, surtout — épuiser par ceux qui lui prennent plus qu'ils ne donnent. Elle deviendra une image de mère nourricière, mère-infirmière, mère-enseignante. Le jour venu, cela lui vaudra beaucoup de solitude. Lui, peut se laisser dévorer par le travail au détriment du reste et ne pas savoir exprimer sa frustration. A ces Capricorne-Taureau, il faut une nourriture sensuelle riche et renouvelée. Ce sont deux signes d'avidité, deux signes d'oralité, à peu près insatiables, ce qui les expose perpétuellement à des frustrations, le Capricorne empêchant le Taureau, de par son exigence, de n'en faire qu'à sa tête... ou qu'à son corps. Le mélange, somme toute, est fidèle, pour peu que le temps lui manque et qu'il tienne à l'autre.

Physiquement, la combinaison est solide, robuste, avec une tendance à ignorer que le surmenage a des limites.

Capricorne Ascendant Gémeaux

L'association tend ici à cérébraliser le Capricorne mais elle est difficile. L'un se refuse à toute attitude ludique, l'autre ne survit que par le jeu. L'un s'accroche à une forte identité qu'il construit patiemment en tendant vers un but unique, l'autre court après une identité morcelée, dispersée, instable et qu'il se refuse précisément à figer ou à enfermer. Bien vécue, toutefois, l'association est très complémentaire. Le vieillard capricornien est ici rajeuni, rafraîchi par l'adolescent Gémeaux. L'un pense de façon forte, construite et structurée, l'autre pense vite et plusieurs choses à la fois. La souplesse du Gémeaux, sa mobilité, vont contraindre le Capricorne à bouger. Le Capricorne donne du sérieux, de la gravité, de la conscience au Gémeaux qui cultiverait volontiers l'irresponsabilité, le cynisme et l'opportunisme. Ils peuvent, certes, se brouiller de temps en temps l'un avec l'autre mais leur alliance va dans le sens de l'intelligence et de la lucidité. Je ne puis m'empêcher ici de penser à Kepler — dont nous reparlerons plus longuement —, et à sa définition de lui-même : « Il y avait dans cet homme deux tendances contraires : toujours regretter le temps perdu et le perdre toujours volontiers. Car Mercure incline aux amusements, jeux et autres menus plaisirs [...]. Comme sa prudence en matière d'argent le tenait éloigné du jeu, il jouait souvent tout seul. » Voilà bien la contradiction Capricorne-Gémeaux, le refus du gaspillage et la tentation de la gratuité, la prudence saturnienne qui ramène le jeu à une équation solitaire.

Il ne faut pas s'attendre à ce que le Capricorne-Gémeaux fasse beaucoup de « cadeaux » à ceux qui l'entourent. Il y a là une certaine franchise provocatrice, voire un peu sadique, où on ne s'épargne pas soi-même. La lucidité peut même devenir ici coquetterie intellectuelle. Parfois, plus simplement, les deux signes peuvent s'allier pour accroître le sens de l'observation, le talent d'écriture, l'acuité du jugement. Association du brio et de la profondeur, de la logique rigoureuse et de la réflexion intuitive.

En amour, le Capricorne gagnera ici du confort affectif en y perdant un peu de passion. Trop lucide pour se faire l'ombre d'une illusion mais prêt à jouer l'instant... en le faisant durer, finalement, plus qu'il ne s'en serait cru capable. Mais il peut aussi vivre la contradiction réunissant dans le même cœur Alceste et Célimène. Cela peut déboucher sur des compromis, des zones de longue fidélité entrecoupées d'incartades sans lendemain.

Le Capricorne l'emporte quand même ici, car il est simplement plus lucide sur l'aspect absurde de ses besoins et de ses manques, prêt à se fâcher contre lui-même mais aussi plus adaptable, moins « tragique », plus sensible au dérisoire et plus riche en humour. Avec, cependant, plus de fragilité nerveuse, un moins bon contrôle de ses émotions ou de ses réactions.

Physiquement, le Capricorne-Gémeaux risque de s'épuiser plus vite qu'un autre. Il lui faut plus de changements, de mobilité... et mieux connaître ses propres limites. On trouve souvent ici des rhumatismes au niveau des membres supérieurs, parfois de l'asthme ou des allergies respiratoires.

Avec une bonne hygiène de vie et pas trop d'agitation noctambule, le Capricorne-Gémeaux doit bien se porter. S'il y a maladie, il faut s'interroger sur son origine psychosomatique.

Capricorne Ascendant Cancer

Deux signes opposés. Mais aussi deux signes complémentaires. Chacun représentant la « nuit » de l'autre. Le Cancer apporte au Capricorne une tendresse plus spontanée, moins contrôlée. Si les deux signes se vivent bien ensemble, ils vont produire une harmonie, un équilibre entre ce qu'il y a de responsable et d'adulte chez le Capricorne et ce qu'il y a d'innocent, d'enfantin chez le Cancer, plein de poésie et de fraîcheur d'âme. On y trouve aussi plus d'imagination et de liberté d'expression. Mais s'ils se vivent dans la contradiction, on assistera à des passages de l'un à l'autre, aussi imprévisibles que déconcertants, à des accès de tendresse et de passion suivis de brusques replis sur soi et de mouvements de pudeur. On y verra des gestes maternels mais avec un désir évident de contrôler l'autre. Parfois le Capricorne-Cancer fera l'aveu d'un besoin de protection, d'un désir de prise en charge puis, soudain, il prendra la situation en main et assumera toutes les responsabilités. Il voudra se rendre indispensable et aura parfois envie de se décharger de tout sur les autres. L'ensemble donnera beaucoup d'attachement à la maison, au cadre de vie, renforcera l'aspect nourricier, le plaisir d'accueillir, de mettre à l'aise (alors même que le côté Capricorne sera parfois ressenti comme distant). Parfois le « don d'intimité » du Cancer l'emportera sur la froideur apparente du Capricorne.

Beaucoup de franchise et peu de diplomatie, dans la mesure où le besoin de vérité se fait intensément sentir. Une tendance à régenter, à organiser la vie des autres. Parfois aussi on rencontrera — mais plus subtilement que chez le pur cancérien — la tendance au chantage affectif.

Les deux signes appartiennent à un axe d'hypocondrie avec ce que cela suppose de dépendance et de masochisme. Bien vécus, on verra le sujet s'intéresser à la santé des autres, à leur équilibre physique et psychique. Mal vécus, ces deux signes réuniront toutes les craintes de la mort, de la maladie et toutes les formes de la régression.

Car c'est là la tentation fondamentale du Cancer : revenir dans le giron maternel, se faire prendre en charge, alors que le Capricorne condamnera cette attitude, marquera sa volonté d'un passage à l'état adulte. Sauf en cas de dépression. Plus qu'ailleurs, on verra ici s'amoindrir l'angoisse en s'occupant des autres pour échapper au désir d'être protégé. Le Cancer accepte sa faiblesse, ses besoins affectifs. Le Capricorne souhaite les dépasser, sinon les éliminer. La passion se vivra alors tour à tour sur le mode masochiste, avec de brusques distances, des éclairs de lucidité qui d'un seul coup cassent le miracle fusionnel tant désiré.

Beaucoup de nostalgie, un fond de tristesse. Toujours le rêve d'un paradis perdu, de cette sécurité maternelle perpétuellement regrettée (on retrouvera cela chez le Capricorne-Ascendant Capricorne avec plus de lucidité et de plus efficaces systèmes d'auto-sabotage). La répression cancérienne s'ajoutant à la frustration capricornienne peut parfois aboutir ici à la mélancolie.

Capricorne Ascendant Lion

Là encore, étrange et déconcertante alliance. Le narcissisme du Lion aidera sans doute le Capricorne à mieux s'accepter. A tenter, du moins, d'affirmer sa supériorité sur les autres. Alliance de deux orgueils d'essence différente, qui rendent l'échec intolérable. La « barre » est haut placée, presque impossible à franchir, au risque de ne rien tenter du tout ou de se leurrer sur ses vrais désirs : l'orgueil du Capricorne, s'asphyxiant dans l'air raréfié des cimes; l'orgueil du Lion qui a besoin de régner, d'imposer sa volonté et sa loi. Lorsque le tandem accède au sommet, le Capricorne, pourtant, ne peut s'empêcher de douter qu'il soit bien, lui, l'objet de tant d'honneurs et de tant d'attentions. Il se rassurera en affirmant que tout est bien ainsi et que c'est à son seul mérite qu'il doit l'admiration qu'on lui témoigne : à la fois plus conscient qu'un autre de ses vertus et plus prompt à les nier, ne serait-ce que pour mieux entendre le doux bruit de la louange. L'humour ne perd pas ses droits; on peut quand même rire sous cape.

Comme il est honnête, il « travaille comme un fou » pour être à la hauteur de sa réputation. Il ne cachera pas son ambition dévorante. Il affirmera bien haut qu'il vaut mieux s'attaquer à la Neuvième Symphonie qu'au dernier « tube » de l'été. Il ne redoutera pas la gloire, mais supportera fort mal de tomber de son piédestal et aura alors tendance à ressasser ses souvenirs, à évoquer sans cesse le temps heureux de ses lauriers.

Son éthique est rigoureuse. On peut compter sur sa parole, sur son engagement. S'il est plus narcissique qu'un autre Capricorne, il l'est néanmoins beaucoup moins qu'un Lion et le besoin qu'il a d'une image de soi supérieure le conduira à tout faire pour mériter l'estime et la confiance des autres. Il travaillera d'arrache-pied, avec une puissance peu commune. Il assumera les responsabilités et la gloire à laquelle il accède parfois, lorsqu'il a atteint le pouvoir recherché, car il en a le goût. Il sait que nul autre que lui ne peut mener à bien la tâche qu'il s'est assignée.

Pierre Mendès France, au visage austère et un peu triste de Saturnien, s'est attaché, sa vie durant, à défendre une certaine idée du socialisme.

S'il rencontre un jour l'échec, le Capricorne-Lion donnera le navrant spectacle de celui qui continue à nourrir chimères et regrets ; il refusera souvent de prendre conscience de ses erreurs et s'abritera derrière un bouc émissaire, qu'il lui donne un nom et un visage ou qu'il s'en prenne à la fatalité.

Il refuse aussi, souvent, d'admettre qu'on ne peut à la fois être et avoir été. C'est lui, sans doute, qui a le plus de mal à renoncer. Mais si son courage et son énergie demeurent intacts, il est capable de remonter toutes les pentes. Il peut aussi conserver et faire partager une image de lui-même que le temps ne flétrit pas — je pense à Marlène Dietrich —, ou poser les fondations de son œuvre de telle sorte que celle-ci lui survive — ce sera peut-être le cas de Maurice Béjart.

En amour, la lutte est âpre entre la culpabilité qu'il ressent à revendiquer une attention permanente de l'autre et le besoin d'être reconnu là où, profondément, il croit mériter l'estime, l'affection, le dévouement. Ces deux signes ensemble promettent force, énergie, courage, vitalité.

Le système cardio-vasculaire exige cependant une surveillance, à cause de la prédisposition naturelle du Lion aux troubles cardiaques et de la tendance du Capricorne à l'artériosclérose.

Capricorne Ascendant Vierge

Deux signes qui font alliance dans le sens de l'intériorisation, du doute de soi, du besoin de sécurité affective aussi bien que matérielle, et de l'intelligence analytique. Mais aussi deux signes capables de transcender leurs besoins, de se dépouiller des oripeaux de l'artifice.

Ils peuvent se vivre sur deux modes radicalement différents, à partir de la même composante : ou bien l'être s'enferme, se replie sur lui-même, se rétrécit, se cache, ne surmonte pas ses inhibi-

Malgré ses erreurs politiques, Nasser est considéré comme le grand réformateur de l'Egypte moderne.

tions, s'englue dans la peur et se surprotège contre le risque. Il s'enlise alors dans l'égoïsme, sans rien pouvoir donner aux autres tant il redoute qu'on lui prenne quoi que ce soit. Ou bien alors il prend de bonne heure conscience de cette menace qui peut l'enfermer à jamais et il tend la main vers les autres, il prend la parole, tente de se faire entendre et reconnaître, passe à l'altruisme et au dévouement le plus remarquable.

Deux signes consciencieux, soucieux de l'opinion des autres mais plus sévères encore envers eux-mêmes qu'avec autrui. Plus misanthropes aussi (les hommes surtout), plus sceptiques et vulnérables à la fois, partagés entre le désir de se constituer un univers immuable et sûr et celui d'échapper à leur prison, éventuellement en se mettant eux-mêmes en péril. Comme si cette alliance des deux signes les plus raisonnables, les plus sages du Zodiaque, incitait — pour pouvoir au moins s'entendre exister — à courir au-devant de quelques folies, à frôler la démesure, à se mettre en danger. Mais, en amour, rares seront ceux qui se sentiront compris, qu'on aidera à sortir de leur coquille, qu'on violera, selon leur désir et leur terreur. Pourtant, quelle reconnaissance à l'égard de ceux qui sauront deviner leur secrète aspiration : qu'on les aide à sortir d'eux-mêmes, qu'on aille au-devant d'eux alors qu'eux-mêmes ne peuvent faire un pas, qu'on les fasse rire, qu'on les délivre!

Parfois, ce misanthrope choisira le couvent ou l'exil. Ou encore le plus réel désintéressement, le plus vigilant altruisme. Excellente structure, par exemple, pour le médecin qui passera ses nuits au chevet de ses malades, tentant de se réconcilier un peu avec cette image de lui-même qui lui déplaît grâce au sentiment d'être utile. Ou bien encore, sa nature Vierge se mettra efficacement au service de l'ambition capricornienne, en lui apportant toutes ses qualités de conscience, voire de perfectionnisme, de rigueur, de précision, d'ordre, d'honnêteté. Il ne sera jamais très indulgent pour les faiblesses humaines. Pas plus pour les siennes que celles des autres. Il ne sera jamais complaisant envers personne. S'il a du génie, si quelque Neptune visionnaire le visite, il dénoncera la « comédie humaine », jouant du scalpel avec la précision du chirurgien qui ne laisse rien au hasard. Plus que d'un autre Capricorne, on peut dire de lui qu'il lutte toute sa vie pour se trouver une foi qui l'aide à survivre, lui qui jamais ne parvient à se faire d'illusions. Mais plus qu'un autre aussi, il devra lutter contre des blocages essentiels. Il ne peut y parvenir que par l'intelligence et la lucidité.

Ses faiblesses physiologiques sont d'ordre digestif mais il a de la discipline et apprend généralement à se bien nourrir et sait éviter les excès.

Capricorne Ascendant Balance

Le voilà bien, le plus écorché vif de tous, le plus vulnérable, le moins cuirassé. Lucide par le Capricorne mais romantique par la Balance, il ne se résignera jamais à être un mal aimé. Ses frustrations resurgissent à chaque instant, devant le moindre rejet, le moindre abandon. Lâche devant les affrontements qu'il supporte mal, il se punira sans cesse de ses hésitations et de ses atermoiements. Il a si peur de déplaire qu'il se surprend sans cesse en flagrant délit de compromissions, lui qui les condamne volontiers. Afin d'être aimé, il se mettra en quatre pour les autres, ne saura jamais dire « non », mais souffrira de ne jamais recevoir ce qu'il attend : c'est-à-dire d'être reconnu là où il sait exister, avec cette sensibilité vibrante qui est la sienne. Il possède plus qu'un autre cette nature hypersensible et passionnée qui tente de se contrôler, qui fait appel à l'orgueil pour le protéger contre ses propres faiblesses.

Les deux signes appartiennent pourtant au règne des cardinaux. Ils se rejoignent dans une intransigeance qui surprend. Un souci de justice, un attachement à l'équité les rendront exigeants pour ceux qu'ils aiment, bien plus que pour le « troupeau » des indifférents. Comme si cela aidait à exiger de soi-même davantage, comme si cela protégeait un peu contre ses propres manques.

Souvent, il a des dons artistiques; la sensibilité alors s'épanouit et le Moi s'affermit, permettant parfois de manifester beaucoup de force dans l'adversité. Mais on peut trouver aussi dans cette structure le courtisan, le diplomate, celui qui met son savoir-faire et son doigté au service de sa vie sociale, parfois même de ses affaires.

S'il a du mal à se faire reconnaître dans ses aspirations sentimentales, au moins il sera soutenu dans ses ambitions et admis dans la société dont il a accepté les règles du jeu. Mais il est rare qu'il se défende bien lorsqu'il est attaqué de front. Il n'y parviendra qu'en louvoyant, en gagnant du temps, en usant de son charme, recherchant des alliances et les exploitant.

Bien des choses vont dépendre des événements qui marqueront sa jeunesse. Protégé, il apprendra facilement à « tirer les ficelles », à manipuler les autres pour satisfaire son confort. Traumatisé, blessé dans ses affections premières, il mobilisera plus souvent son énergie pour colmater les brèches tant bien que mal.

Dans l'ensemble, les Capricorne-Balance passent pour avoir beaucoup de charme; l'un cherchera surtout à séduire, l'autre à se faire aimer. Ils touchent par ce mélange de pudeur et de passion, de lucidité et d'aspiration à l'amour absolu. Si on les apprivoise, si on les devine, si on les comprend, on ne tarde pas à les aimer. Mais on ne le leur dira jamais assez, peut-être parce qu'ils interdiront le mot d'un regard, par peur de l'émotion dévastatrice que l'on risque alors de soulever en eux. Ils minimiseront toujours un peu ce qu'ils ressentent, de crainte de se prendre eux-mêmes au sérieux.

Sur le plan pathologique, attention aux calculs rénaux, aux coliques néphrétiques, aux lithiases rénales et aux ennuis de vessie.

Capricorne Ascendant Scorpion

L'une des plus intéressantes structures, comme son inverse (Scorpion-Capricorne), parce qu'elle permet au Capricorne d'extérioriser sa violence, d'exprimer son intensité, de laisser parler le feu du volcan, d'aller jusqu'au bout de ce qui le mène : la passion de la vérité et de l'absolu, le besoin de se dépasser soi-même. Le Capricorne-Scorpion a plus de courage que les autres pour dire, pour faire face, pour endurer. Il est plus intransigeant encore que les autres. Son caractère ne passe jamais pour facile. Il s'acharne parfois contre ses ennemis au-delà de ce qu'ils méritent. Il ne craint pas de les « tuer » par la dérision ou le ridicule (Léautaud). Il a moins que d'autres besoin de séduire et de plaire. Il ira même au-devant de l'inimitié, trouvant dans l'hostilité des autres une secrète nourriture à son orgueil, une jouissance auto-sadique très subtile. Sans complaisance envers lui-même, il se reconnaît néanmoins une vertu : celle qui le pousse à contraindre les hommes à se voir tels qu'ils sont. Il dénonce les illusions et les faiblesses des autres, mais n'a aucune indulgence pour les siennes. Il ne supporte aucun mensonge, sauf si cela sert son besoin de pouvoir et s'il assume un certain machiavélisme. Il ricane parfois, caustique, ironique. S'il y a derrière tout cela la souffrance et l'obsédante présence de la mort et de la destruction, la conscience aiguillonnante du néant à venir (Edgar Poe), jamais il ne geint. C'est la révolte ou le mépris, plus souvent encore la solitude des orgueilleux, le sens du tragique, l'auto-sadisme. Jamais satisfait de lui-même, il est capable, comme Cézanne, de détruire ses propres œuvres parce qu'il a le sentiment de ne jamais atteindre à ce qu'il veut avec tant de volonté et de patience. C'est un acharné. S'il cesse de se battre, il sait bien que c'est la mort. Il possède une réserve d'énergie extraordinaire. Énergie psychique, énergie physique. Énergie qui s'alimente de sa propre insatisfaction. Ne jamais se contenter de l'acquis, ne jamais rien accepter, se révolter et savoir que cette révolte ne sert à rien, tel est le combat de cet Alceste plus véhément ou plus sauvage que les autres.

Désabusé ? Blasé ? Je ne le pense pas. Car c'est un lutteur qui n'abandonne jamais le combat même s'il sait que la mort en est l'issue. Et il a de la patience; il se donne du temps. Ce qui lui importe c'est le cri, la protestation qu'il lance contre le ciel parce qu'il se sait condamné — ou damné —, ou floué dès le départ.

On ne l'aime guère. Même si parfois il séduit ou fascine, il inquiète et dérange. On le craint parce qu'il a la dent dure et le regard aigu. On ne peut l'acheter et il se moque de déplaire. Du moins a-t-il un jour décidé de s'offrir ce luxe. Trop verts, les raisins ? Peut-être bien; mais certains êtres n'ont pas l'échine souple.

En amour, bien sûr, on voit mal comment le bonheur pourrait aisément pousser sur ce terrain aride, et qui pourrait supporter cette hautaine exigence. Il peut alors choisir d'être seul, d'aimer les chats plus que les humains ou de tromper ses frustrations avec des passions moins humaines : l'art, la religion, la philosophie... Ou choisir le chemin inverse et plonger dans le mal. Derrière tout cela, certes, on retrouve le même aveu de faiblesse, avec la blessure que rien ne peut refermer — jamais. La force, précisément, consiste à la transcender, à l'utiliser à bon escient.

Le Capricorne-Scorpion est solide comme un roc, malgré toute l'énergie qu'il peut mettre à flirter avec la mort et la destruction. Lorsqu'il s'en approche (car parfois il va très loin dans la somatisation), un puissant instinct de conservation le remet debout. Qu'il le veuille ou non.

Capricorne Ascendant Sagittaire

Peut-être celui de tous qui a la plus puissante revendication vitale (sauf, comme chez Drieu La Rochelle, si d'autres valeurs viennent tout faire exploser). Un côté brut dans la parole comme dans le geste, mais sans agressivité réelle. Un besoin, d'abord, de laisser la force s'exprimer, sortir de soi; la tendresse, on l'exprime souvent comme ça, à travers des élans très physiques, par pudeur et aussi par impudeur parce qu'il y a une force qui sort du plus profond de soi-même.

Gérard Depardieu, Capricorne-Sagittaire, a confessé dans *Match* cette violence de « fauve ». Il ne se vante pas des coups qu'il a faits, de sa jeunesse tumultueuse. Il s'exprime avec sincérité, presque avec objectivité : « J'ai été réformé à l'armée pour hyperémotivité pathologique. Parce que je ne parlais pas. Pas du tout. Je beuglais. » La sentimentalité est derrière, à peine cachée, juste un peu, par l'humour et la distance. Il parle d'un copain qui s'est tué en bagnole : « J'ai été secoué mais j'ai pas pleuré. Je pleure rarement. Des fois, j'ai pleuré sur moi, au temps du stop, quand j'étais sur la route tout seul ! La fièvre, la solitude, l'ennui quand arrive le soir, la nuit, entre chien et loup. Là, on se dit : "Tiens, merde, encore une nuit et il commence à pleuvoir." Alors je pleurais un coup. Ça fait du bien... Se prendre un moment pour Cendrillon. »

Peut-être le Capricorne-Sagittaire supporte-t-il plus mal que les autres les frustrations auxquelles il se heurte parce qu'il a plus qu'un autre sinon le goût du moins un certain instinct du bonheur, de la vie, du plaisir, de la jouissance, et que son émotivité est très intense, parfois

Tous les observateurs politiques s'accordent à reconnaître le rôle prestigieux du principal chef de la révolution chinoise : Mao a réussi à faire de son pays, peu développé économiquement, une puissance mondiale de premier plan.

dévastatrice. Il a horreur de la tiédeur des sentiments pasteurisés qu'on lui propose. Alors, il a envie de « cogner ». C'est son réflexe le plus sain. S'il se contrôle trop bien, il ne peut pas « cogner » sur les autres, et alors la tentation de cogner sur lui-même déferle sur lui comme une pluie d'orage. C'est un passionné séduit par l'anarchie, avec la vision romanesque qu'il en a.

Le feu sagittarien qui réchauffe le Capricorne ne peut être entretenu que par des bûches affectives et c'est là sa faiblesse.

Habituellement plus chaleureux que le Capricorne pur, il inspire confiance et on va vers lui. On s'en remet à lui. Alors, il prend en charge, trop heureux d'exister pour quelqu'un. La dualité est forte entre le Sagittaire mobile, aventureux, voyageur, répétant le « on n'est bien qu'ailleurs » du Sagittaire Paul Éluard, et le Capricorne enraciné, monolithique, prudent et pétrifié. Si on l'entraîne, il suit, trop heureux d'avoir été délogé de sa tanière. Mais si personne ne vient le chercher, il a du mal à bouger. Parfois, si le Sagittaire s'emballe, se sent prêt à faire le grand saut, à commettre enfin la folie libératrice, le Capricorne lui impose de rester tranquillement au chaud et lui déconseille tant d'agitation.

Cette dualité, je la ressens très fort. Je me plains de l'émotivité que m'a donnée le Sagittaire et de la lenteur de mon Capricorne à la maîtriser. Le sentiment, toujours, que les blessures s'accumulent, que les cicatrices se rouvrent toutes ensemble, et même les plus anciennes, chaque fois qu'un nouveau coup nous transperce. Et cette horreur de la vulnérabilité qu'il faut alors admettre. Et la joie de savoir à travers cette souffrance qu'on est un être vivant. C'est la passion, et elle seule, qui maintient en vie. Mais comme le renoncement, alors, est difficile! Il faut donc se résigner à trouver des raisons de vivre dans la création, le coup de poing, l'aventure, hors de soi. Longue conquête pour qui a envie d'exiger le bonheur comme un dû. O nostalgie

Richard Nixon fut, malgré sa chute brutale, le premier président des Etats-Unis à s'ouvrir à la Chine, puis à l'U.R.S.S., en concluant avec ces nations des accords qui limitaient la production et l'emploi d'armes atomiques.

des Tarzan, des Zorba, des grands pumas sauvages qui accueilleraient tous les élans, qui délivreraient des chaînes de la raison!

Le Capricorne Ascendant Sagittaire a quelque chose d'un Pygmalion (ou d'une Pygmalionne) : aider son prochain, satisfaire son côté missionnaire, être aimé à tout prix, fût-ce à celui que dans son orgueil on trouve bien trop élevé. Ou viser plus haut, au-delà de soi-même, quand le Capricorne ne retient pas trop le bras de l'archer-Centaure prêt à lancer sa flèche. Difficulté à se trouver des motivations pour aller de l'avant si la foi disparaît. Il y faut une force supérieure qui vous tire. Ainsi Jeanne d'Arc, à laquelle on peut imaginer un Ascendant Bélier ou Sagittaire.

Pour certains encore, ce sera l'ambition, ou un but qui fait croire à une contribution quelconque au bien commun.

Le Sagittaire compense-t-il les frustrations du Capricorne? Dans la mesure où il le rend moins misanthrope, plus optimiste, plus confiant, sans doute. Mais l'émotivité est là, toujours, comme un piège tendu. Et si la vie se refuse, si la confiance en l'avenir disparaît, reste-t-il quelque chose?

Capricorne Ascendant Capricorne

Quintessence de Capricorne. Presque une caricature. Des angoisses bien contrôlées, bien dissimulées sous le masque de la dignité. Mais comment se fait-il qu'on y « somatise » plus qu'ailleurs, qu'on s'y maltraite plus qu'ailleurs dans le secret de son corps, qu'on s'y alcoolise parfois, qu'on fuie la solitude dans la solitude et le manque dans le manque, qu'on y soit rarement aimé sans que l'abandon soit au bout, provoqué ou non, qu'on y soit, plus qu'ailleurs, célibataire ou mal accompagné?

Pourtant, vu de l'extérieur, on a le spectacle de la plus parfaite maîtrise de soi. Tout a l'air d'être en ordre. Le regard sur les autres est aigu, peu indulgent. Tout de suite, le défaut de la cuirasse — de l'autre — est perçu. Sans doute parce que le Capricorne Ascendant Capricorne sait bien où se faufilent toutes les failles. Car elles sont déjà en lui, bien sûr.

A lire ce portrait, on aurait vite mauvaise opinion de cet « éclaireur d'abîmes ». Mais s'il a l'esprit critique c'est qu'il l'a exercé contre lui-même depuis belle lurette et qu'il est volontiers sa propre cible. Il donne volontiers dans le stoïcisme, mais sait ce qu'il lui en coûte. Il semble mépriser facilement; on le croit hautain, on le juge distant et froid. Il ne faut pas s'y tromper : la vérité est qu'il ne s'aime pas et qu'il se construit tant bien que mal des systèmes de défense.

Lorsqu'on le connaît bien, qu'on a accès à son être secret, on découvre sa vigilance, son besoin de tendresse, sa passion, son honnêteté, sa rigueur morale et cette autocensure qui si souvent le paralyse. Son courage aussi. Tout ce qu'il voudrait vivre et qui lui est refusé parce qu'on ne l'entend pas. Par sa faute, parce que son cri a été étouffé de sa propre main.

Certes, la structure est « dure à vivre ». Elle enferme dans une tour, d'où l'on voit loin mais où personne ne peut pénétrer. Mais si le Capricorne au carré ne s'enferme pas trop dans son bon droit, sa bonne conscience, s'il accepte de se remettre en question, s'il ne se met pas à l'abri dans son corset janséniste — ou parpaillot —, alors il peut se dépasser lui-même et donner sa mesure. Souvent dans la science où sa persévérance sera sans limite, dans un travail altruiste qui seul le délivrera de ses frustrations, dans un travail d'étude et de réflexion, dans une activité politique où il se révélera parfois remarquable. Ou bien encore dans un travail solitaire, comme Pasteur, conscient d'avoir l'éternité devant lui et la résistance de la pierre; aucune adversité n'a prise sur lui et n'entrave son action.

C'est là, sans doute, à sa formidable puissance de travail, à son incomparable persévérance, que se reconnaît le pur Capricorne. S'il trouve un but à sa mesure, il se découvre des trésors d'énergie; il peut « soulever des montagnes », user tous les obstacles, décourager l'adversité.

Pathologiquement, on trouve en lui toutes les prédispositions du signe : allergies cutanées, « humeurs crasses », troubles digestifs, rhumatismes, auto-intoxications diverses... et, au bout du compte, une belle longévité.

Capricorne Ascendant Verseau

La complicité entre les deux signes est très positive puisque Saturne est le maître nocturne du Verseau et Uranus le maître nocturne du Capricorne (inversant ainsi leurs maîtrises diurnes).

Dans cette structure, ce qui dans le Capricorne est le plus novateur, révolutionnaire, passionné de connaissance (et qu'on retrouve chez des Capricorne tels que Newton, Franklin, Kepler, Pasteur...) se trouve plus facilement mis au jour par la présence du Verseau. L'un puise aux sources de la Tradition, l'autre ne craint ni d'innover, ni d'inventer, de découvrir ou d'expérimenter. La cohabitation peut donc être des plus fructueuses.

Bien sûr, il peut y avoir contradiction intime entre le goût de l'aventure et la prudence, entre, surtout, deux rythmes profondément distincts : l'un s'inscrivant dans une durée saturnienne purement continue, sans rupture, l'autre dans un discontinu, comme le pointillé qui s'opposerait au trait.

Le destin peut en être bousculé, subir des alternances de stabilité et d'errance, de sédentarité et de nomadisme. La pensée elle-même opère des retours en arrière, comme si elle prenait son élan dans les profondeurs saturniennes pour mieux se lancer à l'aventure et assumer le risque.

Les rapports aux autres y semblent plus faciles grâce au don d'amitié du Verseau, que la fidélité capricornienne fait apprécier mieux encore. Il semble aussi que ce signe aérien, indépendant, se libère plus facilement des frustrations du Capricorne, en soit moins atteint ou se montre capable de les sublimer plus aisément, dans la création, la recherche, la connaissance et, parfois, l'action. Il ne s'enferme jamais dans une voie étroite. Prudent dans sa façon de chercher, patient dans la conduite de son travail. Il aime le secret.

Discret, généreux et sympathique, il s'efface volontiers devant les autres mais apprécie qu'on reconnaisse ses mérites, qu'on l'encourage, qu'on le soutienne dans sa quête.

Des aspects naïfs. De l'humour et de la gentillesse. Moins grinçant, moins amer que d'autres mais plus intellectuel et moins vital. Il rit volontiers. Très sérieux dans son travail, il supporte mal qu'on doute de lui, qu'on ne lui fasse pas confiance, car il manque d'assurance.

Affectivement, il se tricote parfois une vie compliquée, ayant à la fois besoin de protéger son indépendance et d'être totalement sûr de l'autre. Il peut faire preuve du plus grand altruisme envers ceux qu'il aime. On ne fait pas appel en vain à son sens de l'amitié et des responsabilités. Mais il a besoin de liberté et se plie difficilement aux contraintes (celles du mariage, par exemple). L'engagement pris, cependant, est durable.

Il se porte bien à partir du moment où il fait ce qu'il voulait faire, où il a trouvé sa voie. On peut craindre des ennuis de circulation, de mauvaises vertèbres, parfois des troubles cardio-vasculaires et des problèmes affectant les membres inférieurs.

Capricorne Ascendant Poissons

Contradiction entre une nature « froide », contrôlée, rationnelle, raisonnable, et une nature « folle », irrationnelle, sentimentale. La réflexion philosophique peut s'allier au tempérament mystique, avec les conflits intérieurs que cela suppose.

Le Capricorne réfléchit, le Poissons devine. L'un analyse, l'autre se laisse guider par une intuition innée. L'association peut être productive, avec une bonne utilisation de ces deux outils, somme toute complémentaires.

Plus affectif qu'il ne veut l'avouer, plus sensible qu'il ne veut le laisser paraître, il se défend parfois avec brusquerie des élans de tendresse qui le poussent vers les autres. Il est déçu, — trop souvent; parce qu'il fait parfois crédit sans discernement, par besoin de faire confiance, de croire en l'être humain. Il défend ce qu'il appelle le droit ou la justice, avec naïveté. Il y laisse des plumes.

Il est à la fois très conscient de ce qu'il fait et soudain indifférent, de façon déroutante, à ce qui peut blesser l'autre. La douche écossaise. Plus à l'aise dans l'amitié que dans l'amour, à cause des blessures tôt reçues, il cache souvent ses vrais sentiments. On le croit plus froid et moins sensuel qu'il n'est.

Moraliste, mais avec ses propres critères de jugement, s'opposant volontiers aux idées à la mode, aux systèmes de pensée en vogue, il défend les idées simples, un certain humanisme. Au fond, c'est un idéaliste qui n'accepte pas toujours de le reconnaître. Il ennuie parfois son entourage par sa façon de lui faire la morale ; un rien prêcheur, et pas mécontent de culpabiliser un peu son monde. Il rit doucement, si on se moque de lui sans méchanceté.

Le Capricorne ne tient jamais rigueur de la franchise. Cela fait partie de son système moral. Au fond, il voudrait bien que tout le monde soit « beau et gentil » et souffre qu'il n'en soit rien. Il ne s'y résigne jamais tout à fait. Parfois pourtant, il commet des actions qu'il se reproche... parce qu'il s'est arrangé, sur le mode Poissons, avec sa conscience, et que le Capricorne le contraindra à s'avouer sa faute et à battre sa coulpe. Un peu masochiste, il en arrive même à se punir lui-même.

Côté cœur, il arrive qu'il fasse le choix d'une vie simple, avec un être judicieusement élu. S'il rencontre des tentations, il y résistera; non sans mérite. Là encore le Capricorne empêchera le Poissons de « pêcher en rond ». S'il est célibataire ou libre, il n'aura de cesse que quelqu'un l'aime mais ne croira jamais que cela soit vraiment possible. Il en a pourtant un besoin dévastateur. Il est prêt à donner beaucoup; trop parfois. Il pressent qu'il sera mal aimé et déçu, car il sait aussi qu'il fait souvent le mauvais choix et qu'il donne à qui ne le mérite pas. Parfois maladroit dans son rapport avec les autres, et le sachant. Furieux contre lui-même de son besoin d'amour qu'il sent démesuré, régressif, parce qu'il ne l'envisage que fusionnel. Il aspire au bonheur tout en sachant qu'il le vit comme un désir infantile. Alors, parfois, il renonce à tout. Et c'est la tentation mystique ou spirituelle, moins décevante, en tant qu'aventure, que toute union humaine.

Pourtant, il ne se débarrasse jamais d'un fond de scepticisme, non pour jouer les esprits forts, mais parce que le doute est en lui. Il connaît des états dépressifs mais les surmonte presque toujours.

Il réunit en lui les secrets de la chèvre Amalthée et de sa métamorphose en moitié de sirène. Alchimie mystérieuse qui donne ici, au Capricorne, l'accès aux voies de l'inconscient.

Humphrey Bogart : son charme intériorisé, son jeu extraordinairement sobre d'anti-héros, ses rôles tristes et tourmentés en ont fait une légende.

Chapitre IV

Quelques personnalités nées sous le Signe du Capricorne

Juan Carlos : un être choisi par la tradition pour être roi et qui a préservé l'intégrité de son royaume : c'est la vocation des Capricornes.

Quelques grands noms

La grande famille Capricorne

Qui ne voit d'emblée ce qui lie Montesquieu, Molière, Léautaud ou Saint-Simon, par exemple, n'a rien compris au Capricorne. Car c'est, bien entendu, dans le domaine de la littérature, des mémoires ou de la philosophie que le Capricorne se révèlera de la façon la plus évidente.

Montesquieu fait dire à Usbek, dans *les Lettres persanes* : « Quel plus grand crime que celui que commet un ministre lorsqu'il corrompt les mœurs de toute une nation, dégrade les âmes les plus généreuses, ternit l'éclat des dignités, obscurcit la vertu même, et confond la plus haute naissance dans le mépris universel. » On reconnaît bien là le ton de nos moralistes sévères, même si Montesquieu fait partie de ceux qui ont de l'esprit. « Mieux qu'un autre, écrira à son propos Jacques Roger, il était capable de peindre les ridicules et de saisir les grandes idées. D'instinct sa pensée allait aux grands problèmes, à la recherche de la justice et du bonheur, et des moyens de les atteindre dans une société d'hommes. »

Ce qui est dit ici à propos de Montesquieu ne pourrait-on le dire de Molière, ne pourrait-on le dire de Saint-Simon?

A ce propos, il est amusant de noter que Georges Poisson, dans son ouvrage consacré à *Monsieur de Saint-Simon*, réagit à l'astrologie, et apporte de l'eau à notre moulin : « 16 janvier 1675. M. François-Régis Bastide a fait remarquer que l'enfant se plaçait ainsi sous le signe du Capricorne, avec Saturne comme planète dominante : " Le signe de la solitude inquiète... des enfants nés vieux, insatiables dans la connaissance, le signe de Sainte-Beuve, d'Edgar Poe et de Cézanne..." On pourrait dire aussi, ajoute Georges Poisson, le signe de Mazarin, Talleyrand, Poincaré, Léautaud, Staline : quelles ressemblances trouver entre tous ces personnages si différents? »

Mazarin avait un Ascendant en Capricorne et Saturne au Milieu-du-Ciel, Talleyrand avait Saturne et Mercure en Capricorne, mais ni le Soleil ni l'Ascendant, Poincaré avait L'Ascendant en Capricorne conjoint à Jupiter, Léautaud et Staline étaient bel et bien Capricorne. Différents, en effet, mais avec des « points de rencontre » qui, je l'espère, ont été rendus évidents par ces pages.

« Le courage de dire ce qu'il pense... »

Saint-Simon fut l'ami de Montesquieu et lui survécut. Georges Poisson, dans son ouvrage, nous restitue par petites touches le portrait d'un personnage sensible, courageux dans ses propos (« Il a toujours le courage de dire ce qu'il pense même mal à propos. »), ambitieux, peut-être arriviste mais désintéressé car « il ne court ni après les pensions, ni après les abbayes, ce qui explique le délabrement de ses finances ». Ce n'est pas un homme de cour mais un témoin passionné de tout ce qui fait la vie du royaume. Il dira : « Je me suis donc toujours trouvé instruit de toutes choses par des canaux purs, directs et certains. » Son souci essentiel : « Dire la vérité sans blesser ma conscience. »

Saint-Simon souffrit de sa très petite taille (sans doute pas plus d'un mètre cinquante). Il eut très certainement le complexe habituel aux hommes qu'on regarde de haut et il chercha à le compenser par un besoin accru de s'affirmer, de dominer.

On l'imagine vêtu de façon stricte et sobre et non couvert de rubans et de dentelles. Avec l'œil vif et inquisiteur, un visage peut-être ingrat (qui ne transparaît pas dans ses portraits), mais très mobile. Il était fluet, la voix haut perchée. Certainement pas un séducteur.

Chrétien sincère, honnête, soucieux de vérité, « brillant causeur, bon danseur et bonne fourchette. Mais il est en revanche rebelle aux trois activités maîtresses des hommes de son époque : la chasse, le jeu et l'amour », nous dit Georges Poisson. Cela sonne, là encore, comme un point commun à beaucoup de Capricorne.

Pourtant Saint-Simon fut heureux en mariage et très certainement fidèle à sa femme dont il pleura la mort.

Georges Poisson dira plus loin : « Pour le souverain, Saint-Simon n'était qu'un maniaque de l'étiquette, un vieux duc suranné et raisonneur, un véritable " fâcheux " de Molière. » Ou peut-être un empêcheur de danser en rond. Il est vrai qu'avec l'âge il perd un peu de sa fougue, de son audace et qu'il devient plus obséquieux. Pourtant, cette passion de la vérité, jusqu'à un âge avancé, l'emporte sur tout. « Louis ne se rendait pas compte que ses mots d'esprit lui faisaient plus de torts que des causes plus sérieuses. Mais ne peuvent le désapprouver, finalement, que ceux qui n'ont pas goûté le plaisir de dire, parfois, ce qu'ils pensent. » Et Georges Poisson ajoute : « Saint-Simon avait l'esprit de contradiction et adorait prendre le contre-pied des opinions qu'on lui demandait d'approuver. » On pense à Léautaud...

Même dans son mépris de certains plaisirs : « Que les plaisirs des sens sont inférieurs à ceux de l'esprit! » Pourtant, c'était un homme sensuel, un gourmet, qui se protégeait, s'abritait derrière une solide vertu.

Saint-Simon était lucide. Parfois quelque peu masochiste. « Impeccable dans sa vie privée, franc et naïvement ambitieux dans sa vie publique, il ne pouvait comprendre que les règles diffèrent suivant le jeu pratiqué. » Forcément, puisqu'il n'était point joueur. Et, plus loin : « Les seuls conflits de conscience qu'il connaissait opposaient ses amitiés et ses principes, et encore, dans ce cas, gardait-il souvent la neutralité. »

Poisson nous le décrira encore : « Pénétrant psychologue, souvent bon juge des hommes, Saint-Simon ne sait pas profiter de ses qualités pour conduire sa propre barque, et mène ses affaires politiques et financières avec la même incohérence. N'est-ce pas cette faiblesse qui le rend attachant? » Faiblesse ou sincère désintéressement, indifférence ou honnêteté?

Il a été souvent déçu : « Avoir cru à l'amitié et avoir été trop souvent déçu par elle, n'est-ce pas un des plus grands drames de Saint-Simon? » Et on est tenté de citer cette lettre au duc de Saint-Aignan, datée du 7 novembre 1735 : « Si je suis coupable, Monsieur, d'une lettre que vous devez recevoir de moi en main propre, accusez-en la persévérance de votre silence et la douleur de mon amitié. Plus elle se sent tendre, fidèle, inaltérable, plus elle s'est trouvée pénétrée d'un délaissement si opiniâtre et si affecté, et à la fin elle a éclaté en plaintes amères... Je sais aimer, et plus j'estime ce que j'aime, plus j'y suis lié par la juste confiance du retour, et plus l'amertume est grande quand je crois ne pouvoir plus me dissimuler un changement aussi sensible. »

Saint-Simon n'est pas l'homme froid et maniaque qu'on nous a trop longtemps dépeint mais un homme intransigeant et passionné de franchise, avec des dons d'observation et un sens psychologique remarquables.

« J'ai mis le doigt sur l'apostume! »

L'anecdote suivante nous le prouve. Saint-Simon reproche au duc d'Orléans sa mollesse : « Pour cela, Monsieur, il faut dire la vérité : c'est que depuis Louis le Débonnaire, il n'y en eut jamais de si débonnaire que vous! » Et, devant la fureur du duc : « Courage, Monsieur, traitez bien vos ennemis et fâchez-vous contre vos serviteurs. Je suis ravi de vous voir en colère, c'est signe que j'ai mis le doigt sur l'apostume : quand on la presse, le malade crie. » Cette insolence, cette franchise, certes, ne lui firent pas que des amis, mais ceux qui l'acceptaient savaient qu'ils trouveraient toujours en Saint-Simon un homme sincère, sur lequel ils pouvaient compter. La chose, à l'époque, et pour les grands de ce monde plus souvent flattés que servis, devait avoir sa valeur.

Et, là encore, on retrouve l'écho des voix de Molière, de Montesquieu, de Léautaud et de quelques autres.

La franchise, la sincérité, n'est-ce pas encore un des traits de caractère qu'on retrouvera chez Jeanne d'Arc (qu'on fait naître le 6 janvier 1412), et qui traversera tout son procès. Insolence, attachement fanatique à la vérité, à sa vérité, humour et liberté de dire, et grand courage : « La manière que j'ai toujours dite et tenue, je la veux encore dire et maintenir... Si j'étais en jugement, que je visse le feu allumé, les bourrées préparées et le bourreau prêt à bouter le feu, et si moi-même j'étais dans le feu, je ne dirais autre chose et soutiendrais jusqu'à la mort ce que j'ai dit. »

Gabriel Hanotaux, dans son *Jeanne d'Arc*, écrira : « Quand on insiste de nouveau sur le vêtement d'homme et qu'elle a dit et répète encore, avec tant de raison, que " c'était rien, moins que rien ", elle relève vivement d'Estivet qui lui reproche de ne pas se consacrer aux ouvrages de femme : " Quant aux œuvres dont vous me parlez, il y a assez d'autres femmes pour les faire! ". Cette belle humeur, cette promptitude constante, mettent en fureur des chats fourrés qui ne manquent pas de lui en faire un crime et d'accuser son esprit de moquerie et de dérision. Le courage est gai; la violence est triste. »

Du côté de la sainteté, d'ailleurs, les Capricorne ont des modèles à suivre; en plus de Jeanne, n'y a-t-il pas Bernadette Soubirous et Thérèse de Lisieux ?

« C'est effrayant, la vie! »

Dans le domaine de l'art, Cézanne nous donne aussi l'image d'un vrai Capricorne, avec cet Ascendant Scorpion qui leur donne à tous un caractère particulièrement tourmenté et une énergie exceptionnelle. Ce côté « trompe-la-mort », « trompe-la-misère » qui maintient debout le Capricorne, contre vents et marées.

Cézanne est né le 19 janvier 1839, à 1 heure du matin, à Aix-en-Provence.

Cézanne a été déchiré, dévasté, ulcéré par les attaques dont il a été l'objet. La gloire est venue trop tard et, encore, mal affirmée, boiteuse, controversée. Ses ennemis (sans doute ce Jupiter-Lune Noire en Maison XII opposé à Pluton, avec cette alternance d'amitiés fidèles et d'ennemis infatigables) l'ont rendu presque fou. Cet homme qui, certes, n'avait pas un caractère facile, s'est parfois laissé aller aux pires lâchetés, aux pires obséquiosités, comme le jour où il se jeta à genoux devant Rodin parce que celui-ci (un Scorpion-Capricorne) lui avait serré la main. Mais il était capable de quitter une assemblée d'amis qui le fêtaient, pris soudain du soupçon qu'on se moquait de lui et ne pouvant en supporter davantage; ombrageux, solitaire, blessé à mort, à la fois plein d'orgueil et dévoré par le doute; il se sentait désespéré, se croyait raté mais était en même temps très conscient de son génie. Il ne s'intéressait pas à la théorie, seulement à la peinture (nous retrouverons cela chez César, cet autre Capricorne-Scorpion), sa puissance de travail était exceptionnelle; le travail le guérissait de tout, apaisait ses angoisses, alors il travaillait et travaillait sans cesse. « Travaillons », un de ses mots favoris. Avec cette formule : « C'est effrayant, la vie! »

Cézanne ne s'aime pas. Aucun Capricorne ne s'aime vraiment. Il dit : « Je suis lourd, stupide et lent. » Il le ressent dans son pas, dans sa démarche, dans son corps. Il n'éprouve aucun goût pour la toilette; il lui importe peu de se rendre, n'importe où, habillé comme un paysan. Il est « insatisfait, bougon » et, comme le dit son biographe, Henri Perruchot, il a toujours peur qu'on attente à son intégrité, qu'on lui « mette le grappin dessus » et même qu'on le touche. Il se tient, toujours et sans cesse, à l'écart. Il reste silencieux et secret sur ce qui l'atteint vraiment. L'amour le terrifie; il n'ose pas s'approcher des femmes, sans doute parce qu'il les idéalise trop (conjonction Vénus-Neptune en Verseau). C'est un insatisfait, perpétuellement conscient de son impuissance à atteindre cet art parfait et absolu qu'il imagine. Perruchot dira encore de Cézanne : « Cet effarouché est aussi un orgueilleux qui ressent les plus légers froissements d'amour-propre et se referme aussitôt comme une sensitive blessée. » En bon Capricorne, c'est un écorché vif, constamment à l'affût de la moindre blessure à venir, du moindre rejet. Il ne recherche ni pitié, ni faux amour; alors il aime encore mieux être seul. Mais il souffre. En outre, c'est un « maniaco-dépressif » évident « gai le matin, malheureux le soir ». Un homéopathe l'aurait peut-être guéri de ses craintes à la tombée de la nuit, très représentatives du tempérament saturnien : « Ça revient tous les soirs quand le soleil tombe, et puis il pleut. Ça me rend noir[1]. » Beaucoup de Capricorne sont hypersensibles à la tombée du jour, à la pluie, à cette heure « entre chien et loup » qui les rend neurasthéniques.

Fuir devant l'agression

Le Petit Parisien lui consacre quelques lignes et le décrit : « Cézanne ? un véritable intransigeant, emporté, fanatique. »

---

1. On se souvient des paroles de Gérard Depardieu.

Le Grand Livre du Capricorne

Dans ses moments de lucidité, il sait son talent : « Je commence à me trouver plus fort que tous ceux qui m'entourent, écrit-il à sa mère, et vous savez que la bonne opinion que j'ai sur mon compte n'est venue qu'à bon escient. »

En réalité, ce Capricorne n'est pas un combatif. Devant un certain type d'attaque, les natifs du signe ont souvent la tentation de dormir, de disparaître. Perruchot le comprend très bien : « Cézanne appartient à cette sorte de gens qui, dès qu'on les attaque, cèdent le terrain et n'ont qu'une hâte : disparaître. » Après les quolibets dont il est sans cesse l'objet, il n'a qu'un désir : « qu'on le laisse en paix, qu'on l'abandonne à sa solitude ». Se battre dans de telles conditions est impossible. Cézanne ressent l'injustice au plus profond de son cœur — et la méchanceté. Alors, en vieillissant, il est vrai qu'il devient misanthrope. Il envie « ceux qui ne veulent pas l'impossible ». A quarante ans, il se résigne, il choisit une existence de plus en plus austère et retirée. « A mesure que les années passent, s'accroît son exigence qui constamment lui suscite de nouvelles et plus grandes difficultés. » Et Perruchot dira : « Cézanne soupire en poussant son rocher. » Belle image saturnienne!

Parfois, il se console amèrement : « Le travail qui fait réaliser un progrès dans son propre métier est un dédommagement suffisant de ne pas être compris des imbéciles. »

Ses amis, ses confrères, ne savent sur quel pied danser avec lui. Pour Pissarro : « Ce débraillé, ces grossièretés, ce mécontentement de soi qui cache, au fond, tant d'orgueil, le crispent. Mais quel artiste! Quel grand seigneur de l'art que ce peintre bafoué! »

Il peut bien dire : « Il n'y a qu'un peintre vivant, c'est moi », recommencer à peindre, crever ses toiles de rage parce que son sujet lui échappe, sa soif de perfection ne l'abandonne pas. Il a beau se sentir méconnu, souffrir d' « être tenu pour un zéro », être, selon Gasquet, « accablé, effondré en lui-même et comme foudroyé », il continuera à peindre, malade, ravagé par son diabète, irritable, prématurément vieilli, réagissant au moindre contact, sursautant au moindre bruit, ne supportant plus rien ni personne — sauf son fils qu'il adore —, mais il recommence avec acharnement. Il a « une invraisemblable patience ». « Le travail doit me donner raison. » Même quand il n'a plus « au cœur que désenchantement », il continue à mûrir ses toiles, à les construire avec rigueur. Il épuise ses modèles. Vollard s'imposera cent quinze séances de pose pour son portrait que Cézanne abandonnera. Il le reprendra, dit-il à Vollard, quand il aura fait quelques progrès...

Il écrit à Gasquet, à soixante et un ans, qu'il voudrait « être moine comme l'Angelico pour pouvoir [son existence réglée une fois pour toute...] sans préoccupations, sans soucis, peindre du lever au coucher du soleil, méditer dans ma cellule sans être jamais dérangé dans ma méditation, ni détourné de mon effort ».

Un rêve de Capricorne blessé, habité par la seule passion qui lui permet de transcender une existence impossible.

Son thème dit, avec Saturne en Maison II au carré d'Uranus et de la Lune, les luttes matérielles, incessantes, tandis que Mars en Vierge au trigone du Soleil en Capricorne marquera la persévérance, l'invraisemblable volonté de poursuivre.

Le carré de Saturne à Lune-Uranus marque aussi la frustration et les tendances dépressives, Mars est en Maison XI : on peut y voir ses amitiés orageuses et certaines amitiés (celle de Zola) qui lui apportent les pires coups de poignard, les pires blessures.

Un Capricorne-Scorpion, avec sa faiblesse et sa violence, son orgueil et sa souffrance. Presque une caricature.

Des peintres Capricorne, il y en a eu beaucoup. Plus que des musiciens. Gustave Doré, patient graveur, Fantin-Latour et Eugène Carrière, deux merveilleux portraitistes, maîtres du clair-obscur, Matisse, Berthe Morisot; Maurice Utrillo, André Masson, et le tragique Nicolas de Stael. Et les plus grands peut-être, Ribera et Murillo.

Chausson, « hanté par la mort »

Des musiciens aussi : Chabrier, Messager, Pergolèse, Poulenc, Puccini, Scriabine. Et Chausson. Pas les plus grands, mais de vrais musiciens. Chausson est Capricorne (*la Chanson perpétuelle*) avec un Ascendant Taureau (*Serres chaudes*). « Poète de l'âme, musicien par le langage, Chausson était un être raffiné, ayant réuni autour de lui de nombreux artistes. » Parmi ses amis, comme par hasard, d'autres Capricorne : Fantin-Latour, Eugène Carrière... Il mourut à quarante-quatre ans d'un stupide accident de bicyclette. Son œuvre, on l'a dit, était inspirée de mélancolie, de « tristesse morbide ». Cette œuvre, écrit Marcel Schneider, « révèle que derrière

l'homme du monde se cachait un pessimiste ». Chausson était rongé par un mal indéfinissable, « affable, bon, sage et cultivé dans le monde, il cédait la place à un artiste obsédé par le néant, hanté par la mort, déchiré par le doute dès qu'il se mettait à écrire. »
Les Capricorne ne sont pas des « gais », admettons-le.
On pourrait penser que plus que Capricorne, ils sont artistes. Et c'est vrai sans doute. Mais dans le domaine de la science, où le Capricorne trouve plus volontiers son équilibre, nous avons, à travers des personnages tels que Benjamin Franklin, Newton, Kepler, Tycho Brahe ou Pasteur, cette passion du travail, ce même acharnement.
C'est Pasteur écrivant à ses sœurs : « Ces trois choses : volonté, travail et succès, entre elles, elles emplissent l'existence humaine. » Sans cesse, il disait : « Vous devez travailler. » Ce fils de tanneur, à y regarder de près, a fait une carrière extraordinaire. Bachelier ès lettres, bachelier ès sciences, professeur de physique, puis de géologie, de chimie, il sera élu membre de l'Académie des sciences en 1862 et de l'Académie française en 1881. Sa vertu essentielle demeura, avec l'acharnement, la simplicité.
C'est, de tous les signes, le Capricorne qui semble accumuler le plus de têtes politiques, d'Henri IV à Martin Luther King en passant par Mao Tsé-Tung, Debré, Nixon, Mendès, Mollet, Pinay, Nasser, Staline et Anouar al-Sadate.
Dans son livre, *A la recherche d'une identité*, Sadate va mettre en avant de solides vertus capricorniennes.
Avant tout, ce terrien se montre attaché à ses racines : « J'ai mes racines vivantes, profondément enfouies dans le sol de mon village, dans ce terrain sur lequel j'ai poussé comme les arbres et les plantes. » Il s'identifie à son pays : « Dès mon enfance, je me suis identifié à mon pays, à sa terre et à son peuple. »

Sadate : responsable de ses paroles

Il prône le travail, l'amitié : « Je me suis trouvé dans l'amitié, l'amour, dans le travail, qui rendent meilleure l'existence de ceux qui vous entourent, dans le triomphe de la vérité sur le mensonge. » Là encore, tout au long de ces pages, on retrouvera ce leitmotiv capricornien : la vérité, la franchise, la sincérité. « J'ai toujours pensé ce que je disais et je me suis toujours tenu pour responsable de mes paroles. » « Je lui ai expliqué [à M. Gur] que je ne pratiquais jamais de manœuvre morale déloyale ; je puis admettre la supercherie stratégique et tactique mais non pas la tromperie sur le plan éthique. »
L'honnêteté lui importe plus que tout : « Je n'ai jamais été séduit par aucune tentative terrestre, et je n'ai jamais tenté d'identifier mon bonheur aux dépens de celui des autres. »
N'est-ce pas toujours cette hauteur, cette exigence, ce souci et cet orgueil ? « Je n'ai jamais recherché le pouvoir, car, très tôt dans ma vie, j'ai découvert que ma force résidait en moi, dans mon dévouement absolu à ce que je crois vrai, juste et beau. » Il ajoutera : « Notre idéal est d'être un homme intègre, peu importe sa pauvreté. »
Lorsqu'il raconte sa jeunesse, on voit très bien se dessiner le personnage sérieux, se tenant à distance des autres, n'appréciant pas les plaisanteries ; et c'est ce trait de caractère qui va le rapprocher de Nasser, un autre Capricorne : « Je ne prenais part à ces intermèdes frivoles que dans la mesure où ils nous ramenaient à des discussions plus sérieuses. » Mais il se sent différent de ses camarades. Jusqu'au jour où il rencontre Nasser : « C'était un jeune homme très sérieux, qui ne prenait nulle part aux plaisanteries de ses camarades ; et il me semblait qu'il n'aurait permis à personne de se montrer frivole à son égard ; il aurait considéré cela comme un affront à sa dignité. » Nasser prenait rarement la parole. « Me rendant compte d'emblée combien c'était un homme sérieux, j'eus envie de mieux le connaître. Mais il avait de toute évidence dressé une barrière presque infranchissable entre lui et les autres. » Réserve, distance, tels sont les mots qui reviennent sous la plume de Sadate. Avec sa foi, sa confiance dans le triomphe ultime de la vérité.
« Lorsqu'on recherche la paix, tout est permis, du simple pari aux risques les plus effroyables. » « Je crois que pour la paix un homme peut et doit même faire tout ce qui est en son pouvoir : rien au monde ne doit se situer plus haut que la paix. »
Ces bribes de discours, ces bribes de phrases campent clairement le personnage et sa très haute ambition.

César

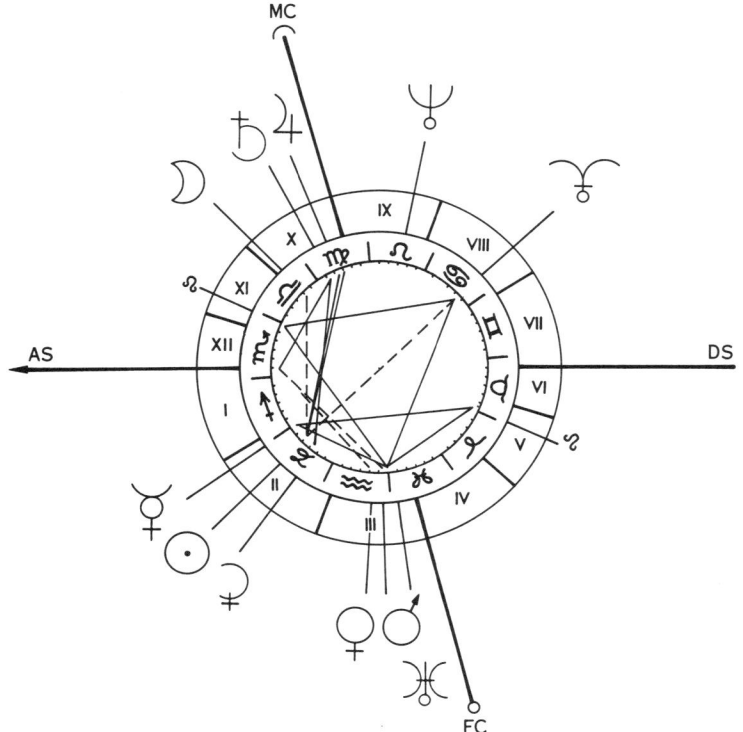
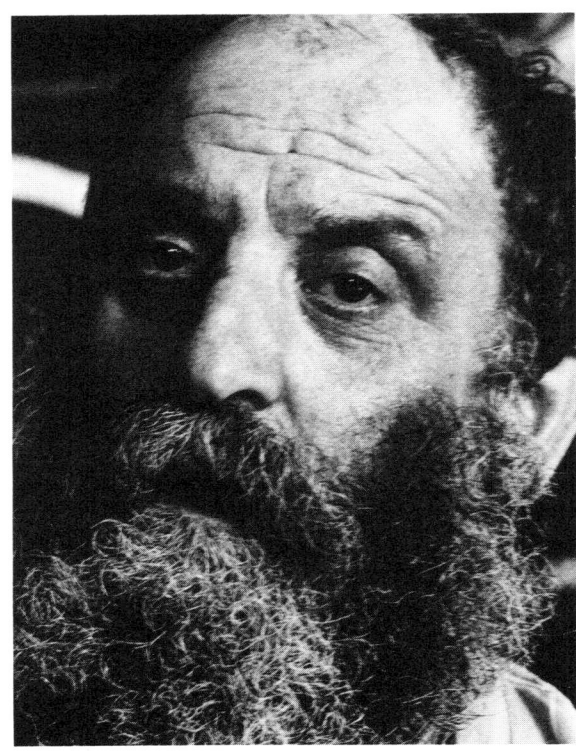

César, sculpteur : son sens de la provocation un peu cynique a fait autant pour sa gloire que son talent dans l'exploration de techniques nouvelles et ses découvertes plastiques spectaculaires.

Né le 1er janvier 1921 à 4 heures, à Marseille.

César, c'est dabord une barbe. Blanche et frisée comme celle qu'on prête à Homère. Et un regard. A la fois aigu, mélancolique et naïf. Avec un rire enfantin et un merveilleux naturel.

Je l'ai rencontré dans son atelier, où coulent les matières plastiques, où les objets les plus simples changent d'âme, où les allumettes deviennent sculptures, où les chiffons, organisés dans leurs plis, collés, pressés, deviennent œuvre d'art, et non pas n'importe quel collage gratuit.

César ressemble à Cézanne, avec le même accent, avec presque le même nom et des thèmes astraux proches. Deux Capricorne Ascendant Scorpion. Cet Ascendant Scorpion, avec la Lune Noire en Capricorne, montre l'énergie psychique, l'angoisse, une certaine violence intérieure, l'acharnement au travail et le besoin de réduire tout à l'essentiel. On peut aussi voir dans le Scorpion et cette Lune Noire le rapport à la sculpture : s'attaquer à la matière, la transformer, détruire sa forme existante pour la métamorphoser. Alchimie. Œuvre au noir. Peut-être aussi peut-on voir ici l'action de Vulcain en Maison V, secteur de la création et qui, bien que planète hypothétique, transplutonienne localisée intuitivement par Jean Carteret, semble très souvent coller à la réalité. Vulcain, c'est le forgeron des dieux, celui qui anoblit la matière brute ou vile.

Pluton est en Maison VIII, maître de l'Ascendant et de la Maison XII, opposé au Soleil et qui marque le rapport particulier de César à la mort, son angoisse et le doute sur son identité profonde. Beaucoup de planètes en Maison II, dont Mercure, Soleil, Lune Noire, qui amèneront ma question sur ses rapports « tordus » à l'argent. Les gains provenant de plusieurs sources, le désir de sécurité, l'angoisse devant le manque, le père pauvre, le refus et le désir de l'argent, souhaité et méprisé à la fois...

Cet homme hésitant est un terrien, tourmenté et inquiet, certes, mais fort aussi, par sa vérité et sa simplicité profonde. Il a besoin d'être rassuré; cela se sent; mais là où il est sûr de lui, c'est un roc. Comme la plupart des Capricorne-Scorpion ou des Scorpion-Capricorne qui ont inondé le monde de leurs œuvres, qui se sont libérés de leurs angoisses de mort dans une création violente, secrète et passionnée.

Voici, sans retouches ou presque, notre entretien :

Joëlle de Gravelaine*: Êtes-vous conscient d'avoir un rapport particulier au temps, avez-vous besoin de temps pour comprendre, pour réagir en profondeur?*

César : J'ai pas tellement l'esprit d'analyse. Je n'en ai pas la lucidité. Vous me faites réfléchir à une question que je ne me suis pas posée.

J. de G. *: Moi je sais que je le ressens très fort : si on me fait une vacherie, je ne le réalise que le lendemain ; j'ai pas l'esprit de repartie. Les Capricorne ont l'esprit d'escalier...*

C. *:* Oui, mais tout le monde est comme ça...

J. de G. *: C'est tellement évident pour les Capricorne que « c'est comme ça » qu'ils ont souvent de la peine à s'imaginer que tout le monde ne fonctionne pas au* *même rythme. Mais il y a des gens qui cognent tout de suite, qui tranchent, qui décident sur-le-champ, qui savent tout de suite ce qu'ils veulent ou ce qu'ils veulent dire...* (*me tournant vers sa femme*) *C'est peut-être votre femme qui pourrait me répondre ?*

C. : Oui, elle sait mieux que moi...

Rosine César : Mais oui, c'est vrai, tu as cette sensation d'être lent à digérer les choses, tu le dis souvent : je suis lent, il me faut du temps pour comprendre...

C. : Entre ce que je dis et la réalité! (*Je perçois le bout de l'oreille de la mauvaise foi capricornienne.*)

R.C. : Mais enfin, c'est vrai! C'est toi qui le dis. Petit à petit tu comprends les choses. Au début, tu as une réaction de rejet et puis tu finis par comprendre. (*Le Capricorne qui se cabre d'abord...*)

J. de G. : *Bon, reconnaissez-vous au moins que vous ruminez pas mal ?*

C. : Ah oui! Je rumine, la rumination. Je ressasse beaucoup.

J. de G. : *Autre question : avez-vous le sentiment d'être facilement frustré, d'être frustrable ?*

R.C. : Oui, bien sûr, puisqu'il veut tout, qu'il a une exigence absolue, il se sent forcément frustré.

C. : Je veux tout ? Qu'est-ce que ça veut dire ?

R.C. : Il y a des gens qui ont une certaine exigence, alors il sont obligatoirement frustrés; le mot a l'air désagréable mais c'est ça que ça veut dire... Tu ne peux pas obtenir tout ce que tu voudrais, tu es avide.

C. : Je veux tout dans le sens que... jamais personne ne peut avoir tout; cette liberté, je ne l'ai jamais acquise. Il y a des choses que j'ai du mal à accepter. Comme j'ai des lacunes, que j'ai des problèmes très compliqués — au fond, je ne fais pas beaucoup d'efforts dans la vie parce que je ne fais que ce que...

J. de G. : *Vous aimez ?*

C. : Ce que j'aime, ce que je sais faire. Les papiers, la comptabilité, pour moi c'est horrible; je suis prisonnier des autres qui savent faire ce que moi je ne sais pas faire parce que je n'ai pas eu de formation, je viens d'un milieu très simple, je n'ai pas l'esprit cartésien... avec un peu de discipline je me serais mieux organisé.

J. de G. : *Est-ce que vous êtes très sensible à l'honnêteté, est-ce que pour vous c'est très important d'être quelqu'un de vrai ?*

C. : Eh! C'est la seule chose! Je m'acharne contre les injustices... Mais peut-être que moi aussi je suis injuste, égocentrique, égoïste (*je vois là apparaître le mécanisme autodévalorisant cher au Capricorne, et le doute sur soi*)... Je ne sais pas si c'est de l'honnêteté.

J. de G. : *Il y a dans le Capricorne un côté exigeant dans ses amitiés, dans son travail. Il est souvent déçu; trahi, parce qu'il demande trop, un côté misanthrope, qui a horreur des gens et qui a en même temps besoin d'être accepté, aimé, qui a besoin de rapports vrais, de sincérité, de franchise.*

R.C. : Il ne fait pas très confiance, il est méfiant...

C. : Parce que d'abord je fais une absolue confiance, par fainéantise, et je deviens prisonnier des gens qui ont le sens de ce qui me manque à moi; je laisse faire; je suis incapable... de rien, par fainéantise...

J. de G. : *C'est un domaine où vous vous dites feignant parce que là vous êtes fragile, mais dans le travail vous ne l'êtes sûrement pas !*

C. : Je ne suis pas feignant dans le boulot. Je peux me lever tôt et me coucher tard en étant occupé toute la journée par les choses qui me plaisent; les autres, on les subit.

J. de G. : *Si on vous empêchait de faire des choses, que vous soyez enfermé entre quatre murs, sans pouvoir travailler...*

C. : Ah ça, c'est pas possible! J'aurais besoin d'avoir des images — je regarde la télé et la radio en même temps (*j'avais déjà remarqué... et je crois qu'on peut y voir de l'anxiété devant la solitude*) —, il faudrait que je trouve un clou pour gratter le mur! Moi, j'ai une peur atroce de la mort, mais j'ai l'impression que j'arriverai au suicide. (*Avec un fantastique instinct d'obsessionnel Capricorne, César établit le lien entre la peur de la mort et le travail antidote.*) J'ai besoin d'être occupé. Bien sûr, porter la poubelle de ma femme ça me fait chier mais je peux faire plaisir à quelqu'un; je peux même faire la vaisselle avec plaisir si je veux faire croire que je suis merveilleux... Je suis d'une très grande fidélité, mais j'ai des amis de vingt ans, trente ans, je ne les vois plus...

J. de G. : *Et si vous les retrouvez vingt ans plus tard, pour vous, c'est comme si le temps ne s'était pas écoulé ?*

C. : Voilà! Mais eux, ils ne comprennent pas...

J. de G. : *Vous voyez bien que le temps du Capricorne n'est pas celui du bélier ou du Verseau. Il y a quelque chose dans le temps du Capricorne qui est en rapport avec Saturne, qui s'inscrit dans une durée, un désir d'éternité.*

C. : On ne veut pas mourir... On n'accepte pas de mourir!

J. de G. : *C'est ça; on trouve odieux que les autres nous survivent.*

C. : Ah oui, ça alors, c'est vrai, ça m'emmerde.

J. de G. : *Alors on fait des choses qui durent, on taille dans la pierre ou le métal, on fait des choses qui défient le temps, on laisse sa trace dans le solide. Ou bien on s'intéresse à ce qui appartient au passé le plus reculé, à la préhistoire, on a envie de faire des fouilles...*

C. : J'aime ça; je ne m'en suis jamais occupé mais dès que je vais dans un musée où il y a des choses comme ça, ça m'intéresse.

R.C. : Il aime aussi ramasser des choses sur les plages...

J. de G. : *Des choses qui viennent du « temps en arrière », travaillées par le temps...*

C. : J'aurais voulu avoir vécu bien longtemps avant, vivre aussi après, pour savoir comment ça s'est passé.

J. de G. : *Les origines, c'est extraordinaire! Il y a des gens qui ne s'intéressent pas au passé, qui sont entièrement tournés vers l'avenir. Dans votre thème, la Lune Noire en Capricorne opère la réduction à l'essentiel, au temps absolu, à la pierre, si j'ose cette image. Elle vous interdit de délayer. Quand vous sculptez, je pense que vous avez besoin de vous concentrer, que vous ne voulez pas vous éparpiller.*

C. : Ah oui! Densité. Pour moi, la sculpture, c'est

la densité, c'est la présence de quelque chose qui vient de l'intérieur, qui a une densité, qui a du corps. C'est pas de la mortadelle. Dedans, c'est plein. Il y a un squelette, et puis il y a les muscles et puis après il y a la peau. Cette densité, je ne la vois pas au niveau chimique, comme dans les mousses, ou le pain; pour moi, ça c'est de la densité molle. J'aime la densité interne, qui a une armature, une structure et puis après, il y a la matière dessus. J'aime avoir des points de construction qui soient limités comme sur le corps humain. On voit bien qu'il y a une architecture. J'aime bien la chose qui vient du dedans. Pas la poterie. Enfin, j'aime bien la poterie, mais moi j'aime tirer la matière vers la surface. La sculpture, il y a des gens qui racontent des histoires, qui écrivent des textes, qui se servent de la sculpture pour faire du Grand Guignol. Moi je voudrais que les choses soient toutes simples et s'expriment par elles-mêmes.

J. de G. : *Ce que vous dites est amusant, parce que Rodin — qui était Scorpion-Capricorne — avait aussi ce besoin de densité, de rapport à la matière construite; et chez Cézanne, très proche de vous par son thème, on sent aussi cette exigence de la construction, cette horreur de la fioriture. Cézanne disait des choses dans le même esprit.*

C. : Et Picasso, qu'est-ce qu'il était?

J. de G. : *Scorpion; avec ce rapport violent à la matière... Puis-je vous poser une autre question que votre thème m'inspire?* (regard affirmatif) *Avez-vous conscience d'avoir des rapports « tordus » à l'argent?*

C. : Complètement tordus. Mais ça, ça n'est pas de nature, ça dépend du milieu où on naît, des circonstances dans lesquelles on a été élevé...

J. de G. : *Pas seulement. Vous auriez pu naître dans un milieu fortuné et avoir quand même un rapport tordu à l'argent, parce que là derrière il y a aussi l'angoisse de mort, la culpabilité, le rapport au pouvoir, mille choses...*

C. : Vous croyez?

J. de G. : *L'argent peut être à la fois désir de sécurité avec des coups de générosité qui frisent l'absurde...*

C. : Comme moi... et en même temps être pingre.

J. de G. : *On va se refuser certaines choses, ou les refuser aux autres, on va se punir...*

C. : Ça vient aussi du fait que je ne sais pas compter. Quand je dois payer des impôts, donner de l'argent à ma femme, je suis toujours contre et en même temps je peux décider d'acheter des arbres. Je mets de l'argent dans mes arbres!

J. de G. : *Bien sûr! Les arbres, c'est de la terre. Le Capricorne est un terrien. Il achète des arbres, de la pierre, de la terre, des maisons, pas des objets de prix ou des bijoux, pas des colifichets. La terre, c'est toujours en rapport avec l'éternité, la durée.*

C. : Oui, c'est idiot, parce que cet atelier, il est à moi; ma maison dans le midi, elle est à moi; la maison où je vis, elle est à moi. Mais ça ne donne pas d'argent pour d'autres choses, pour des bijoux...

J. de G. : *Ou pour des vêtements; ça ne vous intéresse pas.*

C. : Je m'en fous.

J. de G. : *Cézanne s'en foutait aussi, et bien d'autres.*

Ça fait partie d'un refus du masque, du jeu, de la comédie sociale...

C. : Oui, mais moi j'y vais, dans les dîners mondains, parce que je vends mes choses moi-même, je pense que je vais rencontrer des marchands, pour avoir de l'argent, alors, j'y vais.

J. de G. : *Oui, mais si vous avez quelque chose à dire, même si ça ne plaît pas vous le dites...*

C. : Ça oui, je ne pourrais pas me le garder, mais je ferais des efforts. Je pense que c'est aussi à cause des coups de pied au cul qu'on a reçu dans la vie...

J. de G. : *Oui, mais dès le départ, les coups de pied sont programmés, eux aussi. Le Capricorne rencontre très tôt un manque ou un autre, par le deuil, la misère ou autre chose. Et c'est déterminé, parce qu'il doit rencontrer et surmonter son insécurité et sa frustration.*

C. : L'insécurité de la vie, d'accord, on l'a en soi. Mais l'insécurité matérielle, on ne l'a pas en soi, ça dépend de la vie qu'on a eue.

J. de G. : *Il y a pourtant des gens qui ne manquent de rien, qui n'ont pas connu la misère et qui sont perpétuellement anxieux à l'idée qu'ils pourraient manquer d'argent, qu'ils pourraient perdre leur situation...*

C. : (après un silence) C'est mystérieux, tout ça. Mais je suis né à sept mois, avec une sœur jumelle; si on était nés à terme, on ne serait peut-être pas nés en janvier.

J. de G. : *Oui, mais c'est en janvier que vous avez vu le jour et c'est Capricorne que vous êtes...* (Il réfléchit.)

C. : Ce qui m'intrigue, c'est que je ne suis pas capable d'affirmer des trucs. Il y a des gens qui ont des théories. Moi, ça m'est impossible d'affirmer. Je vis dans le doute permanent. J'ai des difficultés pour m'exprimer parce que je n'ai pas de gros moyens dialectiques. Les questions que vous me posez, posez-les à vous-même, parce que moi, je ne me les pose pas! C'est à vous d'y répondre parce que moi je ne peux pas.

J. de G. : *Ça peut aussi être amusant d'être en face d'une question et de se la poser.*

C. : Ça me fait réfléchir; je me pose des questions dans ma p'tite tête et si vos questions sont trop abstraites... comme celles de ces étudiants, ces mômes de quatorze ans, des matheux qui me posaient des questions invraisemblables... Il faut revenir à des mots qu'on emploie avec un cuisinier, un maçon, avec l'homme de la rue.

J. de G. : *C'est vrai que le Capricorne a le sens du concret, qu'il a besoin de références concrètes, d'images. Mais vous, en outre, vous êtes un instinctif.*

C. : Je suis un instinctif par force! C'est le seul moyen que j'ai. Si on m'avait envoyé au lycée et puis dans de grandes écoles et tout... Je serais peut-être resté un instinctif, quand on l'est on l'est, d'accord, mais si vous avez une structure d'éducation, ça vous donne des moyens beaucoup plus larges.

J. de G. : *Cézanne était le fils d'un banquier d'Aix-en-Provence, il avait étudié; pourtant, c'était un instinctif. On disait de lui que ça n'était pas un intellectuel; certains disaient même qu'il n'était pas intelligent — ce qui est loin de signifier quelque chose —, mais on le disait d'abord instinctif. Malgré son éducation.*

C : Moi, c'est vrai qu'on dit que je suis à la fois un *homo sapiens* et un *homo ludens*, je suis les deux. C'est vrai aussi que je ne suis pas un type qui ne réfléchit pas. Je réfléchis énormément, mais mes réflexions sont faites par un homme qui n'a pas de culture. Je ne suis sûr de rien, je ne sais pas où je vais.

J. de G. : Vous avez besoin, simplement, d'un support concret à votre réflexion. Le Capricorne comprend d'emblée le concret.

C. : Je n'ai jamais pu apprendre la grammaire! Pour compter, je compte sur mes doigts...

J. de G. : Et moi aussi!

C. : Je suis complètement inculte. Je me suis nourri uniquement de ce que j'ai vécu.

J. de G. : Vous en savez sûrement beaucoup plus par votre expérience que des tas d'intellectuels. Tiens, je vous livre une très jolie formule de Keyserling, qui devrait vous plaire beaucoup : " On peut tout savoir et ne rien comprendre, tout comprendre et ne rien savoir. " (Il rit et répète la phrase.)

J. de G. : Je pense que vous êtes quelqu'un qui doute, mais que vous avez parallèlement conscience de votre valeur.

C. : J'ai à la fois un doute profond et une certitude aussi. Voilà. Je peux peut-être être beaucoup mieux. Je dis à mes élèves que la virtuosité, la matière, c'est rien. Il n'y a rien là-dedans, l'art c'est d'abord l'esprit. Le métier, il faut l'avoir, bien sûr, mais c'est d'abord l'esprit. L'art, c'est d'avoir de l'âme! Mais allez faire comprendre ça à ces types qui arrivent là...

César a parlé à la fois avec sa fougue méridionale, avec des arrêts et des silences. Quand il parle sculpture, d'un seul coup, son visage s'illumine; là, il sait de quoi il parle, c'est son métier. Là, il est sûr de lui et, d'un seul coup, il est éloquent. D'un seul coup il cesse de chercher ses mots. La passion est là.

Robert Hossein

Né le 30 décembre 1927, à 2 h 30, à Paris.

Pas de doute, Robert Hossein (de son véritable nom Robert Gosslain) est Capricorne. Et je penche pour la version qui le fait naître à 2h 30 du matin le 30 décembre 1927 à Paris, car elle lui procure un Ascendant en Scorpion, avec la Lune Noire fichée dessus.

Son père, André Hossein, est un compositeur connu, dont il utilisera le talent, plus tard, dans ses propres réalisations. Il abandonne ses études à quatorze ans pour se consacrer au théâtre. Il suit les cours de Tania Balachova, René Simon, Jean Marchat et Raymond Rouleau. Il écrit ses premières pièces à dix-huit ans, pièces qui deviennent des films (*Les Voyous*, *Responsabilité limitée*).

Robert Hossein réalise sa première mise en scène avec le roman de Frédéric Dard : *Les salauds vont en enfer*, en 1955, puis se spécialise peu à peu dans le montage de grands spectacles théâtraux : (*Crime et Châtiment*, *Roméo et Juliette*, *Hernani*, *La Maison de Bernada*, *le Cuirassé Potemkine*, *Shéhérazade*, *Le Procès de Jeanne d'Arc*, *Notre-Dame de Paris*, *Danton et Robespierre*, *Un homme nommé Jésus*, *Jules César*, *Kean*, *Cyrano de Bergerac*, etc.) tout en jouant des rôles importants dans de nombreux films avec le même talent et la même disponibilité. Sa carrière n'aura connu aucune éclipse, dans aucune de ses nombreuses activités. Il a aussi publié : *La Sentinelle aveugle*, *Nomade sans tribu*, *En désespoir de cause*, et a réalisé *Les Misérables*, en 1982.

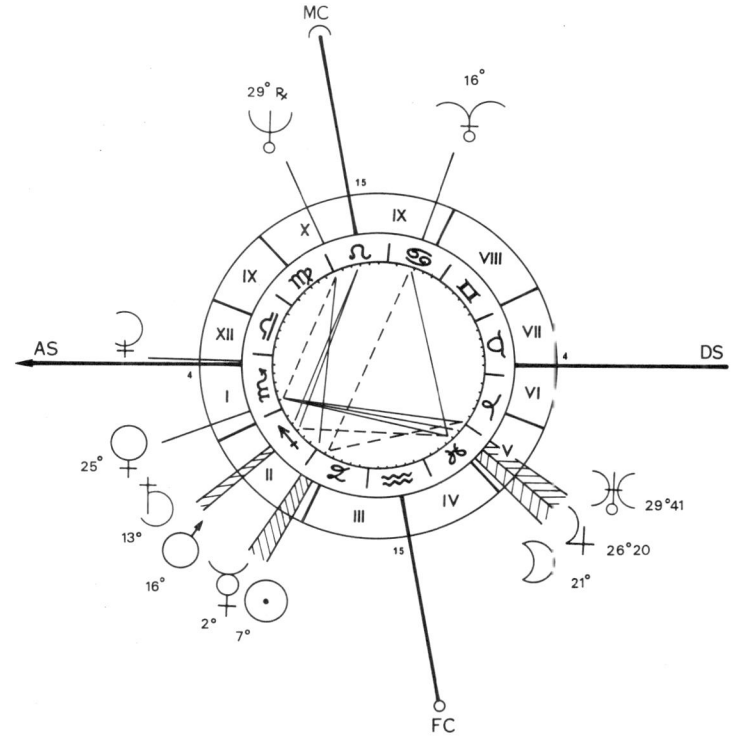

A l'image de nombreux Capricorne, il semble redoubler d'énergie à mesure qu'il prend de l'âge, et se montre de plus en plus productif. Fait qui mérite d'être noté, depuis l'âge de quatorze ans, il est toujours parti de rien pour monter ses fabuleux spectacles, avec la certitude que sa volonté suppléerait son absence de moyens financiers.

Le Grand Livre du Capricorne

Robert Hossein, comme tous les natifs de son signe, a recherché la difficulté dans sa carrière autant que dans sa vie : c'est un besoin inné d'apprendre, de défricher de nouvelles voies, une quête presque mystique d'autre chose.

Quelques grands noms

Johannes Kepler

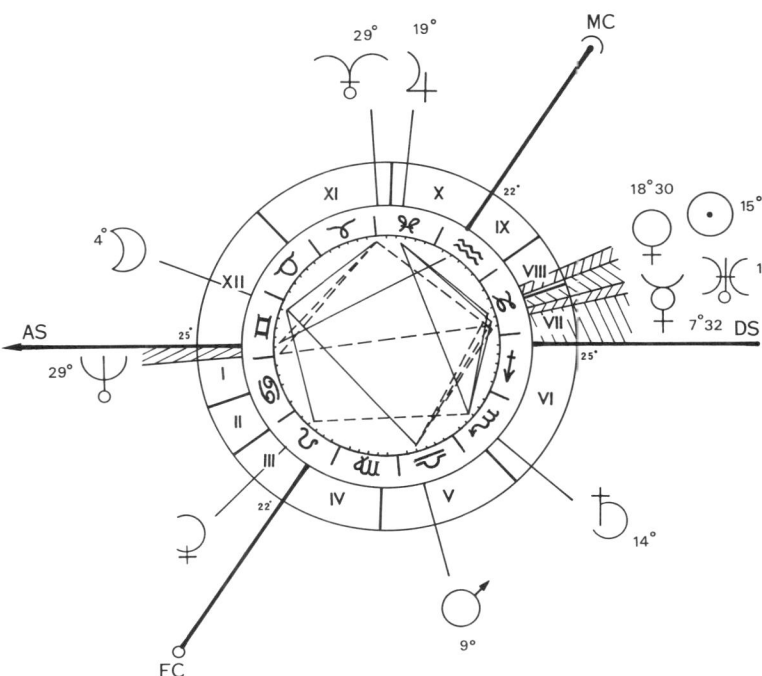

Johannes Kepler : grand astronome allemand, il découvrit les premières éphémérides des planètes, et prédit, en 1631, le passage de Mercure entre la Terre et le Soleil. Son œuvre prépara les recherches de Newton.

Né le 6 janvier 1572, à 14 h 30, à Weil (Wurtemberg).

Johannes Kepler est un Capricorne fascinant. Conçu le 16 mai 1571 à 4 h 37, nous dit-il, il vit le jour le 27 décembre à 14 h 30. (Selon le calendrier Julien, bien entendu, ce qui le fait naître le 6 janvier 1572 en calendrier grégorien.)
Il affirme lui-même ces dates dans l'horoscope qu'il a rédigé et où il parle de lui à la troisième personne, avec une franchise stupéfiante, sans aucune complaisance envers lui-même, ni d'ailleurs envers les autres, voire même avec un acharnement à se présenter sous le pire des jours.
On reconnaîtra là un trait de caractère capricornien, si misanthrope et assoiffé de vérité qu'il en devient masochiste!
Le document qu'il nous a laissé ne contenait évidemment que les planètes visibles à l'œil nu, les autres étant encore inconnues à l'époque de Kepler (Uranus ne sera découvert qu'à la Révolution française). Aujourd'hui, nous sommes à même de compléter ce thème de naissance et de mieux l'éclairer, mais on peut s'émerveiller de la richesse et de l'acuité psychologique avec lesquelles Kepler analyse son propre horoscope [1].
Le père de Kepler était, nous dit Arthur Koestler, « un aventurier mercenaire, gibier de potence ».

1. Je n'ai pu, faute de traduction française, compulser en son entier cet horoscope. Seule est traduite *l'Étrenne ou la neige sexangulaire*. Seize volumes en allemand, rien en français... J'ai dû ici me référer à Koestler dans *les Somnambules* (Calmann-Lévy). Cf. Le livre de C. Simon : *Kepler, Astronome astrologue* (N.R.F.).

Dans le thème de Kepler, le Soleil, qui symbolise le père, occupe la huitième Maison, pris entre Uranus et Vénus, ce qui à mon sens suppose une certaine ambivalence dans les sentiments de Johannes à son égard. Certes, en Maison VIII, il est à la fois « le père mort et le père tué ». Il s'en débarrasse une fois pour toutes après l'exil de celui-ci, et ne reviendra jamais sur le jugement qu'il porte sur lui. Mais la conjonction à Vénus — même si celle d'Uranus le fait « exploser » — peut avoir signifié un désir du père, un lien affectif qui ne demandait qu'à se nouer avec lui.
Sa mère, Katherine, fille d'aubergiste, fut menacée du même sort que celui de sa tante, brûlée vive comme sorcière. Là encore, la Lune en Maison XII marque à la fois le manque de communication avec la mère — qui fera de Kepler un grand frustré affectivement —, mais aussi une mère marquée par les épreuves, victime d'événements douloureux.
Kepler, à vingt-six ans, rédigea cet horoscope familial dans lequel personne ne fut épargné. C'est un document exceptionnel car, comme le dit Koestler, « c'est une contribution extraordinaire à l'étude de l'hérédité d'un génie, car il est bien rare que l'historien dispose de renseignements aussi complets ». Sa grand-mère est décrite comme « agitée, habile et menteuse, mais dévote; mince et d'une nature enflammée; vivace, trublion invétéré; jalouse, extrême dans ses haines, violente, rancunière... et tous ses enfants ont quelque chose de cela ».
Son oncle, Sebaldus, fut « astrologue et jésuite, il reçut les première et deuxième ordinations de la prêtrise; bien que catholique il imita les luthériens

et mena une vie très impure. Mourut finalement d'hydropisie après de nombreuses maladies. Prit une femme qui était née riche et noble mais de famille nombreuse. Fut atteint du " mal napolitain " [voilà qui confirme la Tradition astrologique qui prédispose le Scorpion aux maladies vénériennes]. Il était vicieux et détesté de ses concitoyens. En 1576, le 16 août, il quitta Weil pour Spire où il arriva le 18. Le 22 décembre, il quitta Spire malgré son supérieur, et vagabonda dans une extrême pauvreté en France et en Italie ». Plus tard, Kepler ajoutera : « Il passait pour aimable et bon camarade... »

La huitième, Katherine, née en 1554, le 5 août, était « intelligente et adroite mais fit un très mauvais mariage, vécut dans le luxe, gaspilla ses biens, à présent mendiante ». (On devine là la réprobation à peine cachée du Capricorne Kepler devant tant de gaspillage.)

Heinrich, le père de Kepler, né quatrième de la longue liste des oncles et tantes malheureux, survécut et eut à son tour sept enfants. Henrich était Capricorne, comme Kepler. Nous retrouvons là le « renforcement » héréditaire habituel.

« Heinrich, mon père, né 1547, 19 janvier, homme vicieux, inflexible, querelleur et destiné à mal finir. Vénus et Mars accrurent sa malice. Jupiter enflammé en descension le fit pauvre mais lui donna une femme riche. Saturne en VII lui fit étudier l'artillerie (?); beaucoup d'ennemis, mariage querelleur, vain amour des honneurs et vains espoirs de les obtenir. Vagabond. Il faillit être pendu. Il vendit sa maison et ouvrit une taverne. 1578 : une grosse jarre de poudre éclata et déchira le visage de mon père... 1589 : traita ma mère extrêmement mal, finalement s'exila et mourut. »

Le père s'était marié à vingt-quatre ans. Sept mois et deux semaines plus tard naquit Johannes. Donc, si ce dernier a Saturne en Scorpion, son père devait l'avoir en Vierge (dans la Maison IV de Kepler), ce qui lui placerait un Ascendant en Poissons. Cela « collerait » assez bien avec les aspects vagabonds du père; Pluton en Maison I, peut-être opposé à Saturne, jouerait sur ce caractère difficile...

La mère de Kepler ne trouve guère plus de grâce à ses yeux : « petite, maigre, bavarde, querelleuse, mauvais caractère ». Pourtant, on vient de voir que Kepler en voulut à son père d'avoir traité sa mère « extrêmement mal »...

Trois des frères de Kepler moururent en bas âge (Lune Noire en Maison III, Soleil en Maison VIII, maître de la Maison III : Kepler en fut sans doute impressionné). Deux survivants devinrent des bourgeois respectables. Le cadet, Heinrich, fut épileptique. On regrettera là encore que Koestler ne nous dise pas tout sur l'horoscope de ce jeune frère à qui tous les malheurs arrivent; il faillit mourir cent fois, noyé, brûlé vif, mordu par des animaux; battu, presque vendu par son père, malade sans cesse, il mourut à quarante-deux ans, revenu chez sa mère après une vie aventureuse et dispersée. Koestler ajoute : « Durant son enfance et sa jeunesse, Johannes partagea visiblement certains attributs de son frère, en particulier sa propension grotesque aux accidents, ses maladies chroniques combinées avec l'hypocondrie. » Il poursuit : « Johannes fut un enfant maladif, aux membres maigres, avec une grosse face pâteuse entourée de cheveux noirs bouclés. Il avait de naissance une vue défectueuse — myopie compliquée de polyopie anoculaire ou vision multiple. Il souffrait constamment de l'estomac et de la vésicule biliaire; il souffrait aussi de furoncles, de démangeaisons et probablement d'hémorroïdes, car il raconte qu'il ne pouvait rester longtemps assis et qu'il était sans cesse obligé de se lever et de marcher.

Nous allons voir à quel point le thème de naissance de Kepler est parlant en ce qui concerne sa santé. Quant à l'hypothèse de Koestler, on peut l'admettre, Saturne en Scorpion en Maison VI étant tout à fait « classique » dans les cas d'hémorroïdes.

Koestler dit que les notes concernant l'enfance de Kepler évoquent « le journal de Job »... Ne retrouvons-nous pas là un trait saturnien particulièrement frappant?

Tous les maux de la Terre

« Sur la naissance de Johannes Kepler, je me suis enquis de ma conception, qui eut lieu l'an 1571, 16 mai à 4 h 37 du matin... Ma faiblesse à la naissance écarte le soupçon que ma mère fût déjà enceinte lors de son mariage qui fut le 15 mai... Ainsi suis-je né prématurément à trente-deux semaines, après deux cent vingt-quatre jours dix heures... En 1575, je faillis mourir de la variole [ce qui correspondrait à un transit de Saturne sur son Soleil en Maison VIII], fus très malade, les mains paralysées... En 1577, pour mon anniversaire, je perdis une dent, en l'arrachant avec une ficelle que je tirai moi-même... 1585-1586 : pendant ces deux années, je souffris continuellement de maladies de peau, souvent de graves abcès, souvent des croûtes de plaies putrides chroniques aux pieds, qui guérissaient mal et se rouvraient. Au majeur de la main droite, j'eus un ver, à la main gauche, un gros abcès... 1587, le 4 avril, j'eus un accès de fièvre... 1589 : je me mis à souffrir de terribles maux de tête et de troubles dans les membres. La gale s'empara de moi... Puis ce fut un mal sec... 1591 : le froid provoqua une gale prolongée... Un trouble du corps et de l'esprit à cause de l'excitation de la pièce du carnaval dans laquelle je jouais Marianne... 1592 : je descendis à Weil, je perdis un quart de florin au jeu... Chez Cupinga on m'offrit une union avec une vierge; le jour de l'An je réussis cela avec la plus grande difficulté possible, en souffrant de douleurs très aiguës à la vessie... »

Je suis convaincue que Koestler se trompe lorsqu'il commente ce sinistre récit : « Sans doute certaines de ces misères et de ces maladies n'existaient que dans son imagination; d'autres — abcès, vers, croûtes et gales — paraissent être les stigmates de sa haine de soi, les projections physiques de l'image qu'il s'était faite de lui-même : portrait d'un enfant en chien galeux. Il prenait cela à la lettre. » Il est probable, en effet, qu'il y ait eu chez Kepler une forte tendance hypocondriaque confirmée par son Soleil en Capricorne en Maison VIII et par la présence de Saturne en Scorpion en Maison VI, dans un secteur pathologique. Il est représentatif du Capricorne atteint d' « humeurs crasses ».

Un autre astrologue, bien plus tard, Conrad Moriquand, ami de Max Jacob, co-auteur avec lui du *Miroir d'astrologie*, ami d'Henry Miller avant de devenir son ennemi *(Un diable au paradis)*, et Capricorne lui aussi — comme Miller —, nous racontera longuement comment il souffrit de gale aux jambes. Toutes ces plaies, ces croûtes, ces démangeaisons décrites par Kepler me paraissent tout à fait justifiées par son thème qui fit probablement de lui un eczémateux.

Les mains paralysées, les vers et les abcès aux doigts marquent une localisation en rapport avec son Ascendant en Gémeaux, avec Neptune, et qui s'oppose à Mercure en Capricorne. Ces ennuis de dents peuvent venir de Saturne et du Capricorne. Ses problèmes d'estomac sont inhérents à sa Maison I en Cancer et à l'opposition du Capricorne à cette Maison, ainsi qu'à la Lune en Maison XII, maîtresse du Cancer, tendant à chroniciser ces ennuis digestifs que le Capricorne aggrave sur le plan intestinal. Ses ennuis de vésicule biliaire peuvent venir du Sagittaire en Maison VI, secteur pathologique lui aussi. Quant à ses problèmes de vessie — et ses probables difficultés dans le domaine sexuel —, ils sont clairement retracés par ce Saturne en Scorpion en Maison VI et par Mars en Balance au carré de Mercure et d'Uranus (Mars en Balance peut jouer sur une inflammation rénale ou sur l'inflammation de l'arbre urinaire). On peut aussi avancer que Kepler souffrait de la rate et du pancréas. Le Capricorne à lui seul, très occupé dans son thème puisqu'on y trouve le Soleil, Mercure, Uranus, et Vénus, l'expose à tous les troubles de peau, de digestion, de rhumatismes, d'encrassement et d'intoxication propre au signe.

Le chien galeux

« Chien galeux ? » Certes, mais l'orgueil est derrière tout cela et, au fond de lui-même, Kepler croit en son intelligence, en ses possibilités. Dire du mal de lui-même, c'est aussi exorciser le malheur et expier quelque peu ce qu'il se reproche avec sincérité. De sa treizième à sa dix-septième année, Kepler étudia au séminaire car il se croyait une vocation de pasteur. Il y apprit le latin, le grec, la théologie, les mathématiques, la musique, la rhétorique, la dialectique, les classiques païens. La discipline y était fort dure (lever à 4 heures l'été, à 5 heures l'hiver, peu de sorties). Koestler nous dit que ses « camarades le regardaient comme un insupportable fort en thème et lui tombaient dessus à la moindre occasion; ce n'est guère surprenant. Il fut aussi impopulaire parmi ses condisciples que chéri de ses amis plus tard ».

Dans son horoscope, il se confesse, souffre, explique ses difficiles rapports avec les autres (Lune Noire en Maison III).

« Février 1586. Je souffris terriblement et faillis mourir de mes ennuis. La cause en était mon déshonneur et la haine de mes camarades que je fus poussé par peur, à dénoncer... 1587 : le 4 avril, j'eus une attaque de fièvre dont je guéris à temps, mais je souffrais encore de la colère de mes camarades avec l'un desquels je m'étais battu un mois avant. Koellin devint mon ami; je fus battu dans une querelle d'ivrogne par Rebstock; plusieurs querelles avec Koellin... 1596 : Je fus promu au rang de bachelier. J'avais un témoin très injuste, Mueller, et beaucoup d'ennemis parmi mes camarades. »

On voit là toutes les frustrations, la solitude, le sentiment d'être mal aimé, la mauvaise conscience, une sorte de rage à se dénigrer, d'acharnement à se mal juger. On va se voir un peu plus tard avec un extrait important de son horoscope, à la troisième personne : « Cet homme a en toute chose une nature canine. Son apparence est celle d'un petit chien. 1 — Son corps est agile, nerveux et bien proportionné. Même ses appétits étaient semblables : il aimait bien ronger les os et les croûtons de pain, et il était si glouton qu'il attrapait tout ce qu'il voyait; cependant, comme les chiens, il boit peu et se contente de la plus simple nourriture. 2 — Ses manières étaient semblables. Il recherchait continuellement l'amitié d'autrui, en tout dépendait des autres, se soumettait à leurs désirs, ne s'irritait jamais quand ils le repoussaient, attendant anxieusement de rentrer dans leurs bonnes grâces. Il était sans cesse en mouvement, furetant dans les sciences, la politique et les affaires privées, y compris les plus viles; toujours suivant quelqu'un, imitant ses actes et ses pensées. La conversation l'ennuie mais il accueille les visiteurs comme un petit chien; cependant, quand on lui a ôté la moindre des choses, il relève le museau et gronde. Il poursuit avec ténacité les malfaisants, il leur aboie aux chausses. Il est méchant, il mord les gens avec ses sarcasmes. Il déteste à l'extrême beaucoup de gens, qui l'évitent, mais ses maîtres l'aiment bien. Il a une horreur canine des bains, des parfums et des lotions. Son agitation est sans limite, ce qui est sûrement dû à Mars en quadrature avec Mercure et en trine opposition avec la Lune; cependant, il prend bien soin de son existence... Un vaste appétit des plus grandes choses. Ses maîtres louaient ses bonnes dispositions, bien que, moralement, il fût le pire parmi ses contemporains... Il était religieux jusqu'à la superstition. A dix ans, quand il lut pour la première fois la Sainte Écriture... il déplora qu'à cause de l'impureté de sa vie l'honneur d'être prophète lui fût refusé. Quand il commettait une faute, il accomplissait un rite expiatoire, espérant écarter ainsi le châtiment : cela consistait à confesser ses fautes en public... Il y avait dans cet homme deux tendances contraires : toujours regretter le temps perdu, et le perdre toujours volontiers. Car Mercure incline aux amusements, jeux et autres menus plaisirs... Comme sa prudence en matière d'argent le tenait éloigné du jeu, il jouait souvent tout seul. »

Se faire haïr

Peut-on décrire de façon plus aiguë la complexité d'une structure comme la sienne : d'un côté, le Gémeaux et un Mercure au Descendant, avec son goût du jeu, des amusements, ses taquineries, son agressivité verbale, son désir d'établir des échanges avec les autres. De l'autre, le Capricorne, avec sa culpabilité, son masochisme, son orgueil, sa solitude hautaine, mais aussi sa lâcheté devant les affrontements, son besoin d'approbation, sa conscience aiguë du mal et son désir d'expiation. Pas un astrologue moderne ne tirerait un parti plus juste de ce thème. Koestler ne s'y est pas trompé : « C'est un document étonnant; il témoigne de l'impitoyable honnêteté intellectuelle d'un homme dont l'enfance fut un enfer et qui s'en est sorti de haute lutte. » Kepler a besoin d'être aimé; il est terrifié à l'idée qu'on va le rejeter et, comme toujours en pareil cas, il va s'acharner à provoquer ces rejets qu'il supporte mieux dans la mesure où ils ne le surprennent pas, dans la mesure où il en est l'artisan. « On connaît, ajoute Koestler, la pose agressive et vantarde qui cache une terrible vulnérabilité; le manque d'assurance, la dépendance d'autrui, le besoin désespéré d'approbation qui aboutit à un mélange gênant d'arrogance et de servilité; le cercle vicieux des accusations et des confessions; les normes exagérées assignées à la conduite morale, qui font de la vie une suite de chutes dans l'enfer de la culpabilité. » Ces quelques lignes de Koestler, qui n'est point astrologue, pourraient à merveille illustrer le comportement type du Capricorne. Et ce qu'il ajoute

Le Grand Livre du Capricorne

ensuite me touche, pour ma part, au plus profond : « Kepler était de la race des saignants, victimes d'une sorte d'hémophilie affective que la moindre blessure met en danger et qui ne peuvent s'empêcher de s'exposer aux fouets et aux sabres. Mais il y a un trait qui d'ordinaire appartient à ces caractères, et que l'on ne trouve pas dans ses écrits : l'apitoiement sur soi-même, cette drogue calmante qui rend le patient spirituellement impuissant, et empêche sa souffrance de fructifier. Kepler fut un Job qui fit honte au Seigneur en tirant des arbres de ses plaies. » Quel Capricorne n'a pas le sentiment de souffrir de cette « hémophilie affective » qui le rend si vulnérable ? Quel Capricorne n'a pas vécu avec le sentiment que chaque nouvelle blessure déchire à nouveau toutes les vieilles cicatrices et les fait toutes saigner ? Cette image, je m'en souviens, je l'avais formulée à seize ans... Mais il est vrai aussi que le Capricorne ne s'apitoie pas sur lui-même : il se défend par l'humour, par le sarcasme ou par l'intransigeance. En dénonçant sa propre dépendance, ses propres faiblesses, Kepler sait bien qu'il prend avec elles de la distance.

Intellectuellement, on va retrouver dans l'analyse de son horoscope cette double nature contradictoire : Gémeaux-Capricorne. Ainsi il se reproche son inconstance, son étourderie, sa précipitation, son manque de discipline. Il se reproche de se disperser, reconnaissant que c'est à cause de son « agilité d'esprit ». Il dit « si industrieux qu'il soit, il déteste le travail », et « ne finit pas ce qu'il a commencé ». Nous sommes là dans l'univers Gémeaux mercurien, sans doute aussi dans la zone neptunienne du thème (Neptune est à l'Ascendant à la fin des Gémeaux). Pourtant, derrière cela, le Capricorne « industrieux » existe bien et le met à la tâche et, ne craignant pas de se contredire, il précisera : « Cet homme est né destiné à passer beaucoup de temps aux tâches difficiles qui font reculer les autres. Enfant, il s'essaya très tôt à la science des vers. Il tenta d'écrire des comédies et il choisissait les plus longs poèmes à apprendre par cœur... »

Le Gémeaux reparaît lorsqu'il dit : « Il aimait les énigmes et les jeux d'esprit subtils et il s'amusait fort des allégories qu'il agençait dans les plus petits détails en filant des métaphores compliquées. Il aimait compenser des paradoxes et... il aimait les mathématiques par-dessus tout. » Il semble là que l'alliance Gémeaux-Capricorne soit très favorable. « Il explora divers domaines mathématiques comme s'il avait été le premier à le faire et fit plusieurs découvertes dont il s'aperçut plus tard qu'elles avaient déjà été faites. Il conservait jalousement tout ce qu'il écrivait et gardait tous les livres qu'il trouvait dans l'idée qu'ils pourraient lui servir un jour. » On voit là le côté conservateur et prévoyant du Capricorne.

Il se reprochait encore beaucoup de choses, notamment de n'être pas bon pédagogue alors qu'il enseignait les mathématiques et l'astronomie. Il lui semblait qu'il était trop enthousiaste et que son impétuosité lui était nuisible. « C'est la cause des nombreuses parenthèses de ses cours : tout lui vient à la pensée en même temps et à cause du tumulte de toutes ces images dans sa mémoire, il faut qu'il les écoule dans son discours. Pour ces raisons, ses cours sont fatigants, ou en tout cas, confus et peu intelligibles. » Ses directeurs ne semblèrent pas partager cette opinion. Ils appréciaient Kepler, son caractère et son intelligence, en dépit de sa jeunesse et de son inexpérience.

Kepler astrologue

Kepler s'intéressera ensuite à l'astrologie. Tout d'abord il publia des almanachs astrologiques qui contenaient quelques prédictions. Dans son premier calendrier, il avait annoncé une vague de froid exceptionnel et une invasion turque. Il eut raison sur ces deux points. Plus tard, il devint astrologue du duc de Wallenstein. Il eut à l'égard de l'astrologie une attitude ambivalente mais, tout en méprisant une astrologie superstitieuse, il consacra à cet art plusieurs traités. Il lance même un avertissement « à certains théologiens, physiciens et philosophes... qui tout en rejetant à juste titre les superstitions des astrologues, ne devraient pas jeter l'enfant avec l'eau du bain ».

Ses théories rejoignent celles des astrologues d'aujourd'hui : « Rien n'existe et rien n'arrive dans le ciel visible qui ne soit pas ressenti de quelque manière cachée par les facultés de la Terre et de la nature : les facultés de l'esprit sur cette Terre sont affectées autant que le ciel lui-même... » « Que le ciel agisse sur l'homme, c'est assez évident ; mais comment il agit exactement cela demeure caché. »

Et il affirme ce que dit aujourd'hui tout astrologue : « La croyance aux effets des constellations dérive d'abord de l'expérience, qui est si convaincante qu'elle ne peut être niée que par les gens qui ne l'ont pas examinée. » Kepler n'a pas cessé de se poser des questions sur l'astrologie, parce que son fonctionnement, évident pour celui qui la pratique, demeure impossible à comprendre : « De quelle manière la configuration du ciel au moment de la naissance détermine-t-elle le caractère ? Elle agit sur l'homme pendant sa vie comme les ficelles qu'un paysan noue au hasard autour des courges dans son champ : les nœuds ne font pas pousser la courge, mais ils en déterminent la forme. De même le ciel : il ne donne pas à l'homme ses habitudes, son histoire, son bonheur, ses enfants, sa richesse, sa femme... mais il façonne sa condition. »

Les astrologues d'aujourd'hui ne disent rien d'autre lorsqu'ils préviennent : le thème astral est comme une donne aux cartes à laquelle on ne peut rien changer, mais chacun, avec ses cartes, peut jouer sa partie avec plus ou moins de bonheur. Ou, comme dit Jean Carteret : « On ne peut rien changer au contenant, qui nous fait naître avec tel ou tel trait physique ou moral, mais on peut modifier le contenu. »

Koestler résumera fort bien la vision keplérienne de l'astrologie : « C'est donc un plan, qui est cosmiquement déterminé, et non pas tel ou tel événement ; dans les limites de ce plan l'homme est libre. Plus tard Kepler purifia, rendit plus abstrait ce concept d'une *Gestalt* du destin cosmique. L'âme individuelle, qui porte virtuellement l'empreinte du ciel tout entier, réagit à la lumière des planètes selon les angles que ces dernières forment entre elles, et selon les harmonies ou dissonances géométriques qui en résultent, de la même façon que l'oreille réagit aux harmonies mathématiques de la musique, et l'œil à celles de la couleur. Cette faculté de l'âme capable d'agir comme résonateur cosmique a deux aspects, l'un mystique, l'autre causal : d'une part, elle manifeste l'affinité de l'âme avec l'*anima mundi*, d'autre part, elle l'assujettit à des lois strictement mathématiques. »

Établi selon les données actuelles, en utilisant les planètes lentes, que nous dit le thème de Johannes Kepler ?

On ne peut pas ajouter grand-chose à ce qu'il dit de ses contradictions Capricorne-Gémeaux. Mais Neptune en première Maison, au trigone du Milieu-du-Ciel, lui a certainement donné un esprit visionnaire, une intuition exceptionnelle, celle-là même qui le fera ranger par Koestler dans la catégorie des « somnambules » qui ont fait leurs plus grandes découvertes par la voie purement intuitive. Son Milieu-du-Ciel en Verseau marque les destins « en dents de scie », mais aussi la passion de la recherche et l'aptitude à trouver. Ses succès, ce qui lui valut d'être un jour considéré comme « le premier astronome d'Europe », non à cause de ses deux lois mais en vertu de son poste de *mathematicus* impérial et de successeur de Tycho Brahé, sans nul doute il le doit à la présence de Jupiter en Maison X, en Poissons, admirablement soutenu par Saturne, par Vénus et par le Soleil.

Ses problèmes conjugaux : un premier mariage raté, suivi d'une longue quête de fiancées successives — il envisagea onze fois de se remarier! —, pour revenir finalement à la cinquième candidate, Susana, que tout le monde lui déconseillait d'épouser.

On trouve la trace de ces hésitations et de ces difficultés dans sa Maison VII, très chargée, avec Mercure et Uranus, qui devaient marquer les deux mariages, le premier veuvage, avec Barbara, la femme querelleuse (Mercure carré Mars), le second, avec Susana, qui vécut néanmoins près de lui quatorze ans.

Kepler, à dire vrai, est tout entier dans son thème. même dans son « désir d'éternité » tout saturnien, Ainsi en témoigne l'une de ses dernières lettres, datée du 6 novembre 1629 : « Quand la tempête fait rage et que l'État est menacé de naufrage, nous ne saurions rien faire de plus noble que d'ancrer nos études pacifiques dans le roc de l'Éternité. »

Paul Léautaud

 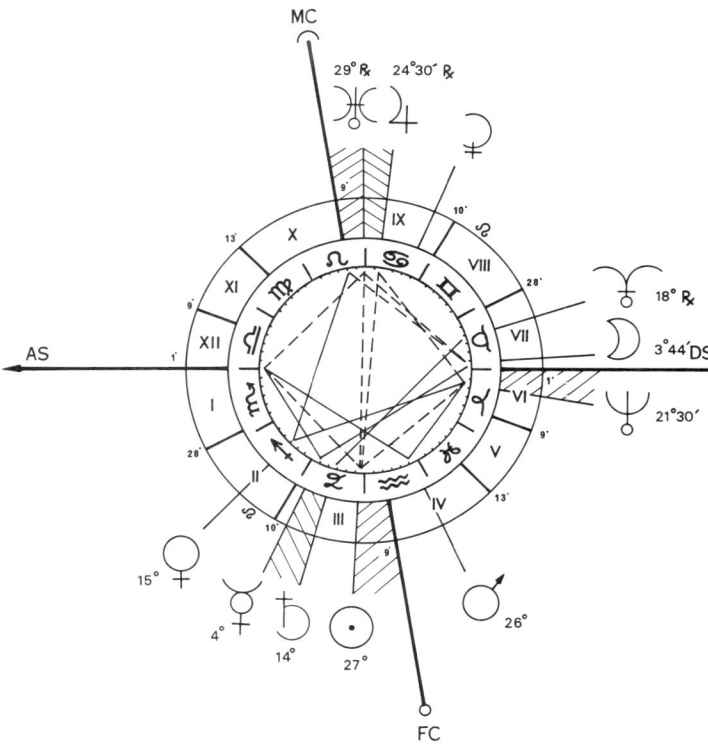

Paul Léautaud : grand littérateur du signe, il allie le cynisme à la cocasserie, le détachement à l'émotion. Il a su protéger une très vive sensibilité derrière un masque sarcastique et frondeur.

Né le 18 janvier 1872, à 1 heure, à Paris.

Nul doute possible sur son Ascendant Scorpion. On trouve en lui l'agressivité du Scorpion, ses angoisses, mais aussi et surtout un tempérament saturnien qui va se révéler avec d'autant plus de force dans l'écriture que Saturne est en Capricorne, maître chez lui, et en Maison III, secteur particulièrment valorisé chez les écrivains. Mercure est aussi en Capricorne, à la pointe de la Maison III, opposé à la Lune Noire et au sextile de l'Ascendant. On retrouvera là sa difficulté, son refus de la parole, qu'il exprimera souvent dans son *Journal littéraire*. Le Soleil, lui aussi, est en Maison III, carré Ascendant, carré Lune, opposé Uranus.

Personnage étrange que ce Léautaud, parlant de lui-même à la fois avec tant de cynisme, de haine,

Le Grand Livre du Capricorne

de complaisance, de sincérité et d'égocentrisme; comme s'il était fasciné par ses propres zones d'ombre, comme s'il se voulait plus pervers qu'il ne l'était, se défendant sans cesse contre ses sentiments et pleurant d'émotion, comme un enfant, devant un événement mineur...

« Je ne suis pas distrayant... »

Son *Journal littéraire* commence en 1893, à sa majorité. C'est dans ce premier volume qu'on trouvera les notations les plus vraies, les plus touchantes, les plus irritantes aussi. Dans ce premier volume, on reconnaîtra « à l'état brut », sa nature de Capricorne.

Dès l'abord, dans son « Avertissement », il apparaît avec ce mépris hautain, cette misanthropie et cette passion de la vérité qui caractérisent le signe :

« *Avertissement*. Je tiens à le donner. Je n'ai pas ajouté, ni retranché un mot aux conversations, entretiens ou propos qu'on m'a rapportés ou que j'ai entendu tenir devant moi, les uns et les autres non relatés à distance, mais notés le soir même. Les gens qui m'ont connu de près m'ont toujours tenu pour un homme qui ne ment jamais et, de plus, dénué de toute imagination. Cela pour répondre aux réclamations de tiers intéressés. *Vendredi 24 Septembre 1893.* »

Ce jour-là, la Lune passait sur son Uranus, opposé au Soleil, carré Ascendant, carré Lune. Il lance le coup d'envoi, avec agressivité, non-conformisme, comme s'il lançait un défi à ses futurs lecteurs.

7 avril 1894 : la Lune repasse sur sa Lune de naissance; pas surprenant que remonte à sa mémoire un souvenir d'enfance, dans lequel va s'exprimer le jeune Capricorne taciturne, solitaire et, déjà, frustré.

« Écrit dans le Luxembourg. A l'école, je ne jouais pas. Quand j'arrivais avant l'heure de la classe, je me promenais seul sur les trottoirs de la cour. J'étais déjà au supplice des cris et des poussées de mes camarades. J'allais à l'école et en revenais seul, autant par sauvagerie et timidité que peut-être par goût de la solitude. Mes maîtres m'ont-ils aimé un peu ? »

Un peu plus loin va s'exprimer l'ambition sauvage du Capricorne : « 28 octobre. Julien Sorel. Presque un modèle! »

En 1895, en juillet plus précisément, il montrera la grande défiance qu'il a des autres et de lui-même :

« Pourquoi faire part de nos opinions ? Demain, nous aurons changé. Gardons-nous d'écrire des lettres affectueuses. L'amitié a sans cesse des hauts et des bas — des très hauts et des très bas. »

Toute sa vie, Léautaud se défendra d'aimer, d'éprouver de l'amour ou de l'amitié. Et, derrière tout cela, on perçoit une enfance difficile, très solitaire, dont il ne se remettra jamais tout à fait.

Août 1895 : « La franchise est bien bête. Admirer, aimer, respecter, c'est s'amoindrir. Tous ces enfants qui jouent et crient dans la rue, s'ils pouvaient mourir... »

Que d'orgueil, que de faux cynisme chez cet homme qui s'attachera avec passion à son chat, Boule, ou à un chien abandonné rencontré sur sa route...

Que d'orgueil — et quel aveu de faiblesse, comme s'il avait besoin de s'en convaincre —, dans cette phrase, plusieurs fois répétée : « Je fais tout ce que je veux de moi-même. » Ou, plus loin : « Arriver à quarante ans avec un millier de vers dont la beauté me mérite d'être bafoué, voilà ma seule ambition. Tout ce qui est l'autorité me donne envie d'injurier. C'est une force que n'admirer rien. »

Mais, parfois, il y a l'aveu de l'angoisse, du désespoir, de la tentation du néant. Le 18 février 1906, alors que la Lune passe sur Neptune en Maison VI, au carré du Soleil et qu'elle est au carré de Saturne, aspect typiquement dépressif : « Je me désespère de plus en plus. Rien ne me remonte, aucun espoir ne me donne du courage. Et pourtant, j'aime passionnément les lettres. Je vais me coucher. Il n'y a encore que la complète nuit du sommeil pour avoir la paix. »

Pourtant, derrière le masque agressif et cynique, apparaît un personnage qu'on devine malgré tout capable de gestes généreux, mais ceux-là doivent demeurer pudiquement cachés; et puis les gens heureux l'agacent, de toute évidence, parce qu'ils ont accès à un paradis qui lui sera toujours refusé.

A propos de Van Bever : « Me reprochant ma sauvagerie, mon soin à rester chez moi, il m'a dit : " Toi, tu es l'ami des mauvais jours. Quand on n'a pas de quoi manger, tu es toujours là pour faire partager ton dîner. Mais sitôt qu'on a un peu de bonheur, on ne te voit plus ". »

Léautaud est la lucidité même. Encore une vertu — ou un défaut — saturnien. Parfois, il sent très bien ce qu'il a refoulé, ces élans, cette sensibilité qu'il a escamotés au profit de l'intelligence.

« Qu'est-ce donc qui me manque ? Sans doute, je me suis trop amusé avec moi-même, j'ai trop joué avec mon cerveau, ma sensibilité, et je n'ai pas gardé assez d'illusion. A côté de moi qui travaille, il y a trop souvent un autre moi qui examine, raisonne, critique, et trouve toujours tout mauvais. » On retrouve là, par instant l'écho du journal de Kepler. Une notation, au passage le 26 mars 1898, qui me paraît très capricornienne, à propos de son cadre de vie. Souvent, il m'est arrivé d'exprimer la même chose, le sentiment de cesser très vite de voir son propre décor, d'en être conscient :

« Il paraît qu'un jour Goncourt demanda à Renan : Pourriez-vous me dire de quelle couleur est le papier de votre chambre à coucher ?, et que Renan lui avoua n'avoir jamais songé à s'en rendre compte. Je ne suis pas loin de m'en tenir à ce désintéressement. N'est-ce pas un certain vide de soi-même, un certain manque de vie intérieure, qui fait qu'on se plaît au milieu d'un décor, que même on en a besoin ? Pour moi, jusqu'ici, les choses extérieures, de cette sorte, existent à peine. Je craindrais même que des tableaux arrêtent mon regard, ma réflexion. Mes murs nus sont au contraire comme s'ils n'existaient pas. »

Et, le 4 septembre, cette phrase, traduisant sa quête obstinée de la sincérité et de la lucidité : « Se surveiller, être conscient toujours. »

Et toujours, en arrière-plan, la structure dépressive du Capricorne-Scorpion : « La pensée du suicide m'obsède de nouveau depuis quelques jours. Chaque année, j'ai deux ou trois mois de cet état. »

Il est intéressant de noter que le jour où il formule cette tristesse, Pluton occupe la Maison VIII, secteur de mort, que Mars passe sur la Lune Noire, transit de « castration symbolique », et surtout que le Dragon (en Maison VIII) passe sur Saturne.

De temps en temps, une notation sur sa santé, révélatrice de son hypocondrie latente mais aussi de ses prédispositions pathologiques. Ici, c'est le Scorpion qui se manifeste : « Valéry [...] m'a donné quelques indications de soins pour un léger échauffement qui m'est venu. C'est Bl... qui a dû me passer cela avec sa métrite. » Plus loin, ce cri d'intellectuel froid : « La seule foi qui me reste, et encore! c'est la foi dans les dictionnaires. »

Ou cette agressivité méchante qu'on trouvera si souvent chez lui, sorte d'Alceste rendu plus méprisant et plus virulent par son Ascendant Scorpion : « Quel ennui me donne une salle de spectacle! J'y vois tout de suite un grand jeu de massacre. J'aurais plaisir à choisir dans les spectateurs les plus grotesques pour les abattre avec une balle de crin. Mais surtout m'y ennuie le bruit que les acteurs font en parlant! »
Et ce trait (qui fait penser au mot de Conrand Moriquand sur le Capricorne : « Il naît vieux ») : « Je n'ai guère eu jusqu'ici l'esprit d'un jeune homme. »
Ce goût du Capricorne pour un genre très particulier de littérature, qu'on retrouvera chez Saint-Simon, entre autres : « Je ne veux plus écrire désormais que de la manière dont on écrit les souvenirs ou les mémoires. »
Mais voici les vrais aveux, ceux que de temps en temps Léautaud va confier au papier et qui trahissent sa souffrance : « Combien, le plus souvent, je me serai trouvé seul, de cette solitude morale, quelquefois plus douloureuse, quand on la constate, que la solitude physique. »
Ce qui ne l'empêchera pas de l'appeler de ses vœux parfois, lorsqu'il se sent incompris, rejeté, incapable d'aimer.
Et cette autodévalorisation spécifique : « Je ne suis pas fou de moi, le plus souvent. » Ou encore : « Je pensais encore ce soir aux maladresses ou plutôt aux dépréciations que doivent me causer ma timidité et mon abus de la réflexion [...]. « Quant à moi, j'aurais bien dit quelque chose, mais au moment de le dire, je me disais : Oh! cela ne va guère intéresser, ce que j'ai à dire n'a vraiment rien d'extraordinaire —, et je ne disais souvent rien [...]. Et puis, c'est aussi une chose que je remarque de plus en plus : quand on me parle, j'entends à peine. Je ne suis occupé que d'étudier le visage de celui qui me parle, de ses jeux de physionomie, et qu'à m'imaginer ce qu'il peut bien penser, exactement, en me disant telle ou telle chose [...]. « Ma timidité m'a paralysé même pour les affaires personnelles. Exemple : ce roman. Je voulais expliquer quelques désirs à Vallette, quant à des caractères, des couleurs, etc. Au moment de parler, je me suis dit : A quoi bon! Je vais passer pour un raseur, ou je vais avoir l'air de poser, etc. et je n'ai rien dit. »
Car la peur d'être rejeté et mal jugé, quoi que Léautaud ait pu dire, n'a jamais cessé de le hanter, même s'il l'a cachée sous sa volonté de mépris.
A nouveau, en 1903, apparaît la tendance dépressive : « Je goûte en ce moment ces idées : gâchages, départ, irréparable, jamais plus, vieillir, et, je le confesse, je pleure, caché par mon casier à papier, dans tout le bruit de l'étude. »
Georgette, sa maîtresse, va le quitter. Il se sait responsable de cet échec. Elle est heureuse, grâce à un autre et il le supporte mal : « Je note les effets de la grande douleur morale sur moi. Serrement à la gorge, froid par tout le corps, peur affreuse du vide, besoin de me coucher et de dormir, névralgie, fatigue générale; attendrissement, pitié, irrésolution, immense solitude morale, besoin infini de silence, grande clairvoyance de mes fautes, grande détresse à l'idée que je mourrai un jour. »
Cette crise, c'est celle des vingt-neuf ans et du retour de Saturne sur lui-même en ce mois de janvier 1903, qui réactive toutes les tendances du Capricorne et qu'on ne peut mieux définir qu'en ces quelques lignes.

Le 24 février, il reçoit de son frère une dépêche lui annonçant que leur père est au plus mal. Celui-ci mourra le 25, à 1 heure du matin. On est toujours dans ce retour de Saturne sur le Soleil, aspect très classique du deuil, de la mort du père et, précisément, le 25 février, Pluton, maître de la mort, passera sur le Dragon en Maison VIII, secteur de mort. Cette rencontre avec elle marquera très profondément Léautaud.
Parfois, un étrange cri, si révélateur : « Quel effort il me faut faire sans cesse pour maîtriser ma pitié, ma bonté. » Il semblerait bien, hélas, qu'il y soit parvenu...
A propos du travail, Léautaud va exprimer ce que, je crois, tous les vrais Capricorne ressentent profondément, vivent chaque jour : « J'ai pu m'apercevoir par la suite qu'au fond il n'y a rien de difficile et que rien ne donne de la capacité comme de se trouver devant un travail qu'il faut à toute force accomplir, seul, et avec ses propres moyens. On trouve alors en soi le moyen de s'en tirer et l'expérience que j'en ai faite a été telle que je crois bien que si je trouvais demain n'importe quel travail si difficile qu'il soit, je l'accepterais, pourvu qu'il soit bien rétribué, avec la joie à l'avance des difficultés inconnues à étudier et à aplanir. Le tout, c'est qu'on me laisse un peu faire seul. Je fais une ou deux gaffes au début, mais j'y prends toujours une leçon, et cela m'arrive rarement après. Ce qui me fait dire que j'étais peut-être né pour les affaires, c'est la sorte de plaisir que j'éprouve depuis deux ou trois mois à discuter avec tous ces créanciers ou avoués de créanciers. »
Peut-être, en effet, avec sa Vénus en Maison II et en Sagittaire, bien soutenue par le Milieu-du-Ciel, Léautaud était-il doué pour les affaires...
A nouveau, on retrouvera chez lui ce narcissisme à rebours, cette coquetterie éprouvée à se dénigrer, à dire du mal de soi, à se détester avec délectation, comme on l'a vu chez Kepler déjà : « Il n'y a décidément que moi, que ce qui m'est arrivé, que ce qui me touche, que j'aime ou recherche qui m'intéresse et j'aurais certainement de la peine à inventer les bêtises nécessaires dans un roman. »
Léautaud ajoute, le même jour : « Je n'ai jamais eu de chance avec les femmes. Il est toujours arrivé un moment où leur bêtise a dépassé mon amour. Je repense à cette idée que j'avais en 1897, d'écrire moi-même une étude sur moi. On n'est pas beau après l'amour. Mouvements ridicules, où on perd chacun un peu de matière. Grandes saletés. »
Léautaud, au fond, n'a jamais été passionnément amoureux. Il reconnaît lui-même avoir été vicieux, il a été tenté par des expériences homosexuelles, jamais vraiment assumées. Et, derrière tout cela, on retrouve une mère trop absente, un couple parental éclaté, une mère qu'il a tenté d'idéaliser tout en lui tenant rancune (Lune en Taureau, carré Uranus et carré Soleil), mais qu'il a sans doute recherchée toute sa vie en la fuyant en même temps (Lune sextile Lune Noire).
Même l'amitié lui est difficile : « Je ne dois pas avoir le don de l'amitié, puisque je dis du mal de mon meilleur ami. Il est vrai que ce mal est si justifié. »
On retrouve l'exigence, l'intransigeance du Capricorne, son désir de ne rien pardonner, de ne rien « passer » à celui auquel il donne son amitié.
Ici, le 22 août, six mois après la mort de son père, cette notation dans laquelle se révèle le rôle du Scorpion : « Quand je songe à mon père mort, c'est tou-

jours à l'état dans lequel il doit se trouver que je songe. Je ne sais même quelle curiosité me ferait désirer le voir tel qu'il est, si c'était possible. Maurice aussi, chaque fois que nous sommes allés au cimetière, a eu cette pensée de l'état de la décomposition. Preuve certainement de non-religion. » Ou preuve d'un état morbide de fascination et d'horreur à la fois devant la mort, qui hante sans cesse Léautaud. A nouveau, ce non sentimental va réagir au départ de Bl, son autre maîtresse en titre avec Georgette. Et, sur son départ survenu le 25 août 1903, lorsque Vénus est au carré de la Lune noire, il va replonger dans cet état dépressif, toujours réactivé par l'abandon ou la frustration affective qu'il ne veut pas voir : « Les soirées vagabondes, les dimanches pesants, toute l'affreuse vie que me créent mes incessants accès de fatigue, de goût à rien, de doute, vont recommencer. A quoi est-ce que je tiens, bien au fond, et quoi ou qui tient à moi? N'y pas songer. La réponse serait peut-être : rien et personne. Tâcher de vivre. J'ai trente et un ans passés. Quarante et un viendra bientôt, puis cinquante et un, puis peut-être soixante et un, puis il faudra s'en aller, quitter tout, tout, et pour quel toujours. Et il en sera de même pour elle, et deux êtres qui auront vécu si près, vieilliront séparés. (Je dois noter, pour être vrai, ce ridicule : j'ai eu deux ou trois larmes en écrivant ceci.) »
Et un peu plus loin, à propos de Boule, son chat, son chat-transfert : « J'aurais été si navré de ne plus l'avoir. J'ai besoin par moments de caresser, d'aimer, de chérir, de m'apitoyer sur une tendresse. »
Et serait-on tenté d'ajouter : de s'apitoyer sur lui-même.
Le 26 octobre 1903, Léautaud écrit : « " J'ai bien examiné M..., et son caractère m'a paru très piquant; très aimable et nulle envie de plaire, si ce n'est à ses amis ou à ceux qu'il estime; en récompense, une grande crainte de déplaire. Ce sentiment est juste et accorde ce qu'on doit à l'amitié et ce qu'on doit à la société. On peut faire plus de bien que lui, nul ne fera moins de mal. On sera plus empressé, jamais moins importun. On caressera davantage, on ne choquera jamais moins. " Je relisais Chamfort ce soir, au lit. Ce portrait ci-dessus, par lui, c'est beaucoup moi.
Et il ajoute : « J'aurais aimé l'ironie par-dessus tout je crois, et même trop. »
Car ce portrait par Chamfort, c'est celui auquel Léautaud, hérisson mal léché, souhaite fort ressembler. Mais il ajoute encore, tout de suite après, ces quelques lignes qui le disent bien démuni, faible, inquiet et tourmenté : « Je me sens de plus en plus malade. Depuis deux ans et demi, mes douleurs de reins vont en s'augmentant. Cela agit sur mon moral, Le goût de tout diminue, je ne vis plus que par éclaircies. Moi qui avais déjà si peu de ressort. Jolie vie, si cela continue. »
Au passage, signalons que sa Maison XII en Balance peut indiquer une faiblesse des reins ou de l'arbre urinaire, de même que l'Ascendant Scorpion marquera ses ennuis vénériens ou affectant son sexe. Mais on trouve aussi, chez cet homme mort finalement fort vieux, à près de quatre-vingts ans, une forte tendance hypocondriaque que son Neptune en VI, en Bélier, carré Saturne, ne fait que confirmer.
Et toujours, ce sentiment de la mort, cette obsession renforcée par le Scorpion, par le Capricorne, par son Dragon en Maison VIII qui transforme la mort en terrifiant dragon : « Comme les plaisirs diminuent, à mesure qu'on vit, j'entends leur nombre. Il est vrai que ceux qui restent en sont plus vifs et qu'on les sent aussi mieux, et qu'on y est plus sensible. Il doit se mêler à cela une idée inconsciente de périssement. »
Dans ses rapports avec les femmes, on voit à l'œuvre le mécanisme autodestructeur du Capricorne-Scorpion : « J'y vais. Je lui propose de revenir chez moi, mais d'une façon si bizarre que chaque fois que je venais de dire quelque chose pour la décider, je m'empressais de dire autre chose pour la faire refuser, et c'est vrai que j'étais aussi plein du désir de la voir consentir que de celui de la voir refuser, peut-être plus plein de ce dernier! »
Janvier 1904. A nouveau, un coup de spleen. Comme par hasard, il en parle tout de suite après avoir mentionné sa mère : « Je suis dans une période de goût à rien, qu'à rester dans un fauteuil, au coin de mon feu, à remâcher de quotidiennes rêveries. Cette dernière nuit j'ai rêvé de ma mère, et toute cette journée j'ai pensé à elle. » Et il poursuit : « Qu'on est long avant d'oser être soi. Ce n'est pas qu'on soit soi très tard, non, c'est bien ce que je dis, il faut beaucoup de temps avant de se décider à se montrer tel qu'on est, délivré du souci de ce qui est admiré et qu'avant on cherchait naïvement à imiter, se forçant à le trouver bien, malgré la secrète différence que l'on sentait avec soi. »
« J'ai perdu de très bonne heure la folie de la jeunesse, et je me trouve aujourd'hui replié plus qu'il ne conviendrait. Je songeais l'autre matin aux causes de cette maturité morale [...]. Il y a beaucoup de la façon dont j'ai été élevé, de toute la solitude de mon adolescence, de ma première jeunesse, de la difficulté pour moi à trouver des gens qui me plaisent [...]. Il y a aussi comme cause de cette maturité certains faits de ma vie. Il est certain que si j'avais vu mourir Fanny, que si j'avais revu ma mère, et que si j'avais vu mourir mon père quand j'avais dix-huit ou vingt ans, cela n'aurait pas marqué sur moi comme cela a marqué. J'étais alors bien un peu léger, bien un peu dénué de réflexion. Mais la mort de Fanny, l'entrevue avec ma mère et la mort de mon père, tout cela suivi de si près, me sont arrivées quand j'avais vingt-neuf, trente et trente et un ans; [Saturne sur lui-même, sur Mercure et sur le Soleil, puis sur Mars] j'étais en pleine transformation morale; j'étais comme une terre fraîchement remuée, toute remuée plutôt, et tout ce que ces trois incidents dégageaient d'émotion, de vie, etc., est entré en moi sans peine et m'en a marqué profondément [...]. Ma pauvre Fanny, cette mère adorée, et cet homme mourant si affreusement. Oui, c'est bien de tout cet ensemble que je suis sorti. »
Mais il dit peu son adolescence solitaire et malheureuse, cette mère si longtemps absente de sa vie, ce père avec lequel il devait peu communiquer, si l'on en croit son thème. Il se contente parfois de glisser : « J'ai eu une enfance assez solitaire, assez repliée, de même mon adolescence, celle-ci en plus assez malheureuse. J'ai acquis, contracté plutôt, de bonne heure, le penchant à réfléchir sur moi, à penser à moi, aux moindres circonstances de ma vie, à me retourner sans cesse vers moi-même, ayant de très bonne heure des souvenirs. Il me semble bien que c'est tout cela qui m'a porté vers les livres dans lesquels des individus se racontent, se complaisent à se raconter, à se décrire, à s'analyser, soit d'un point de vue littéraire, soit d'un point de vue sentimental, ou passionnel [...]. »

Tout au long de ces sept ou huit volumes de son *Journal littéraire*, Léautaud ne cessera de déplorer son malheureux caractère, de tourner en rond autour de lui-même sans s'aimer et sans pouvoir cesser de se regarder au microscope.

A la fin de 1906 il écrit : « Je ne suis pas en train de voir des gens. Les fins d'années ne me réussissent pas. Toujours le même. Je suis d'un moral déplorable, besoin d'être seul, de m'accroupir dans un coin, malheureux à ne pouvoir l'expliquer. Dire que j'ai toujours été ainsi. Les années ne me changent pas, rien ne me change. Ma vie me pèse. »

Et, le 31 décembre de cette année 1906, on retrouve cette nostalgie, ce grand « trou » creusé par l'absence maternelle, jamais comblé. A 34-35 ans, il écrit encore avec cette ombre visible sur son cœur : « Je suis ici, menant ma vie, ma mère est là-bas, menant la sienne. Que d'autres créatures, que d'autres vies entre nous. » Léautaud le mal aimé, Léautaud le mal aimant, une caricature de Capricorne, à dire vrai, mais qui ne peut pas ne pas éveiller en chacun de ses frères du signe un écho douloureux, la conscience d'une fraternité saturnienne, qu'on la reconnaisse en soi ou qu'on la refuse...

Molière

Molière perdit sa mère très jeune. Sa vie se compose d'une succession de réussites spectaculaires dans le théâtre, où il fut un novateur et un exceptionnel créateur, et d'échecs tragiques sur le plan privé. Ici, Molière remis en scène par Arianne Mnouchkine.

Né le 15 janvier 1622, à Paris.

Impossible de clore notre galerie de portraits sans donner une place primordiale à Molière.

Ce Capricorne à bien des égards est presque un « prototype ». On sait qu'il est né le 15 janvier 1622 et si, à propos du Capricorne, on cite si souvent le misanthrope, c'est à Jean-Baptiste Poquelin qu'on le doit.

Alfred Simon, dans son petit ouvrage sur *Molière*, semble avoir pressenti cette identité — ou cette contre-identité entre Molière et ses personnages : « Molière par lui-même, c'est Molière derrière les masques d'un seul et unique fantôme qui déambule dans tous les recoins du théâtre. »

Homme incommode, blessé irrémédiablement par la coquetterie de sa femme, par les hypocrites, les lâches, par la bêtise et la prétention, Molière dénonce sans jamais se cacher. « L'œuvre de Molière est un refus de l'anonymat, de l'irresponsabilité, de l'intemporel. »

Il me semble que ces trois refus sont, de tout temps les refus du Saturnien, du Capricornien.

Et Alfred Simon dira : « La fièvre de vérité importe à Molière plus que la vérité elle-même. » Et : « A la sortie, le public emmène avec lui le démon de la lucidité. »

La protestation d'Alceste

Voici le cadeau exigeant, rigoureux, empoisonnant, du Capricorne.

« Tartuffe commence, qui est l'anti-Molière; Alceste finit qui est son double; Don Juan les joint l'un et l'autre, mimant un instant le jeu de l'imposteur pour faire entendre la grande protestation d'Alceste. » Molière était un écorché vif, aux sentiments généreux, respectant les « gens vrais », les vrais sentiments, traquant partout la sincérité et ne la trouvant guère dans les salons, mais plutôt dans le peuple, chez les humbles et les pauvres que jamais il ne caricaturera. Ses sympathies vont à eux, nul ne peut en douter.

Chez Molière, on trouve cette violence du Capricorne, cette passion de l'honnêteté, le refus orgueilleux de l'artifice et du masque, qui ont fait de lui la cible des Tartuffe, des dévôts et des puissants.

Que savons-nous de lui, si ce n'est qu'il s'est usé en vaines luttes, qu'il a souffert par Armande et que son caractère ombrageux et possessif a sans doute aussi fait souffrir cette très jeune femme.

Simon dit encore : « La passion amoureuse de Molière a cristallisé sur l'objet unique : Armande. Molière aimait les femmes, non l'amour. Son prestige, sa générosité, son besoin de tendresse lui ont valu des succès apparents et ont touché la jeune Armande. Mais on convient généralement qu'il était maladroit et ne savait pas parler aux femmes. »

Peut-être Molière a-t-il parfois secrètement envié Don Juan, tout en le fustigeant. Parfois, il est très près de donner une autre dimension à ce personnage. « Don Juan est, comme lui, un solitaire, un orgueilleux, un homme qui refuse de plier le genou. Homme sans Dieu, dans les autres il méprise la foule soumise. En éprouvant le pauvre dans la scène célèbre, il tente de lui ouvrir les yeux, de rendre l'homme à l'homme et à sa solitude. » Cet orgueil, cette passion de la liberté, elle est en Molière, mais un Molière conscient de ses propres faiblesses, de ses « lâchetés bourgeoises », parfois. Et c'est pourquoi Don Juan est plus proche d'une tragédie que d'une comédie.

Molière est conscient, également, de ce qu'il y a d'absurde dans son exigence, dans son besoin de fidélité et d'absolu. Dans *Don Juan*, Elvire, c'est Molière. Et Alfred Simon ajoutera : « Elvire ne comprend pas plus Don Juan qu'Alceste ne comprend Célimène et Molière Armande. » Pourtant, si Molière nous le laisse deviner, c'est bien qu'il comprend, mais qu'il ne peut pas accepter, qu'il ne se résigne pas à « cette différence de l'autre » et qu'il en souffre comme un damné.

François Mauriac a perçu la vérité profonde de Molière en écrivant : « *Le Misanthrope* si vanté, réduit à lui-même, ne serait pas le chef-d'œuvre qu'il est si, après trois cents ans, une nappe de douleur ne l'alimentait, et si nous n'en avions conscience à chaque instant. »

Le noir chagrin

Alceste est susceptible; Alceste est impossible. Mais c'est un seigneur. Ce qu'il ne tolère pas, c'est la mesquinerie et le mensonge. Mais « son impuissance à demeurer indifférent, à ne pas se sentir concerné, définit son mal ». Comme il définit celui de Molière. L'identification ne peut être mise en doute : Alceste écrit, on lui fait un procès, il est victime d'une cabale des dévôts, on lui reproche d'être l'auteur d'un « livre abominable » et il souffre de la coquetterie de Célimène. C'est Molière, plus encore qu'Alceste, qui dit : « Je veux qu'on soit sincère et qu'en homme d'honneur / On ne lâche aucun mot qui ne parte du cœur. »

Et cette analyse d'Alfred Simon, qui sonne si juste : [Cette détérioration] « masque mal un besoin d'aimer et d'être aimé qui fait de sa solution finale une solution désespérée. La revendication de l'amitié, le désir et la peur d'être seul, la présence d'une menace qui parcourent la pièce font mieux mesurer la fragilité d'Alceste " trahi de toute part, accablé d'injustice ". Conforme en cela au rôle type de Molière, Alceste ne parvient pas à remplir sa condition d'homme responsable. Il se referme sur une bouderie d'enfant, émouvante et gênante. Loin de trouver dans son désert la retraite d'un homme adulte, il va rester " dans son petit coin sombre avec son noir chagrin " ».

La dérision, Molière peut l'exprimer à l'encontre de lui-même. Molière était fils de Saturne. Son regard était toujours voilé de tristesse ou d'ironie, comme pour cacher ces blessures innombrables, à fleur d'âme. Lagrande le dit : « Il passait pour rêveur et mélancolique. » Scarron l'attaque : « Un bouffon trop sérieux. » A dire vrai, Molière était un Capricorne mal aimé, frustré, parce qu'il avait cette « nostalgie de l'absolue possession » et qu'il se reprochait à la fois de ne pas exiger tout et d'en exiger trop. Alors, il a choisi l'ironie; le comique, pour échapper au tragique qui l'habitait. L'intelligence l'a condamné à prendre de la distance. Aujourd'hui, on a recours à l'humour — qui n'est pas si loin de l'humeur. Jadis on recourait au comique. Mais la démarche est la même et le but également : soulager sa bile tout en évitant de se faire prendre en pitié... ce que l'orgueil du Capricorne ne saurait souffrir.

Chapitre V

A la recherche de votre « Moi » profond

La gloire d'Elvis Presley, célèbre Capricorne, s'était construite à force de discipline, de volonté, de travail, de persévérance. Il lui a sacrifié sa vie privée et même sa vie tout court : il est mort, sur scène, à quarante ans, d'une crise cardiaque.

Dans quel Signe se trouvaient les Planètes à votre naissance

Comment utiliser les Tables des positions planétaires

Les planètes, le Soleil et la Lune sont des points d'émissions énergétiques qui correspondent chacun à une certaine expression de votre personnalité.

Mais ces corps célestes n'agissent pas directement sur nous.

Entre eux et la Terre, le Zodiaque avec ses douze signes différents constitue une sorte de bande abstraite à travers laquelle va s'exercer l'action des astres sur la Terre.

Ainsi la planète Jupiter n'agit-elle pas directement sur vous mais à travers le signe zodiacal dans lequel, vue de la Terre, elle se trouvait au moment de votre naissance.

C'est pourquoi, pour connaître le mode d'action complet de Jupiter sur vous, vous devez rechercher ce signe.

Les Tables des positions planétaires de 1910 à 2000 vous permettront de trouver d'un seul coup d'œil pour l'année et le jour de votre naissance le signe zodiacal dans lequel se trouvait chacune des huit planètes de Mercure à Pluton.

Pour la Lune, vous procédez différemment car cet astre se déplace beaucoup plus rapidement que les planètes, si bien qu'il vous faut tenir compte de votre heure de naissance pour connaître son signe zodiacal.

Dans les *Tables de positions planétaires* vous trouvez la position de la Lune à midi, temps universel de Greenwich, près de Londres.

Comme la Lune parcourt en moyenne 12 degrés zodiacaux par jour, elle reste environ deux jours et demi dans un signe puisque chaque signe compte 30 degrés zodiacaux.

Toutes les deux heures la Lune parcourt 1 degré zodiacal et c'est en fonction de cela que nous trouverons sa position finale.

Pratiquement, voici comment vous allez opérer.

1) Si les *Tables des positions planétaires* vous indiquent une position de la Lune comprise entre 6 et 23 degrés de n'importe quel signe zodiacal, cela veut dire que la Lune est restée toute la journée dans ce signe, quelle que soit votre heure de naissance.

2) Si ces *Tables* vous indiquent une position 0, 1, 2, 3, 4, 5, ou 24, 25, 26, 27, 28, 29 degrés d'un signe zodiacal, vous devez tenir compte de votre heure et de votre lieu de naissance pour découvrir si la Lune était encore dans le signe zodiacal précédent ou était déjà passée dans le signe suivant. Vous procédez pour cela comme indiqué à la page 221.

DECOUVREZ DANS QUEL SIGNE SE TROUVAIENT LES PLANETES A VOTRE NAISSANCE

1910	MERCURE	VENUS	MARS	JUPITER	SATURNE	URANUS	NEPTUNE	PLUTON	LUNE *
1 JANVIER	CAPRICORNE	VERSEAU	BELIER	BALANCE	BELIER	CAPRICORNE	CANCER	GEMEAUX	17 VIERGE
2 JANVIER	CAPRICORNE	VERSEAU	BELIER	BALANCE	BELIER	CAPRICORNE	CANCER	GEMEAUX	29 VIERGE
3 JANVIER	CAPRICORNE	VERSEAU	BELIER	BALANCE	BELIER	CAPRICORNE	CANCER	GEMEAUX	11 BALANCE
4 JANVIER	VERSEAU	VERSEAU	BELIER	BALANCE	BELIER	CAPRICORNE	CANCER	GEMEAUX	23 BALANCE
5 JANVIER	VERSEAU	VERSEAU	BELIER	BALANCE	BELIER	CAPRICORNE	CANCER	GEMEAUX	5 SCORPION
6 JANVIER	VERSEAU	VERSEAU	BELIER	BALANCE	BELIER	CAPRICORNE	CANCER	GEMEAUX	17 SCORPION
7 JANVIER	VERSEAU	VERSEAU	BELIER	BALANCE	BELIER	CAPRICORNE	CANCER	GEMEAUX	29 SCORPION
8 JANVIER	VERSEAU	VERSEAU	BELIER	BALANCE	BELIER	CAPRICORNE	CANCER	GEMEAUX	11 SAGITTAIRE
9 JANVIER	VERSEAU	VERSEAU	BELIER	BALANCE	BELIER	CAPRICORNE	CANCER	GEMEAUX	24 SAGITTAIRE
10 JANVIER	VERSEAU	VERSEAU	BELIER	BALANCE	BELIER	CAPRICORNE	CANCER	GEMEAUX	7 CAPRICORNE
11 JANVIER	VERSEAU	VERSEAU	BELIER	BALANCE	BELIER	CAPRICORNE	CANCER	GEMEAUX	20 CAPRICORNE
12 JANVIER	VERSEAU	VERSEAU	BELIER	BALANCE	BELIER	CAPRICORNE	CANCER	GEMEAUX	4 VERSEAU
13 JANVIER	VERSEAU	VERSEAU	BELIER	BALANCE	BELIER	CAPRICORNE	CANCER	GEMEAUX	18 VERSEAU
14 JANVIER	VERSEAU	VERSEAU	BELIER	BALANCE	BELIER	CAPRICORNE	CANCER	GEMEAUX	2 POISSONS
15 JANVIER	VERSEAU	VERSEAU	BELIER	BALANCE	BELIER	CAPRICORNE	CANCER	GEMEAUX	16 POISSONS
16 JANVIER	VERSEAU	POISSONS	BELIER	BALANCE	BELIER	CAPRICORNE	CANCER	GEMEAUX	0 BELIER
17 JANVIER	VERSEAU	POISSONS	BELIER	BALANCE	BELIER	CAPRICORNE	CANCER	GEMEAUX	14 BELIER
18 JANVIER	VERSEAU	POISSONS	BELIER	BALANCE	BELIER	CAPRICORNE	CANCER	GEMEAUX	28 BELIER
19 JANVIER	VERSEAU	POISSONS	BELIER	BALANCE	BELIER	CAPRICORNE	CANCER	GEMEAUX	12 TAUREAU
20 JANVIER	VERSEAU	POISSONS	BELIER	BALANCE	BELIER	CAPRICORNE	CANCER	GEMEAUX	26 TAUREAU
22 DECEMBRE	CAPRICORNE	CAPRICORNE	SAGITTAIRE	SCORPION	BELIER	CAPRICORNE	CANCER	GEMEAUX	19 VIERGE
23 DECEMBRE	CAPRICORNE	CAPRICORNE	SAGITTAIRE	SCORPION	BELIER	CAPRICORNE	CANCER	GEMEAUX	1 BALANCE
24 DECEMBRE	CAPRICORNE	CAPRICORNE	SAGITTAIRE	SCORPION	BELIER	CAPRICORNE	CANCER	GEMEAUX	13 BALANCE
25 DECEMBRE	CAPRICORNE	CAPRICORNE	SAGITTAIRE	SCORPION	BELIER	CAPRICORNE	CANCER	GEMEAUX	25 BALANCE
26 DECEMBRE	CAPRICORNE	CAPRICORNE	SAGITTAIRE	SCORPION	BELIER	CAPRICORNE	CANCER	GEMEAUX	7 SCORPION
27 DECEMBRE	CAPRICORNE	CAPRICORNE	SAGITTAIRE	SCORPION	BELIER	CAPRICORNE	CANCER	GEMEAUX	19 SCORPION
28 DECEMBRE	CAPRICORNE	CAPRICORNE	SAGITTAIRE	SCORPION	BELIER	CAPRICORNE	CANCER	GEMEAUX	1 SAGITTAIRE
29 DECEMBRE	CAPRICORNE	CAPRICORNE	SAGITTAIRE	SCORPION	BELIER	CAPRICORNE	CANCER	GEMEAUX	13 SAGITTAIRE
30 DECEMBRE	CAPRICORNE	CAPRICORNE	SAGITTAIRE	SCORPION	BELIER	CAPRICORNE	CANCER	GEMEAUX	25 SAGITTAIRE
31 DECEMBRE	CAPRICORNE	CAPRICORNE	SAGITTAIRE	SCORPION	BELIER	CAPRICORNE	CANCER	GEMEAUX	7 CAPRICORNE

LE SOLEIL RESTE DANS LE SIGNE DU CAPRICORNE JUSQU'AU 20 JANVIER 1910 A 21 h 45
REVIENT DANS LE SIGNE DU LE 22 DECEMBRE A 17 h 00

* LES CHIFFRES INDIQUENT LES DEGRES

1911	MERCURE	VENUS	MARS	JUPITER	SATURNE	URANUS	NEPTUNE	PLUTON	LUNE *
1 JANVIER	CAPRICORNE	CAPRICORNE	SAGITTAIRE	SCORPION	BELIER	CAPRICORNE	CANCER	GEMEAUX	19 CAPRICORNE
2 JANVIER	CAPRICORNE	CAPRICORNE	SAGITTAIRE	SCORPION	BELIER	CAPRICORNE	CANCER	GEMEAUX	1 VERSEAU
3 JANVIER	CAPRICORNE	CAPRICORNE	SAGITTAIRE	SCORPION	BELIER	CAPRICORNE	CANCER	GEMEAUX	14 VERSEAU
4 JANVIER	CAPRICORNE	CAPRICORNE	SAGITTAIRE	SCORPION	BELIER	CAPRICORNE	CANCER	GEMEAUX	27 VERSEAU
5 JANVIER	CAPRICORNE	CAPRICORNE	SAGITTAIRE	SCORPION	BELIER	CAPRICORNE	CANCER	GEMEAUX	10 POISSONS
6 JANVIER	CAPRICORNE	CAPRICORNE	SAGITTAIRE	SCORPION	BELIER	CAPRICORNE	CANCER	GEMEAUX	23 POISSONS
7 JANVIER	CAPRICORNE	CAPRICORNE	SAGITTAIRE	SCORPION	BELIER	CAPRICORNE	CANCER	GEMEAUX	6 BELIER
8 JANVIER	CAPRICORNE	CAPRICORNE	SAGITTAIRE	SCORPION	BELIER	CAPRICORNE	CANCER	GEMEAUX	20 BELIER
9 JANVIER	CAPRICORNE	CAPRICORNE	SAGITTAIRE	SCORPION	BELIER	CAPRICORNE	CANCER	GEMEAUX	4 TAUREAU
10 JANVIER	CAPRICORNE	CAPRICORNE	SAGITTAIRE	SCORPION	BELIER	CAPRICORNE	CANCER	GEMEAUX	18 TAUREAU
11 JANVIER	CAPRICORNE	VERSEAU	SAGITTAIRE	SCORPION	BELIER	CAPRICORNE	CANCER	GEMEAUX	3 GEMEAUX
12 JANVIER	CAPRICORNE	VERSEAU	SAGITTAIRE	SCORPION	BELIER	CAPRICORNE	CANCER	GEMEAUX	17 GEMEAUX
13 JANVIER	CAPRICORNE	VERSEAU	SAGITTAIRE	SCORPION	BELIER	CAPRICORNE	CANCER	GEMEAUX	2 CANCER
14 JANVIER	CAPRICORNE	VERSEAU	SAGITTAIRE	SCORPION	BELIER	CAPRICORNE	CANCER	GEMEAUX	17 CANCER
15 JANVIER	CAPRICORNE	VERSEAU	SAGITTAIRE	SCORPION	BELIER	CAPRICORNE	CANCER	GEMEAUX	2 LION
16 JANVIER	CAPRICORNE	VERSEAU	SAGITTAIRE	SCORPION	BELIER	CAPRICORNE	CANCER	GEMEAUX	16 LION
17 JANVIER	CAPRICORNE	VERSEAU	SAGITTAIRE	SCORPION	BELIER	CAPRICORNE	CANCER	GEMEAUX	0 VIERGE
18 JANVIER	CAPRICORNE	VERSEAU	SAGITTAIRE	SCORPION	BELIER	CAPRICORNE	CANCER	GEMEAUX	14 VIERGE
19 JANVIER	CAPRICORNE	VERSEAU	SAGITTAIRE	SCORPION	BELIER	CAPRICORNE	CANCER	GEMEAUX	27 VIERGE
20 JANVIER	CAPRICORNE	VERSEAU	SAGITTAIRE	SCORPION	TAUREAU	CAPRICORNE	CANCER	GEMEAUX	9 BALANCE
21 JANVIER	CAPRICORNE	VERSEAU	SAGITTAIRE	SCORPION	TAUREAU	CAPRICORNE	CANCER	GEMEAUX	22 BALANCE
22 DECEMBRE	CAPRICORNE	SCORPION	TAUREAU	SAGITTAIRE	TAUREAU	CAPRICORNE	CANCER	GEMEAUX	19 CAPRICORNE
23 DECEMBRE	CAPRICORNE	SCORPION	TAUREAU	SAGITTAIRE	TAUREAU	CAPRICORNE	CANCER	GEMEAUX	1 VERSEAU
24 DECEMBRE	CAPRICORNE	SCORPION	TAUREAU	SAGITTAIRE	TAUREAU	CAPRICORNE	CANCER	GEMEAUX	13 VERSEAU
25 DECEMBRE	CAPRICORNE	SCORPION	TAUREAU	SAGITTAIRE	TAUREAU	CAPRICORNE	CANCER	GEMEAUX	25 VERSEAU
26 DECEMBRE	CAPRICORNE	SCORPION	TAUREAU	SAGITTAIRE	TAUREAU	CAPRICORNE	CANCER	GEMEAUX	7 POISSONS
27 DECEMBRE	CAPRICORNE	SCORPION	TAUREAU	SAGITTAIRE	TAUREAU	CAPRICORNE	CANCER	GEMEAUX	19 POISSONS
28 DECEMBRE	SAGITTAIRE	SCORPION	TAUREAU	SAGITTAIRE	TAUREAU	CAPRICORNE	CANCER	GEMEAUX	2 BELIER
29 DECEMBRE	SAGITTAIRE	SCORPION	TAUREAU	SAGITTAIRE	TAUREAU	CAPRICORNE	CANCER	GEMEAUX	15 BELIER
30 DECEMBRE	SAGITTAIRE	SCORPION	TAUREAU	SAGITTAIRE	TAUREAU	CAPRICORNE	CANCER	GEMEAUX	28 BELIER
31 DECEMBRE	SAGITTAIRE	SCORPION	TAUREAU	SAGITTAIRE	TAUREAU	CAPRICORNE	CANCER	GEMEAUX	12 TAUREAU

LE SOLEIL RESTE DANS LE SIGNE DU CAPRICORNE JUSQU'AU 21 JANVIER 1911 A 3 h 40
REVIENT DANS LE SIGNE DU LE 22 DECEMBRE A 22 h 40

* LES CHIFFRES INDIQUENT LES DEGRES

DECOUVREZ DANS QUEL SIGNE SE TROUVAIENT LES PLANETES A VOTRE NAISSANCE

1912	MERCURE	VENUS	MARS	JUPITER	SATURNE	URANUS	NEPTUNE	PLUTON	LUNE *
1 JANVIER	SAGITTAIRE	SCORPION	TAUREAU	SAGITTAIRE	TAUREAU	CAPRICORNE	CANCER	GEMEAUX	26 TAUREAU
2 JANVIER	SAGITTAIRE	SCORPION	TAUREAU	SAGITTAIRE	TAUREAU	CAPRICORNE	CANCER	GEMEAUX	11 GEMEAUX
3 JANVIER	SAGITTAIRE	SCORPION	TAUREAU	SAGITTAIRE	TAUREAU	CAPRICORNE	CANCER	GEMEAUX	26 GEMEAUX
4 JANVIER	SAGITTAIRE	SCORPION	TAUREAU	SAGITTAIRE	TAUREAU	CAPRICORNE	CANCER	GEMEAUX	12 CANCER
5 JANVIER	SAGITTAIRE	SAGITTAIRE	TAUREAU	SAGITTAIRE	TAUREAU	CAPRICORNE	CANCER	GEMEAUX	27 CANCER
6 JANVIER	SAGITTAIRE	SAGITTAIRE	TAUREAU	SAGITTAIRE	TAUREAU	CAPRICORNE	CANCER	GEMEAUX	12 LION
7 JANVIER	SAGITTAIRE	SAGITTAIRE	TAUREAU	SAGITTAIRE	TAUREAU	CAPRICORNE	CANCER	GEMEAUX	27 LION
8 JANVIER	SAGITTAIRE	SAGITTAIRE	TAUREAU	SAGITTAIRE	TAUREAU	CAPRICORNE	CANCER	GEMEAUX	11 VIERGE
9 JANVIER	SAGITTAIRE	SAGITTAIRE	TAUREAU	SAGITTAIRE	TAUREAU	CAPRICORNE	CANCER	GEMEAUX	25 VIERGE
10 JANVIER	SAGITTAIRE	SAGITTAIRE	TAUREAU	SAGITTAIRE	TAUREAU	CAPRICORNE	CANCER	GEMEAUX	9 BALANCE
11 JANVIER	SAGITTAIRE	SAGITTAIRE	TAUREAU	SAGITTAIRE	TAUREAU	CAPRICORNE	CANCER	GEMEAUX	22 BALANCE
12 JANVIER	SAGITTAIRE	SAGITTAIRE	TAUREAU	SAGITTAIRE	TAUREAU	CAPRICORNE	CANCER	GEMEAUX	4 SCORPION
13 JANVIER	SAGITTAIRE	SAGITTAIRE	TAUREAU	SAGITTAIRE	TAUREAU	CAPRICORNE	CANCER	GEMEAUX	17 SCORPION
14 JANVIER	SAGITTAIRE	SAGITTAIRE	TAUREAU	SAGITTAIRE	TAUREAU	CAPRICORNE	CANCER	GEMEAUX	29 SCORPION
15 JANVIER	CAPRICORNE	SAGITTAIRE	TAUREAU	SAGITTAIRE	TAUREAU	CAPRICORNE	CANCER	GEMEAUX	11 SAGITTAIRE
16 JANVIER	CAPRICORNE	SAGITTAIRE	TAUREAU	SAGITTAIRE	TAUREAU	CAPRICORNE	CANCER	GEMEAUX	23 SAGITTAIRE
17 JANVIER	CAPRICORNE	SAGITTAIRE	TAUREAU	SAGITTAIRE	TAUREAU	CAPRICORNE	CANCER	GEMEAUX	4 CAPRICORNE
18 JANVIER	CAPRICORNE	SAGITTAIRE	TAUREAU	SAGITTAIRE	TAUREAU	CAPRICORNE	CANCER	GEMEAUX	16 CAPRICORNE
19 JANVIER	CAPRICORNE	SAGITTAIRE	TAUREAU	SAGITTAIRE	TAUREAU	CAPRICORNE	CANCER	GEMEAUX	28 CAPRICORNE
20 JANVIER	CAPRICORNE	SAGITTAIRE	TAUREAU	SAGITTAIRE	TAUREAU	CAPRICORNE	CANCER	GEMEAUX	10 VERSEAU
21 JANVIER	CAPRICORNE	SAGITTAIRE	TAUREAU	SAGITTAIRE	TAUREAU	CAPRICORNE	CANCER	GEMEAUX	22 VERSEAU
22 DECEMBRE	SAGITTAIRE	VERSEAU	SAGITTAIRE	SAGITTAIRE	TAUREAU	VERSEAU	CANCER	GEMEAUX	7 GEMEAUX
23 DECEMBRE	SAGITTAIRE	VERSEAU	SAGITTAIRE	SAGITTAIRE	TAUREAU	VERSEAU	CANCER	GEMEAUX	22 GEMEAUX
24 DECEMBRE	SAGITTAIRE	VERSEAU	SAGITTAIRE	SAGITTAIRE	TAUREAU	VERSEAU	CANCER	GEMEAUX	6 CANCER
25 DECEMBRE	SAGITTAIRE	VERSEAU	SAGITTAIRE	SAGITTAIRE	TAUREAU	VERSEAU	CANCER	GEMEAUX	21 CANCER
26 DECEMBRE	SAGITTAIRE	VERSEAU	SAGITTAIRE	SAGITTAIRE	TAUREAU	VERSEAU	CANCER	GEMEAUX	6 LION
27 DECEMBRE	SAGITTAIRE	VERSEAU	SAGITTAIRE	SAGITTAIRE	TAUREAU	VERSEAU	CANCER	GEMEAUX	21 LION
28 DECEMBRE	SAGITTAIRE	VERSEAU	SAGITTAIRE	SAGITTAIRE	TAUREAU	VERSEAU	CANCER	GEMEAUX	5 VIERGE
29 DECEMBRE	SAGITTAIRE	VERSEAU	SAGITTAIRE	SAGITTAIRE	TAUREAU	VERSEAU	CANCER	GEMEAUX	20 VIERGE
30 DECEMBRE	SAGITTAIRE	VERSEAU	SAGITTAIRE	SAGITTAIRE	TAUREAU	VERSEAU	CANCER	GEMEAUX	4 BALANCE
31 DECEMBRE	SAGITTAIRE	VERSEAU	SAGITTAIRE	SAGITTAIRE	TAUREAU	VERSEAU	CANCER	GEMEAUX	17 BALANCE

LE SOLEIL RESTE DANS LE SIGNE DU CAPRICORNE JUSQU'AU 21 JANVIER 1912 A 9 h 15
REVIENT DANS LE SIGNE DU LE 22 DECEMBRE A 4 h 30
* LES CHIFFRES INDIQUENT LES DEGRES

1913	MERCURE	VENUS	MARS	JUPITER	SATURNE	URANUS	NEPTUNE	PLUTON	LUNE *
1 JANVIER	SAGITTAIRE	VERSEAU	SAGITTAIRE	SAGITTAIRE	TAUREAU	VERSEAU	CANCER	GEMEAUX	1 SCORPION
2 JANVIER	SAGITTAIRE	VERSEAU	SAGITTAIRE	SAGITTAIRE	TAUREAU	VERSEAU	CANCER	GEMEAUX	14 SCORPION
3 JANVIER	SAGITTAIRE	VERSEAU	SAGITTAIRE	CAPRICORNE	TAUREAU	VERSEAU	CANCER	GEMEAUX	27 SCORPION
4 JANVIER	SAGITTAIRE	VERSEAU	SAGITTAIRE	CAPRICORNE	TAUREAU	VERSEAU	CANCER	GEMEAUX	10 SAGITTAIRE
5 JANVIER	SAGITTAIRE	VERSEAU	SAGITTAIRE	CAPRICORNE	TAUREAU	VERSEAU	CANCER	GEMEAUX	22 SAGITTAIRE
6 JANVIER	SAGITTAIRE	VERSEAU	SAGITTAIRE	CAPRICORNE	TAUREAU	VERSEAU	CANCER	GEMEAUX	5 CAPRICORNE
7 JANVIER	SAGITTAIRE	POISSONS	SAGITTAIRE	CAPRICORNE	TAUREAU	VERSEAU	CANCER	GEMEAUX	17 CAPRICORNE
8 JANVIER	SAGITTAIRE	POISSONS	SAGITTAIRE	CAPRICORNE	TAUREAU	VERSEAU	CANCER	GEMEAUX	29 CAPRICORNE
9 JANVIER	SAGITTAIRE	POISSONS	SAGITTAIRE	CAPRICORNE	TAUREAU	VERSEAU	CANCER	GEMEAUX	11 VERSEAU
10 JANVIER	CAPRICORNE	POISSONS	SAGITTAIRE	CAPRICORNE	TAUREAU	VERSEAU	CANCER	GEMEAUX	23 VERSEAU
11 JANVIER	CAPRICORNE	POISSONS	CAPRICORNE	CAPRICORNE	TAUREAU	VERSEAU	CANCER	GEMEAUX	5 POISSONS
12 JANVIER	CAPRICORNE	POISSONS	CAPRICORNE	CAPRICORNE	TAUREAU	VERSEAU	CANCER	GEMEAUX	17 POISSONS
13 JANVIER	CAPRICORNE	POISSONS	CAPRICORNE	CAPRICORNE	TAUREAU	VERSEAU	CANCER	GEMEAUX	28 POISSONS
14 JANVIER	CAPRICORNE	POISSONS	CAPRICORNE	CAPRICORNE	TAUREAU	VERSEAU	CANCER	GEMEAUX	10 BELIER
15 JANVIER	CAPRICORNE	POISSONS	CAPRICORNE	CAPRICORNE	TAUREAU	VERSEAU	CANCER	GEMEAUX	23 BELIER
16 JANVIER	CAPRICORNE	POISSONS	CAPRICORNE	CAPRICORNE	TAUREAU	VERSEAU	CANCER	GEMEAUX	5 TAUREAU
17 JANVIER	CAPRICORNE	POISSONS	CAPRICORNE	CAPRICORNE	TAUREAU	VERSEAU	CANCER	GEMEAUX	19 TAUREAU
18 JANVIER	CAPRICORNE	POISSONS	CAPRICORNE	CAPRICORNE	TAUREAU	VERSEAU	CANCER	GEMEAUX	1 GEMEAUX
19 JANVIER	CAPRICORNE	POISSONS	CAPRICORNE	CAPRICORNE	TAUREAU	VERSEAU	CANCER	GEMEAUX	15 GEMEAUX
20 JANVIER	CAPRICORNE	POISSONS	CAPRICORNE	CAPRICORNE	TAUREAU	VERSEAU	CANCER	GEMEAUX	0 CANCER
22 DECEMBRE	SAGITTAIRE	SAGITTAIRE	CANCER	CAPRICORNE	GEMEAUX	VERSEAU	CANCER	CANCER	24 BALANCE
23 DECEMBRE	SAGITTAIRE	SAGITTAIRE	CANCER	CAPRICORNE	GEMEAUX	VERSEAU	CANCER	CANCER	8 SCORPION
24 DECEMBRE	SAGITTAIRE	SAGITTAIRE	CANCER	CAPRICORNE	GEMEAUX	VERSEAU	CANCER	CANCER	22 SCORPION
25 DECEMBRE	SAGITTAIRE	SAGITTAIRE	CANCER	CAPRICORNE	GEMEAUX	VERSEAU	CANCER	GEMEAUX	6 SAGITTAIRE
26 DECEMBRE	SAGITTAIRE	SAGITTAIRE	CANCER	CAPRICORNE	GEMEAUX	VERSEAU	CANCER	GEMEAUX	20 SAGITTAIRE
27 DECEMBRE	SAGITTAIRE	SAGITTAIRE	CANCER	CAPRICORNE	GEMEAUX	VERSEAU	CANCER	GEMEAUX	3 CAPRICORNE
28 DECEMBRE	SAGITTAIRE	SAGITTAIRE	CANCER	CAPRICORNE	GEMEAUX	VERSEAU	CANCER	GEMEAUX	17 CAPRICORNE
29 DECEMBRE	SAGITTAIRE	SAGITTAIRE	CANCER	CAPRICORNE	GEMEAUX	VERSEAU	CANCER	GEMEAUX	0 VERSEAU
30 DECEMBRE	SAGITTAIRE	SAGITTAIRE	CANCER	CAPRICORNE	GEMEAUX	VERSEAU	CANCER	GEMEAUX	12 VERSEAU
31 DECEMBRE	SAGITTAIRE	SAGITTAIRE	CANCER	CAPRICORNE	GEMEAUX	VERSEAU	CANCER	GEMEAUX	25 VERSEAU

LE SOLEIL RESTE DANS LE SIGNE DU CAPRICORNE JUSQU'AU 20 JANVIER 1913 A 15 h 00
REVIENT DANS LE SIGNE DU LE 22 DECEMBRE A 10 h 20
* LES CHIFFRES INDIQUENT LES DEGRES

DECOUVREZ DANS QUEL SIGNE SE TROUVAIENT LES PLANETES A VOTRE NAISSANCE

1914	MERCURE	VENUS	MARS	JUPITER	SATURNE	URANUS	NEPTUNE	PLUTON	LUNE ✱
1 JANVIER	SAGITTAIRE	CAPRICORNE	CANCER	CAPRICORNE	GEMEAUX	VERSEAU	CANCER	GEMEAUX	7 POISSONS
2 JANVIER	SAGITTAIRE	CAPRICORNE	CANCER	CAPRICORNE	GEMEAUX	VERSEAU	CANCER	GEMEAUX	19 POISSONS
3 JANVIER	SAGITTAIRE	CAPRICORNE	CANCER	CAPRICORNE	GEMEAUX	VERSEAU	CANCER	GEMEAUX	1 BELIER
4 JANVIER	CAPRICORNE	CAPRICORNE	CANCER	CAPRICORNE	GEMEAUX	VERSEAU	CANCER	GEMEAUX	12 BELIER
5 JANVIER	CAPRICORNE	CAPRICORNE	CANCER	CAPRICORNE	GEMEAUX	VERSEAU	CANCER	GEMEAUX	24 BELIER
6 JANVIER	CAPRICORNE	CAPRICORNE	CANCER	CAPRICORNE	GEMEAUX	VERSEAU	CANCER	GEMEAUX	6 TAUREAU
7 JANVIER	CAPRICORNE	CAPRICORNE	CANCER	CAPRICORNE	GEMEAUX	VERSEAU	CANCER	GEMEAUX	19 TAUREAU
8 JANVIER	CAPRICORNE	CAPRICORNE	CANCER	CAPRICORNE	GEMEAUX	VERSEAU	CANCER	GEMEAUX	1 GEMEAUX
9 JANVIER	CAPRICORNE	CAPRICORNE	CANCER	CAPRICORNE	GEMEAUX	VERSEAU	CANCER	GEMEAUX	14 GEMEAUX
10 JANVIER	CAPRICORNE	CAPRICORNE	CANCER	CAPRICORNE	GEMEAUX	VERSEAU	CANCER	GEMEAUX	27 GEMEAUX
11 JANVIER	CAPRICORNE	CAPRICORNE	CANCER	CAPRICORNE	GEMEAUX	VERSEAU	CANCER	GEMEAUX	11 CANCER
12 JANVIER	CAPRICORNE	CAPRICORNE	CANCER	CAPRICORNE	GEMEAUX	VERSEAU	CANCER	GEMEAUX	25 CANCER
13 JANVIER	CAPRICORNE	CAPRICORNE	CANCER	CAPRICORNE	GEMEAUX	VERSEAU	CANCER	GEMEAUX	9 LION
14 JANVIER	CAPRICORNE	CAPRICORNE	CANCER	CAPRICORNE	GEMEAUX	VERSEAU	CANCER	GEMEAUX	23 LION
15 JANVIER	CAPRICORNE	CAPRICORNE	CANCER	CAPRICORNE	GEMEAUX	VERSEAU	CANCER	GEMEAUX	8 VIERGE
16 JANVIER	CAPRICORNE	CAPRICORNE	CANCER	CAPRICORNE	GEMEAUX	VERSEAU	CANCER	GEMEAUX	22 VIERGE
17 JANVIER	CAPRICORNE	CAPRICORNE	CANCER	CAPRICORNE	GEMEAUX	VERSEAU	CANCER	GEMEAUX	6 BALANCE
18 JANVIER	CAPRICORNE	CAPRICORNE	CANCER	CAPRICORNE	GEMEAUX	VERSEAU	CANCER	GEMEAUX	20 BALANCE
19 JANVIER	CAPRICORNE	CAPRICORNE	CANCER	CAPRICORNE	GEMEAUX	VERSEAU	CANCER	GEMEAUX	5 SCORPION
20 JANVIER	CAPRICORNE	CAPRICORNE	CANCER	CAPRICORNE	GEMEAUX	VERSEAU	CANCER	GEMEAUX	18 SCORPION
22 DECEMBRE	SAGITTAIRE	SCORPION	CAPRICORNE	VERSEAU	GEMEAUX	VERSEAU	CANCER	CANCER	9 POISSONS
23 DECEMBRE	SAGITTAIRE	SCORPION	CAPRICORNE	VERSEAU	GEMEAUX	VERSEAU	CANCER	CANCER	21 POISSONS
24 DECEMBRE	SAGITTAIRE	SCORPION	CAPRICORNE	VERSEAU	GEMEAUX	VERSEAU	CANCER	CANCER	3 BELIER
25 DECEMBRE	SAGITTAIRE	SCORPION	CAPRICORNE	VERSEAU	GEMEAUX	VERSEAU	CANCER	CANCER	15 BELIER
26 DECEMBRE	SAGITTAIRE	SCORPION	CAPRICORNE	VERSEAU	GEMEAUX	VERSEAU	CANCER	CANCER	27 BELIER
27 DECEMBRE	SAGITTAIRE	SCORPION	CAPRICORNE	VERSEAU	GEMEAUX	VERSEAU	CANCER	CANCER	9 TAUREAU
28 DECEMBRE	CAPRICORNE	SCORPION	CAPRICORNE	VERSEAU	GEMEAUX	VERSEAU	CANCER	CANCER	21 TAUREAU
29 DECEMBRE	CAPRICORNE	SCORPION	CAPRICORNE	VERSEAU	GEMEAUX	VERSEAU	CANCER	CANCER	3 GEMEAUX
30 DECEMBRE	CAPRICORNE	SCORPION	CAPRICORNE	VERSEAU	GEMEAUX	VERSEAU	CANCER	CANCER	15 GEMEAUX
31 DECEMBRE	CAPRICORNE	SAGITTAIRE	CAPRICORNE	VERSEAU	GEMEAUX	VERSEAU	CANCER	CANCER	27 GEMEAUX

LE SOLEIL — RESTE DANS LE SIGNE DU CAPRICORNE JUSQU'AU 20 JANVIER 1914 A 21 h 00
REVIENT DANS LE SIGNE DU LE 22 DECEMBRE A 16 h 10
✱ LES CHIFFRES INDIQUENT LES DEGRES

1915	MERCURE	VENUS	MARS	JUPITER	SATURNE	URANUS	NEPTUNE	PLUTON	LUNE ✱
1 JANVIER	CAPRICORNE	SAGITTAIRE	CAPRICORNE	VERSEAU	GEMEAUX	VERSEAU	CANCER	CANCER	10 CANCER
2 JANVIER	CAPRICORNE	SAGITTAIRE	CAPRICORNE	VERSEAU	GEMEAUX	VERSEAU	CANCER	CANCER	22 CANCER
3 JANVIER	CAPRICORNE	SAGITTAIRE	CAPRICORNE	VERSEAU	GEMEAUX	VERSEAU	CANCER	CANCER	5 LION
4 JANVIER	CAPRICORNE	SAGITTAIRE	CAPRICORNE	VERSEAU	GEMEAUX	VERSEAU	CANCER	CANCER	18 LION
5 JANVIER	CAPRICORNE	SAGITTAIRE	CAPRICORNE	VERSEAU	GEMEAUX	VERSEAU	CANCER	CANCER	1 VIERGE
6 JANVIER	CAPRICORNE	SAGITTAIRE	CAPRICORNE	VERSEAU	GEMEAUX	VERSEAU	CANCER	CANCER	14 VIERGE
7 JANVIER	CAPRICORNE	SAGITTAIRE	CAPRICORNE	VERSEAU	GEMEAUX	VERSEAU	CANCER	CANCER	28 VIERGE
8 JANVIER	CAPRICORNE	SAGITTAIRE	CAPRICORNE	VERSEAU	GEMEAUX	VERSEAU	CANCER	CANCER	12 BALANCE
9 JANVIER	CAPRICORNE	SAGITTAIRE	CAPRICORNE	VERSEAU	GEMEAUX	VERSEAU	CANCER	CANCER	26 BALANCE
10 JANVIER	CAPRICORNE	SAGITTAIRE	CAPRICORNE	VERSEAU	GEMEAUX	VERSEAU	CANCER	CANCER	10 SCORPION
11 JANVIER	CAPRICORNE	SAGITTAIRE	CAPRICORNE	VERSEAU	GEMEAUX	VERSEAU	CANCER	CANCER	25 SCORPION
12 JANVIER	CAPRICORNE	SAGITTAIRE	CAPRICORNE	VERSEAU	GEMEAUX	VERSEAU	CANCER	CANCER	9 SAGITTAIRE
13 JANVIER	CAPRICORNE	SAGITTAIRE	CAPRICORNE	VERSEAU	GEMEAUX	VERSEAU	CANCER	CANCER	24 SAGITTAIRE
14 JANVIER	CAPRICORNE	SAGITTAIRE	CAPRICORNE	VERSEAU	GEMEAUX	VERSEAU	CANCER	CANCER	8 CAPRICORNE
15 JANVIER	VERSEAU	SAGITTAIRE	CAPRICORNE	VERSEAU	GEMEAUX	VERSEAU	CANCER	CANCER	22 CAPRICORNE
16 JANVIER	VERSEAU	SAGITTAIRE	CAPRICORNE	VERSEAU	GEMEAUX	VERSEAU	CANCER	CANCER	6 VERSEAU
17 JANVIER	VERSEAU	SAGITTAIRE	CAPRICORNE	VERSEAU	GEMEAUX	VERSEAU	CANCER	CANCER	20 VERSEAU
18 JANVIER	VERSEAU	SAGITTAIRE	CAPRICORNE	VERSEAU	GEMEAUX	VERSEAU	CANCER	CANCER	3 POISSONS
19 JANVIER	VERSEAU	SAGITTAIRE	CAPRICORNE	VERSEAU	GEMEAUX	VERSEAU	CANCER	CANCER	16 POISSONS
20 JANVIER	VERSEAU	SAGITTAIRE	CAPRICORNE	VERSEAU	GEMEAUX	VERSEAU	CANCER	CANCER	29 POISSONS
21 JANVIER	VERSEAU	SAGITTAIRE	CAPRICORNE	VERSEAU	GEMEAUX	VERSEAU	CANCER	CANCER	11 BELIER
22 DECEMBRE	CAPRICORNE	CAPRICORNE	LION	POISSONS	CANCER	VERSEAU	LION	CANCER	10 CANCER
23 DECEMBRE	CAPRICORNE	CAPRICORNE	LION	POISSONS	CANCER	VERSEAU	LION	CANCER	22 CANCER
24 DECEMBRE	CAPRICORNE	CAPRICORNE	LION	POISSONS	CANCER	VERSEAU	LION	CANCER	3 LION
25 DECEMBRE	CAPRICORNE	CAPRICORNE	LION	POISSONS	CANCER	VERSEAU	LION	CANCER	16 LION
26 DECEMBRE	CAPRICORNE	CAPRICORNE	LION	POISSONS	CANCER	VERSEAU	LION	CANCER	28 LION
27 DECEMBRE	CAPRICORNE	VERSEAU	LION	POISSONS	CANCER	VERSEAU	LION	CANCER	10 VIERGE
28 DECEMBRE	CAPRICORNE	VERSEAU	LION	POISSONS	CANCER	VERSEAU	LION	CANCER	23 VIERGE
29 DECEMBRE	CAPRICORNE	VERSEAU	LION	POISSONS	CANCER	VERSEAU	LION	CANCER	6 BALANCE
30 DECEMBRE	CAPRICORNE	VERSEAU	LION	POISSONS	CANCER	VERSEAU	LION	CANCER	19 BALANCE
31 DECEMBRE	CAPRICORNE	VERSEAU	LION	POISSONS	CANCER	VERSEAU	LION	CANCER	3 SCORPION

LE SOLEIL — RESTE DANS LE SIGNE DU CAPRICORNE JUSQU'AU 21 JANVIER 1915 A 2 h 45
REVIENT DANS LE SIGNE DU LE 22 DECEMBRE A 22 h 00
✱ LES CHIFFRES INDIQUENT LES DEGRES

DECOUVREZ DANS QUEL SIGNE SE TROUVAIENT LES PLANETES A VOTRE NAISSANCE

1916	MERCURE	VENUS	MARS	JUPITER	SATURNE	URANUS	NEPTUNE	PLUTON	LUNE *
1 JANVIER	CAPRICORNE	VERSEAU	LION	POISSONS	CANCER	VERSEAU	LION	CANCER	18 SCORPION
2 JANVIER	CAPRICORNE	VERSEAU	LION	POISSONS	CANCER	VERSEAU	LION	CANCER	2 SAGITTAIRE
3 JANVIER	CAPRICORNE	VERSEAU	LION	POISSONS	CANCER	VERSEAU	LION	CANCER	17 SAGITTAIRE
4 JANVIER	CAPRICORNE	VERSEAU	LION	POISSONS	CANCER	VERSEAU	LION	CANCER	3 CAPRICORNE
5 JANVIER	CAPRICORNE	VERSEAU	LION	POISSONS	CANCER	VERSEAU	LION	CANCER	18 CAPRICORNE
6 JANVIER	CAPRICORNE	VERSEAU	LION	POISSONS	CANCER	VERSEAU	LION	CANCER	3 VERSEAU
7 JANVIER	CAPRICORNE	VERSEAU	LION	POISSONS	CANCER	VERSEAU	LION	CANCER	18 VERSEAU
8 JANVIER	VERSEAU	VERSEAU	LION	POISSONS	CANCER	VERSEAU	LION	CANCER	2 POISSONS
9 JANVIER	VERSEAU	VERSEAU	LION	POISSONS	CANCER	VERSEAU	LION	CANCER	16 POISSONS
10 JANVIER	VERSEAU	VERSEAU	LION	POISSONS	CANCER	VERSEAU	LION	CANCER	29 POISSONS
11 JANVIER	VERSEAU	VERSEAU	LION	POISSONS	CANCER	VERSEAU	LION	CANCER	12 BELIER
12 JANVIER	VERSEAU	VERSEAU	LION	POISSONS	CANCER	VERSEAU	LION	CANCER	25 BELIER
13 JANVIER	VERSEAU	VERSEAU	LION	POISSONS	CANCER	VERSEAU	LION	CANCER	7 TAUREAU
14 JANVIER	VERSEAU	VERSEAU	LION	POISSONS	CANCER	VERSEAU	LION	CANCER	19 TAUREAU
15 JANVIER	VERSEAU	VERSEAU	LION	POISSONS	CANCER	VERSEAU	LION	CANCER	1 GEMEAUX
16 JANVIER	VERSEAU	VERSEAU	LION	POISSONS	CANCER	VERSEAU	LION	CANCER	13 GEMEAUX
17 JANVIER	VERSEAU	VERSEAU	LION	POISSONS	CANCER	VERSEAU	LION	CANCER	25 GEMEAUX
18 JANVIER	VERSEAU	VERSEAU	LION	POISSONS	CANCER	VERSEAU	LION	CANCER	7 CANCER
19 JANVIER	VERSEAU	VERSEAU	LION	POISSONS	CANCER	VERSEAU	LION	CANCER	18 CANCER
20 JANVIER	VERSEAU	POISSONS	LION	POISSONS	CANCER	VERSEAU	LION	CANCER	0 LION
21 JANVIER	VERSEAU	POISSONS	LION	POISSONS	CANCER	VERSEAU	LION	CANCER	13 LION
22 DECEMBRE	CAPRICORNE	SAGITTAIRE	CAPRICORNE	BELIER	CANCER	VERSEAU	LION	CANCER	28 SCORPION
23 DECEMBRE	CAPRICORNE	SAGITTAIRE	CAPRICORNE	BELIER	CANCER	VERSEAU	LION	CANCER	12 SAGITTAIRE
24 DECEMBRE	CAPRICORNE	SAGITTAIRE	CAPRICORNE	BELIER	CANCER	VERSEAU	LION	CANCER	27 SAGITTAIRE
25 DECEMBRE	CAPRICORNE	SAGITTAIRE	CAPRICORNE	BELIER	CANCER	VERSEAU	LION	CANCER	12 CAPRICORNE
26 DECEMBRE	CAPRICORNE	SAGITTAIRE	CAPRICORNE	BELIER	CANCER	VERSEAU	LION	CANCER	27 CAPRICORNE
27 DECEMBRE	CAPRICORNE	SAGITTAIRE	CAPRICORNE	BELIER	CANCER	VERSEAU	LION	CANCER	12 VERSEAU
28 DECEMBRE	CAPRICORNE	SAGITTAIRE	CAPRICORNE	BELIER	CANCER	VERSEAU	LION	CANCER	27 VERSEAU
29 DECEMBRE	CAPRICORNE	SAGITTAIRE	CAPRICORNE	BELIER	CANCER	VERSEAU	LION	CANCER	11 POISSONS
30 DECEMBRE	CAPRICORNE	SAGITTAIRE	CAPRICORNE	BELIER	CANCER	VERSEAU	LION	CANCER	25 POISSONS
31 DECEMBRE	CAPRICORNE	SAGITTAIRE	CAPRICORNE	BELIER	CANCER	VERSEAU	LION	CANCER	9 BELIER

LE SOLEIL RESTE DANS LE SIGNE DU CAPRICORNE JUSQU'AU 21 JANVIER 1916 A 8 h 40
REVIENT DANS LE SIGNE DU LE 22 DECEMBRE A 3 h 45
* LES CHIFFRES INDIQUENT LES DEGRES

1917	MERCURE	VENUS	MARS	JUPITER	SATURNE	URANUS	NEPTUNE	PLUTON	LUNE *
1 JANVIER	CAPRICORNE	SAGITTAIRE	CAPRICORNE	BELIER	CANCER	VERSEAU	LION	CANCER	23 BELIER
2 JANVIER	VERSEAU	SAGITTAIRE	CAPRICORNE	BELIER	CANCER	VERSEAU	LION	CANCER	6 TAUREAU
3 JANVIER	VERSEAU	SAGITTAIRE	CAPRICORNE	BELIER	CANCER	VERSEAU	LION	CANCER	18 TAUREAU
4 JANVIER	VERSEAU	SAGITTAIRE	CAPRICORNE	BELIER	CANCER	VERSEAU	LION	CANCER	1 GEMEAUX
5 JANVIER	VERSEAU	SAGITTAIRE	CAPRICORNE	BELIER	CANCER	VERSEAU	LION	CANCER	13 GEMEAUX
6 JANVIER	VERSEAU	SAGITTAIRE	CAPRICORNE	BELIER	CANCER	VERSEAU	LION	CANCER	25 GEMEAUX
7 JANVIER	VERSEAU	SAGITTAIRE	CAPRICORNE	BELIER	CANCER	VERSEAU	LION	CANCER	7 CANCER
8 JANVIER	VERSEAU	SAGITTAIRE	CAPRICORNE	BELIER	CANCER	VERSEAU	LION	CANCER	19 CANCER
9 JANVIER	VERSEAU	SAGITTAIRE	CAPRICORNE	BELIER	CANCER	VERSEAU	LION	CANCER	1 LION
10 JANVIER	VERSEAU	SAGITTAIRE	VERSEAU	BELIER	CANCER	VERSEAU	LION	CANCER	13 LION
11 JANVIER	VERSEAU	SAGITTAIRE	VERSEAU	BELIER	CANCER	VERSEAU	LION	CANCER	25 LION
12 JANVIER	VERSEAU	SAGITTAIRE	VERSEAU	BELIER	CANCER	VERSEAU	LION	CANCER	7 VIERGE
13 JANVIER	VERSEAU	SAGITTAIRE	VERSEAU	BELIER	CANCER	VERSEAU	LION	CANCER	19 VIERGE
14 JANVIER	VERSEAU	SAGITTAIRE	VERSEAU	BELIER	CANCER	VERSEAU	LION	CANCER	1 BALANCE
15 JANVIER	VERSEAU	CAPRICORNE	VERSEAU	BELIER	CANCER	VERSEAU	LION	CANCER	13 BALANCE
16 JANVIER	VERSEAU	CAPRICORNE	VERSEAU	BELIER	CANCER	VERSEAU	LION	CANCER	26 BALANCE
17 JANVIER	VERSEAU	CAPRICORNE	VERSEAU	BELIER	CANCER	VERSEAU	LION	CANCER	9 SCORPION
18 JANVIER	CAPRICORNE	CAPRICORNE	VERSEAU	BELIER	CANCER	VERSEAU	LION	CANCER	22 SCORPION
19 JANVIER	CAPRICORNE	CAPRICORNE	VERSEAU	BELIER	CANCER	VERSEAU	LION	CANCER	6 SAGITTAIRE
20 JANVIER	CAPRICORNE	CAPRICORNE	VERSEAU	BELIER	CANCER	VERSEAU	LION	CANCER	20 SAGITTAIRE
22 DECEMBRE	CAPRICORNE	VERSEAU	VIERGE	GEMEAUX	LION	VERSEAU	LION	CANCER	16 BELIER
23 DECEMBRE	CAPRICORNE	VERSEAU	VIERGE	GEMEAUX	LION	VERSEAU	LION	CANCER	0 TAUREAU
24 DECEMBRE	CAPRICORNE	VERSEAU	VIERGE	GEMEAUX	LION	VERSEAU	LION	CANCER	14 TAUREAU
25 DECEMBRE	CAPRICORNE	VERSEAU	VIERGE	GEMEAUX	LION	VERSEAU	LION	CANCER	27 TAUREAU
26 DECEMBRE	CAPRICORNE	VERSEAU	VIERGE	GEMEAUX	LION	VERSEAU	LION	CANCER	11 GEMEAUX
27 DECEMBRE	CAPRICORNE	VERSEAU	VIERGE	GEMEAUX	LION	VERSEAU	LION	CANCER	24 GEMEAUX
28 DECEMBRE	CAPRICORNE	VERSEAU	VIERGE	GEMEAUX	LION	VERSEAU	LION	CANCER	7 CANCER
29 DECEMBRE	CAPRICORNE	VERSEAU	VIERGE	GEMEAUX	LION	VERSEAU	LION	CANCER	20 CANCER
30 DECEMBRE	CAPRICORNE	VERSEAU	VIERGE	GEMEAUX	LION	VERSEAU	LION	CANCER	2 LION
31 DECEMBRE	CAPRICORNE	VERSEAU	VIERGE	GEMEAUX	LION	VERSEAU	LION	CANCER	14 LION

LE SOLEIL RESTE DANS LE SIGNE DU CAPRICORNE JUSQU'AU 20 JANVIER 1917 A 14 h 20
REVIENT DANS LE SIGNE DU LE 22 DECEMBRE A 9 h 30
* LES CHIFFRES INDIQUENT LES DEGRES

DECOUVREZ DANS QUEL SIGNE SE TROUVAIENT LES PLANETES A VOTRE NAISSANCE

1918	MERCURE	VENUS	MARS	JUPITER	SATURNE	URANUS	NEPTUNE	PLUTON	LUNE *
1 JANVIER	CAPRICORNE	VERSEAU	VIERGE	GEMEAUX	LION	VERSEAU	LION	CANCER	26 LION
2 JANVIER	CAPRICORNE	VERSEAU	VIERGE	GEMEAUX	LION	VERSEAU	LION	CANCER	8 VIERGE
3 JANVIER	CAPRICORNE	VERSEAU	VIERGE	GEMEAUX	LION	VERSEAU	LION	CANCER	20 VIERGE
4 JANVIER	CAPRICORNE	VERSEAU	VIERGE	GEMEAUX	LION	VERSEAU	LION	CANCER	2 BALANCE
5 JANVIER	CAPRICORNE	VERSEAU	VIERGE	GEMEAUX	LION	VERSEAU	LION	CANCER	14 BALANCE
6 JANVIER	CAPRICORNE	VERSEAU	VIERGE	GEMEAUX	LION	VERSEAU	LION	CANCER	26 BALANCE
7 JANVIER	CAPRICORNE	VERSEAU	VIERGE	GEMEAUX	LION	VERSEAU	LION	CANCER	8 SCORPION
8 JANVIER	CAPRICORNE	VERSEAU	VIERGE	GEMEAUX	LION	VERSEAU	LION	CANCER	21 SCORPION
9 JANVIER	CAPRICORNE	VERSEAU	VIERGE	GEMEAUX	LION	VERSEAU	LION	CANCER	4 SAGITTAIRE
10 JANVIER	CAPRICORNE	VERSEAU	VIERGE	GEMEAUX	LION	VERSEAU	LION	CANCER	17 SAGITTAIRE
11 JANVIER	CAPRICORNE	VERSEAU	BALANCE	GEMEAUX	LION	VERSEAU	LION	CANCER	1 CAPRICORNE
12 JANVIER	CAPRICORNE	VERSEAU	BALANCE	GEMEAUX	LION	VERSEAU	LION	CANCER	15 CAPRICORNE
13 JANVIER	CAPRICORNE	VERSEAU	BALANCE	GEMEAUX	LION	VERSEAU	LION	CANCER	0 VERSEAU
14 JANVIER	CAPRICORNE	VERSEAU	BALANCE	GEMEAUX	LION	VERSEAU	LION	CANCER	14 VERSEAU
15 JANVIER	CAPRICORNE	VERSEAU	BALANCE	GEMEAUX	LION	VERSEAU	LION	CANCER	29 VERSEAU
16 JANVIER	CAPRICORNE	VERSEAU	BALANCE	GEMEAUX	LION	VERSEAU	LION	CANCER	14 POISSONS
17 JANVIER	CAPRICORNE	VERSEAU	BALANCE	GEMEAUX	LION	VERSEAU	LION	CANCER	28 POISSONS
18 JANVIER	CAPRICORNE	VERSEAU	BALANCE	GEMEAUX	LION	VERSEAU	LION	CANCER	13 BELIER
19 JANVIER	CAPRICORNE	VERSEAU	BALANCE	GEMEAUX	LION	VERSEAU	LION	CANCER	27 BELIER
20 JANVIER	CAPRICORNE	VERSEAU	BALANCE	GEMEAUX	LION	VERSEAU	LION	CANCER	11 TAUREAU
22 DECEMBRE	SAGITTAIRE	CAPRICORNE	VERSEAU	CANCER	LION	VERSEAU	LION	CANCER	28 LION
23 DECEMBRE	SAGITTAIRE	CAPRICORNE	VERSEAU	CANCER	LION	VERSEAU	LION	CANCER	11 VIERGE
24 DECEMBRE	SAGITTAIRE	CAPRICORNE	VERSEAU	CANCER	LION	VERSEAU	LION	CANCER	23 VIERGE
25 DECEMBRE	SAGITTAIRE	CAPRICORNE	VERSEAU	CANCER	LION	VERSEAU	LION	CANCER	5 BALANCE
26 DECEMBRE	SAGITTAIRE	CAPRICORNE	VERSEAU	CANCER	LION	VERSEAU	LION	CANCER	17 BALANCE
27 DECEMBRE	SAGITTAIRE	CAPRICORNE	VERSEAU	CANCER	LION	VERSEAU	LION	CANCER	29 BALANCE
28 DECEMBRE	SAGITTAIRE	CAPRICORNE	VERSEAU	CANCER	LION	VERSEAU	LION	CANCER	11 SCORPION
29 DECEMBRE	SAGITTAIRE	CAPRICORNE	VERSEAU	CANCER	LION	VERSEAU	LION	CANCER	23 SCORPION
30 DECEMBRE	SAGITTAIRE	CAPRICORNE	VERSEAU	CANCER	LION	VERSEAU	LION	CANCER	5 SAGITTAIRE
31 DECEMBRE	SAGITTAIRE	CAPRICORNE	VERSEAU	CANCER	LION	VERSEAU	LION	CANCER	17 SAGITTAIRE

LE SOLEIL RESTE DANS LE SIGNE DU CAPRICORNE JUSQU'AU 20 JANVIER 1918 A 20 h 10
LE SOLEIL REVIENT DANS LE SIGNE DU CAPRICORNE LE 22 DECEMBRE A 15 h 30
* LES CHIFFRES INDIQUENT LES DEGRES

1919	MERCURE	VENUS	MARS	JUPITER	SATURNE	URANUS	NEPTUNE	PLUTON	LUNE *
1 JANVIER	SAGITTAIRE	CAPRICORNE	VERSEAU	CANCER	LION	VERSEAU	LION	CANCER	0 CAPRICORNE
2 JANVIER	SAGITTAIRE	CAPRICORNE	VERSEAU	CANCER	LION	VERSEAU	LION	CANCER	13 CAPRICORNE
3 JANVIER	SAGITTAIRE	CAPRICORNE	VERSEAU	CANCER	LION	VERSEAU	LION	CANCER	26 CAPRICORNE
4 JANVIER	SAGITTAIRE	CAPRICORNE	VERSEAU	CANCER	LION	VERSEAU	LION	CANCER	9 VERSEAU
5 JANVIER	SAGITTAIRE	CAPRICORNE	VERSEAU	CANCER	LION	VERSEAU	LION	CANCER	23 VERSEAU
6 JANVIER	SAGITTAIRE	CAPRICORNE	VERSEAU	CANCER	LION	VERSEAU	LION	CANCER	6 POISSONS
7 JANVIER	SAGITTAIRE	CAPRICORNE	VERSEAU	CANCER	LION	VERSEAU	LION	CANCER	20 POISSONS
8 JANVIER	SAGITTAIRE	CAPRICORNE	VERSEAU	CANCER	LION	VERSEAU	LION	CANCER	4 BELIER
9 JANVIER	SAGITTAIRE	CAPRICORNE	VERSEAU	CANCER	LION	VERSEAU	LION	CANCER	18 BELIER
10 JANVIER	SAGITTAIRE	VERSEAU	VERSEAU	CANCER	LION	VERSEAU	LION	CANCER	3 TAUREAU
11 JANVIER	SAGITTAIRE	VERSEAU	VERSEAU	CANCER	LION	VERSEAU	LION	CANCER	17 TAUREAU
12 JANVIER	SAGITTAIRE	VERSEAU	VERSEAU	CANCER	LION	VERSEAU	LION	CANCER	1 GEMEAUX
13 JANVIER	SAGITTAIRE	VERSEAU	VERSEAU	CANCER	LION	VERSEAU	LION	CANCER	15 GEMEAUX
14 JANVIER	CAPRICORNE	VERSEAU	VERSEAU	CANCER	LION	VERSEAU	LION	CANCER	29 GEMEAUX
15 JANVIER	CAPRICORNE	VERSEAU	VERSEAU	CANCER	LION	VERSEAU	LION	CANCER	13 CANCER
16 JANVIER	CAPRICORNE	VERSEAU	VERSEAU	CANCER	LION	VERSEAU	LION	CANCER	27 CANCER
17 JANVIER	CAPRICORNE	VERSEAU	VERSEAU	CANCER	LION	VERSEAU	LION	CANCER	10 LION
18 JANVIER	CAPRICORNE	VERSEAU	VERSEAU	CANCER	LION	VERSEAU	LION	CANCER	23 LION
19 JANVIER	CAPRICORNE	VERSEAU	VERSEAU	CANCER	LION	VERSEAU	LION	CANCER	6 VIERGE
20 JANVIER	CAPRICORNE	VERSEAU	VERSEAU	CANCER	LION	VERSEAU	LION	CANCER	19 VIERGE
21 JANVIER	CAPRICORNE	VERSEAU	VERSEAU	CANCER	LION	VERSEAU	LION	CANCER	1 BALANCE
22 DECEMBRE	SAGITTAIRE	SCORPION	BALANCE	LION	VIERGE	VERSEAU	LION	CANCER	0 CAPRICORNE
23 DECEMBRE	SAGITTAIRE	SCORPION	BALANCE	LION	VIERGE	VERSEAU	LION	CANCER	12 CAPRICORNE
24 DECEMBRE	SAGITTAIRE	SCORPION	BALANCE	LION	VIERGE	VERSEAU	LION	CANCER	24 CAPRICORNE
25 DECEMBRE	SAGITTAIRE	SCORPION	BALANCE	LION	VIERGE	VERSEAU	LION	CANCER	6 VERSEAU
26 DECEMBRE	SAGITTAIRE	SCORPION	BALANCE	LION	VIERGE	VERSEAU	LION	CANCER	19 VERSEAU
27 DECEMBRE	SAGITTAIRE	SCORPION	BALANCE	LION	VIERGE	VERSEAU	LION	CANCER	1 POISSONS
28 DECEMBRE	SAGITTAIRE	SCORPION	BALANCE	LION	VIERGE	VERSEAU	LION	CANCER	14 POISSONS
29 DECEMBRE	SAGITTAIRE	SCORPION	BALANCE	LION	VIERGE	VERSEAU	LION	CANCER	27 POISSONS
30 DECEMBRE	SAGITTAIRE	SCORPION	BALANCE	LION	VIERGE	VERSEAU	LION	CANCER	11 BELIER
31 DECEMBRE	SAGITTAIRE	SCORPION	BALANCE	LION	VIERGE	VERSEAU	LION	CANCER	25 BELIER

LE SOLEIL RESTE DANS LE SIGNE DU CAPRICORNE JUSQU'AU 21 JANVIER 1919 A 2 h 05
LE SOLEIL REVIENT DANS LE SIGNE DU CAPRICORNE LE 22 DECEMBRE A 21 h 10
* LES CHIFFRES INDIQUENT LES DEGRES

DECOUVREZ DANS QUEL SIGNE SE TROUVAIENT LES PLANETES A VOTRE NAISSANCE

1920	MERCURE	VENUS	MARS	JUPITER	SATURNE	URANUS	NEPTUNE	PLUTON	LUNE *
1 JANVIER	SAGITTAIRE	SCORPION	BALANCE	LION	VIERGE	VERSEAU	LION	CANCER	9 TAUREAU
2 JANVIER	SAGITTAIRE	SCORPION	BALANCE	LION	VIERGE	VERSEAU	LION	CANCER	23 TAUREAU
3 JANVIER	SAGITTAIRE	SCORPION	BALANCE	LION	VIERGE	VERSEAU	LION	CANCER	8 GEMEAUX
4 JANVIER	SAGITTAIRE	SAGITTAIRE	BALANCE	LION	VIERGE	VERSEAU	LION	CANCER	23 GEMEAUX
5 JANVIER	SAGITTAIRE	SAGITTAIRE	BALANCE	LION	VIERGE	VERSEAU	LION	CANCER	8 CANCER
6 JANVIER	SAGITTAIRE	SAGITTAIRE	BALANCE	LION	VIERGE	VERSEAU	LION	CANCER	23 CANCER
7 JANVIER	SAGITTAIRE	SAGITTAIRE	BALANCE	LION	VIERGE	VERSEAU	LION	CANCER	8 LION
8 JANVIER	CAPRICORNE	SAGITTAIRE	BALANCE	LION	VIERGE	VERSEAU	LION	CANCER	22 LION
9 JANVIER	CAPRICORNE	SAGITTAIRE	BALANCE	LION	VIERGE	VERSEAU	LION	CANCER	6 VIERGE
10 JANVIER	CAPRICORNE	SAGITTAIRE	BALANCE	LION	VIERGE	VERSEAU	LION	CANCER	20 VIERGE
11 JANVIER	CAPRICORNE	SAGITTAIRE	BALANCE	LION	VIERGE	VERSEAU	LION	CANCER	2 BALANCE
12 JANVIER	CAPRICORNE	SAGITTAIRE	BALANCE	LION	VIERGE	VERSEAU	LION	CANCER	15 BALANCE
13 JANVIER	CAPRICORNE	SAGITTAIRE	BALANCE	LION	VIERGE	VERSEAU	LION	CANCER	27 BALANCE
14 JANVIER	CAPRICORNE	SAGITTAIRE	BALANCE	LION	VIERGE	VERSEAU	LION	CANCER	9 SCORPION
15 JANVIER	CAPRICORNE	SAGITTAIRE	BALANCE	LION	VIERGE	VERSEAU	LION	CANCER	21 SCORPION
16 JANVIER	CAPRICORNE	SAGITTAIRE	BALANCE	LION	VIERGE	VERSEAU	LION	CANCER	3 SAGITTAIRE
17 JANVIER	CAPRICORNE	SAGITTAIRE	BALANCE	LION	VIERGE	VERSEAU	LION	CANCER	15 SAGITTAIRE
18 JANVIER	CAPRICORNE	SAGITTAIRE	BALANCE	LION	VIERGE	VERSEAU	LION	CANCER	26 SAGITTAIRE
19 JANVIER	CAPRICORNE	SAGITTAIRE	BALANCE	LION	VIERGE	VERSEAU	LION	CANCER	8 CAPRICORNE
20 JANVIER	CAPRICORNE	SAGITTAIRE	BALANCE	LION	VIERGE	VERSEAU	LION	CANCER	21 CAPRICORNE
21 JANVIER	CAPRICORNE	SAGITTAIRE	BALANCE	LION	VIERGE	VERSEAU	LION	CANCER	3 VERSEAU
22 DECEMBRE	SAGITTAIRE	VERSEAU	VERSEAU	VIERGE	VIERGE	POISSONS	LION	CANCER	18 TAUREAU
23 DECEMBRE	SAGITTAIRE	VERSEAU	VERSEAU	VIERGE	VIERGE	POISSONS	LION	CANCER	3 GEMEAUX
24 DECEMBRE	SAGITTAIRE	VERSEAU	VERSEAU	VIERGE	VIERGE	POISSONS	LION	CANCER	18 GEMEAUX
25 DECEMBRE	SAGITTAIRE	VERSEAU	VERSEAU	VIERGE	VIERGE	POISSONS	LION	CANCER	3 CANCER
26 DECEMBRE	SAGITTAIRE	VERSEAU	VERSEAU	VIERGE	VIERGE	POISSONS	LION	CANCER	18 CANCER
27 DECEMBRE	SAGITTAIRE	VERSEAU	VERSEAU	VIERGE	VIERGE	POISSONS	LION	CANCER	3 LION
28 DECEMBRE	SAGITTAIRE	VERSEAU	VERSEAU	VIERGE	VIERGE	POISSONS	LION	CANCER	18 LION
29 DECEMBRE	SAGITTAIRE	VERSEAU	VERSEAU	VIERGE	VIERGE	POISSONS	LION	CANCER	3 VIERGE
30 DECEMBRE	SAGITTAIRE	VERSEAU	VERSEAU	VIERGE	VIERGE	POISSONS	LION	CANCER	17 VIERGE
31 DECEMBRE	SAGITTAIRE	VERSEAU	VERSEAU	VIERGE	VIERGE	POISSONS	LION	CANCER	1 BALANCE

LE SOLEIL RESTE DANS LE SIGNE DU CAPRICORNE JUSQU'AU 21 JANVIER 1920 A 8 h 50
LE SOLEIL REVIENT DANS LE SIGNE DU LE 22 DECEMBRE A 3 h 00
* LES CHIFFRES INDIQUENT LES DEGRES

1921	MERCURE	VENUS	MARS	JUPITER	SATURNE	URANUS	NEPTUNE	PLUTON	LUNE *
1 JANVIER	CAPRICORNE	VERSEAU	VERSEAU	VIERGE	VIERGE	POISSONS	LION	CANCER	14 BALANCE
2 JANVIER	CAPRICORNE	VERSEAU	VERSEAU	VIERGE	VIERGE	POISSONS	LION	CANCER	27 BALANCE
3 JANVIER	CAPRICORNE	VERSEAU	VERSEAU	VIERGE	VIERGE	POISSONS	LION	CANCER	9 SCORPION
4 JANVIER	CAPRICORNE	VERSEAU	VERSEAU	VIERGE	VIERGE	POISSONS	LION	CANCER	22 SCORPION
5 JANVIER	CAPRICORNE	VERSEAU	POISSONS	VIERGE	VIERGE	POISSONS	LION	CANCER	4 SAGITTAIRE
6 JANVIER	CAPRICORNE	VERSEAU	POISSONS	VIERGE	VIERGE	POISSONS	LION	CANCER	16 SAGITTAIRE
7 JANVIER	CAPRICORNE	POISSONS	POISSONS	VIERGE	VIERGE	POISSONS	LION	CANCER	28 SAGITTAIRE
8 JANVIER	CAPRICORNE	POISSONS	POISSONS	VIERGE	VIERGE	POISSONS	LION	CANCER	9 CAPRICORNE
9 JANVIER	CAPRICORNE	POISSONS	POISSONS	VIERGE	VIERGE	POISSONS	LION	CANCER	21 CAPRICORNE
10 JANVIER	CAPRICORNE	POISSONS	POISSONS	VIERGE	VIERGE	POISSONS	LION	CANCER	3 VERSEAU
11 JANVIER	CAPRICORNE	POISSONS	POISSONS	VIERGE	VIERGE	POISSONS	LION	CANCER	15 VERSEAU
12 JANVIER	CAPRICORNE	POISSONS	POISSONS	VIERGE	VIERGE	POISSONS	LION	CANCER	27 VERSEAU
13 JANVIER	CAPRICORNE	POISSONS	POISSONS	VIERGE	VIERGE	POISSONS	LION	CANCER	9 POISSONS
14 JANVIER	CAPRICORNE	POISSONS	POISSONS	VIERGE	VIERGE	POISSONS	LION	CANCER	21 POISSONS
15 JANVIER	CAPRICORNE	POISSONS	POISSONS	VIERGE	VIERGE	POISSONS	LION	CANCER	4 BELIER
16 JANVIER	CAPRICORNE	POISSONS	POISSONS	VIERGE	VIERGE	POISSONS	LION	CANCER	16 BELIER
17 JANVIER	CAPRICORNE	POISSONS	POISSONS	VIERGE	VIERGE	POISSONS	LION	CANCER	29 BELIER
18 JANVIER	CAPRICORNE	POISSONS	POISSONS	VIERGE	VIERGE	POISSONS	LION	CANCER	13 TAUREAU
19 JANVIER	VERSEAU	POISSONS	POISSONS	VIERGE	VIERGE	POISSONS	LION	CANCER	27 TAUREAU
20 JANVIER	VERSEAU	POISSONS	POISSONS	VIERGE	VIERGE	POISSONS	LION	CANCER	11 GEMEAUX
22 DECEMBRE	SAGITTAIRE	SAGITTAIRE	BALANCE	BALANCE	BALANCE	POISSONS	LION	CANCER	8 BALANCE
23 DECEMBRE	SAGITTAIRE	SAGITTAIRE	BALANCE	BALANCE	BALANCE	POISSONS	LION	CANCER	22 BALANCE
24 DECEMBRE	CAPRICORNE	SAGITTAIRE	BALANCE	BALANCE	BALANCE	POISSONS	LION	CANCER	6 SCORPION
25 DECEMBRE	CAPRICORNE	SAGITTAIRE	BALANCE	BALANCE	BALANCE	POISSONS	LION	CANCER	19 SCORPION
26 DECEMBRE	CAPRICORNE	SAGITTAIRE	SCORPION	BALANCE	BALANCE	POISSONS	LION	CANCER	2 SAGITTAIRE
27 DECEMBRE	CAPRICORNE	SAGITTAIRE	SCORPION	BALANCE	BALANCE	POISSONS	LION	CANCER	15 SAGITTAIRE
28 DECEMBRE	CAPRICORNE	SAGITTAIRE	SCORPION	BALANCE	BALANCE	POISSONS	LION	CANCER	27 SAGITTAIRE
29 DECEMBRE	CAPRICORNE	SAGITTAIRE	SCORPION	BALANCE	BALANCE	POISSONS	LION	CANCER	10 CAPRICORNE
30 DECEMBRE	CAPRICORNE	SAGITTAIRE	SCORPION	BALANCE	BALANCE	POISSONS	LION	CANCER	22 CAPRICORNE
31 DECEMBRE	CAPRICORNE	SAGITTAIRE	SCORPION	BALANCE	BALANCE	POISSONS	LION	CANCER	4 VERSEAU

LE SOLEIL RESTE DANS LE SIGNE DU CAPRICORNE JUSQU'AU 20 JANVIER 1921 A 13 h 40
LE SOLEIL REVIENT DANS LE SIGNE DU LE 22 DECEMBRE A 9 h 00
* LES CHIFFRES INDIQUENT LES DEGRES

DECOUVREZ DANS QUEL SIGNE SE TROUVAIENT LES PLANETES A VOTRE NAISSANCE

1922	MERCURE	VENUS	MARS	JUPITER	SATURNE	URANUS	NEPTUNE	PLUTON	LUNE *
1 JANVIER	CAPRICORNE	CAPRICORNE	SCORPION	BALANCE	BALANCE	POISSONS	LION	CANCER	16 VERSEAU
2 JANVIER	CAPRICORNE	CAPRICORNE	SCORPION	BALANCE	BALANCE	POISSONS	LION	CANCER	28 VERSEAU
3 JANVIER	CAPRICORNE	CAPRICORNE	SCORPION	BALANCE	BALANCE	POISSONS	LION	CANCER	10 POISSONS
4 JANVIER	CAPRICORNE	CAPRICORNE	SCORPION	BALANCE	BALANCE	POISSONS	LION	CANCER	22 POISSONS
5 JANVIER	CAPRICORNE	CAPRICORNE	SCORPION	BALANCE	BALANCE	POISSONS	LION	CANCER	4 BELIER
6 JANVIER	CAPRICORNE	CAPRICORNE	SCORPION	BALANCE	BALANCE	POISSONS	LION	CANCER	16 BELIER
7 JANVIER	CAPRICORNE	CAPRICORNE	SCORPION	BALANCE	BALANCE	POISSONS	LION	CANCER	28 BELIER
8 JANVIER	CAPRICORNE	CAPRICORNE	SCORPION	BALANCE	BALANCE	POISSONS	LION	CANCER	11 TAUREAU
9 JANVIER	CAPRICORNE	CAPRICORNE	SCORPION	BALANCE	BALANCE	POISSONS	LION	CANCER	24 TAUREAU
10 JANVIER	CAPRICORNE	CAPRICORNE	SCORPION	BALANCE	BALANCE	POISSONS	LION	CANCER	7 GEMEAUX
11 JANVIER	CAPRICORNE	CAPRICORNE	SCORPION	BALANCE	BALANCE	POISSONS	LION	CANCER	21 GEMEAUX
12 JANVIER	VERSEAU	CAPRICORNE	SCORPION	BALANCE	BALANCE	POISSONS	LION	CANCER	6 CANCER
13 JANVIER	VERSEAU	CAPRICORNE	SCORPION	BALANCE	BALANCE	POISSONS	LION	CANCER	21 CANCER
14 JANVIER	VERSEAU	CAPRICORNE	SCORPION	BALANCE	BALANCE	POISSONS	LION	CANCER	6 LION
15 JANVIER	VERSEAU	CAPRICORNE	SCORPION	BALANCE	BALANCE	POISSONS	LION	CANCER	21 LION
16 JANVIER	VERSEAU	CAPRICORNE	SCORPION	BALANCE	BALANCE	POISSONS	LION	CANCER	6 VIERGE
17 JANVIER	VERSEAU	CAPRICORNE	SCORPION	BALANCE	BALANCE	POISSONS	LION	CANCER	20 VIERGE
18 JANVIER	VERSEAU	CAPRICORNE	SCORPION	BALANCE	BALANCE	POISSONS	LION	CANCER	5 BALANCE
19 JANVIER	VERSEAU	CAPRICORNE	SCORPION	BALANCE	BALANCE	POISSONS	LION	CANCER	19 BALANCE
20 JANVIER	VERSEAU	CAPRICORNE	SCORPION	BALANCE	BALANCE	POISSONS	LION	CANCER	2 SCORPION
22 DECEMBRE	CAPRICORNE	SCORPION	POISSONS	SCORPION	BALANCE	POISSONS	LION	CANCER	18 VERSEAU
23 DECEMBRE	CAPRICORNE	SCORPION	POISSONS	SCORPION	BALANCE	POISSONS	LION	CANCER	1 POISSONS
24 DECEMBRE	CAPRICORNE	SCORPION	POISSONS	SCORPION	BALANCE	POISSONS	LION	CANCER	13 POISSONS
25 DECEMBRE	CAPRICORNE	SCORPION	POISSONS	SCORPION	BALANCE	POISSONS	LION	CANCER	25 POISSONS
26 DECEMBRE	CAPRICORNE	SCORPION	POISSONS	SCORPION	BALANCE	POISSONS	LION	CANCER	6 BELIER
27 DECEMBRE	CAPRICORNE	SCORPION	POISSONS	SCORPION	BALANCE	POISSONS	LION	CANCER	18 BELIER
28 DECEMBRE	CAPRICORNE	SCORPION	POISSONS	SCORPION	BALANCE	POISSONS	LION	CANCER	0 TAUREAU
29 DECEMBRE	CAPRICORNE	SCORPION	POISSONS	SCORPION	BALANCE	POISSONS	LION	CANCER	12 TAUREAU
30 DECEMBRE	CAPRICORNE	SCORPION	POISSONS	SCORPION	BALANCE	POISSONS	LION	CANCER	24 TAUREAU
31 DECEMBRE	CAPRICORNE	SCORPION	POISSONS	SCORPION	BALANCE	POISSONS	LION	CANCER	7 GEMEAUX

LE SOLEIL RESTE DANS LE SIGNE DU CAPRICORNE JUSQU'AU 20 JANVIER 1922 A 19 h 30
REVIENT DANS LE SIGNE DU LE 22 DECEMBRE A 14 h 45

* LES CHIFFRES INDIQUENT LES DEGRES

1923	MERCURE	VENUS	MARS	JUPITER	SATURNE	URANUS	NEPTUNE	PLUTON	LUNE *
1 JANVIER	CAPRICORNE	SCORPION	POISSONS	SCORPION	BALANCE	POISSONS	LION	CANCER	20 GEMEAUX
2 JANVIER	CAPRICORNE	SAGITTAIRE	POISSONS	SCORPION	BALANCE	POISSONS	LION	CANCER	3 CANCER
3 JANVIER	CAPRICORNE	SAGITTAIRE	POISSONS	SCORPION	BALANCE	POISSONS	LION	CANCER	17 CANCER
4 JANVIER	CAPRICORNE	SAGITTAIRE	POISSONS	SCORPION	BALANCE	POISSONS	LION	CANCER	1 LION
5 JANVIER	VERSEAU	SAGITTAIRE	POISSONS	SCORPION	BALANCE	POISSONS	LION	CANCER	14 LION
6 JANVIER	VERSEAU	SAGITTAIRE	POISSONS	SCORPION	BALANCE	POISSONS	LION	CANCER	29 LION
7 JANVIER	VERSEAU	SAGITTAIRE	POISSONS	SCORPION	BALANCE	POISSONS	LION	CANCER	13 VIERGE
8 JANVIER	VERSEAU	SAGITTAIRE	POISSONS	SCORPION	BALANCE	POISSONS	LION	CANCER	27 VIERGE
9 JANVIER	VERSEAU	SAGITTAIRE	POISSONS	SCORPION	BALANCE	POISSONS	LION	CANCER	11 BALANCE
10 JANVIER	VERSEAU	SAGITTAIRE	POISSONS	SCORPION	BALANCE	POISSONS	LION	CANCER	25 BALANCE
11 JANVIER	VERSEAU	SAGITTAIRE	POISSONS	SCORPION	BALANCE	POISSONS	LION	CANCER	9 SCORPION
12 JANVIER	VERSEAU	SAGITTAIRE	POISSONS	SCORPION	BALANCE	POISSONS	LION	CANCER	23 SCORPION
13 JANVIER	VERSEAU	SAGITTAIRE	POISSONS	SCORPION	BALANCE	POISSONS	LION	CANCER	7 SAGITTAIRE
14 JANVIER	VERSEAU	SAGITTAIRE	POISSONS	SCORPION	BALANCE	POISSONS	LION	CANCER	21 SAGITTAIRE
15 JANVIER	VERSEAU	SAGITTAIRE	POISSONS	SCORPION	BALANCE	POISSONS	LION	CANCER	4 CAPRICORNE
16 JANVIER	VERSEAU	SAGITTAIRE	POISSONS	SCORPION	BALANCE	POISSONS	LION	CANCER	18 CAPRICORNE
17 JANVIER	VERSEAU	SAGITTAIRE	POISSONS	SCORPION	BALANCE	POISSONS	LION	CANCER	1 VERSEAU
18 JANVIER	VERSEAU	SAGITTAIRE	POISSONS	SCORPION	BALANCE	POISSONS	LION	CANCER	14 VERSEAU
19 JANVIER	VERSEAU	SAGITTAIRE	POISSONS	SCORPION	BALANCE	POISSONS	LION	CANCER	26 VERSEAU
20 JANVIER	VERSEAU	SAGITTAIRE	POISSONS	SCORPION	BALANCE	POISSONS	LION	CANCER	8 POISSONS
21 JANVIER	VERSEAU	SAGITTAIRE	BELIER	SCORPION	BALANCE	POISSONS	LION	CANCER	20 POISSONS
22 DECEMBRE	CAPRICORNE	CAPRICORNE	SCORPION	SAGITTAIRE	SCORPION	POISSONS	LION	CANCER	20 GEMEAUX
23 DECEMBRE	CAPRICORNE	CAPRICORNE	SCORPION	SAGITTAIRE	SCORPION	POISSONS	LION	CANCER	2 CANCER
24 DECEMBRE	CAPRICORNE	CAPRICORNE	SCORPION	SAGITTAIRE	SCORPION	POISSONS	LION	CANCER	15 CANCER
25 DECEMBRE	CAPRICORNE	CAPRICORNE	SCORPION	SAGITTAIRE	SCORPION	POISSONS	LION	CANCER	27 CANCER
26 DECEMBRE	CAPRICORNE	VERSEAU	SCORPION	SAGITTAIRE	SCORPION	POISSONS	LION	CANCER	10 LION
27 DECEMBRE	CAPRICORNE	VERSEAU	SCORPION	SAGITTAIRE	SCORPION	POISSONS	LION	CANCER	23 LION
28 DECEMBRE	CAPRICORNE	VERSEAU	SCORPION	SAGITTAIRE	SCORPION	POISSONS	LION	CANCER	6 VIERGE
29 DECEMBRE	CAPRICORNE	VERSEAU	SCORPION	SAGITTAIRE	SCORPION	POISSONS	LION	CANCER	19 VIERGE
30 DECEMBRE	CAPRICORNE	VERSEAU	SCORPION	SAGITTAIRE	SCORPION	POISSONS	LION	CANCER	3 BALANCE
31 DECEMBRE	CAPRICORNE	VERSEAU	SCORPION	SAGITTAIRE	SCORPION	POISSONS	LION	CANCER	16 BALANCE

LE SOLEIL RESTE DANS LE SIGNE DU CAPRICORNE JUSQU'AU 21 JANVIER 1923 A 1 h 20
REVIENT DANS LE SIGNE DU LE 22 DECEMBRE A 20 h 40

* LES CHIFFRES INDIQUENT LES DEGRES

DECOUVREZ DANS QUEL SIGNE SE TROUVAIENT LES PLANETES A VOTRE NAISSANCE

1924	MERCURE	VENUS	MARS	JUPITER	SATURNE	URANUS	NEPTUNE	PLUTON	LUNE *
1 JANVIER	CAPRICORNE	VERSEAU	SCORPION	SAGITTAIRE	SCORPION	POISSONS	LION	CANCER	1 SCORPION
2 JANVIER	CAPRICORNE	VERSEAU	SCORPION	SAGITTAIRE	SCORPION	POISSONS	LION	CANCER	15 SCORPION
3 JANVIER	CAPRICORNE	VERSEAU	SCORPION	SAGITTAIRE	SCORPION	POISSONS	LION	CANCER	0 SAGITTAIRE
4 JANVIER	CAPRICORNE	VERSEAU	SCORPION	SAGITTAIRE	SCORPION	POISSONS	LION	CANCER	15 SAGITTAIRE
5 JANVIER	CAPRICORNE	VERSEAU	SCORPION	SAGITTAIRE	SCORPION	POISSONS	LION	CANCER	29 SAGITTAIRE
6 JANVIER	CAPRICORNE	VERSEAU	SCORPION	SAGITTAIRE	SCORPION	POISSONS	LION	CANCER	14 CAPRICORNE
7 JANVIER	CAPRICORNE	VERSEAU	SCORPION	SAGITTAIRE	SCORPION	POISSONS	LION	CANCER	29 CAPRICORNE
8 JANVIER	CAPRICORNE	VERSEAU	SCORPION	SAGITTAIRE	SCORPION	POISSONS	LION	CANCER	13 VERSEAU
9 JANVIER	CAPRICORNE	VERSEAU	SCORPION	SAGITTAIRE	SCORPION	POISSONS	LION	CANCER	26 VERSEAU
10 JANVIER	CAPRICORNE	VERSEAU	SCORPION	SAGITTAIRE	SCORPION	POISSONS	LION	CANCER	9 POISSONS
11 JANVIER	CAPRICORNE	VERSEAU	SCORPION	SAGITTAIRE	SCORPION	POISSONS	LION	CANCER	22 POISSONS
12 JANVIER	CAPRICORNE	VERSEAU	SCORPION	SAGITTAIRE	SCORPION	POISSONS	LION	CANCER	5 BELIER
13 JANVIER	CAPRICORNE	VERSEAU	SCORPION	SAGITTAIRE	SCORPION	POISSONS	LION	CANCER	17 BELIER
14 JANVIER	CAPRICORNE	VERSEAU	SCORPION	SAGITTAIRE	SCORPION	POISSONS	LION	CANCER	29 BELIER
15 JANVIER	CAPRICORNE	VERSEAU	SCORPION	SAGITTAIRE	SCORPION	POISSONS	LION	CANCER	11 TAUREAU
16 JANVIER	CAPRICORNE	VERSEAU	SCORPION	SAGITTAIRE	SCORPION	POISSONS	LION	CANCER	23 TAUREAU
17 JANVIER	CAPRICORNE	VERSEAU	SCORPION	SAGITTAIRE	SCORPION	POISSONS	LION	CANCER	4 GEMEAUX
18 JANVIER	CAPRICORNE	VERSEAU	SCORPION	SAGITTAIRE	SCORPION	POISSONS	LION	CANCER	16 GEMEAUX
19 JANVIER	CAPRICORNE	VERSEAU	SCORPION	SAGITTAIRE	SCORPION	POISSONS	LION	CANCER	29 GEMEAUX
20 JANVIER	CAPRICORNE	POISSONS	SAGITTAIRE	SAGITTAIRE	SCORPION	POISSONS	LION	CANCER	11 CANCER
21 JANVIER	CAPRICORNE	POISSONS	SAGITTAIRE	SAGITTAIRE	SCORPION	POISSONS	LION	CANCER	24 CANCER
22 DECEMBRE	CAPRICORNE	SAGITTAIRE	BELIER	CAPRICORNE	SCORPION	POISSONS	LION	CANCER	9 SCORPION
23 DECEMBRE	CAPRICORNE	SAGITTAIRE	BELIER	CAPRICORNE	SCORPION	POISSONS	LION	CANCER	24 SCORPION
24 DECEMBRE	CAPRICORNE	SAGITTAIRE	BELIER	CAPRICORNE	SCORPION	POISSONS	LION	CANCER	9 SAGITTAIRE
25 DECEMBRE	CAPRICORNE	SAGITTAIRE	BELIER	CAPRICORNE	SCORPION	POISSONS	LION	CANCER	24 SAGITTAIRE
26 DECEMBRE	CAPRICORNE	SAGITTAIRE	BELIER	CAPRICORNE	SCORPION	POISSONS	LION	CANCER	9 CAPRICORNE
27 DECEMBRE	CAPRICORNE	SAGITTAIRE	BELIER	CAPRICORNE	SCORPION	POISSONS	LION	CANCER	24 CAPRICORNE
28 DECEMBRE	CAPRICORNE	SAGITTAIRE	BELIER	CAPRICORNE	SCORPION	POISSONS	LION	CANCER	9 VERSEAU
29 DECEMBRE	CAPRICORNE	SAGITTAIRE	BELIER	CAPRICORNE	SCORPION	POISSONS	LION	CANCER	24 VERSEAU
30 DECEMBRE	CAPRICORNE	SAGITTAIRE	BELIER	CAPRICORNE	SCORPION	POISSONS	LION	CANCER	8 POISSONS
31 DECEMBRE	CAPRICORNE	SAGITTAIRE	BELIER	CAPRICORNE	SCORPION	POISSONS	LION	CANCER	21 POISSONS

LE SOLEIL RESTE DANS LE SIGNE DU CAPRICORNE JUSQU'AU 21 JANVIER 1924 A 7 h 15
REVIENT DANS LE SIGNE DU LE 22 DECEMBRE A 2 h 30
* LES CHIFFRES INDIQUENT LES DEGRES

1925	MERCURE	VENUS	MARS	JUPITER	SATURNE	URANUS	NEPTUNE	PLUTON	LUNE *
1 JANVIER	SAGITTAIRE	SAGITTAIRE	BELIER	CAPRICORNE	SCORPION	POISSONS	LION	CANCER	5 BELIER
2 JANVIER	SAGITTAIRE	SAGITTAIRE	BELIER	CAPRICORNE	SCORPION	POISSONS	LION	CANCER	17 BELIER
3 JANVIER	SAGITTAIRE	SAGITTAIRE	BELIER	CAPRICORNE	SCORPION	POISSONS	LION	CANCER	0 TAUREAU
4 JANVIER	SAGITTAIRE	SAGITTAIRE	BELIER	CAPRICORNE	SCORPION	POISSONS	LION	CANCER	12 TAUREAU
5 JANVIER	SAGITTAIRE	SAGITTAIRE	BELIER	CAPRICORNE	SCORPION	POISSONS	LION	CANCER	24 TAUREAU
6 JANVIER	SAGITTAIRE	SAGITTAIRE	BELIER	CAPRICORNE	SCORPION	POISSONS	LION	CANCER	6 GEMEAUX
7 JANVIER	SAGITTAIRE	SAGITTAIRE	BELIER	CAPRICORNE	SCORPION	POISSONS	LION	CANCER	18 GEMEAUX
8 JANVIER	SAGITTAIRE	SAGITTAIRE	BELIER	CAPRICORNE	SCORPION	POISSONS	LION	CANCER	0 CANCER
9 JANVIER	SAGITTAIRE	SAGITTAIRE	BELIER	CAPRICORNE	SCORPION	POISSONS	LION	CANCER	12 CANCER
10 JANVIER	SAGITTAIRE	SAGITTAIRE	BELIER	CAPRICORNE	SCORPION	POISSONS	LION	CANCER	24 CANCER
11 JANVIER	SAGITTAIRE	SAGITTAIRE	BELIER	CAPRICORNE	SCORPION	POISSONS	LION	CANCER	6 LION
12 JANVIER	SAGITTAIRE	SAGITTAIRE	BELIER	CAPRICORNE	SCORPION	POISSONS	LION	CANCER	18 LION
13 JANVIER	SAGITTAIRE	SAGITTAIRE	BELIER	CAPRICORNE	SCORPION	POISSONS	LION	CANCER	0 VIERGE
14 JANVIER	CAPRICORNE	SAGITTAIRE	BELIER	CAPRICORNE	SCORPION	POISSONS	LION	CANCER	12 VIERGE
15 JANVIER	CAPRICORNE	CAPRICORNE	BELIER	CAPRICORNE	SCORPION	POISSONS	LION	CANCER	25 VIERGE
16 JANVIER	CAPRICORNE	CAPRICORNE	BELIER	CAPRICORNE	SCORPION	POISSONS	LION	CANCER	7 BALANCE
17 JANVIER	CAPRICORNE	CAPRICORNE	BELIER	CAPRICORNE	SCORPION	POISSONS	LION	CANCER	21 BALANCE
18 JANVIER	CAPRICORNE	CAPRICORNE	BELIER	CAPRICORNE	SCORPION	POISSONS	LION	CANCER	4 SCORPION
19 JANVIER	CAPRICORNE	CAPRICORNE	BELIER	CAPRICORNE	SCORPION	POISSONS	LION	CANCER	18 SCORPION
20 JANVIER	CAPRICORNE	CAPRICORNE	BELIER	CAPRICORNE	SCORPION	POISSONS	LION	CANCER	2 SAGITTAIRE
22 DECEMBRE	CAPRICORNE	VERSEAU	SCORPION	CAPRICORNE	SCORPION	POISSONS	LION	CANCER	0 BELIER
23 DECEMBRE	CAPRICORNE	VERSEAU	SCORPION	CAPRICORNE	SCORPION	POISSONS	LION	CANCER	14 BELIER
24 DECEMBRE	CAPRICORNE	VERSEAU	SCORPION	CAPRICORNE	SCORPION	POISSONS	LION	CANCER	27 BELIER
25 DECEMBRE	CAPRICORNE	VERSEAU	SCORPION	CAPRICORNE	SCORPION	POISSONS	LION	CANCER	10 TAUREAU
26 DECEMBRE	CAPRICORNE	VERSEAU	SCORPION	CAPRICORNE	SCORPION	POISSONS	LION	CANCER	23 TAUREAU
27 DECEMBRE	CAPRICORNE	VERSEAU	SCORPION	CAPRICORNE	SCORPION	POISSONS	LION	CANCER	6 GEMEAUX
28 DECEMBRE	CAPRICORNE	VERSEAU	SAGITTAIRE	CAPRICORNE	SCORPION	POISSONS	LION	CANCER	18 GEMEAUX
29 DECEMBRE	CAPRICORNE	VERSEAU	SAGITTAIRE	CAPRICORNE	SCORPION	POISSONS	LION	CANCER	0 CANCER
30 DECEMBRE	CAPRICORNE	VERSEAU	SAGITTAIRE	CAPRICORNE	SCORPION	POISSONS	LION	CANCER	13 CANCER
31 DECEMBRE	CAPRICORNE	VERSEAU	SAGITTAIRE	CAPRICORNE	SCORPION	POISSONS	LION	CANCER	25 CANCER

LE SOLEIL RESTE DANS LE SIGNE DU CAPRICORNE JUSQU'AU 20 JANVIER 1925 A 13 h 00
REVIENT DANS LE SIGNE DU LE 22 DECEMBRE A 8 h 20
* LES CHIFFRES INDIQUENT LES DEGRES

DECOUVREZ DANS QUEL SIGNE SE TROUVAIENT LES PLANETES A VOTRE NAISSANCE

1926	MERCURE	VENUS	MARS	JUPITER	SATURNE	URANUS	NEPTUNE	PLUTON	LUNE *	
1 JANVIER	SAGITTAIRE	VERSEAU	SAGITTAIRE	CAPRICORNE	SCORPION	POISSONS	LION	CANCER	6	LION
2 JANVIER	SAGITTAIRE	VERSEAU	SAGITTAIRE	CAPRICORNE	SCORPION	POISSONS	LION	CANCER	18	LION
3 JANVIER	SAGITTAIRE	VERSEAU	SAGITTAIRE	CAPRICORNE	SCORPION	POISSONS	LION	CANCER	0	VIERGE
4 JANVIER	SAGITTAIRE	VERSEAU	SAGITTAIRE	CAPRICORNE	SCORPION	POISSONS	LION	CANCER	12	VIERGE
5 JANVIER	SAGITTAIRE	VERSEAU	SAGITTAIRE	CAPRICORNE	SCORPION	POISSONS	LION	CANCER	24	VIERGE
6 JANVIER	SAGITTAIRE	VERSEAU	SAGITTAIRE	VERSEAU	SCORPION	POISSONS	LION	CANCER	6	BALANCE
7 JANVIER	SAGITTAIRE	VERSEAU	SAGITTAIRE	VERSEAU	SCORPION	POISSONS	LION	CANCER	18	BALANCE
8 JANVIER	SAGITTAIRE	VERSEAU	SAGITTAIRE	VERSEAU	SCORPION	POISSONS	LION	CANCER	1	SCORPION
9 JANVIER	SAGITTAIRE	VERSEAU	SAGITTAIRE	VERSEAU	SCORPION	POISSONS	LION	CANCER	14	SCORPION
10 JANVIER	SAGITTAIRE	VERSEAU	SAGITTAIRE	VERSEAU	SCORPION	POISSONS	LION	CANCER	28	SCORPION
11 JANVIER	CAPRICORNE	VERSEAU	SAGITTAIRE	VERSEAU	SCORPION	POISSONS	LION	CANCER	12	SAGITTAIRE
12 JANVIER	CAPRICORNE	VERSEAU	SAGITTAIRE	VERSEAU	SCORPION	POISSONS	LION	CANCER	27	SAGITTAIRE
13 JANVIER	CAPRICORNE	VERSEAU	SAGITTAIRE	VERSEAU	SCORPION	POISSONS	LION	CANCER	11	CAPRICORNE
14 JANVIER	CAPRICORNE	VERSEAU	SAGITTAIRE	VERSEAU	SCORPION	POISSONS	LION	CANCER	26	CAPRICORNE
15 JANVIER	CAPRICORNE	VERSEAU	SAGITTAIRE	VERSEAU	SCORPION	POISSONS	LION	CANCER	12	VERSEAU
16 JANVIER	CAPRICORNE	VERSEAU	SAGITTAIRE	VERSEAU	SCORPION	POISSONS	LION	CANCER	27	VERSEAU
17 JANVIER	CAPRICORNE	VERSEAU	SAGITTAIRE	VERSEAU	SCORPION	POISSONS	LION	CANCER	12	POISSONS
18 JANVIER	CAPRICORNE	VERSEAU	SAGITTAIRE	VERSEAU	SCORPION	POISSONS	LION	CANCER	26	POISSONS
19 JANVIER	CAPRICORNE	VERSEAU	SAGITTAIRE	VERSEAU	SCORPION	POISSONS	LION	CANCER	10	BELIER
20 JANVIER	CAPRICORNE	VERSEAU	SAGITTAIRE	VERSEAU	SCORPION	POISSONS	LION	CANCER	24	BELIER
22 DECEMBRE	SAGITTAIRE	CAPRICORNE	TAUREAU	VERSEAU	SAGITTAIRE	POISSONS	LION	CANCER	8	LION
23 DECEMBRE	SAGITTAIRE	CAPRICORNE	TAUREAU	VERSEAU	SAGITTAIRE	POISSONS	LION	CANCER	20	LION
24 DECEMBRE	SAGITTAIRE	CAPRICORNE	TAUREAU	VERSEAU	SAGITTAIRE	POISSONS	LION	CANCER	2	VIERGE
25 DECEMBRE	SAGITTAIRE	CAPRICORNE	TAUREAU	VERSEAU	SAGITTAIRE	POISSONS	LION	CANCER	14	VIERGE
26 DECEMBRE	SAGITTAIRE	CAPRICORNE	TAUREAU	VERSEAU	SAGITTAIRE	POISSONS	LION	CANCER	26	VIERGE
27 DECEMBRE	SAGITTAIRE	CAPRICORNE	TAUREAU	VERSEAU	SAGITTAIRE	POISSONS	LION	CANCER	8	BALANCE
28 DECEMBRE	SAGITTAIRE	CAPRICORNE	TAUREAU	VERSEAU	SAGITTAIRE	POISSONS	LION	CANCER	20	BALANCE
29 DECEMBRE	SAGITTAIRE	CAPRICORNE	TAUREAU	VERSEAU	SAGITTAIRE	POISSONS	LION	CANCER	2	SCORPION
30 DECEMBRE	SAGITTAIRE	CAPRICORNE	TAUREAU	VERSEAU	SAGITTAIRE	POISSONS	LION	CANCER	14	SCORPION
31 DECEMBRE	SAGITTAIRE	CAPRICORNE	TAUREAU	VERSEAU	SAGITTAIRE	POISSONS	LION	CANCER	27	SCORPION

LE SOLEIL RESTE DANS LE SIGNE DU CAPRICORNE JUSQU'AU 20 JANVIER 1926 A 19 h 00
LE SOLEIL REVIENT DANS LE SIGNE DU CAPRICORNE LE 22 DECEMBRE A 14 h 20

* LES CHIFFRES INDIQUENT LES DEGRES

1927	MERCURE	VENUS	MARS	JUPITER	SATURNE	URANUS	NEPTUNE	PLUTON	LUNE *	
1 JANVIER	SAGITTAIRE	CAPRICORNE	TAUREAU	VERSEAU	SAGITTAIRE	POISSONS	LION	CANCER	10	SAGITTAIRE
2 JANVIER	SAGITTAIRE	CAPRICORNE	TAUREAU	VERSEAU	SAGITTAIRE	POISSONS	LION	CANCER	24	SAGITTAIRE
3 JANVIER	SAGITTAIRE	CAPRICORNE	TAUREAU	VERSEAU	SAGITTAIRE	POISSONS	LION	CANCER	7	CAPRICORNE
4 JANVIER	SAGITTAIRE	CAPRICORNE	TAUREAU	VERSEAU	SAGITTAIRE	POISSONS	LION	CANCER	21	CAPRICORNE
5 JANVIER	CAPRICORNE	CAPRICORNE	TAUREAU	VERSEAU	SAGITTAIRE	POISSONS	LION	CANCER	6	VERSEAU
6 JANVIER	CAPRICORNE	CAPRICORNE	TAUREAU	VERSEAU	SAGITTAIRE	POISSONS	LION	CANCER	20	VERSEAU
7 JANVIER	CAPRICORNE	CAPRICORNE	TAUREAU	VERSEAU	SAGITTAIRE	POISSONS	LION	CANCER	4	POISSONS
8 JANVIER	CAPRICORNE	CAPRICORNE	TAUREAU	VERSEAU	SAGITTAIRE	POISSONS	LION	CANCER	19	POISSONS
9 JANVIER	CAPRICORNE	VERSEAU	TAUREAU	VERSEAU	SAGITTAIRE	POISSONS	LION	CANCER	3	BELIER
10 JANVIER	CAPRICORNE	VERSEAU	TAUREAU	VERSEAU	SAGITTAIRE	POISSONS	LION	CANCER	17	BELIER
11 JANVIER	CAPRICORNE	VERSEAU	TAUREAU	VERSEAU	SAGITTAIRE	POISSONS	LION	CANCER	1	TAUREAU
12 JANVIER	CAPRICORNE	VERSEAU	TAUREAU	VERSEAU	SAGITTAIRE	POISSONS	LION	CANCER	15	TAUREAU
13 JANVIER	CAPRICORNE	VERSEAU	TAUREAU	VERSEAU	SAGITTAIRE	POISSONS	LION	CANCER	29	TAUREAU
14 JANVIER	CAPRICORNE	VERSEAU	TAUREAU	VERSEAU	SAGITTAIRE	POISSONS	LION	CANCER	12	GEMEAUX
15 JANVIER	CAPRICORNE	VERSEAU	TAUREAU	VERSEAU	SAGITTAIRE	POISSONS	LION	CANCER	25	GEMEAUX
16 JANVIER	CAPRICORNE	VERSEAU	TAUREAU	VERSEAU	SAGITTAIRE	POISSONS	LION	CANCER	8	CANCER
17 JANVIER	CAPRICORNE	VERSEAU	TAUREAU	VERSEAU	SAGITTAIRE	POISSONS	LION	CANCER	21	CANCER
18 JANVIER	CAPRICORNE	VERSEAU	TAUREAU	POISSONS	SAGITTAIRE	POISSONS	LION	CANCER	4	LION
19 JANVIER	CAPRICORNE	VERSEAU	TAUREAU	POISSONS	SAGITTAIRE	POISSONS	LION	CANCER	16	LION
20 JANVIER	CAPRICORNE	VERSEAU	TAUREAU	POISSONS	SAGITTAIRE	POISSONS	LION	CANCER	28	LION
21 JANVIER	CAPRICORNE	VERSEAU	TAUREAU	POISSONS	SAGITTAIRE	POISSONS	LION	CANCER	10	VIERGE
22 DECEMBRE	SAGITTAIRE	SCORPION	SAGITTAIRE	POISSONS	SAGITTAIRE	POISSONS	LION	CANCER	10	SAGITTAIRE
23 DECEMBRE	SAGITTAIRE	SCORPION	SAGITTAIRE	POISSONS	SAGITTAIRE	POISSONS	LION	CANCER	23	SAGITTAIRE
24 DECEMBRE	SAGITTAIRE	SCORPION	SAGITTAIRE	POISSONS	SAGITTAIRE	POISSONS	LION	CANCER	5	CAPRICORNE
25 DECEMBRE	SAGITTAIRE	SCORPION	SAGITTAIRE	POISSONS	SAGITTAIRE	POISSONS	LION	CANCER	18	CAPRICORNE
26 DECEMBRE	SAGITTAIRE	SCORPION	SAGITTAIRE	POISSONS	SAGITTAIRE	POISSONS	LION	CANCER	1	VERSEAU
27 DECEMBRE	SAGITTAIRE	SCORPION	SAGITTAIRE	POISSONS	SAGITTAIRE	POISSONS	LION	CANCER	14	VERSEAU
28 DECEMBRE	SAGITTAIRE	SCORPION	SAGITTAIRE	POISSONS	SAGITTAIRE	POISSONS	LION	CANCER	27	VERSEAU
29 DECEMBRE	CAPRICORNE	SCORPION	SAGITTAIRE	POISSONS	SAGITTAIRE	POISSONS	LION	CANCER	11	POISSONS
30 DECEMBRE	CAPRICORNE	SCORPION	SAGITTAIRE	POISSONS	SAGITTAIRE	POISSONS	LION	CANCER	25	POISSONS
31 DECEMBRE	CAPRICORNE	SCORPION	SAGITTAIRE	POISSONS	SAGITTAIRE	POISSONS	LION	CANCER	9	BELIER

LE SOLEIL RESTE DANS LE SIGNE DU CAPRICORNE JUSQU'AU 21 JANVIER 1927 A 1 h 00
LE SOLEIL REVIENT DANS LE SIGNE DU CAPRICORNE LE 22 DECEMBRE A 20 h 00

* LES CHIFFRES INDIQUENT LES DEGRES

DECOUVREZ DANS QUEL SIGNE SE TROUVAIENT LES PLANETES A VOTRE NAISSANCE

1928	MERCURE	VENUS	MARS	JUPITER	SATURNE	URANUS	NEPTUNE	PLUTON	LUNE *
1 JANVIER	CAPRICORNE	SCORPION	SAGITTAIRE	POISSONS	SAGITTAIRE	POISSONS	LION	CANCER	23 BELIER
2 JANVIER	CAPRICORNE	SCORPION	SAGITTAIRE	POISSONS	SAGITTAIRE	POISSONS	LION	CANCER	7 TAUREAU
3 JANVIER	CAPRICORNE	SCORPION	SAGITTAIRE	POISSONS	SAGITTAIRE	POISSONS	LION	CANCER	22 TAUREAU
4 JANVIER	CAPRICORNE	SAGITTAIRE	SAGITTAIRE	POISSONS	SAGITTAIRE	POISSONS	LION	CANCER	6 GEMEAUX
5 JANVIER	CAPRICORNE	SAGITTAIRE	SAGITTAIRE	POISSONS	SAGITTAIRE	POISSONS	LION	CANCER	20 GEMEAUX
6 JANVIER	CAPRICORNE	SAGITTAIRE	SAGITTAIRE	POISSONS	SAGITTAIRE	POISSONS	LION	CANCER	5 CANCER
7 JANVIER	CAPRICORNE	SAGITTAIRE	SAGITTAIRE	POISSONS	SAGITTAIRE	POISSONS	LION	CANCER	19 CANCER
8 JANVIER	CAPRICORNE	SAGITTAIRE	SAGITTAIRE	POISSONS	SAGITTAIRE	POISSONS	LION	CANCER	3 LION
9 JANVIER	CAPRICORNE	SAGITTAIRE	SAGITTAIRE	POISSONS	SAGITTAIRE	POISSONS	LION	CANCER	16 LION
10 JANVIER	CAPRICORNE	SAGITTAIRE	SAGITTAIRE	POISSONS	SAGITTAIRE	POISSONS	LION	CANCER	29 LION
11 JANVIER	CAPRICORNE	SAGITTAIRE	SAGITTAIRE	POISSONS	SAGITTAIRE	POISSONS	LION	CANCER	12 VIERGE
12 JANVIER	CAPRICORNE	SAGITTAIRE	SAGITTAIRE	POISSONS	SAGITTAIRE	POISSONS	LION	CANCER	24 VIERGE
13 JANVIER	CAPRICORNE	SAGITTAIRE	SAGITTAIRE	POISSONS	SAGITTAIRE	BELIER	LION	CANCER	7 BALANCE
14 JANVIER	CAPRICORNE	SAGITTAIRE	SAGITTAIRE	POISSONS	SAGITTAIRE	BELIER	LION	CANCER	19 BALANCE
15 JANVIER	CAPRICORNE	SAGITTAIRE	SAGITTAIRE	POISSONS	SAGITTAIRE	BELIER	LION	CANCER	0 SCORPION
16 JANVIER	CAPRICORNE	SAGITTAIRE	SAGITTAIRE	POISSONS	SAGITTAIRE	BELIER	LION	CANCER	12 SCORPION
17 JANVIER	VERSEAU	SAGITTAIRE	SAGITTAIRE	POISSONS	SAGITTAIRE	BELIER	LION	CANCER	24 SCORPION
18 JANVIER	VERSEAU	SAGITTAIRE	SAGITTAIRE	POISSONS	SAGITTAIRE	BELIER	LION	CANCER	6 SAGITTAIRE
19 JANVIER	VERSEAU	SAGITTAIRE	CAPRICORNE	POISSONS	SAGITTAIRE	BELIER	LION	CANCER	18 SAGITTAIRE
20 JANVIER	VERSEAU	SAGITTAIRE	CAPRICORNE	POISSONS	SAGITTAIRE	BELIER	LION	CANCER	1 CAPRICORNE
21 JANVIER	VERSEAU	SAGITTAIRE	CAPRICORNE	POISSONS	SAGITTAIRE	BELIER	LION	CANCER	14 CAPRICORNE
22 DECEMBRE	CAPRICORNE	VERSEAU	GEMEAUX	TAUREAU	SAGITTAIRE	BELIER	VIERGE	CANCER	0 TAUREAU
23 DECEMBRE	CAPRICORNE	VERSEAU	GEMEAUX	TAUREAU	SAGITTAIRE	BELIER	VIERGE	CANCER	14 TAUREAU
24 DECEMBRE	CAPRICORNE	VERSEAU	GEMEAUX	TAUREAU	SAGITTAIRE	BELIER	VIERGE	CANCER	29 TAUREAU
25 DECEMBRE	CAPRICORNE	VERSEAU	GEMEAUX	TAUREAU	SAGITTAIRE	BELIER	VIERGE	CANCER	14 GEMEAUX
26 DECEMBRE	CAPRICORNE	VERSEAU	GEMEAUX	TAUREAU	SAGITTAIRE	BELIER	VIERGE	CANCER	29 GEMEAUX
27 DECEMBRE	CAPRICORNE	VERSEAU	GEMEAUX	TAUREAU	SAGITTAIRE	BELIER	VIERGE	CANCER	15 CANCER
28 DECEMBRE	CAPRICORNE	VERSEAU	GEMEAUX	TAUREAU	SAGITTAIRE	BELIER	VIERGE	CANCER	0 LION
29 DECEMBRE	CAPRICORNE	VERSEAU	GEMEAUX	TAUREAU	SAGITTAIRE	BELIER	VIERGE	CANCER	14 LION
30 DECEMBRE	CAPRICORNE	VERSEAU	GEMEAUX	TAUREAU	SAGITTAIRE	BELIER	VIERGE	CANCER	28 LION
31 DECEMBRE	CAPRICORNE	VERSEAU	GEMEAUX	TAUREAU	SAGITTAIRE	BELIER	VIERGE	CANCER	12 VIERGE

LE SOLEIL RESTE DANS LE SIGNE DU CAPRICORNE JUSQU'AU 21 JANVIER 1928 A 6 h 40
REVIENT DANS LE SIGNE DU LE 22 DECEMBRE A 1 h 50

* LES CHIFFRES INDIQUENT LES DEGRES

1929	MERCURE	VENUS	MARS	JUPITER	SATURNE	URANUS	NEPTUNE	PLUTON	LUNE *
1 JANVIER	CAPRICORNE	VERSEAU	GEMEAUX	TAUREAU	SAGITTAIRE	BELIER	VIERGE	CANCER	25 VIERGE
2 JANVIER	CAPRICORNE	VERSEAU	GEMEAUX	TAUREAU	SAGITTAIRE	BELIER	VIERGE	CANCER	8 BALANCE
3 JANVIER	CAPRICORNE	VERSEAU	GEMEAUX	TAUREAU	SAGITTAIRE	BELIER	VIERGE	CANCER	20 BALANCE
4 JANVIER	CAPRICORNE	VERSEAU	GEMEAUX	TAUREAU	SAGITTAIRE	BELIER	VIERGE	CANCER	3 SCORPION
5 JANVIER	CAPRICORNE	VERSEAU	GEMEAUX	TAUREAU	SAGITTAIRE	BELIER	VIERGE	CANCER	5 SCORPION
6 JANVIER	CAPRICORNE	POISSONS	GEMEAUX	TAUREAU	SAGITTAIRE	BELIER	VIERGE	CANCER	26 SCORPION
7 JANVIER	CAPRICORNE	POISSONS	GEMEAUX	TAUREAU	SAGITTAIRE	BELIER	VIERGE	CANCER	8 SAGITTAIRE
8 JANVIER	VERSEAU	POISSONS	GEMEAUX	TAUREAU	SAGITTAIRE	BELIER	VIERGE	CANCER	20 SAGITTAIRE
9 JANVIER	VERSEAU	POISSONS	GEMEAUX	TAUREAU	SAGITTAIRE	BELIER	VIERGE	CANCER	2 CAPRICORNE
10 JANVIER	VERSEAU	POISSONS	GEMEAUX	TAUREAU	SAGITTAIRE	BELIER	VIERGE	CANCER	4 CAPRICORNE
11 JANVIER	VERSEAU	POISSONS	GEMEAUX	TAUREAU	SAGITTAIRE	BELIER	VIERGE	CANCER	26 CAPRICORNE
12 JANVIER	VERSEAU	POISSONS	GEMEAUX	TAUREAU	SAGITTAIRE	BELIER	VIERGE	CANCER	8 VERSEAU
13 JANVIER	VERSEAU	POISSONS	GEMEAUX	TAUREAU	SAGITTAIRE	BELIER	VIERGE	CANCER	21 VERSEAU
14 JANVIER	VERSEAU	POISSONS	GEMEAUX	TAUREAU	SAGITTAIRE	BELIER	VIERGE	CANCER	3 POISSONS
15 JANVIER	VERSEAU	POISSONS	GEMEAUX	TAUREAU	SAGITTAIRE	BELIER	VIERGE	CANCER	16 POISSONS
16 JANVIER	VERSEAU	POISSONS	GEMEAUX	TAUREAU	SAGITTAIRE	BELIER	VIERGE	CANCER	29 POISSONS
17 JANVIER	VERSEAU	POISSONS	GEMEAUX	TAUREAU	SAGITTAIRE	BELIER	VIERGE	CANCER	12 BELIER
18 JANVIER	VERSEAU	POISSONS	GEMEAUX	TAUREAU	SAGITTAIRE	BELIER	VIERGE	CANCER	26 BELIER
19 JANVIER	VERSEAU	POISSONS	GEMEAUX	TAUREAU	SAGITTAIRE	BELIER	VIERGE	CANCER	10 TAUREAU
20 JANVIER	VERSEAU	POISSONS	GEMEAUX	TAUREAU	SAGITTAIRE	BELIER	VIERGE	CANCER	24 TAUREAU
22 DECEMBRE	CAPRICORNE	SAGITTAIRE	SAGITTAIRE	GEMEAUX	CAPRICORNE	BELIER	VIERGE	CANCER	22 VIERGE
23 DECEMBRE	CAPRICORNE	SAGITTAIRE	SAGITTAIRE	GEMEAUX	CAPRICORNE	BELIER	VIERGE	CANCER	6 BALANCE
24 DECEMBRE	CAPRICORNE	SAGITTAIRE	SAGITTAIRE	GEMEAUX	CAPRICORNE	BELIER	VIERGE	CANCER	19 BALANCE
25 DECEMBRE	CAPRICORNE	SAGITTAIRE	SAGITTAIRE	GEMEAUX	CAPRICORNE	BELIER	VIERGE	CANCER	2 SCORPION
26 DECEMBRE	CAPRICORNE	SAGITTAIRE	SAGITTAIRE	GEMEAUX	CAPRICORNE	BELIER	VIERGE	CANCER	14 SCORPION
27 DECEMBRE	CAPRICORNE	SAGITTAIRE	SAGITTAIRE	GEMEAUX	CAPRICORNE	BELIER	VIERGE	CANCER	27 SCORPION
28 DECEMBRE	CAPRICORNE	SAGITTAIRE	SAGITTAIRE	GEMEAUX	CAPRICORNE	BELIER	VIERGE	CANCER	9 SAGITTAIRE
29 DECEMBRE	CAPRICORNE	SAGITTAIRE	CAPRICORNE	GEMEAUX	CAPRICORNE	BELIER	VIERGE	CANCER	21 SAGITTAIRE
30 DECEMBRE	CAPRICORNE	SAGITTAIRE	CAPRICORNE	GEMEAUX	CAPRICORNE	BELIER	VIERGE	CANCER	3 CAPRICORNE
31 DECEMBRE	CAPRICORNE	CAPRICORNE	CAPRICORNE	GEMEAUX	CAPRICORNE	BELIER	VIERGE	CANCER	15 CAPRICORNE

LE SOLEIL RESTE DANS LE SIGNE DU CAPRICORNE JUSQU'AU 20 JANVIER 1929 A 12 h 30
REVIENT DANS LE SIGNE DU LE 22 DECEMBRE A 7 h 40

* LES CHIFFRES INDIQUENT LES DEGRES

DECOUVREZ DANS QUEL SIGNE SE TROUVAIENT LES PLANETES A VOTRE NAISSANCE

1930	MERCURE	VENUS	MARS	JUPITER	SATURNE	URANUS	NEPTUNE	PLUTON	LUNE *
1 JANVIER	CAPRICORNE	CAPRICORNE	CAPRICORNE	GEMEAUX	CAPRICORNE	BELIER	VIERGE	CANCER	26 CAPRICORNE
2 JANVIER	VERSEAU	CAPRICORNE	CAPRICORNE	GEMEAUX	CAPRICORNE	BELIER	VIERGE	CANCER	8 VERSEAU
3 JANVIER	VERSEAU	CAPRICORNE	CAPRICORNE	GEMEAUX	CAPRICORNE	BELIER	VIERGE	CANCER	20 VERSEAU
4 JANVIER	VERSEAU	CAPRICORNE	CAPRICORNE	GEMEAUX	CAPRICORNE	BELIER	VIERGE	CANCER	2 POISSONS
5 JANVIER	VERSEAU	CAPRICORNE	CAPRICORNE	GEMEAUX	CAPRICORNE	BELIER	VIERGE	CANCER	14 POISSONS
6 JANVIER	VERSEAU	CAPRICORNE	CAPRICORNE	GEMEAUX	CAPRICORNE	BELIER	VIERGE	CANCER	26 POISSONS
7 JANVIER	VERSEAU	CAPRICORNE	CAPRICORNE	GEMEAUX	CAPRICORNE	BELIER	VIERGE	CANCER	9 BELIER
8 JANVIER	VERSEAU	CAPRICORNE	CAPRICORNE	GEMEAUX	CAPRICORNE	BELIER	VIERGE	CANCER	22 BELIER
9 JANVIER	VERSEAU	CAPRICORNE	CAPRICORNE	GEMEAUX	CAPRICORNE	BELIER	VIERGE	CANCER	5 TAUREAU
10 JANVIER	VERSEAU	CAPRICORNE	CAPRICORNE	GEMEAUX	CAPRICORNE	BELIER	VIERGE	CANCER	18 TAUREAU
11 JANVIER	VERSEAU	CAPRICORNE	CAPRICORNE	GEMEAUX	CAPRICORNE	BELIER	VIERGE	CANCER	2 GEMEAUX
12 JANVIER	VERSEAU	CAPRICORNE	CAPRICORNE	GEMEAUX	CAPRICORNE	BELIER	VIERGE	CANCER	17 GEMEAUX
13 JANVIER	VERSEAU	CAPRICORNE	CAPRICORNE	GEMEAUX	CAPRICORNE	BELIER	VIERGE	CANCER	2 CANCER
14 JANVIER	VERSEAU	CAPRICORNE	CAPRICORNE	GEMEAUX	CAPRICORNE	BELIER	VIERGE	CANCER	17 CANCER
15 JANVIER	VERSEAU	CAPRICORNE	CAPRICORNE	GEMEAUX	CAPRICORNE	BELIER	VIERGE	CANCER	2 LION
16 JANVIER	VERSEAU	CAPRICORNE	CAPRICORNE	GEMEAUX	CAPRICORNE	BELIER	VIERGE	CANCER	18 LION
17 JANVIER	VERSEAU	CAPRICORNE	CAPRICORNE	GEMEAUX	CAPRICORNE	BELIER	VIERGE	CANCER	3 VIERGE
18 JANVIER	VERSEAU	CAPRICORNE	CAPRICORNE	GEMEAUX	CAPRICORNE	BELIER	VIERGE	CANCER	17 VIERGE
19 JANVIER	VERSEAU	CAPRICORNE	CAPRICORNE	GEMEAUX	CAPRICORNE	BELIER	VIERGE	CANCER	2 BALANCE
20 JANVIER	VERSEAU	CAPRICORNE	CAPRICORNE	GEMEAUX	CAPRICORNE	BELIER	VIERGE	CANCER	15 BALANCE
22 DECEMBRE	CAPRICORNE	SCORPION	LION	CANCER	CAPRICORNE	BELIER	VIERGE	CANCER	28 CAPRICORNE
23 DECEMBRE	CAPRICORNE	SCORPION	LION	CANCER	CAPRICORNE	BELIER	VIERGE	CANCER	10 VERSEAU
24 DECEMBRE	CAPRICORNE	SCORPION	LION	CANCER	CAPRICORNE	BELIER	VIERGE	CANCER	22 VERSEAU
25 DECEMBRE	CAPRICORNE	SCORPION	LION	CANCER	CAPRICORNE	BELIER	VIERGE	CANCER	4 POISSONS
26 DECEMBRE	CAPRICORNE	SCORPION	LION	CANCER	CAPRICORNE	BELIER	VIERGE	CANCER	16 POISSONS
27 DECEMBRE	CAPRICORNE	SCORPION	LION	CANCER	CAPRICORNE	BELIER	VIERGE	CANCER	27 POISSONS
28 DECEMBRE	CAPRICORNE	SCORPION	LION	CANCER	CAPRICORNE	BELIER	VIERGE	CANCER	9 BELIER
29 DECEMBRE	CAPRICORNE	SCORPION	LION	CANCER	CAPRICORNE	BELIER	VIERGE	CANCER	22 BELIER
30 DECEMBRE	CAPRICORNE	SCORPION	LION	CANCER	CAPRICORNE	BELIER	VIERGE	CANCER	4 TAUREAU
31 DECEMBRE	CAPRICORNE	SCORPION	LION	CANCER	CAPRICORNE	BELIER	VIERGE	CANCER	17 TAUREAU

LE SOLEIL RESTE DANS LE SIGNE DU CAPRICORNE JUSQU'AU 20 JANVIER 1930 A 18 h 20
REVIENT DANS LE SIGNE DU 22 DECEMBRE A 13 h 25

* LES CHIFFRES INDIQUENT LES DEGRES

1931	MERCURE	VENUS	MARS	JUPITER	SATURNE	URANUS	NEPTUNE	PLUTON	LUNE *
1 JANVIER	CAPRICORNE	SCORPION	LION	CANCER	CAPRICORNE	BELIER	VIERGE	CANCER	0 GEMEAUX
2 JANVIER	CAPRICORNE	SCORPION	LION	CANCER	CAPRICORNE	BELIER	VIERGE	CANCER	14 GEMEAUX
3 JANVIER	CAPRICORNE	SCORPION	LION	CANCER	CAPRICORNE	BELIER	VIERGE	CANCER	28 GEMEAUX
4 JANVIER	CAPRICORNE	SAGITTAIRE	LION	CANCER	CAPRICORNE	BELIER	VIERGE	CANCER	12 CANCER
5 JANVIER	CAPRICORNE	SAGITTAIRE	LION	CANCER	CAPRICORNE	BELIER	VIERGE	CANCER	27 CANCER
6 JANVIER	CAPRICORNE	SAGITTAIRE	LION	CANCER	CAPRICORNE	BELIER	VIERGE	CANCER	12 LION
7 JANVIER	CAPRICORNE	SAGITTAIRE	LION	CANCER	CAPRICORNE	BELIER	VIERGE	CANCER	27 LION
8 JANVIER	CAPRICORNE	SAGITTAIRE	LION	CANCER	CAPRICORNE	BELIER	VIERGE	CANCER	11 VIERGE
9 JANVIER	CAPRICORNE	SAGITTAIRE	LION	CANCER	CAPRICORNE	BELIER	VIERGE	CANCER	26 VIERGE
10 JANVIER	CAPRICORNE	SAGITTAIRE	LION	CANCER	CAPRICORNE	BELIER	VIERGE	CANCER	10 BALANCE
11 JANVIER	CAPRICORNE	SAGITTAIRE	LION	CANCER	CAPRICORNE	BELIER	VIERGE	CANCER	24 BALANCE
12 JANVIER	CAPRICORNE	SAGITTAIRE	LION	CANCER	CAPRICORNE	BELIER	VIERGE	CANCER	7 SCORPION
13 JANVIER	CAPRICORNE	SAGITTAIRE	LION	CANCER	CAPRICORNE	BELIER	VIERGE	CANCER	20 SCORPION
14 JANVIER	CAPRICORNE	SAGITTAIRE	LION	CANCER	CAPRICORNE	BELIER	VIERGE	CANCER	4 SAGITTAIRE
15 JANVIER	CAPRICORNE	SAGITTAIRE	LION	CANCER	CAPRICORNE	BELIER	VIERGE	CANCER	16 SAGITTAIRE
16 JANVIER	CAPRICORNE	SAGITTAIRE	LION	CANCER	CAPRICORNE	BELIER	VIERGE	CANCER	29 SAGITTAIRE
17 JANVIER	CAPRICORNE	SAGITTAIRE	LION	CANCER	CAPRICORNE	BELIER	VIERGE	CANCER	12 CAPRICORNE
18 JANVIER	CAPRICORNE	SAGITTAIRE	LION	CANCER	CAPRICORNE	BELIER	VIERGE	CANCER	24 CAPRICORNE
19 JANVIER	CAPRICORNE	SAGITTAIRE	LION	CANCER	CAPRICORNE	BELIER	VIERGE	CANCER	6 VERSEAU
20 JANVIER	CAPRICORNE	SAGITTAIRE	LION	CANCER	CAPRICORNE	BELIER	VIERGE	CANCER	18 VERSEAU
21 JANVIER	CAPRICORNE	SAGITTAIRE	LION	CANCER	CAPRICORNE	BELIER	VIERGE	CANCER	0 POISSONS
22 DECEMBRE	SAGITTAIRE	CAPRICORNE	CAPRICORNE	LION	CAPRICORNE	BELIER	VIERGE	CANCER	0 GEMEAUX
23 DECEMBRE	SAGITTAIRE	CAPRICORNE	CAPRICORNE	LION	CAPRICORNE	BELIER	VIERGE	CANCER	13 GEMEAUX
24 DECEMBRE	SAGITTAIRE	CAPRICORNE	CAPRICORNE	LION	CAPRICORNE	BELIER	VIERGE	CANCER	26 GEMEAUX
25 DECEMBRE	SAGITTAIRE	CAPRICORNE	CAPRICORNE	LION	CAPRICORNE	BELIER	VIERGE	CANCER	9 CANCER
26 DECEMBRE	SAGITTAIRE	VERSEAU	CAPRICORNE	LION	CAPRICORNE	BELIER	VIERGE	CANCER	22 CANCER
27 DECEMBRE	SAGITTAIRE	VERSEAU	CAPRICORNE	LION	CAPRICORNE	BELIER	VIERGE	CANCER	6 LION
28 DECEMBRE	SAGITTAIRE	VERSEAU	CAPRICORNE	LION	CAPRICORNE	BELIER	VIERGE	CANCER	19 LION
29 DECEMBRE	SAGITTAIRE	VERSEAU	CAPRICORNE	LION	CAPRICORNE	BELIER	VIERGE	CANCER	3 VIERGE
30 DECEMBRE	SAGITTAIRE	VERSEAU	CAPRICORNE	LION	CAPRICORNE	BELIER	VIERGE	CANCER	17 VIERGE
31 DECEMBRE	SAGITTAIRE	VERSEAU	CAPRICORNE	LION	CAPRICORNE	BELIER	VIERGE	CANCER	1 BALANCE

LE SOLEIL RESTE DANS LE SIGNE DU CAPRICORNE JUSQU'AU 21 JANVIER 1931 A 0 h 00
REVIENT DANS LE SIGNE DU LE 22 DECEMBRE A 19 h 15

* LES CHIFFRES INDIQUENT LES DEGRES

DECOUVREZ DANS QUEL SIGNE SE TROUVAIENT LES PLANETES A VOTRE NAISSANCE

1932	MERCURE	VENUS	MARS	JUPITER	SATURNE	URANUS	NEPTUNE	PLUTON	LUNE *
1 JANVIER	SAGITTAIRE	VERSEAU	CAPRICORNE	LION	CAPRICORNE	BELIER	VIERGE	CANCER	15 BALANCE
2 JANVIER	SAGITTAIRE	VERSEAU	CAPRICORNE	LION	CAPRICORNE	BELIER	VIERGE	CANCER	29 BALANCE
3 JANVIER	SAGITTAIRE	VERSEAU	CAPRICORNE	LION	CAPRICORNE	BELIER	VIERGE	CANCER	14 SCORPION
4 JANVIER	SAGITTAIRE	VERSEAU	CAPRICORNE	LION	CAPRICORNE	BELIER	VIERGE	CANCER	28 SCORPION
5 JANVIER	SAGITTAIRE	VERSEAU	CAPRICORNE	LION	CAPRICORNE	BELIER	VIERGE	CANCER	12 SAGITTAIRE
6 JANVIER	SAGITTAIRE	VERSEAU	CAPRICORNE	LION	CAPRICORNE	BELIER	VIERGE	CANCER	26 SAGITTAIRE
7 JANVIER	SAGITTAIRE	VERSEAU	CAPRICORNE	LION	CAPRICORNE	BELIER	VIERGE	CANCER	10 CAPRICORNE
8 JANVIER	SAGITTAIRE	VERSEAU	CAPRICORNE	LION	CAPRICORNE	BELIER	VIERGE	CANCER	23 CAPRICORNE
9 JANVIER	SAGITTAIRE	VERSEAU	CAPRICORNE	LION	CAPRICORNE	BELIER	VIERGE	CANCER	6 VERSEAU
10 JANVIER	SAGITTAIRE	VERSEAU	CAPRICORNE	LION	CAPRICORNE	BELIER	VIERGE	CANCER	19 VERSEAU
11 JANVIER	SAGITTAIRE	VERSEAU	CAPRICORNE	LION	CAPRICORNE	BELIER	VIERGE	CANCER	2 POISSONS
12 JANVIER	SAGITTAIRE	VERSEAU	CAPRICORNE	LION	CAPRICORNE	BELIER	VIERGE	CANCER	14 POISSONS
13 JANVIER	SAGITTAIRE	VERSEAU	CAPRICORNE	LION	CAPRICORNE	BELIER	VIERGE	CANCER	26 POISSONS
14 JANVIER	SAGITTAIRE	VERSEAU	CAPRICORNE	LION	CAPRICORNE	BELIER	VIERGE	CANCER	8 BELIER
15 JANVIER	CAPRICORNE	VERSEAU	CAPRICORNE	LION	CAPRICORNE	BELIER	VIERGE	CANCER	20 BELIER
16 JANVIER	CAPRICORNE	VERSEAU	CAPRICORNE	LION	CAPRICORNE	BELIER	VIERGE	CANCER	2 TAUREAU
17 JANVIER	CAPRICORNE	VERSEAU	CAPRICORNE	LION	CAPRICORNE	BELIER	VIERGE	CANCER	14 TAUREAU
18 JANVIER	CAPRICORNE	VERSEAU	VERSEAU	LION	CAPRICORNE	BELIER	VIERGE	CANCER	26 TAUREAU
19 JANVIER	CAPRICORNE	POISSONS	VERSEAU	LION	CAPRICORNE	BELIER	VIERGE	CANCER	8 GEMEAUX
20 JANVIER	CAPRICORNE	POISSONS	VERSEAU	LION	CAPRICORNE	BELIER	VIERGE	CANCER	21 GEMEAUX
21 JANVIER	CAPRICORNE	POISSONS	VERSEAU	LION	CAPRICORNE	BELIER	VIERGE	CANCER	4 CANCER
22 DECEMBRE	SAGITTAIRE	SAGITTAIRE	VIERGE	VIERGE	VERSEAU	BELIER	VIERGE	CANCER	21 BALANCE
23 DECEMBRE	SAGITTAIRE	SAGITTAIRE	VIERGE	VIERGE	VERSEAU	BELIER	VIERGE	CANCER	6 SCORPION
24 DECEMBRE	SAGITTAIRE	SAGITTAIRE	VIERGE	VIERGE	VERSEAU	BELIER	VIERGE	CANCER	21 SCORPION
25 DECEMBRE	SAGITTAIRE	SAGITTAIRE	VIERGE	VIERGE	VERSEAU	BELIER	VIERGE	CANCER	5 SAGITTAIRE
26 DECEMBRE	SAGITTAIRE	SAGITTAIRE	VIERGE	VIERGE	VERSEAU	BELIER	VIERGE	CANCER	21 SAGITTAIRE
27 DECEMBRE	SAGITTAIRE	SAGITTAIRE	VIERGE	VIERGE	VERSEAU	BELIER	VIERGE	CANCER	6 CAPRICORNE
28 DECEMBRE	SAGITTAIRE	SAGITTAIRE	VIERGE	VIERGE	VERSEAU	BELIER	VIERGE	CANCER	20 CAPRICORNE
29 DECEMBRE	SAGITTAIRE	SAGITTAIRE	VIERGE	VIERGE	VERSEAU	BELIER	VIERGE	CANCER	5 VERSEAU
30 DECEMBRE	SAGITTAIRE	SAGITTAIRE	VIERGE	VIERGE	VERSEAU	BELIER	VIERGE	CANCER	19 VERSEAU
31 DECEMBRE	SAGITTAIRE	SAGITTAIRE	VIERGE	VIERGE	VERSEAU	BELIER	VIERGE	CANCER	2 POISSONS

LE SOLEIL RESTE DANS LE SIGNE DU CAPRICORNE JUSQU'AU 21 JANVIER 1932 A 6 h 00
REVIENT DANS LE SIGNE DU LE 22 DECEMBRE A 1 h 00
* LES CHIFFRES INDIQUENT LES DEGRES

1933	MERCURE	VENUS	MARS	JUPITER	SATURNE	URANUS	NEPTUNE	PLUTON	LUNE *
1 JANVIER	SAGITTAIRE	SAGITTAIRE	VIERGE	VIERGE	VERSEAU	BELIER	VIERGE	CANCER	15 POISSONS
2 JANVIER	SAGITTAIRE	SAGITTAIRE	VIERGE	VIERGE	VERSEAU	BELIER	VIERGE	CANCER	28 POISSONS
3 JANVIER	SAGITTAIRE	SAGITTAIRE	VIERGE	VIERGE	VERSEAU	BELIER	VIERGE	CANCER	10 BELIER
4 JANVIER	SAGITTAIRE	SAGITTAIRE	VIERGE	VIERGE	VERSEAU	BELIER	VIERGE	CANCER	22 BELIER
5 JANVIER	SAGITTAIRE	SAGITTAIRE	VIERGE	VIERGE	VERSEAU	BELIER	VIERGE	CANCER	4 TAUREAU
6 JANVIER	SAGITTAIRE	SAGITTAIRE	VIERGE	VIERGE	VERSEAU	BELIER	VIERGE	CANCER	16 TAUREAU
7 JANVIER	SAGITTAIRE	SAGITTAIRE	VIERGE	VIERGE	VERSEAU	BELIER	VIERGE	CANCER	28 TAUREAU
8 JANVIER	CAPRICORNE	SAGITTAIRE	VIERGE	VIERGE	VERSEAU	BELIER	VIERGE	CANCER	10 GEMEAUX
9 JANVIER	CAPRICORNE	SAGITTAIRE	VIERGE	VIERGE	VERSEAU	BELIER	VIERGE	CANCER	22 GEMEAUX
10 JANVIER	CAPRICORNE	SAGITTAIRE	VIERGE	VIERGE	VERSEAU	BELIER	VIERGE	CANCER	4 CANCER
11 JANVIER	CAPRICORNE	SAGITTAIRE	VIERGE	VIERGE	VERSEAU	BELIER	VIERGE	CANCER	16 CANCER
12 JANVIER	CAPRICORNE	SAGITTAIRE	VIERGE	VIERGE	VERSEAU	BELIER	VIERGE	CANCER	29 CANCER
13 JANVIER	CAPRICORNE	SAGITTAIRE	VIERGE	VIERGE	VERSEAU	BELIER	VIERGE	CANCER	12 LION
14 JANVIER	CAPRICORNE	CAPRICORNE	VIERGE	VIERGE	VERSEAU	BELIER	VIERGE	CANCER	24 LION
15 JANVIER	CAPRICORNE	CAPRICORNE	VIERGE	VIERGE	VERSEAU	BELIER	VIERGE	CANCER	7 VIERGE
16 JANVIER	CAPRICORNE	CAPRICORNE	VIERGE	VIERGE	VERSEAU	BELIER	VIERGE	CANCER	21 VIERGE
17 JANVIER	CAPRICORNE	CAPRICORNE	VIERGE	VIERGE	VERSEAU	BELIER	VIERGE	CANCER	4 BALANCE
18 JANVIER	CAPRICORNE	CAPRICORNE	VIERGE	VIERGE	VERSEAU	BELIER	VIERGE	CANCER	18 BALANCE
19 JANVIER	CAPRICORNE	CAPRICORNE	VIERGE	VIERGE	VERSEAU	BELIER	VIERGE	CANCER	2 SCORPION
20 JANVIER	CAPRICORNE	CAPRICORNE	VIERGE	VIERGE	VERSEAU	BELIER	VIERGE	CANCER	16 SCORPION
22 DECEMBRE	SAGITTAIRE	VERSEAU	CAPRICORNE	BALANCE	VERSEAU	BELIER	VIERGE	CANCER	13 POISSONS
23 DECEMBRE	SAGITTAIRE	VERSEAU	CAPRICORNE	BALANCE	VERSEAU	BELIER	VIERGE	CANCER	27 POISSONS
24 DECEMBRE	SAGITTAIRE	VERSEAU	CAPRICORNE	BALANCE	VERSEAU	BELIER	VIERGE	CANCER	10 BELIER
25 DECEMBRE	SAGITTAIRE	VERSEAU	CAPRICORNE	BALANCE	VERSEAU	BELIER	VIERGE	CANCER	23 BELIER
26 DECEMBRE	SAGITTAIRE	VERSEAU	CAPRICORNE	BALANCE	VERSEAU	BELIER	VIERGE	CANCER	5 TAUREAU
27 DECEMBRE	SAGITTAIRE	VERSEAU	CAPRICORNE	BALANCE	VERSEAU	BELIER	VIERGE	CANCER	17 TAUREAU
28 DECEMBRE	SAGITTAIRE	VERSEAU	VERSEAU	BALANCE	VERSEAU	BELIER	VIERGE	CANCER	29 TAUREAU
29 DECEMBRE	SAGITTAIRE	VERSEAU	VERSEAU	BALANCE	VERSEAU	BELIER	VIERGE	CANCER	11 GEMEAUX
30 DECEMBRE	SAGITTAIRE	VERSEAU	VERSEAU	BALANCE	VERSEAU	BELIER	VIERGE	CANCER	23 GEMEAUX
31 DECEMBRE	SAGITTAIRE	VERSEAU	VERSEAU	BALANCE	VERSEAU	BELIER	VIERGE	CANCER	5 CANCER

LE SOLEIL RESTE DANS LE SIGNE DU CAPRICORNE JUSQU'AU 20 JANVIER 1933 A 11 h 40
REVIENT DANS LE SIGNE DU LE 22 DECEMBRE A 6 h 45
* LES CHIFFRES INDIQUENT LES DEGRES

DECOUVREZ DANS QUEL SIGNE SE TROUVAIENT LES PLANETES A VOTRE NAISSANCE

1934	MERCURE	VENUS	MARS	JUPITER	SATURNE	URANUS	NEPTUNE	PLUTON	LUNE *
1 JANVIER	SAGITTAIRE	VERSEAU	VERSEAU	BALANCE	VERSEAU	BELIER	VIERGE	CANCER	17 CANCER
2 JANVIER	CAPRICORNE	VERSEAU	VERSEAU	BALANCE	VERSEAU	BELIER	VIERGE	CANCER	29 CANCER
3 JANVIER	CAPRICORNE	VERSEAU	VERSEAU	BALANCE	VERSEAU	BELIER	VIERGE	CANCER	11 LION
4 JANVIER	CAPRICORNE	VERSEAU	VERSEAU	BALANCE	VERSEAU	BELIER	VIERGE	CANCER	23 LION
5 JANVIER	CAPRICORNE	VERSEAU	VERSEAU	BALANCE	VERSEAU	BELIER	VIERGE	CANCER	5 VIERGE
6 JANVIER	CAPRICORNE	VERSEAU	VERSEAU	BALANCE	VERSEAU	BELIER	VIERGE	CANCER	17 VIERGE
7 JANVIER	CAPRICORNE	VERSEAU	VERSEAU	BALANCE	VERSEAU	BELIER	VIERGE	CANCER	29 VIERGE
8 JANVIER	CAPRICORNE	VERSEAU	VERSEAU	BALANCE	VERSEAU	BELIER	VIERGE	CANCER	12 BALANCE
9 JANVIER	CAPRICORNE	VERSEAU	VERSEAU	BALANCE	VERSEAU	BELIER	VIERGE	CANCER	26 BALANCE
10 JANVIER	CAPRICORNE	VERSEAU	VERSEAU	BALANCE	VERSEAU	BELIER	VIERGE	CANCER	9 SCORPION
11 JANVIER	CAPRICORNE	VERSEAU	VERSEAU	BALANCE	VERSEAU	BELIER	VIERGE	CANCER	23 SCORPION
12 JANVIER	CAPRICORNE	VERSEAU	VERSEAU	BALANCE	VERSEAU	BELIER	VIERGE	CANCER	8 SAGITTAIRE
13 JANVIER	CAPRICORNE	VERSEAU	VERSEAU	BALANCE	VERSEAU	BELIER	VIERGE	CANCER	23 SAGITTAIRE
14 JANVIER	CAPRICORNE	VERSEAU	VERSEAU	BALANCE	VERSEAU	BELIER	VIERGE	CANCER	8 CAPRICORNE
15 JANVIER	CAPRICORNE	VERSEAU	VERSEAU	BALANCE	VERSEAU	BELIER	VIERGE	CANCER	23 CAPRICORNE
16 JANVIER	CAPRICORNE	VERSEAU	VERSEAU	BALANCE	VERSEAU	BELIER	VIERGE	CANCER	9 VERSEAU
17 JANVIER	CAPRICORNE	VERSEAU	VERSEAU	BALANCE	VERSEAU	BELIER	VIERGE	CANCER	23 VERSEAU
18 JANVIER	CAPRICORNE	VERSEAU	VERSEAU	BALANCE	VERSEAU	BELIER	VIERGE	CANCER	8 POISSONS
19 JANVIER	CAPRICORNE	VERSEAU	VERSEAU	BALANCE	VERSEAU	BELIER	VIERGE	CANCER	22 POISSONS
20 JANVIER	VERSEAU	VERSEAU	VERSEAU	BALANCE	VERSEAU	BELIER	VIERGE	CANCER	6 BELIER
22 DECEMBRE	SAGITTAIRE	CAPRICORNE	BALANCE	SCORPION	VERSEAU	BELIER	VIERGE	CANCER	18 CANCER
23 DECEMBRE	SAGITTAIRE	CAPRICORNE	BALANCE	SCORPION	VERSEAU	BELIER	VIERGE	CANCER	0 LION
24 DECEMBRE	SAGITTAIRE	CAPRICORNE	BALANCE	SCORPION	VERSEAU	BELIER	VIERGE	CANCER	12 LION
25 DECEMBRE	SAGITTAIRE	CAPRICORNE	BALANCE	SCORPION	VERSEAU	BELIER	VIERGE	CANCER	24 LION
26 DECEMBRE	CAPRICORNE	CAPRICORNE	BALANCE	SCORPION	VERSEAU	BELIER	VIERGE	CANCER	5 VIERGE
27 DECEMBRE	CAPRICORNE	CAPRICORNE	BALANCE	SCORPION	VERSEAU	BELIER	VIERGE	CANCER	17 VIERGE
28 DECEMBRE	CAPRICORNE	CAPRICORNE	BALANCE	SCORPION	VERSEAU	BELIER	VIERGE	CANCER	29 VIERGE
29 DECEMBRE	CAPRICORNE	CAPRICORNE	BALANCE	SCORPION	VERSEAU	BELIER	VIERGE	CANCER	11 BALANCE
30 DECEMBRE	CAPRICORNE	CAPRICORNE	BALANCE	SCORPION	VERSEAU	BELIER	VIERGE	CANCER	24 BALANCE
31 DECEMBRE	CAPRICORNE	CAPRICORNE	BALANCE	SCORPION	VERSEAU	BELIER	VIERGE	CANCER	7 SCORPION

LE SOLEIL RESTE DANS LE SIGNE DU CAPRICORNE JUSQU'AU 20 JANVIER 1934 A 17 h 20
REVIENT DANS LE SIGNE DU LE 22 DECEMBRE A 12 h 35

* LES CHIFFRES INDIQUENT LES DEGRES

1935	MERCURE	VENUS	MARS	JUPITER	SATURNE	URANUS	NEPTUNE	PLUTON	LUNE *
1 JANVIER	CAPRICORNE	CAPRICORNE	BALANCE	SCORPION	VERSEAU	BELIER	VIERGE	CANCER	20 SCORPION
2 JANVIER	CAPRICORNE	CAPRICORNE	BALANCE	SCORPION	VERSEAU	BELIER	VIERGE	CANCER	4 SAGITTAIRE
3 JANVIER	CAPRICORNE	CAPRICORNE	BALANCE	SCORPION	VERSEAU	BELIER	VIERGE	CANCER	18 SAGITTAIRE
4 JANVIER	CAPRICORNE	CAPRICORNE	BALANCE	SCORPION	VERSEAU	BELIER	VIERGE	CANCER	3 CAPRICORNE
5 JANVIER	CAPRICORNE	CAPRICORNE	BALANCE	SCORPION	VERSEAU	BELIER	VIERGE	CANCER	18 CAPRICORNE
6 JANVIER	CAPRICORNE	CAPRICORNE	BALANCE	SCORPION	VERSEAU	BELIER	VIERGE	CANCER	3 VERSEAU
7 JANVIER	CAPRICORNE	CAPRICORNE	BALANCE	SCORPION	VERSEAU	BELIER	VIERGE	CANCER	18 VERSEAU
8 JANVIER	CAPRICORNE	CAPRICORNE	BALANCE	SCORPION	VERSEAU	BELIER	VIERGE	CANCER	3 POISSONS
9 JANVIER	CAPRICORNE	VERSEAU	BALANCE	SCORPION	VERSEAU	BELIER	VIERGE	CANCER	17 POISSONS
10 JANVIER	CAPRICORNE	VERSEAU	BALANCE	SCORPION	VERSEAU	BELIER	VIERGE	CANCER	1 BELIER
11 JANVIER	CAPRICORNE	VERSEAU	BALANCE	SCORPION	VERSEAU	BELIER	VIERGE	CANCER	15 BELIER
12 JANVIER	CAPRICORNE	VERSEAU	BALANCE	SCORPION	VERSEAU	BELIER	VIERGE	CANCER	29 BELIER
13 JANVIER	VERSEAU	VERSEAU	BALANCE	SCORPION	VERSEAU	BELIER	VIERGE	CANCER	12 TAUREAU
14 JANVIER	VERSEAU	VERSEAU	BALANCE	SCORPION	VERSEAU	BELIER	VIERGE	CANCER	25 TAUREAU
15 JANVIER	VERSEAU	VERSEAU	BALANCE	SCORPION	VERSEAU	BELIER	VIERGE	CANCER	8 GEMEAUX
16 JANVIER	VERSEAU	VERSEAU	BALANCE	SCORPION	VERSEAU	BELIER	VIERGE	CANCER	20 GEMEAUX
17 JANVIER	VERSEAU	VERSEAU	BALANCE	SCORPION	VERSEAU	BELIER	VIERGE	CANCER	2 CANCER
18 JANVIER	VERSEAU	VERSEAU	BALANCE	SCORPION	VERSEAU	BELIER	VIERGE	CANCER	14 CANCER
19 JANVIER	VERSEAU	VERSEAU	BALANCE	SCORPION	VERSEAU	BELIER	VIERGE	CANCER	26 CANCER
20 JANVIER	VERSEAU	VERSEAU	BALANCE	SCORPION	VERSEAU	BELIER	VIERGE	CANCER	8 LION
22 DECEMBRE	CAPRICORNE	SCORPION	VERSEAU	SAGITTAIRE	POISSONS	TAUREAU	VIERGE	CANCER	20 SCORPION
23 DECEMBRE	CAPRICORNE	SCORPION	VERSEAU	SAGITTAIRE	POISSONS	TAUREAU	VIERGE	CANCER	3 SAGITTAIRE
24 DECEMBRE	CAPRICORNE	SCORPION	VERSEAU	SAGITTAIRE	POISSONS	TAUREAU	VIERGE	CANCER	16 SAGITTAIRE
25 DECEMBRE	CAPRICORNE	SCORPION	VERSEAU	SAGITTAIRE	POISSONS	TAUREAU	VIERGE	CANCER	29 SAGITTAIRE
26 DECEMBRE	CAPRICORNE	SCORPION	VERSEAU	SAGITTAIRE	POISSONS	TAUREAU	VIERGE	CANCER	13 CAPRICORNE
27 DECEMBRE	CAPRICORNE	SCORPION	VERSEAU	SAGITTAIRE	POISSONS	TAUREAU	VIERGE	CANCER	27 CAPRICORNE
28 DECEMBRE	CAPRICORNE	SCORPION	VERSEAU	SAGITTAIRE	POISSONS	TAUREAU	VIERGE	CANCER	11 VERSEAU
29 DECEMBRE	CAPRICORNE	SCORPION	VERSEAU	SAGITTAIRE	POISSONS	TAUREAU	VIERGE	CANCER	25 VERSEAU
30 DECEMBRE	CAPRICORNE	SCORPION	VERSEAU	SAGITTAIRE	POISSONS	TAUREAU	VIERGE	CANCER	9 POISSONS
31 DECEMBRE	CAPRICORNE	SCORPION	VERSEAU	SAGITTAIRE	POISSONS	TAUREAU	VIERGE	CANCER	24 POISSONS

LE SOLEIL RESTE DANS LE SIGNE DU CAPRICORNE JUSQU'AU 20 JANVIER 1935 A 23 h 15
REVIENT DANS LE SIGNE DU LE 22 DECEMBRE A 18 h 20

* LES CHIFFRES INDIQUENT LES DEGRES

DECOUVREZ DANS QUEL SIGNE SE TROUVAIENT LES PLANETES A VOTRE NAISSANCE

1936	MERCURE	VENUS	MARS	JUPITER	SATURNE	URANUS	NEPTUNE	PLUTON	LUNE *
1 JANVIER	CAPRICORNE	SCORPION	VERSEAU	SAGITTAIRE	POISSONS	TAUREAU	VIERGE	CANCER	8 BELIER
2 JANVIER	CAPRICORNE	SCORPION	VERSEAU	SAGITTAIRE	POISSONS	TAUREAU	VIERGE	CANCER	22 BELIER
3 JANVIER	CAPRICORNE	SCORPION	VERSEAU	SAGITTAIRE	POISSONS	TAUREAU	VIERGE	CANCER	6 TAUREAU
4 JANVIER	CAPRICORNE	SAGITTAIRE	VERSEAU	SAGITTAIRE	POISSONS	TAUREAU	VIERGE	CANCER	20 TAUREAU
5 JANVIER	CAPRICORNE	SAGITTAIRE	VERSEAU	SAGITTAIRE	POISSONS	TAUREAU	VIERGE	CANCER	4 GEMEAUX
6 JANVIER	VERSEAU	SAGITTAIRE	VERSEAU	SAGITTAIRE	POISSONS	TAUREAU	VIERGE	CANCER	17 GEMEAUX
7 JANVIER	VERSEAU	SAGITTAIRE	VERSEAU	SAGITTAIRE	POISSONS	TAUREAU	VIERGE	CANCER	1 CANCER
8 JANVIER	VERSEAU	SAGITTAIRE	VERSEAU	SAGITTAIRE	POISSONS	TAUREAU	VIERGE	CANCER	14 CANCER
9 JANVIER	VERSEAU	SAGITTAIRE	VERSEAU	SAGITTAIRE	POISSONS	TAUREAU	VIERGE	CANCER	26 CANCER
10 JANVIER	VERSEAU	SAGITTAIRE	VERSEAU	SAGITTAIRE	POISSONS	TAUREAU	VIERGE	CANCER	9 LION
11 JANVIER	VERSEAU	SAGITTAIRE	VERSEAU	SAGITTAIRE	POISSONS	TAUREAU	VIERGE	CANCER	21 LION
12 JANVIER	VERSEAU	SAGITTAIRE	VERSEAU	SAGITTAIRE	POISSONS	TAUREAU	VIERGE	CANCER	4 VIERGE
13 JANVIER	VERSEAU	SAGITTAIRE	VERSEAU	SAGITTAIRE	POISSONS	TAUREAU	VIERGE	CANCER	16 VIERGE
14 JANVIER	VERSEAU	SAGITTAIRE	VERSEAU	SAGITTAIRE	POISSONS	TAUREAU	VIERGE	CANCER	28 VIERGE
15 JANVIER	VERSEAU	SAGITTAIRE	POISSONS	SAGITTAIRE	POISSONS	TAUREAU	VIERGE	CANCER	9 BALANCE
16 JANVIER	VERSEAU	SAGITTAIRE	POISSONS	SAGITTAIRE	POISSONS	TAUREAU	VIERGE	CANCER	2 BALANCE
17 JANVIER	VERSEAU	SAGITTAIRE	POISSONS	SAGITTAIRE	POISSONS	TAUREAU	VIERGE	CANCER	3 SCORPION
18 JANVIER	VERSEAU	SAGITTAIRE	POISSONS	SAGITTAIRE	POISSONS	TAUREAU	VIERGE	CANCER	16 SCORPION
19 JANVIER	VERSEAU	SAGITTAIRE	POISSONS	SAGITTAIRE	POISSONS	TAUREAU	VIERGE	CANCER	28 SCORPION
20 JANVIER	VERSEAU	SAGITTAIRE	POISSONS	SAGITTAIRE	POISSONS	TAUREAU	VIERGE	CANCER	1 SAGITTAIRE
21 JANVIER	VERSEAU	SAGITTAIRE	POISSONS	SAGITTAIRE	POISSONS	TAUREAU	VIERGE	CANCER	24 SAGITTAIRE
22 DECEMBRE	CAPRICORNE	VERSEAU	BALANCE	CAPRICORNE	POISSONS	TAUREAU	VIERGE	CANCER	13 BELIER
23 DECEMBRE	CAPRICORNE	VERSEAU	BALANCE	CAPRICORNE	POISSONS	TAUREAU	VIERGE	CANCER	28 BELIER
24 DECEMBRE	CAPRICORNE	VERSEAU	BALANCE	CAPRICORNE	POISSONS	TAUREAU	VIERGE	CANCER	12 TAUREAU
25 DECEMBRE	CAPRICORNE	VERSEAU	BALANCE	CAPRICORNE	POISSONS	TAUREAU	VIERGE	CANCER	27 TAUREAU
26 DECEMBRE	CAPRICORNE	VERSEAU	BALANCE	CAPRICORNE	POISSONS	TAUREAU	VIERGE	CANCER	12 GEMEAUX
27 DECEMBRE	CAPRICORNE	VERSEAU	BALANCE	CAPRICORNE	POISSONS	TAUREAU	VIERGE	CANCER	26 GEMEAUX
28 DECEMBRE	CAPRICORNE	VERSEAU	BALANCE	CAPRICORNE	POISSONS	TAUREAU	VIERGE	CANCER	11 CANCER
29 DECEMBRE	CAPRICORNE	VERSEAU	BALANCE	CAPRICORNE	POISSONS	TAUREAU	VIERGE	CANCER	25 CANCER
30 DECEMBRE	CAPRICORNE	VERSEAU	BALANCE	CAPRICORNE	POISSONS	TAUREAU	VIERGE	CANCER	9 LION
31 DECEMBRE	CAPRICORNE	VERSEAU	BALANCE	CAPRICORNE	POISSONS	TAUREAU	VIERGE	CANCER	22 LION

LE SOLEIL RESTE DANS LE SIGNE DU CAPRICORNE JUSQU'AU 21 JANVIER 1936 A 5 h 00
LE SOLEIL REVIENT DANS LE SIGNE DU CAPRICORNE LE 22 DECEMBRE A 0 h 15

* LES CHIFFRES INDIQUENT LES DEGRES

1937	MERCURE	VENUS	MARS	JUPITER	SATURNE	URANUS	NEPTUNE	PLUTON	LUNE *
1 JANVIER	CAPRICORNE	VERSEAU	BALANCE	CAPRICORNE	POISSONS	TAUREAU	VIERGE	CANCER	5 VIERGE
2 JANVIER	VERSEAU	VERSEAU	BALANCE	CAPRICORNE	POISSONS	TAUREAU	VIERGE	CANCER	18 VIERGE
3 JANVIER	VERSEAU	VERSEAU	BALANCE	CAPRICORNE	POISSONS	TAUREAU	VIERGE	CANCER	0 BALANCE
4 JANVIER	VERSEAU	VERSEAU	BALANCE	CAPRICORNE	POISSONS	TAUREAU	VIERGE	CANCER	12 BALANCE
5 JANVIER	VERSEAU	VERSEAU	BALANCE	CAPRICORNE	POISSONS	TAUREAU	VIERGE	CANCER	24 BALANCE
6 JANVIER	VERSEAU	POISSONS	SCORPION	CAPRICORNE	POISSONS	TAUREAU	VIERGE	CANCER	6 SCORPION
7 JANVIER	VERSEAU	POISSONS	SCORPION	CAPRICORNE	POISSONS	TAUREAU	VIERGE	CANCER	18 SCORPION
8 JANVIER	VERSEAU	POISSONS	SCORPION	CAPRICORNE	POISSONS	TAUREAU	VIERGE	CANCER	0 SAGITTAIRE
9 JANVIER	VERSEAU	POISSONS	SCORPION	CAPRICORNE	POISSONS	TAUREAU	VIERGE	CANCER	12 SAGITTAIRE
10 JANVIER	CAPRICORNE	POISSONS	SCORPION	CAPRICORNE	POISSONS	TAUREAU	VIERGE	CANCER	24 SAGITTAIRE
11 JANVIER	CAPRICORNE	POISSONS	SCORPION	CAPRICORNE	POISSONS	TAUREAU	VIERGE	CANCER	6 CAPRICORNE
12 JANVIER	CAPRICORNE	POISSONS	SCORPION	CAPRICORNE	POISSONS	TAUREAU	VIERGE	CANCER	19 CAPRICORNE
13 JANVIER	CAPRICORNE	POISSONS	SCORPION	CAPRICORNE	POISSONS	TAUREAU	VIERGE	CANCER	2 VERSEAU
14 JANVIER	CAPRICORNE	POISSONS	SCORPION	CAPRICORNE	POISSONS	TAUREAU	VIERGE	CANCER	15 VERSEAU
15 JANVIER	CAPRICORNE	POISSONS	SCORPION	CAPRICORNE	POISSONS	TAUREAU	VIERGE	CANCER	29 VERSEAU
16 JANVIER	CAPRICORNE	POISSONS	SCORPION	CAPRICORNE	POISSONS	TAUREAU	VIERGE	CANCER	12 POISSONS
17 JANVIER	CAPRICORNE	POISSONS	SCORPION	CAPRICORNE	POISSONS	TAUREAU	VIERGE	CANCER	26 POISSONS
18 JANVIER	CAPRICORNE	POISSONS	SCORPION	CAPRICORNE	POISSONS	TAUREAU	VIERGE	CANCER	10 BELIER
19 JANVIER	CAPRICORNE	POISSONS	SCORPION	CAPRICORNE	POISSONS	TAUREAU	VIERGE	CANCER	24 BELIER
20 JANVIER	CAPRICORNE	POISSONS	SCORPION	CAPRICORNE	POISSONS	TAUREAU	VIERGE	CANCER	8 TAUREAU
22 DECEMBRE	CAPRICORNE	SAGITTAIRE	POISSONS	VERSEAU	POISSONS	TAUREAU	VIERGE	CANCER	4 VIERGE
23 DECEMBRE	CAPRICORNE	SAGITTAIRE	POISSONS	VERSEAU	POISSONS	TAUREAU	VIERGE	CANCER	18 VIERGE
24 DECEMBRE	CAPRICORNE	SAGITTAIRE	POISSONS	VERSEAU	POISSONS	TAUREAU	VIERGE	CANCER	1 BALANCE
25 DECEMBRE	CAPRICORNE	SAGITTAIRE	POISSONS	VERSEAU	POISSONS	TAUREAU	VIERGE	CANCER	13 BALANCE
26 DECEMBRE	CAPRICORNE	SAGITTAIRE	POISSONS	VERSEAU	POISSONS	TAUREAU	VIERGE	CANCER	26 BALANCE
27 DECEMBRE	CAPRICORNE	SAGITTAIRE	POISSONS	VERSEAU	POISSONS	TAUREAU	VIERGE	CANCER	8 SCORPION
28 DECEMBRE	CAPRICORNE	SAGITTAIRE	POISSONS	VERSEAU	POISSONS	TAUREAU	VIERGE	CANCER	20 SCORPION
29 DECEMBRE	CAPRICORNE	SAGITTAIRE	POISSONS	VERSEAU	POISSONS	TAUREAU	VIERGE	CANCER	2 SAGITTAIRE
30 DECEMBRE	CAPRICORNE	SAGITTAIRE	POISSONS	VERSEAU	POISSONS	TAUREAU	VIERGE	CANCER	13 SAGITTAIRE
31 DECEMBRE	CAPRICORNE	SAGITTAIRE	POISSONS	VERSEAU	POISSONS	TAUREAU	VIERGE	CANCER	25 SAGITTAIRE

LE SOLEIL RESTE DANS LE SIGNE DU CAPRICORNE JUSQU'AU 20 JANVIER 1937 A 10 h 45
LE SOLEIL REVIENT DANS LE SIGNE DU CAPRICORNE LE 22 DECEMBRE A 6 h 10

* LES CHIFFRES INDIQUENT LES DEGRES

DECOUVREZ DANS QUEL SIGNE SE TROUVAIENT LES PLANETES A VOTRE NAISSANCE

1938	MERCURE	VENUS	MARS	JUPITER	SATURNE	URANUS	NEPTUNE	PLUTON	LUNE *
1 JANVIER	CAPRICORNE	CAPRICORNE	POISSONS	VERSEAU	POISSONS	TAUREAU	VIERGE	CANCER	7 CAPRICORNE
2 JANVIER	CAPRICORNE	CAPRICORNE	POISSONS	VERSEAU	POISSONS	TAUREAU	VIERGE	CANCER	19 CAPRICORNE
3 JANVIER	CAPRICORNE	CAPRICORNE	POISSONS	VERSEAU	POISSONS	TAUREAU	VIERGE	CANCER	1 VERSEAU
4 JANVIER	CAPRICORNE	CAPRICORNE	POISSONS	VERSEAU	POISSONS	TAUREAU	VIERGE	CANCER	13 VERSEAU
5 JANVIER	CAPRICORNE	CAPRICORNE	POISSONS	VERSEAU	POISSONS	TAUREAU	VIERGE	CANCER	25 VERSEAU
6 JANVIER	CAPRICORNE	CAPRICORNE	POISSONS	VERSEAU	POISSONS	TAUREAU	VIERGE	CANCER	8 POISSONS
7 JANVIER	SAGITTAIRE	CAPRICORNE	POISSONS	VERSEAU	POISSONS	TAUREAU	VIERGE	CANCER	21 POISSONS
8 JANVIER	SAGITTAIRE	CAPRICORNE	POISSONS	VERSEAU	POISSONS	TAUREAU	VIERGE	CANCER	4 BELIER
9 JANVIER	SAGITTAIRE	CAPRICORNE	POISSONS	VERSEAU	POISSONS	TAUREAU	VIERGE	CANCER	17 BELIER
10 JANVIER	SAGITTAIRE	CAPRICORNE	POISSONS	VERSEAU	POISSONS	TAUREAU	VIERGE	CANCER	1 TAUREAU
11 JANVIER	SAGITTAIRE	CAPRICORNE	POISSONS	VERSEAU	POISSONS	TAUREAU	VIERGE	CANCER	15 TAUREAU
12 JANVIER	SAGITTAIRE	CAPRICORNE	POISSONS	VERSEAU	POISSONS	TAUREAU	VIERGE	CANCER	29 TAUREAU
13 JANVIER	CAPRICORNE	CAPRICORNE	POISSONS	VERSEAU	POISSONS	TAUREAU	VIERGE	CANCER	14 GEMEAUX
14 JANVIER	CAPRICORNE	CAPRICORNE	POISSONS	VERSEAU	BELIER	TAUREAU	VIERGE	CANCER	29 GEMEAUX
15 JANVIER	CAPRICORNE	CAPRICORNE	POISSONS	VERSEAU	BELIER	TAUREAU	VIERGE	CANCER	14 CANCER
16 JANVIER	CAPRICORNE	CAPRICORNE	POISSONS	VERSEAU	BELIER	TAUREAU	VIERGE	CANCER	29 CANCER
17 JANVIER	CAPRICORNE	CAPRICORNE	POISSONS	VERSEAU	BELIER	TAUREAU	VIERGE	CANCER	14 LION
18 JANVIER	CAPRICORNE	CAPRICORNE	POISSONS	VERSEAU	BELIER	TAUREAU	VIERGE	CANCER	28 LION
19 JANVIER	CAPRICORNE	CAPRICORNE	POISSONS	VERSEAU	BELIER	TAUREAU	VIERGE	CANCER	12 VIERGE
20 JANVIER	CAPRICORNE	CAPRICORNE	POISSONS	VERSEAU	BELIER	TAUREAU	VIERGE	CANCER	26 VIERGE
22 DECEMBRE	SAGITTAIRE	SCORPION	SCORPION	VERSEAU	BELIER	TAUREAU	VIERGE	LION	8 CAPRICORNE
23 DECEMBRE	SAGITTAIRE	SCORPION	SCORPION	VERSEAU	BELIER	TAUREAU	VIERGE	LION	20 CAPRICORNE
24 DECEMBRE	SAGITTAIRE	SCORPION	SCORPION	VERSEAU	BELIER	TAUREAU	VIERGE	LION	2 VERSEAU
25 DECEMBRE	SAGITTAIRE	SCORPION	SCORPION	VERSEAU	BELIER	TAUREAU	VIERGE	LION	14 VERSEAU
26 DECEMBRE	SAGITTAIRE	SCORPION	SCORPION	VERSEAU	BELIER	TAUREAU	VIERGE	LION	25 VERSEAU
27 DECEMBRE	SAGITTAIRE	SCORPION	SCORPION	VERSEAU	BELIER	TAUREAU	VIERGE	LION	7 POISSONS
28 DECEMBRE	SAGITTAIRE	SCORPION	SCORPION	VERSEAU	BELIER	TAUREAU	VIERGE	LION	19 POISSONS
29 DECEMBRE	SAGITTAIRE	SCORPION	SCORPION	VERSEAU	BELIER	TAUREAU	VIERGE	LION	2 BELIER
30 DECEMBRE	SAGITTAIRE	SCORPION	SCORPION	POISSONS	BELIER	TAUREAU	VIERGE	LION	14 BELIER
31 DECEMBRE	SAGITTAIRE	SCORPION	SCORPION	POISSONS	BELIER	TAUREAU	VIERGE	LION	27 BELIER

LE SOLEIL RESTE DANS LE SIGNE DU CAPRICORNE JUSQU'AU 20 JANVIER 1938 A 16 h 45
REVIENT DANS LE SIGNE DU LE 22 DECEMBRE A 12 h 00

* LES CHIFFRES INDIQUENT LES DEGRES

1939	MERCURE	VENUS	MARS	JUPITER	SATURNE	URANUS	NEPTUNE	PLUTON	LUNE *
1 JANVIER	SAGITTAIRE	SCORPION	SCORPION	POISSONS	BELIER	TAUREAU	VIERGE	LION	10 TAUREAU
2 JANVIER	SAGITTAIRE	SCORPION	SCORPION	POISSONS	BELIER	TAUREAU	VIERGE	LION	24 TAUREAU
3 JANVIER	SAGITTAIRE	SCORPION	SCORPION	POISSONS	BELIER	TAUREAU	VIERGE	LION	8 GEMEAUX
4 JANVIER	SAGITTAIRE	SCORPION	SCORPION	POISSONS	BELIER	TAUREAU	VIERGE	LION	23 GEMEAUX
5 JANVIER	SAGITTAIRE	SAGITTAIRE	SCORPION	POISSONS	BELIER	TAUREAU	VIERGE	LION	8 CANCER
6 JANVIER	SAGITTAIRE	SAGITTAIRE	SCORPION	POISSONS	BELIER	TAUREAU	VIERGE	LION	24 CANCER
7 JANVIER	SAGITTAIRE	SAGITTAIRE	SCORPION	POISSONS	BELIER	TAUREAU	VIERGE	LION	9 LION
8 JANVIER	SAGITTAIRE	SAGITTAIRE	SCORPION	POISSONS	BELIER	TAUREAU	VIERGE	LION	24 LION
9 JANVIER	SAGITTAIRE	SAGITTAIRE	SCORPION	POISSONS	BELIER	TAUREAU	VIERGE	LION	9 VIERGE
10 JANVIER	SAGITTAIRE	SAGITTAIRE	SCORPION	POISSONS	BELIER	TAUREAU	VIERGE	LION	23 VIERGE
11 JANVIER	SAGITTAIRE	SAGITTAIRE	SCORPION	POISSONS	BELIER	TAUREAU	VIERGE	LION	7 BALANCE
12 JANVIER	CAPRICORNE	SAGITTAIRE	SCORPION	POISSONS	BELIER	TAUREAU	VIERGE	LION	20 BALANCE
13 JANVIER	CAPRICORNE	SAGITTAIRE	SCORPION	POISSONS	BELIER	TAUREAU	VIERGE	LION	3 SCORPION
14 JANVIER	CAPRICORNE	SAGITTAIRE	SCORPION	POISSONS	BELIER	TAUREAU	VIERGE	LION	16 SCORPION
15 JANVIER	CAPRICORNE	SAGITTAIRE	SCORPION	POISSONS	BELIER	TAUREAU	VIERGE	LION	29 SCORPION
16 JANVIER	CAPRICORNE	SAGITTAIRE	SCORPION	POISSONS	BELIER	TAUREAU	VIERGE	LION	11 SAGITTAIRE
17 JANVIER	CAPRICORNE	SAGITTAIRE	SCORPION	POISSONS	BELIER	TAUREAU	VIERGE	LION	23 SAGITTAIRE
18 JANVIER	CAPRICORNE	SAGITTAIRE	SCORPION	POISSONS	BELIER	TAUREAU	VIERGE	LION	5 CAPRICORNE
19 JANVIER	CAPRICORNE	SAGITTAIRE	SCORPION	POISSONS	BELIER	TAUREAU	VIERGE	LION	17 CAPRICORNE
20 JANVIER	CAPRICORNE	SAGITTAIRE	SCORPION	POISSONS	BELIER	TAUREAU	VIERGE	LION	29 CAPRICORNE
22 DECEMBRE	SAGITTAIRE	CAPRICORNE	POISSONS	BELIER	BELIER	TAUREAU	VIERGE	LION	10 TAUREAU
23 DECEMBRE	SAGITTAIRE	CAPRICORNE	POISSONS	BELIER	BELIER	TAUREAU	VIERGE	LION	23 TAUREAU
24 DECEMBRE	SAGITTAIRE	CAPRICORNE	POISSONS	BELIER	BELIER	TAUREAU	VIERGE	LION	6 GEMEAUX
25 DECEMBRE	SAGITTAIRE	VERSEAU	POISSONS	BELIER	BELIER	TAUREAU	VIERGE	LION	20 GEMEAUX
26 DECEMBRE	SAGITTAIRE	VERSEAU	POISSONS	BELIER	BELIER	TAUREAU	VIERGE	LION	4 CANCER
27 DECEMBRE	SAGITTAIRE	VERSEAU	POISSONS	BELIER	BELIER	TAUREAU	VIERGE	LION	18 CANCER
28 DECEMBRE	SAGITTAIRE	VERSEAU	POISSONS	BELIER	BELIER	TAUREAU	VIERGE	LION	3 LION
29 DECEMBRE	SAGITTAIRE	VERSEAU	POISSONS	BELIER	BELIER	TAUREAU	VIERGE	LION	17 LION
30 DECEMBRE	SAGITTAIRE	VERSEAU	POISSONS	BELIER	BELIER	TAUREAU	VIERGE	LION	2 VIERGE
31 DECEMBRE	SAGITTAIRE	VERSEAU	POISSONS	BELIER	BELIER	TAUREAU	VIERGE	LION	16 VIERGE

LE SOLEIL RESTE DANS LE SIGNE DU CAPRICORNE JUSQU'AU 20 JANVIER 1939 A 22 h 40
REVIENT DANS LE SIGNE DU LE 22 DECEMBRE A 18 h 00

* LES CHIFFRES INDIQUENT LES DEGRES

DECOUVREZ DANS QUEL SIGNE SE TROUVAIENT LES PLANETES A VOTRE NAISSANCE

1940	MERCURE	VENUS	MARS	JUPITER	SATURNE	URANUS	NEPTUNE	PLUTON	LUNE *
1 JANVIER	SAGITTAIRE	VERSEAU	POISSONS	BELIER	BELIER	TAUREAU	VIERGE	LION	0 BALANCE
2 JANVIER	SAGITTAIRE	VERSEAU	POISSONS	BELIER	BELIER	TAUREAU	VIERGE	LION	14 BALANCE
3 JANVIER	SAGITTAIRE	VERSEAU	POISSONS	BELIER	BELIER	TAUREAU	VIERGE	LION	28 BALANCE
4 JANVIER	SAGITTAIRE	VERSEAU	BELIER	BELIER	BELIER	TAUREAU	VIERGE	LION	12 SCORPION
5 JANVIER	SAGITTAIRE	VERSEAU	BELIER	BELIER	BELIER	TAUREAU	VIERGE	LION	25 SCORPION
6 JANVIER	CAPRICORNE	VERSEAU	BELIER	BELIER	BELIER	TAUREAU	VIERGE	LION	8 SAGITTAIRE
7 JANVIER	CAPRICORNE	VERSEAU	BELIER	BELIER	BELIER	TAUREAU	VIERGE	LION	21 SAGITTAIRE
8 JANVIER	CAPRICORNE	VERSEAU	BELIER	BELIER	BELIER	TAUREAU	VIERGE	LION	4 CAPRICORNE
9 JANVIER	CAPRICORNE	VERSEAU	BELIER	BELIER	BELIER	TAUREAU	VIERGE	LION	17 CAPRICORNE
10 JANVIER	CAPRICORNE	VERSEAU	BELIER	BELIER	BELIER	TAUREAU	VIERGE	LION	29 CAPRICORNE
11 JANVIER	CAPRICORNE	VERSEAU	BELIER	BELIER	BELIER	TAUREAU	VIERGE	LION	12 VERSEAU
12 JANVIER	CAPRICORNE	VERSEAU	BELIER	BELIER	BELIER	TAUREAU	VIERGE	LION	24 VERSEAU
13 JANVIER	CAPRICORNE	VERSEAU	BELIER	BELIER	BELIER	TAUREAU	VIERGE	LION	6 POISSONS
14 JANVIER	CAPRICORNE	VERSEAU	BELIER	BELIER	BELIER	TAUREAU	VIERGE	LION	17 POISSONS
15 JANVIER	CAPRICORNE	VERSEAU	BELIER	BELIER	BELIER	TAUREAU	VIERGE	LION	29 POISSONS
16 JANVIER	CAPRICORNE	VERSEAU	BELIER	BELIER	BELIER	TAUREAU	VIERGE	LION	11 BELIER
17 JANVIER	CAPRICORNE	VERSEAU	BELIER	BELIER	BELIER	TAUREAU	VIERGE	LION	23 BELIER
18 JANVIER	CAPRICORNE	VERSEAU	BELIER	BELIER	BELIER	TAUREAU	VIERGE	LION	5 TAUREAU
19 JANVIER	CAPRICORNE	POISSONS	BELIER	BELIER	BELIER	TAUREAU	VIERGE	LION	18 TAUREAU
20 JANVIER	CAPRICORNE	POISSONS	BELIER	BELIER	BELIER	TAUREAU	VIERGE	LION	0 GEMEAUX
21 JANVIER	CAPRICORNE	POISSONS	BELIER	BELIER	BELIER	TAUREAU	VIERGE	LION	14 GEMEAUX
21 DECEMBRE	SAGITTAIRE	SAGITTAIRE	SCORPION	TAUREAU	TAUREAU	TAUREAU	VIERGE	LION	22 VIERGE
22 DECEMBRE	SAGITTAIRE	SAGITTAIRE	SCORPION	TAUREAU	TAUREAU	TAUREAU	VIERGE	LION	6 BALANCE
23 DECEMBRE	SAGITTAIRE	SAGITTAIRE	SCORPION	TAUREAU	TAUREAU	TAUREAU	VIERGE	LION	20 BALANCE
24 DECEMBRE	SAGITTAIRE	SAGITTAIRE	SCORPION	TAUREAU	TAUREAU	TAUREAU	VIERGE	LION	4 SCORPION
25 DECEMBRE	SAGITTAIRE	SAGITTAIRE	SCORPION	TAUREAU	TAUREAU	TAUREAU	VIERGE	LION	19 SCORPION
26 DECEMBRE	SAGITTAIRE	SAGITTAIRE	SCORPION	TAUREAU	TAUREAU	TAUREAU	VIERGE	LION	3 SAGITTAIRE
27 DECEMBRE	SAGITTAIRE	SAGITTAIRE	SCORPION	TAUREAU	TAUREAU	TAUREAU	VIERGE	LION	17 SAGITTAIRE
28 DECEMBRE	SAGITTAIRE	SAGITTAIRE	SCORPION	TAUREAU	TAUREAU	TAUREAU	VIERGE	LION	1 CAPRICORNE
29 DECEMBRE	CAPRICORNE	SAGITTAIRE	SCORPION	TAUREAU	TAUREAU	TAUREAU	VIERGE	LION	15 CAPRICORNE
30 DECEMBRE	CAPRICORNE	SAGITTAIRE	SCORPION	TAUREAU	TAUREAU	TAUREAU	VIERGE	LION	29 CAPRICORNE
31 DECEMBRE	CAPRICORNE	SAGITTAIRE	SCORPION	TAUREAU	TAUREAU	TAUREAU	VIERGE	LION	12 VERSEAU

LE SOLEIL RESTE DANS LE SIGNE DU CAPRICORNE LE 21 JANVIER 1940 A 4 h 30
LE SOLEIL REVIENT LE SIGNE DU CAPRICORNE LE 21 DECEMBRE A 23 h 40
* LES CHIFFRES INDIQUENT LES DEGRES

1941	MERCURE	VENUS	MARS	JUPITER	SATURNE	URANUS	NEPTUNE	PLUTON	LUNE *
1 JANVIER	CAPRICORNE	SAGITTAIRE	SCORPION	TAUREAU	TAUREAU	TAUREAU	VIERGE	LION	25 VERSEAU
2 JANVIER	CAPRICORNE	SAGITTAIRE	SCORPION	TAUREAU	TAUREAU	TAUREAU	VIERGE	LION	8 POISSONS
3 JANVIER	CAPRICORNE	SAGITTAIRE	SCORPION	TAUREAU	TAUREAU	TAUREAU	VIERGE	LION	20 POISSONS
4 JANVIER	CAPRICORNE	SAGITTAIRE	SCORPION	TAUREAU	TAUREAU	TAUREAU	VIERGE	LION	2 BELIER
5 JANVIER	CAPRICORNE	SAGITTAIRE	SAGITTAIRE	TAUREAU	TAUREAU	TAUREAU	VIERGE	LION	14 BELIER
6 JANVIER	CAPRICORNE	SAGITTAIRE	SAGITTAIRE	TAUREAU	TAUREAU	TAUREAU	VIERGE	LION	25 BELIER
7 JANVIER	CAPRICORNE	SAGITTAIRE	SAGITTAIRE	TAUREAU	TAUREAU	TAUREAU	VIERGE	LION	7 TAUREAU
8 JANVIER	CAPRICORNE	SAGITTAIRE	SAGITTAIRE	TAUREAU	TAUREAU	TAUREAU	VIERGE	LION	19 TAUREAU
9 JANVIER	CAPRICORNE	SAGITTAIRE	SAGITTAIRE	TAUREAU	TAUREAU	TAUREAU	VIERGE	LION	1 GEMEAUX
10 JANVIER	CAPRICORNE	SAGITTAIRE	SAGITTAIRE	TAUREAU	TAUREAU	TAUREAU	VIERGE	LION	14 GEMEAUX
11 JANVIER	CAPRICORNE	SAGITTAIRE	SAGITTAIRE	TAUREAU	TAUREAU	TAUREAU	VIERGE	LION	27 GEMEAUX
12 JANVIER	CAPRICORNE	SAGITTAIRE	SAGITTAIRE	TAUREAU	TAUREAU	TAUREAU	VIERGE	LION	10 CANCER
13 JANVIER	CAPRICORNE	SAGITTAIRE	SAGITTAIRE	TAUREAU	TAUREAU	TAUREAU	VIERGE	LION	23 CANCER
14 JANVIER	CAPRICORNE	CAPRICORNE	SAGITTAIRE	TAUREAU	TAUREAU	TAUREAU	VIERGE	LION	7 LION
15 JANVIER	CAPRICORNE	CAPRICORNE	SAGITTAIRE	TAUREAU	TAUREAU	TAUREAU	VIERGE	LION	21 LION
16 JANVIER	CAPRICORNE	CAPRICORNE	SAGITTAIRE	TAUREAU	TAUREAU	TAUREAU	VIERGE	LION	4 VIERGE
17 JANVIER	VERSEAU	CAPRICORNE	SAGITTAIRE	TAUREAU	TAUREAU	TAUREAU	VIERGE	LION	19 VIERGE
18 JANVIER	VERSEAU	CAPRICORNE	SAGITTAIRE	TAUREAU	TAUREAU	TAUREAU	VIERGE	LION	3 BALANCE
19 JANVIER	VERSEAU	CAPRICORNE	SAGITTAIRE	TAUREAU	TAUREAU	TAUREAU	VIERGE	LION	17 BALANCE
20 JANVIER	VERSEAU	CAPRICORNE	SAGITTAIRE	TAUREAU	TAUREAU	TAUREAU	VIERGE	LION	1 SCORPION
22 DECEMBRE	CAPRICORNE	VERSEAU	BELIER	GEMEAUX	TAUREAU	TAUREAU	VIERGE	LION	25 VERSEAU
23 DECEMBRE	CAPRICORNE	VERSEAU	BELIER	GEMEAUX	TAUREAU	TAUREAU	VIERGE	LION	8 POISSONS
24 DECEMBRE	CAPRICORNE	VERSEAU	BELIER	GEMEAUX	TAUREAU	TAUREAU	VIERGE	LION	21 POISSONS
25 DECEMBRE	CAPRICORNE	VERSEAU	BELIER	GEMEAUX	TAUREAU	TAUREAU	VIERGE	LION	4 BELIER
26 DECEMBRE	CAPRICORNE	VERSEAU	BELIER	GEMEAUX	TAUREAU	TAUREAU	VIERGE	LION	16 BELIER
27 DECEMBRE	CAPRICORNE	VERSEAU	BELIER	GEMEAUX	TAUREAU	TAUREAU	VIERGE	LION	28 BELIER
28 DECEMBRE	CAPRICORNE	VERSEAU	BELIER	GEMEAUX	TAUREAU	TAUREAU	VIERGE	LION	10 TAUREAU
29 DECEMBRE	CAPRICORNE	VERSEAU	BELIER	GEMEAUX	TAUREAU	TAUREAU	VIERGE	LION	22 TAUREAU
30 DECEMBRE	CAPRICORNE	VERSEAU	BELIER	GEMEAUX	TAUREAU	TAUREAU	VIERGE	LION	3 GEMEAUX
31 DECEMBRE	CAPRICORNE	VERSEAU	BELIER	GEMEAUX	TAUREAU	TAUREAU	VIERGE	LION	15 GEMEAUX

LE SOLEIL RESTE DANS LE SIGNE DU CAPRICORNE LE 20 JANVIER 1941 A 10 h 20
LE SOLEIL REVIENT LE SIGNE DU CAPRICORNE LE 22 DECEMBRE A 5 h 30
* LES CHIFFRES INDIQUENT LES DEGRES

DECOUVREZ DANS QUEL SIGNE SE TROUVAIENT LES PLANETES A VOTRE NAISSANCE

1942	MERCURE	VENUS	MARS	JUPITER	SATURNE	URANUS	NEPTUNE	PLUTON	LUNE *
1 JANVIER	CAPRICORNE	VERSEAU	BELIER	GEMEAUX	TAUREAU	TAUREAU	VIERGE	LION	27 GEMEAUX
2 JANVIER	CAPRICORNE	VERSEAU	BELIER	GEMEAUX	TAUREAU	TAUREAU	VIERGE	LION	9 CANCER
3 JANVIER	CAPRICORNE	VERSEAU	BELIER	GEMEAUX	TAUREAU	TAUREAU	VIERGE	LION	22 CANCER
4 JANVIER	CAPRICORNE	VERSEAU	BELIER	GEMEAUX	TAUREAU	TAUREAU	VIERGE	LION	4 LION
5 JANVIER	CAPRICORNE	VERSEAU	BELIER	GEMEAUX	TAUREAU	TAUREAU	VIERGE	LION	17 LION
6 JANVIER	CAPRICORNE	VERSEAU	BELIER	GEMEAUX	TAUREAU	TAUREAU	VIERGE	LION	29 LION
7 JANVIER	CAPRICORNE	VERSEAU	BELIER	GEMEAUX	TAUREAU	TAUREAU	VIERGE	LION	12 VIERGE
8 JANVIER	CAPRICORNE	VERSEAU	BELIER	GEMEAUX	TAUREAU	TAUREAU	VIERGE	LION	25 VIERGE
9 JANVIER	CAPRICORNE	VERSEAU	BELIER	GEMEAUX	TAUREAU	TAUREAU	VIERGE	LION	9 BALANCE
10 JANVIER	VERSEAU	VERSEAU	BELIER	GEMEAUX	TAUREAU	TAUREAU	VIERGE	LION	22 BALANCE
11 JANVIER	VERSEAU	VERSEAU	BELIER	GEMEAUX	TAUREAU	TAUREAU	VIERGE	LION	6 SCORPION
12 JANVIER	VERSEAU	VERSEAU	TAUREAU	GEMEAUX	TAUREAU	TAUREAU	VIERGE	LION	21 SCORPION
13 JANVIER	VERSEAU	VERSEAU	TAUREAU	GEMEAUX	TAUREAU	TAUREAU	VIERGE	LION	5 SAGITTAIRE
14 JANVIER	VERSEAU	VERSEAU	TAUREAU	GEMEAUX	TAUREAU	TAUREAU	VIERGE	LION	20 SAGITTAIRE
15 JANVIER	VERSEAU	VERSEAU	TAUREAU	GEMEAUX	TAUREAU	TAUREAU	VIERGE	LION	5 CAPRICORNE
16 JANVIER	VERSEAU	VERSEAU	TAUREAU	GEMEAUX	TAUREAU	TAUREAU	VIERGE	LION	20 CAPRICORNE
17 JANVIER	VERSEAU	VERSEAU	TAUREAU	GEMEAUX	TAUREAU	TAUREAU	VIERGE	LION	5 VERSEAU
18 JANVIER	VERSEAU	VERSEAU	TAUREAU	GEMEAUX	TAUREAU	TAUREAU	VIERGE	LION	19 VERSEAU
19 JANVIER	VERSEAU	VERSEAU	TAUREAU	GEMEAUX	TAUREAU	TAUREAU	VIERGE	LION	3 POISSONS
20 JANVIER	VERSEAU	VERSEAU	TAUREAU	GEMEAUX	TAUREAU	TAUREAU	VIERGE	LION	16 POISSONS
22 DECEMBRE	CAPRICORNE	CAPRICORNE	SAGITTAIRE	CANCER	GEMEAUX	GEMEAUX	BALANCE	LION	28 GEMEAUX
23 DECEMBRE	CAPRICORNE	CAPRICORNE	SAGITTAIRE	CANCER	GEMEAUX	GEMEAUX	BALANCE	LION	10 CANCER
24 DECEMBRE	CAPRICORNE	CAPRICORNE	SAGITTAIRE	CANCER	GEMEAUX	GEMEAUX	BALANCE	LION	22 CANCER
25 DECEMBRE	CAPRICORNE	CAPRICORNE	SAGITTAIRE	CANCER	GEMEAUX	GEMEAUX	BALANCE	LION	4 LION
26 DECEMBRE	CAPRICORNE	CAPRICORNE	SAGITTAIRE	CANCER	GEMEAUX	GEMEAUX	BALANCE	LION	16 LION
27 DECEMBRE	CAPRICORNE	CAPRICORNE	SAGITTAIRE	CANCER	GEMEAUX	GEMEAUX	BALANCE	LION	28 LION
28 DECEMBRE	CAPRICORNE	CAPRICORNE	SAGITTAIRE	CANCER	GEMEAUX	GEMEAUX	BALANCE	LION	10 VIERGE
29 DECEMBRE	CAPRICORNE	CAPRICORNE	SAGITTAIRE	CANCER	GEMEAUX	GEMEAUX	BALANCE	LION	22 VIERGE
30 DECEMBRE	CAPRICORNE	CAPRICORNE	SAGITTAIRE	CANCER	GEMEAUX	GEMEAUX	BALANCE	LION	5 BALANCE
31 DECEMBRE	CAPRICORNE	CAPRICORNE	SAGITTAIRE	CANCER	GEMEAUX	GEMEAUX	BALANCE	LION	18 BALANCE

LE SOLEIL RESTE DANS LE SIGNE DU CAPRICORNE JUSQU'AU 20 JANVIER 1942 A 16 h 00
REVIENT DANS LE SIGNE DU LE 22 DECEMBRE A 11 h 15
* LES CHIFFRES INDIQUENT LES DEGRES

1943	MERCURE	VENUS	MARS	JUPITER	SATURNE	URANUS	NEPTUNE	PLUTON	LUNE *
1 JANVIER	CAPRICORNE	CAPRICORNE	SAGITTAIRE	CANCER	GEMEAUX	GEMEAUX	BALANCE	LION	1 SCORPION
2 JANVIER	CAPRICORNE	CAPRICORNE	SAGITTAIRE	CANCER	GEMEAUX	GEMEAUX	BALANCE	LION	15 SCORPION
3 JANVIER	VERSEAU	CAPRICORNE	SAGITTAIRE	CANCER	GEMEAUX	GEMEAUX	BALANCE	LION	29 SCORPION
4 JANVIER	VERSEAU	CAPRICORNE	SAGITTAIRE	CANCER	GEMEAUX	GEMEAUX	BALANCE	LION	14 SAGITTAIRE
5 JANVIER	VERSEAU	CAPRICORNE	SAGITTAIRE	CANCER	GEMEAUX	GEMEAUX	BALANCE	LION	29 SAGITTAIRE
6 JANVIER	VERSEAU	CAPRICORNE	SAGITTAIRE	CANCER	GEMEAUX	GEMEAUX	BALANCE	LION	15 CAPRICORNE
7 JANVIER	VERSEAU	CAPRICORNE	SAGITTAIRE	CANCER	GEMEAUX	GEMEAUX	BALANCE	LION	0 VERSEAU
8 JANVIER	VERSEAU	VERSEAU	SAGITTAIRE	CANCER	GEMEAUX	GEMEAUX	BALANCE	LION	15 VERSEAU
9 JANVIER	VERSEAU	VERSEAU	SAGITTAIRE	CANCER	GEMEAUX	GEMEAUX	BALANCE	LION	0 POISSONS
10 JANVIER	VERSEAU	VERSEAU	SAGITTAIRE	CANCER	GEMEAUX	GEMEAUX	BALANCE	LION	14 POISSONS
11 JANVIER	VERSEAU	VERSEAU	SAGITTAIRE	CANCER	GEMEAUX	GEMEAUX	BALANCE	LION	28 POISSONS
12 JANVIER	VERSEAU	VERSEAU	SAGITTAIRE	CANCER	GEMEAUX	GEMEAUX	BALANCE	LION	11 BELIER
13 JANVIER	VERSEAU	VERSEAU	SAGITTAIRE	CANCER	GEMEAUX	GEMEAUX	BALANCE	LION	24 BELIER
14 JANVIER	VERSEAU	VERSEAU	SAGITTAIRE	CANCER	GEMEAUX	GEMEAUX	BALANCE	LION	7 TAUREAU
15 JANVIER	VERSEAU	VERSEAU	SAGITTAIRE	CANCER	GEMEAUX	GEMEAUX	BALANCE	LION	19 TAUREAU
16 JANVIER	VERSEAU	VERSEAU	SAGITTAIRE	CANCER	GEMEAUX	GEMEAUX	BALANCE	LION	1 GEMEAUX
17 JANVIER	VERSEAU	VERSEAU	SAGITTAIRE	CANCER	GEMEAUX	GEMEAUX	BALANCE	LION	13 GEMEAUX
18 JANVIER	VERSEAU	VERSEAU	SAGITTAIRE	CANCER	GEMEAUX	GEMEAUX	BALANCE	LION	25 GEMEAUX
19 JANVIER	VERSEAU	VERSEAU	SAGITTAIRE	CANCER	GEMEAUX	GEMEAUX	BALANCE	LION	7 CANCER
20 JANVIER	VERSEAU	VERSEAU	SAGITTAIRE	CANCER	GEMEAUX	GEMEAUX	BALANCE	LION	19 CANCER
22 DECEMBRE	CAPRICORNE	SCORPION	GEMEAUX	LION	GEMEAUX	GEMEAUX	BALANCE	LION	0 SCORPION
23 DECEMBRE	CAPRICORNE	SCORPION	GEMEAUX	LION	GEMEAUX	GEMEAUX	BALANCE	LION	13 SCORPION
24 DECEMBRE	CAPRICORNE	SCORPION	GEMEAUX	LION	GEMEAUX	GEMEAUX	BALANCE	LION	26 SCORPION
25 DECEMBRE	CAPRICORNE	SCORPION	GEMEAUX	LION	GEMEAUX	GEMEAUX	BALANCE	LION	10 SAGITTAIRE
26 DECEMBRE	CAPRICORNE	SCORPION	GEMEAUX	LION	GEMEAUX	GEMEAUX	BALANCE	LION	25 SAGITTAIRE
27 DECEMBRE	CAPRICORNE	SCORPION	GEMEAUX	LION	GEMEAUX	GEMEAUX	BALANCE	LION	9 CAPRICORNE
28 DECEMBRE	CAPRICORNE	SCORPION	GEMEAUX	LION	GEMEAUX	GEMEAUX	BALANCE	LION	24 CAPRICORNE
29 DECEMBRE	CAPRICORNE	SCORPION	GEMEAUX	LION	GEMEAUX	GEMEAUX	BALANCE	LION	9 VERSEAU
30 DECEMBRE	CAPRICORNE	SCORPION	GEMEAUX	LION	GEMEAUX	GEMEAUX	BALANCE	LION	23 VERSEAU
31 DECEMBRE	CAPRICORNE	SCORPION	GEMEAUX	LION	GEMEAUX	GEMEAUX	BALANCE	LION	8 POISSONS

LE SOLEIL RESTE DANS LE SIGNE DU CAPRICORNE JUSQU'AU 20 JANVIER 1943 A 22 h00
REVIENT DANS LE SIGNE DU LE 22 DECEMBRE A 17 h 15
* LES CHIFFRES INDIQUENT LES DEGRES

DECOUVREZ DANS QUEL SIGNE SE TROUVAIENT LES PLANETES A VOTRE NAISSANCE

1944	MERCURE	VENUS	MARS	JUPITER	SATURNE	URANUS	NEPTUNE	PLUTON	LUNE *
1 JANVIER	CAPRICORNE	SCORPION	GEMEAUX	LION	GEMEAUX	GEMEAUX	BALANCE	LION	22 POISSONS
2 JANVIER	CAPRICORNE	SCORPION	GEMEAUX	LION	GEMEAUX	GEMEAUX	BALANCE	LION	6 BELIER
3 JANVIER	CAPRICORNE	SAGITTAIRE	GEMEAUX	LION	GEMEAUX	GEMEAUX	BALANCE	LION	20 BELIER
4 JANVIER	CAPRICORNE	SAGITTAIRE	GEMEAUX	LION	GEMEAUX	GEMEAUX	BALANCE	LION	4 TAUREAU
5 JANVIER	CAPRICORNE	SAGITTAIRE	GEMEAUX	LION	GEMEAUX	GEMEAUX	BALANCE	LION	17 TAUREAU
6 JANVIER	CAPRICORNE	SAGITTAIRE	GEMEAUX	LION	GEMEAUX	GEMEAUX	BALANCE	LION	0 GEMEAUX
7 JANVIER	CAPRICORNE	SAGITTAIRE	GEMEAUX	LION	GEMEAUX	GEMEAUX	BALANCE	LION	13 GEMEAUX
8 JANVIER	CAPRICORNE	SAGITTAIRE	GEMEAUX	LION	GEMEAUX	GEMEAUX	BALANCE	LION	25 GEMEAUX
9 JANVIER	CAPRICORNE	SAGITTAIRE	GEMEAUX	LION	GEMEAUX	GEMEAUX	BALANCE	LION	7 CANCER
10 JANVIER	CAPRICORNE	SAGITTAIRE	GEMEAUX	LION	GEMEAUX	GEMEAUX	BALANCE	LION	20 CANCER
11 JANVIER	CAPRICORNE	SAGITTAIRE	GEMEAUX	LION	GEMEAUX	GEMEAUX	BALANCE	LION	2 LION
12 JANVIER	CAPRICORNE	SAGITTAIRE	GEMEAUX	LION	GEMEAUX	GEMEAUX	BALANCE	LION	14 LION
13 JANVIER	CAPRICORNE	SAGITTAIRE	GEMEAUX	LION	GEMEAUX	GEMEAUX	BALANCE	LION	25 LION
14 JANVIER	CAPRICORNE	SAGITTAIRE	GEMEAUX	LION	GEMEAUX	GEMEAUX	BALANCE	LION	7 VIERGE
15 JANVIER	CAPRICORNE	SAGITTAIRE	GEMEAUX	LION	GEMEAUX	GEMEAUX	BALANCE	LION	19 VIERGE
16 JANVIER	CAPRICORNE	SAGITTAIRE	GEMEAUX	LION	GEMEAUX	GEMEAUX	BALANCE	LION	1 BALANCE
17 JANVIER	CAPRICORNE	SAGITTAIRE	GEMEAUX	LION	GEMEAUX	GEMEAUX	BALANCE	LION	13 BALANCE
18 JANVIER	CAPRICORNE	SAGITTAIRE	GEMEAUX	LION	GEMEAUX	GEMEAUX	BALANCE	LION	25 BALANCE
19 JANVIER	CAPRICORNE	SAGITTAIRE	GEMEAUX	LION	GEMEAUX	GEMEAUX	BALANCE	LION	8 SCORPION
20 JANVIER	CAPRICORNE	SAGITTAIRE	GEMEAUX	LION	GEMEAUX	GEMEAUX	BALANCE	LION	21 SCORPION
21 JANVIER	CAPRICORNE	SAGITTAIRE	GEMEAUX	LION	GEMEAUX	GEMEAUX	BALANCE	LION	4 SAGITTAIRE
21 DECEMBRE	CAPRICORNE	VERSEAU	SAGITTAIRE	VIERGE	CANCER	GEMEAUX	BALANCE	LION	14 POISSONS
22 DECEMBRE	CAPRICORNE	VERSEAU	SAGITTAIRE	VIERGE	CANCER	GEMEAUX	BALANCE	LION	28 POISSONS
23 DECEMBRE	CAPRICORNE	VERSEAU	SAGITTAIRE	VIERGE	CANCER	GEMEAUX	BALANCE	LION	12 BELIER
24 DECEMBRE	SAGITTAIRE	VERSEAU	SAGITTAIRE	VIERGE	CANCER	GEMEAUX	BALANCE	LION	26 BELIER
25 DECEMBRE	SAGITTAIRE	VERSEAU	SAGITTAIRE	VIERGE	CANCER	GEMEAUX	BALANCE	LION	11 TAUREAU
26 DECEMBRE	SAGITTAIRE	VERSEAU	SAGITTAIRE	VIERGE	CANCER	GEMEAUX	BALANCE	LION	25 TAUREAU
27 DECEMBRE	SAGITTAIRE	VERSEAU	SAGITTAIRE	VIERGE	CANCER	GEMEAUX	BALANCE	LION	9 GEMEAUX
28 DECEMBRE	SAGITTAIRE	VERSEAU	SAGITTAIRE	VIERGE	CANCER	GEMEAUX	BALANCE	LION	22 GEMEAUX
29 DECEMBRE	SAGITTAIRE	VERSEAU	SAGITTAIRE	VIERGE	CANCER	GEMEAUX	BALANCE	LION	6 CANCER
30 DECEMBRE	SAGITTAIRE	VERSEAU	SAGITTAIRE	VIERGE	CANCER	GEMEAUX	BALANCE	LION	19 CANCER
31 DECEMBRE	SAGITTAIRE	VERSEAU	SAGITTAIRE	VIERGE	CANCER	GEMEAUX	BALANCE	LION	2 LION

LE SOLEIL RESTE DANS LE SIGNE DU CAPRICORNE JUSQU'AU 21 JANVIER 1944 A 4 h 00
LE SOLEIL REVIENT DANS LE SIGNE DU CAPRICORNE LE 21 DECEMBRE A 23 h 00
* LES CHIFFRES INDIQUENT LES DEGRES

1945	MERCURE	VENUS	MARS	JUPITER	SATURNE	URANUS	NEPTUNE	PLUTON	LUNE *
1 JANVIER	SAGITTAIRE	VERSEAU	SAGITTAIRE	VIERGE	CANCER	GEMEAUX	BALANCE	LION	15 LION
2 JANVIER	SAGITTAIRE	VERSEAU	SAGITTAIRE	VIERGE	CANCER	GEMEAUX	BALANCE	LION	27 LION
3 JANVIER	SAGITTAIRE	VERSEAU	SAGITTAIRE	VIERGE	CANCER	GEMEAUX	BALANCE	LION	9 VIERGE
4 JANVIER	SAGITTAIRE	VERSEAU	SAGITTAIRE	VIERGE	CANCER	GEMEAUX	BALANCE	LION	21 VIERGE
5 JANVIER	SAGITTAIRE	VERSEAU	SAGITTAIRE	VIERGE	CANCER	GEMEAUX	BALANCE	LION	3 BALANCE
6 JANVIER	SAGITTAIRE	POISSONS	CAPRICORNE	VIERGE	CANCER	GEMEAUX	BALANCE	LION	15 BALANCE
7 JANVIER	SAGITTAIRE	POISSONS	CAPRICORNE	VIERGE	CANCER	GEMEAUX	BALANCE	LION	27 BALANCE
8 JANVIER	SAGITTAIRE	POISSONS	CAPRICORNE	VIERGE	CANCER	GEMEAUX	BALANCE	LION	9 SCORPION
9 JANVIER	SAGITTAIRE	POISSONS	CAPRICORNE	VIERGE	CANCER	GEMEAUX	BALANCE	LION	21 SCORPION
10 JANVIER	SAGITTAIRE	POISSONS	CAPRICORNE	VIERGE	CANCER	GEMEAUX	BALANCE	LION	4 SAGITTAIRE
11 JANVIER	SAGITTAIRE	POISSONS	CAPRICORNE	VIERGE	CANCER	GEMEAUX	BALANCE	LION	17 SAGITTAIRE
12 JANVIER	SAGITTAIRE	POISSONS	CAPRICORNE	VIERGE	CANCER	GEMEAUX	BALANCE	LION	0 CAPRICORNE
13 JANVIER	SAGITTAIRE	POISSONS	CAPRICORNE	VIERGE	CANCER	GEMEAUX	BALANCE	LION	14 CAPRICORNE
14 JANVIER	CAPRICORNE	POISSONS	CAPRICORNE	VIERGE	CANCER	GEMEAUX	BALANCE	LION	27 CAPRICORNE
15 JANVIER	CAPRICORNE	POISSONS	CAPRICORNE	VIERGE	CANCER	GEMEAUX	BALANCE	LION	11 VERSEAU
16 JANVIER	CAPRICORNE	POISSONS	CAPRICORNE	VIERGE	CANCER	GEMEAUX	BALANCE	LION	26 VERSEAU
17 JANVIER	CAPRICORNE	POISSONS	CAPRICORNE	VIERGE	CANCER	GEMEAUX	BALANCE	LION	10 POISSONS
18 JANVIER	CAPRICORNE	POISSONS	CAPRICORNE	VIERGE	CANCER	GEMEAUX	BALANCE	LION	25 POISSONS
19 JANVIER	CAPRICORNE	POISSONS	CAPRICORNE	VIERGE	CANCER	GEMEAUX	BALANCE	LION	9 BELIER
20 JANVIER	CAPRICORNE	POISSONS	CAPRICORNE	VIERGE	CANCER	GEMEAUX	BALANCE	LION	23 BELIER
22 DECEMBRE	SAGITTAIRE	SAGITTAIRE	LION	BALANCE	CANCER	GEMEAUX	BALANCE	LION	15 LION
23 DECEMBRE	SAGITTAIRE	SAGITTAIRE	LION	BALANCE	CANCER	GEMEAUX	BALANCE	LION	28 LION
24 DECEMBRE	SAGITTAIRE	SAGITTAIRE	LION	BALANCE	CANCER	GEMEAUX	BALANCE	LION	11 VIERGE
25 DECEMBRE	SAGITTAIRE	SAGITTAIRE	LION	BALANCE	CANCER	GEMEAUX	BALANCE	LION	24 VIERGE
26 DECEMBRE	SAGITTAIRE	SAGITTAIRE	LION	BALANCE	CANCER	GEMEAUX	BALANCE	LION	6 BALANCE
27 DECEMBRE	SAGITTAIRE	SAGITTAIRE	CANCER	BALANCE	CANCER	GEMEAUX	BALANCE	LION	18 BALANCE
28 DECEMBRE	SAGITTAIRE	SAGITTAIRE	CANCER	BALANCE	CANCER	GEMEAUX	BALANCE	LION	0 SCORPION
29 DECEMBRE	SAGITTAIRE	SAGITTAIRE	CANCER	BALANCE	CANCER	GEMEAUX	BALANCE	LION	12 SCORPION
30 DECEMBRE	SAGITTAIRE	CAPRICORNE	CANCER	BALANCE	CANCER	GEMEAUX	BALANCE	LION	23 SCORPION
31 DECEMBRE	SAGITTAIRE	CAPRICORNE	CANCER	BALANCE	CANCER	GEMEAUX	BALANCE	LION	5 SAGITTAIRE

LE SOLEIL RESTE DANS LE SIGNE DU CAPRICORNE JUSQU'AU 20 JANVIER 1945 A 9 h 40
LE SOLEIL REVIENT DANS LE SIGNE DU CAPRICORNE LE 22 DECEMBRE A 4 h 50
* LES CHIFFRES INDIQUENT LES DEGRES

DECOUVREZ DANS QUEL SIGNE SE TROUVAIENT LES PLANETES A VOTRE NAISSANCE

1946	MERCURE	VENUS	MARS	JUPITER	SATURNE	URANUS	NEPTUNE	PLUTON	LUNE *
1 JANVIER	SAGITTAIRE	CAPRICORNE	CANCER	BALANCE	CANCER	GEMEAUX	BALANCE	LION	17 SAGITTAIRE
2 JANVIER	SAGITTAIRE	CAPRICORNE	CANCER	BALANCE	CANCER	GEMEAUX	BALANCE	LION	0 CAPRICORNE
3 JANVIER	SAGITTAIRE	CAPRICORNE	CANCER	BALANCE	CANCER	GEMEAUX	BALANCE	LION	12 CAPRICORNE
4 JANVIER	SAGITTAIRE	CAPRICORNE	CANCER	BALANCE	CANCER	GEMEAUX	BALANCE	LION	25 CAPRICORNE
5 JANVIER	SAGITTAIRE	CAPRICORNE	CANCER	BALANCE	CANCER	GEMEAUX	BALANCE	LION	7 VERSEAU
6 JANVIER	SAGITTAIRE	CAPRICORNE	CANCER	BALANCE	CANCER	GEMEAUX	BALANCE	LION	20 VERSEAU
7 JANVIER	SAGITTAIRE	CAPRICORNE	CANCER	BALANCE	CANCER	GEMEAUX	BALANCE	LION	4 POISSONS
8 JANVIER	SAGITTAIRE	CAPRICORNE	CANCER	BALANCE	CANCER	GEMEAUX	BALANCE	LION	17 POISSONS
9 JANVIER	SAGITTAIRE	CAPRICORNE	CANCER	BALANCE	CANCER	GEMEAUX	BALANCE	LION	1 BELIER
10 JANVIER	CAPRICORNE	CAPRICORNE	CANCER	BALANCE	CANCER	GEMEAUX	BALANCE	LION	15 BELIER
11 JANVIER	CAPRICORNE	CAPRICORNE	CANCER	BALANCE	CANCER	GEMEAUX	BALANCE	LION	29 BELIER
12 JANVIER	CAPRICORNE	CAPRICORNE	CANCER	BALANCE	CANCER	GEMEAUX	BALANCE	LION	13 TAUREAU
13 JANVIER	CAPRICORNE	CAPRICORNE	CANCER	BALANCE	CANCER	GEMEAUX	BALANCE	LION	27 TAUREAU
14 JANVIER	CAPRICORNE	CAPRICORNE	CANCER	BALANCE	CANCER	GEMEAUX	BALANCE	LION	12 GEMEAUX
15 JANVIER	CAPRICORNE	CAPRICORNE	CANCER	BALANCE	CANCER	GEMEAUX	BALANCE	LION	26 GEMEAUX
16 JANVIER	CAPRICORNE	CAPRICORNE	CANCER	BALANCE	CANCER	GEMEAUX	BALANCE	LION	11 CANCER
17 JANVIER	CAPRICORNE	CAPRICORNE	CANCER	BALANCE	CANCER	GEMEAUX	BALANCE	LION	25 CANCER
18 JANVIER	CAPRICORNE	CAPRICORNE	CANCER	BALANCE	CANCER	GEMEAUX	BALANCE	LION	9 LION
19 JANVIER	CAPRICORNE	CAPRICORNE	CANCER	BALANCE	CANCER	GEMEAUX	BALANCE	LION	23 LION
20 JANVIER	CAPRICORNE	CAPRICORNE	CANCER	BALANCE	CANCER	GEMEAUX	BALANCE	LION	6 VIERGE
22 DECEMBRE	SAGITTAIRE	SCORPION	CAPRICORNE	SCORPION	LION	GEMEAUX	BALANCE	LION	18 SAGITTAIRE
23 DECEMBRE	SAGITTAIRE	SCORPION	CAPRICORNE	SCORPION	LION	GEMEAUX	BALANCE	LION	0 CAPRICORNE
24 DECEMBRE	SAGITTAIRE	SCORPION	CAPRICORNE	SCORPION	LION	GEMEAUX	BALANCE	LION	12 CAPRICORNE
25 DECEMBRE	SAGITTAIRE	SCORPION	CAPRICORNE	SCORPION	LION	GEMEAUX	BALANCE	LION	24 CAPRICORNE
26 DECEMBRE	SAGITTAIRE	SCORPION	CAPRICORNE	SCORPION	LION	GEMEAUX	BALANCE	LION	6 VERSEAU
27 DECEMBRE	SAGITTAIRE	SCORPION	CAPRICORNE	SCORPION	LION	GEMEAUX	BALANCE	LION	18 VERSEAU
28 DECEMBRE	SAGITTAIRE	SCORPION	CAPRICORNE	SCORPION	LION	GEMEAUX	BALANCE	LION	0 POISSONS
29 DECEMBRE	SAGITTAIRE	SCORPION	CAPRICORNE	SCORPION	LION	GEMEAUX	BALANCE	LION	13 POISSONS
30 DECEMBRE	SAGITTAIRE	SCORPION	CAPRICORNE	SCORPION	LION	GEMEAUX	BALANCE	LION	26 POISSONS
31 DECEMBRE	SAGITTAIRE	SCORPION	CAPRICORNE	SCORPION	LION	GEMEAUX	BALANCE	LION	9 BELIER

LE SOLEIL RESTE DANS LE SIGNE DU CAPRICORNE JUSQU'AU 20 JANVIER 1946 A 15 h 30
LE SOLEIL REVIENT DANS LE SIGNE DU LE 22 DECEMBRE A 10 h 40
* LES CHIFFRES INDIQUENT LES DEGRES

1947	MERCURE	VENUS	MARS	JUPITER	SATURNE	URANUS	NEPTUNE	PLUTON	LUNE *
1 JANVIER	SAGITTAIRE	SCORPION	CAPRICORNE	SCORPION	LION	GEMEAUX	BALANCE	LION	22 BELIER
2 JANVIER	SAGITTAIRE	SCORPION	CAPRICORNE	SCORPION	LION	GEMEAUX	BALANCE	LION	6 TAUREAU
3 JANVIER	CAPRICORNE	SCORPION	CAPRICORNE	SCORPION	LION	GEMEAUX	BALANCE	LION	20 TAUREAU
4 JANVIER	CAPRICORNE	SCORPION	CAPRICORNE	SCORPION	LION	GEMEAUX	BALANCE	LION	5 GEMEAUX
5 JANVIER	CAPRICORNE	SCORPION	CAPRICORNE	SCORPION	LION	GEMEAUX	BALANCE	LION	20 GEMEAUX
6 JANVIER	CAPRICORNE	SAGITTAIRE	CAPRICORNE	SCORPION	LION	GEMEAUX	BALANCE	LION	5 CANCER
7 JANVIER	CAPRICORNE	SAGITTAIRE	CAPRICORNE	SCORPION	LION	GEMEAUX	BALANCE	LION	20 CANCER
8 JANVIER	CAPRICORNE	SAGITTAIRE	CAPRICORNE	SCORPION	LION	GEMEAUX	BALANCE	LION	5 LION
9 JANVIER	CAPRICORNE	SAGITTAIRE	CAPRICORNE	SCORPION	LION	GEMEAUX	BALANCE	LION	20 LION
10 JANVIER	CAPRICORNE	SAGITTAIRE	CAPRICORNE	SCORPION	LION	GEMEAUX	BALANCE	LION	5 VIERGE
11 JANVIER	CAPRICORNE	SAGITTAIRE	CAPRICORNE	SCORPION	LION	GEMEAUX	BALANCE	LION	18 VIERGE
12 JANVIER	CAPRICORNE	SAGITTAIRE	CAPRICORNE	SCORPION	LION	GEMEAUX	BALANCE	LION	2 BALANCE
13 JANVIER	CAPRICORNE	SAGITTAIRE	CAPRICORNE	SCORPION	LION	GEMEAUX	BALANCE	LION	15 BALANCE
14 JANVIER	CAPRICORNE	SAGITTAIRE	CAPRICORNE	SCORPION	LION	GEMEAUX	BALANCE	LION	27 BALANCE
15 JANVIER	CAPRICORNE	SAGITTAIRE	CAPRICORNE	SCORPION	LION	GEMEAUX	BALANCE	LION	10 SCORPION
16 JANVIER	CAPRICORNE	SAGITTAIRE	CAPRICORNE	SCORPION	LION	GEMEAUX	BALANCE	LION	22 SCORPION
17 JANVIER	CAPRICORNE	SAGITTAIRE	CAPRICORNE	SCORPION	LION	GEMEAUX	BALANCE	LION	4 SAGITTAIRE
18 JANVIER	CAPRICORNE	SAGITTAIRE	CAPRICORNE	SCORPION	LION	GEMEAUX	BALANCE	LION	15 SAGITTAIRE
19 JANVIER	CAPRICORNE	SAGITTAIRE	CAPRICORNE	SCORPION	LION	GEMEAUX	BALANCE	LION	27 SAGITTAIRE
20 JANVIER	CAPRICORNE	SAGITTAIRE	CAPRICORNE	SCORPION	LION	GEMEAUX	BALANCE	LION	9 CAPRICORNE
22 DECEMBRE	SAGITTAIRE	CAPRICORNE	VIERGE	SAGITTAIRE	LION	GEMEAUX	BALANCE	LION	20 BELIER
23 DECEMBRE	SAGITTAIRE	CAPRICORNE	VIERGE	SAGITTAIRE	LION	GEMEAUX	BALANCE	LION	3 TAUREAU
24 DECEMBRE	SAGITTAIRE	CAPRICORNE	VIERGE	SAGITTAIRE	LION	GEMEAUX	BALANCE	LION	16 TAUREAU
25 DECEMBRE	SAGITTAIRE	VERSEAU	VIERGE	SAGITTAIRE	LION	GEMEAUX	BALANCE	LION	0 GEMEAUX
26 DECEMBRE	SAGITTAIRE	VERSEAU	VIERGE	SAGITTAIRE	LION	GEMEAUX	BALANCE	LION	15 GEMEAUX
27 DECEMBRE	CAPRICORNE	VERSEAU	VIERGE	SAGITTAIRE	LION	GEMEAUX	BALANCE	LION	0 CANCER
28 DECEMBRE	CAPRICORNE	VERSEAU	VIERGE	SAGITTAIRE	LION	GEMEAUX	BALANCE	LION	15 CANCER
29 DECEMBRE	CAPRICORNE	VERSEAU	VIERGE	SAGITTAIRE	LION	GEMEAUX	BALANCE	LION	0 LION
30 DECEMBRE	CAPRICORNE	VERSEAU	VIERGE	SAGITTAIRE	LION	GEMEAUX	BALANCE	LION	15 LION
31 DECEMBRE	CAPRICORNE	VERSEAU	VIERGE	SAGITTAIRE	LION	GEMEAUX	BALANCE	LION	0 VIERGE

LE SOLEIL RESTE DANS LE SIGNE DU CAPRICORNE JUSQU'AU 20 JANVIER 1947 A 21 h 15
LE SOLEIL REVIENT DANS LE SIGNE DU LE 22 DECEMBRE A 16 h 30
* LES CHIFFRES INDIQUENT LES DEGRES

DECOUVREZ DANS QUEL SIGNE SE TROUVAIENT LES PLANETES A VOTRE NAISSANCE

1948	MERCURE	VENUS	MARS	JUPITER	SATURNE	URANUS	NEPTUNE	PLUTON	LUNE *
1 JANVIER	CAPRICORNE	VERSEAU	VIERGE	SAGITTAIRE	LION	GEMEAUX	BALANCE	LION	14 VIERGE
2 JANVIER	CAPRICORNE	VERSEAU	VIERGE	SAGITTAIRE	LION	GEMEAUX	BALANCE	LION	28 VIERGE
3 JANVIER	CAPRICORNE	VERSEAU	VIERGE	SAGITTAIRE	LION	GEMEAUX	BALANCE	LION	12 BALANCE
4 JANVIER	CAPRICORNE	VERSEAU	VIERGE	SAGITTAIRE	LION	GEMEAUX	BALANCE	LION	25 BALANCE
5 JANVIER	CAPRICORNE	VERSEAU	VIERGE	SAGITTAIRE	LION	GEMEAUX	BALANCE	LION	8 SCORPION
6 JANVIER	CAPRICORNE	VERSEAU	VIERGE	SAGITTAIRE	LION	GEMEAUX	BALANCE	LION	21 SCORPION
7 JANVIER	CAPRICORNE	VERSEAU	VIERGE	SAGITTAIRE	LION	GEMEAUX	BALANCE	LION	3 SAGITTAIRE
8 JANVIER	CAPRICORNE	VERSEAU	VIERGE	SAGITTAIRE	LION	GEMEAUX	BALANCE	LION	16 SAGITTAIRE
9 JANVIER	CAPRICORNE	VERSEAU	VIERGE	SAGITTAIRE	LION	GEMEAUX	BALANCE	LION	28 SAGITTAIRE
10 JANVIER	CAPRICORNE	VERSEAU	VIERGE	SAGITTAIRE	LION	GEMEAUX	BALANCE	LION	10 CAPRICORNE
11 JANVIER	CAPRICORNE	VERSEAU	VIERGE	SAGITTAIRE	LION	GEMEAUX	BALANCE	LION	22 CAPRICORNE
12 JANVIER	CAPRICORNE	VERSEAU	VIERGE	SAGITTAIRE	LION	GEMEAUX	BALANCE	LION	4 VERSEAU
13 JANVIER	CAPRICORNE	VERSEAU	VIERGE	SAGITTAIRE	LION	GEMEAUX	BALANCE	LION	16 VERSEAU
14 JANVIER	VERSEAU	VERSEAU	VIERGE	SAGITTAIRE	LION	GEMEAUX	BALANCE	LION	27 VERSEAU
15 JANVIER	VERSEAU	VERSEAU	VIERGE	SAGITTAIRE	LION	GEMEAUX	BALANCE	LION	9 POISSONS
16 JANVIER	VERSEAU	VERSEAU	VIERGE	SAGITTAIRE	LION	GEMEAUX	BALANCE	LION	21 POISSONS
17 JANVIER	VERSEAU	VERSEAU	VIERGE	SAGITTAIRE	LION	GEMEAUX	BALANCE	LION	3 BELIER
18 JANVIER	VERSEAU	POISSONS	VIERGE	SAGITTAIRE	LION	GEMEAUX	BALANCE	LION	16 BELIER
19 JANVIER	VERSEAU	POISSONS	VIERGE	SAGITTAIRE	LION	GEMEAUX	BALANCE	LION	28 BELIER
20 JANVIER	VERSEAU	POISSONS	VIERGE	SAGITTAIRE	LION	GEMEAUX	BALANCE	LION	11 TAUREAU
21 JANVIER	VERSEAU	POISSONS	VIERGE	SAGITTAIRE	LION	GEMEAUX	BALANCE	LION	25 TAUREAU
21 DECEMBRE	CAPRICORNE	SAGITTAIRE	CAPRICORNE	CAPRICORNE	VIERGE	GEMEAUX	BALANCE	LION	7 VIERGE
22 DECEMBRE	CAPRICORNE	SAGITTAIRE	CAPRICORNE	CAPRICORNE	VIERGE	GEMEAUX	BALANCE	LION	21 VIERGE
23 DECEMBRE	CAPRICORNE	SAGITTAIRE	CAPRICORNE	CAPRICORNE	VIERGE	GEMEAUX	BALANCE	LION	5 BALANCE
24 DECEMBRE	CAPRICORNE	SAGITTAIRE	CAPRICORNE	CAPRICORNE	VIERGE	GEMEAUX	BALANCE	LION	19 BALANCE
25 DECEMBRE	CAPRICORNE	SAGITTAIRE	CAPRICORNE	CAPRICORNE	VIERGE	GEMEAUX	BALANCE	LION	3 SCORPION
26 DECEMBRE	CAPRICORNE	SAGITTAIRE	CAPRICORNE	CAPRICORNE	VIERGE	GEMEAUX	BALANCE	LION	16 SCORPION
27 DECEMBRE	CAPRICORNE	SAGITTAIRE	CAPRICORNE	CAPRICORNE	VIERGE	GEMEAUX	BALANCE	LION	0 SAGITTAIRE
28 DECEMBRE	CAPRICORNE	SAGITTAIRE	CAPRICORNE	CAPRICORNE	VIERGE	GEMEAUX	BALANCE	LION	13 SAGITTAIRE
29 DECEMBRE	CAPRICORNE	SAGITTAIRE	CAPRICORNE	CAPRICORNE	VIERGE	GEMEAUX	BALANCE	LION	27 SAGITTAIRE
30 DECEMBRE	CAPRICORNE	SAGITTAIRE	CAPRICORNE	CAPRICORNE	VIERGE	GEMEAUX	BALANCE	LION	10 CAPRICORNE
31 DECEMBRE	CAPRICORNE	SAGITTAIRE	CAPRICORNE	CAPRICORNE	VIERGE	GEMEAUX	BALANCE	LION	22 CAPRICORNE

LE SOLEIL RESTE DANS LE SIGNE DU CAPRICORNE JUSQU'AU 21 JANVIER 1948 A 3 h 00
REVIENT DANS LE SIGNE DU LE 21 DECEMBRE A 22 h 15
* LES CHIFFRES INDIQUENT LES DEGRES

1949	MERCURE	VENUS	MARS	JUPITER	SATURNE	URANUS	NEPTUNE	PLUTON	LUNE *
1 JANVIER	CAPRICORNE	SAGITTAIRE	CAPRICORNE	CAPRICORNE	VIERGE	GEMEAUX	BALANCE	LION	5 VERSEAU
2 JANVIER	CAPRICORNE	SAGITTAIRE	CAPRICORNE	CAPRICORNE	VIERGE	GEMEAUX	BALANCE	LION	17 VERSEAU
3 JANVIER	CAPRICORNE	SAGITTAIRE	CAPRICORNE	CAPRICORNE	VIERGE	GEMEAUX	BALANCE	LION	29 VERSEAU
4 JANVIER	CAPRICORNE	SAGITTAIRE	CAPRICORNE	CAPRICORNE	VIERGE	GEMEAUX	BALANCE	LION	11 POISSONS
5 JANVIER	CAPRICORNE	SAGITTAIRE	VERSEAU	CAPRICORNE	VIERGE	GEMEAUX	BALANCE	LION	23 POISSONS
6 JANVIER	VERSEAU	SAGITTAIRE	VERSEAU	CAPRICORNE	VIERGE	GEMEAUX	BALANCE	LION	5 BELIER
7 JANVIER	VERSEAU	SAGITTAIRE	VERSEAU	CAPRICORNE	VIERGE	GEMEAUX	BALANCE	LION	17 BELIER
8 JANVIER	VERSEAU	SAGITTAIRE	VERSEAU	CAPRICORNE	VIERGE	GEMEAUX	BALANCE	LION	29 BELIER
9 JANVIER	VERSEAU	SAGITTAIRE	VERSEAU	CAPRICORNE	VIERGE	GEMEAUX	BALANCE	LION	11 TAUREAU
10 JANVIER	VERSEAU	SAGITTAIRE	VERSEAU	CAPRICORNE	VIERGE	GEMEAUX	BALANCE	LION	23 TAUREAU
11 JANVIER	VERSEAU	SAGITTAIRE	VERSEAU	CAPRICORNE	VIERGE	GEMEAUX	BALANCE	LION	6 GEMEAUX
12 JANVIER	VERSEAU	SAGITTAIRE	VERSEAU	CAPRICORNE	VIERGE	GEMEAUX	BALANCE	LION	20 GEMEAUX
13 JANVIER	VERSEAU	CAPRICORNE	VERSEAU	CAPRICORNE	VIERGE	GEMEAUX	BALANCE	LION	4 CANCER
14 JANVIER	VERSEAU	CAPRICORNE	VERSEAU	CAPRICORNE	VIERGE	GEMEAUX	BALANCE	LION	18 CANCER
15 JANVIER	VERSEAU	CAPRICORNE	VERSEAU	CAPRICORNE	VIERGE	GEMEAUX	BALANCE	LION	3 LION
16 JANVIER	VERSEAU	CAPRICORNE	VERSEAU	CAPRICORNE	VIERGE	GEMEAUX	BALANCE	LION	17 LION
17 JANVIER	VERSEAU	CAPRICORNE	VERSEAU	CAPRICORNE	VIERGE	GEMEAUX	BALANCE	LION	2 VIERGE
18 JANVIER	VERSEAU	CAPRICORNE	VERSEAU	CAPRICORNE	VIERGE	GEMEAUX	BALANCE	LION	17 VIERGE
19 JANVIER	VERSEAU	CAPRICORNE	VERSEAU	CAPRICORNE	VIERGE	GEMEAUX	BALANCE	LION	BALANCE
20 JANVIER	VERSEAU	CAPRICORNE	VERSEAU	CAPRICORNE	VIERGE	GEMEAUX	BALANCE	LION	16 BALANCE
22 DECEMBRE	CAPRICORNE	VERSEAU	VIERGE	VERSEAU	VIERGE	CANCER	BALANCE	LION	5 VERSEAU
23 DECEMBRE	CAPRICORNE	VERSEAU	VIERGE	VERSEAU	VIERGE	CANCER	BALANCE	LION	18 VERSEAU
24 DECEMBRE	CAPRICORNE	VERSEAU	VIERGE	VERSEAU	VIERGE	CANCER	BALANCE	LION	1 POISSONS
25 DECEMBRE	CAPRICORNE	VERSEAU	VIERGE	VERSEAU	VIERGE	CANCER	BALANCE	LION	14 POISSONS
26 DECEMBRE	CAPRICORNE	VERSEAU	BALANCE	VERSEAU	VIERGE	CANCER	BALANCE	LION	26 POISSONS
27 DECEMBRE	CAPRICORNE	VERSEAU	BALANCE	VERSEAU	VIERGE	CANCER	BALANCE	LION	8 BELIER
28 DECEMBRE	CAPRICORNE	VERSEAU	BALANCE	VERSEAU	VIERGE	CANCER	BALANCE	LION	19 BELIER
29 DECEMBRE	CAPRICORNE	VERSEAU	BALANCE	VERSEAU	VIERGE	CANCER	BALANCE	LION	1 TAUREAU
30 DECEMBRE	CAPRICORNE	VERSEAU	BALANCE	VERSEAU	VIERGE	CANCER	BALANCE	LION	13 TAUREAU
31 DECEMBRE	CAPRICORNE	VERSEAU	BALANCE	VERSEAU	VIERGE	CANCER	BALANCE	LION	25 TAUREAU

LE SOLEIL RESTE DANS LE SIGNE DU CAPRICORNE JUSQU'AU 20 JANVIER 1949 A 9 h 00
REVIENT DANS LE SIGNE DU LE 22 DECEMBRE A 4 h 10
* LES CHIFFRES INDIQUENT LES DEGRES

DECOUVREZ DANS QUEL SIGNE SE TROUVAIENT LES PLANETES A VOTRE NAISSANCE

1950	MERCURE	VENUS	MARS	JUPITER	SATURNE	URANUS	NEPTUNE	PLUTON	LUNE *
1 JANVIER	CAPRICORNE	VERSEAU	BALANCE	VERSEAU	VIERGE	CANCER	BALANCE	LION	7 GEMEAUX
2 JANVIER	VERSEAU	VERSEAU	BALANCE	VERSEAU	VIERGE	CANCER	BALANCE	LION	20 GEMEAUX
3 JANVIER	VERSEAU	VERSEAU	BALANCE	VERSEAU	VIERGE	CANCER	BALANCE	LION	2 CANCER
4 JANVIER	VERSEAU	VERSEAU	BALANCE	VERSEAU	VIERGE	CANCER	BALANCE	LION	15 CANCER
5 JANVIER	VERSEAU	VERSEAU	BALANCE	VERSEAU	VIERGE	CANCER	BALANCE	LION	29 CANCER
6 JANVIER	VERSEAU	VERSEAU	BALANCE	VERSEAU	VIERGE	CANCER	BALANCE	LION	12 LION
7 JANVIER	VERSEAU	VERSEAU	BALANCE	VERSEAU	VIERGE	CANCER	BALANCE	LION	26 LION
8 JANVIER	VERSEAU	VERSEAU	BALANCE	VERSEAU	VIERGE	CANCER	BALANCE	LION	9 VIERGE
9 JANVIER	VERSEAU	VERSEAU	BALANCE	VERSEAU	VIERGE	CANCER	BALANCE	LION	23 VIERGE
10 JANVIER	VERSEAU	VERSEAU	BALANCE	VERSEAU	VIERGE	CANCER	BALANCE	LION	7 BALANCE
11 JANVIER	VERSEAU	VERSEAU	BALANCE	VERSEAU	VIERGE	CANCER	BALANCE	LION	21 BALANCE
12 JANVIER	VERSEAU	VERSEAU	BALANCE	VERSEAU	VIERGE	CANCER	BALANCE	LION	5 SCORPION
13 JANVIER	VERSEAU	VERSEAU	BALANCE	VERSEAU	VIERGE	CANCER	BALANCE	LION	19 SCORPION
14 JANVIER	VERSEAU	VERSEAU	BALANCE	VERSEAU	VIERGE	CANCER	BALANCE	LION	4 SAGITTAIRE
15 JANVIER	CAPRICORNE	VERSEAU	BALANCE	VERSEAU	VIERGE	CANCER	BALANCE	LION	18 SAGITTAIRE
16 JANVIER	CAPRICORNE	VERSEAU	BALANCE	VERSEAU	VIERGE	CANCER	BALANCE	LION	2 CAPRICORNE
17 JANVIER	CAPRICORNE	VERSEAU	BALANCE	VERSEAU	VIERGE	CANCER	BALANCE	LION	16 CAPRICORNE
18 JANVIER	CAPRICORNE	VERSEAU	BALANCE	VERSEAU	VIERGE	CANCER	BALANCE	LION	0 VERSEAU
19 JANVIER	CAPRICORNE	VERSEAU	BALANCE	VERSEAU	VIERGE	CANCER	BALANCE	LION	13 VERSEAU
20 JANVIER	CAPRICORNE	VERSEAU	BALANCE	VERSEAU	VIERGE	CANCER	BALANCE	LION	26 VERSEAU
22 DECEMBRE	CAPRICORNE	CAPRICORNE	VERSEAU	POISSONS	BALANCE	CANCER	BALANCE	LION	9 GEMEAUX
23 DECEMBRE	CAPRICORNE	CAPRICORNE	VERSEAU	POISSONS	BALANCE	CANCER	BALANCE	LION	21 GEMEAUX
24 DECEMBRE	CAPRICORNE	CAPRICORNE	VERSEAU	POISSONS	BALANCE	CANCER	BALANCE	LION	3 CANCER
25 DECEMBRE	CAPRICORNE	CAPRICORNE	VERSEAU	POISSONS	BALANCE	CANCER	BALANCE	LION	15 CANCER
26 DECEMBRE	CAPRICORNE	CAPRICORNE	VERSEAU	POISSONS	BALANCE	CANCER	BALANCE	LION	27 CANCER
27 DECEMBRE	CAPRICORNE	CAPRICORNE	VERSEAU	POISSONS	BALANCE	CANCER	BALANCE	LION	9 LION
28 DECEMBRE	CAPRICORNE	CAPRICORNE	VERSEAU	POISSONS	BALANCE	CANCER	BALANCE	LION	21 LION
29 DECEMBRE	CAPRICORNE	CAPRICORNE	VERSEAU	POISSONS	BALANCE	CANCER	BALANCE	LION	4 VIERGE
30 DECEMBRE	CAPRICORNE	CAPRICORNE	VERSEAU	POISSONS	BALANCE	CANCER	BALANCE	LION	17 VIERGE
31 DECEMBRE	CAPRICORNE	CAPRICORNE	VERSEAU	POISSONS	BALANCE	CANCER	BALANCE	LION	0 BALANCE

LE SOLEIL RESTE DANS LE SIGNE DU CAPRICORNE JUSQU'AU 20 JANVIER 1950 A 14 h 45
REVIENT DANS LE SIGNE DU CAPRICORNE LE 22 DECEMBRE A 10 h 00
* LES CHIFFRES INDIQUENT LES DEGRES

1951	MERCURE	VENUS	MARS	JUPITER	SATURNE	URANUS	NEPTUNE	PLUTON	LUNE *
1 JANVIER	CAPRICORNE	CAPRICORNE	VERSEAU	POISSONS	BALANCE	CANCER	BALANCE	LION	13 BALANCE
2 JANVIER	CAPRICORNE	CAPRICORNE	VERSEAU	POISSONS	BALANCE	CANCER	BALANCE	LION	27 BALANCE
3 JANVIER	CAPRICORNE	CAPRICORNE	VERSEAU	POISSONS	BALANCE	CANCER	BALANCE	LION	12 SCORPION
4 JANVIER	CAPRICORNE	CAPRICORNE	VERSEAU	POISSONS	BALANCE	CANCER	BALANCE	LION	26 SCORPION
5 JANVIER	CAPRICORNE	CAPRICORNE	VERSEAU	POISSONS	BALANCE	CANCER	BALANCE	LION	11 SAGITTAIRE
6 JANVIER	CAPRICORNE	CAPRICORNE	VERSEAU	POISSONS	BALANCE	CANCER	BALANCE	LION	26 SAGITTAIRE
7 JANVIER	CAPRICORNE	CAPRICORNE	VERSEAU	POISSONS	BALANCE	CANCER	BALANCE	LION	11 CAPRICORNE
8 JANVIER	CAPRICORNE	VERSEAU	VERSEAU	POISSONS	BALANCE	CANCER	BALANCE	LION	26 CAPRICORNE
9 JANVIER	CAPRICORNE	VERSEAU	VERSEAU	POISSONS	BALANCE	CANCER	BALANCE	LION	11 VERSEAU
10 JANVIER	CAPRICORNE	VERSEAU	VERSEAU	POISSONS	BALANCE	CANCER	BALANCE	LION	25 VERSEAU
11 JANVIER	CAPRICORNE	VERSEAU	VERSEAU	POISSONS	BALANCE	CANCER	BALANCE	LION	9 POISSONS
12 JANVIER	CAPRICORNE	VERSEAU	VERSEAU	POISSONS	BALANCE	CANCER	BALANCE	LION	22 POISSONS
13 JANVIER	CAPRICORNE	VERSEAU	VERSEAU	POISSONS	BALANCE	CANCER	BALANCE	LION	5 BELIER
14 JANVIER	CAPRICORNE	VERSEAU	VERSEAU	POISSONS	BALANCE	CANCER	BALANCE	LION	17 BELIER
15 JANVIER	CAPRICORNE	VERSEAU	VERSEAU	POISSONS	BALANCE	CANCER	BALANCE	LION	0 TAUREAU
16 JANVIER	CAPRICORNE	VERSEAU	VERSEAU	POISSONS	BALANCE	CANCER	BALANCE	LION	12 TAUREAU
17 JANVIER	CAPRICORNE	VERSEAU	VERSEAU	POISSONS	BALANCE	CANCER	BALANCE	LION	23 TAUREAU
18 JANVIER	CAPRICORNE	VERSEAU	VERSEAU	POISSONS	BALANCE	CANCER	BALANCE	LION	5 GEMEAUX
19 JANVIER	CAPRICORNE	VERSEAU	VERSEAU	POISSONS	BALANCE	CANCER	BALANCE	LION	17 GEMEAUX
20 JANVIER	CAPRICORNE	VERSEAU	VERSEAU	POISSONS	BALANCE	CANCER	BALANCE	LION	29 GEMEAUX
22 DECEMBRE	SAGITTAIRE	SCORPION	BALANCE	BELIER	BALANCE	CANCER	BALANCE	LION	10 BALANCE
23 DECEMBRE	SAGITTAIRE	SCORPION	BALANCE	BELIER	BALANCE	CANCER	BALANCE	LION	23 BALANCE
24 DECEMBRE	SAGITTAIRE	SCORPION	BALANCE	BELIER	BALANCE	CANCER	BALANCE	LION	7 SCORPION
25 DECEMBRE	SAGITTAIRE	SCORPION	BALANCE	BELIER	BALANCE	CANCER	BALANCE	LION	21 SCORPION
26 DECEMBRE	SAGITTAIRE	SCORPION	BALANCE	BELIER	BALANCE	CANCER	BALANCE	LION	6 SAGITTAIRE
27 DECEMBRE	SAGITTAIRE	SCORPION	BALANCE	BELIER	BALANCE	CANCER	BALANCE	LION	21 SAGITTAIRE
28 DECEMBRE	SAGITTAIRE	SCORPION	BALANCE	BELIER	BALANCE	CANCER	BALANCE	LION	6 CAPRICORNE
29 DECEMBRE	SAGITTAIRE	SCORPION	BALANCE	BELIER	BALANCE	CANCER	BALANCE	LION	21 CAPRICORNE
30 DECEMBRE	SAGITTAIRE	SCORPION	BALANCE	BELIER	BALANCE	CANCER	BALANCE	LION	6 VERSEAU
31 DECEMBRE	SAGITTAIRE	SCORPION	BALANCE	BELIER	BALANCE	CANCER	BALANCE	LION	21 VERSEAU

LE SOLEIL RESTE DANS LE SIGNE DU CAPRICORNE JUSQU'AU 20 JANVIER 1951 A 20 h 40
REVIENT DANS LE SIGNE DU CAPRICORNE LE 22 DECEMBRE A 15 h 45
* LES CHIFFRES INDIQUENT LES DEGRES

DECOUVREZ DANS QUEL SIGNE SE TROUVAIENT LES PLANETES A VOTRE NAISSANCE

1952	MERCURE	VENUS	MARS	JUPITER	SATURNE	URANUS	NEPTUNE	PLUTON	LUNE *
1 JANVIER	SAGITTAIRE	SCORPION	BALANCE	BELIER	BALANCE	CANCER	BALANCE	LION	6 POISSONS
2 JANVIER	SAGITTAIRE	SCORPION	BALANCE	BELIER	BALANCE	CANCER	BALANCE	LION	20 POISSONS
3 JANVIER	SAGITTAIRE	SAGITTAIRE	BALANCE	BELIER	BALANCE	CANCER	BALANCE	LION	3 BELIER
4 JANVIER	SAGITTAIRE	SAGITTAIRE	BALANCE	BELIER	BALANCE	CANCER	BALANCE	LION	16 BELIER
5 JANVIER	SAGITTAIRE	SAGITTAIRE	BALANCE	BELIER	BALANCE	CANCER	BALANCE	LION	29 BELIER
6 JANVIER	SAGITTAIRE	SAGITTAIRE	BALANCE	BELIER	BALANCE	CANCER	BALANCE	LION	12 TAUREAU
7 JANVIER	SAGITTAIRE	SAGITTAIRE	BALANCE	BELIER	BALANCE	CANCER	BALANCE	LION	24 TAUREAU
8 JANVIER	SAGITTAIRE	SAGITTAIRE	BALANCE	BELIER	BALANCE	CANCER	BALANCE	LION	6 GEMEAUX
9 JANVIER	SAGITTAIRE	SAGITTAIRE	BALANCE	BELIER	BALANCE	CANCER	BALANCE	LION	18 GEMEAUX
10 JANVIER	SAGITTAIRE	SAGITTAIRE	BALANCE	BELIER	BALANCE	CANCER	BALANCE	LION	0 CANCER
11 JANVIER	SAGITTAIRE	SAGITTAIRE	BALANCE	BELIER	BALANCE	CANCER	BALANCE	LION	12 CANCER
12 JANVIER	SAGITTAIRE	SAGITTAIRE	BALANCE	BELIER	BALANCE	CANCER	BALANCE	LION	24 CANCER
13 JANVIER	CAPRICORNE	SAGITTAIRE	BALANCE	BELIER	BALANCE	CANCER	BALANCE	LION	6 LION
14 JANVIER	CAPRICORNE	SAGITTAIRE	BALANCE	BELIER	BALANCE	CANCER	BALANCE	LION	18 LION
15 JANVIER	CAPRICORNE	SAGITTAIRE	BALANCE	BELIER	BALANCE	CANCER	BALANCE	LION	0 VIERGE
16 JANVIER	CAPRICORNE	SAGITTAIRE	BALANCE	BELIER	BALANCE	CANCER	BALANCE	LION	12 VIERGE
17 JANVIER	CAPRICORNE	SAGITTAIRE	BALANCE	BELIER	BALANCE	CANCER	BALANCE	LION	24 VIERGE
18 JANVIER	CAPRICORNE	SAGITTAIRE	BALANCE	BELIER	BALANCE	CANCER	BALANCE	LION	6 BALANCE
19 JANVIER	CAPRICORNE	SAGITTAIRE	BALANCE	BELIER	BALANCE	CANCER	BALANCE	LION	19 BALANCE
20 JANVIER	CAPRICORNE	SAGITTAIRE	SCORPION	BELIER	BALANCE	CANCER	BALANCE	LION	2 SCORPION
21 JANVIER	CAPRICORNE	SAGITTAIRE	SCORPION	BELIER	BALANCE	CANCER	BALANCE	LION	16 SCORPION
21 DECEMBRE	SAGITTAIRE	VERSEAU	VERSEAU	TAUREAU	BALANCE	CANCER	BALANCE	LION	29 VERSEAU
22 DECEMBRE	SAGITTAIRE	VERSEAU	VERSEAU	TAUREAU	BALANCE	CANCER	BALANCE	LION	13 POISSONS
23 DECEMBRE	SAGITTAIRE	VERSEAU	VERSEAU	TAUREAU	BALANCE	CANCER	BALANCE	LION	27 POISSONS
24 DECEMBRE	SAGITTAIRE	VERSEAU	VERSEAU	TAUREAU	BALANCE	CANCER	BALANCE	LION	11 BELIER
25 DECEMBRE	SAGITTAIRE	VERSEAU	VERSEAU	TAUREAU	BALANCE	CANCER	BALANCE	LION	25 BELIER
26 DECEMBRE	SAGITTAIRE	VERSEAU	VERSEAU	TAUREAU	BALANCE	CANCER	BALANCE	LION	8 TAUREAU
27 DECEMBRE	SAGITTAIRE	VERSEAU	VERSEAU	TAUREAU	BALANCE	CANCER	BALANCE	LION	22 TAUREAU
28 DECEMBRE	SAGITTAIRE	VERSEAU	VERSEAU	TAUREAU	BALANCE	CANCER	BALANCE	LION	5 GEMEAUX
29 DECEMBRE	SAGITTAIRE	VERSEAU	VERSEAU	TAUREAU	BALANCE	CANCER	BALANCE	LION	18 GEMEAUX
30 DECEMBRE	SAGITTAIRE	VERSEAU	VERSEAU	TAUREAU	BALANCE	CANCER	BALANCE	LION	0 CANCER
31 DECEMBRE	SAGITTAIRE	VERSEAU	POISSONS	TAUREAU	BALANCE	CANCER	BALANCE	LION	13 CANCER

LE SOLEIL RESTE DANS LE SIGNE DU CAPRICORNE JUSQU'AU 21 JANVIER A 2 h 25 1952
LE SOLEIL REVIENT DANS LE SIGNE DU LE 21 DECEMBRE A 21 h 30
* LES CHIFFRES INDIQUENT LES DEGRES

1953	MERCURE	VENUS	MARS	JUPITER	SATURNE	URANUS	NEPTUNE	PLUTON	LUNE *
1 JANVIER	SAGITTAIRE	VERSEAU	POISSONS	TAUREAU	BALANCE	CANCER	BALANCE	LION	25 CANCER
2 JANVIER	SAGITTAIRE	VERSEAU	POISSONS	TAUREAU	BALANCE	CANCER	BALANCE	LION	7 LION
3 JANVIER	SAGITTAIRE	VERSEAU	POISSONS	TAUREAU	BALANCE	CANCER	BALANCE	LION	19 LION
4 JANVIER	SAGITTAIRE	VERSEAU	POISSONS	TAUREAU	BALANCE	CANCER	BALANCE	LION	1 VIERGE
5 JANVIER	SAGITTAIRE	POISSONS	POISSONS	TAUREAU	BALANCE	CANCER	BALANCE	LION	13 VIERGE
6 JANVIER	SAGITTAIRE	POISSONS	POISSONS	TAUREAU	BALANCE	CANCER	BALANCE	LION	24 VIERGE
7 JANVIER	CAPRICORNE	POISSONS	POISSONS	TAUREAU	BALANCE	CANCER	BALANCE	LION	6 BALANCE
8 JANVIER	CAPRICORNE	POISSONS	POISSONS	TAUREAU	BALANCE	CANCER	BALANCE	LION	18 BALANCE
9 JANVIER	CAPRICORNE	POISSONS	POISSONS	TAUREAU	BALANCE	CANCER	BALANCE	LION	1 SCORPION
10 JANVIER	CAPRICORNE	POISSONS	POISSONS	TAUREAU	BALANCE	CANCER	BALANCE	LION	14 SCORPION
11 JANVIER	CAPRICORNE	POISSONS	POISSONS	TAUREAU	BALANCE	CANCER	BALANCE	LION	27 SCORPION
12 JANVIER	CAPRICORNE	POISSONS	POISSONS	TAUREAU	BALANCE	CANCER	BALANCE	LION	10 SAGITTAIRE
13 JANVIER	CAPRICORNE	POISSONS	POISSONS	TAUREAU	BALANCE	CANCER	BALANCE	LION	24 SAGITTAIRE
14 JANVIER	CAPRICORNE	POISSONS	POISSONS	TAUREAU	BALANCE	CANCER	BALANCE	LION	9 CAPRICORNE
15 JANVIER	CAPRICORNE	POISSONS	POISSONS	TAUREAU	BALANCE	CANCER	BALANCE	LION	23 CAPRICORNE
16 JANVIER	CAPRICORNE	POISSONS	POISSONS	TAUREAU	BALANCE	CANCER	BALANCE	LION	8 VERSEAU
17 JANVIER	CAPRICORNE	POISSONS	POISSONS	TAUREAU	BALANCE	CANCER	BALANCE	LION	23 VERSEAU
18 JANVIER	CAPRICORNE	POISSONS	POISSONS	TAUREAU	BALANCE	CANCER	BALANCE	LION	8 POISSONS
19 JANVIER	CAPRICORNE	POISSONS	POISSONS	TAUREAU	BALANCE	CANCER	BALANCE	LION	23 POISSONS
20 JANVIER	CAPRICORNE	POISSONS	POISSONS	TAUREAU	BALANCE	CANCER	BALANCE	LION	7 BELIER
22 DECEMBRE	SAGITTAIRE	SAGITTAIRE	SCORPION	GEMEAUX	SCORPION	CANCER	BALANCE	LION	25 CANCER
23 DECEMBRE	SAGITTAIRE	SAGITTAIRE	SCORPION	GEMEAUX	SCORPION	CANCER	BALANCE	LION	8 LION
24 DECEMBRE	SAGITTAIRE	SAGITTAIRE	SCORPION	GEMEAUX	SCORPION	CANCER	BALANCE	LION	21 LION
25 DECEMBRE	SAGITTAIRE	SAGITTAIRE	SCORPION	GEMEAUX	SCORPION	CANCER	BALANCE	LION	3 VIERGE
26 DECEMBRE	SAGITTAIRE	SAGITTAIRE	SCORPION	GEMEAUX	SCORPION	CANCER	BALANCE	LION	15 VIERGE
27 DECEMBRE	SAGITTAIRE	SAGITTAIRE	SCORPION	GEMEAUX	SCORPION	CANCER	BALANCE	LION	27 VIERGE
28 DECEMBRE	SAGITTAIRE	SAGITTAIRE	SCORPION	GEMEAUX	SCORPION	CANCER	BALANCE	LION	9 BALANCE
29 DECEMBRE	SAGITTAIRE	SAGITTAIRE	SCORPION	GEMEAUX	SCORPION	CANCER	BALANCE	LION	21 BALANCE
30 DECEMBRE	SAGITTAIRE	CAPRICORNE	SCORPION	GEMEAUX	SCORPION	CANCER	BALANCE	LION	3 SCORPION
31 DECEMBRE	CAPRICORNE	CAPRICORNE	SCORPION	GEMEAUX	SCORPION	CANCER	BALANCE	LION	15 SCORPION

LE SOLEIL RESTE DANS LE SIGNE DU CAPRICORNE JUSQU'AU 20 JANVIER A 8 h 10 1953
LE SOLEIL REVIENT DANS LE SIGNE DU LE 22 DECEMBRE A 3 h 15
* LES CHIFFRES INDIQUENT LES DEGRES

DECOUVREZ DANS QUEL SIGNE SE TROUVAIENT LES PLANETES A VOTRE NAISSANCE

1954	MERCURE	VENUS	MARS	JUPITER	SATURNE	URANUS	NEPTUNE	PLUTON	LUNE *
1 JANVIER	CAPRICORNE	CAPRICORNE	SCORPION	GEMEAUX	SCORPION	CANCER	BALANCE	LION	27 SCORPION
2 JANVIER	CAPRICORNE	CAPRICORNE	SCORPION	GEMEAUX	SCORPION	CANCER	BALANCE	LION	10 SAGITTAIRE
3 JANVIER	CAPRICORNE	CAPRICORNE	SCORPION	GEMEAUX	SCORPION	CANCER	BALANCE	LION	23 SAGITTAIRE
4 JANVIER	CAPRICORNE	CAPRICORNE	SCORPION	GEMEAUX	SCORPION	CANCER	BALANCE	LION	6 CAPRICORNE
5 JANVIER	CAPRICORNE	CAPRICORNE	SCORPION	GEMEAUX	SCORPION	CANCER	BALANCE	LION	19 CAPRICORNE
6 JANVIER	CAPRICORNE	CAPRICORNE	SCORPION	GEMEAUX	SCORPION	CANCER	BALANCE	LION	3 VERSEAU
7 JANVIER	CAPRICORNE	CAPRICORNE	SCORPION	GEMEAUX	SCORPION	CANCER	BALANCE	LION	17 VERSEAU
8 JANVIER	CAPRICORNE	CAPRICORNE	SCORPION	GEMEAUX	SCORPION	CANCER	BALANCE	LION	1 POISSONS
9 JANVIER	CAPRICORNE	CAPRICORNE	SCORPION	GEMEAUX	SCORPION	CANCER	BALANCE	LION	15 POISSONS
10 JANVIER	CAPRICORNE	CAPRICORNE	SCORPION	GEMEAUX	SCORPION	CANCER	BALANCE	LION	29 POISSONS
11 JANVIER	CAPRICORNE	CAPRICORNE	SCORPION	GEMEAUX	SCORPION	CANCER	BALANCE	LION	14 BELIER
12 JANVIER	CAPRICORNE	CAPRICORNE	SCORPION	GEMEAUX	SCORPION	CANCER	BALANCE	LION	28 BELIER
13 JANVIER	CAPRICORNE	CAPRICORNE	SCORPION	GEMEAUX	SCORPION	CANCER	BALANCE	LION	12 TAUREAU
14 JANVIER	CAPRICORNE	CAPRICORNE	SCORPION	GEMEAUX	SCORPION	CANCER	BALANCE	LION	26 TAUREAU
15 JANVIER	CAPRICORNE	CAPRICORNE	SCORPION	GEMEAUX	SCORPION	CANCER	BALANCE	LION	10 GEMEAUX
16 JANVIER	CAPRICORNE	CAPRICORNE	SCORPION	GEMEAUX	SCORPION	CANCER	BALANCE	LION	23 GEMEAUX
17 JANVIER	CAPRICORNE	CAPRICORNE	SCORPION	GEMEAUX	SCORPION	CANCER	BALANCE	LION	7 CANCER
18 JANVIER	VERSEAU	CAPRICORNE	SCORPION	GEMEAUX	SCORPION	CANCER	BALANCE	LION	20 CANCER
19 JANVIER	VERSEAU	CAPRICORNE	SCORPION	GEMEAUX	SCORPION	CANCER	BALANCE	LION	3 LION
20 JANVIER	VERSEAU	CAPRICORNE	SCORPION	GEMEAUX	SCORPION	CANCER	BALANCE	LION	16 LION
22 DECEMBRE	SAGITTAIRE	SCORPION	POISSONS	CANCER	SCORPION	CANCER	BALANCE	LION	29 SCORPION
23 DECEMBRE	CAPRICORNE	SCORPION	POISSONS	CANCER	SCORPION	CANCER	BALANCE	LION	11 SAGITTAIRE
24 DECEMBRE	CAPRICORNE	SCORPION	POISSONS	CANCER	SCORPION	CANCER	BALANCE	LION	23 SAGITTAIRE
25 DECEMBRE	CAPRICORNE	SCORPION	POISSONS	CANCER	SCORPION	CANCER	BALANCE	LION	5 CAPRICORNE
26 DECEMBRE	CAPRICORNE	SCORPION	POISSONS	CANCER	SCORPION	CANCER	BALANCE	LION	17 CAPRICORNE
27 DECEMBRE	CAPRICORNE	SCORPION	POISSONS	CANCER	SCORPION	CANCER	BALANCE	LION	0 VERSEAU
28 DECEMBRE	CAPRICORNE	SCORPION	POISSONS	CANCER	SCORPION	CANCER	BALANCE	LION	12 VERSEAU
29 DECEMBRE	CAPRICORNE	SCORPION	POISSONS	CANCER	SCORPION	CANCER	BALANCE	LION	25 VERSEAU
30 DECEMBRE	CAPRICORNE	SCORPION	POISSONS	CANCER	SCORPION	CANCER	BALANCE	LION	8 POISSONS
31 DECEMBRE	CAPRICORNE	SCORPION	POISSONS	CANCER	SCORPION	CANCER	BALANCE	LION	22 POISSONS

LE SOLEIL RESTE DANS LE SIGNE DU CAPRICORNE JUSQU'AU 20 JANVIER 1954 A 14 h 00
REVIENT DANS LE SIGNE DU LE 22 DECEMBRE A 9 h 10
* LES CHIFFRES INDIQUENT LES DEGRES

1955	MERCURE	VENUS	MARS	JUPITER	SATURNE	URANUS	NEPTUNE	PLUTON	LUNE *
1 JANVIER	CAPRICORNE	SCORPION	POISSONS	CANCER	SCORPION	CANCER	BALANCE	LION	5 BELIER
2 JANVIER	CAPRICORNE	SCORPION	POISSONS	CANCER	SCORPION	CANCER	BALANCE	LION	19 BELIER
3 JANVIER	CAPRICORNE	SCORPION	POISSONS	CANCER	SCORPION	CANCER	BALANCE	LION	4 TAUREAU
4 JANVIER	CAPRICORNE	SCORPION	POISSONS	CANCER	SCORPION	CANCER	BALANCE	LION	18 TAUREAU
5 JANVIER	CAPRICORNE	SCORPION	POISSONS	CANCER	SCORPION	CANCER	BALANCE	LION	3 GEMEAUX
6 JANVIER	CAPRICORNE	SAGITTAIRE	POISSONS	CANCER	SCORPION	CANCER	BALANCE	LION	17 GEMEAUX
7 JANVIER	CAPRICORNE	SAGITTAIRE	POISSONS	CANCER	SCORPION	CANCER	BALANCE	LION	2 CANCER
8 JANVIER	CAPRICORNE	SAGITTAIRE	POISSONS	CANCER	SCORPION	CANCER	BALANCE	LION	17 CANCER
9 JANVIER	CAPRICORNE	SAGITTAIRE	POISSONS	CANCER	SCORPION	CANCER	BALANCE	LION	1 LION
10 JANVIER	CAPRICORNE	SAGITTAIRE	POISSONS	CANCER	SCORPION	CANCER	BALANCE	LION	15 LION
11 JANVIER	VERSEAU	SAGITTAIRE	POISSONS	CANCER	SCORPION	CANCER	BALANCE	LION	29 LION
12 JANVIER	VERSEAU	SAGITTAIRE	POISSONS	CANCER	SCORPION	CANCER	BALANCE	LION	12 VIERGE
13 JANVIER	VERSEAU	SAGITTAIRE	POISSONS	CANCER	SCORPION	CANCER	BALANCE	LION	25 VIERGE
14 JANVIER	VERSEAU	SAGITTAIRE	POISSONS	CANCER	SCORPION	CANCER	BALANCE	LION	7 BALANCE
15 JANVIER	VERSEAU	SAGITTAIRE	BELIER	CANCER	SCORPION	CANCER	BALANCE	LION	20 BALANCE
16 JANVIER	VERSEAU	SAGITTAIRE	BELIER	CANCER	SCORPION	CANCER	BALANCE	LION	2 SCORPION
17 JANVIER	VERSEAU	SAGITTAIRE	BELIER	CANCER	SCORPION	CANCER	BALANCE	LION	13 SCORPION
18 JANVIER	VERSEAU	SAGITTAIRE	BELIER	CANCER	SCORPION	CANCER	BALANCE	LION	25 SCORPION
19 JANVIER	VERSEAU	SAGITTAIRE	BELIER	CANCER	SCORPION	CANCER	BALANCE	LION	7 SAGITTAIRE
20 JANVIER	VERSEAU	SAGITTAIRE	BELIER	CANCER	SCORPION	CANCER	BALANCE	LION	19 SAGITTAIRE
22 DECEMBRE	CAPRICORNE	CAPRICORNE	SCORPION	VIERGE	SCORPION	LION	BALANCE	LION	1 BELIER
23 DECEMBRE	CAPRICORNE	CAPRICORNE	SCORPION	VIERGE	SCORPION	LION	BALANCE	LION	14 BELIER
24 DECEMBRE	CAPRICORNE	VERSEAU	SCORPION	VIERGE	SCORPION	LION	SCORPION	LION	28 BELIER
25 DECEMBRE	CAPRICORNE	VERSEAU	SCORPION	VIERGE	SCORPION	LION	SCORPION	LION	12 TAUREAU
26 DECEMBRE	CAPRICORNE	VERSEAU	SCORPION	VIERGE	SCORPION	LION	SCORPION	LION	26 TAUREAU
27 DECEMBRE	CAPRICORNE	VERSEAU	SCORPION	VIERGE	SCORPION	LION	SCORPION	LION	11 GEMEAUX
28 DECEMBRE	CAPRICORNE	VERSEAU	SCORPION	VIERGE	SCORPION	LION	SCORPION	LION	26 GEMEAUX
29 DECEMBRE	CAPRICORNE	VERSEAU	SCORPION	VIERGE	SCORPION	LION	SCORPION	LION	12 CANCER
30 DECEMBRE	CAPRICORNE	VERSEAU	SCORPION	VIERGE	SCORPION	LION	SCORPION	LION	27 CANCER
31 DECEMBRE	CAPRICORNE	VERSEAU	SCORPION	VIERGE	SCORPION	LION	SCORPION	LION	12 LION

LE SOLEIL RESTE DANS LE SIGNE DU CAPRICORNE JUSQU'AU 20 JANVIER 1955 A 19 h 50
REVIENT DANS LE SIGNE DU LE 22 DECEMBRE A 15 h 00
* LES CHIFFRES INDIQUENT LES DEGRES

DECOUVREZ DANS QUEL SIGNE SE TROUVAIENT LES PLANETES A VOTRE NAISSANCE

1956	MERCURE	VENUS	MARS	JUPITER	SATURNE	URANUS	NEPTUNE	PLUTON	LUNE *
1 JANVIER	CAPRICORNE	VERSEAU	SCORPION	VIERGE	SCORPION	LION	SCORPION	LION	26 LION
2 JANVIER	CAPRICORNE	VERSEAU	SCORPION	VIERGE	SCORPION	LION	SCORPION	LION	11 VIERGE
3 JANVIER	CAPRICORNE	VERSEAU	SCORPION	VIERGE	SCORPION	LION	SCORPION	LION	24 VIERGE
4 JANVIER	VERSEAU	VERSEAU	SCORPION	VIERGE	SCORPION	LION	SCORPION	LION	7 BALANCE
5 JANVIER	VERSEAU	VERSEAU	SCORPION	VIERGE	SCORPION	LION	SCORPION	LION	20 BALANCE
6 JANVIER	VERSEAU	VERSEAU	SCORPION	VIERGE	SCORPION	LION	SCORPION	LION	3 SCORPION
7 JANVIER	VERSEAU	VERSEAU	SCORPION	VIERGE	SCORPION	LION	SCORPION	LION	15 SCORPION
8 JANVIER	VERSEAU	VERSEAU	SCORPION	VIERGE	SCORPION	LION	SCORPION	LION	27 SCORPION
9 JANVIER	VERSEAU	VERSEAU	SCORPION	VIERGE	SCORPION	LION	SCORPION	LION	9 SAGITTAIRE
10 JANVIER	VERSEAU	VERSEAU	SCORPION	VIERGE	SCORPION	LION	SCORPION	LION	21 SAGITTAIRE
11 JANVIER	VERSEAU	VERSEAU	SCORPION	VIERGE	SCORPION	LION	SCORPION	LION	2 CAPRICORNE
12 JANVIER	VERSEAU	VERSEAU	SCORPION	VIERGE	SCORPION	LION	SCORPION	LION	14 CAPRICORNE
13 JANVIER	VERSEAU	VERSEAU	SCORPION	VIERGE	SAGITTAIRE	LION	SCORPION	LION	26 CAPRICORNE
14 JANVIER	VERSEAU	VERSEAU	SAGITTAIRE	VIERGE	SAGITTAIRE	LION	SCORPION	LION	8 VERSEAU
15 JANVIER	VERSEAU	VERSEAU	SAGITTAIRE	VIERGE	SAGITTAIRE	LION	SCORPION	LION	20 VERSEAU
16 JANVIER	VERSEAU	VERSEAU	SAGITTAIRE	VIERGE	SAGITTAIRE	LION	SCORPION	LION	2 POISSONS
17 JANVIER	VERSEAU	VERSEAU	SAGITTAIRE	VIERGE	SAGITTAIRE	LION	SCORPION	LION	15 POISSONS
18 JANVIER	VERSEAU	POISSONS	SAGITTAIRE	LION	SAGITTAIRE	LION	SCORPION	LION	27 POISSONS
19 JANVIER	VERSEAU	POISSONS	SAGITTAIRE	LION	SAGITTAIRE	LION	SCORPION	LION	10 BELIER
20 JANVIER	VERSEAU	POISSONS	SAGITTAIRE	LION	SAGITTAIRE	LION	SCORPION	LION	23 BELIER
21 JANVIER	VERSEAU	POISSONS	SAGITTAIRE	LION	SAGITTAIRE	LION	SCORPION	LION	7 TAUREAU
21 DECEMBRE	CAPRICORNE	SAGITTAIRE	BELIER	BALANCE	SAGITTAIRE	LION	SCORPION	VIERGE	21 LION
22 DECEMBRE	CAPRICORNE	SAGITTAIRE	BELIER	BALANCE	SAGITTAIRE	LION	SCORPION	VIERGE	5 VIERGE
23 DECEMBRE	CAPRICORNE	SAGITTAIRE	BELIER	BALANCE	SAGITTAIRE	LION	SCORPION	VIERGE	19 VIERGE
24 DECEMBRE	CAPRICORNE	SAGITTAIRE	BELIER	BALANCE	SAGITTAIRE	LION	SCORPION	VIERGE	3 BALANCE
25 DECEMBRE	CAPRICORNE	SAGITTAIRE	BELIER	BALANCE	SAGITTAIRE	LION	SCORPION	VIERGE	17 BALANCE
26 DECEMBRE	CAPRICORNE	SAGITTAIRE	BELIER	BALANCE	SAGITTAIRE	LION	SCORPION	VIERGE	0 SCORPION
27 DECEMBRE	CAPRICORNE	SAGITTAIRE	BELIER	BALANCE	SAGITTAIRE	LION	SCORPION	VIERGE	13 SCORPION
28 DECEMBRE	CAPRICORNE	SAGITTAIRE	BELIER	BALANCE	SAGITTAIRE	LION	SCORPION	VIERGE	26 SCORPION
29 DECEMBRE	CAPRICORNE	SAGITTAIRE	BELIER	BALANCE	SAGITTAIRE	LION	SCORPION	VIERGE	8 SAGITTAIRE
30 DECEMBRE	CAPRICORNE	SAGITTAIRE	BELIER	BALANCE	SAGITTAIRE	LION	SCORPION	VIERGE	21 SAGITTAIRE
31 DECEMBRE	CAPRICORNE	SAGITTAIRE	BELIER	BALANCE	SAGITTAIRE	LION	SCORPION	VIERGE	3 CAPRICORNE

LE SOLEIL RESTE DANS LE SIGNE DU CAPRICORNE JUSQU'AU 21 JANVIER 1956 A 1 h 35
REVIENT DANS LE SIGNE DU LE 21 DECEMBRE A 20 h 45
* LES CHIFFRES INDIQUENT LES DEGRES

1957	MERCURE	VENUS	MARS	JUPITER	SATURNE	URANUS	NEPTUNE	PLUTON	LUNE *
1 JANVIER	CAPRICORNE	SAGITTAIRE	BELIER	BALANCE	SAGITTAIRE	LION	SCORPION	VIERGE	15 CAPRICORNE
2 JANVIER	CAPRICORNE	SAGITTAIRE	BELIER	BALANCE	SAGITTAIRE	LION	SCORPION	VIERGE	27 CAPRICORNE
3 JANVIER	CAPRICORNE	SAGITTAIRE	BELIER	BALANCE	SAGITTAIRE	LION	SCORPION	VIERGE	9 VERSEAU
4 JANVIER	CAPRICORNE	SAGITTAIRE	BELIER	BALANCE	SAGITTAIRE	LION	SCORPION	VIERGE	21 VERSEAU
5 JANVIER	CAPRICORNE	SAGITTAIRE	BELIER	BALANCE	SAGITTAIRE	LION	SCORPION	VIERGE	3 POISSONS
6 JANVIER	CAPRICORNE	SAGITTAIRE	BELIER	BALANCE	SAGITTAIRE	LION	SCORPION	VIERGE	14 POISSONS
7 JANVIER	CAPRICORNE	SAGITTAIRE	BELIER	BALANCE	SAGITTAIRE	LION	SCORPION	VIERGE	26 POISSONS
8 JANVIER	CAPRICORNE	SAGITTAIRE	BELIER	BALANCE	SAGITTAIRE	LION	SCORPION	VIERGE	9 BELIER
9 JANVIER	CAPRICORNE	SAGITTAIRE	BELIER	BALANCE	SAGITTAIRE	LION	SCORPION	VIERGE	21 BELIER
10 JANVIER	CAPRICORNE	SAGITTAIRE	BELIER	BALANCE	SAGITTAIRE	LION	SCORPION	VIERGE	4 TAUREAU
11 JANVIER	CAPRICORNE	SAGITTAIRE	BELIER	BALANCE	SAGITTAIRE	LION	SCORPION	VIERGE	17 TAUREAU
12 JANVIER	CAPRICORNE	SAGITTAIRE	BELIER	BALANCE	SAGITTAIRE	LION	SCORPION	VIERGE	0 GEMEAUX
13 JANVIER	CAPRICORNE	CAPRICORNE	BELIER	BALANCE	SAGITTAIRE	LION	SCORPION	VIERGE	14 GEMEAUX
14 JANVIER	CAPRICORNE	CAPRICORNE	BELIER	BALANCE	SAGITTAIRE	LION	SCORPION	VIERGE	29 GEMEAUX
15 JANVIER	CAPRICORNE	CAPRICORNE	BELIER	BALANCE	SAGITTAIRE	LION	SCORPION	LION	14 CANCER
16 JANVIER	CAPRICORNE	CAPRICORNE	BELIER	BALANCE	SAGITTAIRE	LION	SCORPION	LION	29 CANCER
17 JANVIER	CAPRICORNE	CAPRICORNE	BELIER	BALANCE	SAGITTAIRE	LION	SCORPION	LION	14 LION
18 JANVIER	CAPRICORNE	CAPRICORNE	BELIER	BALANCE	SAGITTAIRE	LION	SCORPION	LION	0 VIERGE
19 JANVIER	CAPRICORNE	CAPRICORNE	BELIER	BALANCE	SAGITTAIRE	LION	SCORPION	LION	15 VIERGE
20 JANVIER	CAPRICORNE	CAPRICORNE	BELIER	BALANCE	SAGITTAIRE	LION	SCORPION	LION	29 VIERGE
22 DECEMBRE	CAPRICORNE	VERSEAU	SCORPION	BALANCE	SAGITTAIRE	LION	SCORPION	VIERGE	15 CAPRICORNE
23 DECEMBRE	CAPRICORNE	VERSEAU	SAGITTAIRE	BALANCE	SAGITTAIRE	LION	SCORPION	VIERGE	28 CAPRICORNE
24 DECEMBRE	CAPRICORNE	VERSEAU	SAGITTAIRE	BALANCE	SAGITTAIRE	LION	SCORPION	VIERGE	10 VERSEAU
25 DECEMBRE	CAPRICORNE	VERSEAU	SAGITTAIRE	BALANCE	SAGITTAIRE	LION	SCORPION	VIERGE	23 VERSEAU
26 DECEMBRE	CAPRICORNE	VERSEAU	SAGITTAIRE	BALANCE	SAGITTAIRE	LION	SCORPION	VIERGE	5 POISSONS
27 DECEMBRE	CAPRICORNE	VERSEAU	SAGITTAIRE	BALANCE	SAGITTAIRE	LION	SCORPION	VIERGE	17 POISSONS
28 DECEMBRE	CAPRICORNE	VERSEAU	SAGITTAIRE	BALANCE	SAGITTAIRE	LION	SCORPION	VIERGE	29 POISSONS
29 DECEMBRE	SAGITTAIRE	VERSEAU	SAGITTAIRE	BALANCE	SAGITTAIRE	LION	SCORPION	VIERGE	10 BELIER
30 DECEMBRE	SAGITTAIRE	VERSEAU	SAGITTAIRE	BALANCE	SAGITTAIRE	LION	SCORPION	VIERGE	22 BELIER
31 DECEMBRE	SAGITTAIRE	VERSEAU	SAGITTAIRE	BALANCE	SAGITTAIRE	LION	SCORPION	VIERGE	4 TAUREAU

LE SOLEIL RESTE DANS LE SIGNE DU CAPRICORNE JUSQU'AU 20 JANVIER 1957 A 7 h 30
REVIENT DANS LE SIGNE DU LE 22 DECEMBRE A 2 h 35
* LES CHIFFRES INDIQUENT LES DEGRES

DECOUVREZ DANS QUEL SIGNE SE TROUVAIENT LES PLANETES A VOTRE NAISSANCE

1958	MERCURE	VENUS	MARS	JUPITER	SATURNE	URANUS	NEPTUNE	PLUTON	LUNE *
1 JANVIER	SAGITTAIRE	VERSEAU	SAGITTAIRE	BALANCE	SAGITTAIRE	LION	SCORPION	VIERGE	17 TAUREAU
2 JANVIER	SAGITTAIRE	VERSEAU	SAGITTAIRE	BALANCE	SAGITTAIRE	LION	SCORPION	VIERGE	29 TAUREAU
3 JANVIER	SAGITTAIRE	VERSEAU	SAGITTAIRE	BALANCE	SAGITTAIRE	LION	SCORPION	VIERGE	13 GEMEAUX
4 JANVIER	SAGITTAIRE	VERSEAU	SAGITTAIRE	BALANCE	SAGITTAIRE	LION	SCORPION	VIERGE	26 GEMEAUX
5 JANVIER	SAGITTAIRE	VERSEAU	SAGITTAIRE	BALANCE	SAGITTAIRE	LION	SCORPION	VIERGE	10 CANCER
6 JANVIER	SAGITTAIRE	VERSEAU	SAGITTAIRE	BALANCE	SAGITTAIRE	LION	SCORPION	VIERGE	24 CANCER
7 JANVIER	SAGITTAIRE	VERSEAU	SAGITTAIRE	BALANCE	SAGITTAIRE	LION	SCORPION	VIERGE	8 LION
8 JANVIER	SAGITTAIRE	VERSEAU	SAGITTAIRE	BALANCE	SAGITTAIRE	LION	SCORPION	VIERGE	23 LION
9 JANVIER	SAGITTAIRE	VERSEAU	SAGITTAIRE	BALANCE	SAGITTAIRE	LION	SCORPION	VIERGE	8 VIERGE
10 JANVIER	SAGITTAIRE	VERSEAU	SAGITTAIRE	BALANCE	SAGITTAIRE	LION	SCORPION	VIERGE	22 VIERGE
11 JANVIER	SAGITTAIRE	VERSEAU	SAGITTAIRE	BALANCE	SAGITTAIRE	LION	SCORPION	VIERGE	6 BALANCE
12 JANVIER	SAGITTAIRE	VERSEAU	SAGITTAIRE	BALANCE	SAGITTAIRE	LION	SCORPION	VIERGE	20 BALANCE
13 JANVIER	SAGITTAIRE	VERSEAU	SAGITTAIRE	BALANCE	SAGITTAIRE	LION	SCORPION	VIERGE	4 SCORPION
14 JANVIER	CAPRICORNE	VERSEAU	SAGITTAIRE	SCORPION	SAGITTAIRE	LION	SCORPION	VIERGE	18 SCORPION
15 JANVIER	CAPRICORNE	VERSEAU	SAGITTAIRE	SCORPION	SAGITTAIRE	LION	SCORPION	VIERGE	1 SAGITTAIRE
16 JANVIER	CAPRICORNE	VERSEAU	SAGITTAIRE	SCORPION	SAGITTAIRE	LION	SCORPION	VIERGE	15 SAGITTAIRE
17 JANVIER	CAPRICORNE	VERSEAU	SAGITTAIRE	SCORPION	SAGITTAIRE	LION	SCORPION	VIERGE	28 SAGITTAIRE
18 JANVIER	CAPRICORNE	VERSEAU	SAGITTAIRE	SCORPION	SAGITTAIRE	LION	SCORPION	VIERGE	11 CAPRICORNE
19 JANVIER	CAPRICORNE	VERSEAU	SAGITTAIRE	SCORPION	SAGITTAIRE	LION	SCORPION	VIERGE	24 CAPRICORNE
20 JANVIER	CAPRICORNE	VERSEAU	SAGITTAIRE	SCORPION	SAGITTAIRE	LION	SCORPION	VIERGE	6 VERSEAU
22 DECEMBRE	SAGITTAIRE	CAPRICORNE	TAUREAU	SCORPION	SAGITTAIRE	LION	SCORPION	VIERGE	19 TAUREAU
23 DECEMBRE	SAGITTAIRE	CAPRICORNE	TAUREAU	SCORPION	SAGITTAIRE	LION	SCORPION	VIERGE	1 GEMEAUX
24 DECEMBRE	SAGITTAIRE	CAPRICORNE	TAUREAU	SCORPION	SAGITTAIRE	LION	SCORPION	VIERGE	13 GEMEAUX
25 DECEMBRE	SAGITTAIRE	CAPRICORNE	TAUREAU	SCORPION	SAGITTAIRE	LION	SCORPION	VIERGE	25 GEMEAUX
26 DECEMBRE	SAGITTAIRE	CAPRICORNE	TAUREAU	SCORPION	SAGITTAIRE	LION	SCORPION	VIERGE	8 CANCER
27 DECEMBRE	SAGITTAIRE	CAPRICORNE	TAUREAU	SCORPION	SAGITTAIRE	LION	SCORPION	VIERGE	21 CANCER
28 DECEMBRE	SAGITTAIRE	CAPRICORNE	TAUREAU	SCORPION	SAGITTAIRE	LION	SCORPION	VIERGE	4 LION
29 DECEMBRE	SAGITTAIRE	CAPRICORNE	TAUREAU	SCORPION	SAGITTAIRE	LION	SCORPION	VIERGE	17 LION
30 DECEMBRE	SAGITTAIRE	CAPRICORNE	TAUREAU	SCORPION	SAGITTAIRE	LION	SCORPION	VIERGE	0 VIERGE
31 DECEMBRE	SAGITTAIRE	CAPRICORNE	TAUREAU	SCORPION	SAGITTAIRE	LION	SCORPION	VIERGE	14 VIERGE

LE SOLEIL — RESTE DANS LE SIGNE DU CAPRICORNE JUSQU'AU 20 JANVIER 1958 A 13 h 00
REVIENT DANS LE SIGNE DU LE 22 DECEMBRE A 8 h 25
* LES CHIFFRES INDIQUENT LES DEGRES

1959	MERCURE	VENUS	MARS	JUPITER	SATURNE	URANUS	NEPTUNE	PLUTON	LUNE *
1 JANVIER	SAGITTAIRE	CAPRICORNE	TAUREAU	SCORPION	SAGITTAIRE	LION	SCORPION	VIERGE	28 VIERGE
2 JANVIER	SAGITTAIRE	CAPRICORNE	TAUREAU	SCORPION	SAGITTAIRE	LION	SCORPION	VIERGE	12 BALANCE
3 JANVIER	SAGITTAIRE	CAPRICORNE	TAUREAU	SCORPION	SAGITTAIRE	LION	SCORPION	VIERGE	26 BALANCE
4 JANVIER	SAGITTAIRE	CAPRICORNE	TAUREAU	SCORPION	SAGITTAIRE	LION	SCORPION	VIERGE	10 SCORPION
5 JANVIER	SAGITTAIRE	CAPRICORNE	TAUREAU	SCORPION	SAGITTAIRE	LION	SCORPION	VIERGE	24 SCORPION
6 JANVIER	SAGITTAIRE	CAPRICORNE	TAUREAU	SCORPION	CAPRICORNE	LION	SCORPION	VIERGE	9 SAGITTAIRE
7 JANVIER	SAGITTAIRE	VERSEAU	TAUREAU	SCORPION	CAPRICORNE	LION	SCORPION	VIERGE	23 SAGITTAIRE
8 JANVIER	SAGITTAIRE	VERSEAU	TAUREAU	SCORPION	CAPRICORNE	LION	SCORPION	VIERGE	8 CAPRICORNE
9 JANVIER	SAGITTAIRE	VERSEAU	TAUREAU	SCORPION	CAPRICORNE	LION	SCORPION	VIERGE	22 CAPRICORNE
10 JANVIER	SAGITTAIRE	VERSEAU	TAUREAU	SCORPION	CAPRICORNE	LION	SCORPION	VIERGE	5 VERSEAU
11 JANVIER	CAPRICORNE	VERSEAU	TAUREAU	SCORPION	CAPRICORNE	LION	SCORPION	VIERGE	19 VERSEAU
12 JANVIER	CAPRICORNE	VERSEAU	TAUREAU	SCORPION	CAPRICORNE	LION	SCORPION	VIERGE	2 POISSONS
13 JANVIER	CAPRICORNE	VERSEAU	TAUREAU	SCORPION	CAPRICORNE	LION	SCORPION	VIERGE	15 POISSONS
14 JANVIER	CAPRICORNE	VERSEAU	TAUREAU	SCORPION	CAPRICORNE	LION	SCORPION	VIERGE	27 POISSONS
15 JANVIER	CAPRICORNE	VERSEAU	TAUREAU	SCORPION	CAPRICORNE	LION	SCORPION	VIERGE	9 BELIER
16 JANVIER	CAPRICORNE	VERSEAU	TAUREAU	SCORPION	CAPRICORNE	LION	SCORPION	VIERGE	21 BELIER
17 JANVIER	CAPRICORNE	VERSEAU	TAUREAU	SCORPION	CAPRICORNE	LION	SCORPION	VIERGE	3 TAUREAU
18 JANVIER	CAPRICORNE	VERSEAU	TAUREAU	SCORPION	CAPRICORNE	LION	SCORPION	VIERGE	15 TAUREAU
19 JANVIER	CAPRICORNE	VERSEAU	TAUREAU	SCORPION	CAPRICORNE	LION	SCORPION	VIERGE	27 TAUREAU
20 JANVIER	CAPRICORNE	VERSEAU	TAUREAU	SCORPION	CAPRICORNE	LION	SCORPION	VIERGE	9 GEMEAUX
22 DECEMBRE	SAGITTAIRE	SCORPION	SAGITTAIRE	SAGITTAIRE	CAPRICORNE	LION	SCORPION	VIERGE	22 VIERGE
23 DECEMBRE	SAGITTAIRE	SCORPION	SAGITTAIRE	SAGITTAIRE	CAPRICORNE	LION	SCORPION	VIERGE	5 BALANCE
24 DECEMBRE	SAGITTAIRE	SCORPION	SAGITTAIRE	SAGITTAIRE	CAPRICORNE	LION	SCORPION	VIERGE	19 BALANCE
25 DECEMBRE	SAGITTAIRE	SCORPION	SAGITTAIRE	SAGITTAIRE	CAPRICORNE	LION	SCORPION	VIERGE	3 SCORPION
26 DECEMBRE	SAGITTAIRE	SCORPION	SAGITTAIRE	SAGITTAIRE	CAPRICORNE	LION	SCORPION	VIERGE	17 SCORPION
27 DECEMBRE	SAGITTAIRE	SCORPION	SAGITTAIRE	SAGITTAIRE	CAPRICORNE	LION	SCORPION	VIERGE	2 SAGITTAIRE
28 DECEMBRE	SAGITTAIRE	SCORPION	SAGITTAIRE	SAGITTAIRE	CAPRICORNE	LION	SCORPION	VIERGE	17 SAGITTAIRE
29 DECEMBRE	SAGITTAIRE	SCORPION	SAGITTAIRE	SAGITTAIRE	CAPRICORNE	LION	SCORPION	VIERGE	2 CAPRICORNE
30 DECEMBRE	SAGITTAIRE	SCORPION	SAGITTAIRE	SAGITTAIRE	CAPRICORNE	LION	SCORPION	VIERGE	18 CAPRICORNE
31 DECEMBRE	SAGITTAIRE	SCORPION	SAGITTAIRE	SAGITTAIRE	CAPRICORNE	LION	SCORPION	VIERGE	3 VERSEAU

LE SOLEIL — RESTE DANS LE SIGNE DU CAPRICORNE JUSQU'AU 20 JANVIER 1959 A 19 h 00
REVIENT DANS LE SIGNE DU LE 22 DECEMBRE A 14 h 20
* LES CHIFFRES INDIQUENT LES DEGRES

DECOUVREZ DANS QUEL SIGNE SE TROUVAIENT LES PLANETES A VOTRE NAISSANCE

1960	MERCURE	VENUS	MARS	JUPITER	SATURNE	URANUS	NEPTUNE	PLUTON	LUNE *
1 JANVIER	SAGITTAIRE	SCORPION	SAGITTAIRE	SAGITTAIRE	CAPRICORNE	LION	SCORPION	VIERGE	17 VERSEAU
2 JANVIER	SAGITTAIRE	SAGITTAIRE	SAGITTAIRE	SAGITTAIRE	CAPRICORNE	LION	SCORPION	VIERGE	1 POISSONS
3 JANVIER	SAGITTAIRE	SAGITTAIRE	SAGITTAIRE	SAGITTAIRE	CAPRICORNE	LION	SCORPION	VIERGE	15 POISSONS
4 JANVIER	CAPRICORNE	SAGITTAIRE	SAGITTAIRE	SAGITTAIRE	CAPRICORNE	LION	SCORPION	VIERGE	28 POISSONS
5 JANVIER	CAPRICORNE	SAGITTAIRE	SAGITTAIRE	SAGITTAIRE	CAPRICORNE	LION	SCORPION	VIERGE	11 BELIER
6 JANVIER	CAPRICORNE	SAGITTAIRE	SAGITTAIRE	SAGITTAIRE	CAPRICORNE	LION	SCORPION	VIERGE	23 BELIER
7 JANVIER	CAPRICORNE	SAGITTAIRE	SAGITTAIRE	SAGITTAIRE	CAPRICORNE	LION	SCORPION	VIERGE	5 TAUREAU
8 JANVIER	CAPRICORNE	SAGITTAIRE	SAGITTAIRE	SAGITTAIRE	CAPRICORNE	LION	SCORPION	VIERGE	17 TAUREAU
9 JANVIER	CAPRICORNE	SAGITTAIRE	SAGITTAIRE	SAGITTAIRE	CAPRICORNE	LION	SCORPION	VIERGE	29 TAUREAU
10 JANVIER	CAPRICORNE	SAGITTAIRE	SAGITTAIRE	SAGITTAIRE	CAPRICORNE	LION	SCORPION	VIERGE	11 GEMEAUX
11 JANVIER	CAPRICORNE	SAGITTAIRE	SAGITTAIRE	SAGITTAIRE	CAPRICORNE	LION	SCORPION	VIERGE	23 GEMEAUX
12 JANVIER	CAPRICORNE	SAGITTAIRE	SAGITTAIRE	SAGITTAIRE	CAPRICORNE	LION	SCORPION	VIERGE	4 CANCER
13 JANVIER	CAPRICORNE	SAGITTAIRE	SAGITTAIRE	SAGITTAIRE	CAPRICORNE	LION	SCORPION	VIERGE	16 CANCER
14 JANVIER	CAPRICORNE	SAGITTAIRE	CAPRICORNE	SAGITTAIRE	CAPRICORNE	LION	SCORPION	VIERGE	29 CANCER
15 JANVIER	CAPRICORNE	SAGITTAIRE	CAPRICORNE	SAGITTAIRE	CAPRICORNE	LION	SCORPION	VIERGE	11 LION
16 JANVIER	CAPRICORNE	SAGITTAIRE	CAPRICORNE	SAGITTAIRE	CAPRICORNE	LION	SCORPION	VIERGE	23 LION
17 JANVIER	CAPRICORNE	SAGITTAIRE	CAPRICORNE	SAGITTAIRE	CAPRICORNE	LION	SCORPION	VIERGE	6 VIERGE
18 JANVIER	CAPRICORNE	SAGITTAIRE	CAPRICORNE	SAGITTAIRE	CAPRICORNE	LION	SCORPION	VIERGE	19 VIERGE
19 JANVIER	CAPRICORNE	SAGITTAIRE	CAPRICORNE	SAGITTAIRE	CAPRICORNE	LION	SCORPION	VIERGE	2 BALANCE
20 JANVIER	CAPRICORNE	SAGITTAIRE	CAPRICORNE	SAGITTAIRE	CAPRICORNE	LION	SCORPION	VIERGE	15 BALANCE
21 JANVIER	CAPRICORNE	SAGITTAIRE	CAPRICORNE	SAGITTAIRE	CAPRICORNE	LION	SCORPION	VIERGE	29 BALANCE
21 DECEMBRE	SAGITTAIRE	VERSEAU	CANCER	CAPRICORNE	CAPRICORNE	LION	SCORPION	VIERGE	12 VERSEAU
22 DECEMBRE	SAGITTAIRE	VERSEAU	CANCER	CAPRICORNE	CAPRICORNE	LION	SCORPION	VIERGE	27 VERSEAU
23 DECEMBRE	SAGITTAIRE	VERSEAU	CANCER	CAPRICORNE	CAPRICORNE	LION	SCORPION	VIERGE	11 POISSONS
24 DECEMBRE	SAGITTAIRE	VERSEAU	CANCER	CAPRICORNE	CAPRICORNE	LION	SCORPION	VIERGE	25 POISSONS
25 DECEMBRE	SAGITTAIRE	VERSEAU	CANCER	CAPRICORNE	CAPRICORNE	LION	SCORPION	VIERGE	8 BELIER
26 DECEMBRE	SAGITTAIRE	VERSEAU	CANCER	CAPRICORNE	CAPRICORNE	LION	SCORPION	VIERGE	21 BELIER
27 DECEMBRE	CAPRICORNE	VERSEAU	CANCER	CAPRICORNE	CAPRICORNE	LION	SCORPION	VIERGE	4 TAUREAU
28 DECEMBRE	CAPRICORNE	VERSEAU	CANCER	CAPRICORNE	CAPRICORNE	LION	SCORPION	VIERGE	17 TAUREAU
29 DECEMBRE	CAPRICORNE	VERSEAU	CANCER	CAPRICORNE	CAPRICORNE	LION	SCORPION	VIERGE	29 TAUREAU
30 DECEMBRE	CAPRICORNE	VERSEAU	CANCER	CAPRICORNE	CAPRICORNE	LION	SCORPION	VIERGE	11 GEMEAUX
31 DECEMBRE	CAPRICORNE	VERSEAU	CANCER	CAPRICORNE	CAPRICORNE	LION	SCORPION	VIERGE	23 GEMEAUX

LE SOLEIL RESTE DANS LE SIGNE DU CAPRICORNE JUSQU'AU 21 JANVIER 1960 A 1 h 00
REVIENT DANS LE SIGNE DU CAPRICORNE LE 21 DECEMBRE A 20 h 10

* LES CHIFFRES INDIQUENT LES DEGRES

1961	MERCURE	VENUS	MARS	JUPITER	SATURNE	URANUS	NEPTUNE	PLUTON	LUNE *
1 JANVIER	CAPRICORNE	VERSEAU	CANCER	CAPRICORNE	CAPRICORNE	LION	SCORPION	VIERGE	5 CANCER
2 JANVIER	CAPRICORNE	VERSEAU	CANCER	CAPRICORNE	CAPRICORNE	LION	SCORPION	VIERGE	17 CANCER
3 JANVIER	CAPRICORNE	VERSEAU	CANCER	CAPRICORNE	CAPRICORNE	LION	SCORPION	VIERGE	29 CANCER
4 JANVIER	CAPRICORNE	VERSEAU	CANCER	CAPRICORNE	CAPRICORNE	LION	SCORPION	VIERGE	11 LION
5 JANVIER	CAPRICORNE	POISSONS	CANCER	CAPRICORNE	CAPRICORNE	LION	SCORPION	VIERGE	23 LION
6 JANVIER	CAPRICORNE	POISSONS	CANCER	CAPRICORNE	CAPRICORNE	LION	SCORPION	VIERGE	5 VIERGE
7 JANVIER	CAPRICORNE	POISSONS	CANCER	CAPRICORNE	CAPRICORNE	LION	SCORPION	VIERGE	17 VIERGE
8 JANVIER	CAPRICORNE	POISSONS	CANCER	CAPRICORNE	CAPRICORNE	LION	SCORPION	VIERGE	29 VIERGE
9 JANVIER	CAPRICORNE	POISSONS	CANCER	CAPRICORNE	CAPRICORNE	LION	SCORPION	VIERGE	11 BALANCE
10 JANVIER	CAPRICORNE	POISSONS	CANCER	CAPRICORNE	CAPRICORNE	LION	SCORPION	VIERGE	24 BALANCE
11 JANVIER	CAPRICORNE	POISSONS	CANCER	CAPRICORNE	CAPRICORNE	LION	SCORPION	VIERGE	7 SCORPION
12 JANVIER	CAPRICORNE	POISSONS	CANCER	CAPRICORNE	CAPRICORNE	LION	SCORPION	VIERGE	21 SCORPION
13 JANVIER	CAPRICORNE	POISSONS	CANCER	CAPRICORNE	CAPRICORNE	LION	SCORPION	VIERGE	5 SAGITTAIRE
14 JANVIER	CAPRICORNE	POISSONS	CANCER	CAPRICORNE	CAPRICORNE	LION	SCORPION	VIERGE	20 SAGITTAIRE
15 JANVIER	VERSEAU	POISSONS	CANCER	CAPRICORNE	CAPRICORNE	LION	SCORPION	VIERGE	5 CAPRICORNE
16 JANVIER	VERSEAU	POISSONS	CANCER	CAPRICORNE	CAPRICORNE	LION	SCORPION	VIERGE	20 CAPRICORNE
17 JANVIER	VERSEAU	POISSONS	CANCER	CAPRICORNE	CAPRICORNE	LION	SCORPION	VIERGE	5 VERSEAU
18 JANVIER	VERSEAU	POISSONS	CANCER	CAPRICORNE	CAPRICORNE	LION	SCORPION	VIERGE	21 VERSEAU
19 JANVIER	VERSEAU	POISSONS	CANCER	CAPRICORNE	CAPRICORNE	LION	SCORPION	VIERGE	5 POISSONS
20 JANVIER	VERSEAU	POISSONS	CANCER	CAPRICORNE	CAPRICORNE	LION	SCORPION	VIERGE	20 POISSONS
22 DECEMBRE	CAPRICORNE	SAGITTAIRE	SAGITTAIRE	VERSEAU	CAPRICORNE	VIERGE	SCORPION	VIERGE	6 CANCER
23 DECEMBRE	CAPRICORNE	SAGITTAIRE	SAGITTAIRE	VERSEAU	CAPRICORNE	VIERGE	SCORPION	VIERGE	18 CANCER
24 DECEMBRE	CAPRICORNE	SAGITTAIRE	SAGITTAIRE	VERSEAU	CAPRICORNE	VIERGE	SCORPION	VIERGE	0 LION
25 DECEMBRE	CAPRICORNE	SAGITTAIRE	CAPRICORNE	VERSEAU	CAPRICORNE	VIERGE	SCORPION	VIERGE	13 LION
26 DECEMBRE	CAPRICORNE	SAGITTAIRE	CAPRICORNE	VERSEAU	CAPRICORNE	VIERGE	SCORPION	VIERGE	24 LION
27 DECEMBRE	CAPRICORNE	SAGITTAIRE	CAPRICORNE	VERSEAU	CAPRICORNE	VIERGE	SCORPION	VIERGE	6 VIERGE
28 DECEMBRE	CAPRICORNE	SAGITTAIRE	CAPRICORNE	VERSEAU	CAPRICORNE	VIERGE	SCORPION	VIERGE	18 VIERGE
29 DECEMBRE	CAPRICORNE	CAPRICORNE	CAPRICORNE	VERSEAU	CAPRICORNE	VIERGE	SCORPION	VIERGE	0 BALANCE
30 DECEMBRE	CAPRICORNE	CAPRICORNE	CAPRICORNE	VERSEAU	CAPRICORNE	VIERGE	SCORPION	VIERGE	12 BALANCE
31 DECEMBRE	CAPRICORNE	CAPRICORNE	CAPRICORNE	VERSEAU	CAPRICORNE	VIERGE	SCORPION	VIERGE	24 BALANCE

LE SOLEIL RESTE DANS LE SIGNE DU CAPRICORNE JUSQU'AU 20 JANVIER 1961 A 6 h 45
REVIENT DANS LE SIGNE DU CAPRICORNE LE 22 DECEMBRE A 2 h 10

* LES CHIFFRES INDIQUENT LES DEGRES

DECOUVREZ DANS QUEL SIGNE SE TROUVAIENT LES PLANETES A VOTRE NAISSANCE

1962	MERCURE	VENUS	MARS	JUPITER	SATURNE	URANUS	NEPTUNE	PLUTON	LUNE *
1 JANVIER	CAPRICORNE	CAPRICORNE	CAPRICORNE	VERSEAU	CAPRICORNE	VIERGE	SCORPION	VIERGE	7 SCORPION
2 JANVIER	CAPRICORNE	CAPRICORNE	CAPRICORNE	VERSEAU	CAPRICORNE	VIERGE	SCORPION	VIERGE	20 SCORPION
3 JANVIER	CAPRICORNE	CAPRICORNE	CAPRICORNE	VERSEAU	CAPRICORNE	VIERGE	SCORPION	VIERGE	3 SAGITTAIRE
4 JANVIER	CAPRICORNE	CAPRICORNE	CAPRICORNE	VERSEAU	VERSEAU	VIERGE	SCORPION	VIERGE	17 SAGITTAIRE
5 JANVIER	CAPRICORNE	CAPRICORNE	CAPRICORNE	VERSEAU	VERSEAU	VIERGE	SCORPION	VIERGE	1 CAPRICORNE
6 JANVIER	CAPRICORNE	CAPRICORNE	CAPRICORNE	VERSEAU	VERSEAU	VIERGE	SCORPION	VIERGE	15 CAPRICORNE
7 JANVIER	CAPRICORNE	CAPRICORNE	CAPRICORNE	VERSEAU	VERSEAU	VIERGE	SCORPION	VIERGE	0 VERSEAU
8 JANVIER	VERSEAU	CAPRICORNE	CAPRICORNE	VERSEAU	VERSEAU	VIERGE	SCORPION	VIERGE	14 VERSEAU
9 JANVIER	VERSEAU	CAPRICORNE	CAPRICORNE	VERSEAU	VERSEAU	VIERGE	SCORPION	VIERGE	29 VERSEAU
10 JANVIER	VERSEAU	CAPRICORNE	CAPRICORNE	VERSEAU	VERSEAU	LION	SCORPION	VIERGE	14 POISSONS
11 JANVIER	VERSEAU	CAPRICORNE	CAPRICORNE	VERSEAU	VERSEAU	LION	SCORPION	VIERGE	28 POISSONS
12 JANVIER	VERSEAU	CAPRICORNE	CAPRICORNE	VERSEAU	VERSEAU	LION	SCORPION	VIERGE	12 BELIER
13 JANVIER	VERSEAU	CAPRICORNE	CAPRICORNE	VERSEAU	VERSEAU	LION	SCORPION	VIERGE	26 BELIER
14 JANVIER	VERSEAU	CAPRICORNE	CAPRICORNE	VERSEAU	VERSEAU	LION	SCORPION	VIERGE	10 TAUREAU
15 JANVIER	VERSEAU	CAPRICORNE	CAPRICORNE	VERSEAU	VERSEAU	LION	SCORPION	VIERGE	23 TAUREAU
16 JANVIER	VERSEAU	CAPRICORNE	CAPRICORNE	VERSEAU	VERSEAU	LION	SCORPION	VIERGE	6 GEMEAUX
17 JANVIER	VERSEAU	CAPRICORNE	CAPRICORNE	VERSEAU	VERSEAU	LION	SCORPION	VIERGE	19 GEMEAUX
18 JANVIER	VERSEAU	CAPRICORNE	CAPRICORNE	VERSEAU	VERSEAU	LION	SCORPION	VIERGE	2 CANCER
19 JANVIER	VERSEAU	CAPRICORNE	CAPRICORNE	VERSEAU	VERSEAU	LION	SCORPION	VIERGE	14 CANCER
20 JANVIER	VERSEAU	CAPRICORNE	CAPRICORNE	VERSEAU	VERSEAU	LION	SCORPION	VIERGE	27 CANCER
22 DECEMBRE	CAPRICORNE	SCORPION	LION	POISSONS	VERSEAU	VIERGE	SCORPION	VIERGE	9 SCORPION
23 DECEMBRE	CAPRICORNE	SCORPION	LION	POISSONS	VERSEAU	VIERGE	SCORPION	VIERGE	21 SCORPION
24 DECEMBRE	CAPRICORNE	SCORPION	LION	POISSONS	VERSEAU	VIERGE	SCORPION	VIERGE	3 SAGITTAIRE
25 DECEMBRE	CAPRICORNE	SCORPION	LION	POISSONS	VERSEAU	VIERGE	SCORPION	VIERGE	16 SAGITTAIRE
26 DECEMBRE	CAPRICORNE	SCORPION	LION	POISSONS	VERSEAU	VIERGE	SCORPION	VIERGE	28 SAGITTAIRE
27 DECEMBRE	CAPRICORNE	SCORPION	LION	POISSONS	VERSEAU	VIERGE	SCORPION	VIERGE	11 CAPRICORNE
28 DECEMBRE	CAPRICORNE	SCORPION	LION	POISSONS	VERSEAU	VIERGE	SCORPION	VIERGE	25 CAPRICORNE
29 DECEMBRE	CAPRICORNE	SCORPION	LION	POISSONS	VERSEAU	VIERGE	SCORPION	VIERGE	8 VERSEAU
30 DECEMBRE	CAPRICORNE	SCORPION	LION	POISSONS	VERSEAU	VIERGE	SCORPION	VIERGE	22 VERSEAU
31 DECEMBRE	CAPRICORNE	SCORPION	LION	POISSONS	VERSEAU	VIERGE	SCORPION	VIERGE	6 POISSONS

LE SOLEIL RESTE DANS LE SIGNE DU CAPRICORNE JUSQU'AU 20 JANVIER 1962 A 12 h 30
REVIENT DANS LE SIGNE DU LE 22 DECEMBRE A 8 h 00
* LES CHIFFRES INDIQUENT LES DEGRES

1963	MERCURE	VENUS	MARS	JUPITER	SATURNE	URANUS	NEPTUNE	PLUTON	LUNE *
1 JANVIER	CAPRICORNE	SCORPION	LION	POISSONS	VERSEAU	VIERGE	SCORPION	VIERGE	20 POISSONS
2 JANVIER	VERSEAU	SCORPION	LION	POISSONS	VERSEAU	VIERGE	SCORPION	VIERGE	4 BELIER
3 JANVIER	VERSEAU	SCORPION	LION	POISSONS	VERSEAU	VIERGE	SCORPION	VIERGE	18 BELIER
4 JANVIER	VERSEAU	SCORPION	LION	POISSONS	VERSEAU	VIERGE	SCORPION	VIERGE	2 TAUREAU
5 JANVIER	VERSEAU	SCORPION	LION	POISSONS	VERSEAU	VIERGE	SCORPION	VIERGE	17 TAUREAU
6 JANVIER	VERSEAU	SCORPION	LION	POISSONS	VERSEAU	VIERGE	SCORPION	VIERGE	1 GEMEAUX
7 JANVIER	VERSEAU	SAGITTAIRE	LION	POISSONS	VERSEAU	VIERGE	SCORPION	VIERGE	15 GEMEAUX
8 JANVIER	VERSEAU	SAGITTAIRE	LION	POISSONS	VERSEAU	VIERGE	SCORPION	VIERGE	29 GEMEAUX
9 JANVIER	VERSEAU	SAGITTAIRE	LION	POISSONS	VERSEAU	VIERGE	SCORPION	VIERGE	12 CANCER
10 JANVIER	VERSEAU	SAGITTAIRE	LION	POISSONS	VERSEAU	VIERGE	SCORPION	VIERGE	26 CANCER
11 JANVIER	VERSEAU	SAGITTAIRE	LION	POISSONS	VERSEAU	VIERGE	SCORPION	VIERGE	9 LION
12 JANVIER	VERSEAU	SAGITTAIRE	LION	POISSONS	VERSEAU	VIERGE	SCORPION	VIERGE	22 LION
13 JANVIER	VERSEAU	SAGITTAIRE	LION	POISSONS	VERSEAU	VIERGE	SCORPION	VIERGE	4 VIERGE
14 JANVIER	VERSEAU	SAGITTAIRE	LION	POISSONS	VERSEAU	VIERGE	SCORPION	VIERGE	17 VIERGE
15 JANVIER	VERSEAU	SAGITTAIRE	LION	POISSONS	VERSEAU	VIERGE	SCORPION	VIERGE	29 VIERGE
16 JANVIER	VERSEAU	SAGITTAIRE	LION	POISSONS	VERSEAU	VIERGE	SCORPION	VIERGE	11 BALANCE
17 JANVIER	VERSEAU	SAGITTAIRE	LION	POISSONS	VERSEAU	VIERGE	SCORPION	VIERGE	22 BALANCE
18 JANVIER	VERSEAU	SAGITTAIRE	LION	POISSONS	VERSEAU	VIERGE	SCORPION	VIERGE	4 SCORPION
19 JANVIER	VERSEAU	SAGITTAIRE	LION	POISSONS	VERSEAU	VIERGE	SCORPION	VIERGE	16 SCORPION
20 JANVIER	CAPRICORNE	SAGITTAIRE	LION	POISSONS	VERSEAU	VIERGE	SCORPION	VIERGE	28 SCORPION
22 DECEMBRE	CAPRICORNE	CAPRICORNE	CAPRICORNE	BELIER	VERSEAU	VIERGE	SCORPION	VIERGE	13 POISSONS
23 DECEMBRE	CAPRICORNE	CAPRICORNE	CAPRICORNE	BELIER	VERSEAU	VIERGE	SCORPION	VIERGE	26 POISSONS
24 DECEMBRE	CAPRICORNE	VERSEAU	CAPRICORNE	BELIER	VERSEAU	VIERGE	SCORPION	VIERGE	10 BELIER
25 DECEMBRE	CAPRICORNE	VERSEAU	CAPRICORNE	BELIER	VERSEAU	VIERGE	SCORPION	VIERGE	24 BELIER
26 DECEMBRE	CAPRICORNE	VERSEAU	CAPRICORNE	BELIER	VERSEAU	VIERGE	SCORPION	VIERGE	9 TAUREAU
27 DECEMBRE	CAPRICORNE	VERSEAU	CAPRICORNE	BELIER	VERSEAU	VIERGE	SCORPION	VIERGE	23 TAUREAU
28 DECEMBRE	CAPRICORNE	VERSEAU	CAPRICORNE	BELIER	VERSEAU	VIERGE	SCORPION	VIERGE	8 GEMEAUX
29 DECEMBRE	CAPRICORNE	VERSEAU	CAPRICORNE	BELIER	VERSEAU	VIERGE	SCORPION	VIERGE	23 GEMEAUX
30 DECEMBRE	CAPRICORNE	VERSEAU	CAPRICORNE	BELIER	VERSEAU	VIERGE	SCORPION	VIERGE	8 CANCER
31 DECEMBRE	CAPRICORNE	VERSEAU	CAPRICORNE	BELIER	VERSEAU	VIERGE	SCORPION	VIERGE	23 CANCER

LE SOLEIL RESTE DANS LE SIGNE DU CAPRICORNE JUSQU'AU 20 JANVIER 1963 A 18 h 40
REVIENT DANS LE SIGNE DU LE 22 DECEMBRE A 13 h 45
* LES CHIFFRES INDIQUENT LES DEGRES

DECOUVREZ DANS QUEL SIGNE SE TROUVAIENT LES PLANETES A VOTRE NAISSANCE

1964	MERCURE	VENUS	MARS	JUPITER	SATURNE	URANUS	NEPTUNE	PLUTON	LUNE *
1 JANVIER	CAPRICORNE	VERSEAU	CAPRICORNE	BELIER	VERSEAU	VIERGE	SCORPION	VIERGE	7 LION
2 JANVIER	CAPRICORNE	VERSEAU	CAPRICORNE	BELIER	VERSEAU	VIERGE	SCORPION	VIERGE	21 LION
3 JANVIER	CAPRICORNE	VERSEAU	CAPRICORNE	BELIER	VERSEAU	VIERGE	SCORPION	VIERGE	5 VIERGE
4 JANVIER	CAPRICORNE	VERSEAU	CAPRICORNE	BELIER	VERSEAU	VIERGE	SCORPION	VIERGE	18 VIERGE
5 JANVIER	CAPRICORNE	VERSEAU	CAPRICORNE	BELIER	VERSEAU	VIERGE	SCORPION	VIERGE	1 BALANCE
6 JANVIER	CAPRICORNE	VERSEAU	CAPRICORNE	BELIER	VERSEAU	VIERGE	SCORPION	VIERGE	13 BALANCE
7 JANVIER	CAPRICORNE	VERSEAU	CAPRICORNE	BELIER	VERSEAU	VIERGE	SCORPION	VIERGE	25 BALANCE
8 JANVIER	CAPRICORNE	VERSEAU	CAPRICORNE	BELIER	VERSEAU	VIERGE	SCORPION	VIERGE	7 SCORPION
9 JANVIER	CAPRICORNE	VERSEAU	CAPRICORNE	BELIER	VERSEAU	VIERGE	SCORPION	VIERGE	19 SCORPION
10 JANVIER	CAPRICORNE	VERSEAU	CAPRICORNE	BELIER	VERSEAU	VIERGE	SCORPION	VIERGE	1 SAGITTAIRE
11 JANVIER	CAPRICORNE	VERSEAU	CAPRICORNE	BELIER	VERSEAU	VIERGE	SCORPION	VIERGE	13 SAGITTAIRE
12 JANVIER	CAPRICORNE	VERSEAU	CAPRICORNE	BELIER	VERSEAU	VIERGE	SCORPION	VIERGE	25 SAGITTAIRE
13 JANVIER	CAPRICORNE	VERSEAU	VERSEAU	BELIER	VERSEAU	VIERGE	SCORPION	VIERGE	7 CAPRICORNE
14 JANVIER	CAPRICORNE	VERSEAU	VERSEAU	BELIER	VERSEAU	VIERGE	SCORPION	VIERGE	19 CAPRICORNE
15 JANVIER	CAPRICORNE	VERSEAU	VERSEAU	BELIER	VERSEAU	VIERGE	SCORPION	VIERGE	1 VERSEAU
16 JANVIER	CAPRICORNE	VERSEAU	VERSEAU	BELIER	VERSEAU	VIERGE	SCORPION	VIERGE	14 VERSEAU
17 JANVIER	CAPRICORNE	POISSONS	VERSEAU	BELIER	VERSEAU	VIERGE	SCORPION	VIERGE	27 VERSEAU
18 JANVIER	CAPRICORNE	POISSONS	VERSEAU	BELIER	VERSEAU	VIERGE	SCORPION	VIERGE	10 POISSONS
19 JANVIER	CAPRICORNE	POISSONS	VERSEAU	BELIER	VERSEAU	VIERGE	SCORPION	VIERGE	23 POISSONS
20 JANVIER	CAPRICORNE	POISSONS	VERSEAU	BELIER	VERSEAU	VIERGE	SCORPION	VIERGE	7 BELIER
21 DECEMBRE	SAGITTAIRE	SAGITTAIRE	VIERGE	TAUREAU	POISSONS	VIERGE	SCORPION	VIERGE	3 LION
22 DECEMBRE	SAGITTAIRE	SAGITTAIRE	VIERGE	TAUREAU	POISSONS	VIERGE	SCORPION	VIERGE	18 LION
23 DECEMBRE	SAGITTAIRE	SAGITTAIRE	VIERGE	TAUREAU	POISSONS	VIERGE	SCORPION	VIERGE	2 VIERGE
24 DECEMBRE	SAGITTAIRE	SAGITTAIRE	VIERGE	TAUREAU	POISSONS	VIERGE	SCORPION	VIERGE	16 VIERGE
25 DECEMBRE	SAGITTAIRE	SAGITTAIRE	VIERGE	TAUREAU	POISSONS	VIERGE	SCORPION	VIERGE	0 BALANCE
26 DECEMBRE	SAGITTAIRE	SAGITTAIRE	VIERGE	TAUREAU	POISSONS	VIERGE	SCORPION	VIERGE	13 BALANCE
27 DECEMBRE	SAGITTAIRE	SAGITTAIRE	VIERGE	TAUREAU	POISSONS	VIERGE	SCORPION	VIERGE	25 BALANCE
28 DECEMBRE	SAGITTAIRE	SAGITTAIRE	VIERGE	TAUREAU	POISSONS	VIERGE	SCORPION	VIERGE	8 SCORPION
29 DECEMBRE	SAGITTAIRE	SAGITTAIRE	VIERGE	TAUREAU	POISSONS	VIERGE	SCORPION	VIERGE	20 SCORPION
30 DECEMBRE	SAGITTAIRE	SAGITTAIRE	VIERGE	TAUREAU	POISSONS	VIERGE	SCORPION	VIERGE	2 SAGITTAIRE
31 DECEMBRE	SAGITTAIRE	SAGITTAIRE	VIERGE	TAUREAU	POISSONS	VIERGE	SCORPION	VIERGE	14 SAGITTAIRE

LE SOLEIL RESTE DANS LE SIGNE DU CAPRICORNE JUSQU'AU 20 JANVIER 1964 A 0 h 30
REVIENT DANS LE SIGNE DU LE 21 DECEMBRE A 20 h 10
* LES CHIFFRES INDIQUENT LES DEGRES

1965	MERCURE	VENUS	MARS	JUPITER	SATURNE	URANUS	NEPTUNE	PLUTON	LUNE *
1 JANVIER	SAGITTAIRE	SAGITTAIRE	VIERGE	TAUREAU	POISSONS	VIERGE	SCORPION	VIERGE	26 SAGITTAIRE
2 JANVIER	SAGITTAIRE	SAGITTAIRE	VIERGE	TAUREAU	POISSONS	VIERGE	SCORPION	VIERGE	7 CAPRICORNE
3 JANVIER	SAGITTAIRE	SAGITTAIRE	VIERGE	TAUREAU	POISSONS	VIERGE	SCORPION	VIERGE	19 CAPRICORNE
4 JANVIER	SAGITTAIRE	SAGITTAIRE	VIERGE	TAUREAU	POISSONS	VIERGE	SCORPION	VIERGE	1 VERSEAU
5 JANVIER	SAGITTAIRE	SAGITTAIRE	VIERGE	TAUREAU	POISSONS	VIERGE	SCORPION	VIERGE	13 VERSEAU
6 JANVIER	SAGITTAIRE	SAGITTAIRE	VIERGE	TAUREAU	POISSONS	VIERGE	SCORPION	VIERGE	25 VERSEAU
7 JANVIER	SAGITTAIRE	SAGITTAIRE	VIERGE	TAUREAU	POISSONS	VIERGE	SCORPION	VIERGE	7 POISSONS
8 JANVIER	SAGITTAIRE	SAGITTAIRE	VIERGE	TAUREAU	POISSONS	VIERGE	SCORPION	VIERGE	20 POISSONS
9 JANVIER	SAGITTAIRE	SAGITTAIRE	VIERGE	TAUREAU	POISSONS	VIERGE	SCORPION	VIERGE	2 BELIER
10 JANVIER	SAGITTAIRE	SAGITTAIRE	VIERGE	TAUREAU	POISSONS	VIERGE	SCORPION	VIERGE	15 BELIER
11 JANVIER	SAGITTAIRE	SAGITTAIRE	VIERGE	TAUREAU	POISSONS	VIERGE	SCORPION	VIERGE	28 BELIER
12 JANVIER	SAGITTAIRE	CAPRICORNE	VIERGE	TAUREAU	POISSONS	VIERGE	SCORPION	VIERGE	2 TAUREAU
13 JANVIER	CAPRICORNE	CAPRICORNE	VIERGE	TAUREAU	POISSONS	VIERGE	SCORPION	VIERGE	26 TAUREAU
14 JANVIER	CAPRICORNE	CAPRICORNE	VIERGE	TAUREAU	POISSONS	VIERGE	SCORPION	VIERGE	11 GEMEAUX
15 JANVIER	CAPRICORNE	CAPRICORNE	VIERGE	TAUREAU	POISSONS	VIERGE	SCORPION	VIERGE	26 GEMEAUX
16 JANVIER	CAPRICORNE	CAPRICORNE	VIERGE	TAUREAU	POISSONS	VIERGE	SCORPION	VIERGE	11 CANCER
17 JANVIER	CAPRICORNE	CAPRICORNE	VIERGE	TAUREAU	POISSONS	VIERGE	SCORPION	VIERGE	26 CANCER
18 JANVIER	CAPRICORNE	CAPRICORNE	VIERGE	TAUREAU	POISSONS	VIERGE	SCORPION	VIERGE	11 LION
19 JANVIER	CAPRICORNE	CAPRICORNE	VIERGE	TAUREAU	POISSONS	VIERGE	SCORPION	VIERGE	26 LION
20 JANVIER	CAPRICORNE	CAPRICORNE	VIERGE	TAUREAU	POISSONS	VIERGE	SCORPION	VIERGE	11 VIERGE
22 DECEMBRE	SAGITTAIRE	VERSEAU	CAPRICORNE	GEMEAUX	POISSONS	VIERGE	SCORPION	VIERGE	26 SAGITTAIRE
23 DECEMBRE	SAGITTAIRE	VERSEAU	VERSEAU	GEMEAUX	POISSONS	VIERGE	SCORPION	VIERGE	8 CAPRICORNE
24 DECEMBRE	SAGITTAIRE	VERSEAU	VERSEAU	GEMEAUX	POISSONS	VIERGE	SCORPION	VIERGE	20 CAPRICORNE
25 DECEMBRE	SAGITTAIRE	VERSEAU	VERSEAU	GEMEAUX	POISSONS	VIERGE	SCORPION	VIERGE	2 VERSEAU
26 DECEMBRE	SAGITTAIRE	VERSEAU	VERSEAU	GEMEAUX	POISSONS	VIERGE	SCORPION	VIERGE	14 VERSEAU
27 DECEMBRE	SAGITTAIRE	VERSEAU	VERSEAU	GEMEAUX	POISSONS	VIERGE	SCORPION	VIERGE	26 VERSEAU
28 DECEMBRE	SAGITTAIRE	VERSEAU	VERSEAU	GEMEAUX	POISSONS	VIERGE	SCORPION	VIERGE	8 POISSONS
29 DECEMBRE	SAGITTAIRE	VERSEAU	VERSEAU	GEMEAUX	POISSONS	VIERGE	SCORPION	VIERGE	20 POISSONS
30 DECEMBRE	SAGITTAIRE	VERSEAU	VERSEAU	GEMEAUX	POISSONS	VIERGE	SCORPION	VIERGE	2 BELIER
31 DECEMBRE	SAGITTAIRE	VERSEAU	VERSEAU	GEMEAUX	POISSONS	VIERGE	SCORPION	VIERGE	14 BELIER

LE SOLEIL RESTE DANS LE SIGNE DU CAPRICORNE JUSQU'AU 20 JANVIER 1965 A 6 h 15
REVIENT DANS LE SIGNE DU LE 22 DECEMBRE A 1 h 25
* LES CHIFFRES INDIQUENT LES DEGRES

DECOUVREZ DANS QUEL SIGNE SE TROUVAIENT LES PLANETES A VOTRE NAISSANCE

1966	MERCURE	VENUS	MARS	JUPITER	SATURNE	URANUS	NEPTUNE	PLUTON	LUNE *
1 JANVIER	SAGITTAIRE	VERSEAU	VERSEAU	GEMEAUX	POISSONS	VIERGE	SCORPION	VIERGE	27 BELIER
2 JANVIER	SAGITTAIRE	VERSEAU	VERSEAU	GEMEAUX	POISSONS	VIERGE	SCORPION	VIERGE	9 TAUREAU
3 JANVIER	SAGITTAIRE	VERSEAU	VERSEAU	GEMEAUX	POISSONS	VIERGE	SCORPION	VIERGE	23 TAUREAU
4 JANVIER	SAGITTAIRE	VERSEAU	VERSEAU	GEMEAUX	POISSONS	VIERGE	SCORPION	VIERGE	7 GEMEAUX
5 JANVIER	SAGITTAIRE	VERSEAU	VERSEAU	GEMEAUX	POISSONS	VIERGE	SCORPION	VIERGE	21 GEMEAUX
6 JANVIER	SAGITTAIRE	VERSEAU	VERSEAU	GEMEAUX	POISSONS	VIERGE	SCORPION	VIERGE	5 CANCER
7 JANVIER	SAGITTAIRE	VERSEAU	VERSEAU	GEMEAUX	POISSONS	VIERGE	SCORPION	VIERGE	20 CANCER
8 JANVIER	CAPRICORNE	VERSEAU	VERSEAU	GEMEAUX	POISSONS	VIERGE	SCORPION	VIERGE	5 LION
9 JANVIER	CAPRICORNE	VERSEAU	VERSEAU	GEMEAUX	POISSONS	VIERGE	SCORPION	VIERGE	21 LION
10 JANVIER	CAPRICORNE	VERSEAU	VERSEAU	GEMEAUX	POISSONS	VIERGE	SCORPION	VIERGE	6 VIERGE
11 JANVIER	CAPRICORNE	VERSEAU	VERSEAU	GEMEAUX	POISSONS	VIERGE	SCORPION	VIERGE	20 VIERGE
12 JANVIER	CAPRICORNE	VERSEAU	VERSEAU	GEMEAUX	POISSONS	VIERGE	SCORPION	VIERGE	4 BALANCE
13 JANVIER	CAPRICORNE	VERSEAU	VERSEAU	GEMEAUX	POISSONS	VIERGE	SCORPION	VIERGE	18 BALANCE
14 JANVIER	CAPRICORNE	VERSEAU	VERSEAU	GEMEAUX	POISSONS	VIERGE	SCORPION	VIERGE	2 SCORPION
15 JANVIER	CAPRICORNE	VERSEAU	VERSEAU	GEMEAUX	POISSONS	VIERGE	SCORPION	VIERGE	15 SCORPION
16 JANVIER	CAPRICORNE	VERSEAU	VERSEAU	GEMEAUX	POISSONS	VIERGE	SCORPION	VIERGE	28 SCORPION
17 JANVIER	CAPRICORNE	VERSEAU	VERSEAU	GEMEAUX	POISSONS	VIERGE	SCORPION	VIERGE	10 SAGITTAIRE
18 JANVIER	CAPRICORNE	VERSEAU	VERSEAU	GEMEAUX	POISSONS	VIERGE	SCORPION	VIERGE	23 SAGITTAIRE
19 JANVIER	CAPRICORNE	VERSEAU	VERSEAU	GEMEAUX	POISSONS	VIERGE	SCORPION	VIERGE	5 CAPRICORNE
20 JANVIER	CAPRICORNE	VERSEAU	VERSEAU	GEMEAUX	POISSONS	VIERGE	SCORPION	VIERGE	17 CAPRICORNE
22 DECEMBRE	SAGITTAIRE	CAPRICORNE	BALANCE	LION	POISSONS	VIERGE	SCORPION	VIERGE	28 BELIER
23 DECEMBRE	SAGITTAIRE	CAPRICORNE	BALANCE	LION	POISSONS	VIERGE	SCORPION	VIERGE	10 TAUREAU
24 DECEMBRE	SAGITTAIRE	CAPRICORNE	BALANCE	LION	POISSONS	VIERGE	SCORPION	VIERGE	23 TAUREAU
25 DECEMBRE	SAGITTAIRE	CAPRICORNE	BALANCE	LION	POISSONS	VIERGE	SCORPION	VIERGE	5 GEMEAUX
26 DECEMBRE	SAGITTAIRE	CAPRICORNE	BALANCE	LION	POISSONS	VIERGE	SCORPION	VIERGE	19 GEMEAUX
27 DECEMBRE	SAGITTAIRE	CAPRICORNE	BALANCE	LION	POISSONS	VIERGE	SCORPION	VIERGE	2 CANCER
28 DECEMBRE	SAGITTAIRE	CAPRICORNE	BALANCE	LION	POISSONS	VIERGE	SCORPION	VIERGE	16 CANCER
29 DECEMBRE	SAGITTAIRE	CAPRICORNE	BALANCE	LION	POISSONS	VIERGE	SCORPION	VIERGE	0 LION
30 DECEMBRE	SAGITTAIRE	CAPRICORNE	BALANCE	LION	POISSONS	VIERGE	SCORPION	VIERGE	14 LION
31 DECEMBRE	SAGITTAIRE	CAPRICORNE	BALANCE	LION	POISSONS	VIERGE	SCORPION	VIERGE	28 LION

LE SOLEIL RESTE DANS LE SIGNE DU CAPRICORNE JUSQU'AU 20 JANVIER 1966 A 12 h 05
LE SOLEIL REVIENT DANS LE SIGNE DU LE 22 DECEMBRE A 7 h 15
* LES CHIFFRES INDIQUENT LES DEGRES

1967	MERCURE	VENUS	MARS	JUPITER	SATURNE	URANUS	NEPTUNE	PLUTON	LUNE *
1 JANVIER	CAPRICORNE	CAPRICORNE	BALANCE	LION	POISSONS	VIERGE	SCORPION	VIERGE	12 VIERGE
2 JANVIER	CAPRICORNE	CAPRICORNE	BALANCE	LION	POISSONS	VIERGE	SCORPION	VIERGE	27 VIERGE
3 JANVIER	CAPRICORNE	CAPRICORNE	BALANCE	LION	POISSONS	VIERGE	SCORPION	VIERGE	11 BALANCE
4 JANVIER	CAPRICORNE	CAPRICORNE	BALANCE	LION	POISSONS	VIERGE	SCORPION	VIERGE	25 BALANCE
5 JANVIER	CAPRICORNE	CAPRICORNE	BALANCE	LION	POISSONS	VIERGE	SCORPION	VIERGE	9 SCORPION
6 JANVIER	CAPRICORNE	CAPRICORNE	BALANCE	LION	POISSONS	VIERGE	SCORPION	VIERGE	23 SCORPION
7 JANVIER	CAPRICORNE	VERSEAU	BALANCE	LION	POISSONS	VIERGE	SCORPION	VIERGE	6 SAGITTAIRE
8 JANVIER	CAPRICORNE	VERSEAU	BALANCE	LION	POISSONS	VIERGE	SCORPION	VIERGE	20 SAGITTAIRE
9 JANVIER	CAPRICORNE	VERSEAU	BALANCE	LION	POISSONS	VIERGE	SCORPION	VIERGE	3 CAPRICORNE
10 JANVIER	CAPRICORNE	VERSEAU	BALANCE	LION	POISSONS	VIERGE	SCORPION	VIERGE	16 CAPRICORNE
11 JANVIER	CAPRICORNE	VERSEAU	BALANCE	LION	POISSONS	VIERGE	SCORPION	VIERGE	29 CAPRICORNE
12 JANVIER	CAPRICORNE	VERSEAU	BALANCE	LION	POISSONS	VIERGE	SCORPION	VIERGE	12 VERSEAU
13 JANVIER	CAPRICORNE	VERSEAU	BALANCE	LION	POISSONS	VIERGE	SCORPION	VIERGE	24 VERSEAU
14 JANVIER	CAPRICORNE	VERSEAU	BALANCE	LION	POISSONS	VIERGE	SCORPION	VIERGE	6 POISSONS
15 JANVIER	CAPRICORNE	VERSEAU	BALANCE	LION	POISSONS	VIERGE	SCORPION	VIERGE	18 POISSONS
16 JANVIER	CAPRICORNE	VERSEAU	BALANCE	CANCER	POISSONS	VIERGE	SCORPION	VIERGE	0 BELIER
17 JANVIER	CAPRICORNE	VERSEAU	BALANCE	CANCER	POISSONS	VIERGE	SCORPION	VIERGE	12 BELIER
18 JANVIER	CAPRICORNE	VERSEAU	BALANCE	CANCER	POISSONS	VIERGE	SCORPION	VIERGE	24 BELIER
19 JANVIER	CAPRICORNE	VERSEAU	BALANCE	CANCER	POISSONS	VIERGE	SCORPION	VIERGE	6 TAUREAU
20 JANVIER	VERSEAU	VERSEAU	BALANCE	CANCER	POISSONS	VIERGE	SCORPION	VIERGE	18 TAUREAU
22 DECEMBRE	SAGITTAIRE	SCORPION	VERSEAU	VIERGE	BELIER	VIERGE	SCORPION	VIERGE	5 VIERGE
23 DECEMBRE	SAGITTAIRE	SCORPION	VERSEAU	VIERGE	BELIER	VIERGE	SCORPION	VIERGE	19 VIERGE
24 DECEMBRE	SAGITTAIRE	SCORPION	VERSEAU	VIERGE	BELIER	VIERGE	SCORPION	VIERGE	2 BALANCE
25 DECEMBRE	CAPRICORNE	SCORPION	VERSEAU	VIERGE	BELIER	VIERGE	SCORPION	VIERGE	16 BALANCE
26 DECEMBRE	CAPRICORNE	SCORPION	VERSEAU	VIERGE	BELIER	VIERGE	SCORPION	VIERGE	0 SCORPION
27 DECEMBRE	CAPRICORNE	SCORPION	VERSEAU	VIERGE	BELIER	VIERGE	SCORPION	VIERGE	15 SCORPION
28 DECEMBRE	CAPRICORNE	SCORPION	VERSEAU	VIERGE	BELIER	VIERGE	SCORPION	VIERGE	0 SAGITTAIRE
29 DECEMBRE	CAPRICORNE	SCORPION	VERSEAU	VIERGE	BELIER	VIERGE	SCORPION	VIERGE	14 SAGITTAIRE
30 DECEMBRE	CAPRICORNE	SCORPION	VERSEAU	VIERGE	BELIER	VIERGE	SCORPION	VIERGE	29 SAGITTAIRE
31 DECEMBRE	CAPRICORNE	SCORPION	VERSEAU	VIERGE	BELIER	VIERGE	SCORPION	VIERGE	13 CAPRICORNE

LE SOLEIL RESTE DANS LE SIGNE DU CAPRICORNE JUSQU'AU 20 JANVIER 1967 A 18 h 00
LE SOLEIL REVIENT DANS LE SIGNE DU LE 22 DECEMBRE A 13 h00
* LES CHIFFRES INDIQUENT LES DEGRES

DECOUVREZ DANS QUEL SIGNE SE TROUVAIENT LES PLANETES A VOTRE NAISSANCE

1968	MERCURE	VENUS	MARS	JUPITER	SATURNE	URANUS	NEPTUNE	PLUTON	LUNE *
1 JANVIER	CAPRICORNE	SCORPION	VERSEAU	VIERGE	BELIER	VIERGE	SCORPION	VIERGE	28 CAPRICORNE
2 JANVIER	CAPRICORNE	SAGITTAIRE	VERSEAU	VIERGE	BELIER	VIERGE	SCORPION	VIERGE	12 VERSEAU
3 JANVIER	CAPRICORNE	SAGITTAIRE	VERSEAU	VIERGE	BELIER	VIERGE	SCORPION	VIERGE	25 VERSEAU
4 JANVIER	CAPRICORNE	SAGITTAIRE	VERSEAU	VIERGE	BELIER	VIERGE	SCORPION	VIERGE	8 POISSONS
5 JANVIER	CAPRICORNE	SAGITTAIRE	VERSEAU	VIERGE	BELIER	VIERGE	SCORPION	VIERGE	21 POISSONS
6 JANVIER	CAPRICORNE	SAGITTAIRE	VERSEAU	VIERGE	BELIER	VIERGE	SCORPION	VIERGE	3 BELIER
7 JANVIER	CAPRICORNE	SAGITTAIRE	VERSEAU	VIERGE	BELIER	VIERGE	SCORPION	VIERGE	15 BELIER
8 JANVIER	CAPRICORNE	SAGITTAIRE	VERSEAU	VIERGE	BELIER	VIERGE	SCORPION	VIERGE	27 BELIER
9 JANVIER	CAPRICORNE	SAGITTAIRE	POISSONS	VIERGE	BELIER	VIERGE	SCORPION	VIERGE	8 TAUREAU
10 JANVIER	CAPRICORNE	SAGITTAIRE	POISSONS	VIERGE	BELIER	VIERGE	SCORPION	VIERGE	20 TAUREAU
11 JANVIER	CAPRICORNE	SAGITTAIRE	POISSONS	VIERGE	BELIER	VIERGE	SCORPION	VIERGE	2 GEMEAUX
12 JANVIER	VERSEAU	SAGITTAIRE	POISSONS	VIERGE	BELIER	VIERGE	SCORPION	VIERGE	14 GEMEAUX
13 JANVIER	VERSEAU	SAGITTAIRE	POISSONS	VIERGE	BELIER	VIERGE	SCORPION	VIERGE	27 GEMEAUX
14 JANVIER	VERSEAU	SAGITTAIRE	POISSONS	VIERGE	BELIER	VIERGE	SCORPION	VIERGE	9 CANCER
15 JANVIER	VERSEAU	SAGITTAIRE	POISSONS	VIERGE	BELIER	VIERGE	SCORPION	VIERGE	22 CANCER
16 JANVIER	VERSEAU	SAGITTAIRE	POISSONS	VIERGE	BELIER	VIERGE	SCORPION	VIERGE	5 LION
17 JANVIER	VERSEAU	SAGITTAIRE	POISSONS	VIERGE	BELIER	VIERGE	SCORPION	VIERGE	18 LION
18 JANVIER	VERSEAU	SAGITTAIRE	POISSONS	VIERGE	BELIER	VIERGE	SCORPION	VIERGE	2 VIERGE
19 JANVIER	VERSEAU	SAGITTAIRE	POISSONS	VIERGE	BELIER	VIERGE	SCORPION	VIERGE	15 VIERGE
20 JANVIER	VERSEAU	SAGITTAIRE	POISSONS	VIERGE	BELIER	VIERGE	SCORPION	VIERGE	29 VIERGE
21 DECEMBRE	CAPRICORNE	VERSEAU	BALANCE	BALANCE	BELIER	BALANCE	SCORPION	VIERGE	24 CAPRICORNE
22 DECEMBRE	CAPRICORNE	VERSEAU	BALANCE	BALANCE	BELIER	BALANCE	SCORPION	VIERGE	9 VERSEAU
23 DECEMBRE	CAPRICORNE	VERSEAU	BALANCE	BALANCE	BELIER	BALANCE	SCORPION	VIERGE	23 VERSEAU
24 DECEMBRE	CAPRICORNE	VERSEAU	BALANCE	BALANCE	BELIER	BALANCE	SCORPION	VIERGE	7 POISSONS
25 DECEMBRE	CAPRICORNE	VERSEAU	BALANCE	BALANCE	BELIER	BALANCE	SCORPION	VIERGE	20 POISSONS
26 DECEMBRE	CAPRICORNE	VERSEAU	BALANCE	BALANCE	BELIER	BALANCE	SCORPION	VIERGE	3 BELIER
27 DECEMBRE	CAPRICORNE	VERSEAU	BALANCE	BALANCE	BELIER	BALANCE	SCORPION	VIERGE	16 BELIER
28 DECEMBRE	CAPRICORNE	VERSEAU	BALANCE	BALANCE	BELIER	BALANCE	SCORPION	VIERGE	28 BELIER
29 DECEMBRE	CAPRICORNE	VERSEAU	BALANCE	BALANCE	BELIER	BALANCE	SCORPION	VIERGE	10 TAUREAU
30 DECEMBRE	CAPRICORNE	VERSEAU	SCORPION	BALANCE	BELIER	BALANCE	SCORPION	VIERGE	22 TAUREAU
31 DECEMBRE	CAPRICORNE	VERSEAU	SCORPION	BALANCE	BELIER	BALANCE	SCORPION	VIERGE	4 GEMEAUX

LE SOLEIL RESTE DANS LE SIGNE DU CAPRICORNE JUSQU'AU 20 JANVIER 1968 A 23 h 40
REVIENT DANS LE SIGNE DU LE 21 DECEMBRE A 18 h 45
* LES CHIFFRES INDIQUENT LES DEGRES

1969	MERCURE	VENUS	MARS	JUPITER	SATURNE	URANUS	NEPTUNE	PLUTON	LUNE *
1 JANVIER	CAPRICORNE	VERSEAU	SCORPION	BALANCE	BELIER	BALANCE	SCORPION	VIERGE	16 GEMEAUX
2 JANVIER	CAPRICORNE	VERSEAU	SCORPION	BALANCE	BELIER	BALANCE	SCORPION	VIERGE	28 GEMEAUX
3 JANVIER	CAPRICORNE	VERSEAU	SCORPION	BALANCE	BELIER	BALANCE	SCORPION	VIERGE	10 CANCER
4 JANVIER	CAPRICORNE	VERSEAU	SCORPION	BALANCE	BELIER	BALANCE	SCORPION	VIERGE	22 CANCER
5 JANVIER	VERSEAU	POISSONS	SCORPION	BALANCE	BELIER	BALANCE	SCORPION	VIERGE	4 LION
6 JANVIER	VERSEAU	POISSONS	SCORPION	BALANCE	BELIER	BALANCE	SCORPION	VIERGE	16 LION
7 JANVIER	VERSEAU	POISSONS	SCORPION	BALANCE	BELIER	BALANCE	SCORPION	VIERGE	28 LION
8 JANVIER	VERSEAU	POISSONS	SCORPION	BALANCE	BELIER	BALANCE	SCORPION	VIERGE	11 VIERGE
9 JANVIER	VERSEAU	POISSONS	SCORPION	BALANCE	BELIER	BALANCE	SCORPION	VIERGE	23 VIERGE
10 JANVIER	VERSEAU	POISSONS	SCORPION	BALANCE	BELIER	BALANCE	SCORPION	VIERGE	6 BALANCE
11 JANVIER	VERSEAU	POISSONS	SCORPION	BALANCE	BELIER	BALANCE	SCORPION	VIERGE	20 BALANCE
12 JANVIER	VERSEAU	POISSONS	SCORPION	BALANCE	BELIER	BALANCE	SCORPION	VIERGE	3 SCORPION
13 JANVIER	VERSEAU	POISSONS	SCORPION	BALANCE	BELIER	BALANCE	SCORPION	VIERGE	17 SCORPION
14 JANVIER	VERSEAU	POISSONS	SCORPION	BALANCE	BELIER	BALANCE	SCORPION	VIERGE	2 SAGITTAIRE
15 JANVIER	VERSEAU	POISSONS	SCORPION	BALANCE	BELIER	BALANCE	SCORPION	VIERGE	17 SAGITTAIRE
16 JANVIER	VERSEAU	POISSONS	SCORPION	BALANCE	BELIER	BALANCE	SCORPION	VIERGE	2 CAPRICORNE
17 JANVIER	VERSEAU	POISSONS	SCORPION	BALANCE	BELIER	BALANCE	SCORPION	VIERGE	17 CAPRICORNE
18 JANVIER	VERSEAU	POISSONS	SCORPION	BALANCE	BELIER	BALANCE	SCORPION	VIERGE	2 VERSEAU
19 JANVIER	VERSEAU	POISSONS	SCORPION	BALANCE	BELIER	BALANCE	SCORPION	VIERGE	17 VERSEAU
20 JANVIER	VERSEAU	POISSONS	SCORPION	BALANCE	BELIER	BALANCE	SCORPION	VIERGE	1 POISSONS
22 DECEMBRE	CAPRICORNE	SAGITTAIRE	POISSONS	SCORPION	TAUREAU	BALANCE	SCORPION	VIERGE	16 GEMEAUX
23 DECEMBRE	CAPRICORNE	SAGITTAIRE	POISSONS	SCORPION	TAUREAU	BALANCE	SCORPION	VIERGE	29 GEMEAUX
24 DECEMBRE	CAPRICORNE	SAGITTAIRE	POISSONS	SCORPION	TAUREAU	BALANCE	SCORPION	VIERGE	11 CANCER
25 DECEMBRE	CAPRICORNE	SAGITTAIRE	POISSONS	SCORPION	TAUREAU	BALANCE	SCORPION	VIERGE	23 CANCER
26 DECEMBRE	CAPRICORNE	SAGITTAIRE	POISSONS	SCORPION	TAUREAU	BALANCE	SCORPION	VIERGE	4 LION
27 DECEMBRE	CAPRICORNE	SAGITTAIRE	POISSONS	SCORPION	TAUREAU	BALANCE	SCORPION	VIERGE	16 LION
28 DECEMBRE	CAPRICORNE	CAPRICORNE	POISSONS	SCORPION	TAUREAU	BALANCE	SCORPION	VIERGE	28 LION
29 DECEMBRE	CAPRICORNE	CAPRICORNE	POISSONS	SCORPION	TAUREAU	BALANCE	SCORPION	VIERGE	10 VIERGE
30 DECEMBRE	CAPRICORNE	CAPRICORNE	POISSONS	SCORPION	TAUREAU	BALANCE	SCORPION	VIERGE	22 VIERGE
31 DECEMBRE	CAPRICORNE	CAPRICORNE	POISSONS	SCORPION	TAUREAU	BALANCE	SCORPION	VIERGE	4 BALANCE

LE SOLEIL RESTE DANS LE SIGNE DU CAPRICORNE JUSQU'AU 20 JANVIER 1969 A 5 h 15
REVIENT DANS LE SIGNE DU LE 22 DECEMBRE A 0 h 30
* LES CHIFFRES INDIQUENT LES DEGRES

DECOUVREZ DANS QUEL SIGNE SE TROUVAIENT LES PLANETES A VOTRE NAISSANCE

1970	MERCURE	VENUS	MARS	JUPITER	SATURNE	URANUS	NEPTUNE	PLUTON	LUNE *
1 JANVIER	CAPRICORNE	CAPRICORNE	POISSONS	SCORPION	TAUREAU	BALANCE	SCORPION	VIERGE	17 BALANCE
2 JANVIER	CAPRICORNE	CAPRICORNE	POISSONS	SCORPION	TAUREAU	BALANCE	SCORPION	VIERGE	0 SCORPION
3 JANVIER	CAPRICORNE	CAPRICORNE	POISSONS	SCORPION	TAUREAU	BALANCE	SCORPION	VIERGE	13 SCORPION
4 JANVIER	CAPRICORNE	CAPRICORNE	POISSONS	SCORPION	TAUREAU	BALANCE	SCORPION	VIERGE	27 SCORPION
5 JANVIER	CAPRICORNE	CAPRICORNE	POISSONS	SCORPION	TAUREAU	BALANCE	SAGITTAIRE	VIERGE	11 SAGITTAIRE
6 JANVIER	CAPRICORNE	CAPRICORNE	POISSONS	SCORPION	TAUREAU	BALANCE	SAGITTAIRE	VIERGE	26 SAGITTAIRE
7 JANVIER	CAPRICORNE	CAPRICORNE	POISSONS	SCORPION	TAUREAU	BALANCE	SAGITTAIRE	VIERGE	11 CAPRICORNE
8 JANVIER	CAPRICORNE	CAPRICORNE	POISSONS	SCORPION	TAUREAU	BALANCE	SAGITTAIRE	VIERGE	27 CAPRICORNE
9 JANVIER	CAPRICORNE	CAPRICORNE	POISSONS	SCORPION	TAUREAU	BALANCE	SAGITTAIRE	VIERGE	12 VERSEAU
10 JANVIER	CAPRICORNE	CAPRICORNE	POISSONS	SCORPION	TAUREAU	BALANCE	SAGITTAIRE	VIERGE	27 VERSEAU
11 JANVIER	CAPRICORNE	CAPRICORNE	POISSONS	SCORPION	TAUREAU	BALANCE	SAGITTAIRE	VIERGE	11 POISSONS
12 JANVIER	CAPRICORNE	CAPRICORNE	POISSONS	SCORPION	TAUREAU	BALANCE	SAGITTAIRE	VIERGE	26 POISSONS
13 JANVIER	CAPRICORNE	CAPRICORNE	POISSONS	SCORPION	TAUREAU	BALANCE	SAGITTAIRE	VIERGE	10 BELIER
14 JANVIER	CAPRICORNE	CAPRICORNE	POISSONS	SCORPION	TAUREAU	BALANCE	SAGITTAIRE	VIERGE	23 BELIER
15 JANVIER	CAPRICORNE	CAPRICORNE	POISSONS	SCORPION	TAUREAU	BALANCE	SAGITTAIRE	VIERGE	6 TAUREAU
16 JANVIER	CAPRICORNE	CAPRICORNE	POISSONS	SCORPION	TAUREAU	BALANCE	SAGITTAIRE	VIERGE	19 TAUREAU
17 JANVIER	CAPRICORNE	CAPRICORNE	POISSONS	SCORPION	TAUREAU	BALANCE	SAGITTAIRE	VIERGE	1 GEMEAUX
18 JANVIER	CAPRICORNE	CAPRICORNE	POISSONS	SCORPION	TAUREAU	BALANCE	SAGITTAIRE	VIERGE	13 GEMEAUX
19 JANVIER	CAPRICORNE	CAPRICORNE	POISSONS	SCORPION	TAUREAU	BALANCE	SAGITTAIRE	VIERGE	26 GEMEAUX
20 JANVIER	CAPRICORNE	CAPRICORNE	POISSONS	SCORPION	TAUREAU	BALANCE	SAGITTAIRE	VIERGE	8 CANCER
22 DECEMBRE	CAPRICORNE	SCORPION	SCORPION	SCORPION	TAUREAU	BALANCE	SAGITTAIRE	VIERGE	18 BALANCE
23 DECEMBRE	CAPRICORNE	SCORPION	SCORPION	SCORPION	TAUREAU	BALANCE	SAGITTAIRE	VIERGE	0 SCORPION
24 DECEMBRE	CAPRICORNE	SCORPION	SCORPION	SCORPION	TAUREAU	BALANCE	SAGITTAIRE	VIERGE	13 SCORPION
25 DECEMBRE	CAPRICORNE	SCORPION	SCORPION	SCORPION	TAUREAU	BALANCE	SAGITTAIRE	VIERGE	26 SCORPION
26 DECEMBRE	CAPRICORNE	SCORPION	SCORPION	SCORPION	TAUREAU	BALANCE	SAGITTAIRE	VIERGE	9 SAGITTAIRE
27 DECEMBRE	CAPRICORNE	SCORPION	SCORPION	SCORPION	TAUREAU	BALANCE	SAGITTAIRE	VIERGE	23 SAGITTAIRE
28 DECEMBRE	CAPRICORNE	SCORPION	SCORPION	SCORPION	TAUREAU	BALANCE	SAGITTAIRE	VIERGE	7 CAPRICORNE
29 DECEMBRE	CAPRICORNE	SCORPION	SCORPION	SCORPION	TAUREAU	BALANCE	SAGITTAIRE	VIERGE	21 CAPRICORNE
30 DECEMBRE	CAPRICORNE	SCORPION	SCORPION	SCORPION	TAUREAU	BALANCE	SAGITTAIRE	VIERGE	5 VERSEAU
31 DECEMBRE	CAPRICORNE	SCORPION	SCORPION	SCORPION	TAUREAU	BALANCE	SAGITTAIRE	VIERGE	20 VERSEAU

LE SOLEIL RESTE DANS LE SIGNE DU CAPRICORNE JUSQU'AU 20 JANVIER 1970 A 11 h 10
REVIENT DANS LE SIGNE DU CAPRICORNE LE 22 DECEMBRE A 6 h 20
* LES CHIFFRES INDIQUENT LES DEGRES

1971	MERCURE	VENUS	MARS	JUPITER	SATURNE	URANUS	NEPTUNE	PLUTON	LUNE *
1 JANVIER	CAPRICORNE	SCORPION	SCORPION	SCORPION	TAUREAU	BALANCE	SAGITTAIRE	VIERGE	4 POISSONS
2 JANVIER	CAPRICORNE	SCORPION	SCORPION	SCORPION	TAUREAU	BALANCE	SAGITTAIRE	VIERGE	19 POISSONS
3 JANVIER	SAGITTAIRE	SCORPION	SCORPION	SCORPION	TAUREAU	BALANCE	SAGITTAIRE	VIERGE	3 BELIER
4 JANVIER	SAGITTAIRE	SCORPION	SCORPION	SCORPION	TAUREAU	BALANCE	SAGITTAIRE	VIERGE	17 BELIER
5 JANVIER	SAGITTAIRE	SCORPION	SCORPION	SCORPION	TAUREAU	BALANCE	SAGITTAIRE	VIERGE	1 TAUREAU
6 JANVIER	SAGITTAIRE	SCORPION	SCORPION	SCORPION	TAUREAU	BALANCE	SAGITTAIRE	VIERGE	14 TAUREAU
7 JANVIER	SAGITTAIRE	SAGITTAIRE	SCORPION	SCORPION	TAUREAU	BALANCE	SAGITTAIRE	VIERGE	28 TAUREAU
8 JANVIER	SAGITTAIRE	SAGITTAIRE	SCORPION	SCORPION	TAUREAU	BALANCE	SAGITTAIRE	VIERGE	11 GEMEAUX
9 JANVIER	SAGITTAIRE	SAGITTAIRE	SCORPION	SCORPION	TAUREAU	BALANCE	SAGITTAIRE	VIERGE	24 GEMEAUX
10 JANVIER	SAGITTAIRE	SAGITTAIRE	SCORPION	SCORPION	TAUREAU	BALANCE	SAGITTAIRE	VIERGE	7 CANCER
11 JANVIER	SAGITTAIRE	SAGITTAIRE	SCORPION	SCORPION	TAUREAU	BALANCE	SAGITTAIRE	VIERGE	20 CANCER
12 JANVIER	SAGITTAIRE	SAGITTAIRE	SCORPION	SCORPION	TAUREAU	BALANCE	SAGITTAIRE	VIERGE	2 LION
13 JANVIER	SAGITTAIRE	SAGITTAIRE	SCORPION	SCORPION	TAUREAU	BALANCE	SAGITTAIRE	VIERGE	14 LION
14 JANVIER	CAPRICORNE	SAGITTAIRE	SCORPION	SAGITTAIRE	TAUREAU	BALANCE	SAGITTAIRE	VIERGE	26 LION
15 JANVIER	CAPRICORNE	SAGITTAIRE	SCORPION	SAGITTAIRE	TAUREAU	BALANCE	SAGITTAIRE	VIERGE	8 VIERGE
16 JANVIER	CAPRICORNE	SAGITTAIRE	SCORPION	SAGITTAIRE	TAUREAU	BALANCE	SAGITTAIRE	VIERGE	20 VIERGE
17 JANVIER	CAPRICORNE	SAGITTAIRE	SCORPION	SAGITTAIRE	TAUREAU	BALANCE	SAGITTAIRE	VIERGE	2 BALANCE
18 JANVIER	CAPRICORNE	SAGITTAIRE	SCORPION	SAGITTAIRE	TAUREAU	BALANCE	SAGITTAIRE	VIERGE	14 BALANCE
19 JANVIER	CAPRICORNE	SAGITTAIRE	SCORPION	SAGITTAIRE	TAUREAU	BALANCE	SAGITTAIRE	VIERGE	26 BALANCE
20 JANVIER	CAPRICORNE	SAGITTAIRE	SCORPION	SAGITTAIRE	TAUREAU	BALANCE	SAGITTAIRE	VIERGE	8 SCORPION
22 DECEMBRE	SAGITTAIRE	CAPRICORNE	POISSONS	SAGITTAIRE	GEMEAUX	BALANCE	SAGITTAIRE	BALANCE	27 VERSEAU
23 DECEMBRE	SAGITTAIRE	VERSEAU	POISSONS	SAGITTAIRE	GEMEAUX	BALANCE	SAGITTAIRE	BALANCE	10 POISSONS
24 DECEMBRE	SAGITTAIRE	VERSEAU	POISSONS	SAGITTAIRE	GEMEAUX	BALANCE	SAGITTAIRE	BALANCE	24 POISSONS
25 DECEMBRE	SAGITTAIRE	VERSEAU	POISSONS	SAGITTAIRE	GEMEAUX	BALANCE	SAGITTAIRE	BALANCE	8 BELIER
26 DECEMBRE	SAGITTAIRE	VERSEAU	POISSONS	SAGITTAIRE	GEMEAUX	BALANCE	SAGITTAIRE	BALANCE	23 BELIER
27 DECEMBRE	SAGITTAIRE	VERSEAU	BELIER	SAGITTAIRE	GEMEAUX	BALANCE	SAGITTAIRE	BALANCE	7 TAUREAU
28 DECEMBRE	SAGITTAIRE	VERSEAU	BELIER	SAGITTAIRE	GEMEAUX	BALANCE	SAGITTAIRE	BALANCE	21 TAUREAU
29 DECEMBRE	SAGITTAIRE	VERSEAU	BELIER	SAGITTAIRE	GEMEAUX	BALANCE	SAGITTAIRE	BALANCE	6 GEMEAUX
30 DECEMBRE	SAGITTAIRE	VERSEAU	BELIER	SAGITTAIRE	GEMEAUX	BALANCE	SAGITTAIRE	BALANCE	20 GEMEAUX
31 DECEMBRE	SAGITTAIRE	VERSEAU	BELIER	SAGITTAIRE	GEMEAUX	BALANCE	SAGITTAIRE	BALANCE	4 CANCER

LE SOLEIL RESTE DANS LE SIGNE DU CAPRICORNE JUSQU'AU 20 JANVIER 1971 A 17 h00
REVIENT DANS LE SIGNE DU CAPRICORNE LE 22 DECEMBRE A 12 h 10
* LES CHIFFRES INDIQUENT LES DEGRES

DECOUVREZ DANS QUEL SIGNE SE TROUVAIENT LES PLANETES A VOTRE NAISSANCE

1972	MERCURE	VENUS	MARS	JUPITER	SATURNE	URANUS	NEPTUNE	PLUTON	LUNE *
1 JANVIER	SAGITTAIRE	VERSEAU	BELIER	SAGITTAIRE	GEMEAUX	BALANCE	SAGITTAIRE	BALANCE	18 CANCER
2 JANVIER	SAGITTAIRE	VERSEAU	BELIER	SAGITTAIRE	GEMEAUX	BALANCE	SAGITTAIRE	BALANCE	2 LION
3 JANVIER	SAGITTAIRE	VERSEAU	BELIER	SAGITTAIRE	GEMEAUX	BALANCE	SAGITTAIRE	BALANCE	15 LION
4 JANVIER	SAGITTAIRE	VERSEAU	BELIER	SAGITTAIRE	GEMEAUX	BALANCE	SAGITTAIRE	BALANCE	28 LION
5 JANVIER	SAGITTAIRE	VERSEAU	BELIER	SAGITTAIRE	GEMEAUX	BALANCE	SAGITTAIRE	BALANCE	10 VIERGE
6 JANVIER	SAGITTAIRE	VERSEAU	BELIER	SAGITTAIRE	GEMEAUX	BALANCE	SAGITTAIRE	BALANCE	22 VIERGE
7 JANVIER	SAGITTAIRE	VERSEAU	BELIER	SAGITTAIRE	GEMEAUX	BALANCE	SAGITTAIRE	BALANCE	4 BALANCE
8 JANVIER	SAGITTAIRE	VERSEAU	BELIER	SAGITTAIRE	GEMEAUX	BALANCE	SAGITTAIRE	BALANCE	16 BALANCE
9 JANVIER	SAGITTAIRE	VERSEAU	BELIER	SAGITTAIRE	GEMEAUX	BALANCE	SAGITTAIRE	BALANCE	28 BALANCE
10 JANVIER	SAGITTAIRE	VERSEAU	BELIER	SAGITTAIRE	TAUREAU	BALANCE	SAGITTAIRE	BALANCE	10 SCORPION
11 JANVIER	SAGITTAIRE	VERSEAU	BELIER	SAGITTAIRE	TAUREAU	BALANCE	SAGITTAIRE	BALANCE	22 SCORPION
12 JANVIER	CAPRICORNE	VERSEAU	BELIER	SAGITTAIRE	TAUREAU	BALANCE	SAGITTAIRE	BALANCE	4 SAGITTAIRE
13 JANVIER	CAPRICORNE	VERSEAU	BELIER	SAGITTAIRE	TAUREAU	BALANCE	SAGITTAIRE	BALANCE	17 SAGITTAIRE
14 JANVIER	CAPRICORNE	VERSEAU	BELIER	SAGITTAIRE	TAUREAU	BALANCE	SAGITTAIRE	BALANCE	29 SAGITTAIRE
15 JANVIER	CAPRICORNE	VERSEAU	BELIER	SAGITTAIRE	TAUREAU	BALANCE	SAGITTAIRE	BALANCE	12 CAPRICORNE
16 JANVIER	CAPRICORNE	VERSEAU	BELIER	SAGITTAIRE	TAUREAU	BALANCE	SAGITTAIRE	BALANCE	26 CAPRICORNE
17 JANVIER	CAPRICORNE	POISSONS	BELIER	SAGITTAIRE	TAUREAU	BALANCE	SAGITTAIRE	BALANCE	9 VERSEAU
18 JANVIER	CAPRICORNE	POISSONS	BELIER	SAGITTAIRE	TAUREAU	BALANCE	SAGITTAIRE	BALANCE	23 VERSEAU
19 JANVIER	CAPRICORNE	POISSONS	BELIER	SAGITTAIRE	TAUREAU	BALANCE	SAGITTAIRE	BALANCE	7 POISSONS
20 JANVIER	CAPRICORNE	POISSONS	BELIER	SAGITTAIRE	TAUREAU	BALANCE	SAGITTAIRE	BALANCE	21 POISSONS
21 DECEMBRE	SAGITTAIRE	SAGITTAIRE	SCORPION	CAPRICORNE	GEMEAUX	BALANCE	SAGITTAIRE	BALANCE	15 CANCER
22 DECEMBRE	SAGITTAIRE	SAGITTAIRE	SCORPION	CAPRICORNE	GEMEAUX	BALANCE	SAGITTAIRE	BALANCE	29 CANCER
23 DECEMBRE	SAGITTAIRE	SAGITTAIRE	SCORPION	CAPRICORNE	GEMEAUX	BALANCE	SAGITTAIRE	BALANCE	14 LION
24 DECEMBRE	SAGITTAIRE	SAGITTAIRE	SCORPION	CAPRICORNE	GEMEAUX	BALANCE	SAGITTAIRE	BALANCE	27 LION
25 DECEMBRE	SAGITTAIRE	SAGITTAIRE	SCORPION	CAPRICORNE	GEMEAUX	BALANCE	SAGITTAIRE	BALANCE	11 VIERGE
26 DECEMBRE	SAGITTAIRE	SAGITTAIRE	SCORPION	CAPRICORNE	GEMEAUX	BALANCE	SAGITTAIRE	BALANCE	24 VIERGE
27 DECEMBRE	SAGITTAIRE	SAGITTAIRE	SCORPION	CAPRICORNE	GEMEAUX	BALANCE	SAGITTAIRE	BALANCE	6 BALANCE
28 DECEMBRE	SAGITTAIRE	SAGITTAIRE	SCORPION	CAPRICORNE	GEMEAUX	BALANCE	SAGITTAIRE	BALANCE	19 BALANCE
29 DECEMBRE	SAGITTAIRE	SAGITTAIRE	SCORPION	CAPRICORNE	GEMEAUX	BALANCE	SAGITTAIRE	BALANCE	1 SCORPION
30 DECEMBRE	SAGITTAIRE	SAGITTAIRE	SCORPION	CAPRICORNE	GEMEAUX	BALANCE	SAGITTAIRE	BALANCE	12 SCORPION
31 DECEMBRE	SAGITTAIRE	SAGITTAIRE	SAGITTAIRE	CAPRICORNE	GEMEAUX	BALANCE	SAGITTAIRE	BALANCE	24 SCORPION

LE SOLEIL RESTE DANS LE SIGNE DU CAPRICORNE JUSQU'AU 20 JANVIER 1972 A 22 h 45
REVIENT DANS LE SIGNE DU LE 21 DECEMBRE A 18 h 00
* LES CHIFFRES INDIQUENT LES DEGRES

1973	MERCURE	VENUS	MARS	JUPITER	SATURNE	URANUS	NEPTUNE	PLUTON	LUNE *
1 JANVIER	SAGITTAIRE	SAGITTAIRE	SAGITTAIRE	CAPRICORNE	GEMEAUX	BALANCE	SAGITTAIRE	BALANCE	6 SAGITTAIRE
2 JANVIER	SAGITTAIRE	SAGITTAIRE	SAGITTAIRE	CAPRICORNE	GEMEAUX	BALANCE	SAGITTAIRE	BALANCE	18 SAGITTAIRE
3 JANVIER	SAGITTAIRE	SAGITTAIRE	SAGITTAIRE	CAPRICORNE	GEMEAUX	BALANCE	SAGITTAIRE	BALANCE	0 CAPRICORNE
4 JANVIER	SAGITTAIRE	SAGITTAIRE	SAGITTAIRE	CAPRICORNE	GEMEAUX	BALANCE	SAGITTAIRE	BALANCE	12 CAPRICORNE
5 JANVIER	CAPRICORNE	SAGITTAIRE	SAGITTAIRE	CAPRICORNE	GEMEAUX	BALANCE	SAGITTAIRE	BALANCE	24 CAPRICORNE
6 JANVIER	CAPRICORNE	SAGITTAIRE	SAGITTAIRE	CAPRICORNE	GEMEAUX	BALANCE	SAGITTAIRE	BALANCE	6 VERSEAU
7 JANVIER	CAPRICORNE	SAGITTAIRE	SAGITTAIRE	CAPRICORNE	GEMEAUX	BALANCE	SAGITTAIRE	BALANCE	19 VERSEAU
8 JANVIER	CAPRICORNE	SAGITTAIRE	SAGITTAIRE	CAPRICORNE	GEMEAUX	BALANCE	SAGITTAIRE	BALANCE	2 POISSONS
9 JANVIER	CAPRICORNE	SAGITTAIRE	SAGITTAIRE	CAPRICORNE	GEMEAUX	BALANCE	SAGITTAIRE	BALANCE	15 POISSONS
10 JANVIER	CAPRICORNE	SAGITTAIRE	SAGITTAIRE	CAPRICORNE	GEMEAUX	BALANCE	SAGITTAIRE	BALANCE	28 POISSONS
11 JANVIER	CAPRICORNE	SAGITTAIRE	SAGITTAIRE	CAPRICORNE	GEMEAUX	BALANCE	SAGITTAIRE	BALANCE	12 BELIER
12 JANVIER	CAPRICORNE	CAPRICORNE	SAGITTAIRE	CAPRICORNE	GEMEAUX	BALANCE	SAGITTAIRE	BALANCE	25 BELIER
13 JANVIER	CAPRICORNE	CAPRICORNE	SAGITTAIRE	CAPRICORNE	GEMEAUX	BALANCE	SAGITTAIRE	BALANCE	9 TAUREAU
14 JANVIER	CAPRICORNE	CAPRICORNE	SAGITTAIRE	CAPRICORNE	GEMEAUX	BALANCE	SAGITTAIRE	BALANCE	24 TAUREAU
15 JANVIER	CAPRICORNE	CAPRICORNE	SAGITTAIRE	CAPRICORNE	GEMEAUX	BALANCE	SAGITTAIRE	BALANCE	8 GEMEAUX
16 JANVIER	CAPRICORNE	CAPRICORNE	SAGITTAIRE	CAPRICORNE	GEMEAUX	BALANCE	SAGITTAIRE	BALANCE	23 GEMEAUX
17 JANVIER	CAPRICORNE	CAPRICORNE	SAGITTAIRE	CAPRICORNE	GEMEAUX	BALANCE	SAGITTAIRE	BALANCE	8 CANCER
18 JANVIER	CAPRICORNE	CAPRICORNE	SAGITTAIRE	CAPRICORNE	GEMEAUX	BALANCE	SAGITTAIRE	BALANCE	23 CANCER
19 JANVIER	CAPRICORNE	CAPRICORNE	SAGITTAIRE	CAPRICORNE	GEMEAUX	BALANCE	SAGITTAIRE	BALANCE	7 LION
20 JANVIER	CAPRICORNE	CAPRICORNE	SAGITTAIRE	CAPRICORNE	GEMEAUX	BALANCE	SAGITTAIRE	BALANCE	21 LION
22 DECEMBRE	SAGITTAIRE	VERSEAU	BELIER	VERSEAU	CANCER	BALANCE	SAGITTAIRE	BALANCE	7 SAGITTAIRE
23 DECEMBRE	SAGITTAIRE	VERSEAU	BELIER	VERSEAU	CANCER	BALANCE	SAGITTAIRE	BALANCE	19 SAGITTAIRE
24 DECEMBRE	SAGITTAIRE	VERSEAU	TAUREAU	VERSEAU	CANCER	BALANCE	SAGITTAIRE	BALANCE	1 CAPRICORNE
25 DECEMBRE	SAGITTAIRE	VERSEAU	TAUREAU	VERSEAU	CANCER	BALANCE	SAGITTAIRE	BALANCE	13 CAPRICORNE
26 DECEMBRE	SAGITTAIRE	VERSEAU	TAUREAU	VERSEAU	CANCER	BALANCE	SAGITTAIRE	BALANCE	24 CAPRICORNE
27 DECEMBRE	SAGITTAIRE	VERSEAU	TAUREAU	VERSEAU	CANCER	BALANCE	SAGITTAIRE	BALANCE	6 VERSEAU
28 DECEMBRE	SAGITTAIRE	VERSEAU	TAUREAU	VERSEAU	CANCER	BALANCE	SAGITTAIRE	BALANCE	18 VERSEAU
29 DECEMBRE	CAPRICORNE	VERSEAU	TAUREAU	VERSEAU	CANCER	BALANCE	SAGITTAIRE	BALANCE	0 POISSONS
30 DECEMBRE	CAPRICORNE	VERSEAU	TAUREAU	VERSEAU	CANCER	BALANCE	SAGITTAIRE	BALANCE	12 POISSONS
31 DECEMBRE	CAPRICORNE	VERSEAU	TAUREAU	VERSEAU	CANCER	BALANCE	SAGITTAIRE	BALANCE	25 POISSONS

LE SOLEIL RESTE DANS LE SIGNE DU CAPRICORNE JUSQU'AU 20 JANVIER 1973 A 4 h 30
REVIENT DANS LE SIGNE DU LE 22 DECEMBRE A 0 h 00
* LES CHIFFRES INDIQUENT LES DEGRES

DECOUVREZ DANS QUEL SIGNE SE TROUVAIENT LES PLANETES A VOTRE NAISSANCE

1974	MERCURE	VENUS	MARS	JUPITER	SATURNE	URANUS	NEPTUNE	PLUTON	LUNE *
1 JANVIER	CAPRICORNE	VERSEAU	TAUREAU	VERSEAU	CANCER	BALANCE	SAGITTAIRE	BALANCE	7 BELIER
2 JANVIER	CAPRICORNE	VERSEAU	TAUREAU	VERSEAU	CANCER	BALANCE	SAGITTAIRE	BALANCE	20 BELIER
3 JANVIER	CAPRICORNE	VERSEAU	TAUREAU	VERSEAU	CANCER	BALANCE	SAGITTAIRE	BALANCE	4 TAUREAU
4 JANVIER	CAPRICORNE	VERSEAU	TAUREAU	VERSEAU	CANCER	BALANCE	SAGITTAIRE	BALANCE	18 TAUREAU
5 JANVIER	CAPRICORNE	VERSEAU	TAUREAU	VERSEAU	CANCER	BALANCE	SAGITTAIRE	BALANCE	2 GEMEAUX
6 JANVIER	CAPRICORNE	VERSEAU	TAUREAU	VERSEAU	CANCER	BALANCE	SAGITTAIRE	BALANCE	17 GEMEAUX
7 JANVIER	CAPRICORNE	VERSEAU	TAUREAU	VERSEAU	CANCER	BALANCE	SAGITTAIRE	BALANCE	2 CANCER
8 JANVIER	CAPRICORNE	VERSEAU	TAUREAU	VERSEAU	GEMEAUX	BALANCE	SAGITTAIRE	BALANCE	17 CANCER
9 JANVIER	CAPRICORNE	VERSEAU	TAUREAU	VERSEAU	GEMEAUX	BALANCE	SAGITTAIRE	BALANCE	2 LION
10 JANVIER	CAPRICORNE	VERSEAU	TAUREAU	VERSEAU	GEMEAUX	BALANCE	SAGITTAIRE	BALANCE	17 LION
11 JANVIER	CAPRICORNE	VERSEAU	TAUREAU	VERSEAU	GEMEAUX	BALANCE	SAGITTAIRE	BALANCE	2 VIERGE
12 JANVIER	CAPRICORNE	VERSEAU	TAUREAU	VERSEAU	GEMEAUX	BALANCE	SAGITTAIRE	BALANCE	17 VIERGE
13 JANVIER	CAPRICORNE	VERSEAU	TAUREAU	VERSEAU	GEMEAUX	BALANCE	SAGITTAIRE	BALANCE	1 BALANCE
14 JANVIER	CAPRICORNE	VERSEAU	TAUREAU	VERSEAU	GEMEAUX	BALANCE	SAGITTAIRE	BALANCE	14 BALANCE
15 JANVIER	CAPRICORNE	VERSEAU	TAUREAU	VERSEAU	GEMEAUX	BALANCE	SAGITTAIRE	BALANCE	27 BALANCE
16 JANVIER	VERSEAU	VERSEAU	TAUREAU	VERSEAU	GEMEAUX	BALANCE	SAGITTAIRE	BALANCE	10 SCORPION
17 JANVIER	VERSEAU	VERSEAU	TAUREAU	VERSEAU	GEMEAUX	BALANCE	SAGITTAIRE	BALANCE	22 SCORPION
18 JANVIER	VERSEAU	VERSEAU	TAUREAU	VERSEAU	GEMEAUX	BALANCE	SAGITTAIRE	BALANCE	4 SAGITTAIRE
19 JANVIER	VERSEAU	VERSEAU	TAUREAU	VERSEAU	GEMEAUX	BALANCE	SAGITTAIRE	BALANCE	16 SAGITTAIRE
20 JANVIER	VERSEAU	VERSEAU	TAUREAU	VERSEAU	GEMEAUX	BALANCE	SAGITTAIRE	BALANCE	28 SAGITTAIRE
22 DECEMBRE	CAPRICORNE	CAPRICORNE	SAGITTAIRE	POISSONS	CANCER	SCORPION	SAGITTAIRE	BALANCE	7 BELIER
23 DECEMBRE	CAPRICORNE	CAPRICORNE	SAGITTAIRE	POISSONS	CANCER	SCORPION	SAGITTAIRE	BALANCE	20 BELIER
24 DECEMBRE	CAPRICORNE	CAPRICORNE	SAGITTAIRE	POISSONS	CANCER	SCORPION	SAGITTAIRE	BALANCE	2 TAUREAU
25 DECEMBRE	CAPRICORNE	CAPRICORNE	SAGITTAIRE	POISSONS	CANCER	SCORPION	SAGITTAIRE	BALANCE	15 TAUREAU
26 DECEMBRE	CAPRICORNE	CAPRICORNE	SAGITTAIRE	POISSONS	CANCER	SCORPION	SAGITTAIRE	BALANCE	29 TAUREAU
27 DECEMBRE	CAPRICORNE	CAPRICORNE	SAGITTAIRE	POISSONS	CANCER	SCORPION	SAGITTAIRE	BALANCE	13 GEMEAUX
28 DECEMBRE	CAPRICORNE	CAPRICORNE	SAGITTAIRE	POISSONS	CANCER	SCORPION	SAGITTAIRE	BALANCE	27 GEMEAUX
29 DECEMBRE	CAPRICORNE	CAPRICORNE	SAGITTAIRE	POISSONS	CANCER	SCORPION	SAGITTAIRE	BALANCE	12 CANCER
30 DECEMBRE	CAPRICORNE	CAPRICORNE	SAGITTAIRE	POISSONS	CANCER	SCORPION	SAGITTAIRE	BALANCE	27 CANCER
31 DECEMBRE	CAPRICORNE	CAPRICORNE	SAGITTAIRE	POISSONS	CANCER	SCORPION	SAGITTAIRE	BALANCE	11 LION

LE SOLEIL RESTE DANS LE SIGNE DU CAPRICORNE JUSQU'AU 20 JANVIER 1974 A 10 h 30
REVIENT DANS LE SIGNE DU LE 22 DECEMBRE A 5 h 40
* LES CHIFFRES INDIQUENT LES DEGRES

1975	MERCURE	VENUS	MARS	JUPITER	SATURNE	URANUS	NEPTUNE	PLUTON	LUNE *
1 JANVIER	CAPRICORNE	CAPRICORNE	SAGITTAIRE	POISSONS	CANCER	SCORPION	SAGITTAIRE	BALANCE	26 LION
2 JANVIER	CAPRICORNE	CAPRICORNE	SAGITTAIRE	POISSONS	CANCER	SCORPION	SAGITTAIRE	BALANCE	11 VIERGE
3 JANVIER	CAPRICORNE	CAPRICORNE	SAGITTAIRE	POISSONS	CANCER	SCORPION	SAGITTAIRE	BALANCE	25 VIERGE
4 JANVIER	CAPRICORNE	CAPRICORNE	SAGITTAIRE	POISSONS	CANCER	SCORPION	SAGITTAIRE	BALANCE	9 BALANCE
5 JANVIER	CAPRICORNE	CAPRICORNE	SAGITTAIRE	POISSONS	CANCER	SCORPION	SAGITTAIRE	BALANCE	23 BALANCE
6 JANVIER	CAPRICORNE	VERSEAU	SAGITTAIRE	POISSONS	CANCER	SCORPION	SAGITTAIRE	BALANCE	7 SCORPION
7 JANVIER	CAPRICORNE	VERSEAU	SAGITTAIRE	POISSONS	CANCER	SCORPION	SAGITTAIRE	BALANCE	20 SCORPION
8 JANVIER	CAPRICORNE	VERSEAU	SAGITTAIRE	POISSONS	CANCER	SCORPION	SAGITTAIRE	BALANCE	3 SAGITTAIRE
9 JANVIER	VERSEAU	VERSEAU	SAGITTAIRE	POISSONS	CANCER	SCORPION	SAGITTAIRE	BALANCE	15 SAGITTAIRE
10 JANVIER	VERSEAU	VERSEAU	SAGITTAIRE	POISSONS	CANCER	SCORPION	SAGITTAIRE	BALANCE	28 SAGITTAIRE
11 JANVIER	VERSEAU	VERSEAU	SAGITTAIRE	POISSONS	CANCER	SCORPION	SAGITTAIRE	BALANCE	10 CAPRICORNE
12 JANVIER	VERSEAU	VERSEAU	SAGITTAIRE	POISSONS	CANCER	SCORPION	SAGITTAIRE	BALANCE	22 CAPRICORNE
13 JANVIER	VERSEAU	VERSEAU	SAGITTAIRE	POISSONS	CANCER	SCORPION	SAGITTAIRE	BALANCE	4 VERSEAU
14 JANVIER	VERSEAU	VERSEAU	SAGITTAIRE	POISSONS	CANCER	SCORPION	SAGITTAIRE	BALANCE	16 VERSEAU
15 JANVIER	VERSEAU	VERSEAU	SAGITTAIRE	POISSONS	CANCER	SCORPION	SAGITTAIRE	BALANCE	28 VERSEAU
16 JANVIER	VERSEAU	VERSEAU	SAGITTAIRE	POISSONS	CANCER	SCORPION	SAGITTAIRE	BALANCE	10 POISSONS
17 JANVIER	VERSEAU	VERSEAU	SAGITTAIRE	POISSONS	CANCER	SCORPION	SAGITTAIRE	BALANCE	22 POISSONS
18 JANVIER	VERSEAU	VERSEAU	SAGITTAIRE	POISSONS	CANCER	SCORPION	SAGITTAIRE	BALANCE	4 BELIER
19 JANVIER	VERSEAU	VERSEAU	SAGITTAIRE	POISSONS	CANCER	SCORPION	SAGITTAIRE	BALANCE	16 BELIER
20 JANVIER	VERSEAU	VERSEAU	SAGITTAIRE	POISSONS	CANCER	SCORPION	SAGITTAIRE	BALANCE	28 BELIER
22 DECEMBRE	CAPRICORNE	SCORPION	GEMEAUX	BELIER	LION	SCORPION	SAGITTAIRE	BALANCE	19 LION
23 DECEMBRE	CAPRICORNE	SCORPION	GEMEAUX	BELIER	LION	SCORPION	SAGITTAIRE	BALANCE	3 VIERGE
24 DECEMBRE	CAPRICORNE	SCORPION	GEMEAUX	BELIER	LION	SCORPION	SAGITTAIRE	BALANCE	17 VIERGE
25 DECEMBRE	CAPRICORNE	SCORPION	GEMEAUX	BELIER	LION	SCORPION	SAGITTAIRE	BALANCE	1 BALANCE
26 DECEMBRE	CAPRICORNE	SCORPION	GEMEAUX	BELIER	LION	SCORPION	SAGITTAIRE	BALANCE	15 BALANCE
27 DECEMBRE	CAPRICORNE	SCORPION	GEMEAUX	BELIER	LION	SCORPION	SAGITTAIRE	BALANCE	29 BALANCE
28 DECEMBRE	CAPRICORNE	SCORPION	GEMEAUX	BELIER	LION	SCORPION	SAGITTAIRE	BALANCE	13 SCORPION
29 DECEMBRE	CAPRICORNE	SCORPION	GEMEAUX	BELIER	LION	SCORPION	SAGITTAIRE	BALANCE	27 SCORPION
30 DECEMBRE	CAPRICORNE	SCORPION	GEMEAUX	BELIER	LION	SCORPION	SAGITTAIRE	BALANCE	11 SAGITTAIRE
31 DECEMBRE	CAPRICORNE	SCORPION	GEMEAUX	BELIER	LION	SCORPION	SAGITTAIRE	BALANCE	25 SAGITTAIRE

LE SOLEIL RESTE DANS LE SIGNE DU CAPRICORNE JUSQU'AU 20 JANVIER 1975 A 16 h 20
REVIENT DANS LE SIGNE DU LE 22 DECEMBRE A 11 h 30
* LES CHIFFRES INDIQUENT LES DEGRES

DECOUVREZ DANS QUEL SIGNE SE TROUVAIENT LES PLANETES A VOTRE NAISSANCE

1976	MERCURE	VENUS	MARS	JUPITER	SATURNE	URANUS	NEPTUNE	PLUTON	LUNE *
1 JANVIER	CAPRICORNE	SCORPION	GEMEAUX	BELIER	LION	SCORPION	SAGITTAIRE	BALANCE	8 CAPRICORNE
2 JANVIER	CAPRICORNE	SAGITTAIRE	GEMEAUX	BELIER	LION	SCORPION	SAGITTAIRE	BALANCE	22 CAPRICORNE
3 JANVIER	VERSEAU	SAGITTAIRE	GEMEAUX	BELIER	LION	SCORPION	SAGITTAIRE	BALANCE	5 VERSEAU
4 JANVIER	VERSEAU	SAGITTAIRE	GEMEAUX	BELIER	LION	SCORPION	SAGITTAIRE	BALANCE	17 VERSEAU
5 JANVIER	VERSEAU	SAGITTAIRE	GEMEAUX	BELIER	LION	SCORPION	SAGITTAIRE	BALANCE	0 POISSONS
6 JANVIER	VERSEAU	SAGITTAIRE	GEMEAUX	BELIER	LION	SCORPION	SAGITTAIRE	BALANCE	12 POISSONS
7 JANVIER	VERSEAU	SAGITTAIRE	GEMEAUX	BELIER	LION	SCORPION	SAGITTAIRE	BALANCE	24 POISSONS
8 JANVIER	VERSEAU	SAGITTAIRE	GEMEAUX	BELIER	LION	SCORPION	SAGITTAIRE	BALANCE	6 BELIER
9 JANVIER	VERSEAU	SAGITTAIRE	GEMEAUX	BELIER	LION	SCORPION	SAGITTAIRE	BALANCE	18 BELIER
10 JANVIER	VERSEAU	SAGITTAIRE	GEMEAUX	BELIER	LION	SCORPION	SAGITTAIRE	BALANCE	0 TAUREAU
11 JANVIER	VERSEAU	SAGITTAIRE	GEMEAUX	BELIER	LION	SCORPION	SAGITTAIRE	BALANCE	12 TAUREAU
12 JANVIER	VERSEAU	SAGITTAIRE	GEMEAUX	BELIER	LION	SCORPION	SAGITTAIRE	BALANCE	24 TAUREAU
13 JANVIER	VERSEAU	SAGITTAIRE	GEMEAUX	BELIER	LION	SCORPION	SAGITTAIRE	BALANCE	6 GEMEAUX
14 JANVIER	VERSEAU	SAGITTAIRE	GEMEAUX	BELIER	LION	SCORPION	SAGITTAIRE	BALANCE	19 GEMEAUX
15 JANVIER	VERSEAU	SAGITTAIRE	GEMEAUX	BELIER	CANCER	SCORPION	SAGITTAIRE	BALANCE	2 CANCER
16 JANVIER	VERSEAU	SAGITTAIRE	GEMEAUX	BELIER	CANCER	SCORPION	SAGITTAIRE	BALANCE	16 CANCER
17 JANVIER	VERSEAU	SAGITTAIRE	GEMEAUX	BELIER	CANCER	SCORPION	SAGITTAIRE	BALANCE	0 LION
18 JANVIER	VERSEAU	SAGITTAIRE	GEMEAUX	BELIER	CANCER	SCORPION	SAGITTAIRE	BALANCE	14 LION
19 JANVIER	VERSEAU	SAGITTAIRE	GEMEAUX	BELIER	CANCER	SCORPION	SAGITTAIRE	BALANCE	29 LION
20 JANVIER	VERSEAU	SAGITTAIRE	GEMEAUX	BELIER	CANCER	SCORPION	SAGITTAIRE	BALANCE	13 VIERGE
21 DECEMBRE	CAPRICORNE	VERSEAU	SAGITTAIRE	TAUREAU	LION	SCORPION	SAGITTAIRE	BALANCE	5 CAPRICORNE
22 DECEMBRE	CAPRICORNE	VERSEAU	SAGITTAIRE	TAUREAU	LION	SCORPION	SAGITTAIRE	BALANCE	20 CAPRICORNE
23 DECEMBRE	CAPRICORNE	VERSEAU	SAGITTAIRE	TAUREAU	LION	SCORPION	SAGITTAIRE	BALANCE	4 VERSEAU
24 DECEMBRE	CAPRICORNE	VERSEAU	SAGITTAIRE	TAUREAU	LION	SCORPION	SAGITTAIRE	BALANCE	18 VERSEAU
25 DECEMBRE	CAPRICORNE	VERSEAU	SAGITTAIRE	TAUREAU	LION	SCORPION	SAGITTAIRE	BALANCE	1 POISSONS
26 DECEMBRE	CAPRICORNE	VERSEAU	SAGITTAIRE	TAUREAU	LION	SCORPION	SAGITTAIRE	BALANCE	14 POISSONS
27 DECEMBRE	CAPRICORNE	VERSEAU	SAGITTAIRE	TAUREAU	LION	SCORPION	SAGITTAIRE	BALANCE	26 POISSONS
28 DECEMBRE	CAPRICORNE	VERSEAU	SAGITTAIRE	TAUREAU	LION	SCORPION	SAGITTAIRE	BALANCE	8 BELIER
29 DECEMBRE	CAPRICORNE	VERSEAU	SAGITTAIRE	TAUREAU	LION	SCORPION	SAGITTAIRE	BALANCE	20 BELIER
30 DECEMBRE	CAPRICORNE	VERSEAU	SAGITTAIRE	TAUREAU	LION	SCORPION	SAGITTAIRE	BALANCE	2 TAUREAU
31 DECEMBRE	CAPRICORNE	VERSEAU	SAGITTAIRE	TAUREAU	LION	SCORPION	SAGITTAIRE	BALANCE	14 TAUREAU

LE SOLEIL RESTE DANS LE SIGNE DU CAPRICORNE JUSQU'AU 20 JANVIER 1976 A 22 h 15
REVIENT DANS LE SIGNE DU LE 21 DECEMBRE A 16 h 45
* LES CHIFFRES INDIQUENT LES DEGRES

1977	MERCURE	VENUS	MARS	JUPITER	SATURNE	URANUS	NEPTUNE	PLUTON	LUNE *
1 JANVIER	CAPRICORNE	VERSEAU	CAPRICORNE	TAUREAU	LION	SCORPION	SAGITTAIRE	BALANCE	26 TAUREAU
2 JANVIER	CAPRICORNE	VERSEAU	CAPRICORNE	TAUREAU	LION	SCORPION	SAGITTAIRE	BALANCE	8 GEMEAUX
3 JANVIER	CAPRICORNE	VERSEAU	CAPRICORNE	TAUREAU	LION	SCORPION	SAGITTAIRE	BALANCE	20 GEMEAUX
4 JANVIER	CAPRICORNE	VERSEAU	CAPRICORNE	TAUREAU	LION	SCORPION	SAGITTAIRE	BALANCE	2 CANCER
5 JANVIER	CAPRICORNE	POISSONS	CAPRICORNE	TAUREAU	LION	SCORPION	SAGITTAIRE	BALANCE	15 CANCER
6 JANVIER	CAPRICORNE	POISSONS	CAPRICORNE	TAUREAU	LION	SCORPION	SAGITTAIRE	BALANCE	27 CANCER
7 JANVIER	CAPRICORNE	POISSONS	CAPRICORNE	TAUREAU	LION	SCORPION	SAGITTAIRE	BALANCE	10 LION
8 JANVIER	CAPRICORNE	POISSONS	CAPRICORNE	TAUREAU	LION	SCORPION	SAGITTAIRE	BALANCE	23 LION
9 JANVIER	CAPRICORNE	POISSONS	CAPRICORNE	TAUREAU	LION	SCORPION	SAGITTAIRE	BALANCE	7 VIERGE
10 JANVIER	CAPRICORNE	POISSONS	CAPRICORNE	TAUREAU	LION	SCORPION	SAGITTAIRE	BALANCE	20 VIERGE
11 JANVIER	CAPRICORNE	POISSONS	CAPRICORNE	TAUREAU	LION	SCORPION	SAGITTAIRE	BALANCE	4 BALANCE
12 JANVIER	CAPRICORNE	POISSONS	CAPRICORNE	TAUREAU	LION	SCORPION	SAGITTAIRE	BALANCE	18 BALANCE
13 JANVIER	CAPRICORNE	POISSONS	CAPRICORNE	TAUREAU	LION	SCORPION	SAGITTAIRE	BALANCE	2 SCORPION
14 JANVIER	CAPRICORNE	POISSONS	CAPRICORNE	TAUREAU	LION	SCORPION	SAGITTAIRE	BALANCE	16 SCORPION
15 JANVIER	CAPRICORNE	POISSONS	CAPRICORNE	TAUREAU	LION	SCORPION	SAGITTAIRE	BALANCE	0 SAGITTAIRE
16 JANVIER	CAPRICORNE	POISSONS	CAPRICORNE	TAUREAU	LION	SCORPION	SAGITTAIRE	BALANCE	15 SAGITTAIRE
17 JANVIER	CAPRICORNE	POISSONS	CAPRICORNE	TAUREAU	LION	SCORPION	SAGITTAIRE	BALANCE	29 SAGITTAIRE
18 JANVIER	CAPRICORNE	POISSONS	CAPRICORNE	TAUREAU	LION	SCORPION	SAGITTAIRE	BALANCE	13 CAPRICORNE
19 JANVIER	CAPRICORNE	POISSONS	CAPRICORNE	TAUREAU	LION	SCORPION	SAGITTAIRE	BALANCE	28 CAPRICORNE
20 JANVIER	CAPRICORNE	POISSONS	CAPRICORNE	TAUREAU	LION	SCORPION	SAGITTAIRE	BALANCE	12 VERSEAU
21 DECEMBRE	SAGITTAIRE	SAGITTAIRE	LION	CANCER	VIERGE	SCORPION	SAGITTAIRE	BALANCE	15 TAUREAU
22 DECEMBRE	SAGITTAIRE	SAGITTAIRE	LION	CANCER	VIERGE	SCORPION	SAGITTAIRE	BALANCE	27 TAUREAU
23 DECEMBRE	SAGITTAIRE	SAGITTAIRE	LION	CANCER	VIERGE	SCORPION	SAGITTAIRE	BALANCE	9 GEMEAUX
24 DECEMBRE	SAGITTAIRE	SAGITTAIRE	LION	CANCER	VIERGE	SCORPION	SAGITTAIRE	BALANCE	21 GEMEAUX
25 DECEMBRE	SAGITTAIRE	SAGITTAIRE	LION	CANCER	VIERGE	SCORPION	SAGITTAIRE	BALANCE	3 CANCER
26 DECEMBRE	SAGITTAIRE	SAGITTAIRE	LION	CANCER	VIERGE	SCORPION	SAGITTAIRE	BALANCE	15 CANCER
27 DECEMBRE	SAGITTAIRE	SAGITTAIRE	LION	CANCER	VIERGE	SCORPION	SAGITTAIRE	BALANCE	27 CANCER
28 DECEMBRE	SAGITTAIRE	CAPRICORNE	LION	CANCER	VIERGE	SCORPION	SAGITTAIRE	BALANCE	9 LION
29 DECEMBRE	SAGITTAIRE	CAPRICORNE	LION	CANCER	VIERGE	SCORPION	SAGITTAIRE	BALANCE	21 LION
30 DECEMBRE	SAGITTAIRE	CAPRICORNE	LION	CANCER	VIERGE	SCORPION	SAGITTAIRE	BALANCE	3 VIERGE
31 DECEMBRE	SAGITTAIRE	CAPRICORNE	LION	GEMEAUX	VIERGE	SCORPION	SAGITTAIRE	BALANCE	16 VIERGE

LE SOLEIL RESTE DANS LE SIGNE DU CAPRICORNE JUSQU'AU 20 JANVIER 1977 A 3 h 45
REVIENT DANS LE SIGNE DU LE 21 DECEMBRE A 23 h 00
* LES CHIFFRES INDIQUENT LES DEGRES

DECOUVREZ DANS QUEL SIGNE SE TROUVAIENT LES PLANETES A VOTRE NAISSANCE

1978	MERCURE	VENUS	MARS	JUPITER	SATURNE	URANUS	NEPTUNE	PLUTON	LUNE *
1 JANVIER	SAGITTAIRE	CAPRICORNE	LION	GEMEAUX	VIERGE	SCORPION	SAGITTAIRE	BALANCE	28 VIERGE
2 JANVIER	SAGITTAIRE	CAPRICORNE	LION	GEMEAUX	VIERGE	SCORPION	SAGITTAIRE	BALANCE	11 BALANCE
3 JANVIER	SAGITTAIRE	CAPRICORNE	LION	GEMEAUX	VIERGE	SCORPION	SAGITTAIRE	BALANCE	25 BALANCE
4 JANVIER	SAGITTAIRE	CAPRICORNE	LION	GEMEAUX	VIERGE	SCORPION	SAGITTAIRE	BALANCE	9 SCORPION
5 JANVIER	SAGITTAIRE	CAPRICORNE	LION	GEMEAUX	LION	SCORPION	SAGITTAIRE	BALANCE	23 SCORPION
6 JANVIER	SAGITTAIRE	CAPRICORNE	LION	GEMEAUX	LION	SCORPION	SAGITTAIRE	BALANCE	8 SAGITTAIRE
7 JANVIER	SAGITTAIRE	CAPRICORNE	LION	GEMEAUX	LION	SCORPION	SAGITTAIRE	BALANCE	23 SAGITTAIRE
8 JANVIER	SAGITTAIRE	CAPRICORNE	LION	GEMEAUX	LION	SCORPION	SAGITTAIRE	BALANCE	8 CAPRICORNE
9 JANVIER	SAGITTAIRE	CAPRICORNE	LION	GEMEAUX	LION	SCORPION	SAGITTAIRE	BALANCE	23 CAPRICORNE
10 JANVIER	SAGITTAIRE	CAPRICORNE	LION	GEMEAUX	LION	SCORPION	SAGITTAIRE	BALANCE	8 VERSEAU
11 JANVIER	SAGITTAIRE	CAPRICORNE	LION	GEMEAUX	LION	SCORPION	SAGITTAIRE	BALANCE	23 VERSEAU
12 JANVIER	SAGITTAIRE	CAPRICORNE	LION	GEMEAUX	LION	SCORPION	SAGITTAIRE	BALANCE	7 POISSONS
13 JANVIER	SAGITTAIRE	CAPRICORNE	LION	GEMEAUX	LION	SCORPION	SAGITTAIRE	BALANCE	21 POISSONS
14 JANVIER	CAPRICORNE	CAPRICORNE	LION	GEMEAUX	LION	SCORPION	SAGITTAIRE	BALANCE	5 BELIER
15 JANVIER	CAPRICORNE	CAPRICORNE	LION	GEMEAUX	LION	SCORPION	SAGITTAIRE	BALANCE	17 BELIER
16 JANVIER	CAPRICORNE	CAPRICORNE	LION	GEMEAUX	LION	SCORPION	SAGITTAIRE	BALANCE	0 TAUREAU
17 JANVIER	CAPRICORNE	CAPRICORNE	LION	GEMEAUX	LION	SCORPION	SAGITTAIRE	BALANCE	12 TAUREAU
18 JANVIER	CAPRICORNE	CAPRICORNE	LION	GEMEAUX	LION	SCORPION	SAGITTAIRE	BALANCE	24 TAUREAU
19 JANVIER	CAPRICORNE	CAPRICORNE	LION	GEMEAUX	LION	SCORPION	SAGITTAIRE	BALANCE	6 GEMEAUX
20 JANVIER	CAPRICORNE	CAPRICORNE	LION	GEMEAUX	LION	SCORPION	SAGITTAIRE	BALANCE	18 GEMEAUX
22 DECEMBRE	SAGITTAIRE	SCORPION	CAPRICORNE	LION	VIERGE	SCORPION	SAGITTAIRE	BALANCE	27 VIERGE
23 DECEMBRE	SAGITTAIRE	SCORPION	CAPRICORNE	LION	VIERGE	SCORPION	SAGITTAIRE	BALANCE	10 BALANCE
24 DECEMBRE	SAGITTAIRE	SCORPION	CAPRICORNE	LION	VIERGE	SCORPION	SAGITTAIRE	BALANCE	22 BALANCE
25 DECEMBRE	SAGITTAIRE	SCORPION	CAPRICORNE	LION	VIERGE	SCORPION	SAGITTAIRE	BALANCE	5 SCORPION
26 DECEMBRE	SAGITTAIRE	SCORPION	CAPRICORNE	LION	VIERGE	SCORPION	SAGITTAIRE	BALANCE	19 SCORPION
27 DECEMBRE	SAGITTAIRE	SCORPION	CAPRICORNE	LION	VIERGE	SCORPION	SAGITTAIRE	BALANCE	3 SAGITTAIRE
28 DECEMBRE	SAGITTAIRE	SCORPION	CAPRICORNE	LION	VIERGE	SCORPION	SAGITTAIRE	BALANCE	18 SAGITTAIRE
29 DECEMBRE	SAGITTAIRE	SCORPION	CAPRICORNE	LION	VIERGE	SCORPION	SAGITTAIRE	BALANCE	3 CAPRICORNE
30 DECEMBRE	SAGITTAIRE	SCORPION	CAPRICORNE	LION	VIERGE	SCORPION	SAGITTAIRE	BALANCE	18 CAPRICORNE
31 DECEMBRE	SAGITTAIRE	SCORPION	CAPRICORNE	LION	VIERGE	SCORPION	SAGITTAIRE	BALANCE	3 VERSEAU

LE SOLEIL RESTE DANS LE SIGNE DU CAPRICORNE JUSQU'AU 20 JANVIER 1978 A 9 h 45
REVIENT DANS LE SIGNE DU LE 22 DECEMBRE A 5 h 00
* LES CHIFFRES INDIQUENT LES DEGRES

1979	MERCURE	VENUS	MARS	JUPITER	SATURNE	URANUS	NEPTUNE	PLUTON	LUNE *
1 JANVIER	SAGITTAIRE	SCORPION	CAPRICORNE	LION	VIERGE	SCORPION	SAGITTAIRE	BALANCE	18 VERSEAU
2 JANVIER	SAGITTAIRE	SCORPION	CAPRICORNE	LION	VIERGE	SCORPION	SAGITTAIRE	BALANCE	3 POISSONS
3 JANVIER	SAGITTAIRE	SCORPION	CAPRICORNE	LION	VIERGE	SCORPION	SAGITTAIRE	BALANCE	17 POISSONS
4 JANVIER	SAGITTAIRE	SCORPION	CAPRICORNE	LION	VIERGE	SCORPION	SAGITTAIRE	BALANCE	1 BELIER
5 JANVIER	SAGITTAIRE	SCORPION	CAPRICORNE	LION	VIERGE	SCORPION	SAGITTAIRE	BALANCE	15 BELIER
6 JANVIER	SAGITTAIRE	SCORPION	CAPRICORNE	LION	VIERGE	SCORPION	SAGITTAIRE	BALANCE	28 BELIER
7 JANVIER	SAGITTAIRE	SAGITTAIRE	CAPRICORNE	LION	VIERGE	SCORPION	SAGITTAIRE	BALANCE	11 TAUREAU
8 JANVIER	SAGITTAIRE	SAGITTAIRE	CAPRICORNE	LION	VIERGE	SCORPION	SAGITTAIRE	BALANCE	24 TAUREAU
9 JANVIER	CAPRICORNE	SAGITTAIRE	CAPRICORNE	LION	VIERGE	SCORPION	SAGITTAIRE	BALANCE	6 GEMEAUX
10 JANVIER	CAPRICORNE	SAGITTAIRE	CAPRICORNE	LION	VIERGE	SCORPION	SAGITTAIRE	BALANCE	18 GEMEAUX
11 JANVIER	CAPRICORNE	SAGITTAIRE	CAPRICORNE	LION	VIERGE	SCORPION	SAGITTAIRE	BALANCE	1 CANCER
12 JANVIER	CAPRICORNE	SAGITTAIRE	CAPRICORNE	LION	VIERGE	SCORPION	SAGITTAIRE	BALANCE	13 CANCER
13 JANVIER	CAPRICORNE	SAGITTAIRE	CAPRICORNE	LION	VIERGE	SCORPION	SAGITTAIRE	BALANCE	25 CANCER
14 JANVIER	CAPRICORNE	SAGITTAIRE	CAPRICORNE	LION	VIERGE	SCORPION	SAGITTAIRE	BALANCE	6 LION
15 JANVIER	CAPRICORNE	SAGITTAIRE	CAPRICORNE	LION	VIERGE	SCORPION	SAGITTAIRE	BALANCE	18 LION
16 JANVIER	CAPRICORNE	SAGITTAIRE	CAPRICORNE	LION	VIERGE	SCORPION	SAGITTAIRE	BALANCE	0 VIERGE
17 JANVIER	CAPRICORNE	SAGITTAIRE	CAPRICORNE	LION	VIERGE	SCORPION	SAGITTAIRE	BALANCE	12 VIERGE
18 JANVIER	CAPRICORNE	SAGITTAIRE	CAPRICORNE	LION	VIERGE	SCORPION	SAGITTAIRE	BALANCE	24 VIERGE
19 JANVIER	CAPRICORNE	SAGITTAIRE	CAPRICORNE	LION	VIERGE	SCORPION	SAGITTAIRE	BALANCE	6 BALANCE
20 JANVIER	CAPRICORNE	SAGITTAIRE	CAPRICORNE	LION	VIERGE	SCORPION	SAGITTAIRE	BALANCE	18 BALANCE
22 DECEMBRE	SAGITTAIRE	CAPRICORNE	VIERGE	VIERGE	VIERGE	SCORPION	SAGITTAIRE	BALANCE	11 VERSEAU
23 DECEMBRE	SAGITTAIRE	VERSEAU	VIERGE	VIERGE	VIERGE	SCORPION	SAGITTAIRE	BALANCE	25 VERSEAU
24 DECEMBRE	SAGITTAIRE	VERSEAU	VIERGE	VIERGE	VIERGE	SCORPION	SAGITTAIRE	BALANCE	9 POISSONS
25 DECEMBRE	SAGITTAIRE	VERSEAU	VIERGE	VIERGE	VIERGE	SCORPION	SAGITTAIRE	BALANCE	23 POISSONS
26 DECEMBRE	SAGITTAIRE	VERSEAU	VIERGE	VIERGE	VIERGE	SCORPION	SAGITTAIRE	BALANCE	7 BELIER
27 DECEMBRE	SAGITTAIRE	VERSEAU	VIERGE	VIERGE	VIERGE	SCORPION	SAGITTAIRE	BALANCE	21 BELIER
28 DECEMBRE	SAGITTAIRE	VERSEAU	VIERGE	VIERGE	VIERGE	SCORPION	SAGITTAIRE	BALANCE	5 TAUREAU
29 DECEMBRE	SAGITTAIRE	VERSEAU	VIERGE	VIERGE	VIERGE	SCORPION	SAGITTAIRE	BALANCE	19 TAUREAU
30 DECEMBRE	SAGITTAIRE	VERSEAU	VIERGE	VIERGE	VIERGE	SCORPION	SAGITTAIRE	BALANCE	3 GEMEAUX
31 DECEMBRE	SAGITTAIRE	VERSEAU	VIERGE	VIERGE	VIERGE	SCORPION	SAGITTAIRE	BALANCE	16 GEMEAUX

LE SOLEIL RESTE DANS LE SIGNE DU CAPRICORNE JUSQU'AU 20 JANVIER 1979 A 15 h 45
REVIENT DANS LE SIGNE DU LE 22 DECEMBRE A 11 h 00
* LES CHIFFRES INDIQUENT LES DEGRES

DECOUVREZ DANS QUEL SIGNE SE TROUVAIENT LES PLANETES A VOTRE NAISSANCE

1980	MERCURE	VENUS	MARS	JUPITER	SATURNE	URANUS	NEPTUNE	PLUTON	LUNE *
1 JANVIER	SAGITTAIRE	VERSEAU	VIERGE	VIERGE	VIERGE	SCORPION	SAGITTAIRE	BALANCE	29 GEMEAUX
2 JANVIER	CAPRICORNE	VERSEAU	VIERGE	VIERGE	VIERGE	SCORPION	SAGITTAIRE	BALANCE	12 CANCER
3 JANVIER	CAPRICORNE	VERSEAU	VIERGE	VIERGE	VIERGE	SCORPION	SAGITTAIRE	BALANCE	25 CANCER
4 JANVIER	CAPRICORNE	VERSEAU	VIERGE	VIERGE	VIERGE	SCORPION	SAGITTAIRE	BALANCE	8 LION
5 JANVIER	CAPRICORNE	VERSEAU	VIERGE	VIERGE	VIERGE	SCORPION	SAGITTAIRE	BALANCE	20 LION
6 JANVIER	CAPRICORNE	VERSEAU	VIERGE	VIERGE	VIERGE	SCORPION	SAGITTAIRE	BALANCE	2 VIERGE
7 JANVIER	CAPRICORNE	VERSEAU	VIERGE	VIERGE	VIERGE	SCORPION	SAGITTAIRE	BALANCE	14 VIERGE
8 JANVIER	CAPRICORNE	VERSEAU	VIERGE	VIERGE	VIERGE	SCORPION	SAGITTAIRE	BALANCE	25 VIERGE
9 JANVIER	CAPRICORNE	VERSEAU	VIERGE	VIERGE	VIERGE	SCORPION	SAGITTAIRE	BALANCE	7 BALANCE
10 JANVIER	CAPRICORNE	VERSEAU	VIERGE	VIERGE	VIERGE	SCORPION	SAGITTAIRE	BALANCE	19 BALANCE
11 JANVIER	CAPRICORNE	VERSEAU	VIERGE	VIERGE	VIERGE	SCORPION	SAGITTAIRE	BALANCE	1 SCORPION
12 JANVIER	CAPRICORNE	VERSEAU	VIERGE	VIERGE	VIERGE	SCORPION	SAGITTAIRE	BALANCE	14 SCORPION
13 JANVIER	CAPRICORNE	VERSEAU	VIERGE	VIERGE	VIERGE	SCORPION	SAGITTAIRE	BALANCE	26 SCORPION
14 JANVIER	CAPRICORNE	VERSEAU	VIERGE	VIERGE	VIERGE	SCORPION	SAGITTAIRE	BALANCE	9 SAGITTAIRE
15 JANVIER	CAPRICORNE	VERSEAU	VIERGE	VIERGE	VIERGE	SCORPION	SAGITTAIRE	BALANCE	23 SAGITTAIRE
16 JANVIER	CAPRICORNE	POISSONS	VIERGE	VIERGE	VIERGE	SCORPION	SAGITTAIRE	BALANCE	7 CAPRICORNE
17 JANVIER	CAPRICORNE	POISSONS	VIERGE	VIERGE	VIERGE	SCORPION	SAGITTAIRE	BALANCE	21 CAPRICORNE
18 JANVIER	CAPRICORNE	POISSONS	VIERGE	VIERGE	VIERGE	SCORPION	SAGITTAIRE	BALANCE	5 VERSEAU
19 JANVIER	CAPRICORNE	POISSONS	VIERGE	VIERGE	VIERGE	SCORPION	SAGITTAIRE	BALANCE	20 VERSEAU
20 JANVIER	CAPRICORNE	POISSONS	VIERGE	VIERGE	VIERGE	SCORPION	SAGITTAIRE	BALANCE	5 POISSONS
21 DECEMBRE	SAGITTAIRE	SAGITTAIRE	CAPRICORNE	BALANCE	BALANCE	SCORPION	SAGITTAIRE	BALANCE	26 GEMEAUX
22 DECEMBRE	SAGITTAIRE	SAGITTAIRE	CAPRICORNE	BALANCE	BALANCE	SCORPION	SAGITTAIRE	BALANCE	10 CANCER
23 DECEMBRE	SAGITTAIRE	SAGITTAIRE	CAPRICORNE	BALANCE	BALANCE	SCORPION	SAGITTAIRE	BALANCE	24 CANCER
24 DECEMBRE	SAGITTAIRE	SAGITTAIRE	CAPRICORNE	BALANCE	BALANCE	SCORPION	SAGITTAIRE	BALANCE	8 LION
25 DECEMBRE	CAPRICORNE	SAGITTAIRE	CAPRICORNE	BALANCE	BALANCE	SCORPION	SAGITTAIRE	BALANCE	21 LION
26 DECEMBRE	CAPRICORNE	SAGITTAIRE	CAPRICORNE	BALANCE	BALANCE	SCORPION	SAGITTAIRE	BALANCE	4 VIERGE
27 DECEMBRE	CAPRICORNE	SAGITTAIRE	CAPRICORNE	BALANCE	BALANCE	SCORPION	SAGITTAIRE	BALANCE	16 VIERGE
28 DECEMBRE	CAPRICORNE	SAGITTAIRE	CAPRICORNE	BALANCE	BALANCE	SCORPION	SAGITTAIRE	BALANCE	28 VIERGE
29 DECEMBRE	CAPRICORNE	SAGITTAIRE	CAPRICORNE	BALANCE	BALANCE	SCORPION	SAGITTAIRE	BALANCE	10 BALANCE
30 DECEMBRE	CAPRICORNE	SAGITTAIRE	CAPRICORNE	BALANCE	BALANCE	SCORPION	SAGITTAIRE	BALANCE	22 BALANCE
31 DECEMBRE	CAPRICORNE	SAGITTAIRE	VERSEAU	BALANCE	BALANCE	SCORPION	SAGITTAIRE	BALANCE	4 SCORPION

LE SOLEIL RESTE DANS LE SIGNE DU CAPRICORNE JUSQU'AU 20 JANVIER 1980 A 21 h 30
REVIENT DANS LE SIGNE DU LE 21 DECEMBRE A 16 h 30
* LES CHIFFRES INDIQUENT LES DEGRES

1981	MERCURE	VENUS	MARS	JUPITER	SATURNE	URANUS	NEPTUNE	PLUTON	LUNE *
1 JANVIER	CAPRICORNE	SAGITTAIRE	VERSEAU	BALANCE	BALANCE	SCORPION	SAGITTAIRE	BALANCE	16 SCORPION
2 JANVIER	CAPRICORNE	SAGITTAIRE	VERSEAU	BALANCE	BALANCE	SCORPION	SAGITTAIRE	BALANCE	28 SCORPION
3 JANVIER	CAPRICORNE	SAGITTAIRE	VERSEAU	BALANCE	BALANCE	SCORPION	SAGITTAIRE	BALANCE	10 SAGITTAIRE
4 JANVIER	CAPRICORNE	SAGITTAIRE	VERSEAU	BALANCE	BALANCE	SCORPION	SAGITTAIRE	BALANCE	22 SAGITTAIRE
5 JANVIER	CAPRICORNE	SAGITTAIRE	VERSEAU	BALANCE	BALANCE	SCORPION	SAGITTAIRE	BALANCE	5 CAPRICORNE
6 JANVIER	CAPRICORNE	SAGITTAIRE	VERSEAU	BALANCE	BALANCE	SCORPION	SAGITTAIRE	BALANCE	18 CAPRICORNE
7 JANVIER	CAPRICORNE	SAGITTAIRE	VERSEAU	BALANCE	BALANCE	SCORPION	SAGITTAIRE	BALANCE	1 VERSEAU
8 JANVIER	CAPRICORNE	SAGITTAIRE	VERSEAU	BALANCE	BALANCE	SCORPION	SAGITTAIRE	BALANCE	15 VERSEAU
9 JANVIER	CAPRICORNE	SAGITTAIRE	VERSEAU	BALANCE	BALANCE	SCORPION	SAGITTAIRE	BALANCE	28 VERSEAU
10 JANVIER	CAPRICORNE	SAGITTAIRE	VERSEAU	BALANCE	BALANCE	SCORPION	SAGITTAIRE	BALANCE	12 POISSONS
11 JANVIER	CAPRICORNE	CAPRICORNE	VERSEAU	BALANCE	BALANCE	SCORPION	SAGITTAIRE	BALANCE	26 POISSONS
12 JANVIER	CAPRICORNE	CAPRICORNE	VERSEAU	BALANCE	BALANCE	SCORPION	SAGITTAIRE	BALANCE	10 BELIER
13 JANVIER	VERSEAU	CAPRICORNE	VERSEAU	BALANCE	BALANCE	SCORPION	SAGITTAIRE	BALANCE	24 BELIER
14 JANVIER	VERSEAU	CAPRICORNE	VERSEAU	BALANCE	BALANCE	SCORPION	SAGITTAIRE	BALANCE	8 TAUREAU
15 JANVIER	VERSEAU	CAPRICORNE	VERSEAU	BALANCE	BALANCE	SCORPION	SAGITTAIRE	BALANCE	22 TAUREAU
16 JANVIER	VERSEAU	CAPRICORNE	VERSEAU	BALANCE	BALANCE	SCORPION	SAGITTAIRE	BALANCE	7 GEMEAUX
17 JANVIER	VERSEAU	CAPRICORNE	VERSEAU	BALANCE	BALANCE	SCORPION	SAGITTAIRE	BALANCE	21 GEMEAUX
18 JANVIER	VERSEAU	CAPRICORNE	VERSEAU	BALANCE	BALANCE	SCORPION	SAGITTAIRE	BALANCE	5 CANCER
19 JANVIER	VERSEAU	CAPRICORNE	VERSEAU	BALANCE	BALANCE	SCORPION	SAGITTAIRE	BALANCE	19 CANCER
20 JANVIER	VERSEAU	CAPRICORNE	VERSEAU	BALANCE	BALANCE	SCORPION	SAGITTAIRE	BALANCE	2 LION
21 DECEMBRE	CAPRICORNE	VERSEAU	BALANCE	SCORPION	BALANCE	SAGITTAIRE	SAGITTAIRE	BALANCE	6 SCORPION
22 DECEMBRE	CAPRICORNE	VERSEAU	BALANCE	SCORPION	BALANCE	SAGITTAIRE	SAGITTAIRE	BALANCE	18 SCORPION
23 DECEMBRE	CAPRICORNE	VERSEAU	BALANCE	SCORPION	BALANCE	SAGITTAIRE	SAGITTAIRE	BALANCE	0 SAGITTAIRE
24 DECEMBRE	CAPRICORNE	VERSEAU	BALANCE	SCORPION	BALANCE	SAGITTAIRE	SAGITTAIRE	BALANCE	11 SAGITTAIRE
25 DECEMBRE	CAPRICORNE	VERSEAU	BALANCE	SCORPION	BALANCE	SAGITTAIRE	SAGITTAIRE	BALANCE	23 SAGITTAIRE
26 DECEMBRE	CAPRICORNE	VERSEAU	BALANCE	SCORPION	BALANCE	SAGITTAIRE	SAGITTAIRE	BALANCE	5 CAPRICORNE
27 DECEMBRE	CAPRICORNE	VERSEAU	BALANCE	SCORPION	BALANCE	SAGITTAIRE	SAGITTAIRE	BALANCE	17 CAPRICORNE
28 DECEMBRE	CAPRICORNE	VERSEAU	BALANCE	SCORPION	BALANCE	SAGITTAIRE	SAGITTAIRE	BALANCE	29 CAPRICORNE
29 DECEMBRE	CAPRICORNE	VERSEAU	BALANCE	SCORPION	BALANCE	SAGITTAIRE	SAGITTAIRE	BALANCE	11 VERSEAU
30 DECEMBRE	CAPRICORNE	VERSEAU	BALANCE	SCORPION	BALANCE	SAGITTAIRE	SAGITTAIRE	BALANCE	24 VERSEAU
31 DECEMBRE	CAPRICORNE	VERSEAU	BALANCE	SCORPION	BALANCE	SAGITTAIRE	SAGITTAIRE	BALANCE	7 POISSONS

LE SOLEIL RESTE DANS LE SIGNE DU CAPRICORNE JUSQU'AU 20 JANVIER 1981 A 3 h 15
REVIENT DANS LE SIGNE DU LE 21 DECEMBRE A 22 h 30
* LES CHIFFRES INDIQUENT LES DEGRES

DECOUVREZ DANS QUEL SIGNE SE TROUVAIENT LES PLANETES A VOTRE NAISSANCE

1982	MERCURE	VENUS	MARS	JUPITER	SATURNE	URANUS	NEPTUNE	PLUTON	LUNE *	
1 JANVIER	CAPRICORNE	VERSEAU	BALANCE	SCORPION	BALANCE	SAGITTAIRE	SAGITTAIRE	BALANCE	19	POISSONS
2 JANVIER	CAPRICORNE	VERSEAU	BALANCE	SCORPION	BALANCE	SAGITTAIRE	SAGITTAIRE	BALANCE	3	BELIER
3 JANVIER	CAPRICORNE	VERSEAU	BALANCE	SCORPION	BALANCE	SAGITTAIRE	SAGITTAIRE	BALANCE	16	BELIER
4 JANVIER	CAPRICORNE	VERSEAU	BALANCE	SCORPION	BALANCE	SAGITTAIRE	SAGITTAIRE	BALANCE	0	TAUREAU
5 JANVIER	CAPRICORNE	VERSEAU	BALANCE	SCORPION	BALANCE	SAGITTAIRE	SAGITTAIRE	BALANCE	15	TAUREAU
6 JANVIER	VERSEAU	VERSEAU	BALANCE	SCORPION	BALANCE	SAGITTAIRE	SAGITTAIRE	BALANCE	29	TAUREAU
7 JANVIER	VERSEAU	VERSEAU	BALANCE	SCORPION	BALANCE	SAGITTAIRE	SAGITTAIRE	BALANCE	14	GEMEAUX
8 JANVIER	VERSEAU	VERSEAU	BALANCE	SCORPION	BALANCE	SAGITTAIRE	SAGITTAIRE	BALANCE	29	GEMEAUX
9 JANVIER	VERSEAU	VERSEAU	BALANCE	SCORPION	BALANCE	SAGITTAIRE	SAGITTAIRE	BALANCE	14	CANCER
10 JANVIER	VERSEAU	VERSEAU	BALANCE	SCORPION	BALANCE	SAGITTAIRE	SAGITTAIRE	BALANCE	29	CANCER
11 JANVIER	VERSEAU	VERSEAU	BALANCE	SCORPION	BALANCE	SAGITTAIRE	SAGITTAIRE	BALANCE	13	LION
12 JANVIER	VERSEAU	VERSEAU	BALANCE	SCORPION	BALANCE	SAGITTAIRE	SAGITTAIRE	BALANCE	28	LION
13 JANVIER	VERSEAU	VERSEAU	BALANCE	SCORPION	BALANCE	SAGITTAIRE	SAGITTAIRE	BALANCE	11	VIERGE
14 JANVIER	VERSEAU	VERSEAU	BALANCE	SCORPION	BALANCE	SAGITTAIRE	SAGITTAIRE	BALANCE	25	VIERGE
15 JANVIER	VERSEAU	VERSEAU	BALANCE	SCORPION	BALANCE	SAGITTAIRE	SAGITTAIRE	BALANCE	8	BALANCE
16 JANVIER	VERSEAU	VERSEAU	BALANCE	SCORPION	BALANCE	SAGITTAIRE	SAGITTAIRE	BALANCE	20	BALANCE
17 JANVIER	VERSEAU	VERSEAU	BALANCE	SCORPION	BALANCE	SAGITTAIRE	SAGITTAIRE	BALANCE	2	SCORPION
18 JANVIER	VERSEAU	VERSEAU	BALANCE	SCORPION	BALANCE	SAGITTAIRE	SAGITTAIRE	BALANCE	14	SCORPION
19 JANVIER	VERSEAU	VERSEAU	BALANCE	SCORPION	BALANCE	SAGITTAIRE	SAGITTAIRE	BALANCE	26	SCORPION
20 JANVIER	VERSEAU	VERSEAU	BALANCE	SCORPION	BALANCE	SAGITTAIRE	SAGITTAIRE	BALANCE	8	SAGITTAIRE
22 DECEMBRE	CAPRICORNE	CAPRICORNE	VERSEAU	SCORPION	SCORPION	SAGITTAIRE	SAGITTAIRE	BALANCE	17	POISSONS
23 DECEMBRE	CAPRICORNE	CAPRICORNE	VERSEAU	SCORPION	SCORPION	SAGITTAIRE	SAGITTAIRE	BALANCE	0	BELIER
24 DECEMBRE	CAPRICORNE	CAPRICORNE	VERSEAU	SCORPION	SCORPION	SAGITTAIRE	SAGITTAIRE	BALANCE	13	BELIER
25 DECEMBRE	CAPRICORNE	CAPRICORNE	VERSEAU	SCORPION	SCORPION	SAGITTAIRE	SAGITTAIRE	BALANCE	26	BELIER
26 DECEMBRE	CAPRICORNE	CAPRICORNE	VERSEAU	SAGITTAIRE	SCORPION	SAGITTAIRE	SAGITTAIRE	BALANCE	10	TAUREAU
27 DECEMBRE	CAPRICORNE	CAPRICORNE	VERSEAU	SAGITTAIRE	SCORPION	SAGITTAIRE	SAGITTAIRE	BALANCE	24	TAUREAU
28 DECEMBRE	CAPRICORNE	CAPRICORNE	VERSEAU	SAGITTAIRE	SCORPION	SAGITTAIRE	SAGITTAIRE	BALANCE	8	GEMEAUX
29 DECEMBRE	CAPRICORNE	CAPRICORNE	VERSEAU	SAGITTAIRE	SCORPION	SAGITTAIRE	SAGITTAIRE	BALANCE	23	GEMEAUX
30 DECEMBRE	CAPRICORNE	CAPRICORNE	VERSEAU	SAGITTAIRE	SCORPION	SAGITTAIRE	SAGITTAIRE	BALANCE	8	CANCER
31 DECEMBRE	CAPRICORNE	CAPRICORNE	VERSEAU	SAGITTAIRE	SCORPION	SAGITTAIRE	SAGITTAIRE	BALANCE	24	CANCER

LE SOLEIL RESTE DANS LE SIGNE DU CAPRICORNE JUSQU'AU 20 JANVIER 1982 A 9 h 15
LE SOLEIL REVIENT DANS LE SIGNE DU LE 22 DECEMBRE A 4 h 15
* LES CHIFFRES INDIQUENT LES DEGRES

1983	MERCURE	VENUS	MARS	JUPITER	SATURNE	URANUS	NEPTUNE	PLUTON	LUNE *	
1 JANVIER	CAPRICORNE	CAPRICORNE	VERSEAU	SAGITTAIRE	SCORPION	SAGITTAIRE	SAGITTAIRE	BALANCE	9	LION
2 JANVIER	VERSEAU	CAPRICORNE	VERSEAU	SAGITTAIRE	SCORPION	SAGITTAIRE	SAGITTAIRE	BALANCE	24	LION
3 JANVIER	VERSEAU	CAPRICORNE	VERSEAU	SAGITTAIRE	SCORPION	SAGITTAIRE	SAGITTAIRE	BALANCE	8	VIERGE
4 JANVIER	VERSEAU	CAPRICORNE	VERSEAU	SAGITTAIRE	SCORPION	SAGITTAIRE	SAGITTAIRE	BALANCE	22	VIERGE
5 JANVIER	VERSEAU	CAPRICORNE	VERSEAU	SAGITTAIRE	SCORPION	SAGITTAIRE	SAGITTAIRE	BALANCE	6	BALANCE
6 JANVIER	VERSEAU	VERSEAU	VERSEAU	SAGITTAIRE	SCORPION	SAGITTAIRE	SAGITTAIRE	BALANCE	19	BALANCE
7 JANVIER	VERSEAU	VERSEAU	VERSEAU	SAGITTAIRE	SCORPION	SAGITTAIRE	SAGITTAIRE	BALANCE	2	SCORPION
8 JANVIER	VERSEAU	VERSEAU	VERSEAU	SAGITTAIRE	SCORPION	SAGITTAIRE	SAGITTAIRE	BALANCE	15	SCORPION
9 JANVIER	VERSEAU	VERSEAU	VERSEAU	SAGITTAIRE	SCORPION	SAGITTAIRE	SAGITTAIRE	BALANCE	27	SCORPION
10 JANVIER	VERSEAU	VERSEAU	VERSEAU	SAGITTAIRE	SCORPION	SAGITTAIRE	SAGITTAIRE	BALANCE	9	SAGITTAIRE
11 JANVIER	VERSEAU	VERSEAU	VERSEAU	SAGITTAIRE	SCORPION	SAGITTAIRE	SAGITTAIRE	BALANCE	21	SAGITTAIRE
12 JANVIER	CAPRICORNE	VERSEAU	VERSEAU	SAGITTAIRE	SCORPION	SAGITTAIRE	SAGITTAIRE	BALANCE	3	CAPRICORNE
13 JANVIER	CAPRICORNE	VERSEAU	VERSEAU	SAGITTAIRE	SCORPION	SAGITTAIRE	SAGITTAIRE	BALANCE	15	CAPRICORNE
14 JANVIER	CAPRICORNE	VERSEAU	VERSEAU	SAGITTAIRE	SCORPION	SAGITTAIRE	SAGITTAIRE	BALANCE	26	CAPRICORNE
15 JANVIER	CAPRICORNE	VERSEAU	VERSEAU	SAGITTAIRE	SCORPION	SAGITTAIRE	SAGITTAIRE	BALANCE	8	VERSEAU
16 JANVIER	CAPRICORNE	VERSEAU	VERSEAU	SAGITTAIRE	SCORPION	SAGITTAIRE	SAGITTAIRE	BALANCE	20	VERSEAU
17 JANVIER	CAPRICORNE	VERSEAU	VERSEAU	SAGITTAIRE	SCORPION	SAGITTAIRE	SAGITTAIRE	BALANCE	2	POISSONS
18 JANVIER	CAPRICORNE	VERSEAU	POISSONS	SAGITTAIRE	SCORPION	SAGITTAIRE	SAGITTAIRE	BALANCE	14	POISSONS
19 JANVIER	CAPRICORNE	VERSEAU	POISSONS	SAGITTAIRE	SCORPION	SAGITTAIRE	SAGITTAIRE	BALANCE	26	POISSONS
20 JANVIER	CAPRICORNE	VERSEAU	POISSONS	SAGITTAIRE	SCORPION	SAGITTAIRE	SAGITTAIRE	BALANCE	9	BELIER
22 DECEMBRE	CAPRICORNE	SCORPION	BALANCE	SAGITTAIRE	SCORPION	SAGITTAIRE	SAGITTAIRE	SCORPION	2	LION
23 DECEMBRE	CAPRICORNE	SCORPION	BALANCE	SAGITTAIRE	SCORPION	SAGITTAIRE	SAGITTAIRE	SCORPION	17	LION
24 DECEMBRE	CAPRICORNE	SCORPION	BALANCE	SAGITTAIRE	SCORPION	SAGITTAIRE	SAGITTAIRE	SCORPION	1	VIERGE
25 DECEMBRE	CAPRICORNE	SCORPION	BALANCE	SAGITTAIRE	SCORPION	SAGITTAIRE	SAGITTAIRE	SCORPION	16	VIERGE
26 DECEMBRE	CAPRICORNE	SCORPION	BALANCE	SAGITTAIRE	SCORPION	SAGITTAIRE	SAGITTAIRE	SCORPION	0	BALANCE
27 DECEMBRE	CAPRICORNE	SCORPION	BALANCE	SAGITTAIRE	SCORPION	SAGITTAIRE	SAGITTAIRE	SCORPION	14	BALANCE
28 DECEMBRE	CAPRICORNE	SCORPION	BALANCE	SAGITTAIRE	SCORPION	SAGITTAIRE	SAGITTAIRE	SCORPION	28	BALANCE
29 DECEMBRE	CAPRICORNE	SCORPION	BALANCE	SAGITTAIRE	SCORPION	SAGITTAIRE	SAGITTAIRE	SCORPION	11	SCORPION
30 DECEMBRE	CAPRICORNE	SCORPION	BALANCE	SAGITTAIRE	SCORPION	SAGITTAIRE	SAGITTAIRE	SCORPION	24	SCORPION
31 DECEMBRE	CAPRICORNE	SCORPION	BALANCE	SAGITTAIRE	SCORPION	SAGITTAIRE	SAGITTAIRE	SCORPION	7	SAGITTAIRE

LE SOLEIL RESTE DANS LE SIGNE DU CAPRICORNE JUSQU'AU 20 JANVIER 1983 A 15 h 00
LE SOLEIL REVIENT DANS LE SIGNE DU LE 22 DECEMBRE A 10 h 15
* LES CHIFFRES INDIQUENT LES DEGRES

DECOUVREZ DANS QUEL SIGNE SE TROUVAIENT LES PLANETES A VOTRE NAISSANCE

1984	MERCURE	VENUS	MARS	JUPITER	SATURNE	URANUS	NEPTUNE	PLUTON	LUNE *
1 JANVIER	CAPRICORNE	SAGITTAIRE	BALANCE	SAGITTAIRE	SCORPION	SAGITTAIRE	SAGITTAIRE	SCORPION	20 SAGITTAIRE
2 JANVIER	CAPRICORNE	SAGITTAIRE	BALANCE	SAGITTAIRE	SCORPION	SAGITTAIRE	SAGITTAIRE	SCORPION	3 CAPRICORNE
3 JANVIER	CAPRICORNE	SAGITTAIRE	BALANCE	SAGITTAIRE	SCORPION	SAGITTAIRE	SAGITTAIRE	SCORPION	15 CAPRICORNE
4 JANVIER	CAPRICORNE	SAGITTAIRE	BALANCE	SAGITTAIRE	SCORPION	SAGITTAIRE	SAGITTAIRE	SCORPION	27 CAPRICORNE
5 JANVIER	CAPRICORNE	SAGITTAIRE	BALANCE	SAGITTAIRE	SCORPION	SAGITTAIRE	SAGITTAIRE	SCORPION	9 VERSEAU
6 JANVIER	CAPRICORNE	SAGITTAIRE	BALANCE	SAGITTAIRE	SCORPION	SAGITTAIRE	SAGITTAIRE	SCORPION	21 VERSEAU
7 JANVIER	CAPRICORNE	SAGITTAIRE	BALANCE	SAGITTAIRE	SCORPION	SAGITTAIRE	SAGITTAIRE	SCORPION	3 POISSONS
8 JANVIER	CAPRICORNE	SAGITTAIRE	BALANCE	SAGITTAIRE	SCORPION	SAGITTAIRE	SAGITTAIRE	SCORPION	15 POISSONS
9 JANVIER	CAPRICORNE	SAGITTAIRE	BALANCE	SAGITTAIRE	SCORPION	SAGITTAIRE	SAGITTAIRE	SCORPION	27 POISSONS
10 JANVIER	CAPRICORNE	SAGITTAIRE	BALANCE	SAGITTAIRE	SCORPION	SAGITTAIRE	SAGITTAIRE	SCORPION	9 BELIER
11 JANVIER	CAPRICORNE	SAGITTAIRE	SCORPION	SAGITTAIRE	SCORPION	SAGITTAIRE	SAGITTAIRE	SCORPION	21 BELIER
12 JANVIER	CAPRICORNE	SAGITTAIRE	SCORPION	SAGITTAIRE	SCORPION	SAGITTAIRE	SAGITTAIRE	SCORPION	4 TAUREAU
13 JANVIER	CAPRICORNE	SAGITTAIRE	SCORPION	SAGITTAIRE	SCORPION	SAGITTAIRE	SAGITTAIRE	SCORPION	16 TAUREAU
14 JANVIER	CAPRICORNE	SAGITTAIRE	SCORPION	SAGITTAIRE	SCORPION	SAGITTAIRE	SAGITTAIRE	SCORPION	29 TAUREAU
15 JANVIER	CAPRICORNE	SAGITTAIRE	SCORPION	SAGITTAIRE	SCORPION	SAGITTAIRE	SAGITTAIRE	SCORPION	13 GEMEAUX
16 JANVIER	CAPRICORNE	SAGITTAIRE	SCORPION	SAGITTAIRE	SCORPION	SAGITTAIRE	SAGITTAIRE	SCORPION	27 GEMEAUX
17 JANVIER	CAPRICORNE	SAGITTAIRE	SCORPION	SAGITTAIRE	SCORPION	SAGITTAIRE	SAGITTAIRE	SCORPION	11 CANCER
18 JANVIER	CAPRICORNE	SAGITTAIRE	SCORPION	SAGITTAIRE	SCORPION	SAGITTAIRE	SAGITTAIRE	SCORPION	26 CANCER
19 JANVIER	CAPRICORNE	SAGITTAIRE	SCORPION	SAGITTAIRE	SCORPION	SAGITTAIRE	CAPRICORNE	SCORPION	11 LION
20 JANVIER	CAPRICORNE	SAGITTAIRE	SCORPION	CAPRICORNE	SCORPION	SAGITTAIRE	CAPRICORNE	SCORPION	26 LION
21 DECEMBRE	SAGITTAIRE	VERSEAU	VERSEAU	CAPRICORNE	SCORPION	SAGITTAIRE	CAPRICORNE	SCORPION	17 SAGITTAIRE
22 DECEMBRE	SAGITTAIRE	VERSEAU	VERSEAU	CAPRICORNE	SCORPION	SAGITTAIRE	CAPRICORNE	SCORPION	1 CAPRICORNE
23 DECEMBRE	SAGITTAIRE	VERSEAU	VERSEAU	CAPRICORNE	SCORPION	SAGITTAIRE	CAPRICORNE	SCORPION	14 CAPRICORNE
24 DECEMBRE	SAGITTAIRE	VERSEAU	VERSEAU	CAPRICORNE	SCORPION	SAGITTAIRE	CAPRICORNE	SCORPION	28 CAPRICORNE
25 DECEMBRE	SAGITTAIRE	VERSEAU	POISSONS	CAPRICORNE	SCORPION	SAGITTAIRE	CAPRICORNE	SCORPION	11 VERSEAU
26 DECEMBRE	SAGITTAIRE	VERSEAU	POISSONS	CAPRICORNE	SCORPION	SAGITTAIRE	CAPRICORNE	SCORPION	23 VERSEAU
27 DECEMBRE	SAGITTAIRE	VERSEAU	POISSONS	CAPRICORNE	SCORPION	SAGITTAIRE	CAPRICORNE	SCORPION	6 POISSONS
28 DECEMBRE	SAGITTAIRE	VERSEAU	POISSONS	CAPRICORNE	SCORPION	SAGITTAIRE	CAPRICORNE	SCORPION	18 POISSONS
29 DECEMBRE	SAGITTAIRE	VERSEAU	POISSONS	CAPRICORNE	SCORPION	SAGITTAIRE	CAPRICORNE	SCORPION	0 BELIER
30 DECEMBRE	SAGITTAIRE	VERSEAU	POISSONS	CAPRICORNE	SCORPION	SAGITTAIRE	CAPRICORNE	SCORPION	12 BELIER
31 DECEMBRE	SAGITTAIRE	VERSEAU	POISSONS	CAPRICORNE	SCORPION	SAGITTAIRE	CAPRICORNE	SCORPION	23 BELIER

LE SOLEIL RESTE DANS LE SIGNE DU CAPRICORNE JUSQU'AU 20 JANVIER 1984 A 20 h 45
REVIENT DANS LE SIGNE DU LE 21 DECEMBRE A 16 h00
* LES CHIFFRES INDIQUENT LES DEGRES

1985	MERCURE	VENUS	MARS	JUPITER	SATURNE	URANUS	NEPTUNE	PLUTON	LUNE *
1 JANVIER	SAGITTAIRE	VERSEAU	POISSONS	CAPRICORNE	SCORPION	SAGITTAIRE	CAPRICORNE	SCORPION	5 TAUREAU
2 JANVIER	SAGITTAIRE	VERSEAU	POISSONS	CAPRICORNE	SCORPION	SAGITTAIRE	CAPRICORNE	SCORPION	17 TAUREAU
3 JANVIER	SAGITTAIRE	VERSEAU	POISSONS	CAPRICORNE	SCORPION	SAGITTAIRE	CAPRICORNE	SCORPION	0 GEMEAUX
4 JANVIER	SAGITTAIRE	POISSONS	POISSONS	CAPRICORNE	SCORPION	SAGITTAIRE	CAPRICORNE	SCORPION	12 GEMEAUX
5 JANVIER	SAGITTAIRE	POISSONS	POISSONS	CAPRICORNE	SCORPION	SAGITTAIRE	CAPRICORNE	SCORPION	25 GEMEAUX
6 JANVIER	SAGITTAIRE	POISSONS	POISSONS	CAPRICORNE	SCORPION	SAGITTAIRE	CAPRICORNE	SCORPION	8 CANCER
7 JANVIER	SAGITTAIRE	POISSONS	POISSONS	CAPRICORNE	SCORPION	SAGITTAIRE	CAPRICORNE	SCORPION	22 CANCER
8 JANVIER	SAGITTAIRE	POISSONS	POISSONS	CAPRICORNE	SCORPION	SAGITTAIRE	CAPRICORNE	SCORPION	6 LION
9 JANVIER	SAGITTAIRE	POISSONS	POISSONS	CAPRICORNE	SCORPION	SAGITTAIRE	CAPRICORNE	SCORPION	20 LION
10 JANVIER	SAGITTAIRE	POISSONS	POISSONS	CAPRICORNE	SCORPION	SAGITTAIRE	CAPRICORNE	SCORPION	4 VIERGE
11 JANVIER	SAGITTAIRE	POISSONS	POISSONS	CAPRICORNE	SCORPION	SAGITTAIRE	CAPRICORNE	SCORPION	18 VIERGE
12 JANVIER	CAPRICORNE	POISSONS	POISSONS	CAPRICORNE	SCORPION	SAGITTAIRE	CAPRICORNE	SCORPION	2 BALANCE
13 JANVIER	CAPRICORNE	POISSONS	POISSONS	CAPRICORNE	SCORPION	SAGITTAIRE	CAPRICORNE	SCORPION	7 BALANCE
14 JANVIER	CAPRICORNE	POISSONS	POISSONS	CAPRICORNE	SCORPION	SAGITTAIRE	CAPRICORNE	SCORPION	1 SCORPION
15 JANVIER	CAPRICORNE	POISSONS	POISSONS	CAPRICORNE	SCORPION	SAGITTAIRE	CAPRICORNE	SCORPION	15 SCORPION
16 JANVIER	CAPRICORNE	POISSONS	POISSONS	CAPRICORNE	SCORPION	SAGITTAIRE	CAPRICORNE	SCORPION	29 SCORPION
17 JANVIER	CAPRICORNE	POISSONS	POISSONS	CAPRICORNE	SCORPION	SAGITTAIRE	CAPRICORNE	SCORPION	12 SAGITTAIRE
18 JANVIER	CAPRICORNE	POISSONS	POISSONS	CAPRICORNE	SCORPION	SAGITTAIRE	CAPRICORNE	SCORPION	26 SAGITTAIRE
19 JANVIER	CAPRICORNE	POISSONS	POISSONS	CAPRICORNE	SCORPION	SAGITTAIRE	CAPRICORNE	SCORPION	9 CAPRICORNE
20 JANVIER	CAPRICORNE	POISSONS	POISSONS	CAPRICORNE	SCORPION	SAGITTAIRE	CAPRICORNE	SCORPION	23 CAPRICORNE
21 DECEMBRE	SAGITTAIRE	SAGITTAIRE	SCORPION	VERSEAU	SAGITTAIRE	SAGITTAIRE	CAPRICORNE	SCORPION	26 BELIER
22 DECEMBRE	SAGITTAIRE	SAGITTAIRE	SCORPION	VERSEAU	SAGITTAIRE	SAGITTAIRE	CAPRICORNE	SCORPION	8 TAUREAU
23 DECEMBRE	SAGITTAIRE	SAGITTAIRE	SCORPION	VERSEAU	SAGITTAIRE	SAGITTAIRE	CAPRICORNE	SCORPION	19 TAUREAU
24 DECEMBRE	SAGITTAIRE	SAGITTAIRE	SCORPION	VERSEAU	SAGITTAIRE	SAGITTAIRE	CAPRICORNE	SCORPION	1 GEMEAUX
25 DECEMBRE	SAGITTAIRE	SAGITTAIRE	SCORPION	VERSEAU	SAGITTAIRE	SAGITTAIRE	CAPRICORNE	SCORPION	13 GEMEAUX
26 DECEMBRE	SAGITTAIRE	SAGITTAIRE	SCORPION	VERSEAU	SAGITTAIRE	SAGITTAIRE	CAPRICORNE	SCORPION	25 GEMEAUX
27 DECEMBRE	SAGITTAIRE	CAPRICORNE	SCORPION	VERSEAU	SAGITTAIRE	SAGITTAIRE	CAPRICORNE	SCORPION	7 CANCER
28 DECEMBRE	SAGITTAIRE	CAPRICORNE	SCORPION	VERSEAU	SAGITTAIRE	SAGITTAIRE	CAPRICORNE	SCORPION	20 CANCER
29 DECEMBRE	SAGITTAIRE	CAPRICORNE	SCORPION	VERSEAU	SAGITTAIRE	SAGITTAIRE	CAPRICORNE	SCORPION	2 LION
30 DECEMBRE	SAGITTAIRE	CAPRICORNE	SCORPION	VERSEAU	SAGITTAIRE	SAGITTAIRE	CAPRICORNE	SCORPION	15 LION
31 DECEMBRE	SAGITTAIRE	CAPRICORNE	SCORPION	VERSEAU	SAGITTAIRE	SAGITTAIRE	CAPRICORNE	SCORPION	28 LION

LE SOLEIL RESTE DANS LE SIGNE DU CAPRICORNE JUSQU'AU 20 JANVIER 1985 A 2 h 35
REVIENT DANS LE SIGNE DU LE 21 DECEMBRE A 21 h 30
* LES CHIFFRES INDIQUENT LES DEGRES

DECOUVREZ DANS QUEL SIGNE SE TROUVAIENT LES PLANETES A VOTRE NAISSANCE

1986	MERCURE	VENUS	MARS	JUPITER	SATURNE	URANUS	NEPTUNE	PLUTON	LUNE *
1 JANVIER	SAGITTAIRE	CAPRICORNE	SCORPION	VERSEAU	SAGITTAIRE	SAGITTAIRE	CAPRICORNE	SCORPION	11 VIERGE
2 JANVIER	SAGITTAIRE	CAPRICORNE	SCORPION	VERSEAU	SAGITTAIRE	SAGITTAIRE	CAPRICORNE	SCORPION	25 VIERGE
3 JANVIER	SAGITTAIRE	CAPRICORNE	SCORPION	VERSEAU	SAGITTAIRE	SAGITTAIRE	CAPRICORNE	SCORPION	8 BALANCE
4 JANVIER	SAGITTAIRE	CAPRICORNE	SCORPION	VERSEAU	SAGITTAIRE	SAGITTAIRE	CAPRICORNE	SCORPION	22 BALANCE
5 JANVIER	SAGITTAIRE	CAPRICORNE	SCORPION	VERSEAU	SAGITTAIRE	SAGITTAIRE	CAPRICORNE	SCORPION	6 SCORPION
6 JANVIER	CAPRICORNE	CAPRICORNE	SCORPION	VERSEAU	SAGITTAIRE	SAGITTAIRE	CAPRICORNE	SCORPION	21 SCORPION
7 JANVIER	CAPRICORNE	CAPRICORNE	SCORPION	VERSEAU	SAGITTAIRE	SAGITTAIRE	CAPRICORNE	SCORPION	5 SAGITTAIRE
8 JANVIER	CAPRICORNE	CAPRICORNE	SCORPION	VERSEAU	SAGITTAIRE	SAGITTAIRE	CAPRICORNE	SCORPION	20 SAGITTAIRE
9 JANVIER	CAPRICORNE	CAPRICORNE	SCORPION	VERSEAU	SAGITTAIRE	SAGITTAIRE	CAPRICORNE	SCORPION	5 CAPRICORNE
10 JANVIER	CAPRICORNE	CAPRICORNE	SCORPION	VERSEAU	SAGITTAIRE	SAGITTAIRE	CAPRICORNE	SCORPION	19 CAPRICORNE
11 JANVIER	CAPRICORNE	CAPRICORNE	SCORPION	VERSEAU	SAGITTAIRE	SAGITTAIRE	CAPRICORNE	SCORPION	4 VERSEAU
12 JANVIER	CAPRICORNE	CAPRICORNE	SCORPION	VERSEAU	SAGITTAIRE	SAGITTAIRE	CAPRICORNE	SCORPION	18 VERSEAU
13 JANVIER	CAPRICORNE	CAPRICORNE	SCORPION	VERSEAU	SAGITTAIRE	SAGITTAIRE	CAPRICORNE	SCORPION	2 POISSONS
14 JANVIER	CAPRICORNE	CAPRICORNE	SCORPION	VERSEAU	SAGITTAIRE	SAGITTAIRE	CAPRICORNE	SCORPION	15 POISSONS
15 JANVIER	CAPRICORNE	CAPRICORNE	SCORPION	VERSEAU	SAGITTAIRE	SAGITTAIRE	CAPRICORNE	SCORPION	28 POISSONS
16 JANVIER	CAPRICORNE	CAPRICORNE	SCORPION	VERSEAU	SAGITTAIRE	SAGITTAIRE	CAPRICORNE	SCORPION	10 BELIER
17 JANVIER	CAPRICORNE	CAPRICORNE	SCORPION	VERSEAU	SAGITTAIRE	SAGITTAIRE	CAPRICORNE	SCORPION	22 BELIER
18 JANVIER	CAPRICORNE	CAPRICORNE	SCORPION	VERSEAU	SAGITTAIRE	SAGITTAIRE	CAPRICORNE	SCORPION	4 TAUREAU
19 JANVIER	CAPRICORNE	CAPRICORNE	SCORPION	VERSEAU	SAGITTAIRE	SAGITTAIRE	CAPRICORNE	SCORPION	16 TAUREAU
20 JANVIER	CAPRICORNE	VERSEAU	SCORPION	VERSEAU	SAGITTAIRE	SAGITTAIRE	CAPRICORNE	SCORPION	28 TAUREAU
22 DECEMBRE	SAGITTAIRE	SCORPION	POISSONS	POISSONS	SAGITTAIRE	SAGITTAIRE	CAPRICORNE	SCORPION	8 VIERGE
23 DECEMBRE	SAGITTAIRE	SCORPION	POISSONS	POISSONS	SAGITTAIRE	SAGITTAIRE	CAPRICORNE	SCORPION	21 VIERGE
24 DECEMBRE	SAGITTAIRE	SCORPION	POISSONS	POISSONS	SAGITTAIRE	SAGITTAIRE	CAPRICORNE	SCORPION	3 BALANCE
25 DECEMBRE	SAGITTAIRE	SCORPION	POISSONS	POISSONS	SAGITTAIRE	SAGITTAIRE	CAPRICORNE	SCORPION	17 BALANCE
26 DECEMBRE	SAGITTAIRE	SCORPION	POISSONS	POISSONS	SAGITTAIRE	SAGITTAIRE	CAPRICORNE	SCORPION	0 SCORPION
27 DECEMBRE	SAGITTAIRE	SCORPION	POISSONS	POISSONS	SAGITTAIRE	SAGITTAIRE	CAPRICORNE	SCORPION	14 SCORPION
28 DECEMBRE	SAGITTAIRE	SCORPION	POISSONS	POISSONS	SAGITTAIRE	SAGITTAIRE	CAPRICORNE	SCORPION	29 SCORPION
29 DECEMBRE	SAGITTAIRE	SCORPION	POISSONS	POISSONS	SAGITTAIRE	SAGITTAIRE	CAPRICORNE	SCORPION	14 SAGITTAIRE
30 DECEMBRE	CAPRICORNE	SCORPION	POISSONS	POISSONS	SAGITTAIRE	SAGITTAIRE	CAPRICORNE	SCORPION	29 SAGITTAIRE
31 DECEMBRE	CAPRICORNE	SCORPION	POISSONS	POISSONS	SAGITTAIRE	SAGITTAIRE	CAPRICORNE	SCORPION	14 CAPRICORNE

LE SOLEIL RESTE DANS LE SIGNE DU CAPRICORNE JUSQU'AU 20 JANVIER 1986 A 8 h 25
REVIENT DANS LE SIGNE DU LE 22 DECEMBRE A 3 h 45
* LES CHIFFRES INDIQUENT LES DEGRES

1987	MERCURE	VENUS	MARS	JUPITER	SATURNE	URANUS	NEPTUNE	PLUTON	LUNE *
1 JANVIER	CAPRICORNE	SCORPION	POISSONS	POISSONS	SAGITTAIRE	SAGITTAIRE	CAPRICORNE	SCORPION	0 VERSEAU
2 JANVIER	CAPRICORNE	SCORPION	POISSONS	POISSONS	SAGITTAIRE	SAGITTAIRE	CAPRICORNE	SCORPION	15 VERSEAU
3 JANVIER	CAPRICORNE	SCORPION	POISSONS	POISSONS	SAGITTAIRE	SAGITTAIRE	CAPRICORNE	SCORPION	29 VERSEAU
4 JANVIER	CAPRICORNE	SCORPION	POISSONS	POISSONS	SAGITTAIRE	SAGITTAIRE	CAPRICORNE	SCORPION	13 POISSONS
5 JANVIER	CAPRICORNE	SCORPION	POISSONS	POISSONS	SAGITTAIRE	SAGITTAIRE	CAPRICORNE	SCORPION	27 POISSONS
6 JANVIER	CAPRICORNE	SCORPION	POISSONS	POISSONS	SAGITTAIRE	SAGITTAIRE	CAPRICORNE	SCORPION	10 BELIER
7 JANVIER	CAPRICORNE	SAGITTAIRE	POISSONS	POISSONS	SAGITTAIRE	SAGITTAIRE	CAPRICORNE	SCORPION	23 BELIER
8 JANVIER	CAPRICORNE	SAGITTAIRE	POISSONS	POISSONS	SAGITTAIRE	SAGITTAIRE	CAPRICORNE	SCORPION	5 TAUREAU
9 JANVIER	CAPRICORNE	SAGITTAIRE	BELIER	POISSONS	SAGITTAIRE	SAGITTAIRE	CAPRICORNE	SCORPION	17 TAUREAU
10 JANVIER	CAPRICORNE	SAGITTAIRE	BELIER	POISSONS	SAGITTAIRE	SAGITTAIRE	CAPRICORNE	SCORPION	29 TAUREAU
11 JANVIER	CAPRICORNE	SAGITTAIRE	BELIER	POISSONS	SAGITTAIRE	SAGITTAIRE	CAPRICORNE	SCORPION	11 GEMEAUX
12 JANVIER	CAPRICORNE	SAGITTAIRE	BELIER	POISSONS	SAGITTAIRE	SAGITTAIRE	CAPRICORNE	SCORPION	23 GEMEAUX
13 JANVIER	CAPRICORNE	SAGITTAIRE	BELIER	POISSONS	SAGITTAIRE	SAGITTAIRE	CAPRICORNE	SCORPION	5 CANCER
14 JANVIER	CAPRICORNE	SAGITTAIRE	BELIER	POISSONS	SAGITTAIRE	SAGITTAIRE	CAPRICORNE	SCORPION	17 CANCER
15 JANVIER	CAPRICORNE	SAGITTAIRE	BELIER	POISSONS	SAGITTAIRE	SAGITTAIRE	CAPRICORNE	SCORPION	29 CANCER
16 JANVIER	CAPRICORNE	SAGITTAIRE	BELIER	POISSONS	SAGITTAIRE	SAGITTAIRE	CAPRICORNE	SCORPION	11 LION
17 JANVIER	CAPRICORNE	SAGITTAIRE	BELIER	POISSONS	SAGITTAIRE	SAGITTAIRE	CAPRICORNE	SCORPION	23 LION
18 JANVIER	VERSEAU	SAGITTAIRE	BELIER	POISSONS	SAGITTAIRE	SAGITTAIRE	CAPRICORNE	SCORPION	5 VIERGE
19 JANVIER	VERSEAU	SAGITTAIRE	BELIER	POISSONS	SAGITTAIRE	SAGITTAIRE	CAPRICORNE	SCORPION	18 VIERGE
20 JANVIER	VERSEAU	SAGITTAIRE	BELIER	POISSONS	SAGITTAIRE	SAGITTAIRE	CAPRICORNE	SCORPION	0 BALANCE
22 DECEMBRE	SAGITTAIRE	VERSEAU	SCORPION	BELIER	SAGITTAIRE	SAGITTAIRE	CAPRICORNE	SCORPION	24 CAPRICORNE
23 DECEMBRE	CAPRICORNE	VERSEAU	SCORPION	BELIER	SAGITTAIRE	SAGITTAIRE	CAPRICORNE	SCORPION	9 VERSEAU
24 DECEMBRE	CAPRICORNE	VERSEAU	SCORPION	BELIER	SAGITTAIRE	SAGITTAIRE	CAPRICORNE	SCORPION	23 VERSEAU
25 DECEMBRE	CAPRICORNE	VERSEAU	SCORPION	BELIER	SAGITTAIRE	SAGITTAIRE	CAPRICORNE	SCORPION	8 POISSONS
26 DECEMBRE	CAPRICORNE	VERSEAU	SCORPION	BELIER	SAGITTAIRE	SAGITTAIRE	CAPRICORNE	SCORPION	22 POISSONS
27 DECEMBRE	CAPRICORNE	VERSEAU	SCORPION	BELIER	SAGITTAIRE	SAGITTAIRE	CAPRICORNE	SCORPION	6 BELIER
28 DECEMBRE	CAPRICORNE	VERSEAU	SCORPION	BELIER	SAGITTAIRE	SAGITTAIRE	CAPRICORNE	SCORPION	19 BELIER
29 DECEMBRE	CAPRICORNE	VERSEAU	SCORPION	BELIER	SAGITTAIRE	SAGITTAIRE	CAPRICORNE	SCORPION	3 TAUREAU
30 DECEMBRE	CAPRICORNE	VERSEAU	SCORPION	BELIER	SAGITTAIRE	SAGITTAIRE	CAPRICORNE	SCORPION	16 TAUREAU
31 DECEMBRE	CAPRICORNE	VERSEAU	SCORPION	BELIER	SAGITTAIRE	SAGITTAIRE	CAPRICORNE	SCORPION	28 TAUREAU

LE SOLEIL RESTE DANS LE SIGNE DU CAPRICORNE JUSQU'AU 20 JANVIER 1987 A 14 h 15
REVIENT DANS LE SIGNE DU LE 22 DECEMBRE A 9 h 15
* LES CHIFFRES INDIQUENT LES DEGRES

DECOUVREZ DANS QUEL SIGNE SE TROUVAIENT LES PLANETES A VOTRE NAISSANCE

1988	MERCURE	VENUS	MARS	JUPITER	SATURNE	URANUS	NEPTUNE	PLUTON	LUNE *
1 JANVIER	CAPRICORNE	VERSEAU	SCORPION	BELIER	SAGITTAIRE	SAGITTAIRE	CAPRICORNE	SCORPION	11 GEMEAUX
2 JANVIER	CAPRICORNE	VERSEAU	SCORPION	BELIER	SAGITTAIRE	SAGITTAIRE	CAPRICORNE	SCORPION	23 GEMEAUX
3 JANVIER	CAPRICORNE	VERSEAU	SCORPION	BELIER	SAGITTAIRE	SAGITTAIRE	CAPRICORNE	SCORPION	6 CANCER
4 JANVIER	CAPRICORNE	VERSEAU	SCORPION	BELIER	SAGITTAIRE	SAGITTAIRE	CAPRICORNE	SCORPION	18 CANCER
5 JANVIER	CAPRICORNE	VERSEAU	SCORPION	BELIER	SAGITTAIRE	SAGITTAIRE	CAPRICORNE	SCORPION	0 LION
6 JANVIER	CAPRICORNE	VERSEAU	SCORPION	BELIER	SAGITTAIRE	SAGITTAIRE	CAPRICORNE	SCORPION	12 LION
7 JANVIER	CAPRICORNE	VERSEAU	SCORPION	BELIER	SAGITTAIRE	SAGITTAIRE	CAPRICORNE	SCORPION	23 LION
8 JANVIER	CAPRICORNE	VERSEAU	SCORPION	BELIER	SAGITTAIRE	SAGITTAIRE	CAPRICORNE	SCORPION	5 VIERGE
9 JANVIER	CAPRICORNE	VERSEAU	SAGITTAIRE	BELIER	SAGITTAIRE	SAGITTAIRE	CAPRICORNE	SCORPION	17 VIERGE
10 JANVIER	VERSEAU	VERSEAU	SAGITTAIRE	BELIER	SAGITTAIRE	SAGITTAIRE	CAPRICORNE	SCORPION	29 VIERGE
11 JANVIER	VERSEAU	VERSEAU	SAGITTAIRE	BELIER	SAGITTAIRE	SAGITTAIRE	CAPRICORNE	SCORPION	11 BALANCE
12 JANVIER	VERSEAU	VERSEAU	SAGITTAIRE	BELIER	SAGITTAIRE	SAGITTAIRE	CAPRICORNE	SCORPION	24 BALANCE
13 JANVIER	VERSEAU	VERSEAU	SAGITTAIRE	BELIER	SAGITTAIRE	SAGITTAIRE	CAPRICORNE	SCORPION	6 SCORPION
14 JANVIER	VERSEAU	VERSEAU	SAGITTAIRE	BELIER	SAGITTAIRE	SAGITTAIRE	CAPRICORNE	SCORPION	19 SCORPION
15 JANVIER	VERSEAU	VERSEAU	SAGITTAIRE	BELIER	SAGITTAIRE	SAGITTAIRE	CAPRICORNE	SCORPION	3 SAGITTAIRE
16 JANVIER	VERSEAU	POISSONS	SAGITTAIRE	BELIER	SAGITTAIRE	SAGITTAIRE	CAPRICORNE	SCORPION	17 SAGITTAIRE
17 JANVIER	VERSEAU	POISSONS	SAGITTAIRE	BELIER	SAGITTAIRE	SAGITTAIRE	CAPRICORNE	SCORPION	2 CAPRICORNE
18 JANVIER	VERSEAU	POISSONS	SAGITTAIRE	BELIER	SAGITTAIRE	SAGITTAIRE	CAPRICORNE	SCORPION	17 CAPRICORNE
19 JANVIER	VERSEAU	POISSONS	SAGITTAIRE	BELIER	SAGITTAIRE	SAGITTAIRE	CAPRICORNE	SCORPION	2 VERSEAU
20 JANVIER	VERSEAU	POISSONS	SAGITTAIRE	BELIER	SAGITTAIRE	SAGITTAIRE	CAPRICORNE	SCORPION	17 VERSEAU
21 DECEMBRE	CAPRICORNE	SAGITTAIRE	BELIER	TAUREAU	CAPRICORNE	CAPRICORNE	CAPRICORNE	SCORPION	8 GEMEAUX
22 DECEMBRE	CAPRICORNE	SAGITTAIRE	BELIER	TAUREAU	CAPRICORNE	CAPRICORNE	CAPRICORNE	SCORPION	22 GEMEAUX
23 DECEMBRE	CAPRICORNE	SAGITTAIRE	BELIER	TAUREAU	CAPRICORNE	CAPRICORNE	CAPRICORNE	SCORPION	5 CANCER
24 DECEMBRE	CAPRICORNE	SAGITTAIRE	BELIER	TAUREAU	CAPRICORNE	CAPRICORNE	CAPRICORNE	SCORPION	8 CANCER
25 DECEMBRE	CAPRICORNE	SAGITTAIRE	BELIER	TAUREAU	CAPRICORNE	CAPRICORNE	CAPRICORNE	SCORPION	1 LION
26 DECEMBRE	CAPRICORNE	SAGITTAIRE	BELIER	TAUREAU	CAPRICORNE	CAPRICORNE	CAPRICORNE	SCORPION	13 LION
27 DECEMBRE	CAPRICORNE	SAGITTAIRE	BELIER	TAUREAU	CAPRICORNE	CAPRICORNE	CAPRICORNE	SCORPION	25 LION
28 DECEMBRE	CAPRICORNE	SAGITTAIRE	BELIER	TAUREAU	CAPRICORNE	CAPRICORNE	CAPRICORNE	SCORPION	7 VIERGE
29 DECEMBRE	CAPRICORNE	SAGITTAIRE	BELIER	TAUREAU	CAPRICORNE	CAPRICORNE	CAPRICORNE	SCORPION	19 VIERGE
30 DECEMBRE	CAPRICORNE	SAGITTAIRE	BELIER	TAUREAU	CAPRICORNE	CAPRICORNE	CAPRICORNE	SCORPION	1 BALANCE
31 DECEMBRE	CAPRICORNE	SAGITTAIRE	BELIER	TAUREAU	CAPRICORNE	CAPRICORNE	CAPRICORNE	SCORPION	13 BALANCE

LE SOLEIL RESTE DANS LE SIGNE DU CAPRICORNE JUSQU'AU 20 JANVIER 1988 A 20 h 00
REVIENT DANS LE SIGNE DU LE 21 DECEMBRE A 15 h 00

* LES CHIFFRES INDIQUENT LES DEGRES

1989	MERCURE	VENUS	MARS	JUPITER	SATURNE	URANUS	NEPTUNE	PLUTON	LUNE *
1 JANVIER	CAPRICORNE	SAGITTAIRE	BELIER	TAUREAU	CAPRICORNE	CAPRICORNE	CAPRICORNE	SCORPION	25 BALANCE
2 JANVIER	CAPRICORNE	SAGITTAIRE	BELIER	TAUREAU	CAPRICORNE	CAPRICORNE	CAPRICORNE	SCORPION	7 SCORPION
3 JANVIER	VERSEAU	SAGITTAIRE	BELIER	TAUREAU	CAPRICORNE	CAPRICORNE	CAPRICORNE	SCORPION	19 SCORPION
4 JANVIER	VERSEAU	SAGITTAIRE	BELIER	TAUREAU	CAPRICORNE	CAPRICORNE	CAPRICORNE	SCORPION	2 SAGITTAIRE
5 JANVIER	VERSEAU	SAGITTAIRE	BELIER	TAUREAU	CAPRICORNE	CAPRICORNE	CAPRICORNE	SCORPION	15 SAGITTAIRE
6 JANVIER	VERSEAU	SAGITTAIRE	BELIER	TAUREAU	CAPRICORNE	CAPRICORNE	CAPRICORNE	SCORPION	29 SAGITTAIRE
7 JANVIER	VERSEAU	SAGITTAIRE	BELIER	TAUREAU	CAPRICORNE	CAPRICORNE	CAPRICORNE	SCORPION	13 CAPRICORNE
8 JANVIER	VERSEAU	SAGITTAIRE	BELIER	TAUREAU	CAPRICORNE	CAPRICORNE	CAPRICORNE	SCORPION	27 CAPRICORNE
9 JANVIER	VERSEAU	SAGITTAIRE	BELIER	TAUREAU	CAPRICORNE	CAPRICORNE	CAPRICORNE	SCORPION	11 VERSEAU
10 JANVIER	VERSEAU	SAGITTAIRE	BELIER	TAUREAU	CAPRICORNE	CAPRICORNE	CAPRICORNE	SCORPION	26 VERSEAU
11 JANVIER	VERSEAU	CAPRICORNE	BELIER	TAUREAU	CAPRICORNE	CAPRICORNE	CAPRICORNE	SCORPION	10 POISSONS
12 JANVIER	VERSEAU	CAPRICORNE	BELIER	TAUREAU	CAPRICORNE	CAPRICORNE	CAPRICORNE	SCORPION	25 POISSONS
13 JANVIER	VERSEAU	CAPRICORNE	BELIER	TAUREAU	CAPRICORNE	CAPRICORNE	CAPRICORNE	SCORPION	9 BELIER
14 JANVIER	VERSEAU	CAPRICORNE	BELIER	TAUREAU	CAPRICORNE	CAPRICORNE	CAPRICORNE	SCORPION	23 BELIER
15 JANVIER	VERSEAU	CAPRICORNE	BELIER	TAUREAU	CAPRICORNE	CAPRICORNE	CAPRICORNE	SCORPION	7 TAUREAU
16 JANVIER	VERSEAU	CAPRICORNE	BELIER	TAUREAU	CAPRICORNE	CAPRICORNE	CAPRICORNE	SCORPION	21 TAUREAU
17 JANVIER	VERSEAU	CAPRICORNE	BELIER	TAUREAU	CAPRICORNE	CAPRICORNE	CAPRICORNE	SCORPION	4 GEMEAUX
18 JANVIER	VERSEAU	CAPRICORNE	BELIER	TAUREAU	CAPRICORNE	CAPRICORNE	CAPRICORNE	SCORPION	18 GEMEAUX
19 JANVIER	VERSEAU	CAPRICORNE	TAUREAU	TAUREAU	CAPRICORNE	CAPRICORNE	CAPRICORNE	SCORPION	1 CANCER
20 JANVIER	VERSEAU	CAPRICORNE	TAUREAU	TAUREAU	CAPRICORNE	CAPRICORNE	CAPRICORNE	SCORPION	14 CANCER
21 DECEMBRE	CAPRICORNE	VERSEAU	SAGITTAIRE	CANCER	CAPRICORNE	CAPRICORNE	CAPRICORNE	SCORPION	16 BALANCE
22 DECEMBRE	CAPRICORNE	VERSEAU	SAGITTAIRE	CANCER	CAPRICORNE	CAPRICORNE	CAPRICORNE	SCORPION	28 BALANCE
23 DECEMBRE	CAPRICORNE	VERSEAU	SAGITTAIRE	CANCER	CAPRICORNE	CAPRICORNE	CAPRICORNE	SCORPION	9 SCORPION
24 DECEMBRE	CAPRICORNE	VERSEAU	SAGITTAIRE	CANCER	CAPRICORNE	CAPRICORNE	CAPRICORNE	SCORPION	21 SCORPION
25 DECEMBRE	CAPRICORNE	VERSEAU	SAGITTAIRE	CANCER	CAPRICORNE	CAPRICORNE	CAPRICORNE	SCORPION	3 SAGITTAIRE
26 DECEMBRE	CAPRICORNE	VERSEAU	SAGITTAIRE	CANCER	CAPRICORNE	CAPRICORNE	CAPRICORNE	SCORPION	16 SAGITTAIRE
27 DECEMBRE	CAPRICORNE	VERSEAU	SAGITTAIRE	CANCER	CAPRICORNE	CAPRICORNE	CAPRICORNE	SCORPION	28 SAGITTAIRE
28 DECEMBRE	CAPRICORNE	VERSEAU	SAGITTAIRE	CANCER	CAPRICORNE	CAPRICORNE	CAPRICORNE	SCORPION	11 CAPRICORNE
29 DECEMBRE	CAPRICORNE	VERSEAU	SAGITTAIRE	CANCER	CAPRICORNE	CAPRICORNE	CAPRICORNE	SCORPION	23 CAPRICORNE
30 DECEMBRE	CAPRICORNE	VERSEAU	SAGITTAIRE	CANCER	CAPRICORNE	CAPRICORNE	CAPRICORNE	SCORPION	6 VERSEAU
31 DECEMBRE	CAPRICORNE	VERSEAU	SAGITTAIRE	CANCER	CAPRICORNE	CAPRICORNE	CAPRICORNE	SCORPION	20 VERSEAU

LE SOLEIL RESTE DANS LE SIGNE DU CAPRICORNE JUSQU'AU 20 JANVIER 1989 A 1 h 45
REVIENT DANS LE SIGNE DU LE 21 DECEMBRE A 21 h 00

* LES CHIFFRES INDIQUENT LES DEGRES

DÉCOUVREZ DANS QUEL SIGNE SE TROUVAIENT LES PLANÈTES A VOTRE NAISSANCE

1990	MERCURE	VENUS	MARS	JUPITER	SATURNE	URANUS	NEPTUNE	PLUTON	LUNE*
1 JANVIER	CAPRICORNE	VERSEAU	SAGITTAIRE	CANCER	CAPRICORNE	CAPRICORNE	CAPRICORNE	SCORPION	3 POISSONS
2 JANVIER	CAPRICORNE	VERSEAU	SAGITTAIRE	CANCER	CAPRICORNE	CAPRICORNE	CAPRICORNE	SCORPION	16 POISSONS
3 JANVIER	CAPRICORNE	VERSEAU	SAGITTAIRE	CANCER	CAPRICORNE	CAPRICORNE	CAPRICORNE	SCORPION	0 BELIER
4 JANVIER	CAPRICORNE	VERSEAU	SAGITTAIRE	CANCER	CAPRICORNE	CAPRICORNE	CAPRICORNE	SCORPION	14 BELIER
5 JANVIER	CAPRICORNE	VERSEAU	SAGITTAIRE	CANCER	CAPRICORNE	CAPRICORNE	CAPRICORNE	SCORPION	28 BELIER
6 JANVIER	CAPRICORNE	VERSEAU	SAGITTAIRE	CANCER	CAPRICORNE	CAPRICORNE	CAPRICORNE	SCORPION	13 TAUREAU
7 JANVIER	CAPRICORNE	VERSEAU	SAGITTAIRE	CANCER	CAPRICORNE	CAPRICORNE	CAPRICORNE	SCORPION	27 TAUREAU
8 JANVIER	CAPRICORNE	VERSEAU	SAGITTAIRE	CANCER	CAPRICORNE	CAPRICORNE	CAPRICORNE	SCORPION	12 GEMEAUX
9 JANVIER	CAPRICORNE	VERSEAU	SAGITTAIRE	CANCER	CAPRICORNE	CAPRICORNE	CAPRICORNE	SCORPION	26 GEMEAUX
10 JANVIER	CAPRICORNE	VERSEAU	SAGITTAIRE	CANCER	CAPRICORNE	CAPRICORNE	CAPRICORNE	SCORPION	10 CANCER
11 JANVIER	CAPRICORNE	VERSEAU	SAGITTAIRE	CANCER	CAPRICORNE	CAPRICORNE	CAPRICORNE	SCORPION	24 CANCER
12 JANVIER	CAPRICORNE	VERSEAU	SAGITTAIRE	CANCER	CAPRICORNE	CAPRICORNE	CAPRICORNE	SCORPION	8 LION
13 JANVIER	CAPRICORNE	VERSEAU	SAGITTAIRE	CANCER	CAPRICORNE	CAPRICORNE	CAPRICORNE	SCORPION	21 LION
14 JANVIER	CAPRICORNE	VERSEAU	SAGITTAIRE	CANCER	CAPRICORNE	CAPRICORNE	CAPRICORNE	SCORPION	4 VIERGE
15 JANVIER	CAPRICORNE	VERSEAU	SAGITTAIRE	CANCER	CAPRICORNE	CAPRICORNE	CAPRICORNE	SCORPION	17 VIERGE
16 JANVIER	CAPRICORNE	VERSEAU	SAGITTAIRE	CANCER	CAPRICORNE	CAPRICORNE	CAPRICORNE	SCORPION	0 BALANCE
17 JANVIER	CAPRICORNE	CAPRICORNE	SAGITTAIRE	CANCER	CAPRICORNE	CAPRICORNE	CAPRICORNE	SCORPION	12 BALANCE
18 JANVIER	CAPRICORNE	CAPRICORNE	SAGITTAIRE	CANCER	CAPRICORNE	CAPRICORNE	CAPRICORNE	SCORPION	24 BALANCE
19 JANVIER	CAPRICORNE	CAPRICORNE	SAGITTAIRE	CANCER	CAPRICORNE	CAPRICORNE	CAPRICORNE	SCORPION	5 SCORPION
20 JANVIER	CAPRICORNE	CAPRICORNE	SAGITTAIRE	CANCER	CAPRICORNE	CAPRICORNE	CAPRICORNE	SCORPION	17 SCORPION
22 DECEMBRE	CAPRICORNE	CAPRICORNE	TAUREAU	LION	CAPRICORNE	CAPRICORNE	CAPRICORNE	SCORPION	29 VERSEAU
23 DECEMBRE	CAPRICORNE	CAPRICORNE	TAUREAU	LION	CAPRICORNE	CAPRICORNE	CAPRICORNE	SCORPION	11 POISSONS
24 DECEMBRE	CAPRICORNE	CAPRICORNE	TAUREAU	LION	CAPRICORNE	CAPRICORNE	CAPRICORNE	SCORPION	24 POISSONS
25 DECEMBRE	CAPRICORNE	CAPRICORNE	TAUREAU	LION	CAPRICORNE	CAPRICORNE	CAPRICORNE	SCORPION	8 BELIER
26 DECEMBRE	SAGITTAIRE	CAPRICORNE	TAUREAU	LION	CAPRICORNE	CAPRICORNE	CAPRICORNE	SCORPION	21 BELIER
27 DECEMBRE	SAGITTAIRE	CAPRICORNE	TAUREAU	LION	CAPRICORNE	CAPRICORNE	CAPRICORNE	SCORPION	6 TAUREAU
28 DECEMBRE	SAGITTAIRE	CAPRICORNE	TAUREAU	LION	CAPRICORNE	CAPRICORNE	CAPRICORNE	SCORPION	20 TAUREAU
29 DECEMBRE	SAGITTAIRE	CAPRICORNE	TAUREAU	LION	CAPRICORNE	CAPRICORNE	CAPRICORNE	SCORPION	5 GEMEAUX
30 DECEMBRE	SAGITTAIRE	CAPRICORNE	TAUREAU	LION	CAPRICORNE	CAPRICORNE	CAPRICORNE	SCORPION	20 GEMEAUX
31 DECEMBRE	SAGITTAIRE	CAPRICORNE	TAUREAU	LION	CAPRICORNE	CAPRICORNE	CAPRICORNE	SCORPION	5 CANCER

LE SOLEIL ENTRE DANS LE SIGNE DU CAPRICORNE LE 22 DECEMBRE 1990 A 3 h 00
QUITTE LE SIGNE DU / LE 20 JANVIER A 8 h 00
* LES CHIFFRES INDIQUENT LES DEGRÉS

1991	MERCURE	VENUS	MARS	JUPITER	SATURNE	URANUS	NEPTUNE	PLUTON	LUNE*
1 JANVIER	SAGITTAIRE	CAPRICORNE	TAUREAU	LION	CAPRICORNE	CAPRICORNE	CAPRICORNE	SCORPION	20 CANCER
2 JANVIER	SAGITTAIRE	CAPRICORNE	TAUREAU	LION	CAPRICORNE	CAPRICORNE	CAPRICORNE	SCORPION	5 LION
3 JANVIER	SAGITTAIRE	CAPRICORNE	TAUREAU	LION	CAPRICORNE	CAPRICORNE	CAPRICORNE	SCORPION	20 LION
4 JANVIER	SAGITTAIRE	CAPRICORNE	TAUREAU	LION	CAPRICORNE	CAPRICORNE	CAPRICORNE	SCORPION	4 VIERGE
5 JANVIER	SAGITTAIRE	VERSEAU	TAUREAU	LION	CAPRICORNE	CAPRICORNE	CAPRICORNE	SCORPION	17 VIERGE
6 JANVIER	SAGITTAIRE	VERSEAU	TAUREAU	LION	CAPRICORNE	CAPRICORNE	CAPRICORNE	SCORPION	0 BALANCE
7 JANVIER	SAGITTAIRE	VERSEAU	TAUREAU	LION	CAPRICORNE	CAPRICORNE	CAPRICORNE	SCORPION	13 BALANCE
8 JANVIER	SAGITTAIRE	VERSEAU	TAUREAU	LION	CAPRICORNE	CAPRICORNE	CAPRICORNE	SCORPION	26 BALANCE
9 JANVIER	SAGITTAIRE	VERSEAU	TAUREAU	LION	CAPRICORNE	CAPRICORNE	CAPRICORNE	SCORPION	8 SCORPION
10 JANVIER	SAGITTAIRE	VERSEAU	TAUREAU	LION	CAPRICORNE	CAPRICORNE	CAPRICORNE	SCORPION	20 SCORPION
11 JANVIER	SAGITTAIRE	VERSEAU	TAUREAU	LION	CAPRICORNE	CAPRICORNE	CAPRICORNE	SCORPION	2 SAGITTAIRE
12 JANVIER	SAGITTAIRE	VERSEAU	TAUREAU	LION	CAPRICORNE	CAPRICORNE	CAPRICORNE	SCORPION	13 SAGITTAIRE
13 JANVIER	SAGITTAIRE	VERSEAU	TAUREAU	LION	CAPRICORNE	CAPRICORNE	CAPRICORNE	SCORPION	25 SAGITTAIRE
14 JANVIER	CAPRICORNE	VERSEAU	TAUREAU	LION	CAPRICORNE	CAPRICORNE	CAPRICORNE	SCORPION	7 CAPRICORNE
15 JANVIER	CAPRICORNE	VERSEAU	TAUREAU	LION	CAPRICORNE	CAPRICORNE	CAPRICORNE	SCORPION	19 CAPRICORNE
16 JANVIER	CAPRICORNE	VERSEAU	TAUREAU	LION	CAPRICORNE	CAPRICORNE	CAPRICORNE	SCORPION	1 VERSEAU
17 JANVIER	CAPRICORNE	VERSEAU	TAUREAU	LION	CAPRICORNE	CAPRICORNE	CAPRICORNE	SCORPION	13 VERSEAU
18 JANVIER	CAPRICORNE	VERSEAU	TAUREAU	LION	CAPRICORNE	CAPRICORNE	CAPRICORNE	SCORPION	26 VERSEAU
19 JANVIER	CAPRICORNE	VERSEAU	TAUREAU	LION	CAPRICORNE	CAPRICORNE	CAPRICORNE	SCORPION	8 POISSONS
20 JANVIER	CAPRICORNE	VERSEAU	TAUREAU	LION	CAPRICORNE	CAPRICORNE	CAPRICORNE	SCORPION	21 POISSONS
22 DECEMBRE	SAGITTAIRE	SCORPION	SAGITTAIRE	VIERGE	VERSEAU	CAPRICORNE	CAPRICORNE	SCORPION	15 CANCER
23 DECEMBRE	SAGITTAIRE	SCORPION	SAGITTAIRE	VIERGE	VERSEAU	CAPRICORNE	CAPRICORNE	SCORPION	0 LION
24 DECEMBRE	SAGITTAIRE	SCORPION	SAGITTAIRE	VIERGE	VERSEAU	CAPRICORNE	CAPRICORNE	SCORPION	15 LION
25 DECEMBRE	SAGITTAIRE	SCORPION	SAGITTAIRE	VIERGE	VERSEAU	CAPRICORNE	CAPRICORNE	SCORPION	29 LION
26 DECEMBRE	SAGITTAIRE	SCORPION	SAGITTAIRE	VIERGE	VERSEAU	CAPRICORNE	CAPRICORNE	SCORPION	14 VIERGE
27 DECEMBRE	SAGITTAIRE	SCORPION	SAGITTAIRE	VIERGE	VERSEAU	CAPRICORNE	CAPRICORNE	SCORPION	28 VIERGE
28 DECEMBRE	SAGITTAIRE	SCORPION	SAGITTAIRE	VIERGE	VERSEAU	CAPRICORNE	CAPRICORNE	SCORPION	11 BALANCE
29 DECEMBRE	SAGITTAIRE	SCORPION	SAGITTAIRE	VIERGE	VERSEAU	CAPRICORNE	CAPRICORNE	SCORPION	24 BALANCE
30 DECEMBRE	SAGITTAIRE	SCORPION	SAGITTAIRE	VIERGE	VERSEAU	CAPRICORNE	CAPRICORNE	SCORPION	7 SCORPION
31 DECEMBRE	SAGITTAIRE	SCORPION	SAGITTAIRE	VIERGE	VERSEAU	CAPRICORNE	CAPRICORNE	SCORPION	20 SCORPION

LE SOLEIL ENTRE DANS LE SIGNE DU CAPRICORNE LE 22 DECEMBRE 1991 A 8 h 50
QUITTE LE SIGNE DU LE 20 JANVIER A 13 h 45
* LES CHIFFRES INDIQUENT LES DEGRÉS

DÉCOUVREZ DANS QUEL SIGNE SE TROUVAIENT LES PLANÈTES A VOTRE NAISSANCE

1992	MERCURE	VENUS	MARS	JUPITER	SATURNE	URANUS	NEPTUNE	PLUTON	LUNE*
1 JANVIER	SAGITTAIRE	SAGITTAIRE	SAGITTAIRE	VIERGE	VERSEAU	CAPRICORNE	CAPRICORNE	SCORPION	2 SAGITTAIRE
2 JANVIER	SAGITTAIRE	SAGITTAIRE	SAGITTAIRE	VIERGE	VERSEAU	CAPRICORNE	CAPRICORNE	SCORPION	14 SAGITTAIRE
3 JANVIER	SAGITTAIRE	SAGITTAIRE	SAGITTAIRE	VIERGE	VERSEAU	CAPRICORNE	CAPRICORNE	SCORPION	26 SAGITTAIRE
4 JANVIER	SAGITTAIRE	SAGITTAIRE	SAGITTAIRE	VIERGE	VERSEAU	CAPRICORNE	CAPRICORNE	SCORPION	8 CAPRICORNE
5 JANVIER	SAGITTAIRE	SAGITTAIRE	SAGITTAIRE	VIERGE	VERSEAU	CAPRICORNE	CAPRICORNE	SCORPION	20 CAPRICORNE
6 JANVIER	SAGITTAIRE	SAGITTAIRE	SAGITTAIRE	VIERGE	VERSEAU	CAPRICORNE	CAPRICORNE	SCORPION	2 VERSEAU
7 JANVIER	SAGITTAIRE	SAGITTAIRE	SAGITTAIRE	VIERGE	VERSEAU	CAPRICORNE	CAPRICORNE	SCORPION	13 VERSEAU
8 JANVIER	SAGITTAIRE	SAGITTAIRE	SAGITTAIRE	VIERGE	VERSEAU	CAPRICORNE	CAPRICORNE	SCORPION	25 VERSEAU
9 JANVIER	SAGITTAIRE	SAGITTAIRE	SAGITTAIRE	VIERGE	VERSEAU	CAPRICORNE	CAPRICORNE	SCORPION	7 POISSONS
10 JANVIER	CAPRICORNE	SAGITTAIRE	CAPRICORNE	VIERGE	VERSEAU	CAPRICORNE	CAPRICORNE	SCORPION	19 POISSONS
11 JANVIER	CAPRICORNE	SAGITTAIRE	CAPRICORNE	VIERGE	VERSEAU	CAPRICORNE	CAPRICORNE	SCORPION	2 BELIER
12 JANVIER	CAPRICORNE	SAGITTAIRE	CAPRICORNE	VIERGE	VERSEAU	CAPRICORNE	CAPRICORNE	SCORPION	14 BELIER
13 JANVIER	CAPRICORNE	SAGITTAIRE	CAPRICORNE	VIERGE	VERSEAU	CAPRICORNE	CAPRICORNE	SCORPION	27 BELIER
14 JANVIER	CAPRICORNE	SAGITTAIRE	CAPRICORNE	VIERGE	VERSEAU	CAPRICORNE	CAPRICORNE	SCORPION	10 TAUREAU
15 JANVIER	CAPRICORNE	SAGITTAIRE	CAPRICORNE	VIERGE	VERSEAU	CAPRICORNE	CAPRICORNE	SCORPION	24 TAUREAU
16 JANVIER	CAPRICORNE	SAGITTAIRE	CAPRICORNE	VIERGE	VERSEAU	CAPRICORNE	CAPRICORNE	SCORPION	8 GEMEAUX
17 JANVIER	CAPRICORNE	SAGITTAIRE	CAPRICORNE	VIERGE	VERSEAU	CAPRICORNE	CAPRICORNE	SCORPION	23 GEMEAUX
18 JANVIER	CAPRICORNE	SAGITTAIRE	CAPRICORNE	VIERGE	VERSEAU	CAPRICORNE	CAPRICORNE	SCORPION	8 CANCER
19 JANVIER	CAPRICORNE	SAGITTAIRE	CAPRICORNE	VIERGE	VERSEAU	CAPRICORNE	CAPRICORNE	SCORPION	23 CANCER
20 JANVIER	CAPRICORNE	SAGITTAIRE	CAPRICORNE	VIERGE	VERSEAU	CAPRICORNE	CAPRICORNE	SCORPION	8 LION
21 DECEMBRE	SAGITTAIRE	VERSEAU	CANCER	BALANCE	VERSEAU	CAPRICORNE	CAPRICORNE	SCORPION	29 SCORPION
22 DECEMBRE	SAGITTAIRE	VERSEAU	CANCER	BALANCE	VERSEAU	CAPRICORNE	CAPRICORNE	SCORPION	12 SAGITTAIRE
23 DECEMBRE	SAGITTAIRE	VERSEAU	CANCER	BALANCE	VERSEAU	CAPRICORNE	CAPRICORNE	SCORPION	25 SAGITTAIRE
24 DECEMBRE	SAGITTAIRE	VERSEAU	CANCER	BALANCE	VERSEAU	CAPRICORNE	CAPRICORNE	SCORPION	8 CAPRICORNE
25 DECEMBRE	SAGITTAIRE	VERSEAU	CANCER	BALANCE	VERSEAU	CAPRICORNE	CAPRICORNE	SCORPION	21 CAPRICORNE
26 DECEMBRE	SAGITTAIRE	VERSEAU	CANCER	BALANCE	VERSEAU	CAPRICORNE	CAPRICORNE	SCORPION	3 VERSEAU
27 DECEMBRE	SAGITTAIRE	VERSEAU	CANCER	BALANCE	VERSEAU	CAPRICORNE	CAPRICORNE	SCORPION	5 VERSEAU
28 DECEMBRE	SAGITTAIRE	VERSEAU	CANCER	BALANCE	VERSEAU	CAPRICORNE	CAPRICORNE	SCORPION	27 VERSEAU
29 DECEMBRE	SAGITTAIRE	VERSEAU	CANCER	BALANCE	VERSEAU	CAPRICORNE	CAPRICORNE	SCORPION	9 POISSONS
30 DECEMBRE	SAGITTAIRE	VERSEAU	CANCER	BALANCE	VERSEAU	CAPRICORNE	CAPRICORNE	SCORPION	21 POISSONS
31 DECEMBRE	SAGITTAIRE	VERSEAU	CANCER	BALANCE	VERSEAU	CAPRICORNE	CAPRICORNE	SCORPION	3 BELIER

LE SOLEIL ENTRE DANS LE SIGNE DU CAPRICORNE LE 21 DECEMBRE 1992 A 14 h 40
QUITTE LE SIGNE DU LE 20 JANVIER A 19 h 30
* LES CHIFFRES INDIQUENT LES DEGRÉS

1993	MERCURE	VENUS	MARS	JUPITER	SATURNE	URANUS	NEPTUNE	PLUTON	LUNE*
1 JANVIER	SAGITTAIRE	VERSEAU	CANCER	BALANCE	VERSEAU	CAPRICORNE	CAPRICORNE	SCORPION	15 BELIER
2 JANVIER	SAGITTAIRE	VERSEAU	CANCER	BALANCE	VERSEAU	CAPRICORNE	CAPRICORNE	SCORPION	27 BELIER
3 JANVIER	CAPRICORNE	POISSONS	CANCER	BALANCE	VERSEAU	CAPRICORNE	CAPRICORNE	SCORPION	9 TAUREAU
4 JANVIER	CAPRICORNE	POISSONS	CANCER	BALANCE	VERSEAU	CAPRICORNE	CAPRICORNE	SCORPION	22 TAUREAU
5 JANVIER	CAPRICORNE	POISSONS	CANCER	BALANCE	VERSEAU	CAPRICORNE	CAPRICORNE	SCORPION	5 GEMEAUX
6 JANVIER	CAPRICORNE	POISSONS	CANCER	BALANCE	VERSEAU	CAPRICORNE	CAPRICORNE	SCORPION	19 GEMEAUX
7 JANVIER	CAPRICORNE	POISSONS	CANCER	BALANCE	VERSEAU	CAPRICORNE	CAPRICORNE	SCORPION	3 CANCER
8 JANVIER	CAPRICORNE	POISSONS	CANCER	BALANCE	VERSEAU	CAPRICORNE	CAPRICORNE	SCORPION	13 CANCER
9 JANVIER	CAPRICORNE	POISSONS	CANCER	BALANCE	VERSEAU	CAPRICORNE	CAPRICORNE	SCORPION	2 LION
10 JANVIER	CAPRICORNE	POISSONS	CANCER	BALANCE	VERSEAU	CAPRICORNE	CAPRICORNE	SCORPION	17 LION
11 JANVIER	CAPRICORNE	POISSONS	CANCER	BALANCE	VERSEAU	CAPRICORNE	CAPRICORNE	SCORPION	2 VIERGE
12 JANVIER	CAPRICORNE	POISSONS	CANCER	BALANCE	VERSEAU	CAPRICORNE	CAPRICORNE	SCORPION	17 VIERGE
13 JANVIER	CAPRICORNE	POISSONS	CANCER	BALANCE	VERSEAU	CAPRICORNE	CAPRICORNE	SCORPION	BALANCE
14 JANVIER	CAPRICORNE	POISSONS	CANCER	BALANCE	VERSEAU	CAPRICORNE	CAPRICORNE	SCORPION	15 BALANCE
15 JANVIER	CAPRICORNE	POISSONS	CANCER	BALANCE	VERSEAU	CAPRICORNE	CAPRICORNE	SCORPION	29 BALANCE
16 JANVIER	CAPRICORNE	POISSONS	CANCER	BALANCE	VERSEAU	CAPRICORNE	CAPRICORNE	SCORPION	13 SCORPION
17 JANVIER	CAPRICORNE	POISSONS	CANCER	BALANCE	VERSEAU	CAPRICORNE	CAPRICORNE	SCORPION	26 SCORPION
18 JANVIER	CAPRICORNE	POISSONS	CANCER	BALANCE	VERSEAU	CAPRICORNE	CAPRICORNE	SCORPION	9 SAGITTAIRE
19 JANVIER	CAPRICORNE	POISSONS	CANCER	BALANCE	VERSEAU	CAPRICORNE	CAPRICORNE	SCORPION	22 SAGITTAIRE
20 JANVIER	CAPRICORNE	POISSONS	CANCER	BALANCE	VERSEAU	CAPRICORNE	CAPRICORNE	SCORPION	4 CAPRICORNE
21 DECEMBRE	SAGITTAIRE	SAGITTAIRE	CAPRICORNE	SCORPION	VERSEAU	CAPRICORNE	CAPRICORNE	SCORPION	5 BELIER
22 DECEMBRE	SAGITTAIRE	SAGITTAIRE	CAPRICORNE	SCORPION	VERSEAU	CAPRICORNE	CAPRICORNE	SCORPION	17 BELIER
23 DECEMBRE	SAGITTAIRE	SAGITTAIRE	CAPRICORNE	SCORPION	VERSEAU	CAPRICORNE	CAPRICORNE	SCORPION	29 BELIER
24 DECEMBRE	SAGITTAIRE	SAGITTAIRE	CAPRICORNE	SCORPION	VERSEAU	CAPRICORNE	CAPRICORNE	SCORPION	11 TAUREAU
25 DECEMBRE	SAGITTAIRE	SAGITTAIRE	CAPRICORNE	SCORPION	VERSEAU	CAPRICORNE	CAPRICORNE	SCORPION	23 TAUREAU
26 DECEMBRE	SAGITTAIRE	SAGITTAIRE	CAPRICORNE	SCORPION	VERSEAU	CAPRICORNE	CAPRICORNE	SCORPION	5 GEMEAUX
27 DECEMBRE	CAPRICORNE	CAPRICORNE	CAPRICORNE	SCORPION	VERSEAU	CAPRICORNE	CAPRICORNE	SCORPION	18 GEMEAUX
28 DECEMBRE	CAPRICORNE	CAPRICORNE	CAPRICORNE	SCORPION	VERSEAU	CAPRICORNE	CAPRICORNE	SCORPION	1 CANCER
29 DECEMBRE	CAPRICORNE	CAPRICORNE	CAPRICORNE	SCORPION	VERSEAU	CAPRICORNE	CAPRICORNE	SCORPION	14 CANCER
30 DECEMBRE	CAPRICORNE	CAPRICORNE	CAPRICORNE	SCORPION	VERSEAU	CAPRICORNE	CAPRICORNE	SCORPION	27 CANCER
31 DECEMBRE	CAPRICORNE	CAPRICORNE	CAPRICORNE	SCORPION	VERSEAU	CAPRICORNE	CAPRICORNE	SCORPION	11 LION

LE SOLEIL ENTRE DANS LE SIGNE DU CAPRICORNE LE 21 DECEMBRE 1993 A 20 h 20
QUITTE LE SIGNE DU LE 20 JANVIER A 1 h 20
* LES CHIFFRES INDIQUENT LES DEGRÉS

DÉCOUVREZ DANS QUEL SIGNE SE TROUVAIENT LES PLANÈTES A VOTRE NAISSANCE

1994	MERCURE	VENUS	MARS	JUPITER	SATURNE	URANUS	NEPTUNE	PLUTON	LUNE*
1 JANVIER	CAPRICORNE	CAPRICORNE	CAPRICORNE	SCORPION	VERSEAU	CAPRICORNE	CAPRICORNE	SCORPION	25 LION
2 JANVIER	CAPRICORNE	CAPRICORNE	CAPRICORNE	SCORPION	VERSEAU	CAPRICORNE	CAPRICORNE	SCORPION	9 VIERGE
3 JANVIER	CAPRICORNE	CAPRICORNE	CAPRICORNE	SCORPION	VERSEAU	CAPRICORNE	CAPRICORNE	SCORPION	23 VIERGE
4 JANVIER	CAPRICORNE	CAPRICORNE	CAPRICORNE	SCORPION	VERSEAU	CAPRICORNE	CAPRICORNE	SCORPION	5 BALANCE
5 JANVIER	CAPRICORNE	CAPRICORNE	CAPRICORNE	SCORPION	VERSEAU	CAPRICORNE	CAPRICORNE	SCORPION	21 BALANCE
6 JANVIER	CAPRICORNE	CAPRICORNE	CAPRICORNE	SCORPION	VERSEAU	CAPRICORNE	CAPRICORNE	SCORPION	7 SCORPION
7 JANVIER	CAPRICORNE	CAPRICORNE	CAPRICORNE	SCORPION	VERSEAU	CAPRICORNE	CAPRICORNE	SCORPION	19 SCORPION
8 JANVIER	CAPRICORNE	CAPRICORNE	CAPRICORNE	SCORPION	VERSEAU	CAPRICORNE	CAPRICORNE	SCORPION	3 SAGITTAIRE
9 JANVIER	CAPRICORNE	CAPRICORNE	CAPRICORNE	SCORPION	VERSEAU	CAPRICORNE	CAPRICORNE	SCORPION	17 SAGITTAIRE
10 JANVIER	CAPRICORNE	CAPRICORNE	CAPRICORNE	SCORPION	VERSEAU	CAPRICORNE	CAPRICORNE	SCORPION	1 CAPRICORNE
11 JANVIER	CAPRICORNE	CAPRICORNE	CAPRICORNE	SCORPION	VERSEAU	CAPRICORNE	CAPRICORNE	SCORPION	15 CAPRICORNE
12 JANVIER	CAPRICORNE	CAPRICORNE	CAPRICORNE	SCORPION	VERSEAU	CAPRICORNE	CAPRICORNE	SCORPION	28 CAPRICORNE
13 JANVIER	CAPRICORNE	CAPRICORNE	CAPRICORNE	SCORPION	VERSEAU	CAPRICORNE	CAPRICORNE	SCORPION	11 VERSEAU
14 JANVIER	VERSEAU	CAPRICORNE	CAPRICORNE	SCORPION	VERSEAU	CAPRICORNE	CAPRICORNE	SCORPION	24 VERSEAU
15 JANVIER	VERSEAU	CAPRICORNE	CAPRICORNE	SCORPION	VERSEAU	CAPRICORNE	CAPRICORNE	SCORPION	7 POISSONS
16 JANVIER	VERSEAU	CAPRICORNE	CAPRICORNE	SCORPION	VERSEAU	CAPRICORNE	CAPRICORNE	SCORPION	19 POISSONS
17 JANVIER	VERSEAU	CAPRICORNE	CAPRICORNE	SCORPION	VERSEAU	CAPRICORNE	CAPRICORNE	SCORPION	1 BELIER
18 JANVIER	VERSEAU	CAPRICORNE	CAPRICORNE	SCORPION	VERSEAU	CAPRICORNE	CAPRICORNE	SCORPION	13 BELIER
19 JANVIER	VERSEAU	CAPRICORNE	CAPRICORNE	SCORPION	VERSEAU	CAPRICORNE	CAPRICORNE	SCORPION	25 BELIER
20 JANVIER	VERSEAU	VERSEAU	CAPRICORNE	SCORPION	VERSEAU	CAPRICORNE	CAPRICORNE	SCORPION	7 TAUREAU
22 DECEMBRE	CAPRICORNE	SCORPION	VIERGE	SAGITTAIRE	POISSONS	CAPRICORNE	CAPRICORNE	SCORPION	20 LION
23 DECEMBRE	CAPRICORNE	SCORPION	VIERGE	SAGITTAIRE	POISSONS	CAPRICORNE	CAPRICORNE	SCORPION	3 VIERGE
24 DECEMBRE	CAPRICORNE	SCORPION	VIERGE	SAGITTAIRE	POISSONS	CAPRICORNE	CAPRICORNE	SCORPION	16 VIERGE
25 DECEMBRE	CAPRICORNE	SCORPION	VIERGE	SAGITTAIRE	POISSONS	CAPRICORNE	CAPRICORNE	SCORPION	29 VIERGE
26 DECEMBRE	CAPRICORNE	SCORPION	VIERGE	SAGITTAIRE	POISSONS	CAPRICORNE	CAPRICORNE	SCORPION	13 BALANCE
27 DECEMBRE	CAPRICORNE	SCORPION	VIERGE	SAGITTAIRE	POISSONS	CAPRICORNE	CAPRICORNE	SCORPION	27 BALANCE
28 DECEMBRE	CAPRICORNE	SCORPION	VIERGE	SAGITTAIRE	POISSONS	CAPRICORNE	CAPRICORNE	SCORPION	11 SCORPION
29 DECEMBRE	CAPRICORNE	SCORPION	VIERGE	SAGITTAIRE	POISSONS	CAPRICORNE	CAPRICORNE	SCORPION	26 SCORPION
30 DECEMBRE	CAPRICORNE	SCORPION	VIERGE	SAGITTAIRE	POISSONS	CAPRICORNE	CAPRICORNE	SCORPION	11 SAGITTAIRE
31 DECEMBRE	CAPRICORNE	SCORPION	VIERGE	SAGITTAIRE	POISSONS	CAPRICORNE	CAPRICORNE	SCORPION	26 SAGITTAIRE

LE SOLEIL ENTRE DANS LE SIGNE DU CAPRICORNE LE 22 DECEMBRE 1994 A 2 h 20
QUITTE LE SIGNE DU LE 20 JANVIER A 7 h 00
* LES CHIFFRES INDIQUENT LES DEGRÉS

1995	MERCURE	VENUS	MARS	JUPITER	SATURNE	URANUS	NEPTUNE	PLUTON	LUNE*
1 JANVIER	CAPRICORNE	SCORPION	VIERGE	SAGITTAIRE	POISSONS	CAPRICORNE	CAPRICORNE	SCORPION	11 CAPRICORNE
2 JANVIER	CAPRICORNE	SCORPION	VIERGE	SAGITTAIRE	POISSONS	CAPRICORNE	CAPRICORNE	SCORPION	26 CAPRICORNE
3 JANVIER	CAPRICORNE	SCORPION	VIERGE	SAGITTAIRE	POISSONS	CAPRICORNE	CAPRICORNE	SCORPION	10 VERSEAU
4 JANVIER	CAPRICORNE	SCORPION	VIERGE	SAGITTAIRE	POISSONS	CAPRICORNE	CAPRICORNE	SCORPION	24 VERSEAU
5 JANVIER	CAPRICORNE	SCORPION	VIERGE	SAGITTAIRE	POISSONS	CAPRICORNE	CAPRICORNE	SCORPION	8 POISSONS
6 JANVIER	CAPRICORNE	SCORPION	VIERGE	SAGITTAIRE	POISSONS	CAPRICORNE	CAPRICORNE	SCORPION	21 POISSONS
7 JANVIER	VERSEAU	SCORPION	VIERGE	SAGITTAIRE	POISSONS	CAPRICORNE	CAPRICORNE	SCORPION	3 BELIER
8 JANVIER	VERSEAU	SCORPION	VIERGE	SAGITTAIRE	POISSONS	CAPRICORNE	CAPRICORNE	SCORPION	16 BELIER
9 JANVIER	VERSEAU	SAGITTAIRE	VIERGE	SAGITTAIRE	POISSONS	CAPRICORNE	CAPRICORNE	SCORPION	28 BELIER
10 JANVIER	VERSEAU	SAGITTAIRE	VIERGE	SAGITTAIRE	POISSONS	CAPRICORNE	CAPRICORNE	SCORPION	10 TAUREAU
11 JANVIER	VERSEAU	SAGITTAIRE	VIERGE	SAGITTAIRE	POISSONS	CAPRICORNE	CAPRICORNE	SCORPION	21 TAUREAU
12 JANVIER	VERSEAU	SAGITTAIRE	VIERGE	SAGITTAIRE	POISSONS	CAPRICORNE	CAPRICORNE	SCORPION	3 GEMEAUX
13 JANVIER	VERSEAU	SAGITTAIRE	VIERGE	SAGITTAIRE	POISSONS	CAPRICORNE	CAPRICORNE	SCORPION	15 GEMEAUX
14 JANVIER	VERSEAU	SAGITTAIRE	VIERGE	SAGITTAIRE	POISSONS	CAPRICORNE	CAPRICORNE	SCORPION	27 GEMEAUX
15 JANVIER	VERSEAU	SAGITTAIRE	VIERGE	SAGITTAIRE	POISSONS	CAPRICORNE	CAPRICORNE	SCORPION	9 CANCER
16 JANVIER	VERSEAU	SAGITTAIRE	VIERGE	SAGITTAIRE	POISSONS	CAPRICORNE	CAPRICORNE	SCORPION	22 CANCER
17 JANVIER	VERSEAU	SAGITTAIRE	VIERGE	SAGITTAIRE	POISSONS	CAPRICORNE	CAPRICORNE	SCORPION	4 LION
18 JANVIER	VERSEAU	SAGITTAIRE	VIERGE	SAGITTAIRE	POISSONS	CAPRICORNE	CAPRICORNE	SCORPION	17 LION
19 JANVIER	VERSEAU	SAGITTAIRE	VIERGE	SAGITTAIRE	POISSONS	CAPRICORNE	CAPRICORNE	SCORPION	0 VIERGE
20 JANVIER	VERSEAU	SAGITTAIRE	VIERGE	SAGITTAIRE	POISSONS	CAPRICORNE	CAPRICORNE	SCORPION	13 VIERGE
22 DECEMBRE	CAPRICORNE	VERSEAU	CAPRICORNE	SAGITTAIRE	POISSONS	CAPRICORNE	CAPRICORNE	SAGITTAIRE	6 CAPRICORNE
23 DECEMBRE	CAPRICORNE	VERSEAU	CAPRICORNE	SAGITTAIRE	POISSONS	CAPRICORNE	CAPRICORNE	SAGITTAIRE	21 CAPRICORNE
24 DECEMBRE	CAPRICORNE	VERSEAU	CAPRICORNE	SAGITTAIRE	POISSONS	CAPRICORNE	CAPRICORNE	SAGITTAIRE	6 VERSEAU
25 DECEMBRE	CAPRICORNE	VERSEAU	CAPRICORNE	SAGITTAIRE	POISSONS	CAPRICORNE	CAPRICORNE	SAGITTAIRE	21 VERSEAU
26 DECEMBRE	CAPRICORNE	VERSEAU	CAPRICORNE	SAGITTAIRE	POISSONS	CAPRICORNE	CAPRICORNE	SAGITTAIRE	5 POISSONS
27 DECEMBRE	CAPRICORNE	VERSEAU	CAPRICORNE	SAGITTAIRE	POISSONS	CAPRICORNE	CAPRICORNE	SAGITTAIRE	19 POISSONS
28 DECEMBRE	CAPRICORNE	VERSEAU	CAPRICORNE	SAGITTAIRE	POISSONS	CAPRICORNE	CAPRICORNE	SAGITTAIRE	2 BELIER
29 DECEMBRE	CAPRICORNE	VERSEAU	CAPRICORNE	SAGITTAIRE	POISSONS	CAPRICORNE	CAPRICORNE	SAGITTAIRE	15 BELIER
30 DECEMBRE	CAPRICORNE	VERSEAU	CAPRICORNE	SAGITTAIRE	POISSONS	CAPRICORNE	CAPRICORNE	SAGITTAIRE	28 BELIER
31 DECEMBRE	CAPRICORNE	VERSEAU	CAPRICORNE	SAGITTAIRE	POISSONS	CAPRICORNE	CAPRICORNE	SAGITTAIRE	10 TAUREAU

LE SOLEIL ENTRE DANS LE SIGNE DU CAPRICORNE LE 22 DECEMBRE 1995 A 8 h 15
QUITTE LE SIGNE DU LE 20 JANVIER A 12 h 55
* LES CHIFFRES INDIQUENT LES DEGRÉS

DÉCOUVREZ DANS QUEL SIGNE SE TROUVAIENT LES PLANÈTES A VOTRE NAISSANCE

1996	MERCURE	VENUS	MARS	JUPITER	SATURNE	URANUS	NEPTUNE	PLUTON	LUNE*
1 JANVIER	CAPRICORNE	VERSEAU	CAPRICORNE	SAGITTAIRE	POISSONS	CAPRICORNE	CAPRICORNE	SAGITTAIRE	22 TAUREAU
2 JANVIER	VERSEAU	VERSEAU	CAPRICORNE	SAGITTAIRE	POISSONS	CAPRICORNE	CAPRICORNE	SAGITTAIRE	4 GEMEAUX
3 JANVIER	VERSEAU	VERSEAU	CAPRICORNE	CAPRICORNE	POISSONS	CAPRICORNE	CAPRICORNE	SAGITTAIRE	16 GEMEAUX
4 JANVIER	VERSEAU	VERSEAU	CAPRICORNE	CAPRICORNE	POISSONS	CAPRICORNE	CAPRICORNE	SAGITTAIRE	28 GEMEAUX
5 JANVIER	VERSEAU	VERSEAU	CAPRICORNE	CAPRICORNE	POISSONS	CAPRICORNE	CAPRICORNE	SAGITTAIRE	10 CANCER
6 JANVIER	VERSEAU	VERSEAU	CAPRICORNE	CAPRICORNE	POISSONS	CAPRICORNE	CAPRICORNE	SAGITTAIRE	22 CANCER
7 JANVIER	VERSEAU	VERSEAU	CAPRICORNE	CAPRICORNE	POISSONS	CAPRICORNE	CAPRICORNE	SAGITTAIRE	4 LION
8 JANVIER	VERSEAU	VERSEAU	CAPRICORNE	CAPRICORNE	POISSONS	CAPRICORNE	CAPRICORNE	SAGITTAIRE	16 LION
9 JANVIER	VERSEAU	VERSEAU	VERSEAU	CAPRICORNE	POISSONS	CAPRICORNE	CAPRICORNE	SAGITTAIRE	28 LION
10 JANVIER	VERSEAU	VERSEAU	VERSEAU	CAPRICORNE	POISSONS	CAPRICORNE	CAPRICORNE	SAGITTAIRE	10 VIERGE
11 JANVIER	VERSEAU	VERSEAU	VERSEAU	CAPRICORNE	POISSONS	CAPRICORNE	CAPRICORNE	SAGITTAIRE	22 VIERGE
12 JANVIER	VERSEAU	VERSEAU	VERSEAU	CAPRICORNE	POISSONS	VERSEAU	CAPRICORNE	SAGITTAIRE	5 BALANCE
13 JANVIER	VERSEAU	VERSEAU	VERSEAU	CAPRICORNE	POISSONS	VERSEAU	CAPRICORNE	SAGITTAIRE	18 BALANCE
14 JANVIER	VERSEAU	VERSEAU	VERSEAU	CAPRICORNE	POISSONS	VERSEAU	CAPRICORNE	SCORPION	1 SCORPION
15 JANVIER	VERSEAU	POISSONS	VERSEAU	CAPRICORNE	POISSONS	VERSEAU	CAPRICORNE	SAGITTAIRE	15 SCORPION
16 JANVIER	VERSEAU	POISSONS	VERSEAU	CAPRICORNE	POISSONS	VERSEAU	CAPRICORNE	SAGITTAIRE	29 SCORPION
17 JANVIER	VERSEAU	POISSONS	VERSEAU	CAPRICORNE	POISSONS	VERSEAU	CAPRICORNE	SAGITTAIRE	13 SAGITTAIRE
18 JANVIER	CAPRICORNE	POISSONS	VERSEAU	CAPRICORNE	POISSONS	VERSEAU	CAPRICORNE	SAGITTAIRE	28 SAGITTAIRE
19 JANVIER	CAPRICORNE	POISSONS	VERSEAU	CAPRICORNE	POISSONS	VERSEAU	CAPRICORNE	SAGITTAIRE	14 CAPRICORNE
20 JANVIER	CAPRICORNE	POISSONS	VERSEAU	CAPRICORNE	POISSONS	VERSEAU	CAPRICORNE	SAGITTAIRE	29 CAPRICORNE
21 DECEMBRE	CAPRICORNE	SAGITTAIRE	VIERGE	CAPRICORNE	BELIER	VERSEAU	CAPRICORNE	SAGITTAIRE	20 TAUREAU
22 DECEMBRE	CAPRICORNE	SAGITTAIRE	VIERGE	CAPRICORNE	BELIER	VERSEAU	CAPRICORNE	SAGITTAIRE	3 GEMEAUX
23 DECEMBRE	CAPRICORNE	SAGITTAIRE	VIERGE	CAPRICORNE	BELIER	VERSEAU	CAPRICORNE	SAGITTAIRE	16 GEMEAUX
24 DECEMBRE	CAPRICORNE	SAGITTAIRE	VIERGE	CAPRICORNE	BELIER	VERSEAU	CAPRICORNE	SAGITTAIRE	29 GEMEAUX
25 DECEMBRE	CAPRICORNE	SAGITTAIRE	VIERGE	CAPRICORNE	BELIER	VERSEAU	CAPRICORNE	SAGITTAIRE	11 CANCER
26 DECEMBRE	CAPRICORNE	SAGITTAIRE	VIERGE	CAPRICORNE	BELIER	VERSEAU	CAPRICORNE	SAGITTAIRE	23 CANCER
27 DECEMBRE	CAPRICORNE	SAGITTAIRE	VIERGE	CAPRICORNE	BELIER	VERSEAU	CAPRICORNE	SAGITTAIRE	5 LION
28 DECEMBRE	CAPRICORNE	SAGITTAIRE	VIERGE	CAPRICORNE	BELIER	VERSEAU	CAPRICORNE	SAGITTAIRE	17 LION
29 DECEMBRE	CAPRICORNE	SAGITTAIRE	VIERGE	CAPRICORNE	BELIER	VERSEAU	CAPRICORNE	SAGITTAIRE	29 LION
30 DECEMBRE	CAPRICORNE	SAGITTAIRE	VIERGE	CAPRICORNE	BELIER	VERSEAU	CAPRICORNE	SAGITTAIRE	11 VIERGE
31 DECEMBRE	CAPRICORNE	SAGITTAIRE	VIERGE	CAPRICORNE	BELIER	VERSEAU	CAPRICORNE	SAGITTAIRE	22 VIERGE

LE SOLEIL ENTRE DANS LE SIGNE DU CAPRICORNE LE 21 DECEMBRE 1996 A 14 h 00
QUITTE LE SIGNE DU LE 20 JANVIER A 18 h 50

* LES CHIFFRES INDIQUENT LES DEGRÉS

1997	MERCURE	VENUS	MARS	JUPITER	SATURNE	URANUS	NEPTUNE	PLUTON	LUNE*
1 JANVIER	CAPRICORNE	SAGITTAIRE	VIERGE	CAPRICORNE	BELIER	VERSEAU	CAPRICORNE	SAGITTAIRE	4 BALANCE
2 JANVIER	CAPRICORNE	SAGITTAIRE	VIERGE	CAPRICORNE	BELIER	VERSEAU	CAPRICORNE	SAGITTAIRE	17 BALANCE
3 JANVIER	CAPRICORNE	SAGITTAIRE	BALANCE	CAPRICORNE	BELIER	VERSEAU	CAPRICORNE	SAGITTAIRE	29 BALANCE
4 JANVIER	CAPRICORNE	SAGITTAIRE	BALANCE	CAPRICORNE	BELIER	VERSEAU	CAPRICORNE	SAGITTAIRE	12 SCORPION
5 JANVIER	CAPRICORNE	SAGITTAIRE	BALANCE	CAPRICORNE	BELIER	VERSEAU	CAPRICORNE	SAGITTAIRE	25 SCORPION
6 JANVIER	CAPRICORNE	SAGITTAIRE	BALANCE	CAPRICORNE	BELIER	VERSEAU	CAPRICORNE	SAGITTAIRE	9 SAGITTAIRE
7 JANVIER	CAPRICORNE	SAGITTAIRE	BALANCE	CAPRICORNE	BELIER	VERSEAU	CAPRICORNE	SAGITTAIRE	24 SAGITTAIRE
8 JANVIER	CAPRICORNE	SAGITTAIRE	BALANCE	CAPRICORNE	BELIER	VERSEAU	CAPRICORNE	SAGITTAIRE	8 CAPRICORNE
9 JANVIER	CAPRICORNE	SAGITTAIRE	BALANCE	CAPRICORNE	BELIER	VERSEAU	CAPRICORNE	SAGITTAIRE	23 CAPRICORNE
10 JANVIER	CAPRICORNE	CAPRICORNE	BALANCE	CAPRICORNE	BELIER	VERSEAU	CAPRICORNE	SAGITTAIRE	8 VERSEAU
11 JANVIER	CAPRICORNE	CAPRICORNE	BALANCE	CAPRICORNE	BELIER	VERSEAU	CAPRICORNE	SAGITTAIRE	24 VERSEAU
12 JANVIER	CAPRICORNE	CAPRICORNE	BALANCE	CAPRICORNE	BELIER	VERSEAU	CAPRICORNE	SAGITTAIRE	8 POISSONS
13 JANVIER	CAPRICORNE	CAPRICORNE	BALANCE	CAPRICORNE	BELIER	VERSEAU	CAPRICORNE	SAGITTAIRE	23 POISSONS
14 JANVIER	CAPRICORNE	CAPRICORNE	BALANCE	CAPRICORNE	BELIER	VERSEAU	CAPRICORNE	SAGITTAIRE	7 BELIER
15 JANVIER	CAPRICORNE	CAPRICORNE	BALANCE	CAPRICORNE	BELIER	VERSEAU	CAPRICORNE	SAGITTAIRE	21 BELIER
16 JANVIER	CAPRICORNE	CAPRICORNE	BALANCE	CAPRICORNE	BELIER	VERSEAU	CAPRICORNE	SAGITTAIRE	4 TAUREAU
17 JANVIER	CAPRICORNE	CAPRICORNE	BALANCE	CAPRICORNE	BELIER	VERSEAU	CAPRICORNE	SAGITTAIRE	17 TAUREAU
18 JANVIER	CAPRICORNE	CAPRICORNE	BALANCE	CAPRICORNE	BELIER	VERSEAU	CAPRICORNE	SAGITTAIRE	0 GEMEAUX
19 JANVIER	CAPRICORNE	CAPRICORNE	BALANCE	CAPRICORNE	BELIER	VERSEAU	CAPRICORNE	SAGITTAIRE	13 GEMEAUX
20 JANVIER	CAPRICORNE	CAPRICORNE	BALANCE	CAPRICORNE	BELIER	VERSEAU	CAPRICORNE	SAGITTAIRE	25 GEMEAUX
21 DECEMBRE	SAGITTAIRE	VERSEAU	VERSEAU	VERSEAU	BELIER	VERSEAU	CAPRICORNE	SAGITTAIRE	25 VIERGE
22 DECEMBRE	SAGITTAIRE	VERSEAU	VERSEAU	VERSEAU	BELIER	VERSEAU	CAPRICORNE	SAGITTAIRE	7 BALANCE
23 DECEMBRE	SAGITTAIRE	VERSEAU	VERSEAU	VERSEAU	BELIER	VERSEAU	CAPRICORNE	SAGITTAIRE	19 BALANCE
24 DECEMBRE	SAGITTAIRE	VERSEAU	VERSEAU	VERSEAU	BELIER	VERSEAU	CAPRICORNE	SAGITTAIRE	1 SCORPION
25 DECEMBRE	SAGITTAIRE	VERSEAU	VERSEAU	VERSEAU	BELIER	VERSEAU	CAPRICORNE	SAGITTAIRE	13 SCORPION
26 DECEMBRE	SAGITTAIRE	VERSEAU	VERSEAU	VERSEAU	BELIER	VERSEAU	CAPRICORNE	SAGITTAIRE	25 SCORPION
27 DECEMBRE	SAGITTAIRE	VERSEAU	VERSEAU	VERSEAU	BELIER	VERSEAU	CAPRICORNE	SAGITTAIRE	8 SAGITTAIRE
28 DECEMBRE	SAGITTAIRE	VERSEAU	VERSEAU	VERSEAU	BELIER	VERSEAU	CAPRICORNE	SAGITTAIRE	21 SAGITTAIRE
29 DECEMBRE	SAGITTAIRE	VERSEAU	VERSEAU	VERSEAU	BELIER	VERSEAU	CAPRICORNE	SAGITTAIRE	5 CAPRICORNE
30 DECEMBRE	SAGITTAIRE	VERSEAU	VERSEAU	VERSEAU	BELIER	VERSEAU	CAPRICORNE	SAGITTAIRE	19 CAPRICORNE
31 DECEMBRE	SAGITTAIRE	VERSEAU	VERSEAU	VERSEAU	BELIER	VERSEAU	CAPRICORNE	SAGITTAIRE	3 VERSEAU

LE SOLEIL ENTRE DANS LE SIGNE DU CAPRICORNE LE 21 DECEMBRE 1997 A 20 h 00
QUITTE LE SIGNE DU LE 20 JANVIER A 0 h 40

* LES CHIFFRES INDIQUENT LES DEGRÉS

DÉCOUVREZ DANS QUEL SIGNE SE TROUVAIENT LES PLANÈTES A VOTRE NAISSANCE

1998	MERCURE	VENUS	MARS	JUPITER	SATURNE	URANUS	NEPTUNE	PLUTON	LUNE*
1 JANVIER	SAGITTAIRE	VERSEAU	VERSEAU	VERSEAU	BELIER	VERSEAU	CAPRICORNE	SAGITTAIRE	17 VERSEAU
2 JANVIER	SAGITTAIRE	VERSEAU	VERSEAU	VERSEAU	BELIER	VERSEAU	CAPRICORNE	SAGITTAIRE	1 POISSONS
3 JANVIER	SAGITTAIRE	VERSEAU	VERSEAU	VERSEAU	BELIER	VERSEAU	CAPRICORNE	SAGITTAIRE	15 POISSONS
4 JANVIER	SAGITTAIRE	VERSEAU	VERSEAU	VERSEAU	BELIER	VERSEAU	CAPRICORNE	SAGITTAIRE	29 POISSONS
5 JANVIER	SAGITTAIRE	VERSEAU	VERSEAU	VERSEAU	BELIER	VERSEAU	CAPRICORNE	SAGITTAIRE	13 BELIER
6 JANVIER	SAGITTAIRE	VERSEAU	VERSEAU	VERSEAU	BELIER	VERSEAU	CAPRICORNE	SAGITTAIRE	27 BELIER
7 JANVIER	SAGITTAIRE	VERSEAU	VERSEAU	VERSEAU	BELIER	VERSEAU	CAPRICORNE	SAGITTAIRE	11 TAUREAU
8 JANVIER	SAGITTAIRE	VERSEAU	VERSEAU	VERSEAU	BELIER	VERSEAU	CAPRICORNE	SAGITTAIRE	25 TAUREAU
9 JANVIER	SAGITTAIRE	VERSEAU	VERSEAU	VERSEAU	BELIER	VERSEAU	CAPRICORNE	SAGITTAIRE	9 GEMEAUX
10 JANVIER	SAGITTAIRE	CAPRICORNE	VERSEAU	VERSEAU	BELIER	VERSEAU	CAPRICORNE	SAGITTAIRE	23 GEMEAUX
11 JANVIER	SAGITTAIRE	CAPRICORNE	VERSEAU	VERSEAU	BELIER	VERSEAU	CAPRICORNE	SAGITTAIRE	6 CANCER
12 JANVIER	SAGITTAIRE	CAPRICORNE	VERSEAU	VERSEAU	BELIER	VERSEAU	CAPRICORNE	SAGITTAIRE	19 CANCER
13 JANVIER	CAPRICORNE	CAPRICORNE	VERSEAU	VERSEAU	BELIER	VERSEAU	CAPRICORNE	SAGITTAIRE	2 LION
14 JANVIER	CAPRICORNE	CAPRICORNE	VERSEAU	VERSEAU	BELIER	VERSEAU	CAPRICORNE	SAGITTAIRE	15 LION
15 JANVIER	CAPRICORNE	CAPRICORNE	VERSEAU	VERSEAU	BELIER	VERSEAU	CAPRICORNE	SAGITTAIRE	27 LION
16 JANVIER	CAPRICORNE	CAPRICORNE	VERSEAU	VERSEAU	BELIER	VERSEAU	CAPRICORNE	SAGITTAIRE	9 VIERGE
17 JANVIER	CAPRICORNE	CAPRICORNE	VERSEAU	VERSEAU	BELIER	VERSEAU	CAPRICORNE	SAGITTAIRE	21 VIERGE
18 JANVIER	CAPRICORNE	CAPRICORNE	VERSEAU	VERSEAU	BELIER	VERSEAU	CAPRICORNE	SAGITTAIRE	3 BALANCE
19 JANVIER	CAPRICORNE	CAPRICORNE	VERSEAU	VERSEAU	BELIER	VERSEAU	CAPRICORNE	SAGITTAIRE	15 BALANCE
20 JANVIER	CAPRICORNE	CAPRICORNE	VERSEAU	VERSEAU	BELIER	VERSEAU	CAPRICORNE	SAGITTAIRE	26 BALANCE
22 DECEMBRE	SAGITTAIRE	CAPRICORNE	BALANCE	POISSONS	BELIER	VERSEAU	VERSEAU	SAGITTAIRE	11 VERSEAU
23 DECEMBRE	SAGITTAIRE	CAPRICORNE	BALANCE	POISSONS	BELIER	VERSEAU	VERSEAU	SAGITTAIRE	24 VERSEAU
24 DECEMBRE	SAGITTAIRE	CAPRICORNE	BALANCE	POISSONS	BELIER	VERSEAU	VERSEAU	SAGITTAIRE	8 POISSONS
25 DECEMBRE	SAGITTAIRE	CAPRICORNE	BALANCE	POISSONS	BELIER	VERSEAU	VERSEAU	SAGITTAIRE	21 POISSONS
26 DECEMBRE	SAGITTAIRE	CAPRICORNE	BALANCE	POISSONS	BELIER	VERSEAU	VERSEAU	SAGITTAIRE	5 BELIER
27 DECEMBRE	SAGITTAIRE	CAPRICORNE	BALANCE	POISSONS	BELIER	VERSEAU	VERSEAU	SAGITTAIRE	19 BELIER
28 DECEMBRE	SAGITTAIRE	CAPRICORNE	BALANCE	POISSONS	BELIER	VERSEAU	VERSEAU	SAGITTAIRE	3 TAUREAU
29 DECEMBRE	SAGITTAIRE	CAPRICORNE	BALANCE	POISSONS	BELIER	VERSEAU	VERSEAU	SAGITTAIRE	18 TAUREAU
30 DECEMBRE	SAGITTAIRE	CAPRICORNE	BALANCE	POISSONS	BELIER	VERSEAU	VERSEAU	SAGITTAIRE	3 GEMEAUX
31 DECEMBRE	SAGITTAIRE	CAPRICORNE	BALANCE	POISSONS	BELIER	VERSEAU	VERSEAU	SAGITTAIRE	17 GEMEAUX

LE SOLEIL ENTRE DANS LE SIGNE DU CAPRICORNE LE 22 DECEMBRE 1998 A 1 h 50
QUITTE LE SIGNE DU LE 20 JANVIER A 6 h 40
* LES CHIFFRES INDIQUENT LES DEGRÉS

1999	MERCURE	VENUS	MARS	JUPITER	SATURNE	URANUS	NEPTUNE	PLUTON	LUNE*
1 JANVIER	SAGITTAIRE	CAPRICORNE	BALANCE	POISSONS	BELIER	VERSEAU	VERSEAU	SAGITTAIRE	2 CANCER
2 JANVIER	SAGITTAIRE	CAPRICORNE	BALANCE	POISSONS	BELIER	VERSEAU	VERSEAU	SAGITTAIRE	16 CANCER
3 JANVIER	SAGITTAIRE	CAPRICORNE	BALANCE	POISSONS	BELIER	VERSEAU	VERSEAU	SAGITTAIRE	1 LION
4 JANVIER	SAGITTAIRE	CAPRICORNE	BALANCE	POISSONS	BELIER	VERSEAU	VERSEAU	SAGITTAIRE	14 LION
5 JANVIER	SAGITTAIRE	VERSEAU	BALANCE	POISSONS	BELIER	VERSEAU	VERSEAU	SAGITTAIRE	28 LION
6 JANVIER	SAGITTAIRE	VERSEAU	BALANCE	POISSONS	BELIER	VERSEAU	VERSEAU	SAGITTAIRE	10 VIERGE
7 JANVIER	CAPRICORNE	VERSEAU	BALANCE	POISSONS	BELIER	VERSEAU	VERSEAU	SAGITTAIRE	23 VIERGE
8 JANVIER	CAPRICORNE	VERSEAU	BALANCE	POISSONS	BELIER	VERSEAU	VERSEAU	SAGITTAIRE	5 BALANCE
9 JANVIER	CAPRICORNE	VERSEAU	BALANCE	POISSONS	BELIER	VERSEAU	VERSEAU	SAGITTAIRE	17 BALANCE
10 JANVIER	CAPRICORNE	VERSEAU	BALANCE	POISSONS	BELIER	VERSEAU	VERSEAU	SAGITTAIRE	29 BALANCE
11 JANVIER	CAPRICORNE	VERSEAU	BALANCE	POISSONS	BELIER	VERSEAU	VERSEAU	SAGITTAIRE	11 SCORPION
12 JANVIER	CAPRICORNE	VERSEAU	BALANCE	POISSONS	BELIER	VERSEAU	VERSEAU	SAGITTAIRE	23 SCORPION
13 JANVIER	CAPRICORNE	VERSEAU	BALANCE	POISSONS	BELIER	VERSEAU	VERSEAU	SAGITTAIRE	5 SAGITTAIRE
14 JANVIER	CAPRICORNE	VERSEAU	BALANCE	POISSONS	BELIER	VERSEAU	VERSEAU	SAGITTAIRE	17 SAGITTAIRE
15 JANVIER	CAPRICORNE	VERSEAU	BALANCE	POISSONS	BELIER	VERSEAU	VERSEAU	SAGITTAIRE	29 SAGITTAIRE
16 JANVIER	CAPRICORNE	VERSEAU	BALANCE	POISSONS	BELIER	VERSEAU	VERSEAU	SAGITTAIRE	12 CAPRICORNE
17 JANVIER	CAPRICORNE	VERSEAU	BALANCE	POISSONS	BELIER	VERSEAU	VERSEAU	SAGITTAIRE	25 CAPRICORNE
18 JANVIER	CAPRICORNE	VERSEAU	BALANCE	POISSONS	BELIER	VERSEAU	VERSEAU	SAGITTAIRE	8 VERSEAU
19 JANVIER	CAPRICORNE	VERSEAU	BALANCE	POISSONS	BELIER	VERSEAU	VERSEAU	SAGITTAIRE	21 VERSEAU
20 JANVIER	CAPRICORNE	VERSEAU	BALANCE	POISSONS	BELIER	VERSEAU	VERSEAU	SAGITTAIRE	4 POISSONS
22 DECEMBRE	SAGITTAIRE	SCORPION	VERSEAU	BELIER	TAUREAU	VERSEAU	VERSEAU	SAGITTAIRE	27 GEMEAUX
23 DECEMBRE	SAGITTAIRE	SCORPION	VERSEAU	BELIER	TAUREAU	VERSEAU	VERSEAU	SAGITTAIRE	12 CANCER
24 DECEMBRE	SAGITTAIRE	SCORPION	VERSEAU	BELIER	TAUREAU	VERSEAU	VERSEAU	SAGITTAIRE	27 CANCER
25 DECEMBRE	SAGITTAIRE	SCORPION	VERSEAU	BELIER	TAUREAU	VERSEAU	VERSEAU	SAGITTAIRE	10 LION
26 DECEMBRE	SAGITTAIRE	SCORPION	VERSEAU	BELIER	TAUREAU	VERSEAU	VERSEAU	SAGITTAIRE	26 LION
27 DECEMBRE	SAGITTAIRE	SCORPION	VERSEAU	BELIER	TAUREAU	VERSEAU	VERSEAU	SAGITTAIRE	10 VIERGE
28 DECEMBRE	SAGITTAIRE	SCORPION	VERSEAU	BELIER	TAUREAU	VERSEAU	VERSEAU	SAGITTAIRE	23 VIERGE
29 DECEMBRE	SAGITTAIRE	SCORPION	VERSEAU	BELIER	TAUREAU	VERSEAU	VERSEAU	SAGITTAIRE	6 BALANCE
30 DECEMBRE	SAGITTAIRE	SCORPION	VERSEAU	BELIER	TAUREAU	VERSEAU	VERSEAU	SAGITTAIRE	19 BALANCE
31 DECEMBRE	SAGITTAIRE	SCORPION	VERSEAU	BELIER	TAUREAU	VERSEAU	VERSEAU	SAGITTAIRE	1 SCORPION

LE SOLEIL ENTRE DANS LE SIGNE DU CAPRICORNE LE 22 DECEMBRE 1999 A 7 h 40
QUITTE LE SIGNE DU LE 20 JANVIER A 12 h 30
* LES CHIFFRES INDIQUENT LES DEGRÉS

DÉCOUVREZ DANS QUEL SIGNE SE TROUVAIENT LES PLANÈTES A VOTRE NAISSANCE

2000	MERCURE	VENUS	MARS	JUPITER	SATURNE	URANUS	NEPTUNE	PLUTON	LUNE*
1 JANVIER	CAPRICORNE	SAGITTAIRE	VERSEAU	BELIER	TAUREAU	VERSEAU	VERSEAU	SAGITTAIRE	13 SCORPION
2 JANVIER	CAPRICORNE	SAGITTAIRE	VERSEAU	BELIER	TAUREAU	VERSEAU	VERSEAU	SAGITTAIRE	25 SCORPION
3 JANVIER	CAPRICORNE	SAGITTAIRE	VERSEAU	BELIER	TAUREAU	VERSEAU	VERSEAU	SAGITTAIRE	7 SAGITTAIRE
4 JANVIER	CAPRICORNE	SAGITTAIRE	POISSONS	BELIER	TAUREAU	VERSEAU	VERSEAU	SAGITTAIRE	19 SAGITTAIRE
5 JANVIER	CAPRICORNE	SAGITTAIRE	POISSONS	BELIER	TAUREAU	VERSEAU	VERSEAU	SAGITTAIRE	1 CAPRICORNE
6 JANVIER	CAPRICORNE	SAGITTAIRE	POISSONS	BELIER	TAUREAU	VERSEAU	VERSEAU	SAGITTAIRE	12 CAPRICORNE
7 JANVIER	CAPRICORNE	SAGITTAIRE	POISSONS	BELIER	TAUREAU	VERSEAU	VERSEAU	SAGITTAIRE	24 CAPRICORNE
8 JANVIER	CAPRICORNE	SAGITTAIRE	POISSONS	BELIER	TAUREAU	VERSEAU	VERSEAU	SAGITTAIRE	6 VERSEAU
9 JANVIER	CAPRICORNE	SAGITTAIRE	POISSONS	BELIER	TAUREAU	VERSEAU	VERSEAU	SAGITTAIRE	18 VERSEAU
10 JANVIER	CAPRICORNE	SAGITTAIRE	POISSONS	BELIER	TAUREAU	VERSEAU	VERSEAU	SAGITTAIRE	1 POISSONS
11 JANVIER	CAPRICORNE	SAGITTAIRE	POISSONS	BELIER	TAUREAU	VERSEAU	VERSEAU	SAGITTAIRE	14 POISSONS
12 JANVIER	CAPRICORNE	SAGITTAIRE	POISSONS	BELIER	TAUREAU	VERSEAU	VERSEAU	SAGITTAIRE	27 POISSONS
13 JANVIER	CAPRICORNE	SAGITTAIRE	POISSONS	BELIER	TAUREAU	VERSEAU	VERSEAU	SAGITTAIRE	9 BELIER
14 JANVIER	CAPRICORNE	SAGITTAIRE	POISSONS	BELIER	TAUREAU	VERSEAU	VERSEAU	SAGITTAIRE	23 BELIER
15 JANVIER	CAPRICORNE	SAGITTAIRE	POISSONS	BELIER	TAUREAU	VERSEAU	VERSEAU	SAGITTAIRE	6 TAUREAU
16 JANVIER	CAPRICORNE	SAGITTAIRE	POISSONS	BELIER	TAUREAU	VERSEAU	VERSEAU	SAGITTAIRE	21 TAUREAU
17 JANVIER	CAPRICORNE	SAGITTAIRE	POISSONS	BELIER	TAUREAU	VERSEAU	VERSEAU	SAGITTAIRE	5 GEMEAUX
18 JANVIER	CAPRICORNE	SAGITTAIRE	POISSONS	BELIER	TAUREAU	VERSEAU	VERSEAU	SAGITTAIRE	20 GEMEAUX
19 JANVIER	VERSEAU	SAGITTAIRE	POISSONS	BELIER	TAUREAU	VERSEAU	VERSEAU	SAGITTAIRE	5 CANCER
20 JANVIER	VERSEAU	SAGITTAIRE	POISSONS	BELIER	TAUREAU	VERSEAU	VERSEAU	SAGITTAIRE	20 CANCER
21 DECEMBRE	SAGITTAIRE	VERSEAU	BALANCE	GEMEAUX	TAUREAU	VERSEAU	VERSEAU	SAGITTAIRE	12 SCORPION
22 DECEMBRE	SAGITTAIRE	VERSEAU	BALANCE	GEMEAUX	TAUREAU	VERSEAU	VERSEAU	SAGITTAIRE	25 SCORPION
23 DECEMBRE	CAPRICORNE	VERSEAU	BALANCE	GEMEAUX	TAUREAU	VERSEAU	VERSEAU	SAGITTAIRE	7 SAGITTAIRE
24 DECEMBRE	CAPRICORNE	VERSEAU	SCORPION	GEMEAUX	TAUREAU	VERSEAU	VERSEAU	SAGITTAIRE	19 SAGITTAIRE
25 DECEMBRE	CAPRICORNE	VERSEAU	SCORPION	GEMEAUX	TAUREAU	VERSEAU	VERSEAU	SAGITTAIRE	1 CAPRICORNE
26 DECEMBRE	CAPRICORNE	VERSEAU	SCORPION	GEMEAUX	TAUREAU	VERSEAU	VERSEAU	SAGITTAIRE	13 CAPRICORNE
27 DECEMBRE	CAPRICORNE	VERSEAU	SCORPION	GEMEAUX	TAUREAU	VERSEAU	VERSEAU	SAGITTAIRE	25 CAPRICORNE
28 DECEMBRE	CAPRICORNE	VERSEAU	SCORPION	GEMEAUX	TAUREAU	VERSEAU	VERSEAU	SAGITTAIRE	7 VERSEAU
29 DECEMBRE	CAPRICORNE	VERSEAU	SCORPION	GEMEAUX	TAUREAU	VERSEAU	VERSEAU	SAGITTAIRE	19 VERSEAU
30 DECEMBRE	CAPRICORNE	VERSEAU	SCORPION	GEMEAUX	TAUREAU	VERSEAU	VERSEAU	SAGITTAIRE	1 POISSONS
31 DECEMBRE	CAPRICORNE	VERSEAU	SCORPION	GEMEAUX	TAUREAU	VERSEAU	VERSEAU	SAGITTAIRE	13 POISSONS

LE SOLEIL ENTRE DANS LE SIGNE DU CAPRICORNE LE 21 DECEMBRE 2000 A 13 h 30
QUITTE LE SIGNE DU LE 20 JANVIER A 18 h 20

* LES CHIFFRES INDIQUENT LES DEGRÉS

L'être, dominé par Saturne, se dirige dès son jeune âge vers la mort, comme ce Chevalier de la Mort *gravé par Dürer, sans hâte et sans illusions. Saturne apporte, dans le signe où il se trouve, une discipline d'acier, de l'endurance et du courage. Il fait prendre conscience de la vanité des acquis matériels au regard de la mort. Mais il prive, en même temps, d'enthousiasme et d'espoir.*

Comment interpréter Saturne dans les Signes

Saturne, dernière des planètes visibles à l'œil nu, était connu des Anciens. L'observation qui en a été faite remonte donc très loin dans le temps.

Maître diurne du Capricorne, il se colorera de nuances diverses selon le signe qu'il occupera dans un thème de naissance, c'est-à-dire un horoscope établi à partir de la date, de l'heure et du lieu de naissance d'un individu donné.

Saturne possède un cycle de vingt-neuf ans. Tous les vingt-neuf ans il reviendra sur le point de l'écliptique qu'il occupait au moment de la naissance.

Saturne en Capricorne

Voici le vrai misanthrope, lucide sur le monde et sur lui-même (Léautaud), qui s'interdit tout mensonge et sanctionne tout manquement à la vérité. Refus de l'artifice, du jeu, du maquillage. Une sorte de Capricorne au carré. Il peut dissimuler ses frustrations infinies derrière un ricanement sceptique ou l'attitude souveraine de l'ermite replié dans sa tour d'ivoire; cet orgueilleux est d'abord un grand blessé de l'âme qui ne s'est jamais remis des rejets dont il a été l'objet. Il n'a jamais fait sa cour à personne, il n'a jamais cherché à plaire, il a dit et exprimé sa vérité du moment — qu'il a eu le temps de penser et de formuler avec soin. Il a découvert avec dépit que les hommes ne supportaient pas sa franchise et que sa sincérité passait pour du sadisme. Parce qu'on ne voit de lui que sa force et non sa vulnérabilité, on ne comprend pas l'effort qu'il accomplit pour rester au plus près de la vérité. Avec l'âge, il prend conscience de son erreur. Il devient plus diplomate... ou, au contraire, plus solitaire.

Saturne en Verseau

Position intéressante car extrêmement complémentaire, un peu à la façon d'une structure Capricorne Ascendant Verseau ou inversement. Autrement dit, il y a là alliance du passé et de l'avenir, de la tradition et de l'innovation, de la réflexion et de l'invention. Au fond, peut-être une des meilleures positions de Saturne, surtout pour celui qui, par exemple, consacrera son effort à la recherche (A. Schweitzer), à la science. Saturne en Verseau peut allier la tête politique et le sens de la responsabilité à l'esprit de réforme. Peut-être ceux qui sont nés avec Saturne en Verseau, 1988-1989, comme ce fut le cas de la génération de 1959-1960, dont on verra dans peu de temps ce qu'ils deviendront, nous aideront-ils à résoudre le problème de la responsabilité du savant, et cela à une période où le monde risque de connaître de grands bouleversements.

Saturne en Poissons

Saturne et sa rigueur morale, Saturne, le Surmoi exigeant, vient fort à propos responsabiliser un peu les Poissons. Grâce à lui, les Poissons ne peuvent plus tout à fait se réfugier derrière leur innocence qui, bien souvent, ressemble surtout à de l'inconscience. Si le natif des Poissons agit mal, avec Saturne il ne peut plus ignorer qu'il le fait. Saturne joue aussi le rôle d'un régulateur utile aux Poissons dans la mesure où il permet d'analyser de façon structurée et rigoureuse ce qui émerge d'un inconscient tout nourri d'irrationalité. Ce serait en quelque sorte le télépathe qui chercherait à analyser son propre mécanisme, à l'étudier, à tenter de le comprendre. Peut-être aussi peut-on craindre le phénomène inverse : que Saturne ne fasse intervenir une résistance, ou un contrôle, qui bloque l'épanouissement de dons exceptionnels. Cette position semble renforcer l'aptitude à se dévouer aux autres pour échapper à ses propres manques.

La sensibilité est grande, à fleur de peau, à fleur d'âme, facile à blesser. Le côté Poissons qui ne serait plus protégé par ses écailles. Peut-être aussi la possibilité de passer du laxisme « poissonneux » à la rigueur saturnienne. Contradiction ou complémentarité ? Tout dépend de la façon dont le sujet choisit de vivre son thème astral (Simone de Beauvoir) !

Saturne en Bélier

Apparaît comme une contradiction fondamentale. Saturne, image du vieillard, de la lenteur, dans ce signe vif et printanier, est d'ailleurs « en chute », selon la terminologie traditionnelle. Il n'y est pas à sa place. Il freine les élans du Bélier, brime sa spontanéité, le fait avancer par à-coups, accélération et freinage se succédant parfois de façon imprévisible. Mais, en revanche, Saturne donne au Bélier du sérieux, ajoute de la continuité à son action, le rend capable de mener à bien une tâche entreprise. Il apporte un élément de secondarité à ce signe primaire et, à cet égard, il joue un rôle correctif ou compensateur.

Saturne en Taureau

Les affinités sont ici plus évidentes. Saturne, maître d'un signe de Terre se retrouve ici dans un autre signe de Terre. Il y a communauté de rythme et donc harmonie. Saturne va ici renforcer la capacité de travail du Taureau, accentuer sa patience, sa ténacité. Mais aussi, sans doute, sa lenteur, sa densité et le rendre très conscient de sa propre pesanteur. On imagine là assez bien l'homme des entreprises de longue haleine, l'homme des vastes constructions. Car ce Saturne en Taureau m'apparaît plus qu'un autre susceptible de bâtir sa vie avec la perspective de l'architecte qui veut que sa maison tienne debout, qui examinera avec soin chacune des pierres qu'il posera, qui pensera sa construction en termes de durée et de solidité. Il n'a pas la sévérité d'un Saturne en Vierge ou en Capricorne ni la dureté envers soi d'un Saturne en Scorpion. La nature vénusienne du Taureau le rend capable d'une détente, d'un sourire. Et sans doute aussi de fidélité (Saturne est en Taureau dans le thème de Benjamin Franklin).

Saturne en Gémeaux

Si une alliance est possible entre ces deux valeurs, c'est au niveau de l'activité intellectuelle, car le Gémeaux accélère le processus mental du Saturnien et ce dernier apportera une plus grande capacité de concentration, plus de profondeur d'esprit. Ce sera le jeu avec les idées sérieuses... S'il s'agit d'un sujet Gémeaux, on verra à quel point la présence de Saturne dans ce signe corrige son instabilité, le rend plus apte à travailler de façon suivie, continue, lui interdit de se transformer en girouette ou, s'il possède quelque talent, lui permet d'apporter patience et minutie, qualité d'attention à son œuvre. Ce sera, par exemple, le cas de Dürer. Mais, en même temps, cette position de Saturne en Gémeaux peut être difficile à vivre (Maurice Utrillo).

Elle accentue la lucidité ; de cynique, le Gémeaux devient désabusé ; il veut bien jouer mais c'est sans illusion. Le sens critique y prend plus de poids, les dons d'observation y deviennent féroces. Tout dépend, bien sûr, de la globalité de la structure du thème : ce Saturne en Gémeaux peut faire un caricaturiste impitoyable ou un mathématicien brillant, un philosophe ou... un beatnik.

Saturne en Cancer

Saturne est ici en « exil ». Il pose problème. La contradiction est profonde et douloureuse. Saturne en Cancer met l'accent sur la tentation régressive, la sensibilité à l'abandon, à toutes les épreuves qui ont pu marquer l'enfance, à tous les manques et à des vagues de dépression et de découragement très intenses. C'est l'enfant qui se sent démuni et auquel on demande tout le temps de se conduire en adulte ; il n'a qu'un désir, c'est d'être cajolé, dorloté, et il lui faut sans cesse prouver qu'il est autonome. Hypersensibilité de cette position, parce que Saturne en Cancer ne cuirasse personne, bien au contraire. Le manque devient seulement plus conscient ou plus perceptible. Si l'intelligence s'oppose au mécanisme régressif ou dépressif, l'imagination et la sensibilité, elles, le favorisent. Il suffit parfois d'un « transit » planétaire un peu difficile sur ce Saturne pour voir les épreuves et les angoisses resurgir avec plus de force, envahir l'imaginaire, empêcher de se défendre avec efficacité. S'il a quelque vertu, Saturne en Cancer peut favoriser des paliers vers un stade adulte, un mûrissement, mais toujours à travers une souffrance. Tendance à l'hypocondrie, à la dépression, à la culpabilisation.

Saturne en Lion

Il a deux aspects bien distincts. Positif dans la mesure où il peut accroître la puissance de travail (côté bourreau de travail) et mobiliser des énergies considérables; douloureux dans la mesure où Saturne gêne ici le glorieux confort narcissique du Lion. Saturne rend plus lucide sur soi, empêche de se « gonfler la tête », interdit une trop grande complaisance envers soi-même. En fait, on ne saurait le déplorer, mais certains Lion « visités » inopinément par Saturne peuvent se demander pourquoi d'un seul coup le bel édifice, la belle image de soi qu'ils ont construits, se trouvent d'un seul coup remis en question, pourquoi le doute les traverse. Doute générateur de progrès, certes, mais tous les Lion ne le vivent pas bien dans l'instant, surtout s'ils refusent de s'en prendre à eux-mêmes et préfèrent se trouver un bouc émissaire. Bien vécu, Saturne en Lion est la compensation idéale au narcissisme léonin; il met en face de soi, pousse à assumer ses responsabilités. Il donne souvent une tête politique, de l'ambition, de grands projets, l'art d'assumer le pouvoir.

Saturne en Vierge

Il va renforcer l'angoisse du lendemain, la peur de manquer, le sentiment d'être perpétuellement en état d'insécurité. Il va aussi accroître l'esprit d'analyse, le souci du détail, entraîner à ne rien laisser au hasard. Il favorisera le travail minutieux, la prudence, la prévoyance. Rencontre d'un signe de Terre avec une planète de Terre : Saturne n'est pas ici facteur de contradiction, mais plutôt facteur de renforcement entre un signe et une planète qui ont sans aucun doute des affinités sur le plan de l'insécurité intérieure, du doute de soi, de la crainte d'être mal aimé, du repli sur soi, de l'inhibition et de l'autocritique; mais aussi des affinités dans le domaine de la conscience morale, du scrupule, de l'honnêteté, de l'intelligence pratique, du réalisme. Le risque, à l'intérieur de cette association, c'est le rétrécissement, l'enfermement, l'avarice; l'aspect positif, c'est l'efficacité, l'intelligence tactique, la vigilance.

Saturne en Balance

Saturne est en exaltation dans le signe de la Balance. Il y est donc moins mal loti qu'on serait tenté de le croire. Que renforce-t-il donc ici? Sûrement l'aspect rigoureux, le « fléau » qui se cache entre les deux plateaux de la Balance, l'aspect « cardinal » du signe, qui fait partie de ses dualités. C'est la rigueur du juge, du magistrat, son intégrité. Saturne en Balance ne cédera pas au favoritisme; il cherchera en toutes circonstances à se montrer équitable. Il tiendra compte de l'autre. Mais, en même temps, cette position renforce l'exigence qualitative de la relation à l'autre. Elle peut aussi favoriser un déplacement altruiste, faire en sorte que les problèmes des autres mobilisent l'énergie et atténuent les siens propres. Il semble aussi que Saturne en Balance accentue le caractère esthétique de la philosophie propre au sujet. Le besoin d'harmonie est là, l'important sur d'autres traits de caractère. En même temps, on peut se demander si Saturne en Balance n'aggrave pas les frustrations affectives, notamment au niveau du couple (Jean Malaurie).

Saturne en Scorpion

Il nous conduit, comme chez Johannes Kepler, à une autocritique sauvage; pas question de s'épargner soi-même; l'intransigeance ici est surtout dirigée vers soi, ce qui n'exclut pas le coup de patte à son prochain, avec plus ou moins de causticité. L'honnêteté devient férocité; au fond, tout le monde peut en faire les frais, même et surtout le sujet lui-même. Comme si le besoin perpétuel de se dépasser, de relever les défis qu'on se jette, de ne jamais relâcher sa vigilance, entraînait vers une certaine autodestruction. Il faut toujours se méfier, avec pareille structure, des mécanismes autopunitifs : c'est bien la confluence de la culpabilité et de l'expiation. Certains la vivront au niveau de somatisations diverses; d'autres plongeront sur le « tas de fumier de Job » avec plus d'allégresse que d'autres.

Le Grand Livre du Capricorne

Pourtant, c'est aussi une remarquable structure d'énergie psychique, si l'occasion de transcender ses manques est saisie. Orgueil de l'aigle solitaire planant dans un ciel vide; les médiocres sont écartés, tous les efforts sont accomplis pour atteindre le but qu'on s'est fixé. Il n'y a pas d'indulgence, pas de complaisance. Si, quelque part, le regard sur le monde est critique, c'est bien là (Montesquieu).

Saturne en Sagittaire

C'est le cas d'Edgar Allan Poe, de Paul Cézanne et de Robert Hossein. Il me semble que le jeu est ici très ambigu. Le Sagittaire permet un accès à un certain optimisme, en tout cas au goût de la vie, au besoin de chaleur humaine, à l'amitié et, en même temps, Saturne empoisonne toujours un peu cette joie; l'instant le plus heureux est gâché par Saturne, soit qu'il conduise à comparer avec un moment du passé retenu comme heureux, soit qu'il projette sur l'avenir la frustration qui ne manquera pas de surgir. Un peu comme si être heureux faisait peur, parce qu'on a tellement envie que ça dure qu'il serait intolérable de se laisser piéger par l'espoir. Cette attitude, parallèlement, permet de faire la plus totale confiance à l'avenir quand tout va mal. On peut aussi voir dans la position de Saturne en Sagittaire un désir de s'intéresser aux autres, de donner quelque chose aux autres. Peut-être une position de don pédagogique, de « pygmalionisme ». Et aussi le côté *Voyage autour de ma chambre* qui privilégie le voyage intérieur.

Mary Pierce : cette Capricorne acharnée au tennis a fait sienne la devise de Guillaume d'Orange : « Il n'est pas nécessaire de réussir pour persévérer. »

Comment utiliser vos heures et lieu de naissance
pour déterminer le signe zodiacal de la Lune

Votre heure solaire de naissance (déjà calculée pour votre Ascendant) .... H
Rectification de cette heure d'après la carte de géographie mondiale
et en fonction de votre lieu de naissance (p. 8-9) .... H *

Par exemple, si vous êtes né (e) en Égypte, vous vous reportez à ce pays sur la carte des pages 8 et 9 ; vous suivez le trait vertical vers le haut et vous lisez :
Retranchez 2 h. *Vous inscrivez donc — 2 h, ci-contre.*

Soit l'heure de Greenwich correspondant à votre heure
solaire de naissance : (HG) .... H **

* Si cette valeur est supérieure à votre heure solaire de naissance et que vous devez la retrancher, il vous suffit d'ajouter d'abord 24 heures à votre heure solaire de naissance :
4 h 30 — 6 h soit 4 h 30 + 24 h = 28 h 30 — 6 h = **22 h 30**
** Si ce total est supérieur à 24 heures, vous retranchez simplement 24 heures :
19 h + 7 h = 26 h — 24 h = **2 h**

Par simple lecture du tableau ci-dessous vous trouvez alors le nombre de degrés zodiacaux à ajouter ou à retrancher du nombre indiqué par la Table pour obtenir le signe zodiacal final de la Lune à votre naissance.

Si l'heure de Greenwich (HG) est comprise		Voici l'opération que vous effectuez	
entre ▼	et ▼	▼	
0 h	1 h 30	Vous retranchez	6 degrés
1 h 31	3 h 30	Vous retranchez	5 degrés
3 h 31	5 h 30	Vous retranchez	4 degrés
5 h 31	7 h 30	Vous retranchez	3 degrés
7 h 31	9 h 30	Vous retranchez	2 degrés
9 h 31	11 h 30	Vous retranchez	1 degré
11 h 31	12 h 30	Aucun changement	
12 h 31	14 h 30	Vous ajoutez	1 degré
14 h 31	16 h 30	Vous ajoutez	2 degrés
16 h 31	18 h 30	Vous ajoutez	3 degrés
18 h 31	20 h 30	Vous ajoutez	4 degrés
20 h 31	22 h 30	Vous ajoutez	5 degrés
22 h 31	0 h 00	Vous ajoutez	6 degrés

Exemple : Lune à 27° du Capricorne pour une naissance à Mexico à 15 heures solaires. L'heure Greenwich correspondante est égale à 15 h + 6 h 30 = 21 h 30, qui se situent entre 20 h 31 et 22 h 30, et l'on doit ajouter 5 degrés zodiacaux soit 27° Capricorne + 5 = 32 et 32 = 30 + 2, soit Lune à 2 degrés du Verseau = Lune en Verseau.

Ce château sombre, sauvage, extrêmement difficile d'accès, dressé au sommet de rochers pleins d'aspérités, est un lieu saturnien par excellence. Un véritable Capricorne s'y sentirait bien, loin des compromissions et des complaisances de notre bas monde.

Généralités sur les aspects planétaires

Dans leur mouvement autour du Soleil, les planètes occupent des positions différentes les unes par rapport aux autres.

Les aspects planétaires correspondent à certaines de ces positions vues de la Terre, c'est-à-dire en fonction du signe zodiacal occupé par chaque planète.

Certains écarts entre deux planètes constituent des aspects harmoniques.

Dans ce cas, les énergies des deux planètes se combinent aisément et s'enrichissent mutuellement; il existe une heureuse possibilité de développement des facultés physiques et psychologiques correspondant à ces deux planètes.

D'autres écarts entre planètes constituent des aspects dissonants.

Dans ce cas, les énergies des deux planètes entrent en conflit et ne parviennent pas à s'associer positivement; il se produit un excès ou une carence des facultés planétaires correspondantes.

Vous trouverez dans les tableaux d'aspects ci-après la nature harmonique (H) ou dissonante (D) des aspects que formaient, à votre naissance, les différentes planètes entre elles.

Dans certains cas, les planètes ne forment aucun aspect, ce qui correspond aux zones vides des tableaux.

Si, par exemple, vous désirez connaître la nature de l'aspect éventuel que formait Jupiter en Cancer avec Mars en Poissons, vous utilisez le tableau « Si vous avez une planète dans le Cancer ».

Vous cherchez la ligne Mars dans ce tableau et à la colonne Poissons vous lisez H, ce qui signifie que Jupiter et Mars ont entre eux un aspect harmonique.

Au cas où les deux planètes sont dans la même ligne, vous utilisez le tableau spécial dont l'emploi se passe de commentaire.

La recherche de la signification des aspects constitue une exploration nouvelle et enrichissante de votre personnalité.

Vous pouvez en retirer une connaissance très utile des forces qui en vous se complètent ou s'opposent, ce qui vous donne la possibilité de les exprimer encore mieux.

QUALITÉ DES ASPECTS LORSQUE DEUX PLANÈTES SE TROUVENT DANS LE MÊME SIGNE ZODIACAL

AUTRES PLANÈTES DANS LE MÊME SIGNE	PLANÈTE DANS LE SIGNE ZODIACAL									
	SOLEIL	LUNE	MERCURE	VÉNUS	MARS	JUPITER	SATURNE	URANUS	NEPTUNE	PLUTON
SOLEIL		H	H	H	D	H	D	D	H	D
LUNE	H		H	H	D	H	D	D	H	D
MERCURE	H	H		H	D	H	D	D	H	D
VÉNUS	H	H	H		D	H	D	D	H	D
MARS	D	D	D	D		D	D	D	D	D
JUPITER	H	H	H	H	D		D	D	H	D
SATURNE	D	D	D	D	D	D		D	D	D
URANUS	D	D	D	D	D	D	D		D	D
NEPTUNE	H	H	H	H	D	H	D	D		D
PLUTON	D	D	D	D	D	D	D	D	D	

Le Grand Livre du Capricorne

SI VOUS AVEZ UNE PLANÈTE DANS LE BÉLIER

Elle a les aspects suivants avec les autres Planètes dans les autres signes	BÉLIER	TAUREAU	GÉMEAUX	CANCER	LION	VIERGE	BALANCE	SCORPION	SAGITTAIRE	CAPRICORNE	VERSEAU	POISSONS
SOLEIL			H	D	H		D		H	D	H	
LUNE			H	D	H		D		H	D	H	
MERCURE			H	D	H		D		H	D	H	
VÉNUS	VOIR TABLEAU SPÉCIAL		H	D	H		D		H	D	H	
MARS			H	D	H		D		H	D	H	
JUPITER			H	D	H		D		H	D	H	
SATURNE			H	D	H		D		H	D	H	
URANUS			H	D	H		D		H	D	H	
NEPTUNE			H	D	H		D		H	D	H	
PLUTON			H	D	H		D		H	D	H	

SI VOUS AVEZ UNE PLANETE DANS LE TAUREAU

Elle a les aspects suivants avec les autres Planètes dans les autres signes	BÉLIER	TAUREAU	GÉMEAUX	CANCER	LION	VIERGE	BALANCE	SCORPION	SAGITTAIRE	CAPRICORNE	VERSEAU	POISSONS
SOLEIL				H	D	H		D		H	D	H
LUNE				H	D	H		D		H	D	H
MERCURE				H	D	H		D		H	D	H
VÉNUS		VOIR TABLEAU SPÉCIAL		H	D	H		D		H	D	H
MARS				H	D	H		D		H	D	H
JUPITER				H	D	H		D		H	D	H
SATURNE				H	D	H		D		H	D	H
URANUS				H	D	H		D		H	D	H
NEPTUNE				H	D	H		D		H	D	H
PLUTON				H	D	H		D		H	D	H

SI VOUS AVEZ UNE PLANÈTE DANS LES GÉMEAUX

Elle a les aspects suivants avec les autres Planètes dans les autres signes	BÉLIER	TAUREAU	GÉMEAUX	CANCER	LION	VIERGE	BALANCE	SCORPION	SAGITTAIRE	CAPRICORNE	VERSEAU	POISSONS
SOLEIL	H				H	D	H		D		H	D
LUNE	H				H	D	H		D		H	D
MERCURE	H				H	D	H		D		H	D
VÉNUS	H		VOIR TABLEAU SPÉCIAL		H	D	H		D		H	D
MARS	H				H	D	H		D		H	D
JUPITER	H				H	D	H		D		H	D
SATURNE	H				H	D	H		D		H	D
URANUS	H				H	D	H		D		H	D
NEPTUNE	H				H	D	H		D		H	D
PLUTON	H				H	D	H		D		H	D

Généralités sur les aspects planétaires

SI VOUS AVEZ UNE PLANÈTE DANS LE CANCER

Elle a les aspects suivants avec les autres Planètes dans les autres signes	BÉLIER	TAUREAU	GÉMEAUX	CANCER	LION	VIERGE	BALANCE	SCORPION	SAGITTAIRE	CAPRICORNE	VERSEAU	POISSONS
SOLEIL	D	H		VOIR TABLEAU SPÉCIAL		H	D	H		D		H
LUNE	D	H				H	D	H		D		H
MERCURE	D	H				H	D	H		D		H
VÉNUS	D	H				H	D	H		D		H
MARS	D	H				H	D	H		D		H
JUPITER	D	H				H	D	H		D		H
SATURNE	D	H				H	D	H		D		H
URANUS	D	H				H	D	H		D		H
NEPTUNE	D	H				H	D	H		D		H
PLUTON	D	H				H	D	H		D		H

SI VOUS AVEZ UNE PLANÈTE DANS LE LION

Elle a les aspects suivants avec les autres Planètes dans les autres signes	BÉLIER	TAUREAU	GÉMEAUX	CANCER	LION	VIERGE	BALANCE	SCORPION	SAGITTAIRE	CAPRICORNE	VERSEAU	POISSONS
SOLEIL	H	D	H		VOIR TABLEAU SPÉCIAL		H	D	H		D	
LUNE	H	D	H				H	D	H		D	
MERCURE	H	D	H				H	D	H		D	
VÉNUS	H	D	H				H	D	H		D	
MARS	H	D	H				H	D	H		D	
JUPITER	H	D	H				H	D	H		D	
SATURNE	H	D	H				H	D	H		D	
URANUS	H	D	H				H	D	H		D	
NEPTUNE	H	D	H				H	D	H		D	
PLUTON	H	D	H				H	D	H		D	

SI VOUS AVEZ UNE PLANÈTE DANS LA VIERGE

Elle a les aspects suivants avec les autres Planètes dans les autres signes	BÉLIER	TAUREAU	GÉMEAUX	CANCER	LION	VIERGE	BALANCE	SCORPION	SAGITTAIRE	CAPRICORNE	VERSEAU	POISSONS
SOLEIL		H	D	H		VOIR TABLEAU SPÉCIAL		H	D	H		D
LUNE		H	D	H				H	D	H		D
MERCURE		H	D	H				H	D	H		D
VÉNUS		H	D	H				H	D	H		D
MARS		H	D	H				H	D	H		D
JUPITER		H	D	H				H	D	H		D
SATURNE		H	D	H				H	D	H		D
URANUS		H	D	H				H	D	H		D
NEPTUNE		H	D	H				H	D	H		D
PLUTON		H	D	H				H	D	H		D

Le Grand Livre du Capricorne

SI VOUS AVEZ UNE PLANÈTE DANS LA BALANCE

Elle a les aspects suivants avec les autres Planètes dans les autres signes	BÉLIER	TAUREAU	GÉMEAUX	CANCER	LION	VIERGE	BALANCE	SCORPION	SAGITTAIRE	CAPRICORNE	VERSEAU	POISSONS
SOLEIL	D		H	D	H				H		D	H
LUNE	D		H	D	H				H		D	H
MERCURE	D		H	D	H		VOIR TABLEAU SPÉCIAL		H		D	H
VÉNUS	D		H	D	H				H		D	H
MARS	D		H	D	H				H		D	H
JUPITER	D		H	D	H				H		D	H
SATURNE	D		H	D	H				H		D	H
URANUS	D		H	D	H				H		D	H
NEPTUNE	D		H	D	H				H		D	H
PLUTON	D		H	D	H				H		D	H

SI VOUS AVEZ UNE PLANÈTE DANS LE SCORPION

Elle a les aspects suivants avec les autres Planètes dans les autres signes	BÉLIER	TAUREAU	GÉMEAUX	CANCER	LION	VIERGE	BALANCE	SCORPION	SAGITTAIRE	CAPRICORNE	VERSEAU	POISSONS
SOLEIL		D		H	D	H				H	D	H
LUNE		D		H	D	H				H	D	H
MERCURE		D		H	D	H		VOIR TABLEAU SPÉCIAL		H	D	H
VÉNUS		D		H	D	H				H	D	H
MARS		D		H	D	H				H	D	H
JUPITER		D		H	D	H				H	D	H
SATURNE		D		H	D	H				H	D	H
URANUS		D		H	D	H				H	D	H
NEPTUNE		D		H	D	H				H	D	H
PLUTON		D		H	D	H				H	D	H

SI VOUS AVEZ UNE PLANÈTE DANS LE SAGITTAIRE

Elle a les aspects suivants avec les autres Planètes dans les autres signes	BÉLIER	TAUREAU	GÉMEAUX	CANCER	LION	VIERGE	BALANCE	SCORPION	SAGITTAIRE	CAPRICORNE	VERSEAU	POISSONS
SOLEIL	H		D		H	D	H				H	D
LUNE	H		D		H	D	H				H	D
MERCURE	H		D		H	D	H		VOIR TABLEAU SPÉCIAL		H	D
VÉNUS	H		D		H	D	H				H	D
MARS	H		D		H	D	H				H	D
JUPITER	H		D		H	D	H				H	D
SATURNE	H		D		H	D	H				H	D
URANUS	H		D		H	D	H				H	D
NEPTUNE	H		D		H	D	H				H	D
PLUTON	H		D		H	D	H				H	D

Généralités sur les aspects planétaires

SI VOUS AVEZ UNE PLANÈTE DANS LE CAPRICORNE

Elle a les aspects suivants avec les autres Planètes dans les autres signes	BÉLIER	TAUREAU	GÉMEAUX	CANCER	LION	VIERGE	BALANCE	SCORPION	SAGITTAIRE	CAPRICORNE	VERSEAU	POISSONS
SOLEIL	D	H		D	H	D	H			VOIR TABLEAU SPÉCIAL		H
LUNE	D	H		D	H	D	H					H
MERCURE	D	H		D	H	D	H					H
VÉNUS	D	H		D	H	D	H					H
MARS	D	H		D	H	D	H					H
JUPITER	D	H		D	H	D	H					H
SATURNE	D	H		D	H	D	H					H
URANUS	D	H		D	H	D	H					H
NEPTUNE	D	H		D	H	D	H					H
PLUTON	D	H		D	H	D	H					H

SI VOUS AVEZ UNE PLANÈTE DANS LE VERSEAU

Elle a les aspects suivants avec les autres Planètes dans les autres signes	BÉLIER	TAUREAU	GÉMEAUX	CANCER	LION	VIERGE	BALANCE	SCORPION	SAGITTAIRE	CAPRICORNE	VERSEAU	POISSONS
SOLEIL	H	D	H		D	H	D	H			VOIR TABLEAU SPÉCIAL	
LUNE	H	D	H		D	H	D	H				
MERCURE	H	D	H		D	H	D	H				
VÉNUS	H	D	H		D	H	D	H				
MARS	H	D	H		D	H	D	H				
JUPITER	H	D	H		D	H	D	H				
SATURNE	H	D	H		D	H	D	H				
URANUS	H	D	H		D	H	D	H				
NEPTUNE	H	D	H		D	H	D	H				
PLUTON	H	D	H		D	H	D	H				

SI VOUS AVEZ UNE PLANÈTE DANS LES POISSONS

Elle a les aspects suivants avec les autres Planètes dans les autres signes	BÉLIER	TAUREAU	GÉMEAUX	CANCER	LION	VIERGE	BALANCE	SCORPION	SAGITTAIRE	CAPRICORNE	VERSEAU	POISSONS
SOLEIL		H	D	H		D	H	D	H		VOIR TABLEAU SPÉCIAL	
LUNE		H	D	H		D	H	D	H			
MERCURE		H	D	H		D	H	D	H			
VÉNUS		H	D	H		D	H	D	H			
MARS		H	D	H		D	H	D	H			
JUPITER		H	D	H		D	H	D	H			
SATURNE		H	D	H		D	H	D	H			
URANUS		H	D	H		D	H	D	H			
NEPTUNE		H	D	H		D	H	D	H			
PLUTON		H	D	H		D	H	D	H			

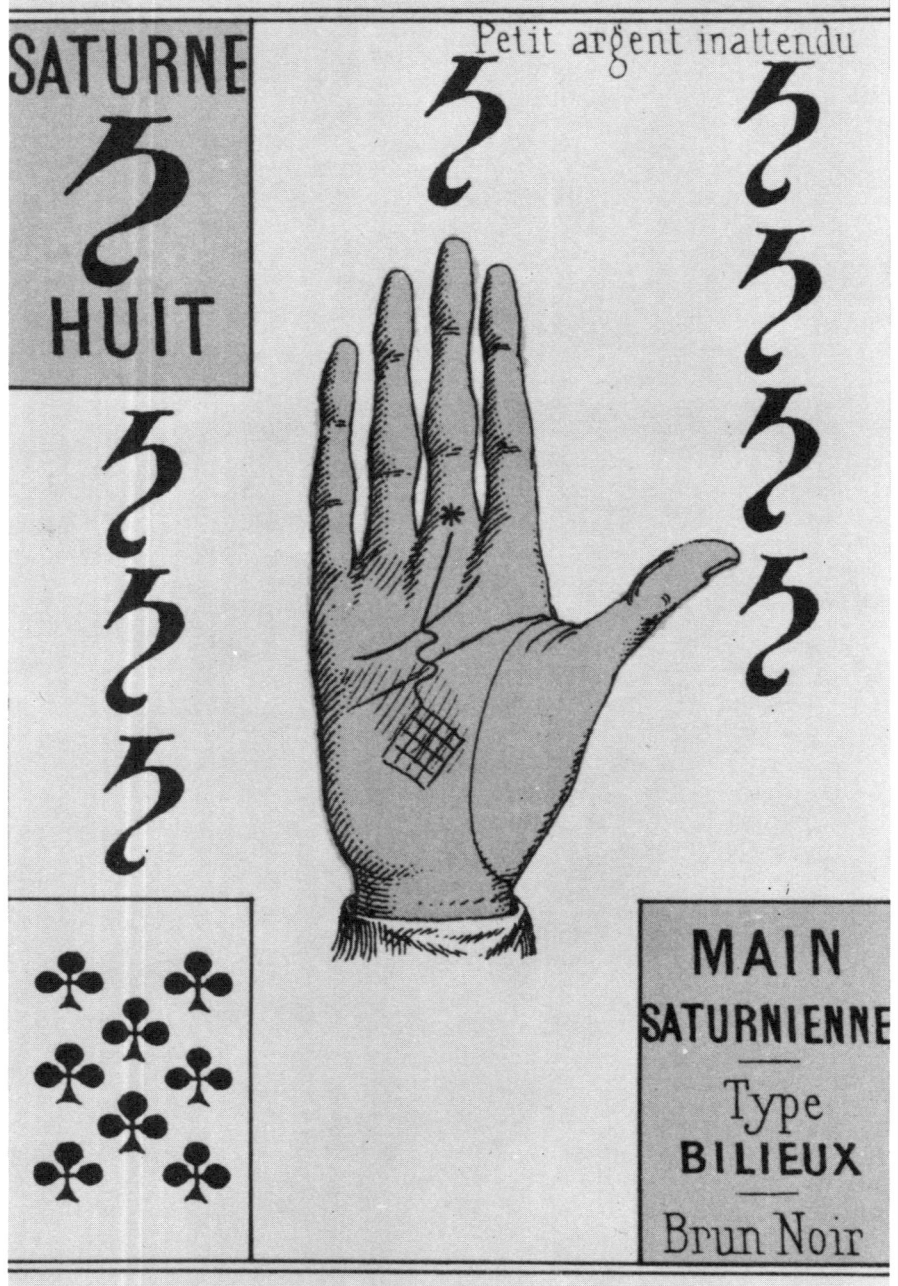

La main saturnienne, longiligne et noueuse, appartient souvent aux natifs du Capricorne. C'est le doigt de la sagesse et de la rigueur morale, le médium qui domine, de manière caractéristique, les doigts de la main.

Comment interpréter les aspects de Saturne avec les autres Planètes

Il est difficile de juger d'un aspect [1] « dans l'absolu ». Selon qu'il reçoit d'autres soutiens ou d'autres attaques, il faudra bien entendu nuancer le jugement. Par ailleurs, il n'existe pas de bons et de mauvais aspects mais des aspects de détente ou de tension. Un aspect dit bénéfique engendre parfois la passivité et le laisser-aller alors qu'un aspect dit maléfique aura parfois l'effet salutaire d'une prise de conscience — fût-elle douloureuse — ou d'un énergique coup de pied dans le derrière, susceptible de nous faire avancer.

Les aspects de Saturne sont néanmoins des aspects forts et souvent difficiles, qu'il s'agisse de transits (ou passages sur une planète du thème de naissance) ou d'un aspect fixé à la naissance. Comme toutes les planètes lentes (Saturne revient tous les vingt-neuf ans sur sa position de naissance), il a le temps de fixer des événements, de leur donner une durée. Il ne faut pas oublier qu'il est traditionnellement associé au destin, au *fatum*. On l'appelait jadis le « Grand Maléfique » mais c'était ne pas tenir compte de sa fonction constructive, de sa nature de grand architecte. Sans lui, rien ne durerait, rien ne prendrait racine dans le temps.

La *conjonction* est faste mais ambivalente. Le *carré* dur mais dynamique. Le *sextile* dynamisant et heureux, le *trigone* protecteur mais passif, le *quinconce* évolutif et éprouvant. L'*opposition* impose un choix, c'est un aspect de corrélation.

Saturne-Soleil

Conjonction : Si le Soleil est pris dans sa symbolique paternelle, on voit qu'ici l'image, la fonction paternelle sera marquée par un vide, un manque, une frustration. Le père peut avoir disparu prématurément; il peut avoir refusé toute communication, il peut avoir été simplement silencieux et distant; de toute façon, il manque. Et, par conséquent, la quête de l'identité, pour celui qui est porteur de cet aspect, sera lente, difficile et problématique. Si on prend le Soleil dans sa relation au noyau d'énergie, cette conjonction de Saturne se traduira souvent par des coups de fatigue violents, profonds; mais, en général, la résistance s'améliore avec l'âge et elle peut être excellente dans la vieillesse.

Dans un signe « léger », la conjonction Soleil-Saturne jouera l'effet d'un heureux contrepoids. En Gémeaux, par exemple : c'est le cas de Dürer, chez qui on peut voir le rôle de ce Saturne en Gémeaux, mettant une vision exigeante et tragique du monde au service d'un graphisme précis et efficace. Il donnera aussi la patience dans le travail, la rigueur, là où elle ne se trouve pas nécessairement par le signe occupé par le Soleil.

Dans un signe « lourd », en Scorpion ou en Capricorne par exemple, l'aspect misanthropique et solitaire se trouvera inexorablement renforcé.

En sextile et trigone, Saturne-Soleil marque l'attachement au père, les vertus solides.

En carré et en opposition, l'épreuve subsiste, le destin est « marqué ».

Saturne-Lune

Conjonction : On voit là l'enfance triste, le manque affectif lié à la mère — parfois la substitution de l'image grand-maternelle à celle de la mère manquante —, le tempérament mélancolique ou dépressif; la psyché « Lune » est ici douloureusement marquée par Saturne et souvent de façon très inconsciente; c'est pourquoi il est plus difficile de lutter contre ce courant neurasthénique qu'elle implique. C'est parfois le deuil dans l'enfance, la perte de la mère, la mère non affectueuse ou si malheureuse et si triste qu'elle installera à jamais le doute devant le bonheur. Mère seule, abandonnée ou refusant sa tendresse; de toute façon, la trace laissée par cette conjonction sera toujours profonde, sans doute même indélébile. Celui qui la porte échappera

---

[1] Rappel des distances angulaires qui situent les principaux aspects : 0 à 10 degrés : conjonction; 60 degrés : sextile; 90 degrés : carré; 120 degrés : trigone; 150 degrés : quinconce; 180° : opposition.

Le Grand Livre du Capricorne

difficilement au complexe d'abandon. Il aura lui-même du mal à se donner, la peur étant là, inscrite au plus profond de son âme.

En sextile et trigone : Attachement à la mère, richesse psychique, profondeur.

En carré et opposition : Le manque, les tendances dépressives subsistent.

Saturne-Mercure

Conjonction ambivalente qui peut favoriser la concentration d'esprit, la réflexion, la pensée abstraite, la profondeur du jugement. Mercure est avant tout l'outil de communication, l'instrument de l'intelligence. L'association de Mercure à Saturne peut ici approfondir et donner du poids à la réflexion. Mais, parfois, Mercure étant aussi l'outil de la parole, la conjonction de Mercure à Saturne pourra entraver l'aisance verbale, intérioriser le discours. Ce seront les sujets « bons à l'écrit, mauvais à l'oral ». Parce qu'il leur faut du temps pour réfléchir et qu'ils refusent toute superficialité à leur propos. L'association sera plus favorable à l'étude des sciences exactes qu'à la poésie, à l' « esprit de géométrie » plutôt qu'à l' « esprit de finesse ». La rigueur est reine. Le brio n'est pas recherché mais l'efficacité.

En sextile et trigone : Belles qualités d'intelligence, profondeur d'esprit.

En carré et opposition : Risque de blocage dans un secteur intellectuel.

Saturne-Vénus

Ce n'est pas un aspect heureux. Il y a pourtant un moyen de l'utiliser d'une façon positive. La *conjonction* Saturne-Vénus ne peut que servir des rapports affectifs fondés sur une importante différence d'âge. C'est l'expérience du jeune homme avec une maîtresse plus âgée qui lui révélera l'essentiel sur lui-même. Ou les amours de la jeune femme avec un homme-père qui lui assurera une longue sécurité affective. Mais ce n'est jamais un rapport « fou », un rapport d'éclatement et d'explosion passionnée. Le plus souvent, la conjonction de Saturne à Vénus marquera la prédisposition à la frustration affective, une certaine solitude morale, la difficulté à nouer des contacts. Parfois aussi une difficulté à extérioriser ses sentiments, à s'abandonner, à se laisser aller à ses élans. La sexualité est ici refroidie par Saturne. Mais là encore, il importe que d'autres éléments viennent confirmer un tel diagnostic !

Chez l'artiste, ce sera la marque d'une rigueur et une impossibilité à donner dans le goût du jour et la mode qui règne. Il suivra sa voie aride, solitaire et refusera toute concession.

Matériellement, rien ne sera jamais facile à celui qui possède cette conjonction mais il sait se contenter de peu.

En sextile et trigone : Fidélité, stabilité affective.

En carré et opposition : Épreuves dans la vie sentimentale, crises dans la vie affective ou mauvais choix.

Saturne-Mars

Aspect essentiellement contradictoire. Mars, primaire, rapide, impulsif, est ici acoquiné à Saturne, lent, réfléchi, secondaire. Parfois la *conjonction* permettra une régulation du rythme, freinera les impulsions martiennes, activera les lenteurs saturniennes. Mais il y a tout de même dissociation du rythme profond. Dans des secteurs pathologiques du thème (Maison VI, VIII, XII), cette conjonction fait souvent apparaître des ennuis de santé. Mars fera naître l'inflammation, la fièvre, l'irritation, la blessure, et Saturne en « chronicisera » les effets. En Cancer, on voit ainsi se former des ulcères de l'estomac à répétition.

Bien soutenue, cette conjonction peut offrir une grande résistance morale, beaucoup de courage, la force d'affronter les épreuves. Mal soutenue, bousculée par Uranus, aggravée par Pluton ou dissoute par Neptune, elle peut exposer à de pénibles expériences.

En harmonie, Saturne-Mars soutiennent la volonté, la force de caractère.

En opposition, choix difficile entre la diplomatie et l'action directe.

Saturne-Jupiter

Il me semble là qu'un équilibre est possible. Le pessimisme saturnien est ici corrigé par l'optimisme jupitérien. L'introversion saturnienne est ici compensée par l'extraversion jupitérienne. J'ai souvent trouvé cette *conjonction* chez des êtres qui réussissaient bien, sur le plan social et professionnel, lorsqu'ils atteignent la maturité, car cette conjonction prend toute sa force vers la cinquantaine. Il y a certes quelques contradictions à résoudre mais le temps permet cette évolution positive. On pourra d'ailleurs donner ce même sens au sextile ou au trigone entre Saturne et Jupiter.

Il semble que ces deux planètes ensemble favorisent tout travail d'organisation, d'administration, de gestion. Elles permettent solidité et progression, structuration et expansion.

En dissonance, ces deux planètes accentuent les contradictions.

Saturne-Uranus

La contradiction ici est bien plus forte encore. Au mieux, la *conjonction* des deux planètes favorisera la synthèse entre des valeurs traditionnelles, passées, stables et constructives et des valeurs révolutionnaires, novatrices, tournées vers l'avenir et le risque. Le résultat peut être génial. En première Maison, il donnera une ouverture exceptionnelle et un désir irrépressible d'aller vers toutes les expériences, vers tous les types de connaissance. Mais l'aspect marque aussi un risque et dans des secteurs plus dangereux, attaqué par d'autres planètes, il peut exposer à des épreuves très douloureuses et très bouleversantes. Certains destins sont ainsi chahutés de façon irrésistible, explosés, bousculés, sans qu'on puisse rien y faire, si ce n'est tenter de s'adapter au changement, aussi violemment imposé soit-il. On retrouvera cette marque du destin dans le *carré* Saturne-Uranus ou dans l'*opposition*. L'hiver et le printemps de 1977 qui ont vu le carré de Saturne en Lion à Uranus en Scorpion, pendant près de cinq mois, ont marqué de façon indélébile bien des gens dont le thème était déjà porteur d'une dissonance entre le Lion et le Scorpion.

Saturne-Neptune

Il y a là encore contradiction entre une planète hyperstructurante et une planète dissolvante. Saturne peut se mettre au service de Neptune, peut exploiter l'intuition de façon constructive, corriger les aspects trop irrationnels de la pensée. Mais il peut aussi bloquer le flot intuitif, interdire l'utilisation de cette « science inconsciente », de cette ignorance inspirée. Si Saturne corrige le laxisme neptunien, l'association est bonne; s'il entrave une dimension psychique de l'être, elle devient négative. Dans la *conjonction*, le jeu est ambivalent; dans le *carré*, le conflit est clair; dans le *sextile* et le *trigone*, l'exploitation des deux dimensions de pensée devient efficace.

Saturne-Pluton

Deux planètes chargées de fatalité, d'épreuves. Deux planètes lourdes qui, si elles pèsent ensemble, deviennent menaçantes, surtout si elles se retrouvent dans un secteur d'épreuve, de maladie. Mais de quelle force ne disposent-elles pas si elles jouent par le biais du *sextile* ou du *trigone*! Quelle énergie, quelle force de caractère, quelle puissance! A celui qui le possède, rien ne résistera; aucune ambition ne pourra être entravée; il n'y aura jamais d'abdication. L'angoisse, la peur, le manque, deviendront autant de moteurs pour progresser, pour dépasser l'obstacle; aspect dur, certes, et sans tendresse aucune. Mais il signe les forts et les puissants. En *quadrature*, la dureté s'aggrave, le caractère est autoritaire, le besoin de puissance est pathologique. Parfois, simplement, les épreuves ne manquent pas.

Saturne-Lune Noire

Ensemble, ces valeurs accentuent le sentiment du sacrifice, de la solitude, du silence, de l'isolement artistocratique. En *opposition*, il y a toujours dans la destinée un moment où intervient une coupure profonde. L'absolu désiré ne peut jamais être atteint; la frustration est permanente. En *trigone* ou en *sextile*, le caractère est tout entier assoiffé d'absolu et de vérité. Il rencontre, à cet égard, des fortunes diverses... En *quadrature*, il y a toujours une épreuve, un manque à surmonter.

En *transit*, j'ai vu Saturne passant sur la Lune Noire, ou la Lune Noire passant sur Saturne, entraîner de soudaines dépressions, des tentatives de suicide parfois, toujours une crise morale très dure mais aussi porteuse des plus remarquables prises de conscience. C'est le sacrifice qui, accepté, permet l'évolution.

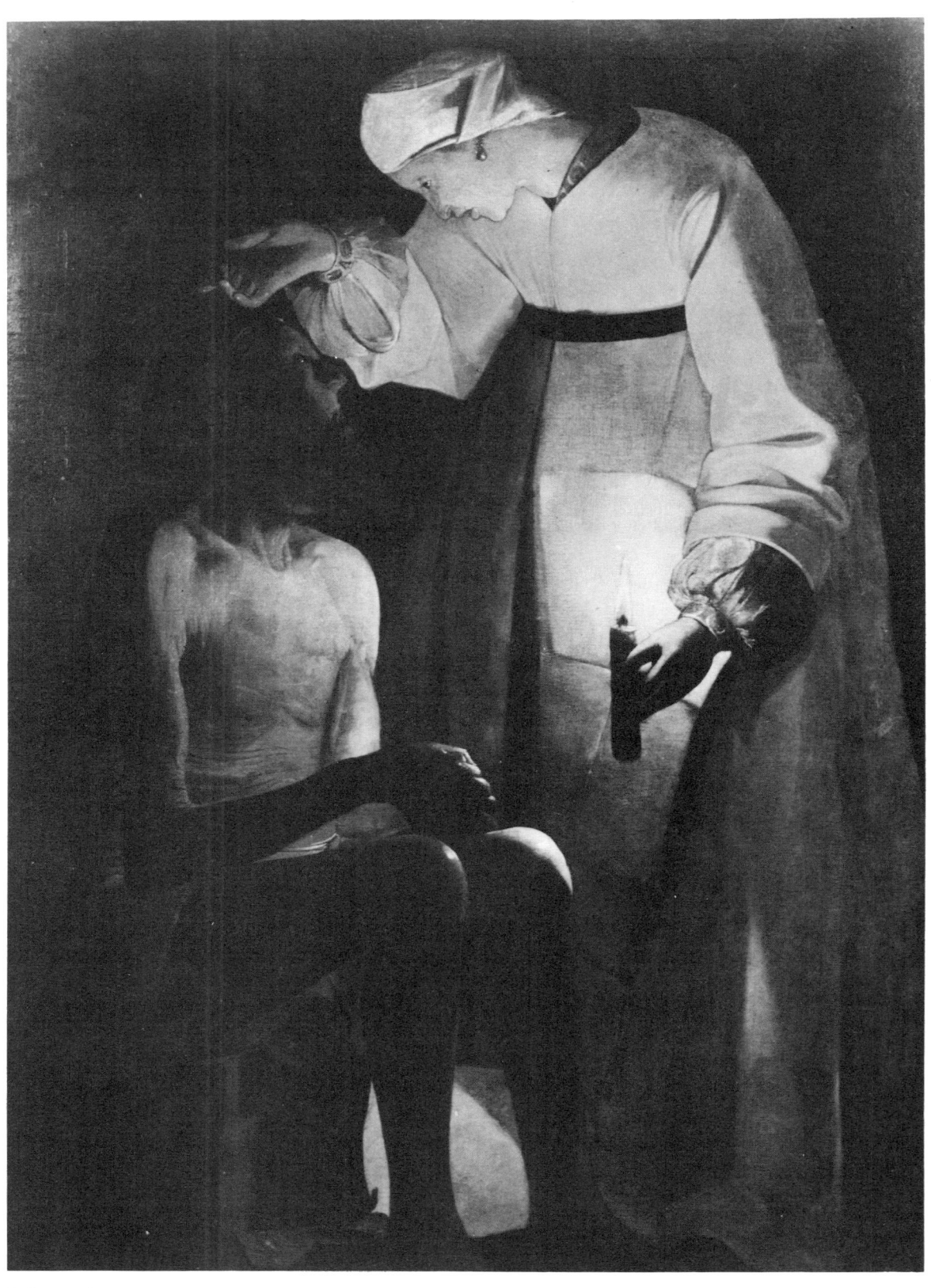

Job, riche et puissant, fut mis à l'épreuve par Dieu. Il accepta la pauvreté, la misère, le dénuement et montra un sens exemplaire du renoncement aux biens matériels. De cette faculté d'austérité est né le fameux « complexe de Job » que l'on attribue aux natifs du Capricorne (Job raillé par sa femme, *de Georges de La Tour*).

Comment interpréter les Planètes dans les Signes

Les Planètes dans le Capricorne

Soleil en Capricorne

Il renforce toutes les caractéristiques du Capricorne. Le noyau profond de l'être est donc marqué avant tout par ce signe dont on a déjà pu apprécier les défauts et les qualités.

Lune en Capricorne

Marque souvent une enfance un peu triste ou une mère sévère, rigide, « moralisante », une mère qui en a fait trop pour son enfant, au risque d'installer en lui une culpabilité permanente. Bien soutenue, la Lune en Capricorne donne des qualités de sérieux ; elle fait les enfants réfléchis, qui observent les adultes avec un regard sans complaisance et semblent comprendre plus de choses qu'il ne conviendrait. Parfois aussi cela tient à un certain isolement dans le jeune âge ou à des expériences précocement maturantes. Un fond mélancolique est toujours à craindre.

Mercure en Capricorne

L'intelligence est profonde, le désir de comprendre et de savoir insondable ; avec beaucoup d'orgueil dans ce désir d'éloigner les frontières de sa propre ignorance. L'esprit est lent, structuré, apte aux analyses comme aux synthèses. C'est l'intelligence du philosophe plutôt que du poète. Mercure en Capricorne rend studieux, amateur de lectures difficiles ; l'esprit n'est pas rebuté par l'effort. Ce peut être la passion des idées, la passion de la réflexion. Mal soutenu, il peut y avoir blocage devant certaines matières d'étude, à cause d'événements ayant marqué la jeunesse, ou complexe d'infériorité, peur de l'échec. L'élocution, parfois, est lente ou embarrassée. L'expression manque de brio.

Vénus en Capricorne

Cette Vénus est possessive, obstinée, très rigoriste. Elle retire de la passion à la relation amoureuse — la raison, le scepticisme du signe interdisant les grands élans —, et lui attribue en compensation de la solidité, de l'endurance, de la ténacité : cette Vénus se contente de peu (à la limite, elle vit d'amour platonique) ou alors, mais c'est plus rare, elle multiplie les expériences « utilitaires ».

Mars en Capricorne

En Capricorne, Mars est en exaltation. Position privilégiée de la planète qui dynamise ainsi le signe. Ce Mars appartient aux bâtisseurs, à ceux que nul obstacle ne rebute, aux bourreaux de travail, aux tenaces, aux énergiques. Bien soutenu, il permet d'espérer de belles réussites fondées sur le travail et la persévérance. Mal soutenu, les efforts peuvent s'appliquer de façon inadéquate, portés vers des entreprises négatives.

Jupiter en Capricorne

Jupiter introduit ici un sourire dans ce signe un peu sombre... il permet d'espérer en dépit des obstacles ; il rend plus sociable, moins misanthrope, plus indulgent aux erreurs humaines, plus compréhensif aussi. Selon le secteur occupé, il peut prendre des significations diverses : ouvrir la personnalité, en Maison I, favoriser la réussite matérielle, accroître les dons de gestion, en Maison II, marquer la chance dans les études, en Maison III, assurer une sécurité dans la vie familiale, en Maison IV, etc. Même mal soutenu, il ne peut ici entraîner de vraies épreuves.

Uranus en Capricorne

Permet de faire bouger ce signe trop statique, favorise une pensée réformatrice et novatrice. Uranus est le maître nocturne du Capricorne et permet ainsi de dégager toutes les forces de changement qui s'y trouvent; l'ouverture d'esprit y est accrue. Mais Uranus met quatre-vingt-quatre ans pour faire le tour du Zodiaque. Il est actuellement en Scorpion... Il faudra donc attendre plus de quinze ans avant qu'il revienne en Capricorne.

Neptune en Capricorne

Plus lent encore, Neptune nous renvoie à un passé déjà lointain. Personne de vivant aujourd'hui n'a Neptune en Capricorne. Il apporte au signe une dimension intuitive, peut donner un caractère visionnaire à l'homme politique qui l'a eu dans le passé et l'aura dans un lointain avenir. Les forces de l'inconscient peuvent enrichir cet être trop contrôlé. Ou le rendre fou.

Pluton en Capricorne

Cette fois, Pluton en Capricorne se perd dans la nuit des temps. Il n'apparaîtra pas en Capricorne... avant cinquante ans. Il était dans le signe opposé il y a cinquante ans. Soit plus de deux cents ans pour faire le tour du Zodiaque.

Il fera des caractères durs et forts. Peut-être des tyrans. Le pouvoir exercera sur eux une fascination terrifiante. Ou bien on y verra les plus grandes énergies mises au service du travail, des constructions les plus ambitieuses. Nous avons encore le temps de méditer sur cette association qui peut faire supposer les plus grandes épreuves et les plus grands courages.

Lune Noire en Capricorne

Elle est ici plus licorne que partout ailleurs. Une place de choix lui sera faite un peu plus loin car la Lune Noire est un peu ma valeur symbolique d'élection. Maîtresse du Lion et du Capricorne, elle évoque d'un côté la Force du Tarot, représentant une femme ouvrant la gueule d'un lion de ses mains nues et portant sur sa tête le chapeau en forme d'infini; de l'autre, elle évoque la licorne, « l'unicorne » blanche, celle qui, captive, « meurt de soif au bord de la fontaine », porteuse de tous les désirs d'absolu et de tous les renoncements.

Les Planètes dans le Verseau

Soleil en Verseau

Dynamisme électrisant, chaleur communicative, sympathie spontanée et active pour autrui : telles sont les caractéristiques du Soleil en Verseau.

Lune en Verseau

Si vous avez la Lune en Verseau, elle vous permettra de cultiver des valeurs personnelles, de canaliser vos pulsions au profit d'un idéal et de décrire vos états d'âme avec les mots qui conviennent.

La Lune en Verseau, c'est aussi réagir quand le vent se lève, profiter du zéphyr, naviguer en douceur. C'est parfois s'oublier pour aider à transformer le monde, ou se recréer soi-même quand on s'est perdu. C'est notre dépendance envers nos amis, notre besoin d'originalité ou notre soif de changement, c'est une mémoire qui oublie tout, sauf l'essentiel : ce qui est riche en potentialités nouvelles, ce qui est positif et utile, ce qui débloque les situations.

Mercure en Verseau

Mercure en Verseau signe une intelligence intuitive mais rigoureuse, à condition que le sujet soit motivé. Sinon, il se laisse plutôt envahir passivement par les informations qu'il emmagasine et qui resteront latentes, en attendant de ressortir un jour sous forme créative.

Au Verseau, Mercure est souvent distrait. Il n'établit le contact avec autrui que si l'ambiance est mobilisatrice, l'interlocuteur plaisant, ou si la discussion porte sur ses convictions.

Vénus en Verseau

Le Verseau est spontanément doué pour le bonheur parce qu'il fait crédit à la nature humaine, mais qu'il est sans illusions sur ses imperfections. Il refuse donc toute complaisance envers le chagrin. Pour les sujets évolués, point de lyrisme romantique : on analyse le mal d'amour et, pour le dompter, on fait appel à la raison ou à l'oubli.

Que ce soit dans le choix d'un objet ou dans les rapports humains, si vous êtes Verseau bon teint, une grande indifférence vous habite jusqu'à ce que quelque chose ou quelqu'un mobilise votre attention : vous réagissez, alors, par une attirance extrême ou une répulsion spontanée, que vous essayez de modérer en compensant, par un compliment, la rigueur d'une attitude, et en éteignant, provisoirement, l'emballement d'un moment.

Mars en Verseau

Ici, les faits l'emportent sur les idées, mais, comme nous sommes encore en Verseau, où les choix sont réfléchis afin de ne choquer personne, idées et faits vont donc se mêler adroitement. Le pouvoir réalisateur du Verseau est plus dans la réaction que dans l'action, et la réalité des faits bruts pousse le sujet à agir en rénovant.

Jupiter en Verseau

A condition que ces tendances soient convenablement mûries, vous pouvez vous faire apprécier par des sentiments humanitaires ou par de larges conceptions sociales. Il s'agit de « mettre la main à la pâte », de « relever vos manches » pour que le monde, le pays, votre groupe professionnel ou votre famille sortent de leur enlisement, de leurs difficultés ou de leurs routines. Vous comptez bien que l'on vous en saura gré et vous vous y employez utilement.

Comme vous préférez donner qu'accumuler, l'état de vos finances risque de souffrir de générosités au-dessus de vos moyens ou de l'oubli des contingences matérielles.

Uranus en Verseau

Avec les planètes précédentes, l'homme s'est intégré au monde extérieur et à la société de son temps : les aptitudes à acquérir sont les mêmes pour tous. Avec Uranus, nous entrons dans l'analyse des valeurs qui sont propres à chaque individu. Indépendantes du milieu, elles font de lui un être unique.

Uranus en Verseau, s'il choisit la nouveauté en tout, sait la vulgariser, la transmettre avec le maximum d'efficacité et des mots simples, accessibles à tous; mais il lui est parfois difficile de donner un exemple concret.

Neptune en Verseau

Si vous êtes neptunien, vous vous dégagez facilement des conditionnements sociaux pour tenter de vivre votre réalité intérieure. Vous êtes intuitif, généreux et crédule, parfois naïf. Vous projetez souvent vos impressions et présentez parfois des vérités que vous avez du mal à formuler. Si vous transformez la réalité, c'est qu'un fait brutal vous émeut et que vous désirez prendre des distances pour amortir le choc.

Pluton en Verseau

Si l'on veut donner à Pluton une dimension humaine, on s'aperçoit qu'il est un signal difficilement intégrable car sa connaissance se heurte à ce que nous ne pouvons savoir de l'inconnu. C'est la force profonde de nos pulsions informulées, cette immensité refoulée parce qu'elle fait peur ou honte et qui ne nous laisse en paix que si l'on accepte de la vivre.

Ceux chez qui Pluton domine recherchent une authenticité qu'ils ne trouvent qu'en eux-mêmes, car elle est rebelle à toute assimilation par le milieu et difficilement communicable.

Le Grand Livre du Capricorne

Ils auraient besoin de plusieurs vies, mais, comme ils n'en ont qu'une, ils accumulent les expériences et leurs contradictions sont source de fécondité.

Les Planètes dans les Poissons

Soleil en Poissons

Il va vous « identifier » totalement aux autres. Vous n'imposerez pas. Vous entrerez dans le jeu d'autrui : cette identification sera, selon votre évolution intérieure, bonne ou mauvaise. Dans ce signe « double » la gamme des « possibles » est infinie...

Vous pourriez avoir tendance à vous immiscer un peu trop dans les affaires et la vie d'autrui. Vous n'utiliserez ce don à votre profit que si d'autres aspects vont dans ce sens, l'Ascendant notamment. Votre comportement ne sera en aucun cas cynique, sauf si une note scorpionne apparaît. Vous pourrez incontestablement, par votre attitude, gagner à votre cause vos adversaires; et les réduire à néant.

Lune en Poissons

Si le Soleil est l'animus, partie volontaire, active, masculine qui est en chacun de nous, principe « yang », la Lune est le reflet de notre anima : partie réceptive, passive, féminine, « yin », en chacun de nous. C'est la face inconsciente de notre personnalité. Elle est le rêve, l'imaginaire, la sensibilité.

En fait, elle donne une sorte d'irréalité à cet être « lunaire » des Poissons. Il a du mal à s'intégrer dans la vie réelle. En effet, les qualités comme les défauts d'expansion et d'inflation envahissantes propres aux Poissons, sont exacerbés. Le potentiel imaginatif est fabuleux, donnant une véritable vision fantasmagorique des choses.

Mercure en Poissons

Cette planète est en exil dans les Poissons. Dans ce signe d'Eau, elle donne un fort potentiel de sensibilité intuitive. Elle représente, en effet, le filtre intellectuel à travers lequel vous vous exprimez en tant que Poissons. Ce n'est pas seulement votre forme d'intelligence mais aussi la direction qu'elle va prendre. C'est votre faculté d'adaptation qu'elle définit, et vos relations avec l'entourage. Cette direction sera, dans le sens de Neptune, infinie. La perception des choses sera beaucoup plus intuitive, immédiate, que déductive. C'est une perception sans détails. Rien de précis, mais une vision « globale » instantanée. La compréhension est « affective ».

Vénus en Poissons

Avec Vénus aux Poissons, le partenaire est idéalisé; l'amour est vécu comme un rêve. On peut reprendre ici l'expression de Gaston Bachelard dans *l'Eau et les rêves* : « Le fait imaginé est plus important que le fait réel. » Exaltée dans le signe des Poissons : l'amour y prend une ampleur lyrique. L'affectivité est débordante. Toutes les motivations sensorielles et affectives se manifestent, en effet, sur un mode Poissons; c'est-à-dire sans mesure et sans caractère logique... les amours sont sans frontières. Amours souvent impossibles, chimériques, utopiques dans lesquelles on se jette à corps perdu. L'élu est mis sur un piédestal. Si le rêve s'effondre, le « château de sable » est emporté par la vague... Les chimères évanouies, il ne reste plus rien.

Mars en Poissons

Dans le signe des Poissons, l'action diffuse se perd dans l'immensité des désirs qui restent inassouvis. Si cette action est souvent incapable de viser droit au but immédiat, l'énergie n'en est pas moins mordante. Mais elle demeure souvent intermittente.

Il faut toutefois se méfier de « l'eau qui dort ». L'on songe à ces tempêtes qui se lèvent sous les tropiques, dans cet océan que d'aucuns avaient nommé Pacifique! La fureur de la vague peut être mortelle. La tempête est soudaine, elle n'en est que plus violente. L'action de Mars en Poissons est souvent illogique. On agit par « à-coups ». Elle manque, en tout cas, d'organisation. On fonce au moment où il ne faut pas. Et l'on se fatigue inutilement.

Jupiter en Poissons

Jupiter, planète féconde, planète d'expansion, indique dans un thème les qualités d'extraversion, d'extériorisation de la personne. L'expansion de ce signe des Poissons, donne à Jupiter un grand amour de la vie et un magnétisme personnel qu'il utilise à bon escient. En effet, le Jupiterien des Poissons a une grande confiance dans son étoile. Sa chance peut d'ailleurs être insolente. Elle reste néanmoins fluctuante. Pourtant, au dernier moment, alors que tout paraît perdu, notre Jupitérien « refera surface ». Il s'en sort souvent « miraculeusement ». Un certain goût du faste, un côté un peu ostentatoire n'excluent nullement une générosité réelle.

Uranus en Poissons

Avec Uranus, l'être va dans une seule direction. Cette planète s'accorde mal avec la sensibilité et l'émotivité vibrante du Poissons. Le refus des contraintes donne dans ce ciel une certaine incapacité à dominer les problèmes de la vie quotidienne. Le Poissons « uranien » s'individualise. Il s'affirme avec originalité. Il va dans une direction et s'y tient. Contradiction profonde de l'être entre ce côté « ultra » et les perspectives neptuniennes. Uranus évolue mal dans le monde de la subtilité et des nuances, dans le monde de l'évasif, de l'imprécis, de l'indécis.

Neptune en Poissons

Le Neptunien vit dans un monde sans frontières (le « citoyen du Monde » : Camille Flammarion). Antenne captatrice, Neptune ouvre aussi les portes à la perception de l'infini. Le monde inconscient, du mystère, prend le pas sur la logique cartésienne : c'est le monde de la clairvoyance et de la télépathie.

Avec Neptune s'ouvre tout un monde secret. Nous sommes aux portes de l'Invisible. Au niveau le plus simple, dans la vie de chaque jour, Neptune crée un « climat », une « atmosphère » : la vraie spiritualité, la sainteté, se cache souvent dans la vie la plus simple.

Pluton en Poissons

Le natif des Poissons est marqué par Pluton, planète d'angoisse qui peut empoisonner notre bonheur, qui dramatise notre vie, qui nous confronte à notre propre enfer, qui n'est ni malfaisant ni cruel, mais juste... Il va vivre cet aspect au niveau le plus morbide ou au contraire accéder, grâce à lui, aux plus belles sublimations. C'est elle qui marque le thème de Victor Hugo (conjonction Soleil-Vénus-Pluton en Poissons), de son empreinte. La puissance de son inspiration, la profondeur de sa sensibilité, la diversité des sujets qu'il traita : c'est, sans doute, à cette double valorisation neptunienne et plutonienne qu'il les doit.

Les Planètes dans le Bélier

Soleil en Bélier

Avoir le Soleil en Bélier, c'est « être du signe » du Bélier. C'est donc, rappelons-le, avoir une planète (la principale) sur dix dans le signe du Bélier. Quel que soit le nombre de planètes dans un ou plusieurs autres signes, le signe où se trouve le Soleil est toujours primordial. Le Soleil est en *exaltation* dans le Bélier — ce qui peut donner un excès : décision, enthousiasme, impulsion, entêtement, passion, esprit d'entreprise, violence, générosité.

Lune en Bélier

La Lune dans le signe de Mars est bien malmenée... Comme elle représente l'inconscient et la sensibilité, ceux-ci deviennent houleux et marqués par l'impulsivité. L'ardeur et la vivacité, une sensibilité brûlante, tiennent lieu de tendresse. C'est souvent aussi une composante de révolte, de non-conformiste. Elément de réceptivité et de féminité, cette Lune, placée dans ce signe viril, n'est pas en bonne position dans le thème d'une femme. Tendance au scandale, exhibitionnisme, indépendance, témérité, tempérament enflammé.

La Lune représentant l'idéal féminin dans le thème d'un homme, ce sera alors la recherche de l'amazone, la composante féminine étant virile.

Mercure en Bélier

La planète Mercure représentant le mental, celui-ci se trouve ici sous la domination de Mars et Pluton : fougue, intuition foudroyante, certitude d'avoir raison. Les choses sont vécues dans l'instant, avec l'ivresse de la découverte. Cette position laisse peu de place au doute, à l'hésitation. L'intellect est très actif, avec une tendance à la polémique (Mars) et au sarcasme (Pluton).

La franchise est brutale, tranchante comme un scalpel. La diplomatie et la douceur ne sont pas le fort de Mercure en Bélier! C'est la position des polémistes, des « fonceurs ». Le passage de la pensée à l'acte est immédiat : c'est un peu la conjonction Mercure-Mars, avec son don de persuasion, sa rapidité redoutable.

Vénus en Bélier

Les sentiments sont passionnés, l'esprit de conquête violent, l'impulsion sexuelle intarissable. L'amour est vécu comme un sentiment exclusif, intense, brûlant, mais souvent pas très durable. Grande générosité.

« Vénus tout entière à sa proie attachée. » L'affectivité est importante, chaleureuse, un peu brusque. Nombreuses et brèves passions.

Mars en Bélier

Fougue, énergie, volonté constructive, entreprenante, dynamisante. Goût pour les épreuves de force, où le courage le plus fou trouve son expression. Activités intarissables : sport, courses, dépense physique. Résistance à toute épreuve. Plus il y a d'obstacles à son désir, à son projet ou à sa volonté, plus le natif se sentira stimulé.

Jupiter en Bélier

Le dieu de la foudre dans le signe du feu primordial. Ce n'est pas un gage de modération, mais Jupiter canalise et rend efficace l'agressivité en dents de scie du Bélier. C'est donc un facteur de chance, de rayonnement, d'optimisme et de générosité. Le goût des plaisirs s'en trouve augmenté, ainsi que le contentement de soi. Cette combinaison comparable à Mars-Jupiter peut donner un tempérament quelque peu exhibitionniste, un excès de confiance en soi, une faconde envahissante et vaniteuse.

Mais le caractère est puissant et l'optimisme communicatif. La maturité coïncide avec l'affirmation de la personnalité, bien que la réussite soit souvent précoce. Exemples : Claudia Cardinale Dali, Chopin, Gœring.

Uranus en Bélier

La foudre dans le signe de la foudre. L'impulsivité et la faculté de saisir la « bonne occasion » sont décuplées. Le dynamisme est trépidant, irrésistible, l'efficacité et la coordination des réflexes sont foudroyantes à condition que les aspects soient bons. Ce sont la hardiesse, la témérité et la révolte prométhéennes qui dominent. Elles aboutiront, ou bien finir ont dans la catastrophe, suivant le reste du thème. Uranus était en Bélier au moment de la montée du fascisme et du national-socialisme : l'ascension fut foudroyante mais la chute ne le fut pas moins... Exemples : Tchaïkovski (le côté « électrisé » de sa musique), Nietzsche.

Neptune en Bélier

Dans le signe de Mars, Neptune amplifie l'agressivité ou le rêve. Là encore, tout dépend des aspects, en particulier des positions respectives de ces deux planètes. Ou bien c'est Mars qui domine (l'action) ou bien c'est Neptune (l'idéal, le rêve). Les deux sont le plus souvent en conflit mais il peut arriver qu'ils coïncident : on a alors une action révolutionnaire qui réalise le rêve (Lénine, conjonction Mars-Neptune). Mais le tsar qu'il renversa avait aussi Neptune en Bélier, non loin du Soleil! C'est alors l'illusion, la chimère. Avec cette position, on peut aussi avoir une tendance au scandale ou au mysticisme (Cervantes).

Pluton en Bélier

Le Bélier est le domicile diurne de Pluton. C'est une position extraordinaire, que les astrologues oublient généralement (Pluton ayant le don de se rendre invisible, comme le Diable). Pluton, en domicile chez son complice, Mars devient d'une agressivité démoniaque, trépidante, une sorte de piétinement sourd et implacable. Il apporte la subtilité et le sens de l'invincible à la force parfois brutale du Bélier, et la transforme en puissance irrésistible. C'est alors l'aspect vengeur, implacable, inhumain du Bélier, premier signe, qui apparaît.

Exemples : Baudelaire, Zola, Tchaïkovski, Anton Bruckner (chez ce dernier, la tornade ascensionnelle d'une musique marquée par Pluton en Bélier en Maison VIII est particulièrement impressionnante).

Les Planètes dans le Taureau

Soleil en Taureau

La relation harmonieuse entre le signe et l'astre souligne la force d'inhibition (résultante d'excitation concentrée) dans ses effets louables de conquête, d'investissement et de colonisation de l'obstacle. « Les Soleil-Taureau adaptés réussissent aussi, c'est bien connu, par leurs grandes aptitudes de travail, exploitant à fond des facultés parfois seulement moyennes, lentes à s'éveiller[1]. »

Ils doivent beaucoup à leur minutie maniaque, à leur rigueur, et aux répétitions, aux rabâchages grâce auxquels ils parviennent, souvent après de durs labeurs, au cœur d'un problème, quitte parfois à en constater l'inexistence. Ils ont besoin de posséder leur sujet de A jusqu'à Z, et même de doubler l'alphabet, pour en parler sûrement. L'inhibition leur interdit la facilité. Elle les éloigne des voies précaires, les prévient contre les dangers des ascensions trop rapides et leur donne le goût d'une notoriété installée sur un pouvoir, une compétence réelle, un métier bien rodé. Elle se manifeste encore dans leur besoin de trouver ou d'apporter des bases intangibles à la discipline qu'ils épousent, ou bien de laisser de leur passage une empreinte inimitable. Une fois en haut du pavé, elle leur permet enfin de défendre et conserver jalousement l'autorité acquise. Les plus doués paraissent inébranlables.

Lune en Taureau

Féminité, dans la mesure où la féminité est la mère de tous les sexes. Ces dispositions apportent à l'homme de précieuses satisfactions dans ses liens avec mère, sœur, fille, amies, épouses, sauf si les interlocutrices en question sont agressives, névrotiques, ratiocinant avec tous les défauts des mâles dans leurs revendications socio-sexuelles.

Homme ou femme, la Lune en Taureau non dissonante aime la tranquillité et tient en haute estime tout ce qui participe à l'harmonie de sa santé physique et psychique : un décor paisible, un environnement doux, serein, lumineux, des gens heureux, des saisons régulières, des digestions sans problème.

Mercure en Taureau

L'effet du Taureau sur Mercure limite la disponibilité intellectuelle et sociale. Il n'y a pas d'affinité évidente entre l'astre de l'ouverture, des réponses réflexes aux sollicitations ambiantes et le signe du contrôle, de la première réaction de défense contre les incitations extérieures.

---

1. E. Brulard, *Nouvelle Méthode d'astrologie pratique*, éd. des Cahiers astrologiques, 1946.

L'astro-psychologie insiste donc sur la spécialisation des facultés mentales plutôt que sur la diversité d'aptitudes.

Les dons d'observation, l'application travailleuse, la continuité des idées, pallient les lenteurs de l'intelligence et ses réticences (non insurmontables) devant les abstractions. Cependant, l'esprit progresse fort loin si la matière se prête à une saisie logique, méthodique, et à une démarche analytique raisonnée du concret à l'abstrait.

La curiosité serait plus vive et l'intelligence plus habile dans la détection des sources de plaisirs, profit et possessions.

Vénus en Taureau

L'astro-psychologie applique à la vie amoureuse la constance du signe. Harmonique, cette position favorise donc les longs attachements, les liens dont on ne se défait que dans de tragiques douleurs. Elle donne, sans doute, la patience, la bonne proportion de soumission et de domination nécessaire à l'entretien d'une heureuse relation affective.

Comme Mercure, mais à un bien moindre degré, Vénus stimule la force de combinaison ou d'intégration du signe. Ce qui, dans le contexte sensuel-sensoriel, s'exprime volontiers par le plaisir de la possession amoureuse sans cesse renouvelé, ou par quelque propension analogue à embrasser, tenir, faire sienne, en son corps, la chose que l'on aime.

Mars en Taureau

Mars régit les duos-duels de l'existence et le niveau d'excitabilité nécessaire aux compétitions vitales. L'astro-psychologie voit dans sa rencontre avec le Taureau un bon indice de vitalité, de robustesse physique, de courage moral. Configuration musclée, en somme.

Elle inspire des initiatives hardies et radicales, des entreprises aux audaces longuement mûries, engageant, lorsqu'elles s'affirment, toutes les forces dans un seul combat en se privant volontairement de toute échappatoire et possibilité de retraite.

Jupiter en Taureau

L'apport de Jupiter au Taureau ne peut être que chaud. L'astre et le signe se revigorent. Sur ce point, l'astro-psychologie souligne avec à-propos l'afflux des besoins sexuels et sensuels, l'entrain et la santé de la tendance dionysiaque festoyante. Les réactions auto-compensatrices défensives préviennent ce tempérament contre ses propres excès, mais rien ne peut être plus mutilant et contristant qu'un régime sans sel, sans rires, vignes, muses et flonflons.

Jupiter favorise l'extraversion du signe, les turbulences de l'excitation qui l'habite, et concentre l'excitabilité en passions dévorantes, avidités diverses, en amour, argent ou domination, selon le plan d'intérêt.

Uranus en Taureau

D'une formule inverse à celle de Mercure, Uranus va du complexe au simple, du faible au fortement excitable. Avec l'apport du Taureau, cohérent, compact, massif, le schéma uranien prend tournure d'un tout ou rien. Les paliers, approches ou reculs par touches et retouches successives ne sont pas de saison. Cet Uranien est complètement « in » ou « out », dedans ou dehors. Sa nature réductrice s'y prête, le Taureau lui fait litière.

Psychologiquement, n'attendez pas de lui beaucoup de diplomatie. Il n'est pas du genre perplexe, entre deux eaux, flottant. S'il est réfractaire, sa surdité et son opposition iront jusqu'aux extrêmes conséquences.

Neptune en Taureau

L'efficacité opère dans le plan irrationnel de la vie affective et spirituelle, plutôt que dans celui de la raison sociale.

Neptune en Taureau a des chances de vibrer aux chansons des bois et forêts, et autres présences universelles, sensibles et indicibles. La cohésion du signe sera dans le désir d'union sensuelle, ce qui peut rendre la mystique difficile, sauf si elle est panthéiste, païenne, en prise sur le folklore. Autre chose, enfin, que l'ascèse et le dogme.

En négatif, le pôle dionysiaque du Taureau prendra avec Neptune des voies de perdition, la quête d'extase mystique, le besoin de participation cosmique dégénérant en sensualité chaotique.

Pluton en Taureau

L'apport de Pluton au Taureau risque d'être discret, de concerner uniquement le pôle d'inversion et d'inadaptation du signe.

Pluton peut apporter aux êtres réceptifs une intuition fondamentale dont ils feront le levier de leur existence laborieuse. Ils laisseront toute leur personnalité dans leur œuvre ou découverte.

Quant au caractère, Pluton en Taureau le rend ferme, énergique : colères féroces, vindictes souterraines impitoyables. C'est l'inertie d'inhibition qui parle, elle ne pardonne pas.

Les Planètes dans les Gémeaux

Soleil en Gémeaux

L'astre de l'affirmation personnelle est bien partagé, dans ce signe double. Les aspirations sociales de l'être se trouvent souvent en contradiction avec ses aspirations privées. Fait des vies tiraillées entre deux désirs, deux volontés, deux talents, deux amours. Affaiblit l'expression de la personnalité mais augmente l'intelligence, la perception ludique des événements, et le goût des mots.

Lune en Gémeaux

Le monde de l'inconscient est ici constamment agité par les fluctuations de l'environnement, le changement incessant des circonstances et des contacts, mais il ne s'agit là que d'une agitation de surface, celle de la brise qui fait naître des vaguelettes. Les racines de l'être ne semblent pas en être ébranlées. Extérieurement, l'humeur est vagabonde, elle varie selon les émotions du moment et ne peut être saisie. Elle s'est déjà transformée lorsque l'interlocuteur l'a saisie au vol. Pour mieux dire, c'est la Lune natale de Brigitte Bardot, astre cinématographique qui a suffisamment occupé la chronique pour que l'on sache de quoi il retourne. Un prompt emballement, vite tombé dans l'oubli, aussi vite remplacé par une passion non moins vive, et il ne s'agit pas seulement de l'affectivité, mais aussi de l'humeur, qui ne peut être que capricieuse et frissonnante. Sur le fond mercurien, en perpétuelle vibration, la Lune multiplie les variations de ses phases, même si sa face cachée reste obstinément ignorée.

Mercure en Gémeaux

La souplesse d'esprit, le besoin de connaître, celui de transmettre le message dont on est porteur s'allient à une exceptionnelle facilité d'assimilation de toutes les données que l'esprit doit intégrer. A cela s'ajoute l'association des idées, tout aussi rapide, qui permet d'élaborer très vite des ensembles d'où sortira la résolution des problèmes posés. Par contre, si la compréhension ne s'effectue pas dans l'instant même, il est fréquent que l'on doive s'y atteler à nouveau au prix d'efforts inhabituels et fastidieux. Il va sans dire qu'un tel Mercure est un atout important dans les thèmes des avocats, des hommes politiques, des représentants. Parfois s'y joint le sens de l'humour, de l'ironie, de la repartie. Le sujet est apprécié pour ses dons de causeur. Il lui est assez difficile de se spécialiser, car il veut tout savoir, tout apprendre, mais se contente trop souvent d'un survol rapide. Il sait s'insérer dans les conversations pour les orienter selon son gré.

Vénus en Gémeaux

Le goût du flirt, de la comédie amoureuse, est fréquent, celui du changement ne l'est pas moins. Ces deux tendances aboutissent à de nombreuses relations affectives, le flirt plus ou moins poussé surpassant la passion authentique. Au pire, ce serait l'image du papillon. Le choix est difficile, aussi ne le fait-on pas.

Pour ne pas se perdre dans tout cela, il faut éviter de provoquer des drames, conserver un certain sang-froid, une lucidité raisonnable, sous une apparence d'amitié courtoise où chacun croit discerner un amour partagé. La sensualité n'est pas un élément dominant, bien qu'elle ne soit pas exempte de raffinements. La vie sentimentale peut donc être assez compliquée, mais l'adresse permet d'éviter les crises trop périlleuses. Les déceptions en général ne durent pas, tant il est facile de trouver de nouveaux partenaires.

Mars en Gémeaux

C'est un important facteur d'activité, pas seulement mentale, qui peut entraîner un certain esprit sportif, la sincérité dans l'action. Mais l'amour-propre réagit par la susceptibilité : les caprices, les colères sont difficilement dominés. Tout cela est un peu remuant, turbulent, avec des vagues d'agressivité inattendues, au moindre prétexte. Il faut dire que les réflexes musculaires sont rapides, le passage à l'acte ne traîne pas, tout au moins le passage à la parole qui vaut un acte.

Avec Mars dans son signe, le Géminien est plus sûr de lui et moins hésitant. De bonne foi, il promet plus qu'il ne peut tenir. Il s'efforce de convaincre avec passion. Dans les cas extrêmes il aboutit au sadisme mental, à une certaine agitation.

Jupiter en Gémeaux

Dans les Gémeaux, la bonhomie et l'équilibre accompagné d'auto-satisfaction de Jupiter se heurtent à la nervosité un peu fébrile de ce signe. Un peu dérouté, Jupiter n'utilise pas ses atouts habituels avec autant d'efficacité. Droiture et loyauté, avec la mise en valeur des qualités intellectuelles. Barbault dit, avec humour, que l'autorité et la puissance de l'astre sont affectées comme celles d'un pontife dans un milieu d'adolescents irrespectueux, mais que cette position est heureuse dans l'ordre de la diplomatie et de l'habileté manœuvrière.

Uranus en Gémeaux

Uranus, qui gouvernait le chaos, est considéré comme l'astre de l'individualisme le plus poussé, qui veut à tout prix se démarquer du milieu ambiant. Hyper-rationnel, peu sentimental, maître du Verseau, il a quelques analogies avec Mercure, mais poussées à un niveau plus brutal; il est systématique, intolérant, il tend à entraîner vers un avenir robotisé, froid, peu fait pour les faibles et les cœurs sensibles. Il crée l'imprévu, les destins en dents de scie, impose des techniques toujours nouvelles.

Il s'est trouvé dans les Gémeaux de 1942 à 1948, et l'on a pu constater l'accord entre le côté nerveux et remuant du signe et l'effet électrisant de la planète, ainsi que le facteur commun que constitue le côté intellectuel et cérébral de leur nature. Uranus, très à son aise en Gémeaux, y agit comme s'il induisait un courant électrique susceptible de galvaniser les Gémeaux, de leur donner un sens plus aigu de leur Moi et d'atténuer leur tendance dispersive.

Neptune en Gémeaux

Il semble y avoir plus de théorie que de constatations effectives dans ce que l'on peut en dire. Selon André Barbault, l'émotivité géminienne serait intensifiée et la sensibilité de l'astre en serait intensifiée, dans un échange courtois de bon procédés. D'autres astrologues affirment que l'intuition devient plus lucide, que l'action neptunienne devient plus créatrice, se cantonnant surtout dans l'immédiat, le quotidien. On y voit aussi des dons de clairvoyance, surtout dans les affaires, et les femmes seraient peu fidèles. Certains décèlent des tendances hystériques, des états d'âme chaotiques.

Pluton en Gémeaux

Selon Lisa Morpurgo [1], Pluton a influencé le comportement d'une génération intellectuellement éveillée. Et il est vrai que l'on ne s'était jamais posé autant de questions qu'à cette période (1883-1914), à la fois fin d'un siècle et commencement d'un autre, tant il est vrai que Pluton, comme Janus, est à double face. Cette génération était lucidement critique envers les idéologies et les éthiques des époques antérieures. Mais elle a aussi été attirée par le culte de la personnalité. André Barbault a exprimé une opinion à peu près semblable en disant que Pluton en Gémeaux se mue généralement en sadisme mental ou apporte une inquiétude intérieure qui fertilise la recherche spirituelle.

Les Planètes dans le Cancer

Soleil en Cancer

Donne des indications sur la personnalité extérieure du sujet : grande sensibilité, à l'écoute du non-dit, du non-visible, beaucoup d'intuition : cette intuition se fait parfois devineresse, pressent des événements et des situations à venir. Les rêves prémonitoires sont fréquents chez le Cancer hyperréceptif. « Idéalisation du passé, attachement à la tradition, qui sert de point d'appui contre l'insécurité du futur [...] Manque d'initiative, défaut d'agressivité et d'esprit compétitif [...] compensés par la souplesse intuitive de l'intelligence. L'équilibre ainsi créé permet d'atteindre avec autant d'efficacité l'objectif recherché[1]. »

Lune en Cancer

Accentue toutes les tendances extérieures du signe en leur donnant quelquefois une exaltation excessive : douceur extrême, intense réceptivité qui peut aller jusqu'à la médiumnité. La voyance, la précognition, les phénomènes extra-sensoriels sont tout à fait courants avec la Lune dans ce signe. Elle donne également des dons artistiques réels que la timidité du Cancer ne sait pas toujours faire valoir. Besoin immense de tendresse, de protection. Forte sensualité réceptive.

Mercure en Cancer

La planète de l'intelligence se teinte ici de finesse analytique, de sensitivité, d'irrationnel. L'intuition s'affine, se laisse diriger par une perception subjective des problèmes, et les résout grâce au « flair », au doigté, à l'instinct beaucoup plus que par raisonnement. Mercure en Cancer fait des êtres qui écoutent plus qu'ils ne parlent, qui enregistrent et mémorisent les moindres faits et gestes pour s'en servir plus tard dans des circonstances appropriées. L'esprit, à la démarche lente et sûre, donne du poids aux synthèses. C'est un esprit qui allie les qualités inventives aux déductions logiques.

Vénus en Cancer

La planète de l'amour et de l'art se trouve en affinité avec le signe d'eau. Vénus en Cancer s'intériorise, gagne en pudeur et en réserve ce qu'elle perdait en extraversion ; elle devient plus artiste, plus profonde et plus douce. Sa recherche de l'amour sensuel se transforme en quête de tendresse, de protection, de sécurité affective. C'est une Vénus mouvante mais fidèle, capricieuse mais sage. Sensualité « sensorielle ».

Mars en Cancer

L'activité impatiente, brusque, agressive de Mars s'émousse en Cancer. L'action devient plus mesurée, plus flottante, plus fragile extérieurement. Mais elle se concentre grâce à la profondeur que lui donne le signe, elle acquiert une plus longue portée. Elle devient plus durable, plus obstinée, moins spectaculaire mais peut-être plus efficace, en s'exerçant sur des registres qui lui conviennent, soutenue par l'intuition que confère le signe : l'art, le commerce sont ses terrains d'élection. Le dynamisme, l'énergie vitale, n'apparaissent pas : il faut se rappeler

---

1. Lisa Morpurgo, *Introduction à la nouvelle astrologie*, Hachette Littérature, 1976.

Le Grand Livre du Capricorne

que le Cancer n'est pas un signe de grande santé. En revanche, la sagesse, l'économie de moyens dans l'objectif à atteindre, l'instinct très puissant remplacent avantageusement une extériorisation chaleureuse de la personnalité.

Jupiter en Cancer

Jupiter, qui aime tant son confort, ses aises, le luxe en toute chose, exalte la sensualité du Cancer, la matérialise. La philosophie d'un Jupiter en Cancer est dans la jouissance pure et le confort personnel. La réussite professionnelle se fait dans le respect de la tradition et des lois hiérarchiques, dans le culte de la famille et des ancêtres. Que de bienveillance, que de concessions, que de souplesse dans cet alliage! Rien ne doit freiner ou entraver le désir qu'a le natif de jouir de la vie par tous ses pores. S'il gagne facilement de l'argent, il le dépense encore plus facilement, pour le plaisir de dépenser. Il a besoin d'abondance et de richesse, de beaux objets, de bijoux, de fourrures, de luxueuses voitures. Cet être est, en général, extrêmement séduisant.

Uranus en Cancer

Le goût d'Uranus pour les bouleversements, les changements radicaux, les décisions rapides et irrévocables se trouve singulièrement étouffé par le Cancer. En effet, le Cancer est le signe des petits changements, des petites modifications, mais pas des hautes tensions familières à Uranus. D'où affaiblissement des valeurs proprement uraniennes dans ce signe : individualisme moyen, esprit de décision plus flou, activité créatrice moins volontaire et ambitieuse. La vitalité uranienne devient un peu aquatique : c'est la foudre dans l'eau. En revanche, le Cancer accentue la réceptivité d'Uranus, d'où une réelle générosité à l'égard d'autrui, la volonté d'emporter une certaine adhésion de son entourage.

Neptune en Cancer

La planète double son inspiration intuitive dans le Cancer : elle devient très fortement sensible à toute vibration sensorielle. Elle capte les moindres ondes de son entourage et plonge dans les eaux sans fond de la sensation, du délire artistique (musical, visuel, auditif) avec un goût prononcé pour tout ce qui a trait à l'eau, à l'élément liquide.

Pluton en Cancer

Les forces souterraines et créatives de Pluton prennent de la sensibilité et de la fragilité cancériennes. Elles deviennent moins ambitieuses sans retirer d'invention, ni de profondeur. Mais le sujet risque de se sentir limité dans sa créativité par son respect des valeurs familiales, traditionnelles, parfois même conservatrices.

Les Planètes dans le Lion

Soleil en Lion

En vérité, dans votre cas, la fonction solaire, qui sensibilise aux modèles culturels en usage, vous a fait percevoir avec une acuité particulière tout ce qui, dans ces modèles, participe des fonctions de base du Lion. Vous avez retenu en priorité les leçons et les principes qui mettaient l'accent sur l'autonomie personnelle, la volonté de surpassement, l'extension de la puissance. Vos premiers héros, vous les avez choisis spontanément parmi ceux qui incarnaient le mieux ces facultés. Notez bien que cela ne veut pas forcément dire que vous suiviez ces exemples-là en permanence : les premières et fortes impressions qui ont marqué votre esprit peuvent subir bien des avatars. On peut cependant affirmer que tous ces grands dadas léoniens demeureront vos points de référence essentiels. Sujets de vos discours, thèmes de vos œuvres, mobiles de vos actes, objets de vos recherches, motifs de vos craintes ou cibles de vos sarcasmes, ils seront ici les fermes pivots de votre conscience lucide. Tout cela, d'ailleurs, va dans le même sens que votre prédilection pour les grandes idées, les forces qui orientent toute une existence dans une direction privilégiée.

Lune en Lion

Les interprétations classiques insistent sur l'effervescence des instincts, leur générosité, leur noblesse et leur panache. On vous accorde en outre une imagination tournée vers le grandiose, le prestigieux, le magnifique, et la faveur publique vous est paraît-il acquise si vous abordez la carrière artistique. Parmi les travers qui vous sont le plus souvent reprochés, on note une certaine fatuité, un côté snob épris de luxe, un penchant aux caprices voyants et à la paresse dorée.

Quelques « Lune en Lion » assez connus : Louis XIV, Churchill, Trotski, Mao, Rocard, Rosa Luxemburg, Willy Brandt... Parmi les poètes, citons Verlaine, Jules Laforgue, Charles Cros et Schiller.

Mercure en Lion

Vous pouvez par exemple connaître la sensation grisante de pouvoir venir à bout de toutes les énigmes, d'affronter comme en vous jouant les problèmes filandreux où s'entortillent les esprits moins alertes. Pour vous, les discours choc, les idées fortes et les images frappantes, pour peu qu'on les répande suffisamment, recèlent une efficacité redoutable, un pouvoir libérateur hors pair. Nulle muraille ne s'avise de résister à un trompettiste assez constant et malicieux, tous les rescapés de Jéricho vous le diront.

Vénus en Lion

Vous savez jouer au maximum de l'efficacité des apparences, de l'impact affectif des paroles. Votre Moi en représentation s'affirme par le canal de l'émotion ainsi produite sur les autres. Vous vous efforcez de susciter la sympathie admirative par les moyens les plus extérieurs — d'aucuns diraient les plus superficiels — tels que la beauté physique, le vêtement, la parure, le maintien, la qualité du langage et le respect de l'étiquette. Selon votre orientation générale extravertie ou introvertie, vous viserez par ces biais à donner une impression de force, d'aisance souveraine, de liberté superbe, ou bien de noblesse, de générosité, d'élégance morale.

Mars en Lion

La force d'excitation débloquante joue ici sur le mode d'une confrontation directe et immédiate avec le monde environnant. Elle n'a rien d'un fantasme, d'une simple spéculation théorique ou d'une évocation évanescente. Elle acquiert une présence telle qu'il est impossible à autrui de l'ignorer ou de n'en point constater les effets percutants. Dans le combat quotidien pour la survie personnelle, vous refusez absolument toute entrave à vos initiatives. Vous ne vous préoccupez guère des implications philosophiques de vos actes ou de ce que l'on va penser de vous : l'essentiel est de vaincre l'obstacle par les moyens les plus rapides et les plus indiscutablement efficaces. Vous n'êtes pas une personne à vous décourager facilement. Non pas tellement par le fait d'une patience obstinée, mais surtout parce que vous savez surmonter vos fatigues, recharger à bloc vos batteries au moment où l'on vous croit épuisé.

Jupiter en Lion

Voilà encore une rencontre qui a eu de tout temps fort bonne réputation. Comment d'ailleurs pourrait-il en être autrement ? Aux yeux de la tradition, l'alliance du signe royal par excellence et de l'astre qualifié de « Grand Bénéfique » ne saurait enfanter qu'une avalanche de bienfaits : honneurs, célébrités, succès, triomphe et autorité indiscutée vous sont octroyés sans lésiner par les célestes cornes d'abondance.

Quant aux seuls inconvénients évoqués, ils découlent des risques de démesure et de surabondance. L'astro-psychologie descriptive, tout en étant moins catégorique sur les événements promis, ne dément pas la tonalité générale du tableau. L'astre et le signe se rejoignent par leur côté extraverti, optimiste, théâtral et ambitieux, le tout saupoudré de ce paternalisme pontifiant qui est, paraît-il, l'apanage enviable de la maturité bien assise.

Uranus en Lion

Le point commun fondamental entre Uranus et le Lion, c'est un processus de concentration, de réduction extrême à un pôle unique dans un but d'efficacité maximale. Imposer son point de vue aux autres, se sentir invulnérable, être sûr de son bon droit, ne pas concéder la moindre miette de son pouvoir et de son autorité. Uranus exacerbe ces tendances, les radicalise, les assortit d'un impact et d'un tranchant tels qu'elles ont bien peu de chances de passer inaperçues. Vous visez toujours les sommets, qu'il s'agisse de ceux du pouvoir, de l'intensité d'expression de votre personnalité, de l'acuité de votre conscience lucide ou de la rigueur concise de vos formulations. Vous dissipez le brouillard à coups d'éclairs soudains, vous localisez les lueurs éparses en faisceau aveuglant, vous rassemblez les forces les plus diluées en un seul invincible fer de lance. Vos irruptions sur le devant de la scène sont souvent plus provocantes que celles du Lion jupitérien. Vous ne prenez pas comme lui votre élan à partir de données familières, de réalités que chacun peut voir et palper. Vous vous appuyez sur vos pulsions les plus intimes, vos tendances les plus inaliénables.

Neptune en Lion

Énigmatique et problématique alliage. Les affinités entre la planète et le signe sont nettement moins évidentes que dans le cas d'Uranus ou de Jupiter, et la coopération ne sera vraiment effective que si Neptune reçoit par ailleurs de forts aspects dynamisants. Dans le cas contraire, les fonctions dominantes du Lion sont passablement altérées. Les manuels traditionnels parlent d'exaltation lyrique, idéaliste, mystique ou romanesque, de sens esthétique noble et raffiné, avec forte propension aux illusions et déceptions sentimentales, dans l'hypothèse d'un Neptune très dissoné.

Pluton en Lion

A priori, la cohabitation avec le Lion s'annonce plutôt malaisée. Le désir de surclasser les autres et le goût de la parade tonitruante, notamment, en prennent un sacré coup. Un Lion plutonien bon teint, vu de l'extérieur, a fort peu de chance de cadrer avec le portrait-robot du signe. Avec Pluton, on aurait cependant bien tort de se fier aux apparences, l'essentiel se passant au niveau de votre inaliénable for intérieur. En fait, Pluton, tout comme le Lion, refuse les limites. Il les refuse même de la façon la plus radicale qui soit. Le temps et l'espace n'ont pas de bornes, l'éternel et l'infini sont ses domaines. Il n'a de compte à rendre à personne, il ne se soumet à aucune autorité humaine. Il engendre lui-même sa propre loi et sa propre vérité. C'est un réfractaire, un irréductible, un pur, un authentique. On pourrait croire que Pluton, éloigné de tout personnalisme, désintègre le narcissisme du Lion. En fait, il remplace un narcissisme superficiel par un narcissisme beaucoup plus profond : la contemplation inexprimable, intégrale et perpétuelle de vos rouages les plus secrets, de vos mobiles les plus intimes. Vous vous trouverez seul avec vous-même pour assumer l'angoissante étendue des possibles qui vous habitent.

Les Planètes dans la Vierge

Soleil en Vierge

Dire que vous êtes natif de la Vierge signifie qu'à votre naissance le Soleil occupait ce signe. Dans ce cas, la planète ne fait donc que souligner les valeurs du signe. En Vierge, le Soleil est dit pérégrin, c'est-à-dire neutre, son Domicile étant en Lion et son lieu d'exaltation en Bélier.

Lune en Vierge

Les valeurs lunaires de sensibilité, d'émotivité, de réceptivité, sont brimées et ne trouvent guère de possibilité d'épanouissement. La Lune, symbole de l'inconscient (le « Ça » en termes psychanalytiques) n'est certes pas à son aise dans un signe répressif, qui s'acharne à contrôler les pulsions instinctives. Il en résulte un risque de refoulement, surtout en cas de dissonances de la Lune (avec Saturne ou Uranus notamment).

La difficulté d'extériorisation entraîne un malaise, un sentiment diffus de culpabilité qui se traduit par une attitude déroutante, déconcertante, même pour les proches. Inquiet, souvent affligé d'un complexe d'infériorité, le sujet se livre à une introspection poussée, qui ne fait qu'aggraver ses problèmes.

Mercure en Vierge

Mercure donne une insatiable curiosité, vierge de tout *a priori*, libre de toute entrave. Le monde est un passionnant champ d'investigation pour le Mercurien, qui engage un dialogue permanent avec son entourage. C'est un libre penseur, toujours prêt à jeter un regard neuf sur les êtres et les choses d'autant qu'il a l'art de changer les angles de vues.

Mercure en Vierge souligne les qualités de mémoire et d'observation. Le sujet excelle dans les domaines où il faut fidèlement retranscrire une réalité plutôt que l'interpréter ou l'intellectualiser.

Vénus en Vierge

Vénus s'adresse au cœur. La Vierge (associée en mythologie à Athéna, déesse de l'intelligence) n'écoute que la raison.

Cette problématique peut se vivre de différentes manières. Il est certain, en tout cas, que la position de Vénus dans ce signe donne souvent au sujet un comportement amoureux comparable à celui du Virginien. On retrouve le même refus de perdre la tête, de se laisser aller. La passion est tenue en bride, dissimulée sous un masque d'ironie, de scepticisme, de froideur.

Les instincts amoureux ne sont pas nécessairement inhibés, mais leur expression est freinée, sans cesse contrôlée. Parfois, cependant, les sentiments sont tièdes, les effusions rares, les unions raisonnables...

Mars en Vierge

Pour qui se contente de voir en Mars la manifestation des instincts agressifs, la position de cette planète dans le signe de la Vierge présente plus d'inconvénients que d'avantages. La violence, l'agressivité étant rentrées, elles se retournent contre le sujet et aboutissent à une lente auto-destruction. Ou bien, ces forces s'extériorisent par poussées brutales.

Concret, réaliste... voilà des termes qui s'accordent bien avec les caractéristiques de la Vierge. Cette configuration (surtout si Mars est harmonieusement aspecté) donne une grande puissance de travail (Jean-Louis Barrault, conjonction Soleil-Mars en Vierge). Le sujet est un perfectionniste qui « fignole » sa tâche dans les moindres détails.

La planète « dynamise » le signe, le pousse à l'action, décuple son efficacité en coupant court à ses hésitations.

Quant au signe, il modère l'impulsivité conférée par la planète, évite certaines erreurs.

Jupiter en Vierge

Les relations entre la planète et le signe sont assez complexes. Selon la Tradition, Jupiter est en exil en Vierge. La définition suivante permet de comprendre pourquoi : « Jupiter est une force de développement de l'être humain, par assimilation de ce qui lui vient du monde extérieur[1]. »

Au principe d'expansion, d'ampleur, de Jupiter, s'oppose le principe de rétraction de la Vierge. La planète s'ouvre et s'intègre au monde. Le signe s'entoure d'une écorce imperméable aux suggestions extérieures. Cette antinomie, loin de faciliter l'osmose, provoque des « tiraillements » intérieurs éprouvants.

Le problème est particulièrement épineux si les facteurs d'affirmation du Moi sont très puissants dans le thème, si Jupiter est valorisé (conjonction Soleil-Jupiter par exemple), ou si la Vierge occupe la Maison I (personnalité profonde). Car c'est toute la puissance vitale du sujet qui est contrainte, étouffée dans les limites strictes imposées par le signe. L'extraversion jupitérienne se heurte à l'introversion virginienne.

---

1. Claire Santagostini, *Assimil astrologique*.

Le Grand Livre du Capricorne

Uranus en Vierge

Comme Saturne, Uranus conduit le sujet à adopter une attitude de rigueur, de discipline, de dépouillement. La planète et le signe sont tous deux marqués par l'étroitesse du champ de conscience. L'Uranien tend à « l'unité de l'être ». Il se veut essentiellement lui-même, affranchi des idées en usage, des coutumes. La Vierge, de son côté, cherche à ne compter que sur soi. Aussi le sujet risque-t-il, d'une façon ou d'une autre, de « faire le vide » autour de lui, d'autant qu'il a besoin, sur le plan professionnel notamment, de liberté et d'indépendance.

Uranus en Vierge peut aussi donner la solitude du créateur, souvent révolutionnaire, et difficilement compris par son entourage. Cette configuration se retrouve dans les thèmes de Picasso, de Modigliani (Uranus puissant par sa conjonction à Mars, lui-même conjoint à l'Ascendant), de Coco Chanel (Uranus conjoint à Mercure opposé à la Lune, sextile à Jupiter).

Neptune en Vierge

Neptune, maître des Poissons, est en exil dans le signe opposé, la Vierge. Tout, en effet, oppose le signe et la planète. Neptune est caractérisé par l'extrême ampleur du champ de conscience. D'où une très forte intuition, une façon d'appréhender les choses et les situations sans passer par le canal de la logique, de la raison. Quel décalage avec la Vierge, dont les mécanismes de pensée s'appuient précisément sur ces deux facultés!

De ce perpétuel affrontement entre rêve et réalité, entre plasticité psychique et rigidité mentale, entre désordre et ordre, naît une sorte d'inadaptation permanente.

Neptune en Vierge risque de perturber la vie quotidienne, mais le sujet conserve néanmoins une dimension imaginative, une « inspiration » très favorable sur le plan artistique. Cette position peut aussi accentuer l'idéalisme et le dévouement à une cause humanitaire (Arlette Laguiller, Neptune conjoint à l'Ascendant en Vierge, opposé à la conjonction Soleil-Mercure en Poissons).

Pluton en Vierge

Pluton a été « découvert » en 1930 seulement par les astronomes. C'est pourquoi les indications astrologiques sur cette planète diffèrent encore sensiblement. Il est prématuré de donner des indications détaillées sur l'influence de Pluton en Vierge. Par contre, il est intéressant de connaître le « climat général » qui a prévalu durant son transit dans le signe, de novembre 1956 à septembre 1971. C'est, par exemple, pendant cette période que s'est produite la révolte de la jeunesse contre les modèles reçus et les principes inculqués par les parents et les éducateurs, révolte ayant abouti, en France, aux événements de Mai 1968.

La maîtrise du Scorpion a été attribuée à Pluton. Sa position en Vierge donne donc, comme pour Mars, des tendances Scorpion au sujet.

Les Planètes dans la Balance

Soleil en Balance

Nous savons que le Soleil a son domicile dans le Lion où ses significations essentielles sont : noblesse et loyauté, ambition et autorité, confiance en soi et fermeté, générosité et fidélité, ardeur et magnanimité, réussite et stabilité.

Dans la Balance qui est reliée au Lion par un sextile, aspect d'union et d'harmonie, le Soleil est dans son troisième signe par rapport à son domicile, de sorte que le sujet manifeste ses qualités solaires surtout envers ses proches (Maison III) et, éventuellement, envers sa maîtresse ou son amant, autre signification de la Maison III. Il a plus d'ambition pour les autres que pour lui-même. Son entourage immédiat a une grande influence sur lui, au point d'être bien souvent l'artisan de sa chance.

Lune en Balance

La Lune, c'est avant tout le monde de l'âme. Elle représente donc la vie sensible, l'affectivité, l'imagination et toute une série de significations dérivées, telles que la femme, la mère, le foyer, la mémoire, etc. Il nous faut donc combiner toutes ces significations avec celles de la Balance.

Si la Balance ne donne pas nécessairement l'équilibre, elle en donne le goût, de sorte que le sujet ayant la Lune en Balance tend à réaliser l'équilibre et l'harmonie dans sa vie psychique. Toute injustice, qui n'est finalement rien d'autre qu'un déséquilibre, lui est insupportable et le blesse au plus profond de lui-même.

Mercure en Balance

La pensée est juste et le jugement sûr. C'est une pensée qui pèse volontiers le pour et le contre car elle s'efforce d'être impartiale. Elle est tout en nuances et se veut conciliante. Loin de jeter de l'huile sur le feu, le sujet cherche à apaiser les esprits et à réconcilier les points de vue. Il est doué pour jouer les intermédiaires ou les arbitres.

Mercure et la Balance se rapportent à tout ce qui est lié à la communication, y compris les moyens de communication. Voilà pourquoi le sujet, toujours dans la Maison V, se lie volontiers à des artistes, que ce soient des gens du spectacle, des écrivains, des peintres ou des musiciens.

Vénus en Balance

Affectueux, affable, dévoué, le sujet prend un grand plaisir à la vie en société qui lui donne l'occasion de nouer de nombreuses relations. On apprécie son esprit de conciliation et son amour de la paix. Son sens de la justice, qui n'est pas fermé à l'indulgence, fait de lui l'arbitre idéal pour régler les différends qui pourraient surgir dans son entourage.

Il cherche à se créer des conditions de vie agréables, et son goût du confort fait qu'il s'entoure, partout où il passe, de musique, de fleurs, d'objets d'art qui donnent à son cadre de vie une note raffinée.

La Balance, septième signe, est analogue à la Maison VII, secteur des contrats et du mariage en particulier. Si rien dans l'horoscope ne s'y oppose, le mariage peut apporter au sujet des dons de Vénus : l'amour, le bonheur et l'aisance.

Mars en Balance

Comme la justice est un des domaines de la Balance, le sujet est prêt à se battre pour que soit respecté le droit et que cessent les injustices. Il sera tenté de militer dans les organisations, politiques ou non, qui luttent en faveur des victimes de toutes les formes d'oppression. Parmi les carrières juridiques qui s'offrent à lui, c'est évidemment celle d'avocat qui lui permettra le mieux de mettre sa fougue au service de la justice. Il défendra ses clients avec autant d'énergie que d'habileté (la Balance sait aussi être diplomate). Dans sa vie privée comme dans sa vie publique, il est prêt à se battre pour la vérité, souvent inséparable de la justice, et à donner équitablement à chacun ce qui lui revient.

Jupiter en Balance

Le sujet rayonne la sympathie (Jupiter représente le principe de l'énergie centrifuge en expansion permanente). Il a donc des contacts faciles et heureux avec les autres, que ce soit dans son mariage, ses associations ou ses relations. Les qualités de la planète et du signe se renforcent mutuellement, et les conditions semblent réunies pour que le sujet trouve le bonheur, en particulier dans le mariage, car il a l'esprit large et il est tout prêt à faire des concessions au nom de l'harmonie. Non seulement il peut faire un mariage heureux, mais ce mariage peut être pour lui l'occasion de trouver le bonheur. Le bonheur et parfois l'élévation sociale et un accroissement de fortune.

Uranus en Balance

Dans tous les domaines propres à la Balance, Uranus apporte ses bons et ses mauvais côtés : indépendance, originalité, progrès, invention, intuition, mais aussi impatience, irascibilité, violence et révolte.

Le Grand Livre du Capricorne

Uranus, planète de l'intuition, dans le signe d'art qu'est la Balance, peut renforcer l'inspiration du sujet dans ce domaine. Soutenu par une vive imagination, il développe une expression artistique originale qui est bien souvent en avance sur les idées et les goûts de son temps.

La Balance est encore le signe des associations et du mariage. Danc ce dernier domaine, les idées modernes tendant à l'instauration de l'union libre s'accordent parfaitement avec le besoin d'indépendance et de liberté qui caractérise Uranus.

Neptune en Balance

Le sujet qui a Neptune dans la Balance, se fait de la justice une idée très élevée. Il est même près de croire à l'existence d'une justice immanente.

La sensibilité, la tendresse, la douceur neptuniennes transforment l'amour de la Balance en un sentiment idéal qui se porte naturellement sur le conjoint ou les partenaires, puisque la Balance est le signe des associations. Le mariage lui-même peut évoluer vers une union platonique qui trouvera sa finalité dans une recherche commune des valeurs spirituelles.

Son art, raffiné, est marqué par le flou et la légèreté neptuniens qui lui donnent quelque chose d'irréel. La musique, le cinéma, la poésie sont des supports particulièrement bien adaptés à cette inspiration.

Pluton en Balance

Il faut déplorer qu'aucune recherche systématique, portant sur des milliers de thèmes, n'ait été entreprise pour essayer de déterminer la nature bénéfique ou maléfique (ou neutre) de Pluton, ainsi que le signe qui pourrait être son Domicile. Dans ces conditions, il nous paraît plus sage de renoncer à donner pour Pluton dans la Balance des significations qui seraient pour le moins incertaines.

Les Planètes dans le Scorpion

Soleil en Scorpion

Le Soleil en Scorpion met en vedette les valeurs du signe, à des degrés divers : on peut être très ou très peu Scorpion, cela dépend du nombre de planètes qui se trouvent dans le signe, de leur force, des aspects qu'elles reçoivent, de leur position en Maisons angulaires, etc. J'ai vu des Scorpion qui n'avaient dans le signe qu'un pauvre petit Soleil très peu aspecté, il est évident que ceux-là n'ont qu'un minimum de traits de caractère du signe. Aussi toutes les indications données ci-dessous sont-elles à prendre, non pas au pied de la lettre, mais en regardant l'ensemble du thème.

Symboliquement, le Soleil règne sur le jour, le Scorpion sur la nuit. Aussi le Soleil dans le signe du Scorpion peut-il s'interpréter comme une grande lumière éclairant les ténèbres (du subconscient ou des Enfers).

Lune en Scorpion

Mauvaise position pour cette planète, dont la tendresse ne peut pas s'exprimer. Sous cette configuration, les rapports humains sont difficiles pour le natif qui, tourmenté de conflits intérieurs, extériorise mal ses sentiments. Attitudes coupantes, propos caustiques, jalousies blessent l'entourage. Sa franchise trop brutale est mal comprise. Les procès sont fréquents, les échanges de paroles cinglantes amènent des inimitiés. Le natif est foncièrement maladroit dans ses rapports avec les autres; même sous de bons aspects, sa courtoisie est... à éclipses. En nativité masculine, longues rancunes, et risques de mort de l'épouse (Goebbels, par exemple, qui avait la Lune en Scorpion en Maison XII), de la mère ou de la sœur.

Mercure en Scorpion

L'intuition est non seulement très fine dans ses relations avec autrui, mais encore elle porte le natif jusqu'à des vues cosmiques, des visions prophétiques ou mystiques. Doué pour la divination, perspicace, incisif, ne craignant ni Dieu ni Diable dans sa quête de la connaissance, le Mercurien du Scorpion s'aventure aux frontières des Enfers. Son intelligence est attirée par les interdits à violer : elle veut tout savoir, tout connaître, quoi qu'il en coûte. C'est Eve devant l'arbre défendu, qui lui ouvrait la connaissance du bien et du mal. Mercure en Scorpion est plus puissant encore lorsqu'il est en aspect harmonique avec Pluton. Il donne au sujet une grande discrétion, un grand discernement, une prudence qui lui évitent de tomber dans bien des pièges.

Vénus en Scorpion

Vénus en Scorpion signifie souvent, pour le natif, l'exil ou la perte de la personne aimée, et cette séparation est intensément douloureuse puisque le Scorpion aime profondément et passionnément (Marie-Antoinette). Sur le plan matrimonial : destruction de l'union assez fréquente, puis reconstruction d'un autre foyer, suivant le symbolisme de Pluton, qui est « mort et résurrection ». Dans un thème féminin, Vénus en Scorpion signe quelquefois la prostitution avec un enchaînement de situations marginales et dramatiques dont la native ne réussit pas à sortir. De façon générale, c'est une position de la planète qui apporte des passions violentes et dramatiques : une saison en enfer. Vénus en Scorpion accorde au natif un magnétisme sexuel intense, un grand charme et une séduction irrésistible.

Mars en Scorpion

Excellente position pour la planète rouge : elle est ici en domicile. Mars : l'énergie, le Scorpion : le feu des Enfers. L'énergie de Mars est beaucoup plus puissante en Scorpion, elle devient souterraine, implacablement efficace. Elle est capable de se contenir, de se maîtriser, de se canaliser en vue d'un objectif lointain et précis. Mars en Scorpion est extraordinairement opérationnel. Il réunit à la fois les qualités du Bélier et celles du Capricorne. Comme le premier, il peut être impulsif, rapide, mobilisé en quelques secondes, capable d'une attaque foudroyante ou d'une contre-attaque qui met définitivement l'ennemi KO...

Jupiter en Scorpion

Nature courageuse, puissante, très intuitive et inventive. Confiance en soi, aptitudes réalisatrices : Jupiter, pratique, organise les forces bouillonnantes du Scorpion. Dans la lutte pour la vie, le Jupitérien du Scorpion est bien armé. Il a de l'autorité, du bon sens, le sens stratégique aussi. Il ne lâche jamais son morceau. Parfois, ses entreprises semblent d'une audace insensée, marquées au coin d'un optimisme délirant. Eh bien, à la surprise générale, il ne se casse pas la figure, il réussit. Son fabuleux optimisme attire la chance. Tout seul, perdu au milieu des tempêtes de la vie, les yeux fixés sur sa bonne étoile, il ne voit qu'elle...

Uranus en Scorpion

Que d'écrivains, de penseurs, de novateurs, sous cette configuration ! Les yeux fixés sur leur étoile, ce sont des gens qui avancent avec détermination en suivant une idée novatrice. Ils ont le sentiment de devoir lutter pour le progrès. Dans ce but généreux, la révolution ne leur fait pas peur : Uranus détruit l'ordre ancien pour permettre à Pluton de reconstruire le nouveau.

L'Uranien du Scorpion est souvent amené, dans son existence, à se révolter contre la pesanteur des institutions de son temps, contre la dureté des contraintes sociales qui pèsent sur ses contemporains.

Neptune en Scorpion

Affinités entre cette planète de rêve et d'imagination, et notre Scorpion naturellement attiré par l'étrange, le fantastique, le mystère.

Les Neptuniens du Scorpion sont médiums, clairvoyants, ils ont des dons occultes, s'intéressent aux problèmes de l'Au-delà. Mystiques, artistes, sensibles, intelligents, ils devinent tout ce qu'on leur cache. Ils travaillent dans le secret, s'enfermant à double tour dans leur chambre ou leur bureau. Les forces invisibles se mettent au service de la création.

Pluton en Scorpion

La plus lointaine de nos grandes planètes a transité en Scorpion de 1984 à 1995. En principe, elle est bien placée dans le signe dont elle est la maîtresse. En astrologie mondiale, cette position plutonienne donne naissance à une civilisation tout-à-fait nouvelle, totalement différente de celle que nous connaissons. Au prix de quels bouleversements ! Nous avons vu le triomphe de l'énergie atomique avec ses dérives prévisibles, la catastrophe de Tchernobyl en 1986, par exemple, (l'ère du plutonium, ce n'est pas un hasard si cet élément tire son nom du dieu des Enfers... !).

Les Planètes dans le Sagittaire

Soleil en Sagittaire

C'est la position qui, traditionnellement, fait que l'on se dit né sous le signe du Sagittaire. Exalte les tendances naturelles du signe : courage, esprit d'aventure, projets de grande envergure, intelligence, réussite professionnelle. Souvent, carrière brillante.

Lune en Sagittaire

La Lune est épanouie dans ce signe. Elle confère de la spontanéité, une certaine bonhomie, bref une relation cordiale et étendue avec l'entourage. Avec le Sagittaire, on n'a pas de mal à briser la glace. Certes, il attend de l'autre un certain respect, mais il n'hésite pas à parler sur un pied d'égalité, d'homme à homme.

C'est un signe d'amitié plus que d'amour et l'on aime retrouver les copains de naguère, rappeler les souvenirs, faire un petit flash-back qui permet de voir le chemin parcouru depuis.

Mercure en Sagittaire

Celui qui craint d'être dépassé par les événements prend la peine de tout prévoir, de fixer dans les moindres détails le calendrier et l'ordre du jour. Le Sagittaire, lui, n'a pas besoin de se reposer sur un Mercure très actif et minutieux. Il se fie à ses dons d'improvisation qui fait flèche de tout bois. Il compte sur sa chance pour achever ce qu'il n'a qu'esquissé. Il se méfie des plans dressés sur la comète et des pronostics toujours bafoués par la réalité.

Vénus en Sagittaire

La conception artistique du Sagittaire s'incarne à merveille dans le jazz. Cette musique à chaud qui se joue en équipe où l'on est entraîné par un rythme endiablé, où la dépense nerveuse est intense, où l'on n'a pas à déchiffrer une partition ou à se souvenir de bien respecter telle ou telle règle, où l'on danse de tout son corps, est la meilleure détente du signe.

Le Sagittaire aime le mouvement, il se plaît entre deux destinations. Il ne sait guère passer des vacances calmes et casanières.

Mars en Sagittaire

Le Sagittaire n'aime guère le travail trop régulier et quotidien. Cette position planétaire, dans un thème, n'indique donc pas un employé modèle mais bien plutôt un représentant qui court sur les routes, quelqu'un qui doit prendre des initiatives, s'adapter à des situations imprévues, faire preuve d'esprit d'à-propos.

L'énergie est mobilisée dès lors que le jeu en vaut la chandelle, excitée par l'épreuve, par l'obstacle. A certains moments, on est prêt à se dépenser intensivement comme dans les charrettes des architectes. On peut aussi trouver là un stakhanoviste, avide de records.

Jupiter en Sagittaire

C'est une position qui annonce une capacité certaine à organiser, à rassembler. Non pas tant à étudier une affaire dans tous ses détails qu'à faire se rencontrer des gens, à leur donner le sentiment d'un destin commun. C'est ainsi que se forment les sociétés humaines, autour de ces chefs qui, à partir d'une situation confuse et disparate, parviennent à instituer un ordre, à faire apparaître des horizons, à cimenter des réseaux encore fragiles.

Celui qui a cette indication dans son thème laissera souvent le souvenir de quelqu'un qui a modifié sensiblement le paysage social et humain, « là où son cheval est passé ».

Uranus en Sagittaire

Le Sagittaire, signe de Feu, n'est pas très favorable à Uranus qui s'épanouit dans les signes d'Air. C'est pourquoi le signe peut décevoir en ce qui concerne sa capacité à faire passer des réformes en profondeur. En effet, à force de se soucier de réunir autour de soi les courants les plus divers, on peut dire que le Sagittaire « gouverne au centre », qu'il est prisonnier de sa propre stratégie et tiraillé entre plusieurs tendances, quelle que soit sa volonté personnelle de changer le monde.

Neptune en Sagittaire

Le Sagittaire a le sens de l'idéologie! Il sait que pour entraîner le grand nombre, il convient de lancer un certain nombre de slogans, de proposer des modèles d'explication, à la façon dont on parle de la Lutte des Classes par exemple. Cette position de Neptune est donc favorable, elle révèle quelqu'un qui saisit les vagues de fond, qui prophétise les grands bouleversements mais qui ne sait pas toujours faire les choix qui s'imposent quand il est trop entraîné par la politique politicienne.

Pluton en Sagittaire

Ce n'est pas une très bonne position pour Pluton. On n'aime guère la contestation et la satire lorsqu'on est en train de développer de grands principes et que l'on se prend plutôt au sérieux. On sait ce qu'on entend par « raison d'État », c'est-à-dire une sorte d'oukaze sans réplique. Par ailleurs, l'homme politique doit souvent faire taire sa conscience et ses scrupules s'il désire rester à son poste. L'usure du pouvoir rend méfiant à l'égard des fervents de la vérité.

La lame VIIII du tarot correspond au signe du Capricorne : c'est l'ermite, qui va chercher dans la solitude et l'isolement un recours à l'imperfection des êtres et du monde.

Comment interpréter les Planètes dans les Maisons

Comment explorer certains aspects de votre destinée

Votre signe solaire, votre Ascendant, les planètes dans les signes correspondent essentiellement aux dispositions de votre caractère, aux dons de votre personnalité.

En outre, à partir de votre Ascendant, vos douze maisons astrologiques orientent les signes zodiacaux et les planètes qui s'y trouvent vers des domaines différents de votre existence : gains, études, foyer, enfants, travail, associations, contrats, évolution psychique, voyages, étranger, ambition sociale, projets, amitié, activité cachée.

Pour l'astrologie, les mêmes énergies planétaires agissent d'une part à travers les signes zodiacaux pour se traduire en qualités personnelles et d'autre part dans vos maisons natales pour représenter un potentiel favorable ou restrictif dans tel domaine de votre vie.

Ainsi Jupiter dans le signe du Taureau correspond dans la personnalité à un fort désir de confort et de richesse allié à un bon jugement ; s'il se situe dans la deuxième maison astrologique qui est celle de l'orientation du sujet vers les gains et les dépenses, il en résultera un pronostic financier très favorable.

Caractère et destinée sont pour l'astrologue les deux faces d'une même réalité vitale.

C'est pourquoi il est si important de prendre conscience de vos points forts, de vos lacunes, des domaines préférentiels qui vous sont bien ouverts, de ceux qui vous sont difficiles, pour mieux réussir professionnellement et dans votre propre vie.

La figure ci-dessous vous montre comment les douze maisons astrologiques se succèdent à partir de l'Ascendant dans le sens inverse des aiguilles d'une montre.

Pour connaître le degré zodiacal de début de chacune de vos maisons natales, vous pouvez à partir d'un Minitel consulter le 36 15 Clea ou le 36 15 Futur, vous lirez directement sur l'écran la liste de ces maisons après avoir indiqué vos coordonnées de naissance.

Vous poursuivrez en demandant le degré zodiacal des dix planètes.

Nous vous conseillons alors de reporter sur un cercle zodiacal ces différentes informations pour découvrir dans quelle maison natale se trouvait chaque planète.

Vous pourrez ainsi chercher dans les pages suivantes les textes concernant votre destinée personnelle.

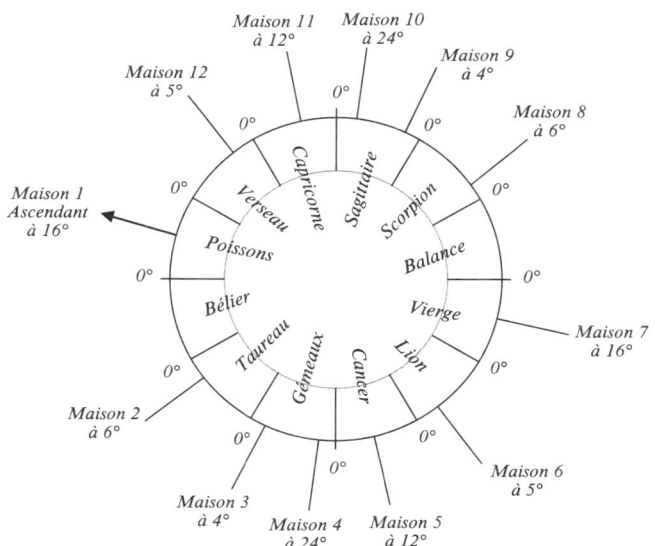

ACTION DU SOLEIL DANS LES DIFFÉRENTES MAISONS

MAISON 1	Puissance, vitalité, sens de sa propre valeur, loyauté, désir de briller, autorité, capacité de réussite.
MAISON 2	Grandes ambitions financières, vie large, faste, aptitudes à la gestion bancaire, situation lucrative.
MAISON 3	Bonne éducation, instruction solide, succès dans les études, réussite par les écrits et dans les voyages, bonne entente avec l'entourage.
MAISON 4	Bonne hérédité paternelle, parents aisés, vie familiale heureuse, gains immobiliers, réussite tardive.
MAISON 5	Succès sentimentaux, de qualité, dons pour l'enseignement, talent pour le théâtre, les divertissements publics.
MAISON 6	Poste de responsabilité dans le travail, protection contre la maladie, amour des animaux.
MAISON 7	Mariage fortuné, conjoint élevé, autoritaire, réussite par les contrats et associations, rivaux puissants mais loyaux.
MAISON 8	Conjoint fortuné, gains par contrats, héritage important, intérêt pour l'occulte, dons pour l'assurance, forces à ménager.
MAISON 9	Dons pour la philosophie, le droit, les études supérieures, attrait pour l'étranger, les grands voyages, l'import-export.
MAISON 10	Situation de premier plan, réussite sociale remarquable, toutes vos énergies sont centrées sur l'éclat de votre statut social.
MAISON 11	Nombreuses relations d'amitié, protections influentes, amis fidèles, sélectionnés, projets vastes, ambitieux.
MAISON 12	Esprit de dévouement, d'abnégation, goût de la vie retirée, dons pour soigner les malades, protection contre les épreuves.

ACTION DE LA LUNE DANS LES DIFFÉRENTES MAISONS

MAISON 1	Nature sensible, émotive, romanesque, attachement à la mère, à la famille, popularité mais fluctuations, indécision.
MAISON 2	Gains de sources diverses, travail en famille, gains par l'alimentation, dépenses pour le foyer, soutien pour les femmes.
MAISON 3	Changements fréquents de milieu et d'entourage, nombreux déplacements en groupe, journalisme.
MAISON 4	Fort attachement au foyer, forte influence de la mère, vie d'intérieur, changements de résidence, goût pour le passé.
MAISON 5	Plaisirs variés, goût des réunions joyeuses, désir de plaire, relations amoureuses éphémères, nombreux enfants.
MAISON 6	Santé délicate, mauvaise hérédité maternelle, troubles gastriques, chance dans service public, popularité au travail.
MAISON 7	Nombreux contacts sociaux, nombreuses occasions d'association, d'union, mais une certaine instabilité de part et d'autre.
MAISON 8	Rêves fréquents, impressionnabilité, occultisme déconseillé, dons et cadeaux, goût du mystère.
MAISON 9	Idéal de sociabilité, de solidarité, idées changeantes, voyages importants, popularité à l'étranger.
MAISON 10	Succès dans le contact avec la foule, surtout auprès des femmes, souplesse sociale, variété d'occupations.
MAISON 11	Nombreuses relations d'amitié, réunions, sorties un peu superficielles, projet trop changeants.
MAISON 12	Nostalgie, goût de la solitude, du calme, dons psychiques, les femmes sont peu favorables, surveillez l'estomac.

ACTION DE MERCURE DANS LES DIFFÉRENTES MAISONS

MAISON 1	Intelligence, vivacité, adresse, don pour la parole et l'écriture, goût de l'étude, mobilité, échanges.
MAISON 2	L'intelligence et l'habileté sont au service du désir de gains, talent d'intermédiaire, revenus variés.
MAISON 3	Réussite dans les études, assimilation rapide, talent de polémiste, don pour la publicité, déplacements fréquents.
MAISON 4	Hérédité intellectuelle, changements de domicile, achat et vente d'immeubles, lucidité mentale tardive.
MAISON 5	Attirance pour les personnes jeunes et intelligentes, amours cérébralisés, jeux éducatifs, cyclisme, enseignement.
MAISON 6	Activités de secrétariat, d'écritures, de classement, d'analyse, d'assistance ; bronches à surveiller.
MAISON 7	Intelligence appréciée par les autres, contrats pour des travaux littéraires, scientifiques, mariage avec partenaire plus jeune.
MAISON 8	Intérêt pour les problèmes psychiques, aptitude au contrôle, aux écrits relatifs aux assurances, successions, partages.
MAISON 9	Capacité de haute érudition, clarté d'esprit, don de conférencier, professorat, droit, relations avec l'étranger.
MAISON 10	Réussite sociale par occupations commerciales, littéraires ou scientifiques, travail en association, travaux multiples.
MAISON 11	Amitiés intellectuelles, correspondance amicale, projets ingénieux mais persévérance insuffisante.
MAISON 12	Dons pour les recherches de laboratoire, pour l'étude des choses cachées, discrétion, méfiance.

ACTION DE VÉNUS DANS LES DIFFÉRENTES MAISONS

MAISON 1	Charme, gentillesse, gaieté, sociabilité, désir de plaire, vie heureuse, protection contre la violence.
MAISON 2	Gains aisés par un travail agréable, commerce de luxe, mode, femmes favorables, dépenses pour le confort.
MAISON 3	Dons pour la poésie, la musique, l'art, excellentes relations avec l'entourage, lectures romantiques, voyages plaisants.
MAISON 4	Vie familiale heureuse, amour de la famille, intérieur confortable, amour au foyer, chance dans les placement immobiliers.
MAISON 5	Succès sentimentaux, goût des spectacles, succès dans l'enseignement d'un art, enfants affectueux, chance au jeu.
MAISON 6	Santé équilibrée, sensibilité de la gorge et des reins, éviter le surmenage, collaborateurs dévoués, travail facile.
MAISON 7	Mariage heureux, vie en société élégante et gaie, contrats fructueux sans conflits, pas d'ennemis.
MAISON 8	Dons, cadeaux artistiques, héritage profitable, conjoint fortuné, sommeil reposant.
MAISON 9	Culte de la paix, philosophie souriante, esthétisme, chance à l'étranger, voyages réussis, union à l'étranger.
MAISON 10	Succès social par sympathie, par les femmes, carrière artistique, ou commerce de luxe.
MAISON 11	Amitiés féminines, amis artistes, projets amoureux.
MAISON 12	Dévouement envers les malades, mélancolie, désir de recueillement et de sacrifice.

ACTION DE MARS DANS LES DIFFÉRENTES MAISONS

MAISON 1	Nature énergique, impulsive, forte capacité d'action, courage, robustesse, virilité, goût de la lutte.
MAISON 2	L'action, l'esprit d'entreprise sont au service du désir de gain, fortes rentrées, fortes dépenses, l'audace paie.
MAISON 3	Don pour mettre les idées en pratique, pensée rapide, talent oratoire, goût pour la vitesse, voyages hâtifs.
MAISON 4	Hérédité active, père homme d'action, vigueur maintenue longtemps, accroissement du patrimoine immobilier.
MAISON 5	Ardeur, passion en amour, désir sexuel précoce, goût des sports violents, besoin de conquête.
MAISON 6	Travail dans la mécanique, dans l'armée, la police, zèle au travail, tendance aux maladies aiguës mais récupération rapide.
MAISON 7	Mariage précoce, partenaire énergique, succès par l'activité des associés, conflits, rivalités, procès.
MAISON 8	Grande puissance sexuelle, puissance psychique, dispute en cas d'héritage, actions héroïques.
MAISON 9	Opinions catégoriques, passionnées, propagandisme, valorisation de la force, études d'ingénieur, safaris, succès à l'étranger.
MAISON 10	Carrière active, d'industriel, de militaire, de chirurgien, maniement d'outils de fer, goût de vaincre les obstacles, victoires.
MAISON 11	Plans audacieux mais impatience, amis sportifs.
MAISON 12	Activité secrète ou s'exerçant dans des lieux calmes, éventuellement dangereuse, ennemis secrets, danger par virus.

ACTION DE JUPITER DANS LES DIFFÉRENTES MAISONS

MAISON 1	Caractère jovial, bienveillant, bon sens, dynamisme, constitution imposante, confiance en soi, embonpoint.
MAISON 2	Avantages financiers importants, crédit large, goût du faste, sens financier, commerce de gros.
MAISON 3	Réussite d'études, largeur de vues, aptitudes de juriste, sens commercial, talent littéraire, bon voisinage.
MAISON 4	Origines aisées, parents notables, chance dans le développement du patrimoine foncier, fin de vie heureuse.
MAISON 5	Chance pure aux jeux de hasard, bons placements financiers, pédagogie, sport, distractions saines.
MAISON 6	Protection contre la maladie, travail lucratif, efficacité professionnelle, amour des chevaux.
MAISON 7	Mariage heureux, conjoint de niveau social supérieur, relations mondaines, contrats importants, accords amiables.
MAISON 8	Protection contre une mort violente, fortune par conjoint, gratifications, intéressements, sérénité.
MAISON 9	Principes religieux, tolérance, études supérieures, magistrature, chance à l'étranger, voyages fructueux.
MAISON 10	Brillante réussite sociale, profession libérale, banque, finance, bonne réputation, position solide.
MAISON 11	Excellentes relations amicales, appuis financiers et moraux aux projets de grande envergure.
MAISON 12	Générosité, philanthropie, mysticisme, goût pour la vie religieuse, protection contre les ennemis.

ACTION DE SATURNE DANS LES DIFFÉRENTES MAISONS

MAISON 1	Nature sérieuse, pondérée, ordre, méthode, lenteur, froideur, économie, sens des responsabilités.
MAISON 2	Gains réguliers mais limités, dépenses contrôlées, sens des questions immobilières et foncières.
MAISON 3	Sens de la précision, logique, besoin d'isolement pour étudier, voyages préparés, contacts sérieux.
MAISON 4	Père austère, éducation stricte, attachement aux traditions, dons pour l'agriculture, les mines.
MAISON 5	Goûts des délassements calmes, des jeux d'échecs, attirance vers des personnes plus âgées.
MAISON 6	Tendance aux refroidissements, aux rhumatismes, emplois subalternes, travaux précis et fatigants.
MAISON 7	Mariage tardif avec partenaire plus âgé, sérieux, stable, mais peu expansif, vie sociale réduite, sélective.
MAISON 8	Héritage immobilier, accroissement du capital par l'économie du conjoint.
MAISON 9	Opinions conservatrices, morales, austères, idéal rigoureux, intolérance, goût pour les mathématiques.
MAISON 10	Réussite lente par ambition persévérante, talent d'administrateur, sens politique, prestige sans popularité.
MAISON 11	Projets tenaces, systématiques, à long terme, amis âgés, sérieux, fidèles.
MAISON 12	Limitations volontaires ou non de votre liberté, travaux secrets, tâches fastidieuses, obscures.

ACTION D'URANUS DANS LES DIFFÉRENTES MAISONS

MAISON 1	Indépendance, originalité, goût du progrès, solidarité, comportement imprévisible, intuition, coopération.
MAISON 2	Gains par profession indépendante, par inventions, chances et tuiles brusques, irrégularité financière.
MAISON 3	Études sélectives, expériences personnelles, modernisme, risque d'accidents en déplacements.
MAISON 4	Milieu familial original, bohème, mobilier ultra-moderne, foyer très libre, risque de séparation.
MAISON 5	Liaisons soudaines, coups de foudre, excentricité, joueur, goût des performances mécaniques, du risque.
MAISON 6	Nervosité, difficulté à se détendre, travail autonome, de spécialiste, attitude peu disciplinée.
MAISON 7	Mariage brusque, union libre, partenaire indépendant, relations intellectuelles, instabilité des contrats.
MAISON 8	Aptitudes de psychologue, forte intuition pour pénétrer les secrets, gains par les associés.
MAISON 9	Idéal de progrès, de fraternité, idées révolutionnaires, talent pour les techniques avancées.
MAISON 10	Dons pour le lancement de nouveautés techniques, succès par réforme, carrière indépendante, changeante.
MAISON 11	Projets ingénieux, réalisables dans des conditions subites, amis francs, intelligents.
MAISON 12	Possibilité d'adhérer à une secte, dévouement à une communauté.

ACTION DE NEPTUNE DANS LES DIFFÉRENTES MAISONS

MAISON 1	Grande sensibilité, tendances spirituelles, idéalistes, moments d'inspiration, de génie, isolement.
MAISON 2	Gains importants par publicité, spéculations commerciales, combinaisons exceptionnelles.
MAISON 3	Assimilation extraordinaire, imagination vive, don pour la publicité, voyages imaginaires.
MAISON 4	Piété familiale, foyer recueilli, intime, sérénité, béatitude.
MAISON 5	Relations idéalistes, platoniques, exaltation sentimentale, désir d'évasion, talent spéculatif.
MAISON 6	Maladies psychiques, intoxication nerveuse, occupation désintéressée au service des souffrants.
MAISON 7	Partenaire exerçant une forte emprise psychique, relations compliquées, contrats illusoires.
MAISON 8	Héritages compliqués.
MAISON 9	Tendances mystiques, dévotion, dons pour l'étude des problèmes métaphysiques, génie mais utopie.
MAISON 10	Talent pour les vastes combinaisons liées aux trusts, succès par la mer, la psychologie, succès par les masses.
MAISON 11	Projets idéalistes mais utopiques, amis évolués, spiritualistes.
MAISON 12	Attrait pour le mystérieux, l'occulte, médiumnité, dévouement secret.

ACTION DE PLUTON DANS LES DIFFÉRENTES MAISONS

MAISON 1	Grande puissance passionnelle, force sexualité, attitude de justicier, capacité de pénétrer les secrets.
MAISON 2	Gains secrets, héritages favorisés.
MAISON 3	Intelligence des choses cachées, destructrice, déplacements entourés de secret.
MAISON 4	Danger de destruction du foyer. Capacité de reconstruire celui-ci.
MAISON 5	Relations sentimentales passionnées, liaison cachée, forte créativité, conflit avec les enfants.
MAISON 6	Maladie possible des organes génitaux. Talent de réorganisation dans le travail.
MAISON 7	Conjoint passionné, risque de rupture des associations, ennemis cachés.
MAISON 8	Magnétisme, forte sexualité.
MAISON 9	Bouleversements des opinions et des idéaux, espionnage à l'étranger.
MAISON 10	Sens des affaires, capacité de profiter des bouleversements pour réussir, aptitude à transformer.
MAISON 11	Projets en constante évolution, amis occultes.
MAISON 12	Ennemis cachés, épreuve concernant la sexualité.

Comment interpréter Saturne dans les Maisons

Saturne en Maison I

Avoir Saturne en Maison I et être Capricorne, c'est beaucoup, et j'en sais quelque chose. Je suis sûre de devoir à cette aimable combinaison, et en dépit des aspects de soutien reçus par Saturne, ce sentiment d'éternelle frustration, de manque impossible à combler, comme une sorte de tonneau des Danaïdes affectif.

Saturne en Maison I évoque, à travers ce thème du manque, quelque chose qui est de l'ordre du deuil. Qu'il y ait eu ou non événement de cet ordre, prématurément — et le cas est fréquent —, le deuil saturnien installe en soi cette attente d'un retour à une situation antérieure heureuse, inoubliable, chaude et rassurante; c'est la nostalgie du giron maternel, c'est la nostalgie de l'amour fusionnel, c'est la peur du froid et du silence, la main lâchée de l'enfant dans les froids couloirs du labyrinthe où il se sent perdu. Pis encore : où il se sait perdu. Comme on a besoin d'être rassuré, comme on a envie d'accueillir le sourire chaleureux de l'autre, la caresse qui d'un seul coup nous ressuscite, nous rend vraiment à la vie d'une façon miraculeuse!

Mais parfois ce travail de Saturne est inconscient. Il se contente, dans sa position en Maison I, de rendre le caractère sérieux, d'interdire une certaine frivolité, d'aider à la réflexion et à la gravité, d'accroître la maturité ou de l'accélérer, si tant est que les manques affectifs ne bloquent pas à un niveau infantile ce besoin déjà évoqué. On dit aussi que Saturne en Maison I rend taciturne, froid, distant. Du moins est-il parfois perçu ainsi, au grand dam de l'intéressé. Mais il est vrai que Saturne est toujours facteur d'intériorisation. Parfois le Saturnien souhaiterait de toutes ses forces qu'on vienne le sortir de sa tanière, qu'on viole sa retraite. Mais il a peur de voir ses élans mal interprétés ou repoussés, alors il rentre dans sa coquille comme l'escargot et la tortue qui lui ressemblent fort. Le Saturnien — et celui qui a Saturne en Maison I est toujours un peu Saturnien — demande à être apprivoisé. Éperdu de gratitude si on va vers lui, il aura pourtant le plus grand mal à la manifester ou à l'exprimer. Il a du mal à dire ce qu'il ressent au plus profond de lui; par pudeur, par lenteur, par difficulté à formuler sur-le-champ ce qui touche à sa sensibilité profonde, par peur d'être maladroit. Il a pourtant seulement besoin d'être rassuré sur lui-même, qu'on lui dise qu'il est « aimable », qu'on l'aide à se réconcilier un peu avec lui-même, qu'on lui apprenne à s'aimer un peu et qu'on le reconnaisse là où il existe, et sinon, car c'est là chose presque impossible, là où il désire être reconnu.

Un « beau » Saturne en Maison I donne pourtant de la force de caractère, de la patience, de la résistance morale.

Un beau Saturne, c'est la certitude d'aller jusqu'au bout de ce qu'on entreprend, de « tenir » dans l'adversité, de construire avec foi, d'appartenir à l'aristocratie des *happy few* condamnés à souffrir pour grandir. Saturne en Maison I a, dit-on, de la « classe ». Mais un lourd Saturne tout criblé d'aspects dissonants deviendra pessimiste, misanthropie, scepticisme, doute de soi et parfois haine de soi, pesanteur intérieure, frustration sans compensation, solitude surtout, encore et partout, exil nostalgique d'une terre ou d'un monde où le bonheur était promis.

Saturne en Maison II

Saturne marquera ici la nature du rapport qu'on aura à l'argent, à la sécurité matérielle, à l'avoir. Saturne signe ici le rapport au manque, à ce niveau. Bien soutenu, il donnera les moyens de le combler, la ténacité qui permettra de construire progressivement un rempart contre la pauvreté, la lente amélioration d'une situation matériellement difficile à l'origine. Il constitue une sorte de garantie, d'assurance contre la frustration matérielle, en fonction du temps. Il peut aussi signifier une peur cachée et secrète de ce qui pourrait être vécu comme avarice et entraîner, par réaction, une attitude très généreuse, voire déraisonnable, devant les biens matériels. Peut aussi exister le souvenir de la pauvreté dans l'enfance, comme aiguillon de la réussite. Le « plus jamais ça » qui permet d'élaborer une stratégie efficace.

Saturne en Maison II me semble aussi intimement lié à la culpabilité devant l'argent. Sans doute parce qu'une part de l'être sait qu'il veut être à l'abri et qu'il n'est pas capable de jeter l'argent par les fenêtres. Il connaît le prix des choses et a horreur du gaspillage. Il a du mal à

Le Grand Livre du Capricorne

défendre une éthique de l'inutile! S'il a de l'argent, il sera coupable de façon obscure, parce qu'en même temps il méprise les biens matériels. Toujours la dialectique de Job : être riche et puissant ou pauvre et dépouillé de tout. Il ne veut pas mêler à l'argent sa vie affective et pourtant cela arrive fréquemment. Saturne en Maison II, par exemple, créera une difficulté à exiger un salaire, à réclamer son dû, à se faire rembourser l'argent prêté. Ou bien, à l'inverse, Saturne marquera toutes les avarices, tous les tics d'Harpagon, justifiera tous les crimes et tous les comportements intéressés... avec certaines dissonances de Saturne. Avec d'autres, Saturne indiquera la pauvreté, l'incapacité à gagner de l'argent, les effondrements financiers, les ruines. Mais il faut alors toujours s'interroger sur les circonstances psychologiques qui ont précédé ces catastrophes, quelles punitions on recherche inconsciemment, quelles peurs on évacue dans la pauvreté (Cézanne)...

Saturne en Maison III

La Maison III est un fourre-tout; elle éclaire aussi bien sur les « déplacements » que sur les « frères et sœurs », sur l'acquis intellectuel que sur tous les modes de communication dont on dispose. D'où son rapport avec l'écriture. La Maison III est avant tout un lieu d'échanges, analogiquement comparable au signe des Gémeaux. Ainsi Saturne en Maison III, selon les aspects reçus, pourra marquer une frustration concernant toutes les facettes de cette Maison : les compagnons d'enfance, les études, la communication, les moyens d'expression. Ce seront pour l'un les études interrompues par de graves événements ou des interdits parentaux — ce que le sujet regrettera toute sa vie, parfois au point de reprendre des études tardives. Pour un autre ce sera un deuil, la mort d'un frère ou d'une sœur douloureusement inscrite dans son souvenir, avec tout ce que cela peut impliquer de culpabilité et de renvoi à sa propre mort fantasmée; pour un autre encore, ce sera une difficulté à entrer en communication avec les proches, surtout de même âge, ou à exprimer ses sentiments. Mais Saturne en Maison III peut aussi être positif, créer un intérêt précoce pour l'écriture, les études, les sciences, la philosophie, tout ce qui est de l'ordre de la réflexion. Ce qui sera parfois difficile à exprimer à un niveau verbal sera heureusement débloqué au niveau de l'écriture, par exemple, ou transmis dans un enseignement.

Saturne en Maison III rend plutôt sédentaire, fait apparaître des retards dans les voyages, ou des ennuis; ou des peurs avant les départs...

Saturne en Maison IV

Ce personnage frustrant et solitaire dans un secteur qui nous renseignera sur l'enfance, sur le foyer des parents, sur l'hérédité, ne laisse pas de poser des problèmes. Au foyer, ce n'est jamais la gaîté. Ou bien la famille a subi des épreuves pénibles, durables, et la vie dans l'enfance en a été marquée, ou bien les parents sont froids, sévères, rigides et ne permettent pas la moindre incartade. Quoi qu'il en soit, l'enfant qui a Saturne en Maison IV ne garde pas de sa jeunesse un bon souvenir; plus souvent encore, ce souvenir est efficacement refoulé. C'est en tout cas un enfant seul, qui souffre de ne pouvoir communiquer avec quelqu'un, sans doute pas même avec ses parents. Même avec de beaux soutiens planétaires, il ne promet jamais une jeunesse détendue et joyeuse. Tout au plus permet-il d'espérer une fin de vie stable, des biens meubles ou immeubles, car la Maison IV, c'est aussi la fin de l'existence.

Si l'on veut interroger l'hérédité du sujet atteint d'un Saturne en Maison IV, on sera certain de la trouver chargée, peut-être même inquiétante. Le terrain devra donc, sur le plan biologique, être particulièrement étudié.

Saturne en Maison V

Le bonheur est difficile à celui qui a Saturne en Maison V. D'une part, il n'aspire qu'à l'absolu; d'autre part, il ne croit pas pouvoir jamais l'atteindre. Il est exigeant en amour, intransigeant. Mais, dans ce secteur affectif, il a tôt fait de mettre en évidence ses frustrations et sa crainte d'être abandonné. C'est peut-être cet aspect qu'il faut mettre en avant : la peur de l'abandon, même si l'enfance n'a jamais fait surgir une telle menace. Avant tout, Saturne, ici, expose à la blessure narcissique.

Saturne en Maison V joue aussi sur le rapport à l'enfant, puisque ce secteur du thème concerne avant tout la création — celle de la tête comme celle des entrailles — et l'amour en tant que création, en tant que rapport que l'on s'efforce de construire; il ne s'agit ni de l'amour-mariage-contrat, ni de l'aventure sans lendemain, mais du lien humain à travers lequel on entend construire, se construire, « œuvrer ».

Ainsi Saturne, en donnant ici un désir profond de durée, d'éternité du lien, le condamne-t-il en même temps, ou expose-t-il à la peur. Souvent, dans la relation à l'enfant, il y aura aussi frustration. On est parfois rejeté ou abandonné par son enfant, ou les circonstances de la vie vous en séparent. Ou bien il n'y a jamais d'enfant et cette absence est vécue comme une frustration irréparable.

Devant l'œuvre, on aura le même type de problème : exigence, désir de qualité, perfectionnisme, intransigeance et rigueur dans la conception de l'œuvre, mais aussi risque d'être frustré du pouvoir de création — par la vie, les parents, l'échec ou la peur de l'échec. Ou bien encore, on assistera à des réalisations tardives, celles de l'âge mûr ou de la vieillesse.

Saturne en Maison VI

La Maison VI concerne deux aspects de la vie : l'un marque le travail dans le sens le plus quotidien du terme; c'est le pain gagné à la sueur du front. Non pas la carrière ou les réalisations, mais le « boulot ». C'est là qu'on pointe, qu'on trime, qu'on cherche à assurer le pain des têtes blondes.

L'autre marque la santé, les rapports à la santé, mais dans son aspect essentiellement sporadique, aigu. Du moins la Tradition en a-t-elle ainsi décidé et, pour ma part, je ne souscris pas, à partir de mon expérience, à cette vision étroite des choses. Je crois qu'on peut, à la Maison VI, juger d'une certaine pathologie à évolution plus ou moins rapide, de points faibles, de menaces latentes. Mais aussi de la façon même dont on se soignera, dont on se préoccupera de sa santé, dont on se nourrira, par exemple (Ne pas oublier l'analogie entre la Vierge et la Maison VI).

Ainsi Saturne en Maison VI va, sur le premier plan, faire les « besogneux », les tâcherons, ceux qui travaillent quinze heures par jour. Bien soutenu, Saturne leur permettra de toujours trouver du travail; mal soutenu, il peut au contraire apporter des angoisses au niveau du pain quotidien. Le plus souvent, cette position de Saturne crée les êtres responsables, ceux auxquels on peut se fier, faire confiance, qui sont de bon conseil mais qui ne parviennent jamais tout à fait à décoller du petit emploi, de la situation subalterne. Sauf si Saturne concerne un médecin — puisque dans ce secteur traitant de la santé Saturne indiquerait l'intérêt pour cet aspect de la vie —, la conscience professionnelle, le sens des responsabilités et l'heureux déplacement de la peur de la maladie sur l'art de traiter la maladie. Encore une fois, rien ne ressemble plus à un horoscope de médecin qu'un horoscope de malade...

Saturne en Maison VI, du côté de la santé, va favoriser la chronicisation de troubles à l'origine aigus ou sporadiques. Saturne, hélas, donne de la durée à la maladie ainsi que des maladies spécifiquement saturniennes : maladies de peau, morosité, rhumatismes, ennuis digestifs, tout ce qui est de l'ordre de la sclérose, de l'intoxication. On sait que Kepler, qui n'a pas cessé de se plaindre de tous ces maux, avait Saturne en Maison VI et en Scorpion, avec l'hypocondrie qui l'accompagne. Mais comme Saturne était bien soutenu dans son thème, on voit comment il a joué dans le sens d'une fantastique capacité de travail, comment aussi il a dû trop souvent adopter une position servile par rapport à quelques grands dont il dépendait. Et comment, de sa servitude et de sa mauvaise condition physique, il a pu faire la plus étonnante réussite qui se puisse admirer.

Saturne en Maison VII

Dans un secteur de mariage, de contrat, d'association ou d'engagement, Saturne va là aussi poser des problèmes selon les aspects reçus. La Maison VII conditionne toute notre relation avec les autres. Saturne s'y trouvant semble y exercer sa méfiance native. Il y manifeste sa nature soupçonneuse et ses doutes. Devant le mariage, il dira : Prudence! Surtout pas de hâte ni de décisions précipitées. Et il se retrouve célibataire malgré lui; pourtant il est fréquent qu'il finisse par se décider à faire un mariage raisonnable et tardif, soigneusement réfléchi (et pas toujours si raté que ça).

Si le mariage se fait dans la jeunesse, c'est souvent à déplorer. Le conjoint est triste, ou trop âgé, ou Saturnien lui-même, ayant donc des difficultés à extérioriser ses sentiments. Bien soutenu, il peut marquer une expérience positive avec une femme plus âgée — chez l'homme —, ou avec un homme plus âgé, chez la femme. Mal soutenu, il fait craindre l'échec dans le mariage ou la peur de s'engager, qui peut aboutir à la solitude. Avec Saturne en Maison VII, plus on se marie tard et plus de sagesse on prouve.

Saturne en Maison VII rendra, de même, méfiant devant les associations. Elles ne réussissent guère qu'avec un partenaire saturnien (si Saturne est bien soutenu) ou plus âgé. Et bien pesées. Les contrats seront toujours de longue durée. Bien heureusement si Saturne est beau, de façon contraignante si Saturne est dissonant.

Saturne en Maison VIII

On dit de Saturne en Maison VIII — bien soutenu — qu'il est une garantie de longévité. Les vieux os. Les verts vieillards.

On dit aussi qu'il permet d'accéder, devant la mort, à une certaine sagesse. Quand on atteint un âge très avancé, n'est-il pas facile de se déprendre de la vie ?

Mais si Saturne est dissonant, il donne ici toute sa force au désir d'éternité et fait alors refuser la mort, perçue comme une plongée dans le néant. Grâce à lui, cependant, on voit des êtres apparemment condamnés retrouver des forces vives, jeter un défi à la mort et au dernier moment, regrouper des énergies qui les feront survivre, contre toute attente. Le côté trompe-la-mort.

Devant elle, il n'y a pas ici d'attitude mystique, mais la nécessité d'explorer la mort comme retour au néant. Ou, chez certains — des médecins par exemple, ou des biologistes — la volonté de s'attaquer à elle afin d'en triompher, d'y consacrer tout leur temps, toutes leurs forces. Si, comme dirait Conrad Moriquand, « le Capricorne n'éclaire que des abîmes », il peut aussi regarder cet abîme-là pour en comprendre tous les rouages, tous les mécanismes, avec lucidité et sans complaisance.

Il n'est pas rare que Saturne en Maison VIII expose plus que d'autres à vivre des deuils, à s'interroger sur ce manque essentiel qu'est la mort.

La Maison VIII concernant aussi les grandes épreuves de santé, lorsque Saturne s'y trouve, on peut frôler la mort de près, traverser des maladies mortelles et ressusciter, lorsque Saturne, bien sûr, est soutenu. Mal soutenu, au contraire, il expose à des morts douloureuses et tragiques, à la maladie lente et sournoise, à la dégradation progressive, celle qui naît de la sclérose, du rhumatisme, du ralentissement des fonctions, de la sénescence précoce.

Saturne en Maison IX

Secteur du voyage, du dépassement des frontières, qu'elles soient géographiques ou intérieures, il semble qu'ici Saturne desserve une symbolique pour en servir une autre. Saturne est en effet statique, enraciné, peu mobile. Il s'opposera donc aux voyages, sauf s'il s'agit de se fixer pour toujours en une autre terre. Mal soutenu, il créera des difficultés à l'étranger ou dans des rapports avec l'étranger. Il rendra l'adaptation difficile à un autre style de vie. Parfois même la fatalité, l'épreuve, surviendront dans cette terre lointaine. En revanche, dans sa symbolique abstraite, Saturne en Maison IX favorisera l'approfondissement des idées, la tournure d'esprit philosophique, l'étude et la réflexion, le goût de la quintessence. Ici, point de frivolité ni de légèreté, mais un désir de savoir, de comprendre. Il n'est point de grands thèmes que le Saturnien de la Maison IX ne soit tenté d'aborder. En général, il favorise les hautes études, le voyage intérieur. Autour de sa chambre, plutôt qu'autour du monde (Bernadette Soubirous).

Saturne en Maison X

Saturne est là chez lui, dans un secteur qui évoque analogiquement le Capricorne lui-même, le dixième signe. Bien soutenu, on ne peut trouver position plus favorable à la réalisation des hautes ambitions, à la quête d'un certain pouvoir. Ce n'est sans doute pas un hasard si on trouve aussi fréquemment Saturne au Milieu-du-Ciel chez ceux qui se piquent de politique ou chez ceux qui gouvernent. Souvent, en effet, Saturne, par transit, atteint cette zone du thème chez ceux qui se voient confier le pouvoir suprême; ce fut le cas de Georges Pompidou et de Valéry Giscard d'Estaing, par exemple.

Mais Saturne en Maison X se trouve également chez ceux qui consacrent leur vie à la science, à l'étude, qui se penchent sur le passé pour mieux décrypter le présent ou l'avenir, chez ceux qui sont fascinés par les nombres, par les vieilles pierres, par l'histoire, par toutes les activités de type saturnien.

Mal soutenu, on craindra, là plus qu'ailleurs, l'obscurité, la difficulté à se faire reconnaître, la frustration du pouvoir, l'échec en cours de route. On dit souvent que Saturne favorise la réussite patiente et qu'avec cette position il n'est pas bon de connaître le succès trop tôt. Il ne peut durer. Alors que s'il est patiemment atteint, il résistera à toutes les tempêtes, à toutes les vicissitudes. Ceux qui, avec Saturne en Maison X, connaissent un succès social précoce, ont toujours intérêt à préparer une « reconversion » possible, à s'intéresser à des activités plus saturniennes. Ainsi, le jour où la gloire les abandonnera, ils pourront reconstruire plus solidement sur un terrain plus conforme à leur nature. Ainsi Françoise Hardy, Capricorne dotée d'un Saturne en Maison X, qui s'est plongée dans l'astrologie...

Que deviendra un enfant ayant Saturne en Maison X ? un architecte, un médecin, un mathématicien, un philosophe, un géologue, un archéologue, un politicien, peut-être même un tailleur de pierre, un spéléologue ou un agronome, un archiviste ou un généalogiste... L'essentiel est que son activité exige persévérance et réflexion, qu'elle construise sur la durée. Encore une fois, ce ne sont pas les honneurs qui l'intéressent, mais l'éternité; celle des autres, ou la sienne.

Saturne en Maison XI

Les amis sont rares. Triés sur le volet, fidèles, sélectionnés selon les critères les plus rigoureux. Mais ils ne se pressent pas à la porte de celui qui a Saturne en Maison XI. Ce fut le cas du général de Gaulle, suscitant des admirations et des haines, rarement de grandes démonstrations affectives. Position des hommes seuls. Mais ils savent sur qui compter et c'est bien là l'essentiel.

Si l'on prend la Maison XI dans son affectation symbolique aux projets, on voit tout de suite que ceux-ci ne peuvent être qu'à long terme, qu'ils ne peuvent servir que des entreprises de longue haleine. Le temps est avec ce Saturne-là. Il sait préparer de longue main tout ce qu'il s'est mis en tête de réussir. Bien soutenu, on voit où il peut mener. Mal soutenu, il expose à tant de solitude morale qu'aucun projet ne paraît possible, si ce n'est s'enfermer dans une tour d'ivoire avec l'idée maîtresse de sa vie et attendre que la postérité la ratifie.

Mais ne dit-on pas aussi : « Malheur à l'homme seul! » On peut ajouter ici que souvent les sujets qui ont Saturne en Maison XI seront, dans la jeunesse, beaucoup plus attirés par des personnages d'âge mûr, ou qu'ils se trouveront des maîtres à penser parmi des hommes âgés. Ce n'est pas la plus mauvaise façon d'utiliser un tel Saturne...

Saturne en Maison XII

Bien des choses, là encore, vont dépendre des aspects reçus par Saturne. Dans ce secteur d'épreuve, il est rarement « folichon ». Saturne en Maison XII mal soutenu exposera à la maladie chronique ou tendra à faire durer les troubles. Ce seront les scléroses, les ralentissements d'échanges, les intoxications, les maladies des os, de la peau, de la circulation, tout ce qui peut entraîner un vieillissement précoce de l'organisme ou faire vivre, dans la vieillesse, toute sorte de maux pénibles. Ce sera aussi le risque de finir ses jours seul, à l'hôpital ou à l'hospice, dans cette Maison qui est avant tout lieu d'enfermement.

Mais il y a heureusement une autre façon d'utiliser un tel Saturne, de renverser la situation. En devenant, précisément, celui qui travaillera dans l'hôpital ou dans la prison, dans le laboratoire. Ou celui qui mettra l'exil à profit pour travailler dans le secret; ou encore se livrera à des recherches cachées, occultes ou mystérieuses, conformes à la nature de cette Maison XII. Même bien soutenu, cependant, Saturne en Maison XII épargne rarement ceux qui le possèdent, à un moment ou à un autre de leur vie. Et la vieillesse, de toute façon, est rarement très entourée. Mais on peut aussi choisir de vivre seul, de prendre de la distance avec les vanités du monde, de jouer les ermites...

Etrange bouquetin aux cornes élancées : venu d'un monde mythique et fabuleux, puissant et aérien, il va de cime en cime, toujours plus haut, toujours plus loin (Perse, époque achéménide).

Comment interpréter les Signes dans les Maisons

Le Capricorne dans les Maisons

Capricorne en Maison I

Durcit la personnalité dans ses rapports avec les autres, donne une ambition forte, des possibilités de travail et de concentration exceptionnelles, de l'entêtement et une force de caractère qui confine à l'ascétisme.

Capricorne en Maison II

L'attitude du sujet envers les biens matériels, l'argent et son « territoire » est à la fois accapareuse et culpabilisée. Il ferme ses clôtures. Ce qui est à lui ne peut, en aucun cas, être prêté. C'est un épargnant-né. Souvent, des difficultés se présentent à lui dès qu'il cherche à faire fructifier ses acquis.

Capricorne en Maison III

Les contacts faciles et superficiels sont totalement rejetés. Grande exigence sur la qualité des relations. Rigueur morale, sévérité de jugement, réserve et laconisme dans tout ce qui concerne les rapports avec l'entourage proche, les frères, les sœurs, les cousins.

Capricorne en Maison IV

Les rapports du sujet avec sa famille sont froids, distants, réservés. Le détachement d'avec le foyer se fait très jeune, parfois dans l'enfance. Le caractère économe, austère et répressif du Capricorne donne à sa Maison les mêmes caractéristiques : un peu monacales.

Capricorne en Maison V

Les plaisirs sont dirigés vers une recherche méticuleuse dans un domaine choisi: la concentration de l'énergie vers un but austère pousse le sujet à l'érudition, aux durs travaux intellectuels réalisés dans les temps de loisir; peu de complaisance à l'égard des « distractions » : le sujet fait du labeur son vrai plaisir.

Capricorne en Maison VI

Rapports durs, utilitaristes avec les subordonnés, les collaborateurs, les employés. Pas la moindre tendresse pour les animaux, les plantes, tout ce qui dépend du sujet. Comportement très égal, discipliné, dans le travail quotidien. La répression saturnienne apparaît dès que s'immisce à l'intérieur de tâches régulières la moindre fantaisie.

Capricorne en Maison VII

Les associations, les contrats, le mariage sont suspects : traités avec froideur, appréhension, distance, méfiance. De ce fait, grande est la difficulté du natif à s'engager. S'il s'y décide, c'est tard dans la vie. A ce moment-là il reste fidèle à la parole donnée (et dûment signée) quoi qu'il lui en coûte.

Capricorne en Maison VIII

La mort et la sexualité qui s'y rattachent sont traitées sur un mode cynique et glacé, dans une observation méticuleuse, précise, des phénomènes physiques, chimiques et biologiques. Angoisse métaphysique du néant.

Capricorne en Maison IX

Les voyages ont toujours un but pratique et servent généralement l'ambition sociale et professionnelle du sujet. Lorsqu'ils revêtent un caractère gratuit, par exemple de vacances, ils sont malgré tout accomplis sous le signe du *devoir* : il *faut* voir tel musée ou tel vestige, etc. Avant tout le « voyage intérieur », philosophique.

Capricorne en Maison X

Très bonne combinaison : ambition tenace et réussite obtenue par persévérance, concentration, travail personnel de longue haleine. Le Capricorne donne une très belle carrière dans ce secteur, quoique tardive. Mais elle n'en a que plus de poids, de valeur et de pérennité.

Capricorne en Maison XI

La Maison de l'amitié est certes très gelée par le Capricorne qui n'a rien d'expansif ni de démonstratif dans ses attachements. Sait-on même s'ils existent ? En réalité, l'amitié est rare dans ce signe (rarement donnée, rarement reçue), mais lorsqu'elle a pris racine dans l'individu, elle a les qualités capricorniennes de stabilité profonde, de présence durable même si elle semble froide et plus que discrète. C'est quelqu'un sur qui l'on peut toujours compter.

Capricorne en Maison XII

Dans la Maison des épreuves et des grands obstacles, le Capricorne se trouve en pays connu : il les a, de toute éternité, prévus et « assumés ». Son détachement naturel, le frein systématique qu'il a mis à ses impulsions, lui donnent, face à l'adversité de l'existence, beaucoup de philosophie, de sang-froid et de maîtrise.

Le Verseau dans les Maisons

Verseau en Maison I

Dynamisme créateur, magnétisme, volonté d'innover, d'inventer, de précéder en toute chose. Intelligence exceptionnelle dans toutes les relations personnelles du sujet. Créations et destructions aussi rapides les unes que les autres. Immense faculté de recommencement.

Verseau en Maison II

Rapports très difficiles avec l'argent : ou bien on le dilapide ou l'on s'en passe complètement. Les biens matériels sont méprisés, parfois totalement rejetés. Ce n'est pas une très bonne position pour garder l'argent, le faire fructifier ou réussir des placements. Les spéculations financières sont soumises à des rudes « revers de fortune », à des hasards, chanceux ou pas, suivant la capacité du sujet à dominer les événements.

Verseau en Maison III

Changements touchant la famille proche, les sœurs et les frères; rapports houleux, pleins de rebondissements heureux ou moins heureux, petits voyages imprévus; changements intervenant aussi par l'écriture, la communication (orale ou écrite) et la littérature, d'une manière générale.

Verseau en Maison IV

Le père du sujet a pu marquer profondément par son intelligence et ses remises en question permanentes, son caractère profond. Sa vie familiale est soumise au climat Verseau, renouvelée, changeante, novatrice et parfois aussi destructrice. Bouleversements liés à la famille et à ses significateurs, par analogie : la mère patrie, les confréries, les groupes politiques ou sociaux.

Verseau en Maison V

Très bons rapports du signe avec le Secteur. La Maison de la création, des enfants, des distractions, des jeux, des inventions, est en affinité idéale avec le Verseau qui élargit les visées des domaines que concerne la Maison V, les rend dynamiques et agissants. Les plaisirs sont liés à la complicité et à l'amitié.

Verseau en Maison VI

Le Verseau est ici astreint à de petites tâches sans envergure et sans invention, ce qui le met très mal à l'aise. Il se crée quantité d'obligations inutiles pour ne pas avoir à faire face à celles qui existent. Il bâcle tout ce qui est quotidien et banal, l'expédie en un rien de temps, aux dépens, parfois, de la bonne administration de ses affaires.

Verseau en Maison VII

La fantaisie, l'originalité, l'invention règnent ici, dans le domaine de l'association, des contrats et des mariages. Donne, dans ce secteur, un grand sens de la « rénovation », pas seulement par changement de partenaires ou d'associés, mais aussi dans une même relation : le sujet sait apporter du nouveau, créer une communication dynamique, un langage neuf, de nouveaux désirs et amener de nouvelles réalisations.

Verseau en Maison VIII

Ce qui a trait à la mort, à l'arrêt de toute chose est parfaitement dépassé par ce signe. Le Verseau voit des siècles à l'avance et ne se préoccupe guère de la fin humaine et corporelle. Celle-ci ne le touche pas profondément. Il peut donc avoir, à son endroit, une attitude détachée, voire indifférente, mais c'est qu'il se préoccupe davantage de la mort de l'âme, de l'esprit, et de l'humanité en général que de celle d'un individu, même très aimé.

Verseau en Maison IX

Le besoin de renouvellement, de progression et d'invention se manifeste dans les voyages : spirituels ou géographiques. Le sujet s'enrichit par l'exploration, la découverte de nouveaux espaces, la quête de nouveaux objectifs. Il aime les destinations lointaines et difficiles qui lui permettent d'exercer son insatiable curiosité. Grande affinité entre le signe et le Secteur.

Verseau en Maison X

La recherche de l'invention et du nouveau prend une motivation sociale et professionnelle. C'est de créer pour *faire carrière* que le sujet a besoin. Le goût du Verseau pour l'humanité le prédispose à agir dans ses activités professionnelles comme un mage, un messager, une sorte de prophète à vaste ambition, mais sans que l'intérêt financier ou matériel y soit mêlé. Souvent, cette position donne de la renommée sans aucun bien matériel.

Verseau en Maison XI

L'accord est parfait entre le signe et la Maison qu'il occupe. Sagesse, sérénité, créativité paisible, stabilité dans l'innovation et le renouvellement psychique. Les qualités s'appliquent tout particulièrement aux amitiés : le sujet a d'ailleurs tendance à transformer tout sentiment en amitié, par horreur des excès passionnels. Grandes satisfactions dans les affections durables et fidèles.

Verseau en Maison XII

Le Verseau adaptable prend les épreuves, les revers et les secousses graves de la Maison XII dans le bon sens : sans affolement, sans passion, sans paroxysmes. Sagesse, distance, souplesse psychique amènent le sujet à se conformer aux événements plutôt qu'à tenter de les orienter. Cette attitude le rend finalement peu vulnérable aux grandes difficultés qui se présentent.

Les Poissons dans les Maisons

Poissons en Maison I

L'Ascendant Poissons fait des êtres très séduisants, vaporeux, insaisissables, fluctuants et artistes. Le sujet reçoit et enregistre toutes les atmosphères, s'y adapte avec bonheur, se coule dans autrui comme dans une eau douce. Sa générosité risque d'être trop grande pour ses forces. Don de soi qui confine, parfois, à l'abnégation.

Poissons en Maison II

Le grenier sera plutôt spirituel. Il y aura une certaine indifférence aux problèmes matériels si le thème va dans ce sens. S'il y a besoin de possession, le désir d'avoir et d'acquérir sera vague. On voudra beaucoup, mais on ne saura pas comment s'organiser pour y parvenir. La vie matérielle sera généralement instable. Le hasard jouera un rôle important. Avec Neptune en Maison II, dans un thème Poissons, il y a un certain manque de bon sens. On peut faire « fortune » et tout perdre sur un simple « coup de dés ». Là aussi, on ne sait pas comment s'y prendre. On change souvent de route, et d'idées. Si Jupiter marque le thème ou s'il est en Poissons en secteur II, la réussite sera spectaculaire (Claude François). Elle n'en restera pas moins extrêmement fragile.

Poissons en Maison III

Les rapports avec les proches sont intuitifs, confus; vécus sur le mode Poissons, hypersensible et douloureux. La générosité du sujet à l'égard de ses frères, sœurs ou parents proches confine au dévouement un peu masochiste. Les voyages, les petits déplacements sont empreints de flou, d'événements inattendus et singuliers.

Poissons en Maison IV

Dans ce Secteur de nos racines et de nos origines, des liens familiaux, les Poissons donnent un sens patriotique profond. Il y a là une sorte d'amour « romantique » pour la patrie. La cellule familiale est un refuge. On s'y sent protégé, à l'abri des difficultés du monde extérieur. C'est une bonne configuration, confortable et douce.

Poissons en Maison V

La sensualité est souvent trouble. Le signe fécond des Poissons donne des appétits intenses mais imprécis. La Maison des divertissements, des créations, des loisirs, est teintée de l'hyperréceptivité neptunienne. Sens artistique très développé. Sensualité trouble. Aventures sans suite.

Poissons en Maison VI

Il y a là dans la vie un manque total de sens pratique. On manque de méthode dans son travail. D'où de nombreuses complications. Les problèmes domestiques limitent l'existence.

On a tendance à se « noyer » pour un rien. En analogie avec le signe de la Vierge, cette Maison peut donner des problèmes intestinaux, des problèmes d'assimilation, des problèmes nerveux ou respiratoires.

Poissons en Maison VII

Elle nous met en relation avec les autres (affrontement ou complémentarité). La sociabilité sera très grande mais les échanges agréables n'aboutiront pas toujours à des résultats concrets. Les associations, les unions, se feront sur un mode « intuitif ». Les affinités seront très fortes; irraisonnées, illogiques. On se bercera parfois d'illusions sur les autres... D'où les confusions, les erreurs de jugement, les déboires, les déceptions venant des autres ou (de l'autre) : ce Secteur étant, en effet, le secteur du conjoint. Il entraînera une vie, au niveau des associations comme des unions, assez « mouvante ». Il y aura, souvent, plusieurs unions.

Poissons en Maison VIII

Le changement résultera d'une situation douloureuse. A la suite d'une crise, « on s'évadera » ailleurs. Ce pourra être une fuite hors du milieu d'origine ou hors du pays natal.
Avec cet aspect, on s'intéressera aux problèmes occultes, au spiritisme, à l'au-delà.
Avec Neptune, les expériences psychiques seront intenses. On côtoiera les mondes occultes. On s'intéressera aux vies antérieures. La voyance n'est pas exclue. (Edgar Cayce, le célèbre voyant).
Avec Jupiter, les héritages pourront changer la vie, ou permettre un redémarrage.

Poissons en Maison IX

Dans ce Secteur, le signe des Poissons donnera l'amour des grands voyages. On ira souvent au-delà des mers. La vie spirituelle sera intense. Parfois, il y aura des dons de perception « extra-sensorielle ». Notamment avec Neptune. Les brumes neptuniennes pourront donner le goût des spéculations philosophiques un peu « nébuleuses ». L'idéalisme, néanmoins, ne sera jamais absent...
A noter : aussi bien pour l'une ou l'autre de ces Maisons, l'étude des religions, voire une vie religieuse intense, relèvent de cet axe III — IX Poissons. En Maison IX, l'attirance sera très grande pour des religions « exotiques » : orientalisme, par exemple. Mais aussi, hindouisme, bouddhisme, zen, etc.

Poissons en Maison X

C'est le secteur de l'affirmation sociale. C'est l'envol dans la vie active.
Il est vécu, aux Poissons, sur un mode étrange. Les aspirations sont élevées mais embrouillées. Les occupations souvent mystérieuses. La vie manque généralement d'organisation...
Neptune en X peut vouer la vie à des changements mystérieux. La réussite peut être spectaculaire. Elle restera toujours hasardeuse. Elle sera rarement durable. On s'orientera vers une recherche spirituelle à un moment donné de son existence. Les vocations médicales, paramédicales sont fréquentes. Sens du mystère et sens du mysticisme très amplifiés, qui se concrétisent au niveau de l'existence.

Poissons en Maison XI

Les projets sont abondants. Mais les espérances confuses... Les aspirations élevées peuvent rester « vagues ». On est souvent insatisfait.
Les amis disparaissent et reparaissent sans crier gare. La susceptibilité du sujet y est pour quelque chose. Les objectifs ne sont pas poursuivis avec acharnement. Le sujet a des idées brillantes mais il a besoin de quelqu'un de proche et d'amical pour les réaliser.

Poissons en Maison XII

Les grandes épreuves de la vie sont surmontées avec courage. La vie peut être axée sur des investigations plus ou moins secrètes. Les rapports avec le monde occulte sont fréquents. Les dons de voyance également. On s'intéresse à la psychologie. Mais aussi à la parapsychologie. En général, on mènera une vie assez retirée.

La vie pourra être mêlée à des affaires mystérieuses. Avec les Poissons en Maison XII, ou Neptune en Maison XII, on a souvent des contacts avec les polices parallèles. Cette configuration semble signer une activité « secrète ». Des agents secrets ont cet aspect dans leur thème.

Le Bélier dans les Maisons

Bélier en Maison I

La personnalité est dynamique, elle a besoin de s'imposer en dehors de toute considération logique. Il peut y avoir un goût du tapage, un certain « rentre-dedans », un manque de diplomatie. Mais, au positif, les succès sont fulgurants, la vitalité excellente. Tempérament de meneur d'hommes, de chef, de sportif, intelligence pionnière.

Bélier en Maison II

C'est dans le domaine de l'argent que s'exercent la vitalité et la combativité. Suivant la position de Mars et ses aspects, cela peut donner un financier brillant, un tempérament âpre au gain, mais aussi quelqu'un qui « flambe » l'argent aussi rapidement qu'il l'a gagné. (C'est, de toute manière, une caractéristique du Bélier en général).

Bélier en Maison III

L'impulsivité et le goût de la contradiction dominent dans les contacts avec les autres, ainsi que la chaleur et l'amour du renouvellement. Les lettres sont souvent écrites sur un coup de tête. Il peut y avoir un talent de polémiste. L'éloquence est enflammée, c'est une position qui peut donner un certain fanatisme et des rapports peu amènes avec l'entourage. Le don de persuasion est grand, l'optimisme un peu naïf et en « dents de scie ». Tendance à avoir des enthousiasmes aussi illusoires qu'éphémères. Ce n'est pas une position très harmonieuse pour le mental.

Bélier en Maison IV

L'ambiance familiale est mouvementée, les rapports avec la famille ne sont pas de tout repos. Ce n'est guère une très bonne position, la Maison IV étant en analogie avec le Cancer, signe « en carré » avec le Bélier. Le foyer sera troublé, il y aura de la casse, et la dictature peut y régner. C'est aussi un signe de fin de vie marquée par la contestation et la lutte, voire par la violence (la Maison IV signifiant aussi la fin de l'existence terrestre).

Bélier en Maison V

L'énergie est surabondante, mais le sujet qui possède cette disposition ne la ménage pas. La recherche des plaisirs risque d'être effrénée, à moins qu'elle ne soit sublimée en création artistique. Dans ce cas, celle-ci sera violente, désordonnée, brûlante comme de la lave. Les crises d'exaltation et d'abattement se succèdent; la sensualité est débridée, l'amour des enfants est considérable mais peut mener à des épreuves et à des déceptions. Composante d'un tempérament de « viveur », avec des lendemains qui ne chantent pas.

Bélier en Maison VI

Ici, ce sont les rapports avec le quotidien qui sont placés sous le signe de la violence et de l'impulsivité. Ce peut être de la maladresse dans les rapports avec les objets, ou une relation agressive avec les servitudes de l'existence. Manque de patience dans les petites choses de la vie. Mauvaise position pour s'occuper de plantes, d'animaux, ou même de gens. La vie professionnelle est mouvementée, conflits avec les subordonnés. Les aspects ingrats de l'existence sont maléficiés par l'influence de Mars.

Bélier en Maison VII

Le mariage et les associations diverses sont vécus fougueusement avec le risque de déception concomitant dans cette Maison plus jupitérienne que martienne. A la limite, cette configuration conviendrait plutôt à une alliance militaire, ou à une conspiration criminelle.

Sinon, elle est prometteuse de mariage sur un coup de tête, d'associations hâtives et peu réfléchies, et donc de procès, polémiques, campagnes de hargne, etc.

Bélier en Maison VIII

C'est une position dangereuse, mais très intéressante, analogue à Mars en VIII. Tout ce qui touche à la mort, à l'invisible, au mal, est placé sous le signe de la violence. Ce peut être un risque de mort violente, mais aussi un tempérament batailleur, duelliste, une forme quelconque de « flirt » avec la mort. Faculté de régénération après des épreuves très dures. Risque de perte d'argent sur un coup de tête ou d'héritage; tendance à la dilapidation. Au pire, c'est un aspect criminel. Tout ce qui touche à l'argent et au sexe en général, rend le sujet peu sympathique.

Bélier en Maison IX

C'est un peu le « complexe de Don Quichotte ». Les contacts avec le lointain sont placés sous le signe de l'impulsivité. La spiritualité est peu réfléchie; ce n'est pas un bon aspect pour la méditation. Par contre, les grands voyages peuvent satisfaire le goût de l'aventure et être liés à des découvertes fabuleuses. Tempérament de pionnier, mais manque de patience. Les explorations risquent aussi d'être sources d'accidents. Très bonne position pour les arts martiaux (par analogie à Mars en IX).

Bélier en Maison X

Comme la Maison IV, cardinale elle aussi, la Maison X est en carré avec le Bélier. Liée à la réalisation sociale, elle est en analogie avec le Capricorne et Saturne, valeurs antagonistes de Mars : l'ascension sociale n'est-elle pas liée à la patience, à la maîtrise de soi, au discernement, qualités qui ne sont aucunement celles du Bélier.

Dans cette Maison, le Bélier donnera de brusques montées par à-coups, avec des chutes aussi rapides; il faudra que Mars soit soutenu par de bons aspects pour que l'agressivité, la faculté de s'imposer, ne se transforment pas en « boomerang ». C'est l'aspect du « coup de force », du « putsch », plutôt que de l'accession à un poste stable.

Bélier en Maison XI

Les amitiés et les projets se déferont aussi vite que conclus. Amitiés houleuses et agressives, mais se renouvelant sans cesse. Amis dynamiques, réunions amusantes et imprévues. On pourra compter sur leur appui, tant qu'ils ne se transformeront pas en... ennemis. Les soirées amicales peuvent dégénérer en bagarres.

Les projets sont nombreux et enthousiasmants, mais peu d'entre eux aboutissent.

Bélier en Maison XII

C'est un des plus mauvais signes pour cette Maison, puisqu'il y a contradiction entre le dynamisme, la confiance en soi du Bélier, et le renoncement, l'ascétisme de la XII.

Ici, l'agressivité du sujet risque de se retourner contre lui-même : il est son propre ennemi. Il peut affronter avec une certaine inconscience, ou des sursauts de vaine violence, les grandes épreuves de l'existence. La sublimation sera difficile dans ce signe primaire, instinctif : c'est l'individu qui, face à la douleur, perd tous ses moyens, casse tout ou se fait hara-kiri — dans le contexte non occidental.

Le Taureau dans les Maisons

Taureau en Maison I

Indice de constitution forte et de vitalité. Tempérament sensuel, d'humeur assez variable sous un flegme apparent. Poli, avenant de premier abord, s'irrite lorsqu'on touche à son confort. A le goût de la stabilité et apprécie les êtres qui participent à la construction méthodique de sa destinée en lui épargnant les vaines histoires. Ses atouts sont dans l'endurance, la résistance physique et morale, un certain courage face à une adversité qui s'acharne souvent après lui. Le caractère se forge d'ailleurs dans les luttes de fond, appelant une grande concentration des forces plutôt que des actions spectaculaires. Les démarrages sont lents, l'ascension laborieuse et les chances réelles ne s'affirment vraiment qu'au terme d'années de travail.

Taureau en Maison II

Position moyennement confortable pour les gains. Là encore, le travail rapporte mieux que les coups heureux du hasard. Il faut se donner un programme, le plus souvent d'épargne, pour disposer d'un fonds solide de sécurité. Selon la symbolique, des réserves substantielles sont nécessaires à l'équilibre psychique.

Le Taureau en II doit donc être attentif pour s'assurer des revenus réguliers. Le fonctionnariat est indiqué mais il y a aussi, pour les à-côtés, les placements dans la pierre, le terrain, les biens fonciers.

Taureau en Maison III

Puisque la Maison II gouverne les frères, sœurs, cousins, cousines, il faut qu'il y ait au moins un ou une Taureau dans ce petit monde, et ce ne doit pas être bien difficile. L'analogisme précise que le Taureau en III pourra ainsi nourrir des relations privilégiées avec un membre de son entourage privé. Le rapport sera encore plus intense s'il s'agit, en outre, d'un membre du sexe opposé.

En dehors de ces conditions, le Taureau en III n'est pas très fraternisant. Aîné, puîné, cadet... Quel que soit l'ordre d'arrivée, les autres le dérangent. Il risque ainsi d'avoir des réactions d'un égoïsme surprenant à l'égard de ses proches. C'est que, dans son esprit, il ne comprend pas la nécessité d'accepter des inconnus qui lui tombent du ciel par la loterie de l'hérédité et les alliances de la fratrie.

Taureau en Maison IV

On mérite d'avoir des parents fermiers, ce qui en fouillant vers les aïeux n'est tout de même pas introuvable. Nous avons tous des racines en terre, des grands-parents dans les herbages ou les prés. Le Taureau en IV s'en flatte et si par bonheur il est né à la campagne ou s'il y a passé son enfance, sa santé physique et morale en restera à jamais imprégnée. Dans les moments difficiles de sa vie, il saura respirer l'air pur d'un souvenir revigorant, se remettre en mémoire tel vieux dicton de son pays ou telle parole ferme et sage de son père. Il faudrait naître avec le Taureau en IV pour ne pas perdre les pédales dans les périodes les plus sombres.

Taureau en Maison V

En Maison des amours, plaisirs, enfants de la chair ou de l'esprit, le Taureau est en bonne place. Dans son action bénéfique, s'il accorde une vive sensualité, il donne également l'antidote : une fidélité de cœur qui répugne au libertinage, assure la constance des liens en dépit des tentations.

Le Taureau en V est promis à des amours sereines. Sans doute, comme ce 1/12e d'humanité qu'il représente ici, aspirera-t-il à un bonheur idyllique d'un romantisme n'excluant pas les avantages pratiques. Le partenaire éventuel, postulant au mariage ou à l'union libre, doit présenter des garanties, ouvrir des perspectives réjouissantes : situation stable, santé florissante, des biens à l'ombre ou au soleil et surtout pas d'interminables crédits, ou des pensions à payer pour les enfants de précédents ménages.

Taureau en Maison VI

Dans cette Maison en rapport avec la santé, le travail et les petits animaux, l'effet Taureau ne peut être que bénéfique. Il dispense une santé de fer, un physique robuste tout à fait adapté, bien entendu, aux emplois que favorise le signe dans la manutention, le débardage, et autres travaux exigeant du muscle, du coffre, de la stature. Certes, il existe aussi dans la série des vocations tauriennes, des compétences administratives qui ne demandent qu'assez d'énergie pour tenir un porte-plume, mais alors la résistance et la vitalité s'amalgament en une combativité longue et souterraine décourageant la multitude des concurrents, traçant sinueusement sa route à travers les intrigues, les stages et les concours, pour devenir cadre, cadre supérieur, sous-directeur, directeur, puis secrétaire d'État.

Taureau en Maison VII

A cette Maison consacrée au mariage, aux unions, contrats et associations, le Taureau apporte ses perspectives de stabilité. Il faut en déduire que le mariage d'amour est proscrit, la passion n'étant pas, ici-bas, ce qu'il y a de plus durable et encore moins de confortable. Cependant, s'il est vrai que le cœur a ses raisons, le Taureau en VII écoutera à la fois son cœur et ses raisons. C'est dire qu'il ne choisira pas n'importe qui, n'importe quand, n'importe comment. Une fois son dévolu jeté, une stratégie de conduite au mariage, dont le ou la partenaire ne sera pas forcément conscient, se déclenchera automatiquement. L'étau se resserrera insensiblement autour de la victime, en quelques mois ou quelques années.

Taureau en Maison VIII

Le Taureau bien disposé, ne recevant pas d'afflictions planétaires, se doit d'apporter, ici, des terres et biens fonciers par dons, legs ou héritages. Mais si réjouissantes que soient ces perspectives, mieux vaudra travailler, les lenteurs tauriennes ne réservant qu'au vieil âge les félicités matérielles.

Les divorces, les associations, peuvent être sources de pensions ou de rapports substantiels. Et, compte tenu de l'affinité de la Maison avec les gains tombés du ciel, l'on gagne à risquer sa chance dans les tombolas de kermesses, fêtes foraines, où il y a des lopins de terre, des bestiaux, des voitures, des machines et gros appareils ménagers à gagner.

Taureau en Maison IX

La symbolique, ici, lève les bras au ciel! Cette Maison du rêve, des voyages, de la haute spiritualité ne saurait s'harmoniser à un signe réaliste, casanier, libertin. Cependant, l'application travailleuse peut s'exprimer au niveau supérieur des recherches et œuvres savantes exigeant une documentation massive, des aptitudes de compilateur et un cerveau champion en logico-mathématiques. Évidemment, l'ensemble du ciel doit se prêter à cette interprétation favorable. Sinon, en fait de savant, l'on aura plutôt un réfractaire, endurci dans le matérialisme et la réduction des belles envolées de l'âme à des motivations élémentaires. Au mieux, un esthète glanant dans la philosophie des fruits que l'on rumine en attendant la mort.

Taureau en Maison X

Ce n'est pas une position facilitant une ascension sociale rapide et aisée. Le choix du métier risque déjà de se faire dans les hésitations et embarras. Ou bien la carrière choisie est l'une de celles qui demandent de faire longtemps antichambre avant d'avoir droit au chapitre. D'autres parasitages sur l'ambition peuvent provenir de confrères, rivaux ou supérieurs obstruant l'horizon du succès par des actions spectaculaires qui éclipsent les aptitudes plus solides mais moins évidentes du Taureau. Pour sortir de l'ombre, il faut tôt ou tard frapper fort. Le Taureau bénéfique saura choisir son heure et l'on découvrira soudainement ses indispensables mérites après les avoir longuement exploités dans des rôles subalternes. Le Taureau maléficié tente sa sortie à contre-courant, au moment où sa maladresse va réconcilier sur son dos tous ceux qu'il pensait renverser.

Taureau en Maison XI

Le Taureau bénéfique en secteur XI dispense à ses amis et amies ses qualités d'indulgence, de serviabilité raisonnée, de bonhomie compréhensive. Puisque l'on est dans son clan, par un choix délibéré, il préfère se montrer sous un jour patient et réserver ses colères à ses ennemis. Une fois sa confiance accordée, il préfère endurer quelques bavures que revenir sur son sentiment. C'est par ce trait, d'ailleurs, que le Taureau dissonant en XI encourt divers abus de confiance, s'expose à de lourds mécomptes par l'aveuglement de ses choix. Dissonant, le Taureau en XI exerce sur ses relations amicales une emprise dominatrice qui appelle la trahison par légitime défense. Et, ce Taureau-là n'étant pas capable d'analyser objectivement ses responsabilités, les déceptions le renforcent dans une humeur de grogne et de tyran incompris.

Taureau en Maison XII

Les étoiles et le signe s'accordent pour accroître la rage des ennemis cachés. Si le Taureau agit favorablement, il ajoutera, en guise de consolation, la vitalité et le moral nécessaires à l'affrontement d'adversaires sournois, traîtres, ne reculant devant aucune basse manœuvre pour le succès de forfaitures qu'ils mettront au compte de leur élévation d'esprit.

Il faut préciser, avec les traditionalistes, que le Taureau en XII a de sérieuses dispositions pour exciter de puissantes inimitiés. Son manque de diplomatie, sa volonté réfractaire aux bluffs, rodomontades, esbroufes et verbiages, finissent souvent par l'opposer aux sots pontifiants qui ne supportent guère d'être démasqués. Et puis il irrite par son réalisme rebelle aux effets des phraseurs. Sa distance instinctive à l'égard des « mots pour les mots » menace de lui valoir très tôt l'antipathie des maîtres à parler. Dieu merci, il dispose d'une défense étalée dans le temps, paisiblement efficace.

Les Gémeaux dans les Maisons

Gémeaux en Maison I

Nature cérébrale et intellectuelle très réussie. Curiosité, désir de plaire par la parole. Tendances artistes avec un goût et un jugement esthétiques très sûrs, mais difficultés à réaliser des projets, des œuvres d'art, par manque de concentration et de persévérance.

Gémeaux en Maison II

La Maison des gains est occupée ici par l'insouciance désinvolte des Gémeaux : gains faciles, provenant de différentes activités, mais jamais très élevés. Souvent, le sujet a deux métiers, deux sources de revenus. La deuxième partie de la vie peut être plus fructueuse.

Gémeaux en Maison III

Les Gémeaux dans la Maison des écrits, de l'apprentissage, donnent de l'aisance et du brio dans les études, beaucoup de talent pour les langues étrangères, les traductions, tout ce qui concerne la communication par écrit. Ici, la réalisation des projets se fait plus intense.

Gémeaux en Maison IV

La famille, le foyer du sujet sont centrés autour d'intérêts mercuriens : jeux qui font intervenir la cérébralité, intellectualité très développée, lectures, mots croisés, etc. Il est aussi tenté d'enseigner aux enfants, et fait souvent un pédagogue brillant, surtout auprès de l'extrême jeunesse.

Gémeaux en Maison V

Les divertissements sont incessants, divers, et touchent à tous les domaines. Le sujet ayant les Gémeaux (signe double) en Maison V (le secteur des distractions) est parfaitement ludique, réceptif à tous les jeux, disponible pour toutes les « parties » possibles... difficile de l'amener à travailler autrement que dans ce qui touche au jeu.

Gémeaux en Maison VI

La désinvolture du signe facilite les obligations quotidiennes, qui sont prises avec légèreté, agilité, opportunisme. Les rapports avec les subalternes sont teintés de duplicité amusée, de complicité un peu défiante, d'intelligence sympathisante mais distante.

Gémeaux en Maison VII

La vie affective, les associations et les mariages, tout ce qui a trait à l'autre est « doublé » : possibilité d'avoir plusieurs partenaires, soit en amour, soit dans la carrière professionnelle ; les rapports entretenus avec les « alliés » sont imprégnés de la légèreté mercurienne, vive et dispersée.

Gémeaux en Maison VIII

L'intellectualité géminienne se branche sur la mort et ses dérivés : intérêt pour l'occultisme, le mystère de l'au-delà, ou bien le passé, l'archéologie. La curiosité sur ce qui se rapporte à la mort est très cérébrale et non mystique. Il peut y avoir plusieurs héritages dans la vie du sujet.

Gémeaux en Maison IX

Inspiration de caractère mystique, quête d'une certaine spiritualité, recherche d'objectifs supérieurs, avec préoccupations morales ou philosophiques. Grande envergure cérébrale. Les voyages jouent un rôle décisif dans la vie du sujet, mais ils peuvent être imaginaires.

Gémeaux en Maison X

La carrière est marquée, dans la première partie de la vie du sujet, par une certaine instabilité. Elle est soumise à des variations de directions dues à la versatilité du signe. Réussite pourtant certaine dans les occupations intellectuelles, l'enseignement, le journalisme, l'édition, ainsi que dans les professions qui exigent de petits voyages fréquents. Il y a souvent deux périodes très différentes dans la vie professionnelle du sujet (35/40 ans semblant être l'âge charnière).

Gémeaux en Maison XI

Beaucoup d'amis de type Gémeaux, c'est-à-dire intellectuels, avec un goût prononcé pour les jeux de l'esprit et du hasard, recherche de relations amicales du type fraternel (jumeau) avec lesquelles le sujet entre en complicité peut-être un peu trop familière...

Gémeaux en Maison XII

Ennemis rusés, intelligents, pleins de duplicité et d'habileté. Mais le Gémeaux n'étant pas persévérant, les médisances resteront superficielles, les épreuves passagères et les difficultés toujours moins graves que ce que le sujet craignait.

Le Cancer dans les Maisons

Cancer en Maison I

« Cette Maison est un point de départ (...) mais aussi d'arrivée. Elle peut représenter un retour éternel de phénomènes fondamentaux à répétition » (Lisa Morpurgo). Elle indique traditionnellement le lieu où s'expriment les composantes de la personnalité — et non du caractère — avec leurs possibilités d'évolution.

En I, le Cancer donne une tendance à l'introspection, à la fragilité psychologique, avec inquiétudes, peur d'autrui, curiosité pour l'irrationnel, l'inconnu, l'occulte.

Cancer en Maison II

En II, le Cancer donne un comportement de refus total ou partiel à l'égard des biens matériels. La carapace du crabe le protège, ici, de la dépendance « économique », de la recherche du confort, du « standing », etc. En revanche, il peut donner de l'imagination dans ce domaine, si bien qu'on verra des intérieurs ou des objets marqués par la fantaisie lunaire.

Cancer en Maison III

En III, le Cancer n'établit pas facilement de relations avec son entourage proche : frères et sœurs, camarades d'école, de lycée ou de faculté, et plus tard, voisins de palier! Provoque un blocage sur tout rapport facile et superficiel, sur les relations légères ou mondaines. Les informations par radio ou télévision sont honnies : on leur préfère la presse écrite.

Cancer en Maison IV

Le Cancer est ici dans ce qu'il est convenu d'appeler sa Maison. Celle de la famille, des enfants, du foyer, des bases à la fois parentales et filiales du sujet. C'est le lieu de sa personnalité intime, privée, et du lien très fort qui l'attache à ses origines. C'est une bonne Maison pour le signe, il s'y sent à l'aise, en sécurité, protégé du monde extérieur. Le sujet éprouve un goût profond pour la vie et les réunions de famille, sans étrangers.

Cancer en Maison V

La Maison V étant la Maison des plaisirs, des distractions, du trop-plein de vie, elle limite en Cancer — qui n'est pas, rappelons-le, un signe de santé ni même de grande résistance physique — à des joies simples : mots croisés après le travail, ou jeux de société paisibles, ou petits travaux d'artisanat. La distraction sociale, les sorties du soir sont considérées la plupart du temps, en Cancer, comme superflues, voire ennuyeuses. En revanche, le sujet privilégiera la distraction personnelle, qui fait intervenir l'imagination.

Cancer en Maison VI

C'est la Maison du quotidien, des petits travaux journaliers, des choses et des êtres qui dépendent du natif : la maison (pour la ranger par exemple), le bureau, le lieu de travail (pour les affaires courantes, le classement, le fonctionnel et le routinier). On mesure, dans cette Maison, la capacité du natif à recommencer tous les jours les mêmes petites corvées, à s'occuper régulièrement des mêmes petites tâches. En Cancer, signe de fantaisie, de petits changements permanents (à l'inverse du Verseau qui bouleverse tout), cette Maison VI est mal servie. Aucune discipline dans la hiérarchie des problèmes à régler, aucune méthode.

Cancer en Maison VII

La Maison VII représentant tout ce qui concerne les alliances et les associations, elle acquiert, en Cancer, des caractéristiques lunaires : sous-estimation de sa valeur propre, surestimation de la valeur des autres. Besoin d'être protégé, choyé, conforté, un peu comme un enfant, dans le mariage. Apporte, dans une association, un élément de création très fort, d'imagination et de renouvellement, mais participe de loin, sans vraiment se sentir impliqué (même s'il prend toujours ses responsabilités). Fondamentalement solitaire, intériorisé.

Cancer en Maison VIII

La Maison VIII étant celle de la mort (physique ou psychologique) et de la résurrection, elle a des affinités avec le Cancer : d'abord parce que le Cancer représente la fécondité, l'enfantement, donc la vie après la mort, ensuite parce que c'est un signe fort du point de vue de l'imagination créatrice.

D'où possibilité, pour la Maison VIII en Cancer, de recréer ou de reconstituer ce qui est mort. Au premier degré : le sujet fait revivre en imagination un parent mort. Au deuxième degré : il utilise, il recompose sa souffrance en créant.

Donne au sujet la possibilité de surmonter tout ce qui peut l'anéantir.

Cancer en Maison IX

C'est la Maison de la quête : spirituelle, philosophique ou géographique. Les limites cancériennes éclatent, le signe se laisse attirer par les grands espaces que suggère la Maison, les interrogations métaphysiques, métapsychiques, archéologiques ou ethnologiques.

Mais la femme Cancer, inhibée, fragile, qui doit toujours transporter sa coquille avec elle, peut freiner, surtout à partir de quarante-cinq ans, les grands voyages que propose ce secteur, le neuf, le nouveau, l'inconnu. Alors, les explorations se font en imagination, et l'invention cancérienne remplace son défaut d'énergie.

Cancer en Maison X

Cette Maison, à laquelle est attribuée la vocation d'un individu, son expression professionnelle dans ce qu'elle peut avoir de rayonnant, de remarquable, de volontaire, cette Maison, disais-je, n'est pas particulièrement à son aise en Cancer. Il existe une contradiction fondamentale entre la réserve timide et maladroite du signe et l'assurance, la confiance dynamique, l'autorité qu'appelle le secteur X.

En réalité, la contradiction est neutralisée si le sujet se réalise dans une profession nettement cancérienne où la création, l'invention, l'inattendu, l'étrange, le nouveau ont la meilleure part. Il faut éviter les carrières administratives, et, d'une manière générale, toutes celles qui excluent l'interprétation subjective, les initiatives personnelles, les décisions individuelles et autonomes.

Cancer en Maison XI

Lisa Morpurgo attribue à cette Maison une force toute particulière : « Elle est, en un certain sens, la section d'or du thème zodiacal. Elle indique la possibilité de parvenir à un examen objectif de soi-même et des circonstances, de s'adapter à ces dernières et au caractère d'autrui, en jugeant avec objectivité mais aussi indulgence, les besoins, les faiblesses, et les qualités des autres. (...) La Maison XI est celle de la tolérance, des idées larges, d'une volonté accommodante et compréhensive. »

En Cancer, les idées larges s'évadent dans l'imaginaire — souvent aux dépens du réel —, l'amitié acquiert malgré tout quelque chose de passionnel, d'exclusif, d'enveloppant, mais le sujet s'adapte particulièrement bien au milieu social dans lequel il a choisi d'évoluer après une dure sélection intérieure.

Cancer en Maison XII

On l'appelle la Maison du destin, de la fatalité. Je préfère dire que c'est la Maison des événements sur lesquels la volonté humaine ne peut agir : « les grandes épreuves de la vie », comme le dit encore Lisa Morpurgo. C'est le lieu où le natif s'isole, prend de la distance pour se préparer à la mort. Le Cancer, en ce secteur, donne la faculté de s'abstraire totalement du réel, l'imaginaire empiète alors complètement sur la vie et, si une planète lourde comme Saturne ne vient pas peser sur ce secteur, il donne une créativité inépuisable, un besoin de nier la fin des choses par une prolifération magique d'œuvres d'art, une production ininterrompue dans la solitude et l'isolement.

Le Lion dans les Maisons

Lion en Maison I

Cette Maison a trait au sujet dans ce qu'il a de plus représentatif et de plus évident. Elle concerne votre extériorité physique et la conscience que vous acquérez peu à peu de vous-même. Une Maison I fortement chargée signale un natif préoccupé avant tout de sa personne et faisant de celle-ci son principal centre d'intérêt : on voit tout de suite ce que ça peut donner dans le cas du Lion. Je crois bon, par ailleurs, de vous rappeler que la pointe de la Maison I s'appelle l'Ascendant. Toute planète située à proximité de l'Ascendant a de fortes chances d'être l'une des dominantes de votre thème.

Lion en Maison II

Cette Maison est censée renseigner sur votre attitude face à l'argent, sur vos aléas financiers, sur la nature de vos gains. Pour juger sainement de la question, l'astrologue peut bien se contenter de considérer vos planètes dominantes, ainsi que les aspects lunaires, jupitériens et vénusiens. Si, conformément à la Tradition, l'argent occupe une place prépondérante dans votre existence, cherchez plutôt de ce côté-là et regardez aussi où se trouve votre Ascendant : il est peut-être dans le signe thésauriseur et engrangeur du Cancer. Pour l'astrologue qui s'obstine à déceler dans le thème des événements et des faits précis, une Maison II en Lion est un indice de fortune et de réussite financière, quoique certains auteurs vous jugent suprêmement désintéressé et attiré par des métiers plus honorifiques que lucratifs. Pour ce qui est de la source des gains, on mentionne habituellement l'enseignement, le spectacle et les commerces de luxe.

Lion en Maison III

Les attributions classiques de cette Maison sont multiples : rapports avec frères et sœurs, cousins et voisins, petits déplacements, correspondance, publications littéraires, intelligence pratique, enseignement primaire. Les compilateurs classiques parlent de prix littéraires, de frères haut placés, de déplacements profitables, se cantonnant surtout aux réunions mondaines et aux spectacles. Si vous avez vraiment la bougeotte et si vous êtes pris d'une frénésie de communication et d'énergie, voyez plutôt la force de votre Mercure, de votre Mars et de votre Lune. Quant à votre Ascendant, il pourrait se situer dans les derniers degrés des Gémeaux, ça expliquerait aussi bien des choses.

Lion en Maison IV

En analogie avec sa position au Fond-du-Ciel, la Tradition associe à cette Maison tout ce qui constitue la souche, les bases, les racines profondes. Elle concerne donc l'atavisme, l'hérédité, le terroir, le domicile, la famille. Pour faire bonne mesure, on y rajoute aussi la fin des choses, les trésors cachés, la sépulture et l'héritage de propriétés. Du Lion en Maison IV, nos élucubrateurs à chapeau étoilé s'accordent à déduire une prestigieuse galerie d'ancêtres ou tout au moins des parents haut placés. Ce qui ne laisse pas de rendre perplexe si l'on songe que les frères et sœurs d'une même famille ont très rarement la Maison IV dans le même signe.

Lion en Maison V

Cette Maison concerne vos amours, votre progéniture, vos œuvres, vos amusements et vos spéculations. Dans la logique de l'astrologie traditionnelle, avec l'appoint du Lion, vos amours ne sauraient être qu'ardentes et dignes, votre progéniture remarquable, vos œuvres brillantes, vos amusements fastueux et vos spéculations fructueuses. Si ça n'est pas tout à fait le cas, plutôt que de vous adresser à un bureau des réclamations, qui d'ailleurs n'existe pas, cherchez l'explication du côté de vos planètes et signes dominants, tenez compte de la position et des aspects de la Lune, de Vénus, de Neptune et de Jupiter. A mon humble avis, vous auriez mieux fait de commencer par là, les déductions sont nettement plus sûres.

Lion en Maison VI

Cette Maison met l'accent sur vos problèmes de santé, sur votre travail dans son côté terre à terre et astreignant, sur vos relations avec les subordonnés, les petites gens, les oncles et les tantes, les animaux domestiques. Quant aux oncles, tantes et menues bestioles, le Lion se sent à leur égard un peu amoindri.

Lion en Maison VII

Logiquement, le Lion en Maison VII devrait vous conduire, plus que jamais, à percevoir le conjoint, le partenaire, l'adversaire ou l'associé d'après votre propre image. Selon votre dominante planétaire, vous êtes incité à modeler de force vos vis-à-vis à ladite image, ou bien vous vous contentez de vivre vos aspirations léoniennes par délégation, par le biais d'un complémentaire en qui vous avez décelé de prometteuses potentialités.

Lion en Maison VIII

Si l'on en croit la Tradition, avec une Maison VIII fortement occupée, votre existence, d'une manière ou d'une autre, sera marquée par la mort et par ses conséquences. Les deuils, les testaments, les héritages sont censés prendre une importance toute particulière. Ou alors, vous vous contentez de brasser des idées morbides et suicidaires et de mettre la mort au centre de toutes vos théories. Moins macabrement, cette Maison est également en rapport avec l'argent du conjoint et des associés. L'astro-psychologie, d'une façon plus générale, en fait la Maison des crises, des transformations, des régénérations et de la sexualité. On devine ce que peut donner, dans l'optique du traditionaliste, le Lion en Maison VIII : la mort pas accident cardiaque, le grandiose héritage, les honneurs posthumes et autres joyeusetés.

Lion en Maison IX

Pour la Tradition, c'est la Maison des grands élans vers le lointain et vers le spirituel : elle concerne aussi bien les longs voyages et les rapports avec l'étranger que l'intelligence spéculative, la religion, la philosophie, l'enseignement supérieur. L'interférence avec le Lion est censée apporter générosité et noblesse de pensée, hautes fonctions universitaires, diplomatiques ou ecclésiastiques, attrait pour les longs périples honorifiques et représentatifs. Cela peut se vérifier surtout, à mon humble avis, en cas de dominance plutôt harmonique de Mars, Jupiter, Saturne et Neptune. Mars met l'accent sur le goût de l'action, de l'entreprise et de l'aventure. Jupiter insiste sur le côté officiel et pontifiant. Saturne favorise la réflexion, la méditation et le détachement, tandis que Neptune sensibilise à l'inconnu, au collectif, à l'universel et à toute autre transcendance qu'il vous plaît d'imaginer. Notons pour finir qu'une planète située dans les quinze derniers degrés de cette Maison peut être considérée comme conjointe au Milieu-du-Ciel et qu'elle a par conséquent de sérieuses chances de figurer parmi les dominantes de votre thème.

Lion en Maison X

Cette Maison importante, qui valorise les planètes qui s'y trouvent, concerne la façon dont vous vivez votre carrière, votre engagement socio-professionnel dans ce qu'il a de plus officiel et de plus formel. Pour les astrologues qui interprètent un thème en y cherchant des événements, elle renseigne sur les chances de succès, la célébrité éventuelle, les honneurs, le pouvoir que vous pouvez acquérir, et naturellement sur les éventualités contraires : les risques d'échec, de déshonneur, de chute. Comme on s'en doute, pour les manuels classiques, la présence du Lion dans ce secteur est éminemment prometteuse : autorité, vedettariat, brillante ascension, réussite magistrale dans les domaines de l'art, de l'éducation, de la politique, de la mode, de la joaillerie, du théâtre et j'en oublie certainement.

Lion en Maison XI

Cette sympathique Maison a trait aux amitiés, aux espérances et aux projets. Selon l'interprétation la plus traditionnelle, le Lion dans ce secteur devrait vous valoir des amis brillants, fidèles, enthousiastes et quelque peu dominateurs, des relations puissantes et des protections en haut lieu. Vos projets, enfin, ne sauraient qu'être empreints de grandeur, de noblesse ou d'outrecuidance. En fait, pour que votre vie amicale soit euphorique, détendue et sans problèmes, il suffit bien d'une dominance harmonique des planètes Jupiter, Vénus, Mercure et Lune.

Lion en Maison XII

Comme le chanterait Brassens, dans les thèmes sans prétention, elle n'a pas bonne réputation, cette fichue Maison XII... On lui attribue en effet les épreuves majeures et les grands chagrins. Maladies chroniques, hospitalisations, exils, emprisonnements sont de son triste ressort. Elle passe pour prédisposer à une existence marquée par le secret, les choses cachées...

La Vierge dans les Maisons

Vierge en Maison I

La pointe de la Maison I étant délimitée par l'Ascendant, le sujet est donc Ascendant Vierge, ce qui lui confère les principaux traits de caractère du natif de la Vierge : sous-estimation de soi-même et de sa valeur, concentration obsessionnelle des forces vers un seul objectif, irréprochable conscience professionnelle, émotions refoulées, difficultés relationnelles par timidité, peur d'autrui.

Vierge en Maison II

Cette position indique une attitude parcimonieuse vis-à-vis des biens matériels. Une certaine avarice est probable, mais elle est limitée aux petites choses. Toutefois, le sujet n'ayant pas de besoins très importants, il doit réussir à s'accommoder d'une existence un peu chiche. La prudence naturelle du signe interdit les spéculations hasardeuses ou les risques excessifs. Le sujet gère son budget avec sagesse.

Vierge en Maison III

La timidité inhérente au signe freine quelque peu les contacts avec le milieu social. Le sujet demeure sur la défensive, et met un certain temps à se sentir détendu, en confiance avec de nouvelles connaissances. S'il ne fait pas un usage immodéré du téléphone, il se livre plus facilement par lettres. Sa correspondance épistolaire sera soigneuse, méthodique et, dans l'ensemble, assez fournie.

Le sujet est plutôt sédentaire, il renonce souvent aux possibilités de petits voyages.

En revanche, l'intelligence pratique est très développée. Les réalisations à court terme sont favorisées, les occasions sont exploitées habilement.

Vierge en Maison IV

Le sujet se satisfait dans un cercle familial étroit. Peu attiré par les mondanités, il ne se sent bien qu'en petit comité. Sédentaire, il aime ses habitudes et peut se montrer tatillon, au risque d'incommoder les membres de sa famille.

Le foyer domestique est surtout considéré sous l'angle le plus utilitaire. Le sujet aimera vivre dans un décor simple, avec un mobilier solide et fonctionnel. Il fera passer au second plan les critères d'ordre esthétique.

Les rapports avec les parents ne sont pas très chaleureux, mais ils sont plutôt fondés sur le respect et la déférence. Cependant, du fait d'un grand attachement aux traditions, les vertus « travail-famille-patrie » sont exaltées.

Vierge en Maison V

Le besoin de sécurité affective est important. Le sujet ne fait sans doute pas passer sa vie sentimentale au premier plan (à moins, bien sûr, que des planètes d'affectivité ou de sensualité n'occupent ce secteur).

La pudeur freine la sensualité. Le sujet n'apprécie pas les aventures sans lendemain. Il préfère une liaison stable, durable, mais pas trop envahissante. Il ne sait pas vraiment se détendre ou se distraire, encore moins perdre du temps. Quoi qu'il en soit, le sujet préfère les plaisirs calmes (lecture, jeu de cartes) aux loisirs de groupe ou aux sports exigeant une grande dépense physique.

L'amour pour les enfants ne se traduit pas par des démonstrations débordantes, mais plutôt par un soin très attentif porté à leur hygiène, à la propreté de leurs vêtements.

Vierge en Maison VI

Il existe de grandes affinités entre le secteur et le signe. Le sujet est très consciencieux, très méticuleux dans son travail. Il accomplit à la perfection les tâches de routine. Ses principales qualités : l'ordre, la méthode, le sens de l'organisation. Par contre, il risque de manquer d'envergure et de se contenter de postes subalternes sans réel rapport avec ses capacités. Il a facilement une mentalité de « rond-de-cuir ». Les rapports avec les collaborateurs sont généralement satisfaisants. Le sujet sait se montrer serviable et dévoué.

Les servitudes de la vie quotidienne sont bien acceptées, et les corvées domestiques accomplies avec diligence et efficacité.

Vierge en Maison VII

D'une façon générale, les rapports avec les autres sont fondés sur la sélectivité. Le sujet ne se lance pas à l'aveuglette dans le mariage ou dans toute autre forme d'association. Il n'apprécie pas à proprement parler la solitude, mais choisira cette solitude plutôt que de consentir à une union mal assortie.

Une autre tendance du signe (qui devra être renforcée par d'autres configurations du thème) incitera au contraire le sujet à faire un mariage de raison ou d'intérêt, surtout si, à force de tergiverser, il a raté « les bonnes occasions ».

Vierge en Maison VIII

L'idée de la mort n'est pas une source d'angoisse insoutenable dans la mesure où le sujet accepte, au départ, son caractère inéluctable et implacable. Mais sa prévoyance et son réalisme l'incitent à prendre des dispositions d'ordre purement pratique et à s'assurer que sa famille ne manquera de rien après sa disparition.

Le sujet peut faire preuve d'exigence tatillonne en ce qui concerne les problèmes d'héritages. S'il se sent (à tort ou à raison) floué, il peut révéler certaines tendances mesquines.

L'attitude vis-à-vis de la sexualité est assez ambiguë. Le sujet, dans son exigence de « pureté », s'accommode mal d'avoir des besoins sexuels importants. D'où des risques de complexes, d'inhibitions débouchant sur des frustrations.

Vierge en Maison IX

La prudence restrictive du signe freine l'invitation au voyage. Cependant, la curiosité intellectuelle du sujet peut avoir raison des hésitations. Mais cette personne a besoin d'organiser

Le Grand Livre du Capricorne

méthodiquement ses longs déplacements. Elle ne laisse jamais rien au hasard. Ce n'est pas elle qui partira « le nez au vent » à l'aventure.

La prédominance de la fonction pensée chez la Vierge met toutefois l'accent sur le développement des connaissances. Le sujet est très soucieux d'élargir constamment son horizon intellectuel. Il a de grandes aptitudes pour les études, d'autant qu'il a un goût marqué pour les diplômes. L'acquisition des connaissances se fait « dans les règles ». Le sujet, très attentif et appliqué, aime s'entourer de professeurs susceptibles de le conseiller utilement. Quel que soit le domaine concerné, il aime prendre des leçons et se révèle un élève assidu.

Le sujet peut également, dans certains cas, se dévouer totalement à une cause qu'il estime juste, voire se sacrifier au nom d'un idéal.

Vierge en Maison X

La Maison X exprime les tendances à la lutte pour la réussite sociale, et le degré d'ambition. Or, le signe de la Vierge pécherait plutôt par excès de modestie.

Le sujet peut avoir tendance à se sous-estimer, et l'essor de sa carrière risque de s'en ressentir. Néanmoins, dans les limites qu'il s'impose, il tient à réussir, et sa conscience professionnelle, son sens de l'organisation sont ses plus précieux atouts.

La conquête d'une position sociale élevée peut, en revanche, devenir un objectif majeur en cas d'angularité (au Milieu-du-Ciel, notamment) d'une planète de représentativité : Soleil, Jupiter ou Uranus. Dans ce cas, le professionnalisme et la compétence, caractéristiques du signe, deviendront des facteurs déterminants de réussite, en particulier dans les carrières administratives et publiques.

Vierge en Maison XI

Le sujet choisit ses amis en fonction d'affinités sélectives. Il en a très peu, mais ceux-là sont triés sur le volet. Il cherche surtout à s'entourer d'êtres intelligents ou très cultivés. Comme il fait rarement les premiers pas, ce sont les autres qui doivent venir à lui. Mais une fois qu'il a accordé son amitié, c'est généralement pour la vie. Cependant, il peut arriver qu'une amitié de plusieurs années soit rompue brusquement du fait de la sévérité morale excessive du sujet. Celui-ci ne supporte pas d'être déçu.

Cette personne fuit les mondanités, préférant les ambiances intimes, tranquilles. Par extension, elle se refuse à cultiver « les relations utiles » et choisit, délibérément, de ne pas exploiter certaines occasions.

Vierge en Maison XII

Les grandes épreuves de la vie sont généralement acceptées avec fatalisme. Elles peuvent également être l'occasion, pour le sujet, de révéler sa grandeur d'âme ou son abnégation. Cependant, les risques de renoncement *a priori* ne sont pas exclus, d'autant plus que la lucidité se double de pessimisme. C'est la déchéance physique ou intellectuelle que le sujet aura le plus de mal à assumer.

Il arrive que le détachement des objets matériels soit plus difficile à réaliser que le détachement moral de soi-même.

La Balance dans les Maisons

Balance en Maison I

L'Ascendant en Balance est l'un des plus chanceux du Zodiaque : douceur, diplomatie, charme, dons artistiques, volonté accorte et cependant tenace, mènent irrésistiblement le natif à la réussite de ce qu'il entreprend.

Balance en Maison II

Les dépenses ont un caractère vénusien. Ce sont celles qui sont liées, entre autres, aux réceptions que l'on donne, ou aux sorties faites avec des amis. D'autre part, la création d'un cadre de vie agréable et raffiné peut entraîner d'importantes dépenses susceptibles de déséquilibrer un budget.

L'équilibre est justement un mot clé de la Balance, mais c'est un équilibre bien souvent instable, et la situation financière risque d'être fluctuante. Cependant, malgré les hauts et les bas, on peut penser qu'en raison de la protection de Vénus la situation ne sera jamais vraiment désespérée.

Balance en Maison III

La Maison III concerne généralement l'intelligence concrète du sujet, ses dispositions et ses moyens d'expression, le langage et les écrits. Autrement dit, tout ce qui lui permet d'entrer en contact avec l'entourage.

Comme la Balance est un signe d'Air, l'intelligence sera mobile, souple, prompte, fantaisiste, sensible à la beauté, mais trop soumise aux influences changeantes venues de l'extérieur : Le sujet cherche à plaire et à faire partager ses opinions à son entourage. Le badinage est un mode d'expression qui le séduit et dont il use facilement.

Balance en Maison IV

Si rien ne vient modifier profondément les dispositions naturelles de la Balance, le sujet grandira dans un foyer harmonieux. Il est possible qu'on y cultive un art de vivre raffiné, de sorte que l'enfant baignera dans un climat favorable à l'éclosion de dispositions artistiques.

Il est fort probable que le sujet crée son propre foyer à l'image de celui de ses parents. La Balance, qui est un signe de fête, peut lui donner le goût des réceptions, et sa maison sera largement ouverte aux amis.

Balance en Maison V

La nature de la Balance semble particulièrement bien accordée à celle de la Maison V, de sorte que le signe renforce les manifestations propres à ce secteur. Ce qui revient à dire que le sujet est naturellement porté vers les distractions et l'art. Une femme sera peut-être encore plus sensible qu'un homme aux effets de cette configuration. Elle se montrera enjouée et coquette, raffinée et élégante et sa distinction naturelle la gardera de toute vulgarité. Les effets d'une Balance et d'une Maison V affligées mettent en jeu l'instabilité du signe.

Balance en Maison VI

Le travail ne devrait pas être trop pénible; il peut s'exercer dans un cadre agréable et élégant, par exemple une parfumerie, un magasin de fleurs, une galerie de peinture. Parfois, des préoccupations artistiques ou juridiques sont liées au travail. Le sujet entretient de bons rapports avec ceux qui travaillent sous ses ordres. Il comprend leurs difficultés et s'efforce de faciliter leur tâche. En retour, il jouit de leur confiance et de leur attachement. C'est ainsi que se nouent parfois des idylles entre patrons et employés qui, dans certains cas, aboutissent au mariage.

Balance en Maison VII

Malgré la fougue que lui vaut un Ascendant Bélier, le sujet s'efforce d'avoir des relations harmonieuses avec autrui et il est ouvert à toutes les formes d'associations. La première, c'est évidemment le mariage. Il ne conçoit pas d'autre forme d'union et, dans sa vie, les relations conjugales tiennent une place importante. Il est même prêt à faire des concessions pour parvenir à l'équilibre intérieur qu'il attend du mariage.

Son besoin d'harmonie dans ses relations extérieures lui fait rechercher les associations et les collaborations. Il en retire le sentiment d'une insertion réussie dans la société dont il se veut un membre à part entière.

Balance en Maison VIII

La présence de la Balance en Maison VIII permet d'espérer que le caractère vénusien du signe favorisera une mort naturelle et douce.

La Balance faisant intervenir l'idée de mariage, on peut penser à un veuvage précoce et, éventuellement, à un héritage provenant du conjoint, du fait d'une donation entre époux. Mais des héritages venant des associés sont possibles.

Enfin, dans sa vie sexuelle, le sujet devrait faire preuve de mesure et de délicatesse, tout en s'efforçant de communier avec son partenaire car, pour lui, il n'est de vrai plaisir que partagé.

Balance en Maison IX

La présence de la Balance dans la Maison IX implique la possibilité d'un mariage dans un pays étranger où le sujet peut être amené à faire sa vie. Ou bien c'est le conjoint qui vient de l'étranger et qui a été connu à l'occasion d'un voyage lointain.

Ces voyages à l'étranger peuvent être de simples voyages d'agrément qui procurent de grandes satisfactions au sujet tout en enrichissant ses connaissances. A moins que ces voyages n'aient été entrepris pour signer des contrats à l'étranger (éventuellement avec des éditeurs).

Balance en Maison X

Les qualités vénusiennes que la Balance apporte dans la Maison X sont de nature à favoriser la carrière du sujet en aplanissant son chemin. La sensibilité qu'il manifeste dans l'exercice de sa profession, son charme qui agit sur les gens avec lesquels son travail le met en contact, les relations que sa nature sociable le pousse à nouer avec ses collègues et ses chefs, sont autant d'atouts qui facilitent son évolution sociale. D'autant plus qu'ils se combinent de façon très heureuse avec la chance dispensée par Vénus.

Le mariage ou une association peut influer sur la carrière; ils sont parfois l'occasion pour le sujet d'élargir le champ de ses activités ou même de changer de profession.

Balance en Maison XI

La Balance est aussi favorable en Maison XI qu'elle l'était en Maison V. En effet, comment ce signe, qui est éminemment sociable, ne créerait-il pas les meilleures conditions pour permettre au sujet de se faire des amis? D'autre part, l'on sait que les contrats sont du ressort de la Balance. Enfin, la gentillesse, la délicatesse et le charme de ce signe contribuent efficacement à resserrer les liens d'amitié existants.

La Balance donne également une indication sur l'origine des amis. Ils pourraient venir d'un milieu où l'on cultive les arts. A moins qu'ils ne soient eux-mêmes artistes.

Balance en Maison XII

La Maison XII n'est pas une Maison de joie (comme la Maison V). Les seules joies qu'elle dispense sont les joies spirituelles. Mais nous venons de voir qu'on ne peut les atteindre qu'après avoir parcouru son « chemin de croix ». Il ne faut donc pas attendre de cette Maison beaucoup de bienfaits dans la vie ordinaire. Cependant, la présence de la Balance dans ce secteur peut atténuer les chocs du destin. Même ici, Vénus, la déesse compatissante, ne renonce pas à étendre sur les humains son manteau protecteur. Aussi les ennemis cachés seront-ils moins virulents.

Le Scorpion dans les Maisons

Scorpion en Maison I

Le Scorpion en I est à l'Ascendant. Même s'il est vide de planètes, il marque profondément le natif.

Le Scorpion en première maison donne une bien plus grande énergie au natif; il étoffe sa personnalité de cette âpreté, de cette persévérance, de cette volonté de puissance qu'ont les gens du signe. Le sujet lutte contre le groupe pour s'imposer. Actif, entreprenant, il tend à diriger les siens au point de devenir parfois tyrannique. Il profite des révolutions, des situations conflictuelles — qu'il sait, d'ailleurs, provoquer — pour en sortir vainqueur. Passionné mais très lucide, l'Ascendant Scorpion donne du réalisme, du courage... et le pardon difficile.

Scorpion en Maison II

Dans ce secteur concernant les biens du natif et son aptitude à acquérir (ou à perdre), le Scorpion n'est pas trop mal placé. Son réalisme et son activité persévérante lui assurent souvent un bon job, assez stable, parfois même assez brillant. Réussite dans les professions de Mars et d'Uranus (militaires, ingénieurs, hommes politiques, inventeurs, aviateurs, techniciens dans les secteurs de pointe).

Le Scorpion n'est pas avare : il dépense à la fois de façon impulsive et avec arrière-pensée. Il est souvent généreux.

Scorpion en Maison III

Cette Maison renseigne l'astrologue sur l'intelligence du natif, sur ses capacités à établir des relations de cause à effet, sur son agilité d'esprit. Également, dans cette Maison, les relations avec tout ce qui est proche : entourage, frères et sœurs, voisins, petits voyages...

Le Scorpion, dévoré de curiosité et malin comme un singe, n'est pas mal situé dans cette Maison. Curiosité scientifique, vocation de chercheur (chimie, biologie, parapsychologie...), aptitudes à la littérature, au journalisme, à l'enseignement, on peut trouver tout cela dans un Scorpion en Maison III.

Scorpion en Maison IV

Ici est logé tout ce qui concerne le foyer du natif : sa famille d'origine, son père, sa mère, les biens de sa famille ascendante; la famille dans laquelle il vit, son patrimoine; et, enfin, sa vieillesse.

Le Scorpion, dans cette Maison, donne une ambiance assez dure où le natif est contraint de refouler ses instincts. Ce n'est pas une position très favorable pour le foyer. A moins de très bons aspects on peut craindre des divergences familiales très vives, toutes espèces de ruptures violentes, un divorce... Le foyer est malheureux ou négligé. Le natif peut être orphelin de père ou de mère, ou éprouver un deuil à son foyer. Les valeurs du Scorpion sont trop différentes de celles symbolisées par la Maison IV : notre animal n'est pas, en principe, très doué pour l'intimité bourgeoise. Le Scorpion en IV n'est pas favorable aux biens immobiliers et au patrimoine familial, qui souffre de l'ambiance tendue du foyer.

Scorpion en Maison V

Drôle de panier où la Tradition jette pêle-mêle les enfants, les amours (non légalisées), les spéculations boursières ou financières, les loisirs, les désirs, les réalisations, les publications, les jeux... Cela surprend notre logique rationaliste du XXe siècle mais on constate tous les jours que la Tradition a ses raisons... Et que cela marche très bien!

Le Scorpion, lui, ne marche pas très bien dans cette Maison, trop légère pour lui. Ses enfants, s'ils sont brillants, sont parfois difficiles de caractère ou de santé fragile. En thème féminin, les mauvais aspects prédisposent aux grossesses et accouchements pénibles. La sexualité du Scorpion est puissante : passions intenses et jamais « platoniques ». Les impulsions sexuelles, violentes et incontrôlables, amènent des ruptures brusques après lesquelles l'amour peut se changer en haine.

Scorpion en Maison VI

La Maison VI n'est pas un palais, c'est plutôt une usine ou un hôpital... Le Scorpion, là-dedans, travaille bravement, le pauvre, à des travaux assez durs; mais il finit par s'en sortir, surtout dans ses domaines préférés : médecine, chirurgie, pharmacie, psychiatrie, police, recherche scientifique... Cette situation astrale donne des subordonnés difficiles à commander et, pour le sujet, une peine infinie à s'élever jusqu'aux tout premiers postes. La santé n'est pas très brillante.

Scorpion en Maison VII

Le Scorpion en VII décrit un conjoint difficile, pas forcément du signe solaire du Scorpion, mais marqué par Mars, Pluton et Uranus. Ni souple, ni accommodant, jaloux et agressif. Beaucoup de discussions et de bagarres en perspective. Cependant, le mariage tient grâce à un attrait physique réciproque. Les conjoints ont des relations physiques fréquentes. Le partenaire indiqué par le Scorpion en VII est très attaché à ses enfants. Finalement, le mariage est plus solide qu'on ne le croit, et le conjoint, fidèle et dévoué. Il se dissout plutôt par la mort de l'un des partenaires que par un divorce.

Scorpion en Maison VIII

Sur la carte du Ciel chaque Maison correspond à un signe : ainsi, la Maison I correspond au Bélier. C'est le lieu où le Soleil se lève, le commencement du jour, qui correspond par analogie avec le commencement de l'année sous le Bélier. La Maison II correspond au Taureau, la III aux Gémeaux, etc. Ainsi de suite jusqu'à la VIII, qui correspond analogiquement au Scorpion.

Dans cette Maison est localisé tout ce qui touche à la mort du natif et, aussi, tout ce qui se rattache à la mort des autres, lorsqu'elle le concerne : héritages, par exemple. Par analogie avec le Scorpion cette Maison renseigne aussi sur la sexualité du natif (selon certains auteurs).

Scorpion en Maison IX

Tout ce qui est lointain. La Maison IX se comprend mieux par référence au Sagittaire, cet homme de désir, ce chevalier errant, qui a toujours envie d'être ailleurs, plus haut, plus loin, plus brillant...

Le Scorpion n'est pas si mal hébergé dans cette Maison qui oriente son esprit vers les sciences de la vie et de la mort : biologie, physique, thanatologie, occultisme et, même, astrologie! Le Scorpion en IX aime la recherche scientifique et s'y applique souvent avec passion. Mais ce qu'il adore par-dessus tout, ce sont les théories farfelues sur la « vie après la mort ». Cela peut le rendre mystique, rêveur, philosophe... Les voyages, dans cette Maison et pour lui, sont à hauts risques mais il aime cela, justement.

Scorpion en Maison X

Le Milieu-du-Ciel est un « angle » important du thème et toute planète, tout signe, qui s'y trouve, prend un relief particulier. On regarde le Milieu-du-Ciel en levant les yeux; c'est le zénith, le point le plus haut où monte le Soleil dans sa course quotidienne : il indique les possibilités de réussite sociale et professionnelle du natif. En opposition à la Maison IV — celle du père — le Milieu-du-Ciel est aussi, accessoirement, la Maison de la mère du natif.

Les gens célèbres, ceux qui ont brillamment réussi dans leurs entreprises, ont presque toujours un Milieu-du-Ciel soit habité par un amas de planètes, soit occupé par une seule planète dignifiée et très aspectée; ou encore, un signe, mis en valeur par le reste du thème, attire l'attention sur ce Milieu-du-Ciel.

Scorpion en Maison XI

Espace, liberté, égalité, fraternité... C'est le sens de la Maison XI, qui correspond analogiquement au signe du Verseau. Celui-ci est donc le signe de l'amitié, des mass-médias, des idées généreuses, plus ou moins révolutionnaires. Amitiés, désirs, et projets, publicité, tout ce qui circule sur les ondes rentre dans cette Maison.

Le Scorpion apporte une coloration particulière à la Maison XI. Certains auteurs lui octroient peu de popularité mais cela dépend des planètes qui s'y trouvent hébergées, des aspects reçus, etc.

Scorpion en Maison XII

Le sujet est particulièrement vulnérable aux maladies du signe (voies génito-urinaires, maladies vénériennes) lesquelles entraînent ici, plus qu'en aucune autre Maison, des hospitalisations et des opérations (avec Mars mal aspecté). Risque de mort à l'hôpital, ou dans un endroit isolé et confiné. Les maladies chroniques sont, ici, particulièrement pesantes.

Pourtant, avec un bon thème et pas de mauvais aspect, cette position est très favorable à une brillante réussite professionnelle, dans le domaine médical (chirurgie, biologie) ou paramédical (psychiatrie, psychologie).

Le Sagittaire dans les Maisons

Sagittaire en Maison I

C'est la force d'expansion, de démonstration solaire, de magnanimité, qui s'épanouit dans toute sa splendeur. L'individu est chaleureux, extériorisé, combatif et entreprenant. Il aime, sauf si des aspects contraires dans le thème viennent contrarier sa nature, entreprendre, se battre et gagner. Beaucoup de luminosité, de réussite et d'atouts « chance » dans cette combinaison.

Sagittaire en Maison II

C'est au domaine des biens et de l'argent que touche le Sagittaire : il facilite les gains, les spéculations financières, il donne des aptitudes extrêmement appréciables dans le domaine de la gestion — de patrimoine ou d'entreprise. L'argent est aisé, aisément gagné ou bien il existait de toute éternité. Possibilités, également, d'héritages.

Sagittaire en Maison III

Il donne à la Maison de l'échange, de la communication, des petits voyages, des frères et sœurs, une richesse très particulière : le sujet est enclin à donner généreusement, tant du point de vue moral que du point de vue financier, à son entourage proche. Il cherche même, souvent, à devenir le Pygmalion des personnes qu'il aime, au risque de s'oublier lui-même. Configuration très bonne.

Sagittaire en Maison IV

Nous voici dans la Maison de la famille, du foyer, de l'ascendance et de la descendance du sujet. Peu d'affinités entre le signe et ce secteur. Tiraillements entre le désir sagittarien de voyager de par le monde, d'occuper de son ambition de grands espaces, et la nécessité cancérienne (la Maison IV symbolise le Cancer) de s'enfermer, de se protéger dans un espace clos.

Sagittaire en Maison V

Donne trop d'attirance pour les distractions, les fêtes, les changements, les jeux, la chasse. C'est un organisateur-né de festivités, de grands jeux, de réceptions. Toutes les manifestations qui rassemblent les êtres humains pour les divertir ont la faveur de ce sujet. Chance et réussite dans ce qui concerne les activités de ce secteur.

Sagittaire en Maison VI

La Maison VI est celle des subordonnés, des petites tâches quotidiennes, des êtres et des choses qui dépendent du sujet dans ses activités journalières. Le Sagittaire ne s'y sent pas spécialement à son aise car c'est un signe d'espace, de grandeur, de mouvement, d'initiatives nouvelles, et le quotidien l'ennuie. Voilà une position qui lui donne de l'impatience dans la vie de tous les jours bien qu'elle rende ses relations très faciles et chaleureuses avec ses employés ou ses subordonnés, ainsi qu'avec ses animaux domestiques.

Sagittaire en Maison VII

Le Sagittaire, signe légaliste et respectueux des lois établies dans une Maison liée aux contrats, aux associations, aux alliances et au mariage, donne au sujet le goût d'officialiser toute association, de la rendre légale et de la faire reconnaître. L'expansion, la chaleur, la générosité du signe se trouvent en harmonie très heureuse avec les signifiants de la Maison : époux (ou épouse), associés, collaborateurs, etc.

Sagittaire en Maison VIII

Ce qui touche à la mort, aux héritages, est mal ressenti par un signe qui met au premier plan la vitalité, l'activité et l'efficacité en tous domaines. Pour le Sagittaire, la mort n'existe pas et si le sujet s'y trouve confronté, (mort des parents ou du conjoint) il peut en être profondément perturbé.

Sagittaire en Maison IX

Ce secteur est en accord parfait avec le signe. Les voyages, spirituels aussi bien que réels, marquent très fort cette combinaison. Largeur de vues, courage, sagesse, aspirations morales, religieuses ou philosophiques très élevées. Déploiement d'énergie et de volonté dans l'amélioration de la personnalité.

Sagittaire en Maison X

Brillante position. Recherche des honneurs, de la popularité, de distinctions dans tous les domaines. Le désir de réussite sociale est très fort et peut dominer l'ensemble du caractère. Cette configuration fait souvent des personnalités remarquables et remarquées.

Sagittaire en Maison XI

Ce Sagittaire dans la Maison de l'amitié, de la sagesse, du recueillement, du sens politique à long terme donne beaucoup de sérénité chaleureuse, de bienveillance calme au sujet. Les amitiés sont fortes et durables, protégées et protectrices. Le temps joue un rôle important dans cet aspect, tant du point de vue social et professionnel que du point de vue privé.

Sagittaire en Maison XII

Rétraction du signe ouvert et expansif du Sagittaire dans une Maison d'isolement et de solitude. Peut faire faire beaucoup de voyages solitaires et provoquer de longues éclipses dans les amitiés. Comme c'est aussi la Maison de la transcendance, le signe permet de surmonter, par son énergie, la solitude, et la transforme en atout.

Chapitre VI

D'autres influences à découvrir

Anton Tchekhov. Ce Capricorne, au beau visage tourmenté, entreprit de décrire la vie médiocre et absurde des hobereaux russes. La tristesse et le désespoir se dégagent de cette œuvre très saturnienne.

Les Images Degrés

Le cercle est fait de 360 degrés. Chacun de ces degrés, en fonction d'une Tradition très diversifiée, semble contenir sa propre valeur symbolique, évoquer une image sur laquelle chacun aura le loisir de méditer, un peu à la façon dont on réfléchit sur l'hexagramme du I-King qu'on a interrogé.

La Tradition, autour de ces degrés, est complexe, son origine peu claire, ses traducteurs parfois en désaccord. Mais il semble que chacun ait perçu une dimension, un dynamisme propre au degré, une résonance qui passent de façon très subjective dans la façon dont le degré est décrypté. Car l'image, les images associées à ces degrés, doivent parler par elles-mêmes, suivre en tout lecteur concerné leur propre trajectoire symbolique et métaphorique. Imposer une transcription est sans doute une erreur. C'est pourquoi je me limiterai ici à l'évocation la plus spontanée que les degrés symboliques éveillent en moi, en laissant à chacun le soin d'y réagir de façon différente. L'expérience, toutefois, confirme de façon troublante certaines des explications fournies par les auteurs qui se sont penchés sur ces « images monomères ».

De Charubel à la *Volasfera*, de « l'Homme rouge des Tuileries » aux images proposées par Janduz, de Dane Rudhyard, plus récemment, à Hitschler, on a proposé bien des textes autour de ces degrés.

Comment les utiliser? Dans le thème de naissance, chaque planète occupe — ainsi que le Milieu-du-Ciel et l'Ascendant — un degré précis sur le Zodiaque. On en fera donc le relevé et on lira ensuite le texte consacré à ce degré. Les planètes n'occupant pas un degré « rond », on tiendra compte du degré précédent, ou du suivant, et on choisira celui avec lequel on entre le mieux en résonance. Ainsi une planète située à 11°34' pourra aussi bien être associée au onzième degré qu'au douzième degré du signe.

Certains de ces degrés semblent évoquer des événements précis de la destinée, d'autres sont en rapport avec l'activité professionnelle (Je pense au thème d'un homme dont le métier consiste, au cinéma, à régler toutes les bagarres, duels, etc. Tous les degrés de son thème désignent soit deux hommes en train de s'entrégorger, deux hommes tirant un poignard, un homme sautant en croupe d'un cheval lancé au galop...). D'autres paraissent plus « intérieurs », désigner des étapes d'ordre essentiel plutôt qu'existentiel.

On voit aussi que, parfois, une très belle conjonction, par exemple de Vénus à Jupiter, prometteuse de beaucoup de bonheur, perd beaucoup de sa valeur si elle se trouve sur des degrés douloureux. Et inversement, un " beau " degré peut compenser une conjonction " dure ".

Azémen ou lumineux...

Robert Fludd avait établi une distinction entre degrés *Azémen* (marquant souvent une infirmité), *infernaux* (exposant à des maladies microbiennes ou « humorales »), *ténébreux* (faisant craindre complots, obscurité, trahisons, choses cachées), *voilés* et *vides* (moins redoutables que les précédents mais faisant perdre de la puissance à la planète concernée).

Les degrés *masculins* renforceraient les planètes masculines et les degrés *féminins* renforceraient les planètes féminines.

Le Grand Livre du Capricorne

Les degrés les plus heureux sont les degrés *lumineux* et *honorifiques*. Les pires sont sans doute les degrés *animaux* que Fludd associe aux monstruosités, aux accidents graves, aux horreurs de toutes sortes et, en général, à une vie écourtée...

Janduz dans *les 360 Degrés du Zodiaque symbolisés par l'image et par la Cabale* (Niclaus Bussière, éd.), découpe tout d'abord les 30 degrés de chaque signe, de 5 degrés en 5 degrés.

Ainsi, pour le Capricorne :

Les degrés de 0 à 5 domineraient la morale et la religion, donneraient un esprit qui se distinguerait par sa piété.

Les degrés de 5 à 10 domineraient la renommée, la fortune et la philosophie, donneraient un esprit estimé de tous pour sa modestie et son humeur agréable.

Les degrés de 10 à 15 domineraient le « grand capitaine » et donneraient un esprit qui aime l'état militaire et supporte la fatigue avec courage.

Les degrés de 15 à 20 domineraient sur le fer et ceux qui font commerce. Ils donneraient une nature brave, franche, passionnée pour les plaisirs.

Les degrés de 20 à 25 domineraient le trésor et la banque, l'imprimerie et la librairie et donneraient un esprit qui aime à s'instruire et faire des affaires, en Bourse, par exemple.

Les degrés de 25 à 30 accorderaient la longévité et un esprit vertueux.

Voici maintenant les valeurs accordées à chacun des trente degrés du Capricorne :

1er degré : Nature duelle *(masculin* et *voilé)*.
2e degré : Impuissance *(masculin, infernal* et *voilé)*.
3e degré : Sagesse resplendissante *(masculin* et *voilé)*.
4e degré : Initiation *(masculin* et *voilé)*.
5e degré : Accueil imprudent *(masculin* et *voilé)*.
6e degré : Affection dévouée *(masculin* et *voilé)*.
7e degré : Attachement dangereux *(masculin, infernal* et *voilé)*.
8e degré : Isolement farouche *(masculin* et *lumineux)*.
9e degré : Destin menaçant *(masculin, infernal* et *lumineux)*.
10e degré : Secrétivité *(masculin* et *lumineux)*.
11e degré : Responsabilité *(masculin, ténébreux* et *lumineux)*.
12e degré : Célérité *(féminin, ténébreux* et *honorifique)*.
13e degré : Esprit critique *(féminin, ténébreux* et *honorifique)*.
14e degré : Harmonie *(ténébreux, infernal* et *lumineux)*.
15e degré : Vie ardente *(féminin, ténébreux* et *honorifique)*.
16e degré : Prouesse *(féminin* et *lumineux)*.
17e degré : Élévation *(féminin* et *ténébreux)*.
18e degré : Querelles *(féminin* et *ténébreux)*.
19e degré : Stabilité *(féminin* et *lumineux)*.
20e degré : Imitation *(masculin, voilé* et *honorifique)*.
21e degré : Renouvellement *(masculin* et *voilé)*.
22e degré : Labeur *(masculin, infernal* et *voilé)*.
23e degré : Dangereux *(masculin* et *voilé)*.
24e degré : Simplicité heureuse *(masculin, infernal* et *voilé)*.
25e degré : Déclin ou décadence *(masculin* et *voilé)*.
26e degré : Vie maritime *(masculin* et *voilé)*.
27e degré : Solitude *(masculin, voilé, azémen)*.
28e degré : Précision *(masculin, lumineux, azémen)*.
29e degré : Esprit contemplatif *(masculin, voilé, azémen)*.
30e degré : Pouvoir magnétique *(masculin* et *vide)*.

On voit tout de suite les contradictions intervenant au niveau de certains degrés. Ainsi le quatorzième degré, qui est dit d'*harmonie*, est en même temps *ténébreux, infernal* et *lumineux*... Cela ne rend pas l'interprétation aisée.

Janduz associe également les degrés à certaines constellations. Ainsi, il dira à propos du vingt et unième degré que la constellation de l'Indien donne une prompte et profonde pénétration, une connaissance ou un intérêt pour l'orientalisme, le mysticisme... et le sport !

Les Images Degrés

Voici maintenant les images de la *Volasfera*, toujours pour le Capricorne (traduction de Sepharial) :

0 à 1 degré : Un jeune homme et une jeune fille debout, les bras enlacés. (Degré d'alternative.)
1 à 2 degrés : Une girouette dont la flèche montre le Nord. (Degré de vacillation.)
2 à 3 degrés : Un serpent enroulé autour d'un phare élevé. (Degré d'éclat.)
3 à 4 degrés : Une lampe vestale brillante qui brûle. (Degré d'initiation.)
4 à 5 degrés : Un petit cottage dont la porte est grande ouverte. (Degré d'hospitalité.)
5 à 6 degrés : Un cœur surmonté d'une auréole. (Degré de dévouement.)
6 à 7 degrés : Un cœur percé par un clou. (Degré de jalousie.)
7 à 8 degrés : Un aigle emportant sa proie dans les airs. (Degré d'orgueil.)
8 à 9 degrés : Une croix et une clef brisée. (Degré d'impuissance.)
9 à 10 degrés : Un hibou assis au clair de lune. (Degré d'occultisme.)
10 à 11 degrés : Un rouleau de parchemin cacheté à travers un sceptre. (Degré d'autorité.)
11 à 12 degrés : Un renard galopant au clair de lune. (Degré de fourberie.)
12 à 13 degrés : Un trépied avec des flammes ardentes sortant d'un brasier. (Degré d'ambition.)
13 à 14 degrés : Une herse dans un champ ouvert. (Degré de critique.)
14 à 15 degrés : Un cumulus doux et nuageux sur un horizon clair. (Degré d'émollience.)
15 à 16 degrés : Un homme à cheval, au galop. (Degré d'instruction.)
16 à 17 degrés : Une lyre sur une couronne de fleurs. (Degré de persuasion.)
17 à 18 degrés : Deux hommes luttant avec acharnement. (Degré de lutte.)
18 à 19 degrés : Un rocher sortant du milieu d'une mer turbulente. (Degré de solidité.)
19 à 20 degrés : Un singe assis devant un miroir. (Degré d'imitation.)
20 à 21 degrés : Un ancien manuscrit de hiéroglyphes, une cornue et un creuset au-dessus. (Degré de rénovation.)
21 à 22 degrés : Une charrue. (Degré de détermination.)
22 à 23 degrés : Un verre de vin renversé. (Degré d'incontinence.)
23 à 24 degrés : Un pot à couvercle mis sur une table. (Degré de sincérité.)
24 à 25 degrés : Une série de bulles flottant dans l'air. (Degré de superficialité.)
25 à 26 degrés : Une large vue marine avec, au loin, des bateaux à voile. (Degré de complaisance.)
26 à 27 degrés : Une étendue de campagne accidentée avec une lisière de forêt. (Degré de rusticité.)
27 à 28 degrés : Un sextant et un compas. (Degré de précision.)
28 à 29 degrés : Un étang sombre et isolé aux rives boisées. (Degré de contemplation.)
29 à 30 degrés : Une flèche volant. (Degré de déclin.)

Pour la plupart des images proposées ici, on voit des analogies très évidentes avec les images de Janduz. Ce sont essentiellement les commentaires qui changent.

Ainsi le degré **20 à 21**, traduit par Sepharial, dira : « On tentera le *Magnum Opus* ou le Grand Œuvre de la science alchimique. Il se peut qu'on s'efforce de trouver la solution de quelques problèmes scientifiques, et l'on y parviendra au-delà des espérances. Son projet peut également être restreint au commerce ou s'étendre au monde spirituel, la transmutation du corps extérieur et de l'âme pouvant être effectuée. En tout cas, on sera un chercheur profond, on étudiera les anciennes méthodes et les principes à son bénéfice comme à celui du monde. On sera le début d'une nouvelle école et l'esprit s'occupera de réformes dans le cadre de la science ou de la philosophie. »

Des images parlantes

Voici maintenant les trente images proposées par « l'Homme rouge des Tuileries », personnage mystérieux dont on ne sait rien, si ce n'est, à travers certaines formules, qu'il a dû vivre sous la Révolution :

1er degré : Deux hommes d'une entière ressemblance.
2e degré : Un homme portant un roseau.
3e degré : Un grand serpent.
4e degré : Deux clés en croix dans un soleil resplendissant.
5e degré : Deux portes ouvertes.

Le Grand Livre du Capricorne

6e **degré** : Un homme portant un chien sur chaque épaule.
7e **degré** : Deux hommes debout avec une femme.
8e **degré** : Une main portant un oiseau.
9e **degré** : Un homme tombant à terre.
10e **degré** : Un homme tenant dans chaque main un hibou.
11e **degré** : Un roi couronné recevant un message.
12e **degré** : Un homme courant de toutes ses forces.
13e **degré** : Un homme portant sur ses épaules un bouc égorgé.
14e **degré** : Une main tenant un dard.
15e **degré** : Un homme agenouillé.
16e **degré** : Un homme monté sur un cheval sans frein.
17e **degré** : Un homme à tête de chien.
18e **degré** : Un homme coupé en deux à la moitié du corps.
19e **degré** : Un homme debout, ayant quatre pieds immobiles.
20e **degré** : Un singe qui se regarde dans un miroir.
21e **degré** : Un homme tenant un livre ouvert.
22e **degré** : Un homme piochant la terre.
23e **degré** : Un homme tirant une femme par la main.
24e **degré** : Un homme fabriquant un tonneau.
25e **degré** : Un homme portant un oiseau.
26e **degré** : Un sentier à travers une forêt.
27e **degré** : Un homme couché sur l'herbe.
28e **degré** : Un homme portant un globe sur la tête.
29e **degré** : Une belle femme assise sur un escabeau.
30e **degré** : Une queue de poisson.

Enfin, tirés de *Pouvoirs secrets des mots et des symboles*, de Hitschler, voici les trente degrés du Capricorne, proches des précédents mais plus nourris :

1er **degré** : Un garçon et une fille sont debout l'un près de l'autre, l'air gracieux, les mains enlacées; mais leurs têtes se détournent, l'une à droite, l'autre à gauche.

2e **degré** : Deux hommes sortent d'une maison, portant sur leurs épaules un roseau... comme ils porteraient une lourde poutre, et au-dessus de la maison la girouette pointe sa flèche sans direction utile.

3e **degré** : Un long serpent autour d'un flambeau à trois branches, aux bougies allumées.

4e **degré** : Les deux clefs du monde divin, dans le disque solaire, dont la couronne irradie des flammes; une lampe suspendue et une vestale qui abrite la flamme de sa lampe.

5e **degré** : Au sein d'une nature paisible, une petite maison s'offre à tous, portes et fenêtres grandes ouvertes; une source « chante » tout auprès.

6e **degré** : Un homme revêtu d'une cape marche en portant un petit chien sur chaque épaule, et dans sa main tendue, un cœur surmonté d'une flamme.

7e **degré** : Dans un intérieur sombre, deux hommes et une femme sont en conciliabule, et devant eux sont posés de petites statuettes et un cœur percés de clous.

8e **degré** : Un aigle emporte sa proie qu'il vient d'enlever à un troupeau de moutons; tandis qu'une jeune fille caresse une tourterelle qu'elle tient dans sa main.

9e **degré** : Un homme tombe près d'une clef brisée et d'une croix.

10e **degré** : Un homme tient un oiseau de nuit dans chacune de ses mains, et l'on en aperçoit un troisième perché sur un arbre au clair de lune.

11e **degré** : Un roi sur son trône se penche pour accueillir un messager qui, profondément incliné, lui présente un parchemin scellé.

12e **degré** : Au clair de lune, un chien excité par son maître poursuit un renard qui a de l'avance et gagne du terrain.

13e **degré** : Une herse dans un champ et, à côté de la herse, un homme debout tient dans sa main un petit serpent dressé qu'il excite et qui siffle furieusement.

14e **degré** : Une harpe est placée sur un tapis de fleurs, et un homme à tête de faucon s'essaie à en faire vibrer les cordes.

Les Images Degrés

15e degré : Un grand trépied avec un brasier d'où montent de hautes flammes et sur le côté duquel un homme se tient debout, un mouton sur les épaules, mi-sacrificateur, mi-boucher.

16e degré : Un bon cavalier sur un beau cheval passe en premier plan, et, dans le lointain, on voit un autre cavalier sans selle, faisant le clown sur son cheval qui court à corps perdu.

17e degré : Dans un paysage de l'Ile-de-France passe un personnage important (peut-être Louis XIV à Versailles), regardant de haut un courtisan qui s'incline cérémonieusement.

18e degré : Un homme debout apparaît comme coupé en deux à hauteur de la ceinture et près de lui deux hommes se battent sauvagement.

19e degré : Battu par une mer démontée, un rocher émerge de la tempête, et sur sa plate-forme un homme est debout, demi-nu, mais avec deux pieds à chaque jambe, comme incrusté dans le roc.

20e degré : Un singe familier ayant vidé les écrins de sa maîtresse s'est paré de ses bijoux, se regarde dans un miroir en se faisant des grâces, tandis que, dans son dos, un congénère lui fait la grimace.

21e degré : Dans un cabinet de travail, on voit un haut pupitre sur lequel un in-folio est ouvert, les pages couvertes de hiéroglyphes. Sur une table, des appareils scientifiques.

22e degré : Sur un domaine agricole donnant une impression d'aisance, un attelage de bœufs commence un sillon, et, dans le fond, on aperçoit une solide construction fermière.

23e degré : Une femme, les yeux bandés, tire par la main un homme qui la suit, renversant sur leur passage la table sur laquelle ils semblent avoir fait un repas d'amoureux.

24e degré : Un tonnelier termine un tonneau neuf, tapant sur le dernier cercle de fer qui en assurera la solidité ; sur un autre tonneau terminé se trouve un gobelet à demi plein de vin.

25e degré : Dans une sorte d'amphithéâtre occupé par un public debout, des flèches lancées par une main invisible traversent l'espace ; l'une est près d'atteindre la cible, l'autre la dépasse, la troisième se fiche dans une queue de poisson suspendue.

26e degré : Des régates à voile sur une étendue de mer calme ; de la plage part une forêt de pins à laquelle conduit un sentier.

27e degré : En bordure d'une forêt, un homme seul se promène, se dirigeant vers un champ au milieu duquel est construite sa maison, petite, trapue, enguirlandée d'un pied de vigne.

28e degré : Un homme est debout, ayant au-dessus de sa tête un globe lumineux, tenant d'une main un sextant, de l'autre un compas.

29e degré : Dans un paysage solitaire, un étang au bord duquel gît dans l'herbe une statue de femme, comme un beau corps allongé.

30e degré : Un homme joue de la flûte au milieu d'une volière dont les oiseaux sont familiers et, un peu partout, tombent des boules brillantes comme celles que lancent les fusées de feux d'artifice.

Bernadette Soubirous, grande mystique native du signe : ses visions sont à l'origine du pèlerinage de Lourdes.

Les Étoiles Fixes

Elles jouent un rôle de renforcement dans leur conjonction — à moins de 3 ou 4 degrés — avec les grands axes du thème : Ascendant, Milieu-du-Ciel, Descendant, Fond-du-Ciel; ou en conjonction aux planètes du thème.

De rares étoiles

Il en existe peu en Capricorne : on en compte deux seulement. Pauvre Capricorne, frustré même des étoiles! Mais une compensation lui est accordée puisque ses deux seules étoiles, Véga, à 14°18, et Deneb, à 18°50, sont traditionnellement considérées comme bénéfiques.

Véga (Alpha-Lyre) est de nature vénusienne et mercurienne; elle peut accorder richesse et renom. Les mauvais esprits prétendent que parfois elle donne aussi orgueil mal placé et prétention. Pour ma part, je ne l'ai pas vérifié et je serais même tentée d'y ajouter le renforcement des dons intellectuels et artistiques, qu'on retrouvera dans les images monomères ou degrés symboliques : « Une harpe placée sur un tapis de fleurs et un homme à tête de faucon s'essayant à en faire vibrer les cordes. » Voilà bien justifiée la nature Mercure-Vénus de l'étoile...

Quant à Deneb (Dzeta de l'Aigle), on la dit de nature Mars-Jupiter, donnant de l'autorité, le goût de l'action, le libéralisme. J'y vois pour ma part un degré de force et d'énergie, proche de la conjonction Mars-Jupiter dont la Tradition fait celle des « grandes victoires et des actions spectaculaires ». Elle est proche du dix-neuvième degré symbolique qui décrit « un rocher émergeant de la tempête et battu par une mer démontée, avec sur sa plate-forme un homme debout, demi-nu, mais avec deux pieds à chaque jambe, comme incrusté dans le roc ». Voilà bien le côté enraciné, tenace et résistant du Capricorne exposé à la tempête...

Catherine Nay : un regard implacable sur le monde politique.

La Lune Noire

Astronomiquement, il s'agit de l'axe aphélie-périhélie de la Lune. Symboliquement, il s'agit de bien autre chose.

Pour en parler, je préférerais proposer d'emblée des images, montrer comment elle joue dans les thèmes, donner des exemples. Pourtant, il faut tenter de remonter aux origines, car c'est bien de cela qu'il s'agit.

La Grande Déesse

Au commencement, était la déesse Terre, la déesse Mère, la déesse des montagnes et des animaux, *Magna Mater*... Longue est la litanie qui désigne la première d'entre toutes les divinités. On la retrouve d'un bout à l'autre de la Terre et son culte est universel. Partout elle est déesse de la fertilité, maîtresse de la vie et de la mort.

Car la femme apparaît comme mère de la race, celle qui détient le pouvoir fabuleux de mettre au monde, de sauvegarder l'espèce. Ainsi est-elle investie d'une puissance à la fois fascinante et inquiétante.

Freud, dans *Totem et Tabou*, cite Frazer : « La source dernière du totémisme consisterait donc dans l'ignorance où se trouvent les primitifs quant à la manière dont hommes et animaux procréent et perpétuent leur espèce et surtout dans l'ignorance du rôle que le mâle joue dans la fécondation. Cette ignorance a pu être favorisée par la longueur de l'intervalle qui sépare l'acte de la fécondation de la naissance. »

Féconde, la femme divinisée n'allait pas tarder à être invoquée dans tous les rites de fertilité. La déesse préside aux mystères de la naissance, prend soin des morts, se charge de leur revivification. C'est l'ensemble du Grand Mystère, celui qui passe par le sang, par la régénération, la mort, le silence hivernal de la terre et la résurrection printanière, ce mystère qui sera ensuite enseigné à Eleusis, fief de Déméter.

Lilith, la Nuit

L'un de ces personnages ambigus, Lilith, sera associé à la Lune Noire, qui est aussi un visage d'Hécate, de Cybèle et d'Isis, et de tant d'autres en fait.

Lilith occupe une position centrale dans la démonologie juive. Elle est certainement antérieure, d'origine sumérienne, sous le nom de Lilu, Lilitu et son nom, en hébreu, viendrait de *Lavlah*, la nuit. Cela d'emblée l'associe à la nuit, au pouvoir lunaire. Cheverny dira très heureusement : « Le christianisme croira déprécier les attraits de cette force toujours prompte à transformer le mâle en esclave idôlatre ou en pantin douloureux, il croira subjuguer en l'occultant celle qui toujours resurgit et qui est la puissance de l'ombre comme elle est la concupiscence de la nuit. »

Les textes hébraïques eux-mêmes, tout en admettant la puissance de Lilith, tentent de la charger de tous les péchés d'Israël. Elle met en danger les femmes qui enfantent. On la décrit avec un visage de femme, de longs cheveux et des ailes.

Lilith est indissociable de notre aventure édenique, même si la Genèse l'escamote sans pudeur. Dans les misdrach, Adam se serait séparé de sa femme après qu'il lui ait été annoncé qu'ils devraient mourir. Dans l'*Alphabet* de Ben Sira, Lilith est identifiée comme la première Ève, créée de la même terre qu'Adam et ne voulant pas renoncer à ce qu'elle considérait comme une égalité absolue. On voit déjà se profiler les déesses vierges, c'est-à-dire célibataires, qui ne veulent pas être « vendues par leur père ». Lilith se querellait avec Adam à propos de sa façon de lui faire l'amour. Elle osa prononcer le nom de l'Ineffable et s'envola alors dans les airs. Déjà, elle représente la Transgression. A la demande d'Adam, Yahvé lança trois anges à sa recherche. Comme elle refusait de rentrer au « bercail », les anges lui dirent que si elle s'obstinait dans son refus cent de ses enfants mourraient chaque jour (car le monde était peuplé des enfants de Lilith). On voit là se profiler l'Hécatombe, le « sacrifice des cent bœufs » et l'assimilation ultérieure d'Hécate la triple et de Lilith.

Dans le *Zohar*, elle est la noire, la fausse, la mauvaise, l'étrangleuse d'enfants, la séductrice nocturne des hommes dont elle tire la semence la nuit, à leur insu, pour engendrer de nouveaux démons. On la veut aussi femme de Samaël, reine des forces du mal. Lilith, dans d'autres textes, sera assimilée à la reine de Saba. Ses exigences auprès de Salomon sont de même nature que celles de Lilith auprès d'Adam. Un peu partout, elle est associée à la sorcière, au démon, au pouvoir, à la puissance du mal. Comme reine de Saba, elle sera aussi une séduisante danseuse, comme Salomé, Hérodiade. Et, comme par hasard, tous les poètes qui ont la Lune Noire — Lilith en position dominante dans leur thème ont écrit sur Salomé ou sur Hérodiade, de Valéry à Pierre Jean Jouve...

Une valeur initiatique

Mais il ne faut pas se laisser abuser par ce qui n'est ici que le reflet d'une peur et d'une fascination profonde devant ce pouvoir de Lilith d'engendrer et de tuer, avec une même insouciance. Ni même oublier une autre dimension de Lilith mentionnée dans le *Zohar* (II - 96a - 96b) : « Il y a des âmes que le Saint, béni soit-il, abandonne au démon. Quelles sont ces âmes ? Ce sont les âmes des jeunes enfants dont le Saint, béni soit-il, prévoit la mauvaise conduite pendant toutes leurs transmigrations futures. Pour éviter à cette âme tant de transmigrations inutiles, le Saint, béni soit-il, l'abandonne à la " Servante " qui a le nom de " Lilith ". Aussitôt que celle-ci s'empare de l'enfant, elle le fait mourir pendant qu'il a encore besoin des soins de la mère. Les âmes qui feront un jour du bien dans une transmigration quelconque ne sont jamais abandonnées à la Servante mais seulement celles qui feront toujours le mal. Mais dès que Lilith a tué l'enfant, le Saint, béni soit-il, reprend l'âme et l'élève en haut, en haut, dans sa résidence. Dieu n'avait abandonné cette âme à Lilith que dans le but que celle-ci tuât le corps; car Lilith se complaît à détruire d'abord la chair de l'enfant. Mais cette mort prématurée sert précisément à l'âme de rédemption; et c'est pourquoi le Saint, béni soit-il, la reprend. Tel est le sens des paroles de l'Écriture : " Si un homme vend sa fille à la servante, elle ne sortira point comme les autres servantes ont accoutumé de sortir. " »

Ainsi, on voit que Lilith a un tout autre rôle, celui d'Initiatrice et de Médiatrice. En n'oubliant pas qu'initier signifie donner la mort, faire passer par la mort.

Et c'est là aussi que nous allons retrouver les déesses vierges de la mythologie grecque et latine qui toutes, sans exception, auront un fils qu'elles tueront, feront tuer ou émasculeront, pour qu'il renaisse à un état de conscience supérieure. Nous retrouvons le thème de la rédemption, de la mutation, qu'on s'est habituellement obstiné à effacer au profit du seul rôle « mortifère » de Lilith, Cybèle, Tiamat, Isis, etc. On en a fait systématiquement celle qui tue son enfant, son fils, pour le ramener au stade végétal-végétatif du prisonnier de la mère abusive. Pierre Solié[1], lorsqu'il dit que « le fils-amant de la déesse n'est pas un fils œdipien », a parfaitement raison, puisqu'au stade de la déesse il n'y a pas de père, pas de Tiers castrateur pour libérer le fils. C'est elle, à l'origine, et elle seule, qui peut aider le fils à couper le cordon ombilical qui le relie à elle. Il est facile de n'y voir que castration, d'oublier le grand thème associé à Lilith et qui est celui du sacrifice. Avant tout, la Lune Noire, c'est le couteau du sacrifice[1].

L'*Encyclopedia judaïca* dit que la Kabbale, influencée par l'astrologie, a associé Lilith à Saturne. Certes, on peut retrouver entre Lilith et Saturne des points communs : la destruction

---

1. Cf. *la Femme essentielle* de P. Solié, Seghers éd. Pour comprendre le rôle du couteau, voir le film *Images* de R. Altman, ou tout le cinéma de Bergman, notamment *Cris et Chuchotements*, *la Source*, *Face à Face*...

de l'enfant, la faucille, qui émascule Uranus dans les mains de Cronos, ressemble au couteau de Lilith. Mais Saturne tue sa descendance pour s'approprier leur temps de vie alors que Lilith tue les enfants pour les initier, pour assurer leur rédemption. Elle ne l'ignore pas puisque lorsque les anges de Yahvé la poursuivent, elle proteste en affirmant qu'elle a été créée pour tuer les enfants.

La Lune Noire est distance, refus, silence. Elle est aussi la puissance du regard. Associée au regard plus qu'à l'œil. Selon R. Desoille, le regard serait le symbole de la censure du Surmoi, du jugement « à distance », l'œil n'étant que l'outil « neutre » du regard.

« Œil ou regard sont toujours liés à la transcendance », écrit Gilbert Durand [1]. On retrouve là le dieu ouranien Varuna qui à la fois est « celui qui voit tout » et est aveugle. Odhin, le clairvoyant, est borgne. Il y a passage, dit encore Gilbert Durand « de l'image du clairvoyant à la fonction du juge et peut-être à celle du mage ». La Toute-Puissance, écrira-t-il, est borgne.

Et il est intéressant de noter que, dans un thème, la Lune Noire — en Lion notamment — peut faire intervenir un accident aux yeux, ou dans ses rapports au Soleil — maître du Lion — rendre aveugle ou borgne (Moshe Dayan).

« La transcendance est armée »

Dumézil affirme d'ailleurs qu'Odhin a sacrifié l'un de ses yeux pour acquérir la « vision de l'invisible ».

Il y a, comme toujours avec la Lune Noire, renversement des valeurs par le sacrifice.

Et nous retrouvons là le thème du couteau ou du glaive. Le sceptre serait au Lion ce que le glaive serait au Capricorne (la serpe, la faucille de Saturne).

« La transcendance est toujours armée », dit plus loin Gilbert Durand. Armée du couteau du sacrifice. « Le sceptre de justice appelle la fulgurance de la foudre et l'exécutif du glaive ou de la hache. » Il mentionne aussi les « rites de coupures, de séparation dans lesquels le glaive, minimisé en couteau, interviendra dans la purification ». Nous retrouvons toujours l'initiation, le rite du passage. Circoncision, excision, blessure symbolique. Le couteau est appelé « tête-mère de la circonscision ». Par le glaive, il y a « remise en ordre du monde compromis et confus ». Il y a aussi passage par le sang, qui nous renvoie à la femme, à la déesse Kali des Bambara, celle qu'il faut exorciser à cause même de sa puissance : « Elle symbolise tout ce qui s'oppose à la lumière : obscurité, nuit, sorcellerie. Elle est aussi l'image de la rébellion, du désordre, de l'impureté », écrit Germaine Dieterlin.

Cette eau noire, fascinante, vivante et mortelle à la fois, c'est le sang, le mystère du sang, qui ne cessera jamais de terrifier les hommes.

Lilith, en tant que déesse souveraine, Déesse-Mère, donne l'image d'un être puissant, avide de plaisirs, ayant pouvoir de vie et de mort sur l'homme, ce fils qu'elle met au monde et ensevelit en elle, ne craignant pas de recourir à la magie, à la ruse, parfois assoiffée de sang, telle Anat, déesse de la guerre et du carnage qui aimait le sang, mais aussi l'amour et la fertilité, ses préoccupations premières. Elle fait partie des déesses vierges et fécondes éternellement, à la fois guerrières et sensuelles, comme si le feu de la passion était indissociable de la violence la plus meurtrière. Sang, vie et mort sont liés intimement à sa puissance; elle aime la liberté, la danse, la nature, les bêtes sauvages. La Déesse-Mère était une bête sauvage. Un fauve. Et, à ce titre, une bonne mère, dans la mesure même où elle ne pouvait enseigner à son fils que la liberté. Si le fils a eu peur de cette liberté, il fallait bien le jeter hors du giron maternel même s'il devait passer le restant de ses jours à chercher à y revenir tout en prétendant rejoindre le ciel, son royaume. Contradiction inhérente à la nature de l'homme.

Winnicot écrira : « L'élément féminin conduit à l'Etre, c'est là la seule base de la découverte du Soi et du sentiment d'exister. » Si c'est là ce que la mère apporte au fils, ce que la femme apporte à l'homme, est-ce si négligeable ?

Lilith, la Lune Noire, vont ainsi se charger dans le thème de naissance de ces valeurs rédemptrices, médiatrices, initiatrices. Elles se chargeront de tout le poids d'absolu dont l'être est capable. Lilith, la Lune Noire, signifieront avant tout la soif, mais la soif qui sait ne pas pouvoir

[1]. *Les Structures anthropologiques de l'imaginaire*, PUF.

Le Grand Livre du Capricorne

être étanchée; l'absolu, mais qui sait ne pas pouvoir être atteint. Le sacrifice, qui peut se traduire par le couteau levé sur l'autre aussi bien que le couteau levé sur soi.

« Etre conscient de sa conscience »

Un poète comme Paul Valéry, dont la Lune Noire se trouve à l'Ascendant, distribuant de nombreux aspects planétaires, a exprimé mieux que quiconque cet orgueil solitaire de la conscience consciente d'elle-même, de l'absolu du désir où la mort est préférée à la compromission, de cette « sombre soif de la limpidité », de chacun de ces baisers qui présagent une « neuve agonie ». La Jeune Parque, par la bouche de Valéry dira :

> « Mais je sais ce que voit mon regard disparu;
> Mon œil noir est le seuil d'infernales demeures!
> Je pense, abandonnant à la brise les heures
> Et l'âme sans retour des arbustes amers,
> Je pense, sur le bord doré de l'univers,
> A ce goût de périr qui prend la Pythonisse
> En qui mugit l'espoir que le monde finisse.
> Je renouvelle en moi mes énigmes, mes dieux,
> Mes pas interrompus de paroles aux cieux,
> Mes pauses, sur le pied portant la rêverie.
> Qui suit au miroir d'aile un oiseau qui varie,
> Cent fois sur le soleil joue avec le néant,
> Et brûle, au sombre but de mon marbre béant... »

Et, plus loin :

> « Mères vierges toujours, même portant ces marques,
> Vous m'êtes à genoux de merveilleuses Parques :
> Rien n'égale dans l'air les fleurs que vous placez,
> Mais dans la profondeur que vos pieds sont glacés!... »

La puissance du refus

Chez un autre poète, Pierre Jean Jouve, marqué par une opposition du Soleil à la Lune Noire, on trouvera les mêmes mots les mêmes idées-forces. Jouve a écrit un long poème sur la Dame à la Licorne (Li-corne, Lilith[1]); sa tente porte une bannière sur laquelle on lit : « A mon seul désir. » Elle est veuve et chaste; elle refusera l'amour et dira : « Je meurs de soif au bord de la fontaine », comme le diront la princesse de Clèves, Henriette de Meursauf (*le Lys dans la vallée*), Atala, toutes ces dames à la licorne qui préfèrent l'absolu de l'amour à la réalité de l'amour.

Jarobinski, dans sa préface à l'œuvre de Jouve *Noces*, semble avoir mieux que quiconque perçu ce que le poète exprime de ce qu'il appelle lui-même la « traversée du désir », ce « seul désir » à quoi tout est soumis dans l'orgueil, le sacrifice et la solitude.

Jarobinski évoque, à propos de *Noces*, « la puissance du refus et la volonté de surpassement ». « Un seuil est franchi, un pas est accompli en direction de la mort. »

Et, plus loin : « Seuls des termes métaphoriques : sacrifice, suicide, conversion, peuvent en rendre compte. C'est dans le tourment de l'holocauste intérieur que le poète abolit sa première parole, réduit le monde au silence. » Il mentionne l' « acte décisif du refus » : « A tous les niveaux s'inscrit la marque du bourreau intérieur qui veut le sacrifice et le progrès, partout se montre l'œuvre du *non* résolu. »

D'autres phrases : « L'emplacement désert qui fut celui de l'absolu »; « sous l'aspect glacial de l'hyperconscience ou sous l'aspect sauvage de la transgression »; « le poème jouvien cherche l'illumination de la hauteur ». Dans *Sueur de Sang*, il s'agit d' « une cruauté qui tue ce qu'elle aime, qui détruit par amour, qui fait couler le sang dont elle attend sa propre transfiguration... »

Voici deux courts poèmes de Jouve qui montreront à quel point les « mots Lune Noire » sont évidents pour qui sait en saisir la verticalité :

---

1. Cf. dans le *Psychanalyser* de Serge Leclaire (Seuil), la partie sur la soif et le rôle de Lily-Lilith.

> *L'angoisse*
>
> L'émanation du silence
> L'humiliation devant le refus
> La cruauté subie de l'interdiction
> La perception de la finitude délaissée,
> Et la présence vague à l'objet inconnu
> Vivre, tournoie et plonge!
> Mortel état qui empêche la mort.
> Et cherchant uniquement moi et ma mort
> Le néant distend le rapport envers Dieu.

ou la fin de *Masques* :

> Qui ne se réjouit de bientôt mourir
> D'aller à son soleil et de mourir
> De perdre ses faux yeux
> De mettre ses mains froides dans l'azur
> Et de se laisser prendre à la laine silence
> Démesuré des mères, gardant dans la mémoire
> De comparaître au tribunal du bleu?

La princesse de Clèves

Ainsi le refus, le silence, le désir intact, la mort, le sacrifice vont-ils marquer ces « Lunes Noires ». Ce choix impossible, Bertrand d'Astorg le formulera à propos de la princesse de Clèves : « Nemours s'en va, désespéré, confondu par cette impitoyable dialectique du refus : j'aime donc je fuis. Madame de Clèves s'enferme dans un éloignement que lui impose " l'intérêt de son repos ". Mais l'esprit toujours occupé par ce seul et désormais intact amour, elle ne résiste ni à la solitude qu'elle s'impose ni à la mélancolie qui en naît : elle meurt d'amour par crainte d'avoir un jour à connaître selon la loi de la terre, la mort de son amour. »

On voit, en effet, une certaine parenté entre le Capricorne et la Licorne, entre Saturne et Lilith-Lune Noire, des analogies de nature et de choix, des comportements amoureux suicidaires, des exigences, des intransigeances de même aloi. Mais il ne faut pas les confondre. La décision sacrificielle est de nature Lune Noire, pas de nature saturnienne.

Pourtant, lorsque dans un thème Saturne transite la Lune Noire ou si la Lune Noire passe sur Saturne natal, nul n'échappe à une pulsion de mort, à une dépression ou à une violente crise qui met tout en question dans un accès de froide lucidité. Là, tous les sacrifices deviennent possibles.

De même, la Lune Noire dans ses aspects sera toujours significative. Sans elle, on passera à côté d'informations essentielles. Ainsi une opposition ou une quadrature de la Lune à la Lune Noire ou du Soleil à la Lune Noire marquera à jamais le rejet ou la coupure avec l'une des images parentales concernées. Cela ira du « je hais mon père », ou « mon père est mort à ma naissance », ou « ma mère a été castratrice et mortifère ». La force des aspects de la Lune Noire aux luminaires ne peut pas être niée.

Avec Mercure, la Lune Noire jouera sur la parole. Conjointe à Mercure, elle imposera parfois le silence pour faire passer la parole « ailleurs », comme chez Claire Brétecher où la conjonction se fait en Poissons : cet « ailleurs », c'est l'humour, la distance par le dessin, où ce qui est exprimé est le dérisoire, l'absurde et le vrai. Parfois, dans le carré ou l'opposition, on trouvera les troubles de paroles, les dyslexies, une période d'autisme, un refus des mots, une difficulté à s'exprimer avec les mots des autres.

« Hurler dans le silence »

Car la Lune Noire, c'est le cri dans le silence, le hurlement étouffé par la neige et que personne n'entend, la passion qui n'atteint pas sa cible. On le verra dans les rapports de la Lune Noire à Vénus qui feront dire à ceux qui en sont marqués : « Seul l'inaccessible vaut d'être tenté » ou le « je ne peux aimer que ce que je ne peux atteindre » des hystériques, par exemple.

Le Grand Livre du Capricorne

Les grandes angoisses de mort, destructrices et rédemptrices à la fois, se conjugueront entre Pluton et la Lune Noire. Avec Jupiter, la conquête d'une autonomie devient possible qui tranche la tête à l'image tutélaire et protectrice. Avec Mars, j'ai vu d'étranges castrations. Chez un homme, un transit de Lune Noire sur Mars peut, le temps du transit, le rendre impuissant. Avec Neptune, le conflit s'installe entre ce qu'il y a de plus irrationnel et inconscient dans le thème, et ce qu'il y a de plus lucide et d'hyperconscient. En bon aspect, toutes les plongées dans l'inconscient deviennent possibles, toutes les explorations.

On ne s'étonnera pas, d'ailleurs, de trouver la Lune Noire initiatrice, médiatrice, en position privilégiée chez ceux qui font métier d'explorer l'inconscient, que ce soit par le biais de la psychanalyse, par celui de l'astrologie ou celui de la « poésie hautaine ».

En Capricorne, la Lune Noire aura-t-elle valeur spécifique?

Sans aucun doute, puisqu'elle sera renforcée dans ce signe, dans ses valeurs même d'absolu et de solitude, alors qu'elle sera renforcée en Lion où on trouvera davantage le vertige narcissique, choix de sa propre unicité, de sa propre singularité, excluant l'autre.

Chez plusieurs écrivains non Capricorne par le Soleil, j'ai relevé des positions de Lune Noire dans le signe qui me paraissent éclairer leur œuvre d'une manière remarquable. Ainsi Louis-Ferdinand Céline, Gémeaux de son état, a la Lune Noire en Capricorne, en Maison III, en aspect dissonant de Saturne et de Vénus, en bon aspect d'Uranus. Ainsi la Lune Noire occupe un secteur traditionnellement lié à l'écriture. Ici, je dirai même au style, à la forme et au fond. *Mort à crédit*, *Voyage au bout de la nuit*, *Bagatelle pour un massacre*, surtout, ne sont-ils pas des titres Lune Noire?

Avec ce carré à Saturne et à Vénus, Céline, misanthrope par excès d'amour, par excès d'exigence, par verticalité, va fustiger ces humains qu'il aime et qu'il méprise, qu'il tue de ses sarcasmes, dans cette forme lapidaire qui n'appartient qu'à lui, à la fois violente et réduite à l'essentiel, qui se veut cri, refus, dérision et souffrance. Et comme la Lune Noire est en bon aspect d'Uranus, le mot lapidaire devient invention, découverte, trouvaille surprenante. Cet aspect, c'est sûrement un de ceux qui constituent le talent de Céline, auquel bien sûr s'ajoutent l'intelligence des Gémeaux et leur foisonnement verbal. La Lune Noire se contente de trier, de choisir l'essentiel, de ne plus faire miroiter que l'éclat surprenant du couteau.

Chez François Mauriac, la Lune Noire est en Capricorne, en Maison V cette fois, au trigone de Neptune et au carré du Soleil. Ne nous interrogeons pas sur les rapports de Mauriac et de son père... Sans doute ont-ils été complexes et douloureux. Mais le bel aspect à Neptune, c'est l'accès à une rédemption, à une conversion, à la réconciliation de l'inconscient mystique et de la froide lucidité. En Maison V, la Lune Noire jouera sur l'œuvre, là encore, et non plus sur le style. On sait l'univers de Mauriac et de ses *Nœuds de vipère* (O Serpent-Lilith des premiers temps!), mais aussi ses propres tourments affectifs que dit la Maison V, ses refus, ses vertiges, ses tentations coupables. Il écrira aussi *Genitrix*, qui nous renvoie à la Mère, à la Déesse-Mère, à son pouvoir. D'autres titres parlent, eux aussi, de la Lune Noire : *Asmodée*, notamment, nom donné, selon l'*Encyclopedia Judaïca*, à la deuxième Lilith, la Lilith jeune. L'inconscient peut-il mieux faire? Ajoutons à cette liste *les Mal Aimés*, qui disent aussi la frustration capricornienne de cette Lune Noire-couteau du sacrifice et soif d'un absolu impossible à atteindre.

Chez Raymond Radiguet — encore une Lune Noire en Capricorne —, dont l'œuvre est mince, on trouvera trace dans *le Diable au corps* de cette Lilith. Là encore nous rencontrons le désir, l'interdit, la mort. Le livre s'achève avec la mort de Marthe, donnant naissance à l'« enfant du péché » auquel Marthe donnera le prénom du « vrai » père. Il me semble que la dernière phrase du *Diable au corps* résume bien cet univers où l'homme, cette fois, proclame son choix « lilithien » et dont les mots évoquent en nous certaines paroles de la princesse de Clèves : « Oui, c'est bien le néant que je désirais pour Marthe, plutôt qu'un monde nouveau où la rejoindre un jour. »

Vivre à Mount Desert

Marguerite Yourcenar me paraît plus qu'un autre écrivain démontrer l'action de la Lune Noire, ici en Capricorne. Certains tenteront de justifier son goût de la solitude, sa rigueur dans l'écriture, son intérêt pour des personnages du passé qu'elle décrit avec la précision d'un témoin oculaire, par la présence de Saturne au Descendant, en Verseau, au trigone de Mercure, du Soleil puis de Mars, et opposé à Vénus. Cela ne serait en rien abusif. Mais *l'Œuvre au noir* me paraît, entre autres œuvres, justifier remarquablement l'importance de la Lune Noire en Capricorne, ici en Maison VI, au carré du Milieu-du-Ciel et qui indique également le choix de ses conditions de travail, Marguerite Yourcenar s'étant résolument installée dans une île, à Mount Desert, pour travailler en paix, assumant sans problème sa marginalité et son intransigeance.

L'Œuvre au noir est l'histoire d'un alchimiste, phisolophe et médecin, Zénon, que l'auteur a fait naître au XVIe siècle. On retrouve dans ce personnage attachant un peu de Paracelse, de Vinci, de Campanella, de Paré, de Giordano Bruno et de quelques autres.

Le présentateur de l'œuvre dans l'édition de poche écrit : « Nous le suivons [...] dans ses expériences de l'esprit et de la chair et son dangereux faufilement entre la révolte et le compromis », qui aboutira au sacrifice, au suicide. « Le titre est emprunté à une vieille formule alchimique : l'œuvre au noir était la phase de séparation et de dissolution de la matière qui constituait pour les alchimistes la partie la plus difficile du Grand Œuvre. Elle symbolisait aussi les épreuves de l'esprit se libérant des routines et des préjugés. »

Il est intéressant de noter au passage que le livre est né — je dirais plutôt « engendré » — lors du second passage de la Lune Noire sur la Lune Noire de naissance, alors que l'auteur avait dix-huit ans.

Parmi les autres titres, citons *le Coup de grâce*, une histoire d'amour qui ne parle que de sacrifice, de mort donnée à l'être aimé, *Alexis ou le traité du vain combat*, *Sous bénéfice d'inventaire*. Partout, dans son style, on retrouve cette rigueur, cette « hauteur », propres aux écrivains inspirés par Lilith.

En guise de conclusion

J'arrive au terme de ce livre. Avec le sentiment d'avoir joué un mauvais tour à mes frères et sœurs du Capricorne. Et en souhaitant qu'ils ne vivent pas ce livre comme je l'ai vécu moi-même, comme une sorte de descente aux enfers saturniens.

Je n'ai pas triché. J'ai pris le risque de me dire et de me dévoiler. Tenté d'être honnête et de ne pas prendre des vessies pour des lanternes et des systèmes de défense pour de nobles motivations. Mais si mes lecteurs et lectrices sont de « vrais Capricorne », ils m'auront accompagnée dans ce voyage — même s'il ressemble parfois à une traversée du désert —, et j'espère qu'ils y auront glané quelques informations utiles à une meilleure compréhension d'eux-mêmes ou, tout au moins, quelques signes de complicité, au passage, qui permettent de savoir qu'on n'est pas tout seul embarqué dans cette galère... J'espère aussi avoir fait appel à leur sens de l'humour : nos tics, nos défauts, nos travers, notre tendance à plonger dans la poubelle et à tirer le couvercle sur soi, nous avons le droit d'en rire! Et puis, n'est-ce pas, il s'agit bien d'une caricature, d'un portrait brossé à grands coups, qui ne tient pas compte des mille finesses de l'analyse astrologique « personnalisée ».

Reconnaissons seulement, humblement, notre paradoxe saturnien : vouloir vivre éternellement une vie qui n'est jamais celle que nous désirons, crever du désir d'être aimé et savoir qu'on ne le sera jamais, être reconnu là où nous nous moquons de l'être et ne l'être pas là où cela nous est essentiel. Et pourtant, aimer la vie, parce que nous avons sans doute l'âme chevillée au corps. A moins, qu'à l'inverse, nous n'ayons le corps chevillé à l'âme...

Couverture : Laurence Verrier
Maquette : Christine Gintz
Iconographie : Christine Aubertin et Betty Jais

ORIGINE DES ILLUSTRATIONS

Allan Ballard/Parimage : 66 – Angeli : 44, 50, 57, 58, 84, 88, 92, 95, 133, 146, 156, 220, 300 – René Burri/Magnum : 137 – Henri Cartier-Bresson/Magnum : 61, 75 – Robert Doisneau/Rapho : 161 – Marie Dolard/Atlas Photo : 222 – Marc Garanger/Ed. Gallimard : 294 – Karsch of Ottawa/Parimage : 44 – David Hume Kennerly/Contact : 130 – Lipnitzki/Viollet : 96 – André Morain : 152 – Norman Parkinson/Parimage : 72 – Pavlovsky/Rapho : 136 – Rajak Ohanian/Rapho : 155 – Remy/Atlas Photo : 24 – Marc Riboud/Magnum : 141 – H. Tullio/*Télé 7 jours* : 214.
Archives Gamma/Fotos international : 168 – Archives Jean-Loup Charmet : 140, 292 – Archives Snark : 91, 144 – Collection André Marinie : 165 – Collection Viollet : 132, 286.

Anderson – Viollet : 38 (musée du Prado, Madrid) – Bulloz : 210 – Jean-Loup Charmet : 26, 76 (musée Carnavalet) ; 28, 33, 34, 35, 41, 85, 216, 293 (bibl. des Arts Décoratifs) – Giraudon : 157, 226 (musée des Vosges, Epinal), 260 (musée du Louvre) – Lauros/Giraudon : 10 (musée Gustave-Moreau), 30 (musée d'Art Moderne © SPADEM).

ACHEVÉ D'IMPRIMER
EN JUILLET 1997
SUR LES PRESSES DE
L'IMPRIMERIE HÉRISSEY
À ÉVREUX (EURE)
POUR LE COMPTE DES
ÉDITIONS SAND
6, RUE DU MAIL
75002 PARIS

Imprimé en France
N° d'imprimeur : 77522
Dépôt légal : 3ᵉ trimestre 1997
ISBN 2-7107-0573-7